CARISMA E PODER

IAN KERSHAW

Carisma e poder
Líderes que moldaram a Europa moderna

Tradução
Paulo Geiger

Copyright © 2022 by Ian Kershaw

Grafia atualizada segundo o Acordo Ortográfico da Língua Portuguesa de 1990, que entrou em vigor no Brasil em 2009.

Título original
Personality and Power: Builders and Destroyers of Modern Europe

Capa
Riccardo Falcinelli

Foto de capa
Foto de Margaret Thatcher: The Hollywood Archive/ Age Fotostock/ Easypix Brasil

Preparação
Ricardo Kobayaski

Índice remissivo
Julio Haddad

Revisão
Jane Pessoa
Bonie Santos

Dados Internacionais de Catalogação na Publicação (CIP)
(Câmara Brasileira do Livro, SP, Brasil)

Kershaw, Ian
    Carisma e poder : Líderes que moldaram a Europa moderna / Ian Kershaw ; tradução Paulo Geiger. — 1ª ed. — São Paulo : Companhia das Letras, 2024.

    Título original : Personality and Power : Builders and Destroyers of Modern Europe.
    ISBN 978-85-359-3660-5

    1. Chefes de Estado 2. Europa – História 3. Europa – Política e governo 4. Liderança política I. Título.

23-184316   CDD-940

Índice para catálogo sistemático:
1. Europa : História   940

Tábata Alves da Silva – Bibliotecária – CRB/9253

Todos os direitos desta edição reservados à
EDITORA SCHWARCZ S.A.
Rua Bandeira Paulista, 702, cj. 32
04532-002 — São Paulo — SP
Telefone: (11) 3707-3500
www.companhiadasletras.com.br
www.blogdacompanhia.com.br
facebook.com/companhiadasletras
instagram.com/companhiadasletras
twitter.com/cialetras

Em memória de Stephen

Sumário

Lista de imagens 9
Prefácio 11
Introdução: A mudança individual e a histórica 15

1. Vladímir Ilitch Lênin: Líder revolucionário,
   fundador do Estado bolchevique 33
2. Benito Mussolini: Ícone do fascismo 65
3. Adolf Hitler: Instigador de guerra e de genocídio 97
4. Ióssif Stálin: Aterrorizador de seu próprio povo,
   herói da "Grande Guerra Patriótica" 129
5. Winston Churchill: O herói de guerra britânico 161
6. Charles de Gaulle: Restaurando a grandeza da França 193
7. Konrad Adenauer: Construindo a Alemanha Ocidental 223
8. Francisco Franco: Cruzado nacionalista 253
9. Josip Broz Tito: O rei sem coroa da Iugoslávia socialista 283
10. Margaret Thatcher: Regeneração nacional 315
11. Mikhail Gorbatchóv: O homem que extinguiu
    a União Soviética e criou uma nova Europa 349

12. Helmut Kohl: Chanceler da unificação,
    força motriz da integração europeia 381
Conclusão: Fazedores de história em seu tempo 410

Agradecimentos 437
Notas 439
Índice remissivo 469

Lista de imagens

pp. 30-1: Lênin preside uma reunião do Sovnarkom (Conselho de Comissários do Povo) em 3 de outubro de 1922. Hulton Deutsch/ Corbis Historical.

pp. 62-3: Mussolini é saudado por admiradores em outubro de 1942. Ullstein Bild Dtl.

pp. 94-5: Hitler em seu 55º aniversário, 20 de abril de 1944. Ullstein Bild Dtl.

pp. 126-7: Stálin lidera o cortejo funerário de Mikhail Kalinin, ex-presidente do Presidium do Soviete Supremo, na praça Vermelha, Moscou, em 5 de junho de 1946. Serge Plantureux/ Corbis Historical.

pp. 158-9: Churchill no convés do encouraçado *HMS Prince of Wales* durante a Conferência do Atlântico, em agosto de 1941. Photo 12/ Universal Images Group.

pp. 190-1: De Gaulle em meio a grande multidão durante sua primeira visita à Argélia, em junho de 1958. Danielle Darolle/ Sygma.

pp. 220-1: Konrad Adenauer (à dir.) acompanhado pelo prefeito de Berlim Ocidental (posteriormente chanceler federal) Willy Brandt e pelo presidente americano John F. Kennedy, em 26 de junho de 1963. Bettmann.

pp. 250-1: Franco é aclamado como generalíssimo e chefe de Estado, em 1º de outubro de 1936, em Burgos. Hulton Deutsch/ Corbis Historical.

pp. 280-1: Tito e o líder soviético Nikita Khruschóv relaxam enquanto cruzam o mar Adriático durante a visita de Khruschóv à Iugoslávia, em 1963. Keystone/ Hulton Archive.

pp. 312-3: Margaret Thatcher com (da esq. para a dir.) Nigel Lawson, Norman Tebbit e Paul Channon, às vésperas das eleições gerais de 1987. Keystone/ Hulton Archive.

pp. 346-7: Mikhail Gorbatchóv encontra-se com cidadãos de Moscou em 17 de abril de 1985. AFP via Getty Images.

pp. 378-9: Helmut Kohl acena para a multidão em Bonn, em 23 de junho de 1975. Thomas Imo/ Photothek via Getty Images.

Prefácio

Alguns líderes políticos, tanto democratas quanto ditadores, cada um deles uma personalidade impactante, deixam, por óbvio, uma grande marca na história. Mas o que leva essas personalidades fortes ao poder? E o que promove, ou limita, o uso desse poder? Que condições sociais e políticas estabelecem o tipo de poder que elas incorporam e determinam se líderes autoritários — ou democráticos — podem florescer? Quão importante é a própria personalidade (e o carisma), tanto ao se ganhar o poder quanto depois, ao exercê-lo? Televisão, mídia social e jornalismo, todos elevam o papel da personalidade a algo muito próximo de uma força política elementar, irrestrita, que impõe mudanças mediante a vontade individual. Mas haverá líderes, por mais poderosos que pareçam ser, que na verdade acabam restringidos por forças que estão em grande medida fora de seu controle?

Essas são questões fundamentais na análise histórica. Mas a experiência recente nas lideranças de Donald Trump, Vladímir Pútin, Xi Jinping, Recep Tayyip Erdoğan e outros "líderes fortes" talvez lhes tenha dado nova relevância.

Tempos excepcionais, poder-se-ia dizer, produzem líderes excepcionais que fazem coisas excepcionais — frequentemente terríveis. Os casos estudados neste livro, concernentes a líderes europeus do século XX, alguns ditadores, outros democratas, referem-se — com exceção de um — a esses líderes excepcionais, produtos de precondições singulares para seu exercício específico do poder.

O único líder aqui explorado que não se enquadra nesse padrão, Helmut Kohl, contou excepcionalmente com um vigoroso impulso quando o colapso do bloco soviético lhe ofereceu de repente a oportunidade de unificar a Alemanha. Até então Kohl tinha sido um líder democrático absolutamente não excepcional. Seu caso talvez demonstre que, em condições estabelecidas em que não há uma crise sistêmica, líderes políticos apenas empurram um pouco a alavanca da mudança histórica, levados que são por considerações de cunho eleitoral e por forças mais amplas de mudança econômica, social ou cultural, forças que no melhor dos casos eles são capazes de controlar apenas em parte e com as quais se alinham com alegria. Os estudos de caso que escolhi focam diretamente o excepcional e não examinam as ações não espetaculares, embora às vezes valiosas e benéficas, desses líderes políticos europeus que durante o século XX introduziram mudanças parciais e incrementais. Contemplar líderes mais "normais", menos excepcionais, teria produzido um livro diferente. Mas foi preciso fazer uma seleção. E é difícil negar que aqueles que incluí promoveram, *sim*, de maneiras importantes — muitas vezes extremamente negativas —, mudanças significativas na história europeia.

O que se segue é uma série de ensaios interpretativos sobre a obtenção e o exercício de poder por um grupo de personalidades políticas marcantes. *Não* são, destaco, minibiografias. Cada um dos líderes selecionados, dada sua importância e o enorme impacto que causou, foi naturalmente tema de muitos estudos biográficos, construídos sobre grande volume de pesquisa histórica. Apoiei-me nessas biografias e em outras obras importantes relativas aos indivíduos em questão. Não reivindico ter feito eu mesmo uma pesquisa primária sobre qualquer desses indivíduos, com exceção de Hitler, sobre quem me vali de um minucioso trabalho que empreendi anos atrás.

Todo capítulo segue um padrão semelhante. Primeiro, examino os traços da personalidade e as precondições que favoreceram um tipo particular de personalidade, provendo a situação potencial para que o líder adquirisse poder. Depois exploro seletivamente aspectos do exercício desse poder e as estruturas que tornaram isso possível. Cada capítulo é concluído com uma avaliação do legado do líder. A Introdução delineia a estrutura da investigação e apresenta um número de proposições genéricas sobre as condições e o exercício de poder, que são depois avaliadas comparativamente na Conclusão. Reduzi notas e referências ao mínimo.

Este é um livro sobre história — uma história recente e frequentemente ainda dolorosa. A Europa avançou em relação aos tempos aqui descritos — e, mesmo considerando alguns assustadores problemas da atualidade, mudou predominantemente para melhor, em especial se contemplarmos os horrores da primeira metade do século xx. Eventos recentes destacaram temas sociais e políticos — racismo, imperialismo, escravidão, questões de gênero e identitárias — que assumiram novas ou, pelo menos, diferentes formas de expressão em relação ao século passado. E a política não é mais específica do mundo masculino, como foi uma vez, o que deve ser muito bem-vindo. Apenas um dos estudos de caso neste livro é referente a uma mulher — reflexo de que a política no século xx foi reservada aos homens. Nenhuma pessoa não branca está incluída — lembrete de que a política europeia no século xx não foi apenas um mundo do homem, mas um mundo do homem branco. As mudanças em nossa própria época são por si sós uma indicação de que forças que estão muito além até do mais poderoso líder político induzem transformação social a longo prazo.

A história oferece poucas, se é que oferece alguma, prescrições persuasivas para o futuro. No entanto, ela sugere que uma política nas mãos de personalidades poderosas que alegam possuir a panaceia para curar doenças atuais e oferecem uma ampla mudança que trará melhora radical raramente é desejável. "Cuidado com aquilo que você deseja" é uma noção útil de ter em mente quando se consideram as alegações de líderes políticos potenciais. De minha parte, prefiro evitar personalidades "carismáticas" e sou totalmente a favor de líderes que, mesmo sendo menos exuberantes, podem oferecer governança competente e eficaz, baseada em deliberação coletiva, e bem fundamentada, decisões racionais que visem a melhorar a vida de *todos* os cidadãos. Mas isso é, possivelmente, outra definição de utopia.

Ian Kershaw
Manchester, outubro de 2021

Introdução
A mudança individual e a histórica

Em que medida o turbulento século xx da Europa foi determinado pelas ações de líderes políticos? Foram esses líderes que "fizeram" o século xx da Europa? Ou foram feitos por ele? Essas perguntas são parte de uma questão mais ampla: quão importantes são os indivíduos na configuração da história? Eles alteram fundamentalmente seu curso? Ou, no melhor dos casos, desviam a maré para canais novos e temporários? Com frequência presumimos, instintiva e inquestionavelmente, que líderes políticos foram mais ou menos pessoalmente — de modo implícito, parece às vezes, até mesmo único — responsáveis por determinar o caminho histórico que foi seguido. Mas como e por que esses indivíduos estavam em posição de poder agir como agiram? Que restrições enfrentaram? A quais pressões estavam submetidos? Que apoio ou oposição condicionaram suas ações? Em quais cenários prosperaram líderes de diferentes tipos de sistema político? E quão importante foi o papel da personalidade? Até onde isso impregnou, até mesmo determinou, decisões políticas cruciais? Em que medida líderes políticos, pessoalmente, mediante decisões tomadas com independência, efetuaram a mudança que pretendiam representar? Essas perguntas aplicam-se tanto a líderes democráticos como a líderes autoritários.[1]

A questão do impacto que tem o indivíduo na mudança histórica, frequente e repetidamente, preocupou historiadores.[2] Na verdade, não apenas historiadores:

Liev Tolstói dedicou numerosas páginas de sua épica obra *Guerra e paz* (publicada em 1869) a uma reflexão filosófica sobre o papel da vontade individual na formação de eventos históricos e, enfatizando a ideia de "destino", procurou refutar a noção de que são determinados por "grandes homens".[3] Indiretamente, a questão esteve perto do centro da investigação histórica desde que o estudo da história tornou-se uma disciplina profissional, no século XIX. Porém, embora tenha sido frequentemente evocada como uma questão teórica ou filosófica, em raros momentos foi confrontada direta e empiricamente.

Na década de 1970, o historiador alemão Imanuel Geiss refletiu em termos gerais sobre o papel da personalidade, contra o plano de fundo, na Alemanha, do que tinha se tornado uma forte aversão à história personalizada. Essa aversão era, em parte, reação a uma tradição anterior nos textos históricos alemães, que enalteciam o papel de indivíduos poderosos, quase sempre visionários, na formação do destino da Alemanha. No entanto era, sobretudo, uma reação à catástrofe de uma história alemã muito recente, muitas vezes implicitamente, se não explicitamente, tida como a obra de um só homem, Adolf Hitler. O culto à liderança no Terceiro Reich, que atribuía todas as "conquistas" à "grandeza" do Líder (Führer), depois a inversão desse culto em 1945, na pronta disposição a culpar Hitler, pessoalmente, por todo o desastre que acometera a Alemanha, resultaram numa quase total difamação do papel da personalidade na história. Isso aconteceu tanto na Alemanha Ocidental, onde formas de história estruturais acabaram dominando, quanto, de modo extremo (dada a ênfase marxista-leninista numa total primazia da economia), na Alemanha Oriental. Geiss buscou um caminho intermediário entre o exagero e a rejeição do papel do indivíduo. "A personalidade significativa", considerou, "não faz história, e sim permite que ela seja mais bem reconhecida por meio da individualidade [...]. Uma grande personalidade, no melhor dos casos, imprime sua marca pessoal em sua era." Essa questão do papel da (grande) personalidade na história leva, então, ele acrescentou, "inevitavelmente à questão do social, isto é, das possibilidades e limitações coletivas, à questão da liberdade e da compulsão em nossa existência humana".[4]

Uma forte ênfase nos determinantes estruturais da mudança histórica e a diminuição do papel do indivíduo significam que a biografia, um componente convencional da escrita histórica anglo-americana, por muito tempo não desempenhou, na Alemanha, um papel significativo na interpretação do passado. Após a queda da Cortina de Ferro, no entanto, na Alemanha e em outros lugares isso começou a mudar. O declínio da influência intelectual marxista que se seguiu ao colapso do bloco soviético e a difusão da nova "cultura histórica", que descartou qualquer "narrativa mestra" ou grande teoria por trás de uma mudança histórica, trouxeram consigo uma fragmentação sem padrão subjacente ou significado detectável, estimulando um renovado foco na vontade, nas ações e no impacto de indivíduos. Um "afastamento geral do abstrato em direção ao concreto", notou-se, instigou uma movimentação "do sistema e da estrutura para o sujeito, para o único e para o indivíduo".[5]

Com a chegada do milênio, um dos principais historiadores alemães, Hans-Peter Schwarz, produziu uma longa e elegante "galeria de retratos" do século XX, uma obra cuja escrita teria sido impensável na Alemanha da geração anterior. Por meio da "forma de arte do ensaio biográfico", Schwarz comparou seu livro com "uma caminhada num museu de história [...] no qual ver-se-ão retratos das mais variadas grandes figuras do século XX: o rosto do século como uma sucessão de rostos". E reconheceu que "o fator da personalidade é apenas um entre muitos". "Ainda assim, quem contestaria seriamente sua significância?", acrescentou.[6]

Imagens de lideranças políticas, é claro, estavam longe de ser estáticas. Mesmo entre seus apoiadores, "líderes fortes" de hoje raramente estão imbuídos das características "heroicas" de "homens do destino" cujos feitos forjaram a fortuna de suas nações, como foram os líderes políticos no século XIX, quando a crença no Grande Homem surgiu do espírito do romantismo daquela época.[7] A celebrada série de seis palestras de Thomas Carlyle, proferida em 1840, foi extremamente influente na difusão dessas crenças. Suas palestras, intituladas "Sobre heróis", "Culto do herói" e o "Heróico na História", ajudaram a estabelecer a abordagem do "grande homem" (mulheres não figuravam) na história. A história, na visão de Carlyle, "é no fundo a História do Grande Homem que atuou ali [...]. Todas as coisas que vemos serem realizadas no mundo são propriamente o material exterior resultante, a realização prática e a materialização de pensamentos que habitavam os Grandes Homens enviados ao mundo". Grandes Homens eram, na avaliação de Carlyle, figuras totalmente positivas. Um Grande Homem era nada menos que "a viva fonte de luz, da qual é bom e agradável estar perto [...] de um insight nativo original, de masculinidade e heroica nobreza".[8]

A maioria dos heróis de Carlyle foi extraída da religião (como Maomé e Lutero) ou da literatura (Dante, Shakespeare). Em sua palestra final, no entanto, ele voltou-se para os políticos, destacando Cromwell e Napoleão, ambos os quais restauraram a ordem a partir do caos revolucionário. "Em épocas de rebeldia, quando a própria realeza parecia estar morta e abolida, Cromwell e Napoleão deram um passo à frente, novamente como reis", foi como ele formulou.[9] O herói — ou Grande Homem — tinha configurado a história mediante a força de vontade: essa é a mensagem subjacente. Não é de admirar que, um século mais tarde, Hitler fosse um ávido admirador de Carlyle — ou que Carlyle seja hoje tão pouco lido.[10]

Jacob Burckhardt, o eminente historiador cultural suíço do século XIX, também tratou da questão da "grandeza histórica" num ensaio baseado em palestras que proferiu na década de 1870, mas que só foram publicadas em 1905, após sua morte. Embora admitisse que a "verdadeira grandeza é um mistério", ele alegava que somos "irresistivelmente levados a ver como grandes, no passado e no presente, aqueles por meio de cujas ações nossa especial existência é governada".[11] "O grande homem", ele declarou, destaca-se por ser único e insubstituível.[12] A principal preocupação de Burckhardt era com a grandeza na cultura (especialmente em artistas, poetas e filósofos) e entre as grandes figuras religiosas (ele também destacou Maomé e Lutero). Na esfera política, buscou distinguir "grandeza" de "mero poder", e não via "grandeza" naqueles que descreveu como "meros destruidores poderosos" (*die bloßen kräftigen Ruinierer*").[13] Àqueles que destroem mas não criam nada não cabe qualquer atribuição de grandeza. "Grandes homens" para Burckhardt eram aqueles capazes de mudar a história, livrando a sociedade de "formas mortas de vida".[14] A determinação de "grandeza" a seu ver estava mais que na execução da vontade individual. Estava, em vez disso, em como a vontade do indivíduo refletia (segundo um ponto de vista) a vontade de Deus, a vontade de uma nação ou a vontade de uma época.[15] A ideia de como isso poderia ser definido permaneceu obscura.

Tanto Carlyle como Burckhardt buscaram "grandeza" na personalidade. Mas suas tentativas na definição de "grandeza" foram nebulosas. Talvez seja de fato possível chegar a definições objetivas de gênio, equivalendo à grandeza, na arte e na cultura. Talvez faça sentido, objetivamente, dizer que Michelangelo, ou Mozart, ou Shakespeare foram "grandes" artistas porque uma avaliação estética especializada de seu gênio e de suas qualidades artísticas demonstram até onde eles pairam acima da obra de seus contemporâneos. Burckhardt sugeriu que a grandeza entre artistas, poetas e filósofos está na capacidade de capturar o espírito de sua época, mas também de transmitir uma imortal estrutura interpretativa e de compreensão às gerações futuras.[16] Num plano menor, mas no qual as realizações podem ser avaliadas com precisão, é possível falar de desportistas, cujos desempenhos estão bem acima dos de todos os outros. Mas essa possibilidade é totalmente removida no que concerne à "grandeza" política.

Lucy Riall, uma especialista em história italiana moderna, reexaminou recentemente o conceito de grandeza histórica, vendo-a como uma construção política e cultural, uma abordagem que ela implanta em sua biografia de Garibaldi.[17] "Para italianos e não italianos também", ela sugeriu, "Garibaldi foi, e continua sendo, o Grande Homem *par excellence*."[18] Mas ela deixa claro que isso foi um constructo — uma "invenção" da sociedade italiana, com importante contribuição do próprio Garibaldi. "Ao questionar o conceito de grandeza", ela conclui, "um biógrafo político pode revelar o processo pelo qual a grandeza é adquirida, manipulada e usada, e talvez oferecer alguma explicação para nossa necessidade de heróis."[19] Poucos negariam o valor de explorar os motivos pelos quais, em certas épocas, sociedades — ao menos parte delas — estavam dispostas a ver grandeza em seus líderes políticos (que só se comprazam em vê-la neles mesmos). E é por si mesmo evidente que é importante compreender como regimes foram capazes de manipular e explorar essas ideias. Mas o ato de considerar as condições nas quais cultos à liderança são criados e florescem ainda deixa em aberto a questão de se e por quais critérios líderes políticos específicos podem realmente ser considerados "grandes".

No reino da política, a tentativa de definir "grandeza" objetivamente parece-me ser definitivamente um exercício vão. Quais são os critérios? Burckhardt esteve disposto a considerar que Gengis Khan foi "grande" ao liderar seus seguidores, de uma existência nômade à "conquista do mundo". Contudo, rejeitou essa atribuição a Tamerlão, herdeiro de Gengis Khan com estilo próprio, vendo-o como um "poderoso destruidor" que deixou os mongóis numa situação pior que aquela em que os tinha encontrado. Pode essa distinção ser vista como outra coisa que não um julgamento subjetivo? Ambos os governantes eram igualmente temidos quando seus exércitos irrompiam furiosamente por imensas extensões de territórios conquistados, deixando incontáveis milhares de vítimas em sua esteira. Sob fundamentos morais, cada qual foi exemplo repulsivo de ilimitada crueldade. O julgamento moral não desempenhou um papel na avaliação de "grandeza" por Burckhardt, nesse caso. Parece ter sido baseado na efetividade de sua conquista (para os conquistadores, não os conquistados). A "grandeza" parece estar puramente no olho de observadores bastante específicos. E será que isso ajuda, assim mesmo, a entender melhor sua aquisição e seu exercício do poder para julgar Gengis Khan "grande", ou Tamerlão, ao contrário, destituído de "grandeza"?

Talvez, ao avaliar o passado distante, seja possível deixar a moralidade fora da equação. Moralidade, como critério de julgamento, vai se desvanecendo no tempo até desaparecer totalmente. Talvez não fosse esse o caso; mas é. Poucos prestam atenção na escala da matança ao julgar as realizações de um conquistador séculos atrás. Mas será assim em tempos modernos? O poder político moderno sempre exige escolhas morais e posições ideológicas. Elas inevitavelmente vão alienar, bem como atrair, admiração. Que nível de opróbrio moral pode interpor-se ao reconhecimento de uma "grandeza"? É inquestionável que o mais aviltado líder político na história moderna é Hitler. Poucos, hoje em dia, usariam a palavra "grande" para descrever o principal autor de uma guerra mundial, do Holocausto e da destruição de seu próprio país. Mas já se sugeriu que ele fosse pensado em termos de uma "grandeza negativa".[20] A repulsa moral, nessa visão, é sobrepujada pelo reconhecimento de seu imenso (mesmo que catastrófico) impacto e de sua indubitável significância histórica. Deixando de lado o que poderia ser visto como uma implícita, conquanto não intencional, apologia, isso aponta novamente para o vazio contido na noção de "grandeza" histórica. Mesmo se pudesse ser adequadamente definida, essa noção reduz, de modo extremo, uma mudança histórica às ações de indivíduos. Equivale a certa personalização da história que, a menos que inserida numa estrutura causal mais profunda, tem um poder explanatório muito limitado.

A definição de "grandeza" política enfrenta outra objeção. O termo não é apenas vago, mas também suscetível de uma troca de valores. No mundo ocidental dificilmente qualquer líder político moderno foi descrito como "grande" mais do que Winston Churchill.[21] Sua liderança durante a Segunda Guerra Mundial foi corretamente vista como parte vital da vitória dos aliados ocidentais, vitória da liberdade sobre a tirania no mundo ocidental. Mas a reivindicação dessa "grandeza" teve de contender com o fato de que suas opiniões sobre raça e império colonial acabaram, com o tempo, sendo consideradas odiosas — a ponto de ter sido necessário proteger sua estátua em Westminster contra manifestantes, nos protestos do Black Lives Matter, que consideravam Churchill um imperialista racista. Suas premissas de supremacia branca sobre as populações indígenas das colônias britânicas eram características da elite governante naqueles tempos (e de muitas outras pessoas, além disso). Ele fez inúmeras observações que viriam a ser consideradas abomináveis, embora fossem lugar-comum na época. (Alegações de que foi responsável pela terrível fome em Bengala, de 1943-4, são, contudo, incorretas ou imprecisas. Se ele poderia ter feito mais para aliviar o terrível sofrimento ainda é uma questão controversa, mas as prioridades de transporte militar durante uma guerra mundial apresentavam claras limitações ao que era possível.)[22] Para uma época posterior, suas atitudes em relação à raça foram repugnantes, assim como sua aprovação da ideia de eugenia. (Ele, no entanto, diferentemente de muitos de seus contemporâneos, invariavelmente deu suporte aos judeus, apoiou a Declaração Balfour, que propiciava aos judeus uma pátria, e era totalmente isento de antissemitismo.) Nada disso deprecia as excepcionais realizações de Churchill. Mas suscita julgamentos morais que têm de ser inquietamente equilibrados e subjetivamente avaliados na busca de um veredicto quanto a sua "grandeza".

Em minha opinião, é melhor deixar para trás a busca de "grandeza" em líderes políticos. A questão não é se, por alguma nebulosa definição, um líder foi ou não "grande". O foco, em vez disso, deveria ser diretamente o impacto histórico do líder e seu legado. O julgamento moral — se um "grande" líder tem de ser uma força para o bem ou se é possível haver "grandeza negativa" — vai desaparecendo (embora o uso da própria língua por historiadores tenha inevitavelmente conotações morais). Isso, é claro, ainda deixa em aberto a questão do papel do indivíduo na história.

O motivo pelo qual determinados indivíduos se destacam, alcançam proeminência, obtêm poder e são capazes de exercer esse poder para efetuar mudança política *está*, claramente, relacionado com traços específicos de personalidade, notáveis forças de caráter e de capacidade. É lugar-comum dizer que esse ou aquele indivíduo é "carismático". Intrinsecamente, tudo que se costuma dizer é que um indivíduo é sedutor, ou atraente, de algum — comumente indefinido — modo. Mas o que é atraente ou sedutor para alguns é com frequência repulsivo para outros. E por que os traços de personalidade de determinado indivíduo poderiam ser politicamente não atraentes em certo momento, altamente sedutores em outro? Isso aponta, claro, para o contexto específico, ou para as condições, em que um indivíduo é considerado "carismático", na maioria das vezes contribuindo de forma significativa para a sua eficácia política.

A maneira pela qual o sociólogo alemão Max Weber (1864-1920) apresentou a noção de "carisma" é útil para conectar o papel do indivíduo à estrutura social e política na qual a personalidade desse indivíduo é altamente eficaz. Weber não empregou a palavra "carisma" como significando necessariamente que um indivíduo possui qualidades extraordinárias que equivalem de modo objetivo a "carisma", mesmo que alguns líderes políticos, por óbvio, exibam talentos específicos para, digamos, discursar em público, ou tenham traços pessoais potencialmente envolventes e sedutores. E sim, ele pôs ênfase na percepção, por um "séquito" de crentes (a "comunidade carismática"), das qualidades excepcionais do proclamado líder. Nesse sentido, o séquito de crentes *criou* o "carisma" que encontrou no "escolhido" — enxergando nesse indivíduo heroísmo, ou grandeza; um "chamado" (ou mensagem ideológica) que consideraram sedutor.[23] Em condições políticas modernas, "carisma" pode ser, e invariavelmente é, produzido e sustentado por uma mídia controlada pelo governo e por partidos de massa, de modo que aquilo que é considerado "carisma" é em grande medida o produto artificial do "marketing" de um indivíduo por um movimento político, a criação de um perfil pela mídia, ou pura propaganda. Ditadores gastam muito tempo e energia na criação de um culto de personalidade que, junto com um forte aparato repressivo, serve para consolidar e manter a detenção do poder.[24] A adulação massiva do Líder em regimes ditatoriais é gerada artificialmente, não é o reflexo de qualidades pessoais autênticas daquele Líder.

Figuras "carismáticas" podem, é claro, perder assim como ganhar sua aura especial, comumente devido a falhas — algumas vezes catastróficas — e a sua incapacidade de corresponder às expectativas. Há, obviamente, exceções à alegação do político da direita conservadora britânica Enoch Powell de que "todas as carreiras políticas acabam em fracasso". Mas a escala do fracasso de líderes políticos antes considerados excepcionais mas depois rejeitados é, novamente, testemunha do papel transitório dos indivíduos e das forças que, além de seu controle, determinam seu próprio escopo para a ação e a natureza mais amplas da mudança histórica. Qualquer avaliação do papel do indivíduo no processo de "fazer história" deveria começar, portanto, olhando, em primeira instância, não apenas para a personalidade, mas também para as condições que modelam a contribuição daquele indivíduo.

Uma frutífera abordagem a isso — que foi a antítese da teoria do "grande homem" — é apresentada por Karl Marx, nas primeiras linhas de seu curto tratado, escrito nos primeiros meses de 1852, *O 18 de Brumário de Luís Bonaparte*. "Os homens fazem sua própria história, mas não a fazem como querem, não a fazem sob circunstâncias de sua escolha, e sim sob aquelas com que se defrontam diretamente, que lhes são dadas e legadas."[25] Não é preciso ser marxista (e nunca fui um) para ver as implicações disso para a compreensão da mudança histórica. Longe de olhar para a "grandeza" histórica, Marx buscou explicar como uma nulidade pessoal, mesmo um bufão (que é como ele via Luís Bonaparte, Napoleão III), tinha sido capaz de assumir poderes ditatoriais no golpe de dezembro de 1851. Encontrou a resposta na incapacidade, por parte de qualquer classe social, de impor sua regra à sociedade francesa da época — em sua opinião, uma condição incomum e inevitavelmente transitória. Os trabalhadores tinham sido derrotados na revolução de 1848, enquanto a burguesia estava dividida e politicamente enfraquecida. A fraqueza tanto do proletariado quanto da burguesia permitiu que Luís Bonaparte, mordazmente descrito por Marx como um "palhaço sério" que tinha surgido de uma "carreira de aventureiro vagabundo",[26] assumisse o papel de autoridade executiva no Estado e subornasse, bajulasse e manipulasse de outras maneiras o lumpemproletariado e os pequenos proprietários camponeses para que dessem apoio popular à sua ditadura.

O subsequente escopo de seu exercício pessoal de poder foi condicionado pelo equilíbrio entre as forças sociais e políticas que tinham provido a armação estrutural para sua tomada do poder. Isso deu a Luís Napoleão "relativa" autonomia das forças de classe; por algum tempo ele pôde agir sem restrição. Não é necessário manter essa interpretação de equilíbrio de classe. Mas a ênfase nas condições estruturais preexistentes destaca o potencial para que líderes individuais explorem crises e para que a turbulência de circunstâncias excepcionais adquira alcance extraordinário para o exercício de poder pessoal — quase sempre tirânico. Mais genericamente, ela oferece uma correção à convencional e exagerada ênfase no papel irrestrito do indivíduo na efetivação da mudança histórica. Ao começar, por assim dizer, na extremidade "errada", ao enfatizar contexto e condições e não personalidade e realização individual, ela estimula uma análise que não nega o papel do indivíduo, mas olha, em primeira instância, para a circunstância na qual esse papel foi possível. Esta foi a base da estimulante e penetrante análise, pelo cientista político Archie Brown, da liderança política moderna, cujo ponto de partida é que "líderes em toda parte operam em culturas políticas historicamente condicionadas", observando que há, especialmente nas democracias, "muitas restrições ao líder máximo, mesmo que um foco excessivo na pessoa que ocupa o degrau mais alto da escada tenha se tornado extremamente comum".[27]

Todo mundo, é claro, tem uma personalidade — um reflexo de traços de caráter embutidos, moldados desde a infância e influenciados pela maneira como se é criado, pela educação, pelas oportunidades na vida e pelo ambiente social. Mas nem toda personalidade está equipada com características para liderança, seja na política, nos negócios ou em outras atividades. Estudos psicológicos de tipos de personalidade e qualidades de liderança muito presentes em círculos de negócios mostram que talvez sejam de reduzido valor quando se trata de liderança política. Confiabilidade, senso de responsabilidade, mentalidade aberta, estabilidade emocional, sociabilidade, diligência, temperamento agradável, frieza quando sob pressão e disposição para colaborar são sem dúvida, em princípio, qualidades desejáveis num líder de negócios.[28] Mas é fácil imaginar líderes políticos que não se encaixam nessas credenciais e até mesmo rejeitam sua desejabilidade, mas que foram (e no mundo contemporâneo às vezes ainda são) mesmo assim — ao menos por algum tempo — altamente eficazes.

As condições nas quais um tipo particular de personalidade poderia ser eficaz como líder político variam tanto que é difícil generalizar. O que funciona numa democracia estabelecida poderia ser totalmente ineficaz na turbulência política de uma grande crise. Um ditador pode ter traços de personalidade que são repulsivos para a maioria das pessoas numa sociedade próspera e pluralista, mas são aclamados nas crises que levam muitos ditadores ao poder, em primeiro lugar. É impossível compreender Hitler, por exemplo, sem entender o lancinante e insuportável impacto na sociedade alemã da Primeira Guerra Mundial e da Grande Depressão. A "eficácia" pode ter curta duração, levando posteriormente ao desastre, mas pelo menos por algum tempo ela pode existir e ter consequências imensas. As condições determinam em grande parte o impacto de um tipo específico de personalidade.

As condições também configuram o tipo de poder que provavelmente será exercido. Seguindo a estrutura delineada por Michael Mann, podemos pensar em quatro separadas, conquanto inter-relacionadas, fontes de poder: ideológica, econômica, militar e política.[29] As circunstâncias ditam qual é a que provavelmente vai predominar numa determinada época. Um tipo específico de personalidade provavelmente terá proeminência, contará com apoio popular e ganhará suporte institucional, dependendo das circunstâncias e da particular constelação de poder.

Por exemplo, as qualidades de liderança exigidas historicamente onde havia uma ideologia amplamente institucionalizada e livre de desafios eram muito diferentes do que numa situação onde prevalecia instabilidade, crise política ou guerra.

Onde há paz, onde a prosperidade está aumentando e se disseminando e onde os valores essenciais de direitos humanos, liberdades liberais, democracia pluralista, regime da lei, divisão de poderes e de uma economia capitalista relativamente livre de crises são em geral aceitos como a base de uma sociedade estável e civilizada, um líder provavelmente aceitará, na maior parte do tempo, restrições institucionais à sua ação e não buscará transformar o sistema político em si mesmo. Essas condições prevaleceram em geral após a Segunda Guerra Mundial, até recentemente, na Europa Ocidental e nos Estados Unidos. No entanto, quando novas tensões geopolíticas e crises econômicas ressaltaram os fundamentos precários de uma intensificada globalização, um estilo diferente de liderança populista (representado por Donald Trump nos Estados Unidos e num tom muito menor por Boris Johnson na Grã-Bretanha) floresceu, ao menos por algum tempo, em terreno fértil.

Em sistemas políticos profundamente contestados e dominados por crises, como os que existiram em muitas partes da Europa entre as guerras, um tipo de personalidade muito diferente, pronta e disposta a defender e perseguir uma mudança radical mediante uso extensivo de violência, tinha mais probabilidade de obter aclamação e poder. Durante as duas guerras mundiais, objetivos e prerrogativas militares foram determinantes primários autoevidentes. O poder militar, por um tempo curto porém altamente destrutivo, superou todos os outros. Em tais condições, até mesmo ditadores como Hitler, Mussolini e Stálin estiveram em grande medida subordinados a suas exigências e restrições. Comandantes militares, cujas qualidades diferiam das dos líderes políticos, necessariamente exerceram na prática uma boa dose de poder, mesmo quando só eram relativamente autônomos em relação à liderança política.

O poder individual pode ser visto, segundo Max Weber, como a capacidade de um líder de fazer valer sua própria vontade, apesar das resistências.[30] Em democracias pluralistas liberais, essa vontade é comumente expressa como a decisão consensual de um gabinete, ou outro aparato governamental, e o poder é difundido pela sociedade por uma rede de instituições e organizações. A oposição em geral ocorre no contexto de um parlamento ou uma assembleia e dentro do próprio aparelho governante. Mas a oposição, embora possa ser vociferante, até mesmo acalorada, acontece num sistema que se apoia em consenso, e um líder de governo ainda é, mais frequentemente do que não, capaz de fazer valer sua vontade por intermédio de uma estrutura institucional que penetra na sociedade. Poder, nos termos de Michael Mann, pode, pois, ser definido como "infraestrutural". É poder *mediante* estados.

A expressão oposta de poder, que se apresenta nas ditaduras, é o que ele chama de "poder despótico" ou poder *sobre* estados. Aqui, o poder é exercido diretamente por uma liderança autoritária que exige, e espera obter, obediência completa aos comandos vindos de cima (apoiados por altos níveis de coerção).[31] A oposição é reprimida, a opinião, fortemente manipulada, e a vontade do líder é mais evidente e diretamente crucial para o exercício do poder. Mesmo aqui, no entanto, o poder despótico não é totalmente independente de um poder infraestrutural. Um líder precisa de forte suporte institucional por parte dos militares, das forças de segurança, da polícia e do sistema jurídico, e de uma panóplia de organizações partidárias. Mesmo quando o poder pessoal do líder está desvanecendo, como, por exemplo, o de Hitler nos últimos meses da guerra, os mecanismos de suporte podem garantir que a ditadura permaneça extremamente forte. A questão da personalidade e do poder, portanto, estende-se, além da biografia, da predisposição e dos atributos pessoais do líder, para as condições que circunscrevem a liderança.

O texto que segue contempla a história do século XX na Europa pelo prisma de algumas figuras políticas do século, excepcionais — para o melhor ou, frequentemente, para o pior —, sendo cada uma delas ou chefe de Estado ou chefe de governo. Eu restrinjo essa avaliação a estudos de caso de uma seleção de líderes políticos europeus cujo impacto foi de grande significância e, o que é importante, teve abrangência mais ampla que a de seu próprio país. Outros podem ser facilmente imaginados. Depois de muito refletir, omiti alguns líderes europeus — Willy Brandt e François Miterrand, por exemplo — que se poderia considerar haver bons motivos para serem incluídos. Poderiam ter formado parte de um elenco diferente de líderes políticos, na maioria sociais-democratas ou liberais de uma ou outra convicção, que deram contribuições importantes, sobretudo na segunda metade do século XX, para avanços em justiça social e direitos humanos. Minha ênfase em condições de crise, no tipo de líder que elas produzem e no papel de indivíduos em conjunturas cruciais de mudança, inevitavelmente — talvez erroneamente — afasta o foco desses tipos de liderança. Por outro lado, há poucos motivos para deixar de fora esses líderes que eu *decidi* incluir. Sua importância parece ser evidente por si mesma.

A abrangência da escolha poderia ser estendida sem dificuldade para incluir líderes não europeus — presidentes dos Estados Unidos, de Woodrow Wilson a Bill Clinton, foram proeminentes entre eles, mas incluem-se também outras figuras globais, como Mao ou o aiatolá Khomeini — cujas ações contribuíram significativamente, ainda que de modo indireto, para modelar a Europa do século xx. Franklin Delano Roosevelt, personalidade intrigante e de inegável importância como presidente dos Estados Unidos, propiciou-me a mais longa pausa para reflexão. O papel que ele desempenhou na história europeia, não apenas americana, durante a Segunda Guerra Mundial não precisa ser enfatizado aqui. Mas a inclusão mesmo que de um só líder não europeu faria surgir uma objeção óbvia: por que parar aqui? Isso envolveria a ampliação da investigação a arenas políticas, e ao papel de indivíduos dentro delas, que se estendem para muito além do continente europeu. Seria impossível, nesses casos, evitar considerações sobre as políticas domésticas desses outros países, que configuraram o líder individual mas com frequência tiveram influência apenas tangencial, no melhor dos casos, na Europa. Isso simplesmente extrapolaria os limites do que aqui é possível.

Tampouco trato de indivíduos, conquanto influentes, que deixaram marca significativa na política — na oposição, em protestos ou movimentos de resistência —, mas não se tornaram líderes de Estado. Pelos mesmos motivos excluí Jean Monnet e Robert Schuman; nenhum deles foi chefe de governo ou de Estado, e sim os arquitetos do que mais tarde veio a ser a União Europeia, inquestionavelmente um dos desenvolvimentos mais significativos do século xx — mas que se trata de um projeto, no geral, de empreendimento coletivo, não de criatividade individual. Além da política, é claro, é igualmente fácil pensar em figuras excepcionais que deram contribuições indispensáveis às artes, à ciência, à medicina, aos negócios e à economia, e muitas outras esferas. Mas este livro não trata dessas figuras.

Juntos, no entanto, os doze líderes europeus aqui examinados inegavelmente influenciaram de maneiras significativas o desenrolar da história da Europa no século xx. A maioria deles fez isso em tempos de crise para seu país. Lênin emergiu da crise da autocracia tsarista durante a Primeira Guerra Mundial. A crise da devastadora guerra civil que se seguiu à Revolução Bolchevique e o vácuo de poder depois da morte de Lênin criaram a plataforma para a tomada do poder por Stálin. Mussolini beneficiou-se da crise política do pós-guerra na Itália. Mesmo bem mais de uma década após seu término, o trauma que restou da Primeira Guerra Mundial estabeleceu os fundamentos para a ascensão de Hitler ao poder, em meio à abrangente crise de Estado e de sociedade que levou à destruição da democracia alemã durante a Grande Depressão do início da década de 1930. Franco adquiriu poder como o vencedor de uma brutal guerra civil num país dominado pela crise. Churchill foi nomeado primeiro-ministro durante a grave crise política britânica quando o Exército alemão tomava a maior parte da Europa ocidental. O poder de De Gaulle emanou de duas crises separadas — da França derrotada e ocupada, e depois da crise da Guerra da Argélia. Tito consolidou sua reivindicação de poder com sua liderança na resistência militar na multifacetada crise de uma Iugoslávia ocupada e assolada pela guerra. Gorbatchóv foi eleito secretário-geral do Partido Comunista Soviético quando a União Soviética era obrigada a lidar com uma crise profunda, instalada numa economia e num sistema político em declínio.

Crises também produziram líderes extraordinários em democracias no pós-guerra. A liderança de Adenauer teve como moldura, em grande medida, a condição crítica da Alemanha ao emergir, destruída e ocupada, após 1945 e as agudas tensões e os perigos da Guerra Fria. A liderança de Thatcher foi forjada a partir da economia e, em alguns sentidos, da crise cultural que assolou a Grã-Bretanha na década de 1970.

O 12º estudo de caso incluído em minha seleção é o único que não emergiu de uma ou outra forma de uma crise nacional. Helmut Kohl assumiu o cargo na Alemanha Ocidental na esteira das dificuldades econômicas que se seguiram ao choque do petróleo de 1979 — o segundo, após o primeiro choque do petróleo, em 1973 —, mas em condições de uma subjacente estabilidade política e prosperidade. Ele já era o chanceler da Alemanha Ocidental — e sem dúvida um chanceler menos diferenciado do que qualquer um de seus predecessores imediatos, Helmut Schmidt e Willy Brandt — havia sete anos antes de enfrentar o que poderia ser considerado uma crise "benigna", quando a Guerra Fria acabou e a unificação da Alemanha tornou-se um objetivo viável. Porém, nesse contexto, Kohl tornou-se também uma figura significativa na Europa do século xx. A linha seguida é esta:

Os estudos de caso visam a testar um certo número de proposições gerais.

O escopo para o impacto individual é maior durante ou imediatamente após uma grande convulsão política, quando estruturas existentes de governo colapsam ou são destruídas.

Uma obstinada perseguição a objetivos facilmente definíveis e uma inflexibilidade ideológica combinada com perspicácia tática habilitam um determinado indivíduo a se destacar e ganhar seguidores.

O exercício e a escala do poder pessoal são em grande medida condicionados por circunstâncias de tomada do poder e pela fase inicial de sua consolidação.

A concentração de poder aumenta o potencial impacto do indivíduo — quase sempre com consequências negativas, às vezes catastróficas.[32]

A guerra submete até mesmo líderes políticos poderosos às avassaladoras restrições do poder militar.

O poder de líderes individuais e seu espaço de manobra dependem, em grande medida, da base institucional e da força relativa do apoio que recebem, primariamente dos canais secundários de poder, mas também do público mais amplo.

Um governo democrático impõe maior limitação à liberdade de ação e ao alcance do indivíduo na determinação de uma mudança histórica.

Não existe fórmula matemática que possa atribuir um peso relativo a fatores pessoais e impessoais na avaliação de uma mudança histórica. O foco em instâncias específicas — decisões formativas ou fatídicas, por exemplo —, quando uma intervenção pessoal tem impacto significativo, pode, no entanto, ajudar a que se chegue a conclusões mais amplas.

Este é um livro sobre liderança histórica no século XX, não sobre líderes de hoje, da primeira parte do século XXI. Não obstante, as questões que ele suscita quanto às condições que influenciam os tipos de indivíduos que assumem o poder, as estruturas de governo que configuram o exercício do poder e as circunstâncias nas quais uma personalidade individual vem a desempenhar um papel decisivo na mudança histórica são relevantes para nossa época como foram para gerações anteriores.[33]

Lênin, voltando após prolongada enfermidade, preside uma reunião do Sovnarkom (Conselho de Comissários do Povo) com uma presença particularmente numerosa, em 3 de outubro de 1922. Atrás de Lênin estão Alexei Rykov (à esq.) e Liev Kámenev, ambos executados mais tarde nos expurgos de Stálin. Esta pode ter sido a última reunião do Sovnarkom a que Lênin compareceu, pois ficou de novo gravemente enfermo a partir de dezembro de 1922.

1. Vladímir Ilitch Lênin: Líder revolucionário, fundador do Estado bolchevique

A imensa convulsão criada pela Primeira Guerra Mundial teve, entre suas muitas consequências de longo alcance, uma que iria reverberar por toda a Europa, e no mundo inteiro, por mais de sete décadas: a Revolução Bolchevique de 1917. E no centro desse evento cataclísmico estava Vladímir Ilitch Uliánov, conhecido na história pelo pseudônimo que adotou por volta de 1902: Lênin.[1]

Lênin tem um forte argumento para estar na linha de frente, ou muito perto dela, de qualquer desfile dos fazedores do século XX na Europa. Mas a formulação desse argumento suscita questões óbvias. Em que medida um evento da magnitude da Revolução Russa (e seu duradouro impacto) depende de um único indivíduo? Qual *foi* realmente a contribuição pessoal de Lênin para o estabelecimento, a consolidação e o impacto duradouro do regime bolchevique? Afinal, ele nem mesmo era a força motriz mais dinâmica e revolucionária na Rússia naquela época. Quem foi descrito como "um gênio revolucionário" foi Liev Trótski.[2] E Lênin estava morto em fins de janeiro de 1924, depois de apenas seis anos no poder, sendo que nos últimos cerca de quinze meses desse período esteve em grande medida incapacitado devido a uma série de derrames cerebrais. O que ele fez pessoalmente para conduzir a reformatação revolucionária da Rússia, e como poderia assegurar que sua política fosse estendida a um país tão vasto — maior que todo o resto da Europa?

Por que Lênin, seja como for, acabou sendo o líder da revolução que mudou a Rússia e a história europeia? Não que estivesse sozinho em sua determinação de transformar a Rússia. A insatisfação com o regime tsarista e a difusão do marxismo no Império Russo da década de 1880 em diante deram origem a muitos futuros revolucionários, alguns deles figuras importantes nas numerosas facções e grupos políticos subversivos que surgiam. O que havia de especial em Lênin? Como e por que emergiu para ser aceito como o líder revolucionário predominante? Que traços de personalidade o levaram ao poder supremo no novo Estado e o mantiveram lá durante a furiosa guerra civil que se seguiu imediatamente à revolução? E num Estado cuja filosofia enaltecia a importância de determinantes impessoais da história e minimizava, de acordo com isso, o papel do indivíduo, por que Lênin teve esse profundo e duradouro legado, dentro e fora da União Soviética? Essas questões indicam amplamente que Lênin propicia um intrigante caso para o estudo do impacto do indivíduo na história.

PRECONDIÇÕES DO PODER

A Rússia, em 1917, estava madura para a revolução. Uma massiva perda de vidas na Primeira Guerra Mundial, a crescente desmoralização dos soldados no front, insuportáveis dificuldades para a população civil e a obstinada recusa do tsar em considerar uma reforma somavam-se para igualar um clima de iminente insurreição. Greves, demonstrações e motins provocados pela fome acompanhavam estridentes demandas por paz e uma crescente denúncia do tsar. A revolução de fato irrompeu em fevereiro daquele ano. Não tinha nada a ver com Lênin: na época ele ainda vivia no exílio, na Suíça.

Na verdade, já tinha havido uma tentativa de revolução, de curta duração, no outono de 1905, quando a insatisfação interna foi aumentada pela humilhante derrota na Guerra Russo-Japonesa. Uma combinação de opressão de Estado e concessões constitucionais, em grande parte cosméticas, rumo a um governo representativo afastou o pior perigo que ameaçava o regime. O poder da autocracia tsarista permaneceu intacto. O fermento da inquietação, no entanto, só fora contido, não eliminado.

A realidade era que o sistema político não poderia ser mudado fundamentalmente mediante uma reforma gradual. A sociedade civil era fraca, e não existia uma base legal independente. A violência era o lugar-comum. A classe média, de proprietários, era pequena, a intelligentsia, minúscula, mas desproporcionalmente radicalizada sob o impacto da opressão de Estado e da difusão de ideias revolucionárias. Além de uma pequena elite, poucos sentiam ter qualquer participação no sistema socioeconômico ou no regime que o sustentava. Mais de 80% da população daquele vasto e predominantemente pobre país eram camponeses, muitos dos quais profundamente hostis ao Estado e seus funcionários. A maioria deles vivia em condições primitivas, em comunidades de aldeia, e era economicamente dependente dos proprietários da terra. Nas grandes cidades industriais, que tinham aumentado dramaticamente de tamanho durante as duas décadas precedentes, um proletariado empobrecido e oprimido não tinha meios legais para reparar seus males. Diferentemente da muito maior classe trabalhadora alemã, que os marxistas tinham considerado ser a provável fonte da revolução, e que nas vésperas da Primeira Guerra Mundial era representada pelo maior partido de trabalhadores da Europa, o proletariado urbano da Rússia não tinha nem uma participação na sociedade russa nem qualquer meio político para alterá-la, a não ser a revolução. Isso fazia com que estivessem disponíveis para a mobilização revolucionária — nas circunstâncias certas.[3]

A Primeira Guerra Mundial proporcionou essas circunstâncias. As perdas desastrosas — mais de 2 milhões de mortos, cerca do dobro de feridos — e as imensas dificuldades causadas pela guerra criaram condições que não existiam em 1905. Por mais profunda que tivesse sido a insatisfação à época, trabalhadores em greve e setores rebeldes do campesinato não tinham superado seus interesses distintos para produzir uma força revolucionária coerente e unificada. Em 1917, o potencial revolucionário da classe operária estava unido, ao menos temporariamente, ao do campesinato. Outra diferença foi de importância vital. Em 1905, os militares, pivôs do regime, apesar de alguma inquietação e de um motim naval que se seguiu à derrota para os japoneses, permaneceram predominantemente leais ao tsar. Em 1917, a crise que uniu o Exército russo demonstrou ser imparável. Derrotismo, defecção e desmoralização levaram a demandas ainda mais estridentes por paz, junto com uma crescente fúria contra o tsar e o regime que ele conduzia, naturalmente tidos como responsáveis pela calamidade. A extrema insatisfação dos soldados na frente de combate agora se aliava ao ânimo revolucionário entre operários e camponeses. Isso colocava em grave perigo o regime tsarista. Como em 1905, uma tentativa de revolução era provável em algum momento.

Mas sem a guerra como fator unificador do impulso para destruir o regime tsarista, ela poderia, como em 1905, resultar em insucesso.[4]

Havia outra diferença fundamental. Uma revolução exitosa precisa de líderes e de organização. À revolução de 1905 faltou uma liderança que pudesse lhe dar foco e galvanizar seus díspares setores rebeldes numa só e imparável força. E faltava-lhe organização. Em 1917 havia Lênin e seu pequeno porém implacavelmente comprometido e estreitamente unido Partido Bolchevique. A confluência entre um levante revolucionário e um líder revolucionário estava longe de ser inevitável. Na verdade, dependia de uma contingência improvável — fora do controle de Lênin —, sem a qual o curso (e muito provavelmente o resultado) da Revolução Russa teria sido indubitavelmente muito diferente. Essa era a precondição mais direta de todas.

Apenas um notável golpe de sorte o habilitou a tirar vantagem da enorme convulsão que se seguiu ao levante em Petrogrado na última semana de fevereiro de 1917 e que o pegou de surpresa. Embora esperasse uma revolução a qualquer momento, no final de janeiro de 1917 Lênin achava que talvez não vivesse para vê-la.[5] Mas quando o tsar foi obrigado a abdicar, em 2 de março, ele soube que a tão almejada revolução era um fato. Dessa vez, diferente de 1905, ele tinha de voltar para a Rússia o mais breve possível. Em meio a uma guerra europeia isso era mais fácil de dizer do que de fazer. Foi quando a sorte veio em seu auxílio — e, não é preciso ir muito longe para afirmar, alterou a história europeia.

Se o governo alemão não tivesse concordado, por meio de intermediários, em permitir que ele e cerca de trinta associados viajassem da Suíça para a Rússia de trem, é difícil imaginar como Lênin poderia ter condições de voltar à Petrogrado revolucionária. Claro que está longe de ter sido pura sorte, ou mesmo um incompreensível erro de cálculo, o fato de os alemães terem concordado em ajudar Lênin. Cada vez mais sob pressão na guerra, eles perceberam as vantagens de promover uma revolução na Rússia como forma de pavimentar o caminho para um cessar-fogo na frente oriental, que lhes permitiria concentrar os esforços no Ocidente. Mas, se não tivessem feito isso e Lênin não tivesse voltado para a Rússia naquela primavera, é duvidoso que ele tivesse legitimidade entre os revolucionários para assumir a liderança da revolução mais radical em outubro. Trótski, ninguém menos, achava que o sucesso daquela revolução dependia de Lênin.[6] Mas estar presente para liderá-la dependia, por bizarra ironia, dos imperialistas alemães que ele tanto detestava.

Quando voltou para a Rússia em abril de 1917, Lênin era um desconhecido para a maioria dos russos. Poucos trabalhadores russos sabiam seu nome.[7] Tinha vivido no exílio durante uma década, principalmente na Europa Ocidental. O Partido Bolchevique que ele liderava era fanático e implacável, com certeza, mas era pouco mais que uma pequena facção revolucionária sem qualquer base massiva substancial, com uma modesta afiliação de 23 mil ativistas no máximo.[8] Na extraordinária transformação desse núcleo duro num partido em rápida expansão que em meses estaria manejando o poder no Estado, a obstinada acuidade política de Lênin desempenhou papel decisivo. Nem os sociais-revolucionários nem os mencheviques, os dois principais partidos rivais dos bolcheviques em 1917, tinham um líder à altura de sua excelência organizacional.

As chances que Lênin tinha de ganhar o poder não pareciam, no início, altas. A Revolução de Fevereiro tinha derrubado o tsar e levado à formação de um governo provisório, cujo objetivo era estabelecer os fundamentos para a introdução de amplas liberdades sociais e um regime constitucional. Isso rapidamente mostrou-se ilusório. A escala da convulsão política e do fervor revolucionário extinguiu toda a esperança de se chegar a uma forma estável de democracia apoiada na estrutura legal de um governo constitucional. Mas isso não queria dizer que o governo provisório estivesse desde o início destinado a dar lugar a uma segunda revolução — liderada pelos bolcheviques. Movimentos no sentido de acabar com a guerra teriam sido populares e poderiam ganhar tempo. Isso poderia ter evitado uma revolução bolchevique.[9] Em vez disso, no momento em que sua autoridade estava visivelmente evanescendo, o governo provisório lançou uma nova e desastrosa ofensiva militar, cujo fracasso teve o previsível efeito de desacreditá-lo e de derramar combustível nos incêndios revolucionários.

Uma revolução conduzida pelo Partido Bolchevique de Lênin parecia no início ser, de fato, improvável. Lênin só chegou a São Petersburgo — depois nomeada Petrogrado, em seguida Leningrado e agora novamente São Petersburgo — na noite de 3 de abril. Era a primeira vez, numa década, que pisava em seu próprio país. E poucas semanas mais tarde foi novamente embora. Para evitar ser preso, foi obrigado a se esconder em 6 de julho, e após três dias fugiu, disfarçado, atravessando a fronteira da Finlândia. Parecia que ele estava acabado. Na verdade, estava só começando.

PERSONALIDADE: SURGIMENTO DE UM LÍDER REVOLUCIONÁRIO

Lênin era pouco atraente em sua aparência exterior. Um jornalista americano, John Reed, que o viu de perto durante a revolução, em 1917, descreveu-o como "baixo e atarracado, calvo, olhos pequenos e protuberantes, nariz achatado, boca larga e generosa, e queixo proeminente". Vestia roupas surradas, e era no todo "inexpressivo", escreveu Reed, "como líder de uma multidão", mas era "um líder puramente pela virtude de seu intelecto [...] com o poder de expressar ideias profundas em termos simples".[10] Embora fosse "inexpressivo" na aparência física, ninguém que se encontrasse com ele poderia ignorá-lo. Tampouco havia dúvida quanto a sua aguda inteligência (a qual ele aliou, em sua carreira política, a soberbos talentos políticos, manipulativos e organizacionais). Tinha uma energia espantosa e transbordava dinamismo. Era um orador eletrizante (para quem sintonizasse seu comprimento de onda), um talentoso polemista, cuja mente afiada e estilo agressivo de debate habilitavam-no a vencer a maioria das disputas verbais e escritas, e um magistral expositor da dialética marxista, em seus prolíficos escritos. Não se tratava apenas da qualidade de sua mente. Ele tinha imensa força de vontade e segurança em si mesmo. Seu temperamento colérico, volátil, sua intolerância e a certeza de que tinha sempre razão tornavam difícil, para qualquer pessoa de mente mais aberta e visão menos dogmática, ou de comportamento menos assertivo, esquivar-se de sua dominância.

Ele vivia para a política. Nada mais importava muito. Era difícil travar amizade com ele. Na verdade, quase não tinha amigos autênticos. Mesmo seu posterior círculo próximo de aliados na liderança bolchevique eram camaradas numa causa política, não amigos pessoais. Seu círculo menor de pessoas mais íntimas não se estendia muito além de sua mulher, suas irmãs e seu irmão mais moço, e aquela que fora sua amante, Inessa Armand, que, mesmo depois que seu caso de dois anos terminou, em 1912, continuou próxima dele até morrer, em 1920. Ele era uma pessoa obsessiva, meticulosamente insistente em pedantes formas de ordem; até mesmo o ato de desfazer a estrita arrumação de seus lápis poderia provocar uma explosão de temperamento. Era ambicioso, total e determinadamente obstinado em perseguir a tencionada transformação revolucionária da sociedade russa. Era intolerante e completamente inflexível com ideólogos marxistas que tinham visões diferentes das suas, mesmo aqueles que uma vez havia considerado aliados próximos. Na verdade, poder-se-ia ter como certo que uma hora ou outra ele iria se voltar contra antigos aliados e se desentender com outros teóricos marxistas. E em relação aos inimigos da classe — uma categoria amplamente elástica —, era impiedoso, defendendo abertamente — e dando boas-vindas a — o terror para destruí-los.

Durante sua vida, padeceu de uma saúde precária. Dores de cabeça incapacitantes, insônia, uma tensão nervosa, que às vezes o deixava perto de um colapso, problemas gástricos e um cansaço excessivo (nada surpreendente, considerando sua punitiva agenda de trabalho) eram problemas recorrentes que, de quando em quando, encontravam alívio em explosões vulcânicas de ira. É quase certo que também tenha desenvolvido hipertensão e arteriosclerose, a causa dos graves derrames cerebrais que o matariam em 1924. Até assumir o poder na Rússia em 1917, ele conseguia se recuperar da pressão que frequentemente causava ou exacerbava os acessos de suas doenças por meio de prolongados feriados, durante os quais fazia longas caminhadas, nadava ou praticava outros exercícios físicos.[11] O relaxamento inevitavelmente o revitalizava. Mas pouquíssimas vezes isso foi possível depois de 1917. Tem-se sugerido, plausivelmente, que ele sentiu que morreria cedo, como seu pai. Ele sempre se viu como um homem que tinha um destino. Talvez essa antecipação de uma morte prematura o tenha deixado ainda mais ansioso por realizar a obra de sua vida, completando a revolução com toda a pressa.[12]

À primeira vista, seus antecedentes não o tinham marcado como um futuro líder revolucionário. Nasceu em 1870, em Simbirsk, uma cidade à margem do rio Volga, cerca de 720 quilômetros a leste de Moscou, numa família solidamente burguesa. Os Uliánov eram uma família instruída, interessada em literatura, arte e música. Seu lar era construído sobre os valores de classe média comuns na época, como ordem, hierarquia, obediência.[13] Não tinham, abertamente, convicções políticas. Consideravam-se súditos leais ao imperador, embora fossem favoráveis a reformas liberais, modernizantes, que fariam a Rússia ser mais parecida com as sociedades esclarecidas da Europa Ocidental — posição que, apesar de serem respeitados, fazia com que os Uliánov fossem olhados de soslaio pelos setores conservadores da camada superior da cidade.

Vladímir era o terceiro dos seis filhos que sobreviveram (dois morreram ainda bebês) e permaneceu ligado à família, particularmente à mãe, até a morte dela, em 1916, à irmã mais velha, Anna, e à irmã mais moça, Maria, que ficaria devotadamente com ele até o fim. Seus pais eram ambiciosos no que concernia à sua prole e fortemente comprometidos com sua educação. Ele era um menino inteligente e estudioso, que terminou o ensino médio em 1887 como melhor aluno, com notas excepcionalmente altas em todas as matérias. Em agosto daquele ano, ingressou na universidade de Kazan, à margem do Volga, mais além de Simbirsk, para estudar jurisprudência. Mas após quatro meses, junto com alguns colegas estudantes, foi expulso da universidade depois de se envolver em distúrbios cujo objetivo era terminar com as restrições impostas às sociedades estudantis. Já então tinha estado em contato com ativistas revolucionários e começado a explorar ideias sobre a política da revolução.

Em 1886, seu irmão, Aleksandr, que tinha se radicalizado politicamente quando estudava ciências naturais na universidade, em São Petersburgo, ligou-se a um grupo de amigos que sonhava em transformar a sociedade e conspirava para instigar uma revolução na Rússia, derrubando o tsar Alexandre III. Sua amadorística tentativa de assassiná-lo em 1º de março de 1887 levou à prisão e ao interrogatório do grupo pela Okhrana, a polícia secreta tsarista. Aleksandr admitiu seu crime, foi condenado à morte e acabou enforcado em 8 de maio de 1887. A execução do irmão deixou em Vladímir um ódio ardente à dinastia dos Románov. Ficou convencido de que o tsarismo tinha de ser derrubado. Talvez a morte de Aleksandr tenha despertado em Vladímir sentimentos que já estavam latentes, mas isso não é mais do que especulação. Seja como for, é preciso resistir a toda tentação de buscar uma explicação psicológica para o que se seguiu. Qualquer que tenha sido seu impulso inicial, Vladímir logo começou a ler literatura subversiva. Seu comprometimento com uma futura revolução o consumiria durante os trinta anos seguintes — a maior parte de sua vida —, antes da curta mas dramática experiência como praticante de uma revolução real depois de 1917.

Começou a explorar o pensamento marxista e a se movimentar em pequenos círculos de pessoas comprometidas com a revolução. Durante a década de 1890, isso levou à sua prisão pela Okhrana e a um (confortável) exílio numa agradável região da Sibéria Oriental, onde a ele se juntou sua futura mulher — casaram-se em 1898 —, Nadejda Krúpskaia, ela mesma já então devotada à causa revolucionária. O medo de uma futura detenção e de um possível aprisionamento o levou, de 1900 em diante, a um autoimposto exílio no estrangeiro e a uma odisseia de residências, seguidamente em Zurique, Munique, Londres,

Paris, Genebra e Cracóvia, além de visitas a várias cidades do oeste da Europa.[14] O futuro líder de trabalhadores nunca teve de ganhar a vida mediante um trabalho convencional regular. Foi sustentado financeiramente — mesmo aos quarenta anos de idade — por sua mãe, depois cada vez mais por abastados benfeitores do partido. Posteriormente pagou a si mesmo um salário, a partir dos fundos bolcheviques. Era o bastante para manter um estilo de vida relativamente modesto que lhe permitia concentrar-se totalmente, muito longe da Rússia, a pensar sobre, e a planejar, a revolução.[15]

A personalidade de Lênin, difusamente visível em sua mocidade, adquiriu forma definitiva durante os longos anos que passou escrevendo, comparecendo a reuniões e congressos, envolvendo-se em controvérsias, organizando-se e se preparando para o momento revolucionário que tinha certeza de que viria, embora não tivesse como fazê-lo acontecer. Por mais infrutífera que parecesse essa existência, ela moldou as credenciais de sua liderança aos olhos daqueles que entravam em contato com ele, e não menos a seus próprios olhos. À medida que evoluíam, suas ideias lhe davam uma certa aura em meio à oposição revolucionária do líder visionário em formação. Mas também aprendeu muitos dos truques do ofício, na implacável competição pela primazia no ambiente dos pretendentes a revolucionários.

Ele chamou a atenção pela primeira vez como um destacado teórico da revolução marxista com a publicação, em 1902, de seu tratado *O que fazer?* (o título era plágio de um romance antitsarista de Nikolai Tchernichévski, autor que ele tinha admirado em sua juventude). Antes disso, tinha sido principalmente considerado um adepto de Gueórgi Plekhánov, um teórico marxista que vivia no exílio em Zurique. Plekhánov tinha enfatizado que a revolução na Rússia viria não do campesinato (como alegavam os Populistas Russos, idealizando a comuna camponesa), mas da mobilizada classe operária industrial. Na verdade, Lênin tinha deixado a Rússia em 1900 para se juntar a Plekhánov na Suíça. Mas a relação entre ambos logo azedou. Com *O que fazer?*, Lênin (que enquanto isso adotara esse pseudônimo) saiu totalmente da sombra de Plekhánov. Seu livro lançou as bases para transformar as teorias de Marx sobre revolução em ação política, afirmando a necessidade de um partido conspiratório, centralizado, organizado em comitês revolucionários, como uma vanguarda para liderar o proletariado na luta de classes. O partido revolucionário de vanguarda precisava de um líder. Lênin estava pondo em jogo a reivindicação dessa liderança.[16]

Também estava adquirindo inestimável experiência em lutas internas entre facções. O II Congresso do Partido Operário Social-Democrata Russo (partido revolucionário formado em 1898, com programa marxista), realizado em Londres, em 1903, foi conturbado. Uma confusa disputa quanto aos termos de filiação ao partido causou cisão entre facções lideradas por Lênin e por Julius Mártov, que já fora amigo do primeiro mas que seria, de agora em diante, seu implacável adversário político. Um erro de cálculo de Mártov, que não se igualava a Lênin em manobras políticas, acarretou sua derrota na questão lateral da participação no Conselho Editorial do jornal marxista *Iskra* (A Centelha) — publicado pela primeira vez, com pequena tiragem, em dezembro de 1900. Lênin foi eleito e chamou sua facção de "Os majoritários" (os *Bol'sheviki*), descrição que se comprouve em manter mesmo quando mais tarde, na verdade, sua facção foi, na maioria das vezes, um grupo minoritário. Mártov, canhestramente, caiu na armadilha linguística que marcaria sua facção em anos posteriores, ao aceitar que eles eram "Os minoritários" (os *Men'sheviki*), o que implicou sua perda de popularidade.[17]

A resposta de Lênin à revolução de 1905 na Rússia, à qual assistiu de longe, foi radicalizar ainda mais sua retórica, exigindo a criação de uma "ditadura do proletariado e do campesinato provisória, revolucionária, democrática", apoiada por ações de terror, em seguida à derrubada dos Románov.[18] Isso aumentou a cisão com os mencheviques. Eles enfatizavam a necessidade de uma liderança de classe média para uma revolução "burguesa-democrática" como primeira etapa a caminho do socialismo, enquanto Lênin insistia agora em pular essa etapa.[19] A cisão entre as facções foi temporária e superficialmente superada, por razões táticas, em 1906, embora tenha logo se reafirmado e se mostrado ainda mais amarga, com maior fragmentação tanto dos mencheviques quanto dos bolcheviques, até chegar a uma cisão formal e completa em 1912.

Durante a maior parte da década que antecedeu a Revolução de 1917, os mencheviques tiveram maior apoio na Rússia do que os bolcheviques. Mas no lado bolchevique da divisão em facções, o radicalismo extremo e inflexível de Lênin era atraente. Sua intransigência e sua beligerância em amargas disputas teóricas e organizacionais eram, para seus seguidores, atributos positivos. E a série de seus artigos jornalísticos o mantinha visível para eles e abrilhantava seu status de líder. Não obstante, ele era não mais que um líder no exílio de um pequeno partido revolucionário. A maioria dos operários russos, que ele considerava serem a ponta de lança da revolução, não estava interessada nas impenetráveis disputas entre facções ou em textos teóricos, e pouco tinha ouvido falar dele. E apesar de todas as suas arengas no exterior, o que Lênin não podia fazer era armar as circunstâncias nas quais a revolução que ele pregava incessantemente se tornaria realidade.

Quando, com 46 anos, Lênin voltou à Rússia em 1917, após a revolução de fevereiro e a deposição do tsar, foi para um país no qual pouco tinha vivido durante quase duas décadas. Embora praticamente desconhecido pela maioria dos russos, entre aqueles comprometidos com a forma mais radical da revolução, membros do Partido Bolchevique, era considerado pouco menos que um profeta — um guru do pensamento revolucionário e o organizador inspiracional de um movimento revolucionário cuja hora tinha chegado.

LIDERANDO A REVOLUÇÃO

Em 27 de março de 1917, Lênin pôs-se a caminho da Rússia, via Alemanha, Suécia e Finlândia, chegando a Petrogrado no dia 3 de abril. Na jornada, anotou os esquemas para uma estratégia radical de tomada de poder pelo proletariado e pelos camponeses mais pobres: suas "Teses de Abril". Ao chegar, não perdeu tempo e expressou seu intransigente radicalismo à multidão de apoiadores que estava esperando para lhe dar as boas-vindas. Defendeu uma "revolução socialista mundial", declarando, do alto de um carro blindado trazido pelos bolcheviques locais, que seus seguidores não deveriam apoiar o governo provisório.[20] Ao chegar, após longos anos vivendo no exterior, Lênin estava inflamado e cheio de zelo revolucionário, que transmitiu numa série de discursos nos dias seguintes. Seu objetivo inabalável e claro e sua autossegurança faziam-no se destacar. Mas, naquele momento, poucos, mesmo entre seus seguidores mais próximos, estavam preparados para uma abordagem tão radical.

Quando ele explicou suas "Teses" numa reunião de bolcheviques em 4 de abril, atacando aqueles que queriam atuar junto com os mencheviques, a resposta foi principalmente crítica. Liev Kámenev, uma das figuras mais proeminentes do Partido Bolchevique e que se tornaria uma luz-guia no governo após a Revolução de Outubro, achou que a abordagem de Lênin era loucura, e no jornal *Pravda* de 8 de abril rejeitou sua "linha geral" como "inaceitável". Sob Stálin, duas décadas mais tarde, isso teria sido uma atitude suicida. E, de fato, Kámenev viria a ser uma das vítimas de Stálin entre os "velhos bolcheviques". Mas 1917 não era 1937, e Lênin não era Stálin. Qualquer tentativa de eliminar a oposição dentro das fileiras bolcheviques quando de sua volta a Petrogrado teria sido impensável e, de todo modo, simplesmente impraticável. Toda a sua carreira na política revolucionária fora construída com base numa luta tenaz e determinada por suas ideias e enfrentando forte crítica. Em 1917 ele não estava em outra posição senão a de continuar dessa forma. E embora sua própria autoridade logo tenha ficado muito mais forte, o pluralismo interno de interpretações que competiam entre si perdurou durante os anos em que esteve no poder e só terminaria sob Stálin.

Muitos revolucionários que tinham vivenciado os eventos recentes na Rússia estavam cautelosos quanto a ir rápido demais e apoiavam alguma forma de acomodação com o governo provisório. Grande parte do brilho de Lênin como líder revolucionário vinha da combinação de um inalterável radicalismo ideológico com flexibilidade tática. Ele adaptava a mensagem enquanto se mantinha implacavelmente coeso com sua estratégia subjacente. Diluindo a retórica da "guerra revolucionária" e da "ditadura", defendia políticas que sabia serem amplamente populares: nacionalização dos bancos e da indústria; expropriação de terras agrícolas; paz; e governança não por um parlamento, mas pelos sovietes (conselhos controlados por trabalhadores e soldados).[21] Astutamente, ele encapsulou o cerne de seu programa revolucionário num lema conciso e impactante que aparentemente tinha visto pela primeira vez numa bandeira, durante uma demonstração de rua em abril: "Todo o poder aos sovietes".[22]

Durante as semanas que se seguiram, Lênin martelou incessantemente sua mensagem num redemoinho de atividade em Petrogrado — 48 artigos no *Pravda* em maio, 21 discursos em maio e junho.[23] Sua militância não se turvava. Incessantemente ele ressaltava que o Partido Bolchevique se tornara a força predominante nos sovietes, que ainda estavam dominados pelos representantes de partidos revolucionários rivais, os mencheviques e o Partido Social-Revolucionário (fundado em 1901, representando principalmente interesses dos camponeses). Ele contava com lugares-tenentes capazes, que trabalhavam incansavelmente no partido e desempenhariam depois papéis importantes no regime bolchevique — entre eles Liev Kámenev, Grigóri Zinóviev, Nikolai Bukhárin,Ióssif Stálin e uma importante figura recrutada dos mencheviques, Liev Trótski.[24] Cada um deles tinha talentos úteis para um partido revolucionário. Trótski, particularmente, se destacava como orador brilhante, soberbo agitador e organizador excepcional. Mas não era confiável devido a seu passado menchevique e sua posterior conversão ao bolchevismo (apenas em 1917). Era mordaz, arrogante e egoísta, criando facilmente inimigos. Nenhum desses paladinos pensava em usurpar o lugar de Lênin. Todos reconheciam sua absoluta primazia.

A incessante propaganda começou a dar dividendos no crescente apoio aos bolcheviques, que foram capazes de explorar o imenso tumulto que prevalecia na época e as terríveis condições de vida enquanto a inflação disparava, a provisão de alimentos diminuía e o número de soldados que desertavam aumentava.[25] Quando ocorreram, no início de julho, violentas demonstrações contra o governo, bolcheviques inflamados acharam que chegara o momento de uma insurreição armada. Lênin estava ausente, recuperando-se brevemente de estresse e fadiga em curtas férias na costa francesa. Retornou furioso a Petrogrado, obrigado a conter os bolcheviques em relação ao que considerava uma irrefletida e prematura tentativa de tomar o poder num momento em que ainda lhes faltava tanto organização suficiente quanto um grande apoio popular.

Os bolcheviques ficaram temporariamente desmoralizados, e o governo continuou em sua contraofensiva. Lênin foi denunciado como espião alemão e esteve ameaçado de prisão iminente (que sem dúvida seria seguida de uma punição que eliminaria sua capacidade de dirigir a tática bolchevique). Fugiu de Petrogrado em 9 de julho, indo posteriormente para a Finlândia, onde ficou escondido até o fim de setembro. Desse refúgio não estava em posição de controlar ou moldar os acontecimentos. Mas os acontecimentos, assim mesmo, foram em sua direção. Não fosse isso, talvez Lênin não passasse de uma nota de rodapé na história.

O maior desastre para o governo provisório em apuros foi autoinfligido: a decisão tomada por Kerenski, ministro da Defesa, de lançar uma ofensiva na frente do sudoeste, começando em 1º de julho. A intenção era ajudar os aliados na frente ocidental (tumultuados por motins no Exército francês), mas principalmente empreendida na esperança de que a popularidade proveniente de uma vitória fosse restaurar o moral no exército e dar sustentação ao assediado governo provisório.[26] Porém, para um país onde o cansaço da guerra era extremo e onde a agitação pela paz — não só pelos bolcheviques — encontrava ouvidos atentos, era um movimento de alto risco, que rapidamente saiu pela culatra. Em meados do mês a ofensiva havia desmoronado e as forças russas estavam numa precipitada retirada. O próprio Kerenski assumiu o cargo de primeiro-ministro de um governo cuja popularidade estava visivelmente se desfazendo. Seus problemas aumentaram quando seu comandante em chefe, general Lavr Kornílov, ex-oficial tsarista, marchou com suas tropas sobre Petrogrado, em 28 de agosto. Não está claro se era uma tentativa de golpe ou se Kornílov estava tentando obrigar Kerenski a adotar uma linha mais dura contra os bolcheviques. Seja como for, ele fracassou rapidamente. Kerenski foi obrigado a buscar a ajuda dos bolcheviques para dissuadir as tropas de apoiar Kornílov, contribuindo para sua propaganda de que tinham sido indispensáveis para deter uma contrarrevolução.

O caso solapou ainda mais o governo provisório e fortaleceu os bolcheviques. O apoio a eles aumentara muito desde a primavera. O apoio popular ao governo e aos partidos que tinham entrado no governo, em contraste, estava em queda livre. Trabalhadores, muitos dos quais tinham sido vítimas de um locaute de seus empregadores, estavam assumindo o funcionamento de fábricas, camponeses estavam ocupando terras, soldados estavam desertando. Lênin considerou que o momento tinha chegado. "Se esperarmos e deixarmos o momento atual passar", ressaltou (escrevendo de seu exílio finlandês), "vamos *arruinar* a Revolução." Seus camaradas na liderança estavam muito menos seguros. Mas Lênin mostrou grande talento político, bem como notável força de convencimento, persuadindo-os de que tinha razão. Destacou os pontos estratégicos que tinham de ser alcançados num levante. Insistiu: "A história nunca nos perdoará se não tomarmos o poder agora".[27]

Foi nessa atmosfera altamente febril, que agora conduzia a uma revolução muito mais radical, que Lênin, sob pesado disfarce, com um passaporte falso, retornou a Petrogrado, lá chegando em 7 de outubro. Embora todos os bolcheviques o reconhecessem como seu líder, ele encontrou oposição — por parte de duas das luzes-guia do partido, Kámenev e Zinóviev — quando marcou para os dias seguintes uma imediata insurreição armada. Mas sua enérgica argumentação, sua força de convencimento e seu reconhecido status de líder ganharam o dia. Rumores, em 23 e 24 de outubro, de que Kerenski estava trazendo tropas leais para a cidade a fim de restabelecer o controle, desencadearam sua ação.[28] Em grande tensão nervosa, Lênin decidiu que chegara o momento de agir.

Nos dias anteriores, Trótski, presidente do Soviete de Petrogrado e chefe efetivo do essencial Comitê Militar Revolucionário Bolchevique, desempenhara papel decisivo na preparação para uma insurreição armada. Também seria ele quem instigaria a — em grande medida improvisada — tomada de poder em 24 e 25 de outubro. Era sem dúvida a pessoa mais importante em todo o movimento revolucionário — com exceção, claro, de Lênin. Pois o próprio Trótski reconhecia a supremacia de Lênin. Sua liderança, como fundador do partido, não estava em questão. Trótski era descrito como o comandante operacional, e Lênin, como o comandante em chefe.[29]

A tomada de poder foi completada basicamente com quase nenhum derramamento de sangue durante um único dia, 25 de outubro. O governo provisório se rendeu. Poucos imaginavam que qualquer governo que o substituísse duraria muito tempo. O papel de Lênin, nos dias e semanas que se seguiram, foi crucial para determinar que durasse, o que aconteceu. Os anos que passara pensando na revolução agora davam lugar a uma prática revolucionária. O primeiro passo era o Congresso de Sovietes concordar com a composição de um governo revolucionário. Ele era composto de mencheviques e sociais-revolucionários, bem como de bolcheviques; assim, estava longe de ser inevitável que Lênin conseguisse o que queria. Mas o fundamento para um domínio bolchevique tinha sido implantado. Quando o congresso se reuniu, a revolução era um fato consumado. E o Comitê Central do Partido Bolchevique, com seus membros intimidados por Lênin, já tinha decidido pelo governo que ele queria.[30] Na verdade, Lênin propôs a Trótski, que tinha liderado a insurreição, ser chefe de governo. Lênin, assim parecia, queria concentrar-se em liderar o partido, e não presidir o governo, ou mesmo se juntar a ele. Mas Trótski, em deferência à primazia de Lênin, recusou a oferta.[31] A história poderia ter tomado um rumo diferente se Trótski tivesse atendido à solicitação de Lênin.

O fato é que o Congresso decidiu que Lênin seria o presidente — efetivamente, o primeiro-ministro — de um Conselho de Comissários do Povo (um gabinete governamental, conhecido por seu acrônimo em russo Sovnarkom). Os bolcheviques, embora constituindo a maior representação entre os 670 delegados, não tinham maioria. Mas provocaram, exitosamente, os mencheviques, os sociais-revolucionários e outros a sair do Congresso, deixando-os no comando. Assim, um governo composto apenas de bolcheviques, conquanto provisório até a convocação de uma assembleia constituinte, foi estabelecido.

Seus primeiros decretos, formulados rapidamente por Lênin, foram de enorme importância.[32] O Decreto de Paz sustou imediatamente a guerra na frente oriental como a base para se concluir um tratado de paz. O Decreto da Terra — popularmente conhecido como o decreto de Lênin[33] — aboliu a propriedade de terra sem compensação e pôs fim ao mercado de terras. Foram acompanhados pela imposição de censura à imprensa e pelo envio de comissários bolcheviques para estabelecer o controle militar. Mais decretos foram exarados nas duas semanas seguintes; sobre oito horas de trabalho por dia para trabalhadores, sobre educação livre e sobre os direitos dos povos da Rússia (abolindo privilégios nacionais e religiosos, protegendo minorias étnicas e oferecendo autodeterminação nacional). Os decretos ajudaram os bolcheviques a ganhar apoio entre soldados na linha de frente de batalha, minorias nacionais e, crucialmente, grande parte do campesinato (que Lênin precisava atrair para sua causa, tirando-os de seu esmagador apoio aos sociais-revolucionários). Lênin também tinha de vencer a oposição daqueles que, dentro de suas próprias fileiras, chefiados por Kámenev e Zinóviev, queriam um governo de coalizão mais amplo. Mais uma vez sua intransigência pagou dividendos. O restante do Comitê Central, o núcleo duro da liderança, o apoiou. Ele consolidou seu controle sobre o Partido Bolchevique em Petrogrado, e sua liderança no Sovnarkom não foi desafiada. Por todo o imenso país, nas primeiras semanas após a revolução, os bolcheviques estabeleceram seu poder por intermédio dos sovietes locais, nos quais tinham penetrado e dos quais assumiram o controle. Onde havia oposição, os Guardas Vermelhos impuseram obediência.[34]

Contudo, a limitação do apoio aos bolcheviques no país foi revelada pelos resultados das eleições à Assembleia Constituinte, em 12 de novembro — o último pleito abertamente pluralista por mais de sete décadas. Lênin não quis que se realizasse a eleição, prevendo o resultado negativo para os bolcheviques. Mas, nesse caso, cedeu à oposição de praticamente toda a sua comitiva. O governo provisório tinha prometido eleições democráticas para uma Assembleia Constituinte. "Seria muito malvisto", argumentou um de seus mais confiáveis aliados, Iákov Svérdlov, bloquear eleições logo de saída.[35] Mas os pressentimentos de Lênin se concretizaram. De 41 milhões de votos apurados, os bolcheviques obtiveram menos de um quarto. A Assembleia Constituinte reuniu-se em 5 de janeiro de 1918. Durou um dia. Guardas Vermelhos abriram fogo contra trabalhadores que faziam uma demonstração em apoio à assembleia, matando nove e ferindo 22. Na manhã seguinte, impediram que delegados comparecessem.³⁶ Qualquer esperança de uma democracia pluralista se extinguiu. Os bolcheviques mantiveram o poder e estavam determinados a ampliá-lo e monopolizá-lo, sem o conceder a outros partidos. Mas estavam longe de ter vencido em todo o país. Persuasão política, maquinação e manipulação não eram suficientes.

Para aumentar a coerção, a violência contra oponentes e uma repressão claramente terrorista foram inexoráveis. Quando estava em seu refúgio na Finlândia no verão de 1917, Lênin continuou a trabalhar em seu livro, que seria publicado no ano seguinte, *O Estado e a revolução*. No livro, ele argumentava que a violência era necessária *após* a exitosa conquista do poder, para destruir a classe capitalista e erguer uma "ditadura do proletariado". Somente depois de um período indefinido esse Estado iria "murchar" e conduzir a uma sociedade autenticamente comunista. Enquanto isso, a guerra contra os inimigos do proletariado teria de ser travada com as mais impiedosas armas disponíveis. Lênin tinha exaltado o uso do terror como arma vantajosa desde o início de sua carreira de teórico revolucionário. Em 7 de dezembro de 1917 ele fez o Sovnarkom estabelecer a Comissão Extraordinária, mais conhecida como a Tcheká, a temida polícia secreta do Estado. Sob seu chefe, Félix Dzierżyński, e no início com uma equipe pequena, ela se expandiu rapidamente, e no verão seguinte estava a caminho de se tornar um Estado dentro de um Estado. Sua tarefa era eliminar a oposição à revolução, embora deixando indefinido quem eram os inimigos contrarrevolucionários — um óbvio convite para a ampliação arbitrária do terror.³⁷ "Temos de estimular a energia e a natureza popular do terror", escreveria Lênin em junho de 1918.³⁸ A essa altura, ele era chefe de Estado em meio a uma luta feroz por sobrevivência numa guerra civil incrivelmente brutal, quando o governo revolucionário enfrentou a contrarrevolução organizada, apoiada por potências estrangeiras. Nessas condições extremas, o nível do terror patrocinado pelo Estado iria explodir.

LÍDER DE ESTADO

O pleno exercício de poder de Lênin sobre a totalidade do enorme país esteve confinado a um período extremamente curto, entre o fim da guerra civil no final de 1920 e sua incapacitação parcial após um grave derrame em maio de 1922.

E desde então até sua morte, meses em que esteve em grande parte inválido, passou-se pouco mais de um ano e meio.

Não estava em questão, nos meses de enorme turbulência que se seguiram à Revolução de Outubro, que Lênin tivesse agido como um déspota, nem mesmo que tivesse procurado fazer isso. O governo na fase inicial pós-revolucionária era muito diferente do supino carimbo para a tirania que se tornou sob Stálin. Muita coisa tinha de ser improvisada. E Lênin teve de se adaptar a estruturas no mínimo embrionárias de governo revolucionário, que já estavam lá no momento em que os bolcheviques tomaram o poder. Teve de manejar as enormes, e tempestuosas, reuniões do inicialmente multipartidário Congresso de Sovietes de Toda a Rússia, teoricamente supremo corpo governante, ainda sob o governo provisório. Ele se reuniu pela primeira vez em junho de 1917, antes da Revolução Bolchevique, e houve mais cinco reuniões entre novembro de 1917 e novembro de 1918. O domínio bolchevique completo só se estabeleceu no decorrer de 1918. Em essência, o enorme Congresso ratificou — embora primeiro não tenha sido mera formalidade — a política que fora acordada no Comitê Central do Partido Bolchevique, instituição que remontava a 1898, onde se chegava a decisões mediante votação majoritária. Aqui, também, houve debates acalorados, e Lênin muitas vezes teve de enfrentar ferrenha oposição, contornando-a por meio de persuasão e habilidade política, não imposição. Facções eram permitidas, até que foram oficialmente banidas no interesse da disciplina partidária, no X Congresso do Partido, em março de 1921.

Cada vez mais, no entanto, havia centralização e uma "linha do partido" estabelecida de cima para baixo. O Comitê Central, minúsculo quando foi criado mas já composto de dezenove membros em março de 1919, tornara-se incômodo para a tomada rápida e eficiente de decisões. Concordou-se, portanto, que deveria haver um "escritório político" (e também um escritório organizacional e um secretariado). Seria para formalizar o que efetivamente existia em forma embrionária desde a Revolução de Outubro. De abril de 1919 em diante se realizavam reuniões semanais regulares do grupo de liderança, de cinco homens, do "Politburo". Compreendia Lênin, Trótski, Stálin, Kámenev e Nikolai Krestínski, um leal bolchevique, que perdeu sua posição em 1921, depois de ficar muito próximo de Trótski. Esse era o corpo essencial que determinava qual seria a política — um "supergoverno", como foi chamado.[39] Sua alçada era irrestrita. Lênin raramente fazia relatórios para o Politburo, e durante suas reuniões, na maior parte do tempo, aparentemente contentava-se em escrever e enviar pequenas anotações aos outros membros. Porém, a qualquer momento poderia irromper com um ataque feroz a alguma proposta. Naquele corpo pequeno, sua postura, sua determinação e sua força de vontade invariavelmente eram suficientes para garantir que sua opinião prevalecesse. E, uma vez tendo o Politburo concordado com uma linha de ação, manejar o Comitê Central e, depois disso, o grande Congresso ficava muito mais fácil.

Embora sua autoridade suprema fosse reconhecida por todos no partido, as decisões de Lênin eram desafiadas e acaloradamente debatidas. A aura que carregava com ele por ser, de longa data, o teórico do partido, e ainda mais o líder revolucionário que vez após outra demonstrara ter razão em seus cálculos, ajudou-o a prevalecer nas disputas internas. O começo de um culto à personalidade do "grande líder", que teve início, deliberadamente, após o atentado contra sua vida em 1918, para dissipar rumores de que havia sido morto, o retratava como "o tsar do povo" e enaltecia sua postura pessoal.[40] Ele continuou sendo, até que os efeitos do derrame cobrassem seu preço, um indomável, poderoso e ágil pensador e polemista. Usualmente conseguia o que queria. Os principais bolcheviques — Trótski, Stálin, Zinóviev, Kámenev e Bukhárin — eram ávidos pelo poder. Porém, divididos entre si, todos se curvavam a Lênin, e a luta interna deles reforçava seu poder e prestígio.[41] A insensibilidade deles e a de seus subordinados na hierarquia bolchevique foram instrumentais para manter a oposição em baixos níveis por todo o país. Isso, no entanto, levou tempo. A oposição, no início, era extensa. A ameaça representada pelos inimigos da revolução durante a guerra civil e o medo das mais severas recriminações por desobediência dentro do movimento bolchevique gradualmente obrigaram os oponentes a entrar na linha.

Antes de a Rússia mergulhar em toda a profundeza da guerra civil, a questão de desenredá-la da guerra mundial apresentou a Lênin seu primeiro grande desafio como chefe de Estado. Ele tinha prometido a paz no primeiro decreto de seu governo, em 26 de outubro de 1917. A grande maioria da população, inclusive a dos soldados num exército que ainda compreendia mais de 7 milhões de homens, desejava ardentemente o fim da guerra.[42] Mas Lênin ainda estava em desacordo com seu partido quanto à questão de converter o armistício temporário, acordado com as potências centrais em meados de dezembro, num acordo de paz. Ele não queria a paz por si mesma. Ele a via como um espaço para respirar, um passo em direção ao que pensava que seria uma guerra civil internacional e o triunfo da revolução em toda a Europa. Stálin, Kámenev e Zinóviev estavam entre os que duvidavam do potencial revolucionário na Europa Ocidental. Trótski, no entanto, o comissário para Assuntos Estrangeiros, também esperava que a revolução se espalhasse pela Europa e achava que uma trégua estendida daria tempo para que fermentasse. Contudo, não conseguiu persuadir as potências centrais da Alemanha e da Áustria-Hungria a prolongarem o armistício. Em vez disso, em janeiro de 1918 ele transmitiu à liderança bolchevique o ultimato delas: ou o país aceitava seus termos ou enfrentaria uma invasão.

Lênin foi a favor de acatar as exigências. Porém, suas propostas de paz foram rejeitadas por oponentes dentro do partido — tendo à frente Bukhárin —, que não aprovaram o tratado proposto com as odiadas potências imperialistas. Isso os deixou com um problema insuperável. Alguns apostavam numa "guerra revolucionária" para se defenderem dos "imperialistas". Não obstante, a maioria considerava isso uma impossibilidade: uma força revolucionária pequena e sem experiência não teria chance contra o poder do Exército alemão. A posição de Trótski, de "nem guerra nem paz", uma política que visava ganhar tempo para fomentar uma revolução europeia, conquistou seu apoio. Mas isso também mostrou-se impossível de sustentar, quando as cada vez mais impacientes potências centrais repetiram o ultimato em meados de fevereiro. Se a Rússia não aceitasse a paz, insistiram, eles a invadiriam.

Lênin finalmente obteve uma pequena maioria no Comitê Central em 18 de fevereiro, com a possível invasão já em andamento. Mesmo agora, a cisão quanto a como proceder dificultou a ação, e foi somente cinco dias mais tarde, quando o Sovnarkom só tinha algumas horas para aceitar os termos impostos, que os argumentos de Lênin foram relutantemente aceitos pela maioria (Trótski se absteve). Lênin disse, na reunião decisiva do Comitê Central: "Estes termos têm de ser assinados. Se não os assinarem, vocês estarão decretando a autorização para a morte do poder soviético dentro de três semanas". É muito plausível que não se tratasse de exagero. Uma ocupação alemã no coração da Rússia teria provavelmente destruído a Revolução Bolchevique.[43] Um novo terremoto revolucionário poderia seguir-se em pouco tempo — embora muito provavelmente tomando um outro rumo.

Nem Lênin nem Trótski subscreveriam seu nome no brutal tratado de Brest-Litovsk, assinado em 3 de março de 1918. A Rússia perdeu enormes extensões de território, um terço de sua população e metade de seus recursos industriais e agrícolas. Não é de admirar que Lênin tenha descrito isso como "uma paz obscena".[44] Mas ele a via apenas como temporária, uma concessão necessária a um poder superior antes que as potências imperialistas fossem sacudidas por revoluções sociais. E seus oponentes internos não foram capazes de oferecer uma alternativa séria e viável. Trótski e Bukhárin tiveram ambos de ceder aos inabaláveis argumentos de Lênin. Naquele momento, Trótski só era superado por Lênin no pináculo do regime. Mas ele aceitava a superioridade de Lênin. Nunca tentou suplantá-lo.

Durante a horrenda guerra civil que eclodiu com toda a força no verão de 1918 e devastou a Rússia durante mais de dois anos, quando forças contrarrevolucionárias apoiadas pelos aliados ocidentais tentaram destruir o novo regime, Trótski, como comissário do povo para Assuntos Militares, desempenhou um papel indispensável. Sob sua organização e direção, o Exército Vermelho, que ele fundou em fevereiro de 1918, expandiu-se em 1920 para se tornar uma formidável força bélica, com mais de 5 milhões de homens. Sua inesgotável energia enquanto percorria a Rússia no comprimento e na largura, seu dinamismo na sustentação do moral, sua inflexível determinação, e não menos que isso, sua total implacabilidade e sua crescente experiência e aptidão nas táticas militares mostraram-se cruciais para a posterior vitória do Exército Vermelho. A sobrevivência do bolchevismo, que parecera estar em terrível risco no início da guerra civil, estava assegurada quando ela terminou. Isso se deveu a Trótski mais do que a qualquer outra pessoa — com exceção do próprio Lênin, que controlou o direcionamento político da guerra de sua posição como presidente do Sovnarkom e de seus corpos decisórios internos, o Politburo e o Comitê Central.[45]

Outras pessoas na liderança do partido — entre elas Stálin, cuja insistência em conduzir a defesa de Tsarítsin sobre o Volga à sua própria maneira levou a um embate direto com Trótski — também desempenharam papéis importantes. Além da antipatia entre Trótski (cujos modos arrogantes tornaram-no geralmente impopular nos altos escalões do partido e além deles) e Stálin, havia um quase constante conflito entre líderes bolcheviques. Diferentemente de Trótski, que estava em constante movimento, Lênin quase não se aventurava para fora de Moscou (onde o governo estava sediado desde março de 1918). Ele não era um autocrata e nem sempre impunha o que queria nos acalorados debates do Comitê Central. Tinha de trabalhar por intermédio de seus subordinados. Mas sua autoridade, às vezes apoiada pela ameaça de renúncia, geralmente prevalecia.

Uma prioridade era garantir o suprimento de comida, cuja escassez se tornara muito pior com as potências centrais controlando grandes áreas do país que eram produtoras de alimentos. Quando os alimentos escassearam, levando à fuga de trabalhadores de cidades famintas, à acumulação preventiva, ao mercado paralelo e ao aumento de preços no campo, em maio de 1918 Lênin pressionou, exitosamente, pela implementação de uma "Ditadura do Alimento". Brigadas armadas foram enviadas às aldeias para, à força, requisitar grãos. Todo o excedente nas fazendas agrícolas foi considerado propriedade do Estado. Quando não encontravam excedentes, culpavam os kulaks — os camponeses ricos — de esconder o grão. Era um prenúncio do posterior ataque de Stálin aos kulaks. Com uma horripilante retórica, o próprio Lênin deu o tom para uma violenta campanha. Atacou os kulaks como sendo "sanguessugas" que tinham "enriquecido com a fome do povo". Ele declarou: "Guerra impiedosa contra os kulaks! Morte a todos eles".[46] Em 11 de agosto de 1918 ordenou à liderança bolchevique de Penza sobre o Volga que, como exemplo, realizasse execuções de kulaks e confiscasse todo o seu grão: "Enforquem (e certifiquem-se de que os enforcamentos ocorram *à plena vista do povo*) não menos que cem kulaks conhecidos, homens ricos, sanguessugas", exigiu.[47]

Racionamento, rígido controle do trabalho e nacionalização da indústria em grande escala, acompanhados por rápido crescimento na burocracia, tudo isso veio em seguida como parte do "Comunismo de Guerra". E como a coação tornou-se uma parte cotidiana da vida, o terror começou inexoravelmente a aumentar numa espiral. Uma escalada selvagem se sucedeu a uma quase bem-sucedida tentativa de assassinato em 30 de agosto, que deixou Lênin com duas balas alojadas no ombro. Em 5 de setembro de 1918, incitado por um relatório do chefe da Tcheká, Félix Dzierżyński, o Sovnarkom promulgou um decreto "sobre o Terror Vermelho", estipulando "que na situação atual a segurança da retaguarda por meio de terror é uma necessidade absoluta" e que "é essencial proteger a República Soviética dos inimigos de classe isolando-os em campos de concentração". Lênin, recuperando-se do atentado a sua vida, não esteve presente na reunião do Sovnarkom. Mas não há a menor dúvida de que tenha aprovado esse chamado.[48] À medida que grassava a guerra civil, aumentava sua fúria apoplética contra os inimigos da revolução e a pressão para enfrentá-los com um terror impiedoso. Ele exigiu "terror em grande escala contra os contrarrevolucionários", expôs a necessidade de "poder irrestrito baseado na força e não na lei", fez recomendações quanto ao modo como a Tcheká devia lidar com prisioneiros e assegurou que a Tcheká contasse com sua proteção pessoal.[49]

A Tcheká conduziu dezenas de milhares de execuções sumárias (entre elas a da família real, fuzilada durante a noite de 16 para 17 de julho). Prisões e fuzilamentos arbitrários eram comuns. O número total de pessoas mortas pela Tcheká durante a guerra civil não é conhecido, mas estima-se ter sido de várias centenas de milhares. O terror estava implícito no pensamento bolchevique desde o início. Na guerra civil ele tornou-se central para o sistema.[50] Lênin o considerava parte integrante da política de Estado.[51] Nenhum líder bolchevique discordou. A aprovação do uso do terror no interesse do Estado bolchevique estava em seu DNA. Trótski escreveu em 1920 que qualquer pessoa que reconhecesse a importância histórica do sistema soviético "também tem de sancionar o Terror Vermelho".[52] Stálin concordava totalmente nesse ponto com seu arqui-inimigo Trótski. Mais tarde ele levaria o uso do terror de Estado a profundezas insondáveis e, em contraste com Lênin, o voltaria contra os próprios bolcheviques e seus líderes. Mas a centralidade do poder para o regime bolchevique já tinha sido firmemente estabelecida por Lênin.

Em duas áreas Lênin deparou com reversões significativas. A primeira demonstrou ser duradoura e trouxe importantes consequências para o futuro desenvolvimento soviético. Seguiu-se imediatamente à decisão de Lênin, em 1920, de expandir a revolução. O que a provocou foi a tentativa pelos poloneses, sob seu comandante em chefe, o marechal Józef Piłsudski, de invadir a Ucrânia com o objetivo de criar uma união federal da Polônia com a Ucrânia. Em 7 de maio, tropas polonesas estavam em Kiev. Em pouco mais de um mês, o Exército Vermelho conseguira obrigar Piłsudski a recuar. Mas Lênin quis seguir adiante. Ele viu a oportunidade para uma "guerra revolucionária" contra a Polônia, a qual, acreditava, estenderia a revolução pela Europa. Outros — com grande importância, como a Alemanha — seguir-se-iam, como pedras de dominó.

Trótski, embora a favor de uma revolução mundial, tinha dúvidas de que o Exército Vermelho tivesse a capacidade de empreender uma invasão bem-sucedida da Polônia. Stálin estava preocupado com a possibilidade de que o último grande exército dos Brancos pudesse ameaçar a Rússia meridional, explorando o deslocamento do Exército Vermelho numa guerra contra a Polônia. Havia também ceticismo quanto à ideia de que patrióticos trabalhadores poloneses apoiariam um ataque a seu próprio país em nome de uma revolução internacional. Mas Lênin estava irremovível. Estava certo de que tinha razão. Não houve reuniões formais sobre essa questão no Sovnarkom, no Comitê Central e no Politburo. Alguns dos líderes importantes do partido, por bons motivos, não estavam em Moscou. E havia consenso quanto a ser desejável, ao menos, fazer sangrar o nariz de Piłsudski. Sem oposição articulada, a insistência de Lênin na invasão da Polônia foi suficiente. E uma vez tendo Lênin tomado a decisão, outros líderes bolcheviques o apoiaram.[53]

Contudo, as forças do Exército Vermelho que marcharam sobre Varsóvia sofreram uma esmagadora derrota pelo exército polonês às margens do rio Vístula, em meados de agosto de 1920.[54] Lênin buscou fugir à responsabilidade pelo desastre, que era claramente sua, aproveitando-se da distração interna causada pela aberta animosidade entre Trótski e Stálin. O resultado foi claro. Com a estrondosa derrota do Exército Vermelho, o sonho de uma "revolução socialista europeia" estava morto.[55] O caminho estava aberto para a posterior mudança rumo à política de "socialismo num só país", cujo principal advogado seria Ióssif Stálin.[56]

A segunda reversão mostrou com o tempo, embora somente nos anos que se seguiram à morte de Lênin, ser temporária. A grave situação econômica causada pelas imposições draconianas do Comunismo de Guerra levou a séria inquietação — greves nas cidades, revoltas camponesas no campo e, em março de 1921, uma revolta da guarnição em Kronstadt, perto de Petrogrado, onde os marinheiros tinham sido, em 1917, entusiasmados apoiadores dos bolcheviques. Trótski sufocou o levante com grande selvageria. Mesmo assim, era óbvio: se não alterasse a política econômica, o regime estaria em perigo. De fato, enquanto ocorria o levante de Kronstadt, Lênin dirigia-se ao Congresso do Partido sobre a necessidade de uma mudança de 180 graus na economia, ideia que já tinha implantado com sucesso no Politburo no mês anterior.

Essa foi a introdução do que viria a ser conhecido como a Nova Política Econômica (NEP, na sigla em russo), que acabou com a grandemente impopular requisição de gêneros alimentícios. Em vez disso, após pagar imposto na ordem de 20%, os camponeses tinham permissão para vender os excedentes de seus produtos no mercado livre.[57] Trótski, como lembrou a Lênin, tinha proposto isso no ano anterior, mas Lênin na época rejeitara a sugestão. Lênin nunca se desculpava ou demonstrava contrição. O resultado, não obstante, foi uma política que não só revirava as duras medidas do Comunismo de Guerra como ia contra uma parte de longa data do pensamento de Lênin, que nunca foi favorável ao campesinato. Ele, é claro, negou que houvesse qualquer desvio ideológico dos preceitos do bolchevismo, e sua autoridade mostrou ser suficiente para superar a considerável oposição dentro do partido. Os oponentes curvaram-se à necessidade pragmática e não tinham nenhuma alternativa a oferecer. A NEP foi aprovada.[58]

A inquietação do campesinato foi se dissolvendo gradualmente à medida que a NEP fazia efeito, estimulando o crescimento econômico. Logo, no entanto, houve problemas no suprimento de alimentos, quando camponeses retiveram produtos para explorar uma demanda no mercado. Inevitavelmente, então, a NEP continuou a representar uma contenda no partido, uma divisão na liderança bolchevique. Lênin considerava a NEP um recuo tático, mas também um programa que consolidaria a revolução num período de dez anos ou mais. O objetivo ainda era a coletivização da agricultura, pela qual a produção se concentraria em grandes fazendas cooperativas (colcozes) que teriam contratos com o Estado para assegurar uma adequada provisão de alimentos. Em teoria, o processo de coletivização a longo prazo seria gradual e voluntário.[59]

Após algumas semanas da adoção da NEP, a saúde de Lênin, que nunca fora robusta, entrou em agudo declínio. Em meados de 1921 estava gravemente doente e acabou obrigado, com extrema relutância, a reduzir sua atividade. O líder dos trabalhadores revolucionários foi levado para uma imponente mansão numa propriedade em Górki, a alguns quilômetros de Moscou, e enquanto ainda era capaz de trabalhar, era conduzido ao Kremlin num Rolls-Royce Silver Ghost cinza, com esteiras e esquis adaptados, para permitir que trafegasse em estradas cobertas de neve. Em 25 de maio de 1922, ele sofreu um derrame grave. Teve, durante a segunda metade do ano, mais colapsos físicos, que às vezes o deixavam incapacitado, com paralisia no lado direito, quase sem poder falar e incapaz de escrever legivelmente.

Mais para o final do ano ele ditou o que ficou conhecido como seu Testamento Político, advertindo o Comitê Central quanto a Stálin. Mais cedo naquele ano manifestara boa vontade em relação a Stálin e o fizera secretário-geral do partido. Mas sua doença o estava deixando intensamente colérico. Ele e Stálin subsequentemente discordaram quanto ao status de repúblicas soviéticas não russas. (O resultado, a criação da União das Repúblicas Socialistas Soviéticas, a URSS, nome sugerido por Stálin, seria efetivado a partir de 1924.) O atrito com Stálin intensificou-se.[60] Consciente de que seus dias estavam contados, e evidentemente preocupado com a sucessão, Lênin criticou todos os principais concorrentes que poderiam assumir o poder depois dele. Mas reservou sua crítica mais mordaz para Stálin. Advertiu que Stálin abusaria de um poder concentrado em suas mãos — embora não houvesse sugestão de que o que Lênin temia fosse a implantação do terror. É bem provável que tenha sido um telefonema abusivo de Stálin à mulher de Lênin, Krúpskaia, o que finalmente provocou a advertência. Possivelmente, como foi sugerido, o Testamento foi na verdade obra da própria Krúpskaia, não um ditame de um líder incapacitado.[61] Há poucas dúvidas, no entanto, de que quando sua vida se aproximava do fim Lênin estivesse deliberadamente solapando toda reivindicação que Stálin pudesse ter no sentido de sucedê-lo. Sua tentativa de remover Stálin do cargo de secretário-geral do partido fracassou — com consequências funestas. A sutil manipulação, por Stálin, do XII Congresso do Partido, em 1923, ao qual Lênin estava doente demais para comparecer, permitiu-lhe evitar ser removido do cargo. Contudo, o Testamento de Lênin foi talvez o reconhecimento, por ele mesmo, de que seu próprio poder estava acabando, mas de que o poder estava se transferindo do Estado, o Sovnarkom, o Conselho de Comissários do Povo, para o partido — cuja organização era controlada por Stálin.[62]

A luta pelo poder era inevitável, dada a condição terminal da saúde de Lênin, mesmo se ele resistisse mais algum tempo. De fato, em meados de 1923 ele não estava mais capacitado para governar a Rússia. Um derrame final, em 21 de janeiro de 1924, levou à sua morte no início da noite.[63]

LEGADO

Embora tenha exercido o poder por pouco tempo, Lênin deixou um legado profundo na Rússia, no resto da Europa e no mundo. O comunismo — Lênin sugeriu em 1918 que os bolcheviques mudassem o nome do partido para Partido Comunista Russo (Bolchevique) — tornou-se uma força central em muitas partes do globo. Na União Soviética, o essencial do sistema de governo que Lênin estabeleceu permaneceu intacto até o colapso da União Soviética, mais de sete décadas mais tarde.

A ideologia que sustentava esse sistema — seu próprio nome, marxismo-leninismo, conectando Lênin a Karl Marx e estabelecendo-os como seus criadores e definidores — interpretava a história como sendo determinada por forças econômicas e relações de classe impessoais. Mas, ao mesmo tempo, glorificava seu fundador. Não havia contradição. Marx (e depois Lênin) sempre ressaltou que era necessário haver luta política para transformar as relações de classe. O papel de Lênin como o líder dessa luta na Rússia obviamente lhe outorgou um lugar especial no panteão soviético. A construção de um culto da personalidade ou uma quase religiosa veneração a Lênin foi, contudo, muito mais longe. Ela começou imediatamente após sua morte, com o despertar de um grande interesse público pelo seu corpo. Sua decomposição foi sustada e foi estabelecida uma Comissão para a Imortalização da Memória de Lênin. Uma facção que via valor político no embalsamamento de seu corpo triunfou sobre oponentes (nos quais se incluía sua viúva, Krúpskaia).[64] A preservação do cadáver serviu à necessidade de prover um símbolo de unificação: o indivíduo como representante de uma verdade eterna, "o único intérprete autêntico das leis da história".[65] E isso tinha potencial para ser um apelo disseminado numa sociedade amplamente camponesa cujo mundo cultural — embora nominalmente ateu — era construído sobre um entrelaçamento de crenças religiosas e supersticiosas.[66]

Lênin continuou sendo até o fim a figura totêmica do comunismo soviético. O culto da personalidade que estava sendo construído em torno dele em seus últimos anos exibiu sua plena eflorescência após sua morte e veio a servir de modelo para o culto a Stálin.[67] Seu corpo embalsamado foi posto em exibição permanente num mausoléu especialmente construído para o culto dos crentes. Retratos, monumentos, a mudança de nome de Petrogrado para Leningrado e outros numerosos sinais de uma quase deificação de um profeta construíram o mito de um líder intocável. "Lênin está morto, o leninismo vive", entoou Zinóviev no funeral.[68] Stálin também, para confirmar seu próprio lugar na sucessão apostólica, fez brilhar uma versão adulterada do mito de Lênin, embora seu próprio e ainda mais grotesco superinflado culto da personalidade viesse posteriormente a deixar na sombra o do fundador do bolchevismo. A denúncia de Stálin por Khruschóv em 1956 restabeleceu então a santidade de Lênin. Na verdade, o legado mais direto de Lênin fora a ascensão de Stálin ao poder. Stálin, que tinha sido um protegido de Lênin (apesar da advertência no Testamento), aproveitou sua relutância em nomear seu sucessor, e conquanto se desviando significativamente do modo como Lênin tinha governado, construiu sua tirania sobre o modelo do leninismo. Mas Khruschóv, agora, descrevia Stálin como alguém que rompera fundamentalmente com o legado de Lênin. A ditadura de Stálin foi vista como um heresia maléfica — um maligno afastamento do caminho traçado pelo verdadeiro evangelho. O efeito foi a restauração da indisputável estatura de Lênin. Ele representava a infalibilidade do Partido Comunista. Seus preceitos ideológicos continuavam a ser sua luz-guia. Mesmo Gorbatchóv, na década de 1980, não quis, no início, destruir, e sim preservar o leninismo.

Segundo pesquisas de opinião na Rússia por ocasião do centenário da Revolução Bolchevique de 1917, mais da metade das pessoas inquiridas pensava que Lênin havia desempenhado um papel positivo na história do país — embora poucos soubessem com detalhes o que tinha efetivamente realizado.[69] Ele é agora uma figura do passado distante, com pouca relevância para a Rússia de hoje em dia. Para o presidente Pútin, a continuação do espetáculo macabro do cadáver insepulto de Lênin é grotesca. Lênin simbolizou a revolução. Pútin enfatiza a estabilidade que ele implementou após a era caótica de Boris Iéltsin. Por outro lado, muitos russos ainda admiram a força e o prestígio da era soviética. A remoção de Lênin de seu mausoléu arriscaria deslanchar um novo debate sobre o passado da Rússia. Pútin, presumivelmente, prefere evitar isso. Assim, pelo menos até agora, Lênin fica onde está.[70] Seu corpo na praça Vermelha durou mais do que o próprio sistema soviético.

Fora da Rússia, movimentos insurrecionistas em muitos países, ao longo do século XX, e certo número de regimes comunistas, adotaram pelo menos pares da ideologia de Lênin. O conflito entre capitalismo e comunismo, que foi central na história do século XX, era delineado pelo sistema alternativo de Estado e sua subjacente ideologia, para cuja criação Lênin foi indispensável. A luta sangrenta entre fascismo e comunismo, que culminou na guerra mais catastrófica da história, foi a fase decisiva num conflito que durou até o fim da Guerra Fria. É possível dizer que, no mínimo indiretamente, Lênin influenciou o curso da história até o final do século xx e além.

A Revolução Russa foi um episódio que marcou uma época, o século xx. E nessa conjuntura axial da história, o papel pessoal de Lênin foi crucial. Ele foi conduzido pelas correntes revolucionárias de seu tempo. Foi seu beneficiário, não seu criador. Mas uma revolução na Rússia não estava predestinada a seguir o caminho que efetivamente seguiu. O modo como a revolução mudou a Rússia e a Europa seria inimaginável sem a liderança de Lênin. Ele aproveitou a oportunidade que se apresentou, embora nunca tenha perdido de vista objetivos claramente ideológicos. Sem ele o século xx teria sido diferente, de maneiras que só podemos imaginar vagamente. Lênin teve na história impacto maior que o de qualquer outra pessoa de sua época. Ele foi um primordial construtor do século xx na Europa.

Mussolini, ainda irradiando otimismo, é saudado por admiradores em outubro de 1942. Na verdade, nessa época sua popularidade estava em acentuado declínio. O drástico colapso na situação militar da Itália levou à sua derrubada em julho de 1943.

2. Benito Mussolini: Ícone do fascismo

Durante cerca de um quarto de século, Benito Mussolini teve um profundo impacto na história da Itália e, cada vez mais, na de toda a Europa — e, de fato, mediante conquista imperialista e como aliado da Alemanha e do Japão durante a Segunda Guerra Mundial, na história do mundo além da Europa. Na Itália ele presidiu uma ditadura que durou mais de duas décadas. Antes que os destinos da guerra ricocheteassem de forma devastadora sobre o país, ele contou com o apoio de milhões de italianos e foi idolatrado por muitos deles. Em outros países, na Europa do entreguerras, não só aqueles que eram atraídos para o fascismo como também muitos conservadores o consideravam um ícone.[1]

Ele queria guerra. Sob Mussolini, a Itália envolveu-se em guerras, de um ou outro modo, nas décadas de 1920 e 1930, em Corfu, na Líbia, na Etiópia e na Espanha. Mas quando uma guerra europeia, depois mundial, chegou à Itália após 1940, ela infligiu miséria, sofrimento e devastação no país e nos territórios que estavam em poder do país. Isso levou à deposição do próprio Mussolini em 1943, a uma breve mas extremamente sangrenta restauração de poder sob a égide alemã e à sua morte violenta, pelas mãos de partisans, em abril de 1945. O líder que antes tinha mantido milhões sob seu domínio deixou atrás de si um país em ruínas.

"Um homem e apenas um homem", declarou Winston Churchill — que uma vez tinha admirado Mussolini — numa transmissão para o povo italiano em 23 de dezembro de 1940, era responsável pela sina da Itália.[2] Era uma grosseira supersimplificação, destinada a azedar as relações entre Mussolini e o povo italiano. A questão permanece, assim mesmo: será que o papel pessoal de Mussolini foi indispensável no caminho trilhado a partir da ascensão do fascismo até a calamidade dos anos de guerra? Se realmente foi, outras questões imediatamente se apresentam. Que condições tornaram possível na Itália a tomada do poder por Mussolini e depois permitiram o exercício desse poder de forma tão fatídica? O que fez o próprio Mussolini para chegar ao poder? E em que medida ele, pessoalmente, determinou o rumo da política uma vez no poder? Quão poderoso era de fato Mussolini durante os catastróficos anos de guerra? Estaria atuando cada vez mais sob pressão alemã, assolado por forças que estavam fora de seu controle? Ou talvez essa ideia sirva simplesmente para negligenciar e desculpar o direcionamento pessoal e brutal que ele deu à política até seu próprio *finale furioso*? Mussolini, que posou como a própria epítome da onipotência masculina do "macho", oferece um intrigante estudo de caso: até que ponto um indivíduo controla seu próprio destino e — muito mais importante — o de seu país.

PERSONALIDADE E SURGIMENTO POLÍTICO

Baixo (1,68 metro de altura), atarracado, calvo, com gestos estranhamente histriônicos, "masculinidade" exagerada, arrogância exibicionista, expressão belicosa, olhos sempre rolando, mandíbula agressivamente protuberante, pernas abertas, peito estufado, Mussolini era o sonho de um caricaturista. Sua imagem como ditador fomentava facilmente a suposição de que, debaixo dessa pomposa fanfarronice, era pouco mais que uma figura absurda de palhaço, "um fanfarrão fútil e trapalhão sem ideias ou objetivos", no melhor dos casos um "talentoso ator" e propagandista.[3] Mas isso seria subestimar gravemente o indivíduo maligno e cruel que era, a baixeza de seu caráter, a brutalidade de sua política e o ataque à humanidade que ele empreendeu como líder da Itália.[4]

Sua personalidade dominadora já era visível desde muito jovem. Era fortemente dogmático, intolerante com opiniões alheias, autoritário na postura, irritadiço, vingativo e defensor da violência como método político. Era, sem dúvida, inteligente, com uma mente ágil e excelente memória. Era deveras sério, com pouco senso de humor. Admitia ter poucos amigos autênticos. Para uma época ulterior, poucas características de seu caráter pareceriam atraentes. Mas para muitos de seus contemporâneos, alienados por décadas de governo ineficaz, corrupto e faccionário exercido por uma aparentemente imutável e tediosa oligarquia de notáveis liberais, Mussolini irradiava vitalidade e energia. Oferecia incansável dinamismo, ação intransigente, indomável força de vontade, um irresistível espírito de mudança revolucionária. Sua aparência, suas roupas, seus maneirismos, as poses que adotava, sua retórica política — tudo oferecia algo radicalmente novo, dramaticamente diferente da política cansada e aborrecida da elite burguesa, um rompimento necessário e decisivo com o passado. Ele parecia representar uma era moderna, uma época das massas. Para uma clientela comprometida com uma revolução violenta, especialmente quando os traços de sua personalidade foram mais tarde imbuídos da imagem heroica de um "homem do destino" (que Mussolini se considerava ser), esses traços poderiam exercer grande atração. Seu bem cultivado comportamento masculino, viril e marcial era compatível com um disseminado ideal de uma liderança forte.[5] Decerto nunca lhe faltaram admiradores entre as mulheres. Ele se fez parecer como sendo praticamente viciado em sexo.[6] Seus incontáveis, em geral fugazes relacionamentos estenderam-se desde sua juventude até sua última — nesse caso, forte — ligação com a mulher que compartilharia sua sina em 1945, Clara Petacci. Sua esposa, Rachele Guidi, com quem se casou em 1915 e que lhe deu cinco filhos, resignou-se ao fato de que não poderia lhe alterar o caráter e o comportamento.

Ele provinha de um contexto de pobreza. Nasceu em 1883, o mais velho de três filhos, na aldeia de Dovia, distrito de Predappio, região da Emilia-Romagna, no norte da Itália, um remanso provinciano não muito perto das cidades mais próximas, Bolonha e Ravena. Conquanto fossem pobres, seus pais tinham certa posição na comunidade. Seu pai, Alessandro, um ferreiro e pequeno proprietário, foi desde cedo um entusiasta do socialismo (com tintas de anarquismo), crítico da Igreja, de proprietários de terra e do estamento político, e serviu por algum tempo como conselheiro no distrito de Predappio. Tanto suas tendências socialistas quanto seu temperamento colérico contagiaram o filho. A mãe de Benito, Rosa, era mais amena, professora na escola local e, diferente do marido, uma católica devota. Benito era um menino brilhante que lia muito e tinha algum talento para a música. Mas seu envolvimento em dois pequenos incidentes de apunhalamento durante seus anos na escola já demonstravam um traço de violência.

Em 1902, ele começou carreira no jornalismo, escrevendo para um semanário socialista e exibindo uma aptidão para provocação e agitação que levou, em anos subsequentes, a embates com a polícia, detenções e períodos curtos de prisão. Seu jornalismo incendiário, com ataques veementes ao estamento político, tornaram-no conhecido nos círculos socialistas antes da Primeira Guerra Mundial. Ele apoiou a ala revolucionária do Partido Socialista e — o que é notável, considerando o que viria depois — opôs-se ferrenhamente à guerra colonial da Itália na Líbia, em 1911. Um ano mais tarde, aos 28 anos, foi nomeado editor do grande diário socialista *Avanti!*, sediado em Milão.

Quando da eclosão da guerra em 1914, Mussolini ainda era um socialista comprometido com a causa. Mas ainda era cedo, e havia tempo para mudar. Seu socialismo, na verdade, era eclético. Ele conhecia Marx. Mas estava pronto a ir buscar, quando lhe convinha, outras ideias, inclusive a teoria do elitismo de Vilfredo Pareto, o "desejo de poder" de Nietzsche e a "luta contra a decadência" de Georges Sorel. As ideias em si mesmas não eram importantes para ele, a menos que pudessem mobilizar, a menos que fossem veículos para o poder. Não era uma questão de poder por si mesmo. A Itália, unificada como um país havia pouco mais de meio século, com uma monarquia nacional apenas desde 1861, era, política e socialmente, altamente polarizada. Sua classe dominante era uma oligarquia estreita e corrupta. Aos olhos dos socialistas, o poder era necessário para destruir a sociedade burguesa e abrir caminho para uma revolução social.

Quando a guerra mundial começou, Mussolini ainda defendia a neutralidade da Itália. Mas os trabalhadores por toda a Europa estavam se juntando a seus exércitos nacionais. Os partidos socialistas estavam apoiando a guerra. O internacionalismo marxista, ele reconhecia, tinha fracassado; o socialismo seria incapaz de destruir a velha ordem. Por outro lado, o apelo emocional do fervor nacionalista na Europa era enorme. A própria guerra, começou a raciocinar, seria o agente da mudança revolucionária. O próprio Marx tinha argumentado assim. Vozes influentes, algumas da esquerda, alegavam que a Itália tinha de se juntar ao conflito para poder romper com o passado e construir um futuro melhor. As crescentes dúvidas de Mussolini quanto ao socialismo e quanto à neutralidade da Itália foram os ingredientes que se mesclaram em sua dramática conversão à causa da intervenção.

Sua opinião privada agora conflitava diretamente com sua posição pública. Em outubro de 1914, subitamente, ele disse aos leitores de *Avanti!* que suas ideias anteriores estavam erradas. Tomou essa decisão sozinho e em oposição à liderança do partido (embora, de longe, não a todos os membros do partido). Teve de renunciar ao cargo de editor e logo foi expulso do Partido Socialista. Tornou-se rapidamente um dos mais destacados defensores da intervenção (que ocorreu com a entrada da Itália na guerra, alinhada com a Entente — Grã-Bretanha, França e Rússia — em 23 de maio de 1915). Em uma quinzena ele estava lançando um novo jornal para dar apoio à causa, *Il Popolo d'Italia*, no começo ainda de esquerda no tom, mas financeiramente apoiado por industriais que iriam lucrar com a intervenção da Itália na guerra. Em 1922 esse já era o jornal oficial do Partido Fascista.

Em dezembro de 1914, seu papel como editor do *Il Popolo d'Italia* deu-lhe a publicidade de que precisava para tornar-se o principal porta-voz dos pequenos grupos — alguns cujos membros eram ex-socialistas a favor da intervenção — que se chamavam Fascistas de Ação Revolucionária, embora sua influência na época fosse insignificante.[7] (*Fasci* era um termo que significava vagamente "grupos", com base nos feixes de varas que eram o símbolo da ordem na Roma antiga.) Enquanto isso, no pensamento de Mussolini, a revolução nacional havia substituído o entendimento marxista de luta de classes. Ele via a luta como sendo não entre classes, mas entre nações proletárias e plutocráticas. Seu novo evangelho era o estabelecimento da Itália como grande potência, não a luta pelo triunfo do proletariado na Itália. Expansão e conquista pelas armas seriam a prova da grandeza do país. Poder significava a destruição da sociedade "decadente" e sua substituição por uma nação ressurgente, construída sobre os valores do "novo homem" — força, vitalidade, vontade, dominação. O socialismo, em contraste, com sua ênfase na classe trabalhadora e não na nação, na igualdade e não na lei do mais forte, na paz internacional e não na preparação para a guerra, era agora o inimigo ideológico. Mussolini sentiu a força potencial para um novo movimento que poderia explorar a extrema desorientação e o descontentamento deixados pela guerra. Em fevereiro de 1919, pequenos grupos de indivíduos muito insatisfeitos mas sem raízes políticas, principalmente veteranos grandemente prejudicados, começavam a se juntar, chamando a si mesmos de Fasci di Combattimento. Em 23 de março de 1919, Mussolini convocou um encontro com cinquenta deles para formar um desses grupos em Milão. Era um dos 37 agrupamentos semelhantes na Itália, na época.⁸ Porém este, sob a direção de Mussolini, demonstraria ser a base daquilo que se tornou o Partido Fascista.

Daí até a tomada do poder em 1922 o caminho foi longo e sinuoso. Pouco desse caminho esteve sob o controle pessoal de Mussolini. Nada seria inevitável no que se refere à tomada de poder por Mussolini.⁹ Sem as precondições sociais, econômicas e políticas prevalentes, sua ditadura não teria sido possível. Sem os intensamente danosos e profundamente polarizadores efeitos da Primeira Guerra Mundial na Itália, sem a ameaça amplamente percebida de uma revolução socialista que provocaria uma ruptura da ordem e — mesmo então — sem a disposição das elites conservadoras no poder para fazê-lo primeiro-ministro, Mussolini nunca teria se tornado o ditador da Itália.

PRECONDIÇÕES DO PODER

Antes da Primeira Guerra Mundial, a oligarquia liberal que governava o país conseguiu, sem muita dificuldade, explorar, e ao mesmo tempo conter, o crescimento de extremos do nacionalismo e do imperialismo sem ser ameaçada por eles. O poder social e político das elites políticas não se apoiava numa forte base popular, em virtude de sua votação extremamente baixa, embora não enfrentasse ainda perigo revolucionário oriundo da direita ou da esquerda. O Partido Socialista Italiano, fundado no início da década de 1890, estava crescendo, mas ainda era pequeno, em grande parte confinado ao cinturão de desenvolvimento industrial no norte e dividido nas alas reformista e revolucionária (à qual Mussolini pertencera). A esquerda não estava em posição de desafiar a ordem política. A direita populista ainda era quase inexistente.

A guerra mudou tudo isso. Deixou atrás de si uma população desmoralizada, com raiva dos líderes do país, humilhada pela fraqueza militar. A classe dominante, de liberais insignes, perdera o direito de alegar legitimidade popular. Sentiram-se obrigados a ampliar um eleitorado extremamente restrito, garantindo o direito a voto de todos os homens adultos, em dezembro de 1918. O sistema eleitoral foi alterado para introduzir a representação proporcional a partir do ano seguinte. Contudo, isso resultou, nas eleições de novembro de 1919, em grandes ganhos para os socialistas, agora facilmente o maior partido no parlamento, e eles declararam que queriam destruir a burguesia. O outro grande vitorioso nas eleições foi o recém-fundado Partido do Povo Italiano (os Popolari, que representava interesses católicos). O resultado foi que a elite liberal-conservadora não mais era capaz de controlar e manipular a política parlamentar. Quando a desordem aumentou, o instável sistema governamental não conseguiu lidar com a situação. A ordem social e o poder que dela emanava pareciam estar ameaçados. A perspectiva de uma revolução socialista — um espectro terrível aos olhos de muitos — se agigantava.

Ao mesmo tempo, o furor contra a direita devido à redistribuição territorial que fora acordada com os líderes aliados no Tratado de Versalhes, em junho de 1919, não tinha limites. A Itália, clamavam ruidosamente nacionalistas e fascistas, tinha sido enganada e roubada em seus legítimos ganhos provenientes da vitória, que chamaram de "vitória mutilada". Na verdade, os ganhos realmente obtidos foram consideráveis, e "arredondaram" as fronteiras nacionais da Itália, com a aquisição do território austríaco do Tirol do Sul (de língua principalmente alemã) e da região do litoral nordeste que tinha no centro Trieste. Mas o extremado sentimento nacionalista não se aplacou. Foram exigidos ganhos imperialistas, compatíveis com o suposto status de uma grande potência vitoriosa. O ressentimento foi direcionado à falta de ganhos *fora* da Itália. Tinham sido criadas expectativas da aquisição da Dalmácia, de um protetorado que incluía a Albânia, de uma zona de influência na costa adriática da Turquia e de um território colonial na África. O pequeno porto de Fiume (hoje Rijeka, na Croácia), só parcialmente habitado por italianos (que esperavam, mediante seu pertencimento ao Estado-nação italiano, restaurar a prosperidade de que tinham usufruído sob o Império Austro-Húngaro), tornou-se o ponto crítico específico da agitação fascista depois de ter sido ocupado por uma força italiana liderada pelo poeta protofascista Gabriele D'Annunzio, em setembro de 1919.[10]

O tumulto social, político e ideológico disseminado pela guerra agudizou intensamente o conflito de classes. Greves, ocupações de fábricas, saques de lojas e tomadas de terras em 1919 e 1920 — o assim chamado biênio vermelho (*biennio rosso*) — pareciam denotar um sistema político fora de controle. As classes médias, vendo suas poupanças serem erodidas pela inflação e suas propriedades ameaçadas, queriam ordem. Relatos, lavrados pela imprensa de direita, de terror bolchevique na Rússia as deixaram aterrorizadas ante a ameaça de uma revolução socialista na Itália. A fundação, em janeiro de 1921, de um Partido Comunista que contemplava a Rússia de Lênin não contribuiu para acalmar os nervos.

Foi quando as várias pequenas organizações paramilitares que se chamavam Fasci começaram a ser utilizadas. Ex-soldados desmobilizados formaram o cerne inicial dos movimentos fascistas, que agora brotavam em cidades e municípios no norte e no centro da Itália. À medida que o movimento se expandia, ele recrutava através do espectro social, conquanto não muito no proletariado urbano, e seus líderes eram predominantemente da classe média. Estudantes (sobretudo oriundos da classe média) estavam significativamente super-representados entre os membros dos esquadrões paramilitares. Muito obviamente o fascismo inicial foi um movimento em sua esmagadora maioria masculino e de jovens.[11] Não havia uma ideologia coerente. Mas havia um furor intenso contra o corrupto estamento liberal e a exigência de uma ação violenta para destruir o que eles consideravam ser um Estado podre, cujos líderes tinham traído a nação. Era a isto que se resumia o fascismo: a destruição total da velha política e da velha ordem social e promessas utópicas de uma nova sociedade movida pela crença em renascimento e glória nacionais.[12] A violência tinha um papel central. Milhares de atos de violência política, que levaram a centenas de mortes, foram perpetrados por esquadrões fascistas paramilitares.[13] O grupo fascista de Mussolini em Milão anunciou um programa que soava como de esquerda mas que visava, contudo, a uma agitação populista e antielitista, e não a uma agenda para uma implementação prática. O programa foi descartado em 1921.[14]

Os numerosos grupos fascistas, não só o de Mussolini, tornaram-se rapidamente um veículo para reprimir o socialismo e acabar com quaisquer sinais de desordem social instigada pela esquerda. Embora fosse de início um fenômeno urbano, em 1920 o fascismo estava se espalhando rapidamente pelas áreas rurais do norte da Itália. Jovens e agressivos líderes provinciais, como Italo Balbo, em Ferrara, criaram conexões com proprietários de terra e industriais locais.[15] Os proprietários reconheceram a conveniência de financiar bandos paramilitares de brutamontes fascistas (*squadristi*) para desalojar inquilinos problemáticos, acabar com greves, espancar oponentes e aterrorizar socialistas ou quem quer que se pusesse em seu caminho. Proprietários começaram a só empregar trabalhadores que fossem membros de organizações fascistas, que antes tinham incorporado milícias antissocialistas de "defesa dos cidadãos".[16] Em 1921 os fascistas estavam sendo ajudados com dinheiro e armas do governo; a polícia ignorava quando eles aplicavam terríveis surras em desafortunados oponentes.

A supremacia de Mussolini no movimento fascista em rápida expansão não era tida como certa e garantida. Poderosos chefes fascistas provinciais reconheciam sua posição, mas sua autoridade não estava isenta de desafios. Balbo em Ferrara, Dino Grandi em Bolonha e Roberto Farinacci em Cremona eram os mais vigorosos líderes que não estavam preparados para prestar inquestionável obediência às ordens de Mussolini. Eles, e os esquadrões que comandavam, eram mais importantes que Mussolini para a difusão do fascismo.[17] Em 1921, Mussolini temia estar perdendo o controle do fascismo agrário. Também estava preocupado com o fato de que a violência dos esquadrões, com o apoio de seus chefes locais, estava se tornando contraproducente e representava um obstáculo às esperanças de se obter o poder de Estado. Os fascistas tinham conquistado 35 assentos (do total de 535) nas eleições parlamentares de maio de 1921 e constituíam assim uma pequena minoria na câmara baixa do parlamento, a Câmara de Deputados. Para contrabalançar essa fraqueza, Mussolini propôs em julho daquele ano, com pouca ou nenhuma consulta prévia, uma mudança notável e diametralmente oposta na política: uma coalizão parlamentar com o Partido Socialista e o Partido do Povo (ambos ainda eleitoralmente fortes). Isso levou, em agosto, a um pacto de pacificação — e a uma crise nas relações com as grandes figuras provinciais.

O pacto estarreceu os chefes fascistas provinciais. Grandi desafiou abertamente a reivindicação de Mussolini de ser o *padrone* (patrão, chefe) de "nosso movimento".[18] Mussolini, exigindo obediência, renunciou ao papel de líder. Os chefes se reuniram sem ele e ofereceram a liderança ao herói de Fiume, o poeta fascista Gabriele D'Annunzio, que, no entanto, não se via nessa posição e declinou. A crise clamava por uma solução de concessões mútuas. Mussolini recuou. Reconheceu seu erro tático. Os chefes provinciais, por sua vez, qualquer que fosse seu poder em seus próprios feudos, reconheceram que somente Mussolini usufruía da posição nacional necessária para manter unido todo o movimento fascista. Essa era sua força e a fraqueza deles. Reconheceram publicamente sua autoridade, enquanto ele aceitou a continuação da violência, insistindo apenas que ela fosse agora organizada e que os esquadrões se transformassem numa milícia nacional. Os próprios Fasci deveriam ser coordenados politicamente. Numa exibição teatral em novembro de 1921, o Partido Fascista foi oficialmente estabelecido. Em seu jornal, duas semanas mais tarde, Mussolini sugeriu que "talvez o povo deseje um ditador".[19]

Enquanto isso, o governo central continuava a exibir sua fraqueza e falta de apoio popular. Entre outubro de 1917 e outubro de 1922 houve nada menos que sete mudanças de governo, sob cinco primeiros-ministros.[20] A fragmentação da direita liberal-conservadora abriu espaço político para a crescente força do fascismo.[21] Em meados de 1922, o movimento de Mussolini tinha mais de 300 mil membros. Foi quando as elites conservadoras ficaram prontas para confiar o governo a Mussolini. A fraqueza das elites, não a personalidade ou o talento político de Mussolini, foi o pré-requisito decisivo para seu poder.

Sem o apoio dos fascistas, raciocinaram os membros do governo, não havia esperança de dar estabilidade à governança do país. Estavam muito mais preocupados com a esquerda socialista do que com a direita fascista, e quando as forças de Mussolini esmagaram uma débil tentativa de greve geral de inspiração socialista, em agosto de 1922, eles puderam perversamente interpretar o fascismo como sendo o defensor da lei — mesmo sabendo que ele estava preparando uma insurreição armada. Os conservadores perceberam que não poderiam governar sem os fascistas. Mas, sem apoio do governo, os fascistas não seriam fortes o suficiente para tomar o poder. Estava ganhando forma a base do acordo político que daria poder a Mussolini. Os ministros do governo acreditaram que seriam capazes de o controlar. Esse era o erro que, pouco mais de uma década depois, a elite política alemã iria cometer com Hitler.

Mussolini jogou um jogo duplo. Sua duplicidade política foi grande parte de seu sucesso. Se por um lado ele estimulou a violência dos esquadrões fascistas e inflamou seus militantes para que tomassem o poder pela força, por outro apresentou-se aos principais membros do governo como o único homem capaz de restaurar a ordem no Estado e reconstruir a economia. Se obtivesse o cargo, indicou, dissolveria seu exército paramilitar. Mantinha essas opções abertas e agia com pouca ou nenhuma deliberação prévia com líderes fascistas, cuja concordância com qualquer coisa que não uma insurreição armada não poderia ser levada a sério. Nenhum dos líderes fascistas provinciais poderia ter operado como operou Mussolini. Eram organizadores de truculência, expressa em brigas de rua, mas careciam do talento tático oportunista de Mussolini.

O primeiro-ministro, Luigi Facta, um liberal que só passou a exercer o cargo a partir de fevereiro de 1922, hesitou até a noite de 27 de outubro. A violência dos esquadrões fascistas (com a morte de 22 pessoas) havia então escalado ameaçadoramente. Eles ocupavam prefeituras (que controlavam a polícia), agências de correio e estações ferroviárias nas grandes cidades e em importantes e principais conexões de transporte para a capital.[22] Facta por fim cedeu ao pedido do comandante do exército em Roma para impor lei marcial e declarar estado de emergência. O exército tinha mostrado que, quando queria, era bem capaz de suplantar turbas fascistas; durante a noite, os prédios ocupados eram facilmente retomados. Crucialmente, o rei Vítor Emanuel III concordou em assinar a declaração de estado de emergência. Depois mudou de ideia. Foi erroneamente informado de que o exército não seria capaz de defender Roma contra a milícia fascista.[23] Na verdade, ele não teria dificuldade de esmagar a fracamente armada milícia, que não contava com mais do que 30 mil membros, posicionados em volta de Roma.

O mito, numa ditadura, frequentemente é mais poderoso que o fato. A imagem do líder heroico montado num cavalo, à frente de suas legiões numa triunfante marcha sobre Roma, se tornou a lenda de fundação do governo de Mussolini e importante elemento no culto ao Duce. Na verdade, depois de ter sua nomeação como chefe de governo acordada com o rei e dezenas de milhares de *squadristi* terem desfilado diante do soberano e o saudado, antes de voltarem para casa,[24] Mussolini viajou de Milão para Roma de trem, vestindo um terno e um chapéu-coco. Ele não tinha "tomado" o poder; tinha sido convidado a assumi-lo. Em 29 de outubro, o rei nomeou Benito Mussolini primeiro-ministro da Itália.

DUCE

Até Mussolini se tornar ditador não se atribuía significado especial à palavra "Duce", que era usada simplesmente para indicar um líder, sem as conotações míticas que adquiriu mais tarde. O próprio Mussolini tinha sido referido pelos primeiros apoiadores fascistas como Duce, mas outros chefes locais eram mencionados da mesma maneira.[25] O culto total a Mussolini só se manifestou após 1925.

Antes disso, Mussolini estava tateando o caminho — embora já estivesse oferecendo um novo estilo de governar, agindo com dinamismo e com confiança e ousadia cada vez maiores. Isso foi possível devido à quase completa complacência com seu governo demonstrada pelas elites conservadoras-liberais, pelo Exército e pelo rei. Mesmo nesse estágio inicial, a postura deles ia desde uma aquiescência passiva até uma total cumplicidade. Os objetivos que Mussolini delineou ao assumir o cargo de primeiro-ministro — fim da desordem, equilíbrio no orçamento e implantação de disciplina — poderiam ser os objetivos de qualquer administração conservadora; já os métodos para se alcançar esses fins, não. Contudo, a violência empregada para "restaurar a ordem" era aceitável — enquanto fosse dirigida à supressão de "encrenqueiros" políticos da esquerda. Os socialistas — intimidados, brutalmente maltratados, aterrorizados até o imobilismo — na verdade não representavam um autêntico problema político. E o segundo maior partido no parlamento, o Partido do Povo, foi subornado pelo aumento do suporte financeiro a padres e bispos e pelo apoio à política social católica.

Mussolini caminhou com mais cuidado ao tratar com a elite política. Falava em termos moderados nas vezes em que sentia ser necessário, e com mal veladas ameaças em outras vezes. Precisava do apoio parlamentar, e os fascistas ainda eram uma pequena minoria da Câmara de Deputados. Além de exercer o cargo de primeiro-ministro, ele assumiu a responsabilidade pelos negócios estrangeiros e pelo ministério do Interior (o que lhe deu o controle da polícia). Fora isso, seu governo era constituído de não fascistas (provindos de nacionalistas, liberais e Popolari). Seus camaradas fascistas ficaram magoados por não terem colhido os frutos do poder, mas Mussolini tinha calculado astutamente que ao menos por enquanto não poderia dispensar o apoio de não fascistas. Foi recompensado, em 16 de novembro de 1922, com um imenso voto de confiança (apenas socialistas e comunistas se opuseram) tanto da Câmara como do Senado, e lhe foram concedidos poderes de emergência por um ano, o que lhe permitiria agir sem a aprovação parlamentar. Fascistas importantes, deixados de fora do governo, foram aplacados por uma significativa inovação introduzida por Mussolini em dezembro de 1922: a criação de um Grande Conselho Fascista. Ele dependia exclusivamente de Mussolini, que nomeava seus membros e decidia qual seria sua agenda. Isso formou uma extensão pela qual o partido podia influenciar a formulação da política de governo.

Enquanto isso, os fascistas controlavam as ruas. Os esquadrões tornaram-se parte da milícia nacional e serviam, efetivamente, como uma perversa polícia política. Mussolini decretou uma anistia geral para perdoar milhares de pessoas que tinham perpetrado os mais brutais ataques a socialistas e outros. Ele declarou que a violência seria contida; na prática estava lhe dando licença para continuar. Na verdade, estava longe de controlar completamente os esquadrões, ainda conduzidos por chefes fascistas locais que não queriam renunciar a seu poder. A base para um extensivo e centralizado controle do Estado sobre seus cidadãos foi, no entanto, lançada na fase inicial do regime. A polícia, agora sob a direção de

Mussolini, e as autoridades judiciais eram cúmplices dos extremismos da coerção e de prisões em massa de oponentes políticos. Funcionários eleitos em governos locais por partidos de oposição foram peremptoriamente depostos e substituídos por fascistas. Foi introduzida a censura da imprensa; jornais da oposição ainda não tinham sido banidos, embora houvesse muita intimidação aos jornalistas oposicionistas. E o próprio Partido Fascista, que tinha mais do que dobrado o número de afiliados em um ano, estendeu seus tentáculos de controle social e ao mesmo tempo servia como veículo para reforçar o poder de Mussolini e sua posição pública.[26]

Mussolini explorou a confiança que tinha conquistado no parlamento para levar a cabo, em 1923, mediante uma combinação de talento manipulativo e ameaças, a grande mudança que iria substituir um governo parlamentar por uma ditadura. Em julho, a grande maioria parlamentar não fascista aprovou uma peça de tramoia política que no outono tornar-se-ia uma nova lei eleitoral. Ela outorgava dois terços dos assentos na Câmara de Deputados a qualquer partido que obtivesse uma quarta parte dos votos. De fato, nas eleições de abril, após uma campanha na qual oponentes políticos foram submetidos à violência, o bloco nacional dominado por fascistas obteve, de qualquer maneira, mais de dois terços dos votos. Os partidos de oposição foram reduzidos a uma fileira sitiada na Câmara de Deputados. O parlamento, de agora em diante, não era mais que um carimbo para a aprovação da política determinada pelo governo fascista. E lá o que contava era a personalidade dominante de Mussolini e a direção assertiva de sua política.

Dois meses após a eleição, no entanto, ele enfrentou uma grande crise que durou até o início de 1925 e por algum tempo ameaçou sua própria posição no poder e a existência de seu governo. Foi considerada na época a crise do fascismo.[27] Quando o líder do Partido Socialista, Giacomo Matteotti, foi sequestrado pelos fascistas em 10 de junho de 1924 e subsequentemente assassinado, acreditou-se amplamente que fora por ordem de Mussolini. É quase certo que ele estava, pelo menos indiretamente, implicado. A crise política que se seguiu durou seis meses. Os socialistas erraram totalmente a mão. Boicotar o parlamento em protesto, junto com os Popolari, apenas beneficiou os fascistas. Mussolini conseguiu aplacar a elite política entregando o vital ministério do Interior ao "respeitável" ex-nacionalista Luigi Federzoni e fazendo a milícia fascista proferir um juramento de lealdade ao rei.[28] A classe política liberal e conservadora, o rei, o Exército e líderes de negócios, também o papa, viram em Mussolini um perigo menor do que qualquer perspectiva de um renascimento da esquerda e não retiraram seu apoio. Menos fácil para Mussolini foi manter seu próprio partido sob controle. O assassinato de um deputado fascista em setembro intensificou a fúria dos radicais e sua intenção de completar a revolução fascista. Naquele tenso outono, Mussolini não pôde ignorar as divisões dentro do partido e as renovadas irrupções de violência nas províncias. Tornou-se um teste de sua força. Ele tinha de controlar os chefes fascistas locais. Isso só poderia ser feito estabelecendo a supremacia definitiva do Estado sobre o partido.[29] Em 3 de janeiro de 1925 ele agiu para resolver a situação, aceitando publicamente no parlamento a responsabilidade por tudo que tinha acontecido, aplacando os radicais ao reconhecer que "a única solução é a força".[30] De maneira notável, Mussolini emergiu da crise fortalecido, e não enfraquecido. No que equivaleu a uma segunda "tomada do poder", seguiram-se passos em direção a uma ditadura plena.

Os não fascistas foram retirados do gabinete. O próprio Mussolini assumiu nada menos que oito ministérios em 1929 (inclusive, novamente, o ministério do Interior). Partidos de oposição foram banidos em 1926. Foi introduzida rigorosa censura de imprensa, greves e locautes foram proibidos, dissidentes foram presos e o Estado policial se expandiu. A última barreira para a complementação do Estado fascista ocorreu em 1929 com a assinatura do Tratado de Latrão com o papado. Mussolini tinha conduzido pessoalmente as negociações, que levaram ao reconhecimento da soberania do Vaticano, a relações regulamentadas com o papado e à confirmação do catolicismo como religião de Estado da Itália. Os elogios que recebeu — o próprio papa Pio XI descreveu Mussolini como um homem enviado pela "Providência" para libertar o país da falsa doutrina do liberalismo — levaram o prestígio do líder italiano a novas alturas.[31]

O próprio Partido Fascista, fonte de contínua inquietação interna e desordem externa, foi obrigado a se submeter em 1925, ao nomear Roberto Farinacci — indubitavelmente o mais indisciplinado, arquiextremista e violento de todos os chefes provinciais — secretário nacional do partido. A raposa tornou-se guardiã do galinheiro. Farinacci tentou impor férrea disciplina, mas não conseguiu conter persistentes irrupções de violência e em pouco mais de um ano foi demitido por Mussolini para ser substituído por secretários de partido administrativamente mais competentes porém politicamente subservientes, o ultraleal Augusto Turati e depois Achille Starace. Entre 1927 e 1928, o partido, institucionalmente, não mais desafiava o Estado, estando reduzido a servir como seu corpo central de organização e mobilização política.[32] Ele oferecia mobilidade ascendente às elites locais. Mas tinha perdido sua adrenalina. Os "homens selvagens" e elementos indisciplinados do partido em seu início tinham sido expurgados ou contidos. A violência passou a ser controlada pelo Estado.[33] O ímpeto do movimento dissipou-se. O partido tornou-se em grande parte um veículo para a aclamação do Duce, sua principal agência de propaganda e um meio de controle social. Era a base primária do poder de Mussolini.

O partido e as organizações a ele subordinadas penetraram em praticamente todas as áreas da vida pública durante a década de 1930 — previdência social, clubes juvenis, atividades de lazer, clubes esportivos e muito mais. Em 1939, cerca de metade da população pertencia a uma ou outra afiliação fascista. Era cada vez mais difícil definir exatamente por onde passavam as fronteiras entre o partido e o Estado. Todo o amorfo e entrelaçado complexo de organizações e instituições no partido e no Estado girava em torno de Mussolini. Na década de 1930 ele operou sem restrições institucionais. O Conselho de Ministros e o Grande Conselho Fascista só se reuniam quando Mussolini queria e efetivamente não eram mais do que receptáculos para suas diretivas. Em 1939 a Câmara de Deputados foi renomeada Câmara de Fasces e Corporações. Mussolini era agora constitucionalmente o Líder Supremo.[34]

Ele decidia sozinho — e não tinha (ao menos nominalmente) de se reportar ao rei. Seu direito de tomar decisões era reconhecido por todos, inclusive pelo rei e pelos chefes do Exército (que não tinham voz coletiva e que, apesar de suas reservas, nunca se rebelaram). É claro que muitas decisões eram efetivamente cumpridas antes de serem apresentadas a ele em breves audiências (que não duravam, em média, mais que um quarto de hora) por seus subordinados. Decisões, dúzias por dia, eram tomadas, às vezes impulsivamente, sem reflexão ou deliberação. Mas, sem sua autorização, a maquinaria do governo não poderia funcionar. Passava longas horas por dia tratando de questões do governo. Porém, obviamente, era-lhe totalmente impossível manter o olhar focado no trabalho de todos os ministérios que, ao menos em teoria, estava administrando. Não estava disposto a delegar. Assim, ficava enormemente sobrecarregado. Mergulhado num pântano de questões, com frequência sem importância, que exigiam sua atenção.[35] Em consequência, a burocracia inevitavelmente ficou inflada. Assim, era do escopo de funcionários, tanto do partido quanto do Estado, antecipar, prever ou adivinhar as intenções de Mussolini.³⁶

O que mais impressionou os observadores estrangeiros quanto ao regime foi sua extraordinária energia. Mussolini, apesar das múltiplas falhas de caráter, exalava implacável vitalidade. As metas utópicas de moldar "o novo homem", construir uma grande nação, prepará-la para uma glória imperial, eram sempre exploradas pela propaganda, para transmitir a imagem de inextinguível dinamismo que o próprio Mussolini personificava. Ele reconhecera antes de praticamente todo mundo o potencial mobilizador da mídia de massa, o crescente poder de influenciar a população mediante jornais, rádio e cinema. Seu retrato em cartões-postais ou cartazes era onipresente. O início da era do rádio propiciou que seus discursos fossem retransmitidos ao público por alto-falantes instalados nas praças centrais de cidades e municípios. Ele foi o primeiro político populista da era da mídia de massa.

O monopólio do controle da propaganda produziu o mais importante elemento de unificação no Estado fascista: o culto ao Duce. Esse foi o cimento que, mais do que qualquer outra coisa, manteve inteiro o tecido do Estado fascista. O culto tinha uma forte dimensão pseudorreligiosa. Mussolini era praticamente endeusado aos olhos de muitos italianos.³⁷ Seus gestos bombásticos e teatrais quando discursava em imensos comícios — mais tarde considerados ridículos — eram usados para transmitir uma imagem de força, determinação e desafio. Era apresentado em livros escolares como um constante trabalhador para seu povo. Retratos seus com o peito nu, a cavalo, nadando, correndo, em corridas de automóveis ou brincando com filhotes de leão enfatizavam suas qualidades "viris". Todo dia choviam cartas de italianos comuns enaltecendo-o, louvando suas maravilhosas aptidões, agradecendo-lhe por suas maravilhosas conquistas. Ele simplesmente deliciava-se com os absurdos excessos do culto ao Duce, que o descreviam como um quase sobre-humano novo César, um onipotente e onisciente gênio divino.³⁸

Impossível dizer quantas pessoas acreditavam nesse disparate; mas Mussolini acreditava. E, como ele, milhões. Ele certamente era popular onde o Partido Fascista, seus funcionários e o regime em geral não eram. Sua popularidade provavelmente chegou a um ponto culminante após a declaração de vitória sobre a Etiópia em 1936, embora, ao que parece, o descontentamento popular só tenha sido temporariamente transcendido pelo sucesso militar.³⁹ O planejamento da guerra tinha começado já em 1932. A Etiópia, assim se imaginou, junto com as existentes colônias da Eritreia e da Somália, proveria um "espaço de vida" para milhões de colonos italianos e permitiria a exploração de ricos depósitos minerais no leste da África.[40] Em outubro de 1935 ele sentiu que estava pronto para desencadear a guerra imperialista que tanto queria. A guerra na Etiópia, travada por um grande exército contra forças muito inferiores, foi extremamente brutal, inclusive com bombardeios indiscriminados e o uso extensivo de gás venenoso. Mas somente em maio do ano seguinte a vitória pôde ser proclamada. A propaganda alardeou o gênio militar do Duce. Mussolini estava no ponto mais alto de seus poderes.

No entanto, ele tinha um calcanhar de aquiles, que só ficou visível muito depois, mas já estava lá desde o início do regime, embutido nas próprias condições estruturais de sua tomada do poder. Isso se refletiu em 1936, no fato de que foi o rei da Itália, e não Mussolini, que foi proclamado imperador da Abissínia (Etiópia). Era um sinal de que, embora fosse Mussolini quem, de fato, ditava a política, seu poder não era absoluto: havia uma autoridade mais alta, uma fonte alternativa de legitimidade. A monarquia estava, discretamente, no caminho de seu poder total. E as forças armadas, sob a direção de Mussolini, deviam lealdade ao chefe de Estado — o rei.[41]

O rei Vítor Emanuel III na verdade era fraco, uma não entidade que, outrossim, deu boas-vindas à supressão do socialismo, ao esmagamento da democracia e ao estabelecimento de um Estado autoritário. Mussolini desprezava o rei e só por razões oportunistas tinha sofreado seu inato republicanismo. As reservas quanto à política, que o rei às vezes expressava em suas audiências com Mussolini e que de vez em quando vazavam, o irritavam enormemente. Ele deixou escapar privadamente em diversas ocasiões que queria livrar-se do rei na primeira oportunidade.[42] Mas nunca sentiu estar forte o bastante para fazer isso. E quando a guerra se aproximava, ele não podia correr o risco de qualquer grande dissensão que ameaçasse a união nacional e minasse a legitimidade do regime. Assim, a oportunidade nunca se apresentou.

Enquanto o regime esteve forte, como estava em meados da década de 1930, a existência da monarquia e a fonte alternativa de lealdade que ela representava eram motivo de irritação, nada mais. Além disso, a vitória na Etiópia parecia provar que Mussolini tinha razão, e os que duvidavam — especialmente entre os militares — estavam errados. Em consequência, seu poder cresceu. Mas, sem que

Mussolini ou quem quer que fosse percebesse na época, o ponto mais alto de seu poder estava prestes a passar. Em 1936 ele entrou na órbita da Alemanha, atraído tanto estratégica quanto ideologicamente, e logo tornar-se-ia um satélite circulando em torno de um poder muito maior, levado para ainda mais perto de um ponto de destruição. Sem perceber isso, ele tornou-se um ditador fraco. E quando passou a ser um obstáculo para a sobrevivência nacional da Itália, a fonte alternativa de poder emergiu de sua quase invisibilidade, e o rei, quase sem esforço, depôs aquele que fora uma vez um poderoso ditador.

DITADOR FRACO

Isso soa como uma contradição. Aplicado a Hitler — como usado no início —, o conceito é inapropriado e enganoso.[43] Mas ele combina muito melhor com Mussolini, a partir de meados da década de 1930. Não significa, é claro, que ele tenha deixado de decidir qual seria a política, nem que seu poder para fazer isso fosse contestado. Contudo, o fato de existir na monarquia uma fonte alternativa de lealdade mostraria ser uma fraqueza fatal. E quando a Itália, pelo menos a partir de 1936, tornou-se cada vez mais, e no meio da guerra totalmente, dependente da Alemanha, o poder de Mussolini ficou gravemente enfraquecido. Era impossível para ele libertar-se da crescente subordinação a Hitler. No fim, isso o destruiria. Nesse sentido, também, ele foi cada vez mais um ditador fraco.

Poderia ter trilhado outro caminho? A maioria dos líderes autoritários da Europa na década de 1930, afinal, não se engajou voluntariamente em conflito militar com as bem armadas potências ocidentais. Na Península Ibérica, o ditador espanhol Francisco Franco e o líder português Antônio de Oliveira Salazar mantiveram-se fora da Segunda Guerra Mundial e sobreviveram até a década de 1970. Poderia Mussolini ter feito algo semelhante para evitar as garras destruidoras da Alemanha de Hitler? Isso nunca foi uma opção. Essa divagação contrafactual desconsidera o fato de que Mussolini *queria* a aliança com a Alemanha. Ele cortejou ativamente o Eixo Roma-Berlim. Era uma escolha ideológica, não compelida por determinantes impessoais.[44] E uma arrogante pretensão desempenhou seu papel. Ele se via, como fundador do fascismo que governara a Itália por cerca de uma década e meia, um parceiro superior no relacionamento com Hitler — o grande ditador. Esquivar-se daquilo que ele via como uma oportunidade que lhe era oferecida pelo alinhamento com a Alemanha iria completamente contra sua personalidade e seu ímpeto ideológico. Desde o início ele quisera guerra, conquista militar e império. Seu governo na Itália fora construído sobre esses objetivos. A drasticamente mudada situação internacional em meados da década de 1930 significava que estava sendo oferecida a suas ambições ideológicas o que parecia uma opção geopolítica favorável. O alinhamento com a Alemanha deu a Mussolini a chance de desafiar as potências ocidentais e a perspectiva de expansão imperialista no Mediterrâneo e no norte da África, que o fascismo buscara desde o início.

Um alinhamento estreito não parecia ser provável assim que Hitler chegou ao poder na Alemanha, em 1933. Por trás de uma fachada ricamente embelezada pela propaganda, o encontro inicial dos dois ditadores em Veneza, em junho de 1934, foi menos que cordial, sobretudo devido à tensão quanto ao status da Áustria.[45] A perspectiva de uma dominação alemã sobre a Europa Central, particularmente seu controle sobre a Áustria, era ameaçadora para Mussolini, e quando nazistas austríacos assassinaram o chanceler Engelbert Dollfuss, em julho de 1934, tropas italianas foram mobilizadas para guardar o passo do Brennero, nos Alpes. Mussolini juntou-se à França e à Grã-Bretanha na Frente Stresa, em parte destinada a bloquear quaisquer movimentos alemães no sentido de controlar a Áustria. A oposição ocidental à guerra na Etiópia e a neutralidade alemã levaram a uma grande mudança. Mussolini sinalizou que não se oporia a que a Áustria passasse a ficar sob a égide da Alemanha e deu luz verde à reocupação alemã da Renânia, em março de 1936. No outono, forças italianas e alemãs estavam testando seus armamentos em apoio aos nacionalistas na Guerra Civil Espanhola. Mussolini tinha voltado as costas para o Ocidente e se comprometido com o que, em novembro de 1936, foi proclamado como um novo pacto, o Eixo Itália e Alemanha.

Sua visita à Alemanha como chefe de Estado, em 1937, marcou uma mudança psicológica no relacionamento de Mussolini com Hitler. Ficou tão bem impressionado com o ditador alemão, com o que viu na Alemanha e com o que constatou quanto ao rearmamento alemão que seu anterior sentimento de superioridade passou a ser o começo de um complexo de inferioridade.[46] Logo estava dançando ao som da música de Hitler. Não poderia fazer outra coisa senão aquiescer à anexação da Áustria e à divisão da Tchecoslováquia, em 1938. Quando forças alemãs ocuparam o que restara da Tchecoslováquia, em março do ano seguinte, Mussolini só pôde lamentar que "toda vez que Hitler ocupa um país ele me envia uma mensagem".[47] A anexação da Albânia pela Itália, em 1939, pouco fez para amenizar o orgulho ferido de Mussolini.

Mussolini foi a força motriz na fatídica subjugação dos italianos aos interesses alemães. Quanto a isso não há a menor dúvida. Ele adotou as medidas, comumente com pouca ou nenhuma consulta, que irreversivelmente ligaram a Itália ao destino da Alemanha. Sua personalidade — seu sentimento de orgulho, de autoconfiança, de exuberante e exagerado otimismo, crendo que a história estava favorecendo os interesses do Eixo — foi parte importante do processo. Sua impaciência com opiniões céticas, mais ainda com as críticas, sua impulsividade e sua tendência a deixar que a emoção superasse a racionalidade não contribuíam para um julgamento sensato. O curso que tomou a política exterior não foi, contudo, obra somente dele, tampouco a ditatorial imposição de suas decisões a setores do regime que não as queriam.

A classe dominante — inclusive o corpo de funcionários, o partido, líderes de negócios, grandes proprietários de terra, a burocracia do Estado, a Igreja e o rei — tinha apoiado (com variados graus de entusiasmo) a guerra na Etiópia e, embora com maior receio, os movimentos em direção a um alinhamento mais estreito com a Alemanha.[48] No entanto, uma coisa era vencer uma guerra colonial, outra seria combater numa grande guerra europeia. Generais que tinham defendido e realizado o bombardeio de civis na Etiópia e depois na Espanha estavam mais apreensivos quanto a se envolver com as potências ocidentais no que poderia acabar sendo uma longa guerra, para a qual a Itália estava mal equipada.[49] Eles estavam muito bem cientes do lento progresso da Itália no rearmamento. Ineficiência industrial e carência de capacidade financeira eram grandes obstáculos a uma rápida acumulação da força armada. Exigências econômicas domésticas não permitiam um grande impulso armamentista. As despesas militares chegaram a cair 20% entre 1937 e 1938, e um grande programa de armamento autorizado por Mussolini no verão de 1938 não poderia compensar a fraqueza da noite para o dia. O ditador, embora ansioso pela guerra, foi obrigado a reconhecer que a "Itália precisa de dez anos de paz".[50]

Estava claro, quando a agressão de Hitler levou a Europa à beira da guerra, que a Itália não dispuria de todo esse tempo. Cresceu a ansiedade dos líderes militares quanto ao envolvimento numa guerra para a qual estavam mal preparados. Mas prosseguiram com a política de Mussolini assim mesmo. Não havia sombra de qualquer oposição coletiva. Mussolini estava ciente de que a opinião popular era contra o envolvimento numa nova guerra. Relatórios da polícia indicavam, também, que a crença no fascismo estava evanescendo. E a adesão à Alemanha era profundamente impopular.[51] Mussolini não era um fanático racial como Hitler. Não obstante, o antissemitismo fazia parte de sua mentalidade racista. Seu racismo era de longa data, e ele desempenhou grande papel pessoal em fazer avançar uma campanha antissemita como forma de ajudar a revitalizar a decadente dinâmica do regime. Isso culminou numa perversa legislação antijudaica, em 1938,[52] que se aproveitou de um sentimento antijudaico existente na Itália e que, embora dificilmente comparável com o que existia na Alemanha, tinha crescido significativamente desde a ascensão do fascismo ao poder.[53] A tentativa de suscitar o aumento do antissemitismo não conseguiu, no entanto, ocultar a disseminada antipatia em relação a uma nova guerra.

A Itália ficou ainda mais estreitamente enredada com a Alemanha em maio de 1939, com a assinatura do Pacto do Aço, uma aliança militar que assegurava suporte recíproco no caso de um dos países se envolver numa guerra. Com isso, Mussolini estava dando apoio incondicional a uma guerra alemã sobre a qual ele não teria qualquer controle. Em meados de agosto, na iminência do conflito, o próprio rei criticava duramente o "lamentável" estado do Exército, inflexível na ideia de que a Itália tinha de ficar fora da guerra. Ele queria ser incluído na tomada de quaisquer "decisões supremas".[54] Mussolini não podia correr o risco de entrar numa guerra na qual as forças armadas não estavam em condições de combater. Mesmo quando as tropas alemãs estavam sendo mobilizadas, ele foi obrigado a admitir, para seu grande constrangimento, que a Itália ainda não estava pronta para lutar. Foi um golpe no prestígio de Mussolini. Teve de se contentar com o novo status de não beligerância — dificilmente um anúncio do valor marcial dos fascistas.

Mussolini lutou para conter seu desgosto por ser incapaz de se juntar à guerra. Sua belicosidade não diminuiu nem um pouco. Mas teve de aceitar o fato de que as preparações militares não estariam completas durante alguns anos. A incrível rapidez da vitória alemã sobre a França, em maio e junho de 1940, alterou dramaticamente a situação. O rei e os chefes das Forças Armadas, assim como o genro de Mussolini, o ministro do Exterior (desde 1936), o conde Ciano, que até então argumentavam contra uma intervenção, agora viam uma chance de ganhos rápidos de uma guerra que, assim parecia, a Alemanha tinha certeza de que iria vencer. Em 29 de maio Mussolini informou os chefes militares de sua decisão — tomada sem os ter consultado — de entrar na guerra. Não houve oposição. A Itália entrou na guerra em 10 de junho, esperando obter substanciais ganhos territoriais e evitar ser arrastada para um conflito prolongado. Mas a vitória teria de vir logo.

A falta de preparo da Itália para uma guerra longa não se limitava à inadequada modernização de seu armamento, aos déficits na produção de armas, ao baixo suprimento de matéria-prima e à fraca base industrial de sua economia. A liderança das forças armadas era um obstáculo adicional. Em 29 de maio de 1940, Mussolini tinha pressionado o rei para que lhe desse o comando na condução política e militar da guerra. O rei, contudo, insistira em manter o comando supremo em suas próprias mãos. Na época, isso era puramente nominal. Mas em 1943 demonstraria ser crucial.[55] Pode-se dizer que o desempenho por Mussolini de seu papel no comando militar foi amador. A guerra o ocupava durante seis ou sete horas diárias. Ainda encontrava muito tempo para jogar tênis, cavalgar, aprimorar seu alemão, passar férias de verão na costa do mar Adriático em 1940, e, acima de tudo, satisfazer seu não diminuído e voraz apetite sexual, convidando uma variedade de parceiras para compartilhar sua cama durante as tardes.[56] Pouco fez para estabelecer planos estratégicos coordenados, e os comandantes do Exército, da Força Aérea e da Marinha não estavam, na prática, sujeitos a qualquer intervenção incisiva por parte do chefe do Estado-Maior, marechal Badoglio.[57] As forças armadas não estavam adequadamente sintonizadas com as exigências das novas, mais móveis, táticas de guerra. O enrustido conservadorismo e a lentidão de Badoglio e dos comandantes não se encaixavam facilmente na impulsividade de Mussolini, em sua impaciência por ação, em seu conhecimento diletante de questões operacionais e em sua insistência em apelar para entidades nebulosas como força de vontade e "extrema energia".[58] Mussolini foi o principal responsável pela desastrosa condução da guerra. Mas os militares foram cúmplices solícitos. A previsível catástrofe foi a de todo um sistema, não apenas de um homem.

A rota para o abismo é bem conhecida. A decisão de atacar a Grécia, tomada de forma monocrática e impulsiva por Mussolini em meados de outubro de 1940, apesar de advertências por parte dos militares, resultou em humilhação. (Pelo menos a ordem de Mussolini para arrasar totalmente todas as cidades gregas com mais de 10 mil habitantes, misericordiosamente, não foi cumprida.) A guerra da

Itália no mar foi perdida quando uma fraca defesa antiaérea permitiu que bombardeiros britânicos destruíssem navios de guerra italianos em Taranto em meados de novembro de 1940. Algo muito pior ainda estava por vir. Metade do exército de 230 mil homens enviado para lutar nas estepes geladas da União Soviética não voltou. A procrastinação militar no norte da África habilitou, posteriormente, as forças britânicas a prevalecerem, levando a uma devastadora derrota italiana e tornando 400 mil soldados prisioneiros dos aliados.[59] A força italiana de ocupação na Croácia, apesar de sua bárbara conduta,[60] mostrou-se incapaz de derrotar o movimento dos partisans. Os ataques aéreos a cidades italianas se intensificaram na primeira metade de 1943, e a defesa antiaérea mostrou-se lamentavelmente inadequada. O bombardeio pesado a centros industriais no norte da Itália — Gênova, Turim e Milão — minou o moral e intensificou a inquietude, que se tornou abertamente política, entre trabalhadores nas grandes fábricas de armamentos. Um sentimento antiguerra e de hostilidade para com o regime de Mussolini, que já aumentara no outono anterior, acompanhado de uma drástica deterioração nos padrões de vida, levou a perniciosas greves, mais notavelmente nas enormes fábricas da Fiat em Turim, em março e abril de 1943.[61] Em 10 de julho, os aliados desembarcaram na Sicília. O bombardeio de Roma em 19 de julho foi tanto um choque quanto um sinal de que a liderança de Mussolini estava levando a Itália à ruína total. Os líderes militares e o próprio rei agora buscavam se distanciar da catástrofe iminente e negar sua própria culpa, atribuindo toda ela a Mussolini.

Outra fraqueza estrutural na ditadura de Mussolini, além da presença da monarquia como fonte alternativa de legitimidade, agora se manifestava. O Grande Conselho Fascista tinha sido até então pouco mais que um impotente corpo aclamatório. Incorporado como uma instituição de Estado desde 1928, meramente ratificava as decisões do Duce, que o convocava com pouca frequência e proferia a maior parte das falas quando se reuniam. Permaneceu, no entanto, como um foco potencial de oposição coletiva caso alguma vez despertasse para uma ação independente. Foi exatamente o que aconteceu em 1943.

Pelas costas de Mussolini, os chefes fascistas buscavam uma saída para a ruína que se aproximava e não queriam afundar junto com os radicais do partido. Mussolini não se opôs a que o Grande Conselho se reunisse. Ele sabia que enfrentaria críticas, mas não temia nada mais que isso. E a reunião iria obrigar seus críticos a se revelarem. Espantosamente, ele não percebeu o que viria. É bem provável que o acesso de graves problemas gástricos de que vinha sofrendo havia alguns meses o tivesse deixado menos alerta, reduzindo sua energia. Fosse como fosse, estava incomumente passivo. Numa reunião que durou dez horas, durante a noite de 24 de julho, após declarações rituais de lealdade, houve uma forte crítica à liderança de Mussolini. O ditador declarou estar disposto a ter o rei reinstalado como efetivo comandante em chefe. Dino Grandi, o ex-chefe do partido em Bolonha, por breve tempo ministro do Exterior e por algum tempo embaixador em Londres, apresentou uma moção no sentido de restaurar os poderes da monarquia. Notavelmente, Mussolini permitiu que se votasse — e perdeu; nada menos que dezenove entre 28 líderes fascistas apoiaram a resolução proposta por Grandi.

Mesmo então Mussolini parecia não estar ciente da gravidade de sua situação. Foi ver o rei na tarde do dia 25 para relatar o resultado da reunião do Grande Conselho, sem alimentar qualquer pressentimento. Na breve audiência, no entanto, o rei lhe disse que ele se tornara o homem mais odiado da Itália, que a guerra estava perdida, o moral do Exército em colapso e que o estava substituindo como primeiro-ministro pelo marechal Badoglio. Ao sair, Mussolini foi detido por guardas que o esperavam do lado de fora e levado em custódia. Os planos para essa ação já estavam em andamento havia algum tempo. Não houve um levante fascista para salvar o Duce. Seu poder simplesmente evaporou. O rei, que durante mais de vinte anos não fora mais que um apêndice voluntário, talvez tenha se surpreendido com a facilidade com que foi capaz de remover aquele que uma vez tinha sido um poderoso ditador.

No entanto, o obituário político de Mussolini foi escrito prematuramente. Em 12 de setembro — quatro dias após a Itália ter se rendido aos aliados — ele foi espetacularmente libertado pelos alemães de sua prisão numa estação de esqui nos Apeninos. Logo foi reconduzido ao poder, em seu quartel-general próximo a Salò, às margens do lago Garda, no norte da Itália — mas como chefe de governo de um estado títere da Alemanha na metade do país ainda não conquistada pelos aliados. Tinha perdido muito peso, sofria de constantes dores gástricas e era uma figura debilitada em todos os sentidos. Contudo, havia recuperado muito de sua esmorecente energia. Considerou que sua missão era revigorar o fascismo, destruir traidores e limpar a mancha da humilhação italiana.[62] Sua ilusória visão era a de um renascimento nacional sob sua liderança.

Nesses meses finais ele retornou às raízes radicais que nunca abandonara completamente. Sob seu governo, a República de Salò (oficialmente República Social Italiana) era o fascismo em sua forma mais sangrenta, mais brutal, mais cruel. Os alemães apoiaram o regime, com certeza. Mas não impuseram ou comandaram suas ações. Mussolini exortou — não que precisassem de qualquer estímulo — as milícias, as formações policiais e os fanáticos fascistas a executarem partisans antifascistas sem piedade. Quem quer que fosse considerado uma ameaça ou um oponente potencial era exposto ao terror dos esquadrões da morte. O regime era violentamente antissemita. Em novembro de 1943 os judeus foram declarados "membros de uma nacionalidade hostil". No mês anterior os alemães tinham incitado e realizado a deportação dos judeus de Roma. Mussolini, ciente desde 1942 do programa nazista de exterminação dos judeus, permaneceu em silêncio. Sua polícia de segurança ajudou a arrebanhar os judeus e a entregá-los aos alemães.[63] A última fase da ditadura de Mussolini ganhou a forma de uma guerra civil na qual dezenas de milhares de fascistas e antifascistas foram mortos.[64] Sem o apoio militar e financeiro dos alemães, a República de Salò não se sustentaria em 1944 e 1945. A iminente derrota alemã sinalizava seu inevitável colapso. Quando o fim se aproximava, as condições de vida pioraram imensamente, os partisans prevaleceram e o apoio a Mussolini se desintegrou, com exceção dos ainda perigosos, desesperados e fanáticos remanescentes. O uma vez poderoso ditador acusou os italianos de não serem dignos dele. Seu destino foi selado quando os alemães, pelas suas costas, acertaram com os aliados um cessar-fogo na Itália.

Vestindo um uniforme alemão, Mussolini fugiu em direção ao norte, porém, junto com sua amante, Clara Petacci, foi capturado por partisans nas proximidades do lago de Como e executado em 28 de abril de 1945. Os corpos foram levados para Milão e, na Piazzale Loreto, ridicularizados, aviltados e violentados pela grande multidão que lá se reunira, depois pendurados de cabeça para baixo num posto de gasolina adjacente.

LEGADO

O legado de Mussolini foi um país em ruínas. Ele mergulhara seu país numa guerra que trouxe uma catástrofe nacional para a Itália e infligiu morte e destruição em regiões da África e dos Bálcãs. Todo o estamento político italiano, malgrado eventuais dúvidas, tinha lhe dado suporte durante mais de vinte anos. Um grande, embora não quantificado, número de italianos, além dos membros afiliados ao Partido Fascista, o havia apoiado quando esteve no auge de seus poderes. Não se pode dizer que Mussolini tenha sido a única causa da catástrofe italiana. Foi, no entanto, a força central que levou a ela. Claramente, cabe a ele a principal responsabilidade. Sem ele, o curso da história italiana seria menos calamitoso — com certeza seria diferente.

Parte dessa história, que ajudou a fazer com que Mussolini fosse possível, consistiu nas pretensões da Itália de ser uma grande potência. Ele beneficiou-se dessas aspirações, as ampliou mediante conquista imperialista, mas no fim as obliterou de uma vez por todas. O futuro da Itália depois da guerra estava na negação de praticamente tudo que Mussolini tinha defendido. A reconstrução no pós-guerra, em grande parte sob a égide americana, aboliu a monarquia, estabeleceu uma democracia, o estado de direito, um sistema partidário pluralista e uma economia de mercado (embora ainda com extenso envolvimento do Estado) que abriu a Itália ao comércio exterior. Enquanto Mussolini tinha buscado conquista e dominação, a Itália no pós-guerra voltou-se para a cooperação internacional e, em 1951, foi membro fundador da entidade supranacional que se tornou a Comunidade Econômica Europeia (e, muito depois, a União Europeia). Dentro da Itália, no entanto, a corrupção na política e na vida pública, que existira antes de Mussolini e floresceu sob seu governo, permaneceu. Assim como o anticomunismo, que fora parte da armadura retórica de Mussolini, agora sustentado em boa medida como um subproduto da Guerra Fria. Isso levou à expulsão dos comunistas do governo em 1948 e ao continuado domínio da conservadora Democracia Cristã — sustentada, como fora o fascismo, pelo apoio da Igreja católica.

O legado imediato de Mussolini foi o caos que se seguiu ao fim da guerra. Houve no início uma brutal desforra por parte dos partisans.[65] No entanto, antes do final de 1945, as selvagens "limpezas" tinham sido encaminhadas, em parte sob pressão americana, para canais judiciais. Muita gente tinha o maior interesse em evitar o continuado escrutínio de sua cumplicidade no fascismo. Uma anistia geral, em junho de 1946, perdoou a maioria dos crimes de guerra e assegurou um alto nível de continuidade na vida pública de servidores civis, policiais e juízes que tinham servido sob Mussolini.[66] Os figurões que foram os maiores cúmplices do regime fascista sobreviveram em grande medida incólumes. O rei Vítor Emanuel abdicou e foi para o exílio no Egito. O marechal Badoglio, protegido pelos aliados, retirou-se para sua casa de campo e viveu o bastante para escrever suas autocomplacentes memórias. O marechal Graziani, o "carniceiro da Etiópia", sentenciado em 1950 a dezenove anos de prisão, foi libertado depois de três meses. Outros líderes militares e capitães da indústria também escaparam de recriminações severas.[67] A tarefa de reconstruir o país — política, econômica e socialmente — tinha precedência sobre qualquer tentativa séria de perpetuar a prestação de contas com o passado. Isso se encaixava no estado de espírito nacional. Após tantos traumas e tumultos, a maioria das pessoas queria voltar a uma aparência de normalidade. Estender um véu sobre o passado fascista convinha à maioria dos italianos.

O desejo de uma reabilitação nacional, curiosamente, conectava interpretações históricas da direita e da esquerda. Figuras que tinham desempenhado papéis proeminentes no partido, no governo ou nas forças armadas correram para publicar memórias que visavam pôr a culpa em Mussolini e inocentar a si mesmas. Na esquerda, a ênfase foi na "verdadeira" Itália e na resistência antifascista, que redimira a honra do país, honra que Mussolini tão deploravelmente manchara. Dessa maneira, o ex-ditador e o apoio ao regime que ele liderou não foram submetidos a uma análise séria até a publicação, a partir da década de 1960, da gigantesca biografia de Mussolini, em vários volumes, por Renzo De Felice.[68] A obra transmitia um retrato simpático de Mussolini: um ditador que unira uma sociedade amargamente dividida, que foi obrigado pelos alemães a abandonar sua sensível estratégia no Mediterrâneo, que não compartilhava a obsessão antijudaica de Hitler, mas que também foi levado posteriormente à destruição devido a sua subordinação à aliança do Eixo.[69]

Poucos italianos percorreram os milhares de páginas da biografia. Mas a enorme publicidade disseminada pelos volumes de De Felice deixou uma impressão que, de certo modo, pegou.[70] Era conveniente ver Mussolini como um ditador essencialmente brando que, apesar de seus erros, quisera o melhor para seu país. Endêmicas crises governamentais contribuíram sem dúvida para *uma* linha subjacente na pluralista cultura política italiana, que dava boas-vindas — ao menos em teoria — a uma mão forte que erradicasse o estamento político corrupto e impusesse ordem.⁷¹ Uma considerável parte da opinião pública estava disposta, para esse fim, a relevar as falhas pessoais e as decisões calamitosas de um líder populista que prometera uma reforma fundamental e um renascimento nacional. Essa linha encontrou expressão, em seguida a um enorme escândalo de corrupção na década de 1990, na figura burlesca de Silvio Berlusconi, cuja colorida vida pessoal, o controle da mídia de massa, o estilo populista, a fundação de um novo partido (Forza Italia) para desafiar o sistema, trazer neofascistas para o governo e revitalizar o país evocaram ecos do passado. A disposição de quase metade das pessoas pesquisadas em 2019 de dar boas-vindas a um homem forte no poder, não subordinado a parlamento ou a eleições, sugere que o fantasma de Mussolini, mesmo agora, não está completamente exorcizado.⁷²

O legado político de Mussolini foi sustentado diretamente por um partido neofascista, fundado em 1946, o Movimento Sociale Italiano. Em eleições, raramente obteve mais do que cerca de 6% dos votos, mas influencia amplas correntes na política italiana. Lutas internas de facções e ajustes políticos levaram a mudanças de nome nas décadas recentes e a algum distanciamento de Mussolini. Um apoio residual ao neofascismo permaneceu em níveis amplamente semelhantes.

Um pequeno núcleo duro de recalcitrantes simpatizantes continuou com sua devoção a Mussolini. Todo ano, milhares deles ainda fazem uma peregrinação a seu torrão natal, em Predappio. Após sua morte, fervorosos neofascistas descobriram e exumaram seus restos mortais da sepultura inicial, não identificada, num cemitério em Milão. Após serem mantidos no maior segredo por onze anos, num convento capuchinho perto de Milão, foram posteriormente ressepultados em 1957, na cripta da família, em sua cidade natal. No que teria sido seu centésimo aniversário, em 1983, mais de 30 mil neofascistas foram lhe prestar homenagem. Mesmo que não em tal quantidade, continuam indo. Para Predappio, Mussolini na morte tem sido bom para os negócios.⁷³

Essas visitas ao santuário de Mussolini em Predappio por uma porção minúscula da população italiana são meramente viagens pela seara da nostalgia de quem não aprende com a história, ou parte de um turismo relacionado com Mussolini. Mussolini ainda lança uma sombra sobre a Itália de hoje, embora nebulosa e evanescente. Poucos italianos se lembram dele ativamente, e ele tem pouca ou nenhuma relevância em suas vidas cotidianas. Segundo uma pesquisa de opinião em 2018, cerca de dois terços dos italianos tinham opinião negativa sobre Mussolini.[74] Reconhecem, como o mundo lá fora, o papel pessoal que desempenhou para trazer guerra, sofrimento e desastre a seu país — e, mais além, para a África e para a Europa.

Hitler, numa conversa durante a recepção no Berghof, sua residência nos Alpes, em Obersalzberg, perto de Berchtesgaden, por ocasião de deu 55º aniversário, em 20 de abril de 1944. As comemorações foram na surdina devido à situação militar, que piorava rapidamente. À esq., está Hermann Göring.

3. Adolf Hitler: Instigador de guerra e de genocídio

"Com toda a modéstia, tenho de intitular minha própria pessoa: insubstituível [...]. O destino do Reich depende somente de mim."[1] Em 23 de novembro de 1939, Hitler exortava oficiais militares a se prepararem para atacar sem demora a França e a Grã-Bretanha. Ele via a si mesmo seguindo as pegadas dos "grandes homens da história alemã". Muitos alemães concordariam que Hitler era insubstituível. E mais do que nunca, depois da espantosa vitória sobre a França em junho do ano seguinte, eles endossariam sua reivindicação de "grandeza".

Cinco anos depois, muitos dos que uma vez o tinham louvado agora o condenavam. Enquanto cerca de 10% das pessoas interrogadas em pesquisas de opinião ainda o elogiavam em 1950, a maioria dos alemães tinha se voltado contra ele na época do julgamento em Nuremberg dos principais criminosos de guerra nazistas (de novembro de 1945 a outubro de 1946).[2] Outros nazistas proeminentes, alguns dos quais, como Hitler, tinham se suicidado no fim da guerra, também foram, é claro, responsáveis pela "catástrofe alemã". Mas o "princípio da liderança" que sustentara o governo nazista permitiu que líderes nazistas subalternos sobreviventes alegassem que tinham apenas obedecido a ordens. Líderes militares proferiram a mesma desculpa: que, apesar de suas objeções, tendo feito um juramento de lealdade a Hitler, eram obrigados a implementar as "ordens do Führer". A Wehrmacht, protestaram, não se envolvera em crimes de guerra e em genocídio;

isso tinha sido obra de Hitler, de seu arquileal chefe de polícia, Heinrich Himmler, e da ss. Altos servidores civis alegaram que estavam simplesmente cumprindo seu dever, obedecendo às ordens, e que tinham feito o possível para diluir o efeito de qualquer uma que fosse desumana. Pessoas comuns declararam que tinham sido impotentes no Estado policial totalitário que Hitler construíra. De um modo ou de outro, Hitler serviu como o álibi de uma nação.

Durante a década de 1960 houve uma forte reação à extrema personalização da interpretação histórica. Nesse processo, o papel de Hitler foi diluído. De certo modo foi reduzido a pouco mais que a figura representativa e o expoente de poderosos interesses — políticos, econômicos, sociais e militares. Longe de ser um ditador que governava sozinho e sem entraves, a tendência era considerar que ele agia em resposta a uma pressão estrutural interna e externa. Ninguém duvidava de que tinha talento para a propaganda demagógica. Isso à parte, no entanto, parecia ser o arquetípico "homem sem qualidades". Ele tratava de manter seu prestígio e sua autoridade, mas fora isso era indeciso e inseguro, influenciado por quem estava à sua volta, em questões fundamentais era um "ditador fraco".[3]

Hitler, assim parecia, tinha sido ou onipotente, ou não muito mais do que uma cifra. As interpretações eram polarizadas. Era um jogo de soma zero. Teria de ser esse o caso? Será que Hitler pode ser tido como o fator decisivo na execução da política, mesmo aceitando-se que foi submetido a outras forças, internas e externas, e que a ditadura esteve longe de ser um espetáculo de um homem só? A questão-chave é perguntar como operava o poder de Hitler; em que medida seu próprio papel foi endossado, cruzado, submetido ou sobreposto por outros interesses importantes na estrutura da ditadura. A personalidade de Hitler teve de ser incluída como parte de qualquer tentativa de resposta. Mas não pode ser a única resposta. Quão importante ela foi para sua ascensão ao poder e depois para o modo como funcionou a ditadura? Ele tomava pessoalmente as decisões cruciais? Se sim, estava dando voz a um consenso preexistente ou teve de superar oposição? Era capaz de controlar as forças que existiam à sua volta? Poderia ter agido de maneira diferente, adotado políticas alternativas? Será que era esse o caso, e se era, como foi possível que ele pudesse estar pessoalmente, como alegou em 1939, na posição de determinar o destino da Alemanha?

PERSONALIDADE E COMEÇOS NA POLÍTICA

Talvez tenha sido de Hitler o rosto mais reconhecível entre os de todos os políticos do século xx. Veio a representar o rosto do mal na política. O bigode em forma de escova de dentes e a mecha lisa de cabelo caindo na testa da direita para a esquerda, os olhos fixos e um duro e circunspecto semblante são inconfundíveis. Para seus oponentes, o rosto sempre serviu para caricatura, escárnio e ridicularização. Para seus milhões de seguidores no Terceiro Reich, no entanto, era um rosto que expressava grandeza política. Para eles, significava autoridade, força de vontade, qualidades "viris", destemida coragem, severo paternalismo. Ele era a representação personalizada do triunfo sobre a adversidade, da grandeza nacional e do poder militar alemão. Fossem quais fossem os retratos e como quer que fossem vistos, a imagem visual era produto de sugestivas técnicas de propaganda moderna. Nas fotos de sua juventude o rosto de Hitler não se destaca de maneira óbvia — ele não é nem bonito nem repulsivo, apenas absolutamente comum.[4]

Era de estatura média (cerca de 1,72 metro, um pouco mais alto que Mussolini ou Stálin). Não tinha físico atlético e, diferentemente de Mussolini, evitava quaisquer poses esportivas que pudessem suscitar zombaria. Seu aspecto era bizarro quando frequentava os salões de Munique, no início da década de 1920, numa longa capa de chuva, com perneiras, carregando um chicote de montaria. Quando descansava na Baviera, naquela época, gostava de vestir os tradicionais *Lederhosen*, calções de couro. Para causar um efeito marcial, vestia frequentemente o uniforme do partido, e mais tarde, durante a Segunda Guerra Mundial, um uniforme militar. Fora isso, parecia ficar um tanto desajeitado de terno e gravata, e mais ainda quando ocasiões formais exigiam casaca.

Seu plano de fundo familiar tinha sido conturbado. Seu pai, Alois, um baixo funcionário da aduana austríaca, baseado, na época do nascimento de Adolf, em 1889, em Braunau am Inn, junto à fronteira da Baviera, tinha uma presença agreste, irascível, dominadora. Em compensação, sua doce e submissa mãe, Klara, mimava o garoto, ainda mais após a morte do marido, em 1903. À sua própria morte, de câncer, em 1907, seguiram-se anos infelizes para Adolf em Viena. Depois de gastar o dinheiro que recebera de herança, foi obrigado a entrar num lar para homens sem-teto e sobreviver vendendo quadros de paisagens urbanas, antes de partir para Munique, em 1913. A eclosão da guerra no ano seguinte deu a ele, já então um apaixonado nacionalista alemão, uma causa na qual acreditar.

Para ele, foi uma causa com um objetivo racista. O imenso sofrimento e os sacrifícios teriam valido a pena, apregoava raivosamente em 1915, se a pátria fosse "depurada e limpa de tudo que era estrangeiro" e fosse rompido o "internacionalismo interno".[5] É concebível que a morte e a destruição que testemunhou diariamente desde os primeiros dias da guerra tenham intensificado sua indiferença ao sofrimento humano e aprofundado a impiedosa brutalidade que depois demonstrou abundantemente. Não foi um "soldado de frente de batalha", como depois alegou, e sim passou a guerra atrás das linhas como estafeta. Como tinham aquilo de que as tropas da linha de frente escarneciam como uma vida fácil, os estafetas não eram populares no regimento. No entanto, entregar mensagens no front era às vezes um trabalho perigoso. Não há motivo para duvidar de que Hitler tenha sido um soldado consciente e dedicado. Foi ferido em 1916 e recebeu a Cruz de Ferro de Primeira Classe em 1918, terminando a guerra num hospital, temporariamente cego por gás mostarda. Enquanto hospitalizado, foi traumatizado pelas notícias da derrota alemã.[6]

Os meses seguintes, de volta ao exército em Munique, em meio ao tumulto revolucionário, marcaram seu despertar político. A efêmera, em estilo soviético, "República de Conselhos" em Munique, em abril de 1919, foi um ponto de inflexão. Dali em diante seus superiores no Exército viram nele um talento a ser usado para se contrapor ao socialismo e doutrinar as tropas com um sentimento nacionalista. Seus preconceitos e ressentimentos, cujo cerne era um ódio extremo aos judeus, coalesceram numa ideologia, ou "visão de mundo" (como ele a chamava), que guiou sua existência política. A pergunta de onde veio o patológico antissemitismo de Hitler não pode ser respondida definitivamente. Suas origens são ocultas, explicações psicológicas são puros palpites. É considerado mais como um processo: exposição a fobias antijudaicas enquanto esteve em Viena (uma das cidades mais antissemitas da Europa na época), um aprofundamento do ódio ao compartilhar a ideia, que muitos tinham, de que os judeus eram os responsáveis pela derrota da Alemanha e pela revolução de 1918, e a consolidação dessa ideia como a pedra angular de sua "visão de mundo" política, em Munique, mais ou menos no primeiro ano que se seguiu à guerra. Kurt Eisner, chefe do governo revolucionário na Baviera, que foi assassinado em fevereiro de 1919, era judeu, assim como vários líderes (europeus orientais com conexões bolcheviques) da ainda mais radical "República de Conselho" em abril. A conexão entre judeus e a revolução socialista foi decisivamente selada na mente de Hitler.

Muito mais importante que um palpite quanto a suas origens é a importância do antissemitismo para o posterior partido de Hitler e a liderança do Estado. Sem dúvida, o impulso obsessivo para destruir o poder dos judeus (na visão dele) e finalmente destruir os judeus fisicamente acabou formando o ponto central de sua motivação política pessoal. Somente mediante a destruição de seu poder e de sua influência na Alemanha, era sua visão, poderia ser restaurada a perdida grandeza da nação. Os judeus, em seu pensamento distorcido, tinham causado a humilhação nacional ao fim da Primeira Guerra Mundial. Tinham fomentado a inquietação no país. E o voraz "capital financeiro judaico" tinha lucrado imensamente com a guerra, às expensas do povo alemão. Em seu pensamento, o poder dos judeus era onipresente. Daí se seguia que os judeus tinham de ser destruídos em toda parte. Seria necessária outra guerra para destruir os destruidores, para desfazer o passado, reescrever a história e estabelecer o domínio alemão em toda a Europa. Tudo isso estava no futuro. Mas o cerne de seu pensamento remontava aos anos que se seguiram imediatamente à Primeira Guerra Mundial.

Já em setembro de 1919, evidentemente considerado em seus círculos no Exército como um "especialista" na "questão judaica", ele alegava que o "objetivo final" de um governo nacional teria de ser a "remoção de todos os judeus".[7] Não era um plano para o Holocausto. Mas ele ficara convencido de que os judeus eram a raiz de todo mal. A ideia ganhou em sua mente um poder onipresente. O poder deles tinha trazido a derrota e a revolução socialista para a Alemanha. Ele logo os estava vendo como o poder por trás do capitalismo anglo-americano, que tinha financiado o esforço de guerra aliado, e a força dominante na crescente ameaça do bolchevismo. Na época em que escreveu seu tratado em dois volumes, *Mein Kampf*, entre 1924 e 1926, ele acrescentou uma segunda pedra angular à sua edificação ideológica.[8] Tinha se convencido de que a Alemanha, para assegurar seu futuro econômico, teria de adquirir por conquista "espaço vital" no leste. O estabelecimento judaico se disseminava pelo leste da Europa e pela Rússia. Uma guerra por "espaço vital", não a que Hitler explicitaria durante muitos anos, significava implicitamente uma guerra para destruir os judeus.[9] As ideias gêmeas, destruição dos judeus e aquisição de "espaço vital", formaram o núcleo de uma ideologia que permaneceria essencialmente imutável até sua morte em 1945, no abrigo subterrâneo em Berlim.

O modo como essa "visão de mundo" pessoal transmudou com o tempo para uma política de Estado quando Hitler assumiu o poder na Alemanha está longe de ser um processo claro e direto. A personalidade de Hitler foi apenas um dos componentes nesse processo. Seja como for, nem sempre é fácil separar sua personalidade das imagens que se formaram dele quando adquiriu o poder sobre o Estado. Contudo, alguns traços de caráter duradouros e definidores, talvez parecidos com os de seu pai, são discerníveis em sua mocidade. Ele já era dominador, colérico, intolerante e egocêntrico. Havia sinais de que era amargo, abrigava ressentimentos e alimentava fortes antipatias que poderiam facilmente se transformar em ódio. Será que surgiram de experiência pessoal, de uma humilhação profunda que deixara uma marca indelével — talvez quando levava uma vida de quase mendigagem em Viena? É impossível estabelecer através das névoas do tempo o que poderia ter sido tão danoso a sua autoestima a ponto de deixar nele tão profundo e corrosivo ódio.

Outras características não eram necessariamente cativantes, mas raramente apontavam para um indivíduo que poderia mudar o mundo. Era totalmente destituído de senso de humor. Era pudico quanto ao sexo. Preocupava-se com limpeza. Tinha ideias grandiosas — e altamente dogmáticas — sobre arquitetura, arte e música, tópicos em relação aos quais era genuinamente bem-informado, embora longe de ter uma mente aberta. Certamente era inteligente e tinha excelente memória. Mas lhe faltaram diligência e aplicação na escola, e subsequentemente não fez qualquer tentativa sistemática de perseguir qualificações em arte ou arquitetura, após não atender aos duros requisitos para entrada na Academia Vienense de Belas-Artes, em 1907. Assim como outros autodidatas, ele era um sabe-tudo com opiniões solidamente formadas, fortes ideias sobre mais ou menos tudo e mais do que disposto a externá-las.

Naqueles anos de mocidade, a primeira impressão não era favorável. Sua personalidade repelia mais do que atraía. Talvez não seja surpresa que tivesse poucos amigos. Parece que seu único amigo de infância foi August Kubizek, que ficava ouvindo, admirado, quando Hitler pontificava interminavelmente sobre arquitetura e óperas de Wagner. Alguns anos depois ele teve outro amigo íntimo, Ernst Schmidt, que servira junto com ele como estafeta do regimento durante a guerra e parecia ter ficado impressionado com a "natureza artística" de Hitler.[10] Ele se dava muito bem com os outros colegas do grupo de estafetas, embora o considerassem um tanto estranho. Depois que entrou para a política, após a guerra, seu entorno continuou a ser quase totalmente dominado por homens. Até Eva Braun entrar em cena, em 1931 (e continuar com ele até morrerem juntos no abrigo subterrâneo), ele não teve amizades íntimas duradouras com mulheres. Os relacionamentos que aconteceram (por exemplo, com Maria Reiter em meados de 1920 e com sua sobrinha, Geli Raubal, que se suicidou em 1931 no apartamento dele, em Munique) foram de curta duração e com mulheres muito mais jovens do que ele (que foi também o caso no que concerne a Eva Braun). Impossível saber quanto havia de verdade nas sombrias alegações de perversões sexuais feitas por seus inimigos políticos. A sexualidade de Hitler sempre despertou especulações. Não há como dar respostas definitivas.[11] Seja como for, elas não seriam parte importante na explicação do impacto de sua personalidade no percurso político que levou a Alemanha e a Europa à guerra mundial e ao genocídio.

Uma vez tendo Hitler se direcionado para a política, seus traços de personalidade puderam se transformar em ativos: ideias fortes, intolerância e um talento extraordinário para uma retórica demagógica que não era visível na primeira metade de sua vida foram características essenciais do astro político que surgia. Porém, até 1919 ninguém estava muito impressionado com Hitler ou dava importância a qualquer coisa que dissesse.

Isso logo mudou. No verão de 1919, alocado pelo Exército em cursos de instrução para homens prestes a serem desmobilizados, ele demonstrou pela primeira vez como era capaz de incitar uma audiência mediante uma veemente retórica. Essa capacidade foi de novo exibida quando, incumbido de reportar sua atividade a seus superiores no Exército, ele compareceu a uma reunião do Partido dos Trabalhadores Alemães em Munique em setembro de 1919. Após filiar-se ao pequeno partido naquele mês — na época um dos 73 partidos semelhantes na Alemanha —, logo tornou-se seu principal orador nas cervejarias de Munique. Em 24 de fevereiro de 1920, num pungente discurso a uma audiência de 2 mil pessoas numa dessas cervejarias, ele anunciou o programa de 25 pontos do partido que, dali em diante, seria chamado Partido Nacional Socialista dos Trabalhadores Alemães — encurtando, Partido Nazista. Fora lançada uma "carreira" política.

Era inimaginável para aquela audiência que, treze anos depois, o homem que estavam ouvindo fosse ser nomeado chanceler do Reich da Alemanha. Para que isso acontecesse, o país teve de se transformar de modo fundamental. A personalidade de Hitler, certamente, desempenhou seu papel nessa transformação. Mas sem as mudanças que varreram a Alemanha ele não teria ficado em posição de influenciar o destino do país.

Sem o intenso impacto que a Primeira Guerra Mundial infligiu à Alemanha, Hitler teria continuado a ser um ninguém na política. Sem o impacto devastador que a Grande Depressão do início da década de 1930 teve sobre a Alemanha, não se pensaria em Hitler como um possível chefe de governo. E sem a disposição do pequeno porém influente setor da elite política a falar ao presidente do Reich, Hitler não teria sido nomeado chanceler do Reich. Essas foram as precondições cruciais para que a personalidade de Hitler se tornasse de primordial significância.

PRECONDIÇÕES DO PODER

A Alemanha estava traumatizada pelo legado da guerra, pela derrota e pela revolução — às vezes, parecia, à beira de uma guerra civil. O medo do comunismo aumentava à medida que a imprensa de direita espalhava notícias dos horrores na Rússia. A política ficou polarizada. A recém-fundada democracia estava em perigo. Uma greve geral impediu um golpe da direita em março de 1920. Pouco depois, na região do Ruhr, o exército esmagou brutalmente um "Exército Vermelho" de trabalhadores. Uma tentativa de levante comunista na Saxônia foi sufocada pela polícia prussiana em 1921. Violência paramilitar era lugar-comum. Houve centenas de assassinatos com motivação política, a maioria deles pela extrema direita. O ódio ao Tratado de Versalhes (concluído em junho de 1919), que tinha imposto ao país derrotado significativa perda de território e o pagamento de vultosas reparações, manteve a temperatura política elevada. Em 1923 isso ferveu ainda mais quando a inadimplência nas reparações levou à ocupação francesa do Ruhr e à hiperinflação.

A personalidade de Hitler começou a ter impacto na verdadeira estufa política que era a Baviera, que se tornara um abrigo para a extrema direita antirrepublicana. Suas pirotecnias retóricas eram perfeitamente compatíveis com o ambiente. O estilo de seu discurso atraía as multidões para as cervejarias de Munique e fez com que ele fosse indispensável para a pequena mas rápida expansão do movimento nazista. Sua estridente condenação da nova democracia e seu nacionalismo extremamente racista eram o que a audiência queria ouvir. Incitação à violência contra inimigos políticos e ataques cáusticos aos judeus como a causa dos males da Alemanha combinavam com as ideias preexistentes de seus ouvintes. Hitler era capaz de falar a linguagem deles. O poder de sua retórica derivava de sua capacidade de transmitir em termos simples, diretos e altamente emotivos a raiva, o ressentimento e o ódio que ardiam em sua própria psique.

Numa exibição prévia de seus acessos de prima-dona — característicos de sua personalidade —, Hitler explorou sua indispensabilidade para assumir o controle absoluto da liderança do partido em 1921. Em 1923 ele se fez conduzir ao papel principal na considerável cena paramilitar na Baviera. Essa foi a plataforma para a malfadada tentativa de golpe em 9 de novembro. A subsequente detenção, o julgamento e a prisão de Hitler deveriam significar seu fim político. Julgado culpado por alta traição, ele deveria ter enfrentado no mínimo uma longa sentença de prisão, possivelmente até mesmo pena de morte.[12] Do modo como aconteceu, a leniência das autoridades bávaras permitiu que Hitler transformasse seu julgamento numa plataforma de propaganda de sua causa nacionalista e usasse indevidamente sua curta sentença de prisão — apenas cinco anos, obtendo liberdade condicional oito meses depois — como uma oportunidade para fortalecer sua posição na direita radical. Durante sua confortável prisão, Hitler escreveu o primeiro volume de *Mein Kampf* e recebeu efusivas mensagens de seguidores, o que aumentou seu já crescente sentimento de que era o líder pelo qual a Alemanha estava esperando. Poucos estavam realmente esperando. O banido Partido Nazista tinha desmoronado em facções que se combatiam. A estabilidade econômica fora restaurada e a democracia saíra abalada, mas intacta. Afinal, a democracia parecia ter um futuro. As perspectivas de Hitler se aproximar dos portais do poder pareciam remotas.

Se a Grande Depressão não tivesse se instalado de 1930 em diante, a Alemanha teria sido poupada da ditadura de Hitler e de tudo que se seguiu a ela. Enquanto continuasse a melhora da economia, como continuou até 1929, os portões para o poder estariam trancados para Hitler. A crise foi o seu oxigênio. Sem a crise, ele só poderia apelar para um grupo marginal politicamente radical. E a menos que pudesse ganhar poder num futuro previsível, seu magnetismo teria evaporado; muito provavelmente se desvaneceria em insignificância. Se a democracia se consolidasse, o movimento nazista — refundado em 1925 e sempre propenso ao sectarismo — poderia muito bem ter se desintegrado. As eleições gerais de 1928 pareciam indicar que a Alemanha estava seguindo um caminho positivo. Os partidos fortemente democráticos tinham trabalhado bem, os nacionalistas, mal, e o Partido Nazista parecia estar a caminho do esquecimento, ou ao menos da redundância política. Foi resgatado pelo início de uma devastadora depressão econômica.

Hitler pouco foi capaz de fazer para influenciar os acontecimentos até o início da depressão. O que fez, no entanto, foi forjar o restabelecido Partido Nazista na qualidade de um "partido de liderança". Uma obediência incondicional a sua vontade e uma lealdade quase feudal constituíram os laços que mantiveram juntos os elementos potencialmente centrífugos no movimento.[13] A "ideia" do nacional-socialismo — que Hitler deliberadamente deixou ser interpretada como uma visão de ressurgimento nacional e não como um programa definido — passou a ser inseparável de sua pessoa. Estavam lançados os fundamentos para o pleno surgimento do culto ao Líder, então ainda confinado ao pequeno número dos fiéis ao partido. Foi, é claro, um produto fabricado, cuidadosamente cultivado pela liderança do partido e anunciado numa implacável propaganda. Foi construído sobre as expectativas de uma "liderança heroica" que estavam presentes nos círculos populistas-nacionalistas da Alemanha mesmo antes da Primeira Guerra Mundial e tinham se tornado mais disseminadas na direita durante as dores de parto da democracia na década de 1920. Podia-se ouvir um tom quase messiânico na expressão de um publicista protestante nacionalista em 1932: "O verdadeiro estadista reúne em si uma atitude paternal, espírito marcial e carisma [...]. Assim, o verdadeiro estadista é ao mesmo tempo um governante, um guerreiro e um sacerdote".[14]

Contudo, o caminho para o poder era totalmente incerto. A única coisa possível era uma incessante agitação — e a convicção de que algo mudaria, de que os acontecimentos em algum momento seguiriam uma direção favorável. A organização do partido estava, também, num estado melhor do que quando se dera o golpe, trabalho não de Hitler, mas de seu principal lugar-tenente na época, Gregor Strasser (que se projetou pela primeira vez quando Hitler foi preso em 1924). O número de membros do partido estava crescendo, e quando a Depressão começou a estrangular a Alemanha cerca de 100 mil ativistas estavam prontos para explorar a emergente crise.

O que se desenrolou entre 1930 e 1933 foi mais do que uma catastrófica derrocada econômica: equivaleu a uma abrangente crise de economia, sociedade, cultura, e do Estado.[15] As agudas divisões que tinham sido claramente visíveis na crise do pós-guerra, mas que foram aparentemente superadas quando as condições melhoraram, voltavam com grande veemência. O abismo ideológico entre esquerda e direita abriu espaço político para o populismo nacionalista em sua forma mais crua, diariamente martelado pelo movimento nazista, que crescia depressa, e acompanhado pela escalada da violência por parte de sua ala paramilitar. Isso foi grandemente eficaz.

A ascensão eleitoral do Partido Nazista foi meteórica: 2,6% dos votos em 1928, 18,3% em 1930, 37,4% em 1932 — o que fez dele facilmente o maior partido no parlamento alemão (o Reichstag). Por pouco Hitler não conseguiu evitar que Paul von Hindenburg, o reverenciado herói de guerra, fosse reeleito presidente do Reich. Quando ele assumiu o poder em 1933, o Partido Nazista tinha cerca de 850 mil membros, e sua ala paramilitar, a SA (Sturmabteilung — "Departamento de assalto") compreendia cerca de 400 mil tropas de assalto, nem todos membros do partido. O movimento nazista era, então, mais de três vezes maior do que o Partido Fascista quando Mussolini ascendeu ao poder em 1922.

Quando a depressão se instalou, Hitler mostrou ser útil como agitador populista, investindo contra inimigos internos e as iniquidades do "sistema", trabalhando na suposição de que "a única emoção estável é o ódio".[16] Seu estilo de fazer campanha era moderno. Em 1932 foi o primeiro político a usar um avião para o levar de cidade em cidade para discursar em comícios, agora com centenas de milhares de pessoas atraídas por sua mensagem. A mensagem era mantida deliberadamente aberta: destrua os que estão arruinando a Alemanha e a democracia que eles representam e construa uma nova sociedade — uma "comunidade do povo" — sob sua liderança. Falava sobre os judeus menos diretamente do que havia falado uma década antes. Mas essas ideias não eram ocultas e estavam implícitas em sua ilimitada denúncia do sistema político alemão. As massas aplaudiam quando ele abertamente anunciava sua intolerância e sua determinação de varrer a democracia. Porém, para fazer isso teria de ter o controle do governo. E vencer as eleições não poderia, por si só, outorgar-lhe esse controle.

Constitucionalmente, o presidente do Reich (o chefe de Estado) nomeava o chanceler do Reich (o chefe de governo). Era um poder real, não uma sutileza formal. Em agosto de 1932, após o Partido Nazista ter sido o estrondoso vencedor nas eleições do mês anterior, o presidente do Reich, Von Hindenburg, recusou dar a chancelaria a Hitler. Cinco meses depois, após outra eleição, em novembro de 1932, na qual o Partido Nazista *perdeu* 2 milhões de votos e viu-se subsequentemente numa crise profunda, Hindenburg mudou de ideia e nomeou Hitler chanceler do Reich, em 30 de janeiro de 1933. As circunstâncias, não Hitler, haviam mudado. Nas semanas precedentes Hitler tinha apostado tudo na chancelaria e não aceitaria nada menos que isso. Não fosse a disposição do núcleo do estamento político de lhe dar o que ele queria, provavelmente nada disso teria acontecido.

A classe nacional-conservadora que governava a Alemanha ajudou a cavar sua própria sepultura entre 1930 e 1933.[17] Os severos cortes na economia feitos pelo chanceler do Reich Heinrich Brüning aprofundaram a crise em vez de amenizá-la. A democracia ficou impraticável, e o governo atuava cada vez mais com base em decretos de emergência promulgados pelo presidente do Reich. À medida que a crise se aprofundava, Hindenburg substituiu Brüning por chanceleres abertamente antidemocráticos — primeiro Franz von Papen e depois o general Kurt von Schleicher. Nenhum deles seria capaz de oferecer qualquer solução à multifacetada crise sem trazer os nazistas para o governo. Queriam fazer isso, mas sem oferecer a chancelaria a Hitler. Estavam, contudo, num dilema. Poderiam solapar, e solaparam, a democracia. Mas não poderiam substituí-la pelo governo autoritário que desejavam, conduzido pela tradicional e estreita casta política. Hitler tinha o apoio de massas do qual eles careciam e jogou com a inabilidade da elite conservadora de manter seu próprio poder sem sua ajuda. Mas seu preço continuava a ser alto. Ele insistia teimosamente em sua designação como um chefe de governo habilitado a usar os poderes que tinha o presidente do Reich de contornar o parlamento emitindo decretos emergenciais. Esse era o principal obstáculo nas profundezas da crise de Estado.

Ao receber a oferta de um caminho para entrar no governo, embora sem a chancelaria, o Partido Nazista quase se cindiu, em dezembro de 1932, quando Gregor Strasser mostrou-se disposto a participar do gabinete como vice-chanceler. Hitler continuou inflexível, apenas a chancelaria seria o bastante. No confronto com Strasser, Hitler prevaleceu. A lealdade do partido para com ele foi reafirmada. Foi um momento-chave, no qual a história poderia ter tomado um rumo diferente. Um Strasser derrotado renunciou a seus cargos no partido. Era um homem do passado. Caracteristicamente, Hitler desmantelou a estrutura organizacional que Strasser tinha construído.[18] O propósito do partido, ele estipulou, era propaganda, mobilização e lealdade à ideia incorporada no Líder. Em contraste com a ditadura italiana, na qual o Grande Conselho Fascista proveu uma organização que no fim derrubou Mussolini, nunca foi permitido ao Partido Nazista desenvolver uma estrutura institucional que pudesse de alguma forma desafiar a total supremacia de Hitler.

No impasse político de janeiro de 1933, alcançou-se posteriormente o acordo que daria a Hitler o que ele queria. Líderes de negócios, grandes proprietários de terra e, não menos importante, os militares — ansiosos por evitar serem arrastados para o que consideravam uma potencial guerra civil —, todos buscavam uma solução autoritária, embora não necessariamente um governo nazista. Von Papen finalmente agenciou o acordo que deu a Hitler a chancelaria, mas o cercou — ou assim se pensou — de conservadores que o "domariam" uma vez instalado no cargo. Ao meio-dia de 30 de janeiro de 1933, um dia fatídico não só para a Alemanha como para toda a Europa, o presidente Von Hindenburg nomeou Hitler chanceler do Reich.

DITADOR

A rapidez com que Hitler consolidou o poder que tinha nas mãos foi pouco menos que assombrosa. O que Mussolini levou anos para conseguir foi realizado por Hitler em meses. Uma onda de terror nas primeiras semanas após sua posse levou a polícia, auxiliada por paramilitares nazistas e não constrangida por sutilezas legais, a prender dezenas de milhares de comunistas e socialistas em prisões improvisadas e campos de concentração, onde foram submetidos a horrendos maus-tratos. Quem estivesse no caminho dos nazistas corria perigo. Inimigos políticos eram o principal alvo naquele momento. Mas os judeus já estavam expostos aos ataques de brutamontes nazistas e logo enfrentaram boicotes a seus negócios e uma legislação discriminatória.

Na noite de 27 de fevereiro de 1933, o Reichstag (o prédio do parlamento alemão) pegou fogo num ataque incendiário, cuja responsabilidade nunca ficou totalmente esclarecida.[19] Mais importante que sua autoria foram suas consequências: no dia seguinte um decreto emergencial suspendeu indefinidamente as liberdades civis. Em 23 de março, um decreto de plenos poderes deu a Hitler poderes ditatoriais, inicialmente por quatro anos. Dois dias antes Hitler parecera a imagem da humildade e da modéstia, curvando-se ante o presidente do Reich, Von Hindenburg, no teatral "Dia de Potsdam" — a cerimônia de abertura do parlamento, encenada pelo maestro da propaganda, Joseph Goebbels. Muitos não nazistas, no início hesitantes, convenceram-se. Deram boas-vindas à "renovação nacional" (inclusive o brutal ataque à esquerda) e estavam dispostos a dar a Hitler a chance de provar que ele não era mais um fanático demagogo partidário, mas um estadista de alta estatura. Um verdadeiro redemoinho de atividade nos meses seguintes viu partidos de oposição sendo dissolvidos, sindicatos banidos, e em meados de julho, a implementação do Partido Nazista como o único partido permitido. Mediante uma combinação de intimidação, lisonjas e entusiasmo com o novo regime, as organizações e instituições que tinham formado a base de uma vida social ricamente pluralista foram nazificadas à força — ou correram para se nazificar elas mesmas. Hitler precisou fazer muito pouco além de estabelecer uma estrutura de ação para ocasionar essa dramática transformação na Alemanha.

Em junho de 1934, no entanto, foi obrigado a agir e fez isso brutalmente para eliminar a remanescente ameaça a seu regime. O líder das tropas de assalto, a SA, Ernst Röhm, insistia abertamente em exigir a complementação da revolução nazista. Ele visava fazer da SA a força dominante no Estado. Sua ambição de transformar a enorme organização paramilitar numa milícia popular representava uma óbvia e direta ameaça ao crucial pilar do regime, o Exército (o Reichswehr). Quando Hitler foi falsamente levado, pelos líderes do Exército, a crer que um golpe da SA era iminente, ele atacou com ferocidade total. Röhm, um companheiro próximo de longa data, esteve entre as cerca de duzentas pessoas mortas no expurgo. Assim como Gregor Strasser, o ex-chanceler Kurt von Schleicher e vários outros que cruzaram com Hitler no passado. Hitler assumiu publicamente a responsabilidade por aquela assassina "ação de limpeza". Notavelmente, isso o fortaleceu muito. A exibição de crueldade foi uma demonstração de um regime que obviamente não se deteria ante nada. Mais que isso: a liderança do Exército estava agora em dívida com Hitler e desejosa de demonstrar seu leal apoio; o judiciário apoiou as mortes não judiciais, nos interesses do Estado; não menos que isso, a SS (Schutzstaffel — "Esquadrão de Proteção"), que realizara a "ação", emergiu como a clara vencedora, ampliando sua própria base de poder no regime. Seu fanático chefe, Heinrich Himmler, tirou de Hermann Göring o comando da polícia política, e a SS expandiu-se como uma única organização, mesclando poderes legalmente irrestritos de controle da polícia e dos campos de concentração com status de uma organização de elite, cujo dinamismo ideológico era dirigido à erradicação de inimigos internos e à construção de uma sociedade racialmente pura.

Quando o presidente do Reich, Hindenburg, morreu, no início de agosto de 1934, Hitler aproveitou a oportunidade para se fazer chefe de Estado. Seu poder sobre o Estado era agora absoluto. Não poderia ser deposto a não ser por um altamente improvável golpe do Exército ou da ss, ou assassinado por algum desconhecido (como o atentado que falhou por pouco, em novembro de 1939). Poder de Estado significava o poder do Líder. Nenhuma lei prevalecia sobre a expressão de sua vontade.[20] A autoridade de Hitler como Líder baseava-se, segundo Hans Frank, o principal jurista nazista, não em sua posição institucional, mas em suas "extraordinárias conquistas".[21] Equivalia, nos termos de Max Weber, a uma "autoridade carismática" — uma percebida "liderança heroica" investida num líder por seus seguidores. Não é preciso enfatizar que esse "carisma" era fabricado. Mas seu efeito foi suficientemente real.[22] Na prática, ele punha o poder de Hitler acima de toda restrição legal.

Nos assuntos internos, Hitler pouco precisava fazer para levar avante a dinâmica do regime. O princípio de "trabalhar em direção ao Führer" seguindo a linha que ele desejava, sugerido por um funcionário nazista,[23] significava que não havia necessidade de um fluxo de diretivas vindas de cima. Iniciativas radicais em todos os níveis do regime eram, na verdade, solicitadas em antecipação às supostas intenções de Hitler. Hitler era, por temperamento, não burocrático. Seu estilo de governo era se manter o mais distante possível de decisões políticas que frequentemente causavam alguma divisão. Ele não gostava de qualquer fórum coletivo de debate, onde suas próprias ideias pudessem ser questionadas, as reuniões do gabinete — o corpo central do governo do Reich — tornaram-se pouco frequentes e de 1938 em diante foram totalmente interrompidas. A coordenação do funcionamento do governo era exercida pelo chefe da chancelaria do Reich, Hans Heinrich Lammers. Mas quase sempre Lammers tinha de lutar para obter uma audiência com Hitler. A tomada de decisões era, portanto, ineficiente e fortuita em muitas esferas de governo. A administração do partido era imensamente burocrática, mas difusa, ao menos antes que o voo de Rudolf Hess à Escócia, em 1941, pavimentasse o caminho para Martin Bormann instilar ímpeto e coordenação ideológicos maiores.

Hitler ficava mais relaxado durante suas longas estadas no Berghof, sua residência nos Alpes, acima de Berchtesgaden, onde, no círculo de sua "corte" de admiradores, seus prolongados monólogos não despertavam oposição.[24] A opulência do Berghof desmentia a imagem de um simples "homem do povo". Os vultosos direitos autorais das vendas de *Mein Kampf* permitiam sua alegação populista de que não recebia salário do governo. E para manter a ficção de que toda a sua vida era totalmente dedicada ao povo alemão, seu relacionamento com sua companheira, Eva Braun, foi mantido sob sigilo, a não ser em sua "corte" no Berghof.

Enquanto as coisas se moviam de acordo com os amplos imperativos ideológicos que ele representava — reconstruir a nação, destruir seus inimigos internos e prepará-la para a guerra —, não havia necessidade de interferir. Ele contava com seus sátrapas — subordinados-chave, que dependiam dele para suas próprias esferas de poder, e portanto fiéis lugares-tenentes. Seu fiel acólito de longa data, Rudof Hess, encarregava-se do partido. Joseph Goebbels controlava completamente o crucial aparelho de propaganda. Heinrich Himmler comandava o florescente império da ss. Hermann Göring assumiu a preparação da economia para a guerra depois de o ex-ministro da Economia e mago das finanças Hjalmar Schacht ter sido o gênio organizador do início da recuperação econômica. Robert Ley presidiu a imensa Frente de Trabalho, o substituto nazista dos precedentes sindicatos livres. Depois vinha Albert Speer, o jovem arquiteto cujos talento, ímpeto organizacional e gosto estético logo lhe granjearam alto favorecimento por parte de Hitler.

Havia poderosos instrumentos de governo à disposição de Hitler. Uma elaborada e sofisticada burocracia de Estado se esforçava por realizar o que os servidores civis entendiam serem as políticas tencionadas por Hitler. O partido, enquanto isso, aumentara amplamente de tamanho, com suborganizações penetrando em todo aspecto da sociedade. Servia como imensa força de mobilização, promovendo incessante adulação do Líder e assegurando conformidade e controle político. A ss se considerava uma elite racial, uma organização totalmente comprometida com a busca de pureza racial e segurança interna. A liderança do Exército, embora não nazificada, apoiava um Líder que garantia que fundos sem limite fossem despejados em rearmamento. Os grandes negócios usufruíam dos lucros que rolavam numa economia revigorada e se beneficiavam do esmagamento da militância de esquerda. As igrejas cristãs se opuseram a incursões em seus domínios, mas não representavam perigo político ao regime. Qualquer que fosse a insatisfação existente — por exemplo, com as condições sociais, a política trabalhista ou ataques às igrejas —, ela não encontrou expressão organizacional e pôde ser desarmada pela série de sucessos espetaculares em política externa que pontuou os primeiros anos de Hitler no poder. O elaborado, superinflado culto ao Führer foi incrementado por triunfos ruidosamente alardeados, como o da reocupação da Renânia em março de 1936. A aprovação da liderança de Hitler coexistia com um desprezo pelos representantes menos graduados do governo nazista. Muitos pressentiam, e temiam, outra guerra. Mas havia também euforia, especialmente entre os jovens, com as oportunidades que lhes eram oferecidas por uma tão vibrante, forte e dinâmica Alemanha.

Hitler estava longe de ser um ditador passivo. O governo nazista criava tensões e pressões. Mas quando atingia um ponto crítico, Hitler intervinha decisivamente. O ímpeto antijudaico levou a uma espiral de perseguições. Em 1935, quando a violência antijudaica conduzida por membros exaltados do partido ameaçou prejudicar a economia e o vandalismo suscitou crítica popular, Hitler agiu no sentido de canalizar a agressão para uma incisiva legislação discriminatória — as notórias Leis de Nuremberg. No ano seguinte, quando um funcionário nazista foi morto na Suíça por um jovem judeu, Hitler ordenou que se contivesse a violência antijudaica. No ano das Olimpíadas de Berlim, 1936, consideradas uma peça de exibição da nova Alemanha, os radicais do partido foram mantidos sob controle. Dois anos mais tarde, no entanto, a história foi diferente. Hitler tinha dado o tom para um novo ataque aos judeus, com um discurso incendiário num comício do partido em Nuremberg, em setembro de 1937. Quando, no verão seguinte, aumentaram as tensões na política exterior, intensificaram-se os ataques a judeus. Goebbels foi o instigador dos pogroms, em âmbito nacional, da infame "Noite dos Cristais", em 9 e 10 de novembro de 1938. Mas Hitler tinha dado autorização. Ele se desvinculou sempre da altamente impopular e deliberada destruição de propriedade — sinagogas e muitas residências e lojas judaicas — naquela noite e da violência na qual centenas de judeus foram assassinados ou feridos. Mas aprovou as medidas extremas que se seguiram imediatamente, que enviaram 30 mil judeus para campos de concentração, que privaram judeus de quaisquer meios de subsistência, tornando-os párias sociais, que fizeram dezenas de milhares de judeus fugirem para o exterior e passaram a responsabilidade pela política antijudaica para o Serviço de Segurança, dirigido por quem era o braço direito de Himmler, Reinhard Heydrich.

A tomada de decisões por Hitler, pessoalmente, era mais evidente no domínio da política exterior. Claro, ele tinha de levar em conta as pressões tanto externas quanto domésticas, que eram articuladas pelo ministério do Exterior, a liderança militar e os representantes dos grandes negócios. Havia muitas influências na política exterior. Mas a personalidade de Hitler não era a menor delas. Que era ele quem tomava as decisões cruciais, isso não está em questão. No início de 1936, por exemplo, ele percebeu que o desarranjo das democracias ocidentais quanto à guerra da Itália na Etiópia proporcionava uma oportunidade para uma espetacular reocupação da Renânia. Apesar da apreensão entre diplomatas e na liderança militar, ele tomou a decisão de ir em frente. A fraqueza das potências ocidentais se desnudou plenamente quando nada fizeram além de protestar contra o flagrante rompimento de tratados internacionais. A eufórica reação a esse triunfo na Alemanha reforçou ainda mais sua posição em casa e no exterior.

Suas ações na política exterior eram oportunistas — embora seguissem imutáveis parâmetros ideológicos. Ele aproveitava o momento certo para agir. Mas suas decisões empurravam todas na mesma direção: para a guerra, preferivelmente mais cedo do que mais tarde. Entre 1933 e 1935 ele professara publicamente a paz. Contudo, já estava se preparando para a guerra. No verão de 1936 uma escolha-chave teria de ser feita, entre um impulso para rearmamento e despesas visando ao consumo: canhões ou manteiga. Em seu memorando para o Plano Quadrienal naquele mês de agosto, Hitler decidiu que os canhões tinham prioridade. Foi entregue a Göring a responsabilidade por garantir que o Exército e a economia da Alemanha se aprontassem, a toda velocidade, para um iminente confronto com o bolchevismo. Em fevereiro de 1938, Hitler aproveitou-se de escândalos sexuais na liderança das forças armadas para fazer importantes mudanças na estrutura e no pessoal. (Acontece que o ministro da Guerra, marechal de campo Werner von Blomberg, tinha se casado com uma ex-prostituta, e o comandante do Exército, coronel-general Werner von Fritsch, foi — falsamente — acusado de ser homossexual.) Hitler fortaleceu acentuadamente seu controle sobre o Exército e, com a nomeação de Joachim von Ribbentrop como ministro do Exterior, colocou uma figura totalmente subserviente, porém claramente belicosa, numa posição-chave do governo quando a guerra parecia estar cada vez mais próxima. Durante a primavera e o verão, Hitler tomou as vitais decisões de anexar a Áustria e depois, quando a guerra era quase certa, de obrigar as democracias ocidentais — enfraquecidas por sua longamente mantida política de apaziguamento — a entregar os Sudetos à Alemanha, desmantelando o Estado da Tchecoslováquia (o que se completou com a ocupação alemã em março de 1939).

Na primavera de 1939, ele decidiu atacar e destruir a Polônia naquele outono. Seus triunfos na política exterior, junto com a adulação das massas e a constante bajulação de seu entorno — subprodutos do bizarro culto ao Führer — tinham, havia já muito tempo, feito com que ele acreditasse em seu próprio mito. Seus grandiosos planos arquitetônicos eram sinal de sua megalomania. Achava que era infalível — um gênio se alinhando às grandes figuras da história. A Polônia seria apenas o começo.

Enquanto se desenhava mais um verão tenso, o desejo de Hitler por uma guerra não enfrentava obstáculos internos significativos. Os líderes militares que no verão anterior tinham ficado preocupados com a guerra contra as potências ocidentais demonstravam menos pruridos em 1939 (e nenhum quanto à destruição da Polônia). A inevitabilidade da guerra, que não suscitava mais a menor dúvida depois da assinatura do Pacto de Não Agressão com a União Soviética, em agosto, era consequência das políticas que Hitler tinha perseguido nos anos anteriores. Ele sempre se valia do argumento de que o tempo não estava do lado da Alemanha: a guerra não podia esperar. Pressões econômicas, militares e diplomáticas já tinham chegado a um ponto no qual era impossível contornar o momentum para a guerra. Mas a personalidade de Hitler era parte da equação. Ele estava avidamente sedento de guerra. Fosse de qual profundeza de sua psique que viessem esses sentimentos, a irreprimida agressão, o desejo de vingança, o medo de perder prestígio, a falta de vontade de contemplar qualquer concessão, a minimização de qualquer crítica a seu próprio julgamento, tudo isso contribuiu para o impelir para a guerra. Nos frenéticos dias que antecederam o ataque à Polônia, ninguém menos que Hermann Göring, o número dois na hierarquia nazista, sugeriu que não seria necessário "ir para o tudo ou nada"; Hitler replicou: "Toda a minha vida eu sempre fui para o tudo ou nada".[25]

LÍDER DE GUERRA

Dificilmente foi por acaso que naquele outono de 1939 as duas obsessões gêmeas de Hitler — guerra e extermínio dos judeus — tenham se tornado objetivos centrais do regime. Dificilmente, é claro, terá sido obra apenas de

Hitler. Enquanto isso, todos os setores do regime tinham se comprometido com a perseguição desses objetivos. Mas o ímpeto ideológico que emanava do próprio Hitler, no pináculo do regime, foi essencial. Hitler tinha integrado o movimento nazista, mobilizado os ativistas e legitimado iniciativas assumidas por outros. Suas obsessões ideológicas pessoais tinham se tornado a força motriz da política governamental. Uma propaganda implacável tinha assegurado que a extrema assertividade nacional e o ódio aos judeus permeassem grande parte da sociedade. E agora a guerra que ele queria tinha chegado. Objetivos raciais poderiam ser perseguidos de maneiras que as restrições internacionais tornavam impossíveis em tempos de paz.

Hitler estava impaciente para agir. A guerra tinha de ser vencida enquanto as democracias ocidentais estavam fracas e antes que os Estados Unidos, neutros mas cada vez mais em oposição à Alemanha, estivessem em posição de intervir. Assim que a Polônia fosse derrotada, no outono de 1939, ele queria voltar-se contra o Ocidente. Àquela altura, seus generais ainda foram capazes de detê-lo, deixando claro que as forças armadas não estavam prontas para atacar a França. Ele não interferiu nas operações militares na Polônia. Interveio mais ativamente na invasão da Dinamarca e da Noruega em abril de 1940 (quando, apesar da rápida vitória, os líderes das forças armadas tiveram um primeiro antegosto do que consideravam serem suas deficiências no julgamento de situações militares). Dali em diante, sua intervenção pessoal no direcionamento da estratégia e até mesmo da tática mostrar-se-ia decisiva no esforço de guerra alemão.

Sua frustração com o planejamento estratégico para a crucial ofensiva ocidental deixou-o receptivo, na primavera de 1940, a uma ousada alternativa, concebida pelo general Erich von Manstein, para um ataque à França através da floresta das Ardenas, de onde o inimigo menos esperava. A estratégia funcionou. O mundo assistiu com espanto à vitória alemã sobre a França em meados de junho, após uma campanha devastadora de menos de cinco semanas. Foi um triunfo como nenhum outro. A consequência vital foi que os generais de Hitler tiveram de aceitar que os instintos estratégicos do Líder na preparação do ataque tinham se justificado. Isso os deixou, portanto, enfraquecidos para expressar qualquer crítica a suas futuras diretivas militares. Enquanto isso, cresceu o desdém de Hitler por seus generais, como contraponto do inefável senso de sua própria grandeza. Quando ele lhes falou em 31 de julho, menos de um mês após ter retornado a Berlim em seguida a seu momentoso triunfo sobre a França, de sua decisão de se preparar para uma guerra contra a União Soviética na primavera seguinte, alguns alimentaram privadamente suas dúvidas. Mas houve ampla concordância com as metas estratégicas que Hitler delineou. Ninguém expressou oposição.

Para Hitler, os imperativos ideológicos eram os mais importantes. Mas seus conselheiros em economia estavam lhe dizendo que os recursos da Alemanha não eram suficientes para travar uma longa guerra. A Grã-Bretanha (sustentada por seu Império) não seria persuadida a chegar a um acordo, não seria submetida mediante bombardeios nem conquistada militarmente, e estava claro que não demoraria muito para a Alemanha ter de enfrentar o poderio dos Estados Unidos. Para estabelecer seu domínio sobre toda a Europa, adquirir os recursos da União Soviética seria vital. O ataque não provocado que começou em 22 de junho de 1941 infligiu golpes tão devastadores e danosos ao Exército Vermelho que por um curto período a vitória total parecia iminente. Mas no início de dezembro estava claro que a Alemanha iria enfrentar uma guerra longa no leste, enquanto, no oeste, os Estados Unidos, com seus incomparáveis recursos econômicos e militares, estavam entrando agora na guerra. A declaração de guerra aos Estados Unidos feita por Hitler em 11 de dezembro de 1941 foi, em essência, um movimento desesperado — conquanto não desprovido de propósitos estratégicos. Sua esperança era de que os Estados Unidos estivessem amarrados à guerra com o Japão (que começou com o ataque japonês a Pearl Harbor em 7 de dezembro) e que os submarinos alemães cortassem as linhas de suprimento de guerra à Grã-Bretanha. Quando, em fins de 1942, essas esperanças evaporaram, a guerra no deserto, na África do Norte, fora perdida, e a vitória soviética em Stalingrado marcara o crucial ponto de reviravolta na frente oriental, a Alemanha teve de se envolver num furioso esforço na retaguarda para tentar evitar a derrota. Durante o restante da guerra, a liderança de Hitler tornou-se um inconveniente para seus comandantes militares, que, no entanto, estavam divididos e não tinham um mecanismo coletivo para desafiá-lo, muito menos para recusar cumprir suas ordens. Mais que isso, seu inquebrável poder era o obstáculo insuperável para qualquer tentativa de encontrar um fim negociado para a guerra. Quando a desesperada tentativa de assassiná-lo falhou, em julho de 1944, uma derrota militar total se prenunciava como o resultado da aposta de tudo ou nada na guerra de Hitler.

O genocídio não foi um subproduto acidental da guerra. Foi elemento central dela. A erosão da legalidade, o crescimento do poder arbitrário da polícia e as ambições da liderança da ss, que focava em seus planos para limpeza racial em toda a Europa, tinham evoluído nos seis anos anteriores de poder nazista e desenvolvido sua própria dinâmica.

Os passos cruciais em direção ao genocídio, no entanto, ainda precisavam que Hitler não apenas desse o tom, mas provesse a necessária autorização. Hitler, pessoalmente, autorizou a extrema barbárie que teve lugar após a invasão da Polônia e que, em sua maior parte, foi iniciada, instigada e implementada pela SS. O "duro esforço étnico na Polônia", disse Hitler a um grupo de líderes nazistas em 17 de outubro de 1939, não deveria ser contido por restrições legais.[26] Na mesma época, dentro da Alemanha, ele deu autorização por escrito para uma "ação de eutanásia" que levou à morte dezenas de milhares de pessoas com deficiência mental e física.

Os imensos planos de reassentamento étnico, apressadamente improvisados na Polônia e conduzidos com indescritível barbaridade, criaram insuportáveis problemas organizacionais para os grandes senhores nazistas. Possibilidades de genocídio foram aventadas. Para remover os judeus, vieram à tona, por breve tempo, ideias de enviá-los para apodrecer em Madagascar, mas foram logo abandonadas. No entanto, quando Hitler anunciou em dezembro que o ataque à União Soviética seria realizado no mês de maio seguinte, novas possibilidades se apresentaram. As preparações para a invasão da União Soviética contemplavam uma grande medida de "limpeza" racial. A liderança da SS, autorizada por Hitler, começou a planejar a deportação de milhões de judeus para os ermos gelados da União Soviética, onde já viviam outros milhões, com a perspectiva de uma "solução final" para a "questão judaica", depois de a guerra — presumindo que fosse ser curta — ter sido vencida. A intenção, claramente, era que morressem lá. Em 1942, os planos genocidas para um império racial no leste contemplavam futuras deportações de 31 milhões de pessoas, principalmente eslavos, para apodrecer e morrer na Sibéria. Os judeus não estavam incluídos: eles já teriam sido "liquidados".[27]

Houve uma dramática escalada no fuzilamento em massa de judeus na União Soviética durante o verão de 1941, depois de Hitler ter dado a Himmler amplos poderes de polícia e segurança no leste. Hitler pediu para ser mantido informado sobre o trabalho das agências que levavam a cabo a matança.[28] Mas o método de fuzilamento em massa era insatisfatório para os assassinos nazistas. Assim, foram realizados experimentos com o uso de gás venenoso, desenvolvendo técnicas que já tinham sido usadas na "ação de eutanásia". E ainda não se resolvera o que aconteceria com os judeus fora da União Soviética. Quando a guerra no leste não pôde ser vencida rapidamente, mas a implacável pressão dos chefes nazistas para deportar os judeus de seus domínios continuou inabalável, o ímpeto para encontrar uma "solução" tornou-se total e urgentemente genocida. A decisão de deportar judeus do Reich para o leste, tomada em setembro de 1941 — decisão que os líderes nazistas tinham ciência de que viera de Hitler — empurrou o momentum genocida para uma nova etapa. Logo seguiram-se preparativos para matar judeus em pequenas instalações de extermínio dentro da Polônia. A primeira execução de judeus por meio de gás teve lugar em Chełmno, na região anexada da Polônia Ocidental, no início de dezembro de 1941. O momentum genocida ganhou nova força imediatamente após a declaração de guerra aos Estados Unidos, em 11 de dezembro. "A guerra mundial está aqui", disse Hitler aos líderes do partido no dia seguinte. "A aniquilação dos judeus tem de ser a necessária consequência."[29]

Hitler estava aludindo à "profecia" que fizera no Reichstag em 30 de janeiro de 1939, quando ameaçou com a "aniquilação da raça judaica na Europa" caso houvesse outra guerra mundial.[30] Repetiu sua "profecia" em quatro discursos transmitidos para a nação em 1942, quando os campos de extermínio na Polônia entraram em operação total, e em mais de uma dúzia de ocasiões. A convicção de que a guerra acarretaria a destruição final dos judeus europeus serviu para líderes nazistas subalternos como um estímulo para tornar realidade os presumíveis desejos de Hitler. A repetição da "profecia" foi também um modo de tornar público, de forma programática, o extermínio dos judeus, sem divulgar nenhum detalhe do que (provavelmente devido à incerteza quanto a qual seria a reação da população alemã ao ter conhecimento do assassinato em massa dos judeus) era um projeto totalmente secreto. Mesmo em seu círculo íntimo, Hitler evitava falar sobre o destino dos judeus, a não ser em termos evasivos. Mas todos os passos cruciais precisavam de sua autorização.[31] E ele discutiu a política de extermínio direta e privadamente com Himmler, que alegava repetidas vezes estar agindo sob a autoridade de Hitler.[32]

Foi de Hitler a responsabilidade total pelo que gerações ulteriores chamaram de Holocausto.[33] Mas ele também esteve diretamente envolvido. Ele, pessoalmente, autorizou, aprovou e legitimou o que seus subalternos estavam fazendo. Um complexo processo de radicalização, de 1933 em diante, culminou numa guinada para um total genocídio em 1941. A aprovação de Hitler — e, mais do que isso, sua justificativa ideológica, que ele comunicava a cada agência do regime — foi essencial em cada etapa importante. A equação é clara e evidente: sem Hitler, não haveria Holocausto.

Himmler assegurou-se com seus discursos aos líderes da SS e do partido, em outubro de 1943, de que estivessem plenamente cientes de sua cumplicidade no programa de extermínio. Pontes tinham sido queimadas. Não havia saída. A cumplicidade ajudou a manter a liderança subalterna próxima a Hitler quando a situação militar se deteriorou inexoravelmente e a derrota era cada vez mais certa. Os militares sabiam, também, que não poderiam escapar de seu envolvimento na terrível barbárie da frente oriental. O medo do que os aguardava nas mãos do Exército Vermelho era uma força motivadora bastante forte para os manter combatendo, mesmo quando era cada vez mais claro que tudo estava perdido.

A relação de Hitler com seus líderes militares foi desastrosa durante os dois últimos anos de guerra. Sua interferência em questões táticas e estratégicas aumentou efetivamente à medida que a guerra avançava. Explosões de ira tornaram-se mais comuns quando ordens impossíveis não puderam ser cumpridas. A destituição de generais capazes não poderia trazer uma melhora objetiva na situação militar nem deter o declínio da sorte da Alemanha na guerra, mas permitiu que Hitler encontrasse bodes expiatórios para suas próprias deficiências como líder militar. Quando a derrota tornou-se mais inevitável, ele não tinha nada a oferecer senão recorrer a um declinante apelo à força de vontade e à determinação — comunicada a todos que o cercavam — de que, o que quer que acontecesse ali, não seria capitulação, como fora em 1918. "Nunca iremos capitular, nunca", seu ajudante na Luftwaffe, Nicolaus von Below, lembrou-se de tê-lo ouvido dizer. "Podemos afundar. Mas afundaremos o mundo conosco."[34]

A cada vez maior calamidade militar no verão de 1944, quando o desembarque dos aliados na França foi assegurado e o Exército Vermelho varria a Europa Central a partir do leste, ocasionou em 20 de julho uma tentativa de assassinato de Hitler e um golpe de Estado, liderado por um grupo de oficiais do Exército encabeçado pelo coronel Claus Schenk Graf von Stauffenberg. Seu fracasso e as terríveis represálias que se seguiram garantiram que não haveria mais uma tentativa vinda de dentro para derrubar Hitler. A catastrófica fase derradeira da guerra teria de ser suportada por todos os alemães. O regime de Hitler só poderia ser terminado a partir de fora — mediante uma total derrota militar.

A elite no poder que tinha apoiado Hitler e usufruído de suas políticas nos primeiros tempos, que se envolvera em crimes de guerra e genocídio, agora não tinha para onde ir. O medo dos aliados, especialmente de uma vingança dos soviéticos, manteve suas ligações com Hitler, mesmo quando o inimigo avançava impiedosamente e o Reich desabava. Não havia uma estrutura institucional, nem mecanismos de poder, nem vontade coletiva para impedir que Hitler levasse a Alemanha à perdição. E uma revolta a partir de baixo era impensável, dada a medida da repressão pelo terror. Assim, não havia nada a fazer a não ser sofrer o pior nos últimos meses da guerra e esperar, apreensivamente, as repercussões de uma derrota completa.

Na última fase da iminente catástrofe, a constante insistência bipolar de Hitler ou numa vitória total ou numa derrota total chegou a seu desfecho lógico. Só poderia ser derrota total. Sendo assim, para Hitler não havia nada que valesse a pena salvar. A monstruosidade de seu ego ficou totalmente descompensada. Sustentado por remédios e pílulas estimulantes, ele era àquela altura uma ruína física e estava mentalmente desequilibrado. Voltou sua vingativa destrutividade contra o próprio povo alemão, que mostrara ser indigno dele, e, concluiu, merecia sua própria destruição. Albert Speer, o ministro dos Armamentos, que tinha estreitas conexões com grandes industriais, tratou de garantir, em seu próprio interesse, que as ordens de Hitler para uma "terra arrasada" não fossem cumpridas. Outros líderes nazistas ou fugiram para salvar a pele quando o fim se aproximou, ou reconheceram, como Hitler, que só restava a autodestruição. A maioria deles já estava pensando em qual seria seu álibi: tudo fora culpa de Hitler; eles apenas tinham cumprido ordens. No abrigo subterrâneo em Berlim, Hitler se apegava a ilusões antes de aceitar a realidade e buscar a saída fácil e óbvia. Um traço autodestrutivo e suicida estava, havia muito tempo, profundamente embutido em seu caráter. Agora, com o inimigo soviético literalmente à sua porta, ele buscou a única saída restante e se matou.

LEGADO

A Segunda Guerra Mundial e o Holocausto definiram o século xx mais do que qualquer outra coisa. Hitler foi o principal autor das duas coisas. Seria absurdo reduzir esses momentosos eventos definidores de uma época às ações de um único homem. Seria igualmente absurdo negar a centralidade de Hitler neles. A força que motivou sua personalidade foi a de preparar a Alemanha para lutar numa segunda guerra mundial a fim de expurgar a humilhação nacional na primeira e erradicar uma minoria étnica, os judeus, que ele, sem nenhum sentido, considerava a causa daquele desastre e de todos os males que assolavam seu povo. Não tinha feito segredo de suas intenções muito antes de se tornar um candidato ao poder político. Em meio a uma total crise de Estado e de sociedade, a elite política alemã tinha, contudo, permitido a esse homem tomar o poder supremo no país. Nos anos subsequentes, toda agência de poder político ficou inextricavelmente ligada a ele. E milhões de alemães, até a abrupta queda de sua popularidade nos últimos anos de guerra, o aclamaram e apoiaram em diferentes graus as políticas que afinal conduziram ao abismo. O declínio da Alemanha, em tão poucos anos, de uma sociedade culta, civilizada, democrática para uma sociedade disposta a se engajar em inimaginável desumanidade foi tão brusco que seu legado duradouro foi mais que uma incompreensão: foi um trauma que tomou conta não só de uma nação, mas de todo um continente. Esse duradouro trauma está indelevelmente ligado ao nome de Hitler.

Hitler não deixou nada que fosse construtivo, como tinha feito o conquistador da Europa mais de um século antes, Napoleão. Qualquer modernização econômica que tenha ocorrido na década de 1930 esteve subordinada à preparação para a guerra. Seu próprio país foi tão completamente destruído que, sob a ocupação inimiga, foi reconstituído, quatro anos após sua morte, como dois Estados reciprocamente hostis que só foram reunificados após quatro décadas. Cidades e localidades bombardeadas eram os sinais óbvios de uma devastação física, uma população deslocada e famílias destroçadas, um reflexo das perdas humanas. O amargo legado de Hitler, de ruína e de sofrimento, foi sentido por toda a Europa, especialmente na Europa Oriental e na União Soviética. E quase todos os países tiveram de enfrentar mais um legado: o de sua colaboração com as forças de ocupação de Hitler.

A destruição dos judeus, a peça central de sua ideologia, que estava no cerne da guerra alemã que ele desencadeou, foi o único objetivo que chegou perto de se realizar. As comunidades judaicas que tinham enriquecido a cultura europeia durante séculos foram totalmente varridas. Israel e os Estados Unidos foram os principais beneficiários da compulsória emigração judaica. A fundação do Estado de Israel provavelmente aconteceria em algum momento sem o Holocausto. Mas o ataque letal de Hitler aos judeus europeus tanto acelerou o processo como deu legitimidade moral a um desenvolvimento de enorme significância para a história global do pós-guerra.

A guerra e o genocídio fizeram com que o legado de Hitler fosse mundial. Outros ditadores perpetraram crimes hediondos, grotescamente terríveis. Em sua maior parte foram infligidos às populações de seus próprios países. Os de Hitler tiveram âmbito continental e, em suas implicações, mundial. Muito mais não alemães do que alemães sofreram por causa de seu regime. Seu impulso em direção a um império racial submeteu milhões ao terror nazista. A história de todo país europeu e, fora da Europa, especialmente a dos Estados Unidos, tem como indelével cicatriz a memória da Segunda Guerra Mundial, da ocupação alemã e de perdas nas famílias. Hitler é sinônimo de um credo de ódio racial, de agressão hipernacionalista, de tentativa de dominação por parte de uma raça de senhores e de indescritível desumanidade.

Hitler destruiu completamente a velha Alemanha. As províncias orientais do Reich, estendendo-se através da Polônia até as fronteiras com a Rússia, foram perdidas para sempre, e com elas as grandes propriedades da aristocracia alemã que havia nessas regiões. Perdido estava também o que fora uma vez o poderoso estado da Prússia, e com ele o éthos militar que tinha sido uma forte corrente na cultura política alemã. Outras tradições sociais de longa data, lealdades e estruturas também foram rompidas e danificadas sem reparo possível.[35] Hitler tinha, afinal, realizado uma revolução política e social. Mas ela ocorreu por meio da destruição que ele causou. Foi o oposto total daquela que ele desejara.

Nas décadas subsequentes, a Alemanha e mais amplamente a Europa recuperaram-se física e politicamente da devastação causada por Hitler. Como antítese total aos valores da era de Hitler, a Alemanha moderna é a pedra angular do sistema de valores constitucional, liberal e democrático da Europa. Da década de 1950 em diante, a Alemanha Ocidental (a partir de 1990, a Alemanha unificada) esteve no centro do "projeto" europeu de integração supranacional, a mais comprometida força motriz do que veio a se tornar a União Europeia. Para lidar com o passado nazista houve um longo e incompleto processo, dificultado na Alemanha Ocidental, durante muitos anos, pela lentidão e pela limitação dos processos movidos contra os crimes nazistas.[36] Intensamente preocupante e difícil como foi (e ainda é), ele tem sido um elemento essencial da transformação política e social. Muitos outros países enfrentaram seu próprio passado obscuro com menos coragem e com mais hesitação.

Contudo, a mácula moral deixada por Hitler tem sido mais difícil de apagar do que as ruínas físicas que ele deixou como herança. Por quase duas décadas após sua morte ela foi amplamente suprimida na Alemanha Ocidental, consciente ou inconscientemente, por uma população ansiosa por deixar os horrores do passado recente para trás, enquanto na Alemanha Oriental foi submersa numa interpretação marxista-leninista que atribuía o colapso de sua civilização à agressão imperialista do capitalismo de monopólio e enfatizava o triunfo do comunismo soviético. Foi a geração dos netos que apontou um fulgurante holofote para a medida de cumplicidade nos crimes da era nazista e focou a atenção pública na centralidade do Holocausto — o maior crime de todos. A amarga "controvérsia entre historiadores" que ocupou a imprensa da Alemanha Ocidental durante semanas, em 1986, girava em torno do lugar do Holocausto na cultura política contemporânea. Era uma clara indicação da longa sombra de Hitler sobre a consciência social e política alemã.

Claro, o neonazismo continua a existir na Alemanha e em muitos outros países do mundo. O núcleo duro que o sustenta ainda venera Hitler. A sensação de poder e de domínio sobre supostos inferiores que ele encarnou no passado provavelmente nunca será totalmente erradicada em uma pequena minoria da sociedade. A crença em Hitler e no nazismo tem uma minúscula ressonância eleitoral, embora como força política subterrânea ainda seja capaz de promover perturbadora violência racial. A vasta direita populista que nos anos recentes ganhou terreno em muitos países europeus, inclusive na Alemanha, e que incorporou neonazistas em sua base de apoio, tem de ser extremamente cuidadosa para evitar uma associação aberta com Hitler. Toda conexão expressa seria um anátema para suas esperanças políticas. É mais uma indicação do estigma moral que o nome "Hitler" ainda representa, na Alemanha e muito além dela.

Fatos que evocam a grande mancha moral ainda ocorrem regularmente no século XXI, mais de setenta anos depois da morte de Hitler. A devolução de um quadro valioso roubado de seus donos judeus durante o Terceiro Reich pode ser um desses fatos. Assim como pode ser também uma infeliz observação casual feita por um político. Todo comentário que possa insinuar uma aprovação de algo que Hitler tenha dito ou feito — na verdade qualquer coisa que não seja uma expressão de clara e total condenação — pode representar o fim abrupto de uma carreira na política ou na mídia.

O século XX da Europa tem seus aspectos positivos e seus aspectos negativos.

Mas sua primeira metade, especialmente, foi terrível. E Hitler, mais do que qualquer outro indivíduo, simboliza o horror dessa época. Que ele contribuiu pessoalmente de maneira tão funesta para escrever essa história está fora de dúvida. Ele foi o primordial causador do colapso mais fundamental da civilização que a história moderna testemunhou. Outros líderes europeus — Churchill e Stálin mais do que qualquer outro — deixaram marcas indeléveis na Europa, como consequência da guerra vitoriosa que travaram contra Hitler. Mas Hitler fez mais do que qualquer outra pessoa para causar essa guerra. Seu impacto colossal na história europeia durante sua era não se compara a nenhum outro.

Stálin lidera o cortejo funerário de Mikhail Kalínin, ex-presidente do Presidium do Soviete Supremo, na praça Vermelha, Moscou, em 5 de junho de 1946. Logo atrás dele (da esq. para a dir.) estão Lavrenti Béria, Gueórgi Malenkov e Viatcheslav Mólotov. Eles ainda tinham motivos para temer o ditador, mesmo em seus últimos anos.

4.Ióssif Stálin: Aterrorizador de seu próprio povo, herói da "Grande Guerra Patriótica"

Stálin foi, segundo qualquer critério, um dos mais significantes fatores que moldaram a Europa no século XX. Sua principal contribuição foi a remodelação da sociedade e da economia de seu próprio país, antes de conduzir a União Soviética à vitória sobre a Alemanha nazista na Segunda Guerra Mundial e depois reformatar fundamentalmente a Europa ao impor o domínio soviético sobre quase toda a região oriental do continente, numa divisão que iria durar até o fim da Guerra Fria. O extraordinário ímpeto do Exército Vermelho até alcançar a vitória, recuperando-se de esmagadoras derrotas iniciais, e a enorme resiliência do povo soviético para superar um sofrimento quase inimaginável e uma espantosa perda de vidas foram ambos produtos do sistema de governo que se formou na União Soviética sob Stálin — um sistema cuja desumanidade desafia nossa credulidade.

Um terror em escala colossal, dirigido principalmente contra cidadãos de seu próprio país, foi a marca registrada do regime de Stálin. O número dos que foram executados, presos, encarcerados em condições bárbaras em campos de trabalho forçado, deportados para regiões de ambiente hostil, ou que morreram de uma fome instigada politicamente conta-se em milhões. No auge do terror em 1937-8 ninguém podia se sentir seguro. O medo percorria o país inteiro. Atos extremos de crueldade fizeram parte do esforço de guerra soviético. Depois da guerra, uma repressão massiva aumentou rapidamente, mais uma vez, e só retrocedeu após a morte de Stálin.

Em sua estrondosa denúncia de Stálin, no discurso que fez no XX Congresso do Partido Comunista da União Soviética, em 25 de fevereiro de 1956, o primeiro-secretário do partido, Nikita Khruschóv, atribuiu a única culpa pelos crimes desumanos do regime ao próprio ditador. "Tudo", ele declarou, "dependia da vontade de um único homem."[1] O papel do indivíduo na história raramente foi tão marcadamente caracterizado.

Porém, o fulminante ataque de Khruschóv àquele que foi o governante da União Soviética de 1929 até sua morte em 1953 — uma clara tentativa de isentar outros líderes do partido (inclusive ele mesmo) e inúmeros cidadãos soviéticos de sua participação no horror — levanta questões óbvias sobre como foi possível que somente a "vontade" de Stálin tenha causado tanta e extrema desumanidade. Quais eram os mecanismos de governo? Por que tantos, em regiões tão distantes de um país tão vasto, estavam dispostos a implementar (ou antecipar) ordens de um ditador que raramente se aventurava fora de Moscou, a não ser em seu retiro de férias em Sotchi ou no mar Negro? Perto do centro dos debates que nunca cessaram de reverberar em torno da era de Stálin está a questão de se isso foi uma consequência lógica da Revolução Bolchevique ou uma aberração atribuível à personalidade do ditador. A repressão pelo terror era intrínseca ao próprio sistema soviético? Ou foi um horrível escoamento da mente deformada do ditador, um pavoroso, mas por tempo limitado, rompimento com as estruturas do regime soviético como concebidas por Lênin?

PERSONALIDADE

A complexa personalidade de Stálin intrigou seus contemporâneos e permaneceu impermeável a uma compreensão total por analistas posteriores.[2] De modo geral, é aceito que ele tinha um significativo transtorno de personalidade.[3] Mas a natureza exata e a derivação do transtorno continuam obscuras. Conjecturas de cunho psicológico não são suportadas por evidência médica. Mesmo assim, há inúmeros sinais que apontam para sua natureza excessivamente suspeitosa, equivalente a uma clara paranoia. Ele via traição em cada canto e era obsessivo quanto a uma ameaça de assassinato (embora, até onde se sabe, nunca tenha havido um atentado contra sua vida).[4] Mais para o fim da vida ele disse a Khruschóv que não confiava em ninguém, nem em si mesmo.[5]

Contudo, mesmo aqui havia contradições. Quando em público, ele não usava colete à prova de balas. Apertava a mão de quem vinha cumprimentá-lo no exterior de sua casa de férias em Sotchi. Chegou a fazer uma viagem no metrô de Moscou numa noite de 1935, alarmando seus guarda-costas mas aparentemente curtindo a companhia dos demais passageiros. Qualquer que fosse a dimensão de sua paranoia — e ela não era totalmente irracional: havia muita gente que gostaria de ter uma oportunidade de o atingir —, ele não era simplesmente insano, como frequentemente foi considerado por pessoas de fora, durante o Grande Terror de 1937-8. Ele mantinha o controle de suas emoções. Raramente elevava a voz ou demonstrava raiva. Era lúcido e calculista.[6] Todavia, seja qual for o modo de abordá-la, sua paranoica desconfiança de todos e de tudo era central em seu caráter e um determinante-chave de seu comportamento como líder soviético. Isso se encaixava em outras características cruciais: foi profundamente vingativo e friamente impiedoso para com suas incontáveis vítimas. Intrínsecos como eram em sua personalidade, sua paranoia e seu espírito vingativo se aprofundaram com o passar do tempo, sem dúvida intensificados por uma longa exposição à insegurança quando era um jovem revolucionário e depois como um líder bolchevique durante a Revolução e a guerra civil. A combinação de suas propensões já existentes com o contexto específico no qual ascendeu ao poder, junto com os perigos reais e imaginários que acompanham uma vida que está no pináculo de um sistema, levou sua paranoia a ilimitados extremos.

Tinha apenas 1,65 metro de altura. Seu rosto pálido e bexigoso (resultado da varíola contraída quando tinha seis anos) era dominado por seu espesso bigode, por dentes descoloridos e olhos amarelados. Penteava o cabelo para trás a partir da testa. Nas reuniões, tendia a falar pouco, mas escutava com inescrutável atenção — às vezes, para quem estava com ele, com um oculto ar de ameaça. Comumente vestia uma túnica de trabalhador (até ser-lhe concedido um uniforme militar de marechal da União Soviética durante a guerra) e falava baixinho com o sotaque de sua língua natal georgiana. Era um trabalhador muitíssimo diligente e inteligente. Lia de forma voraz — inclusive gostava de leituras sobre as crueldades de Ivan, o Terrível, e apreciava o cinismo de *O príncipe*, de

Maquiavel. À sua própria maneira era um intelectual, bem versado na dialética marxista-leninista, sobre a qual escreveu bastante (invariavelmente alegando ser o discípulo de Lênin).

Sua ambição de ganhar o poder, e, tendo-o obtido, de protegê-lo com total crueldade, era ilimitada. Mas não era o poder por si mesmo. Ele era um ideólogo com motivações profundas. Ainda jovem tinha engolido os princípios da interpretação leninista do marxismo. À doutrina central da luta de classes, Lênin tinha acrescentado o ingrediente vital da "ditadura do proletariado", conduzida por um partido revolucionário de vanguarda que seguiria o impulso para erradicar o domínio da classe exploradora. A variante de Stálin a esses princípios levou aos primeiros desacordos (quanto à aplicação prática e não quanto aos fundamentos) com o próprio Lênin e depois deu suporte aos brutais embates com seus rivais quando ele assumiu o poder e posteriormente o consolidou. Houve pouco espaço em sua vida para qualquer coisa além da luta pelo poder e pela base ideológica desse poder.

Sua vida pessoal foi totalmente subordinada à causa revolucionária e a sua ambição pelo poder. Filho único, ainda jovem perdeu contato com o pai (que morreu em 1909, alegadamente apunhalado numa briga de bar). Em sua vida, depois disso, raramente viu a mãe (que sobreviveu trinta anos após a morte do marido) e não compareceu a seu funeral. Sua primeira mulher, Ekaterina Svanidze, morreu em 1907, provavelmente de tuberculose, menos de dois anos após o casamento. Sua segunda mulher, Nadejda Allilúieva, que tinha apenas dezesseis anos quando se casaram, em 1919, cometeu suicídio em 1932, padecendo de uma saúde frágil e perturbada pela desdenhosa negligência do marido em relação a ela. Ele teve um mau relacionamento com os dois filhos, Iákov (que viria a morrer no cativeiro alemão) e Vassíli (que chegou a ser oficial da Força Aérea, mas era um indivíduo dissoluto e um doloroso despontamento para o pai).[7] Durante a infância de sua filha, Svetlana, Stálin foi sufocantemente afeiçoado a ela, embora tenha sido mais tarde dominador, possessivo, às vezes brutal, o que abalou o relacionamento. Da década de 1930 em diante, sua governanta, Valentina Istomina, uma mulher simples, tranquila, nada ameaçadora, foi sua companheira regular, o que foi mantido em segundo plano.[8] Mas nenhum relacionamento lhe era indispensável. Quem não servisse a seus propósitos era dispensável.

Seria simples demais explicar sua posterior brutal desumanidade como sendo predeterminada por sua infância e educação. As condições primitivas e a pobreza de sua infância em Góri, na Geórgia, onde tinha nascido em 1878 como Ióssif Djugachvíli (o nome "Stálin" — homem de aço — foi invenção ulterior), filho de Vissarion, um sapateiro, e Ekaterina, lavadeira, costureira e cozinheira dos abastados, foram miseráveis, embora um pouco diferentes das de muitas outras famílias na época. E a maioria dos georgianos, por mais pobres que fossem as condições de vida, não cresceu como Stálin. As terríveis surras que levava de seu pai bêbado formavam um plano de fundo de brutalidade. Ele detestava o pai, e foi a partir disso que se diz ter adquirido seu espírito vingativo. Em contraste, era fortemente apegado, ao menos naquela época, à mãe, que o idolatrava — ela já tinha enterrado três filhos quando ele nasceu — e quis que seu filho tivesse a educação que a ela mesma fora negada. Esperava que ele se tornasse depois um sacerdote.

Na escola, ele foi um aluno talentoso, e em 1894, com quinze anos, a deixou para estudar no seminário teológico em Tíflis (Tbilisi), onde, no entanto, rebelou-se contra a estrita disciplina, que suportou até 1899. Então já perdera sua fé na religião e estava a caminho de encontrar sua nova fé no marxismo. Mergulhou na literatura marxista e começou a conhecer os escritos de Lênin. Transformou em herói o exilado líder marxista, embora não aceitasse sem críticas tudo que ele tinha escrito. Antes do fim do século já estava envolvido em atividade de propaganda marxista em Tbilisi. Entre esse período e a Revolução Russa de 1917, ele emergiu da obscuridade para se tornar uma das principais figuras do movimento revolucionário, primeiro no Cáucaso, depois no mais amplo Império Russo. Através do codinome que escolhera, Koba, ele se identificava com o romântico herói e bandido georgiano que vingava os oprimidos.

Lênin (que desde 1900 estava vivendo principalmente na Europa Ocidental) logo passou a admirar as aptidões organizacionais e de propaganda de Stálin, e em 1912 o cooptou para o Comitê Central do partido, onde um de seus deveres era editar o novo jornal diário *Pravda*. O obscuro, violento e sectário ambiente do movimento revolucionário moldou a formação de seu caráter. Stálin, como passou a se chamar consistentemente a partir de 1912, teve inúmeros enfrentamentos com a brutal polícia tsarista, entrou e saiu da prisão, passou por períodos de exílio (inclusive um longo exílio na Sibéria durante a maior parte da Primeira Guerra Mundial) e, entre outras atividades, organizou roubos de armas. Se a brutalidade já estava profundamente entranhada num caráter que no início se formara em Góri e em Tbilisi, os anos que passou como um jovem revolucionário, e depois sua experiência nas duras realidades da revolução e da guerra civil, o transformaram na figura que a história veio a conhecer.

O apoio de Lênin lhe garantiu um lugar proeminente na liderança bolchevique em 1917, embora seu papel fosse mais nos bastidores do que à vista do público. Outros revolucionários, mais notavelmente os dinâmicos Liev Trótski, Grigóri Zinóviev, Liev Kámenev, Alexei Rykov e Nikolai Bukhárin ameaçavam eclipsar sua importância. Essas rivalidades viriam à tona durante e após a Revolução de Outubro, que levou os bolcheviques ao poder. Trótski, maliciosamente, espalhou a ideia de que o papel de Stálin na revolução tinha sido pouco relevante, rotulando-o como a "destacada mediocridade de nosso partido".[9] O ressentimento de Stálin ebuliu privadamente. Mas ele não foi embora. Nenhum de seus principais rivais sobreviveria aos anos em que Stálin ficou no poder. O antagonismo com Trótski já era manifesto durante a revolução e a guerra civil. Ele se tornou a figura emblemática dos inimigos internos que pareciam ameaçar a União Soviética. Trótski seria depois seguido e assassinado em 1940, no México.

A terrível guerra civil que se seguiu à Revolução Bolchevique incrementou os já pronunciados traços da personalidade de Stálin e reforçou ainda mais suas crenças ideológicas. O apoio dos vitoriosos aliados às forças brancas contrarrevolucionárias reafirmou sua convicção de que o mundo estava dividido em dois campos, o do imperialismo e o do socialismo.[10] Stálin empregou extrema violência para arrancar grãos de camponeses recalcitrantes e aterrorizou a população para que atendesse às demandas dos vermelhos. O terror dirigido aos inimigos de classe foi compartilhado por todos os bolcheviques da liderança. Mas a sede de sangue de Stálin se destacava.[11] Ele enxergava traição interna em toda parte e era impiedoso ao erradicá-la para destruir aqueles que considerava traidores. A vida humana não tinha valor para ele, a não ser para fazer avançar a causa revolucionária. E usufruía totalmente do poder que arrogava a si mesmo, desafiando às vezes ordens de Moscou (e demonstrando particular aversão a Trótski).

Na liderança bolchevique surgiam os primeiros sinais de preocupação de que Stálin poderia estar abusando do poder. Como já foi notado no capítulo 1, o próprio Lênin, já em fase terminal, fez uma famosa advertência num documento que se tornou público em maio de 1923 e veio a ser considerado parte de seu testamento: "O camarada Stálin, tendo-se tornado secretário-geral, acumulou imenso poder em suas mãos, e não tenho certeza de que será sempre capaz de usar esse poder com suficiente cuidado". Um pós-escrito aprofundou esse pressentimento: "Stálin é rude demais, e esse defeito, que é tolerável no relacionamento entre nós, comunistas, é intolerável num homem que preenche a função de secretário-geral" (o poderoso cargo de comando da organização do partido, assumido por Stálin em 1922).[12] A autenticidade do documento não está fora de questão.[13] Porém, autêntico ou não, o resultado foi o mesmo: a reivindicação de Stálin de suceder Lênin tinha sido solapada pelo próprio grande líder. A mordaz desqualificação de caráter feita por Lênin foi lida para os delegados do XIII Congresso do Partido em maio de 1924. A posição de Stálin como secretário-geral estava ameaçada. Ele deveu sua manutenção naquele cargo crucial a Zinóviev e Kámenev — ansiosos por evitar que Trótski obtivesse o poder. Para Stálin, que subsequentemente reivindicou ter herdado o manto do herói revolucionário, o esmagador veredicto de Lênin foi um persistente e importante componente de sua insegurança e outro estimulante duradouro de sua paranoia.

Se isso tivesse terminado com as esperanças de Stálin de alcançar o poder, a história sem dúvida teria tomado um rumo diferente, e poucos demonstrariam ter muito interesse na biografia de um ator relativamente menor da Revolução Bolchevique e de sua sequência imediata.[14] Mas durante o quarto de século que se seguiu, Stálin desempenharia um papel preponderante na determinação do futuro não só da União Soviética como também do continente europeu. Que papel, exatamente, e como sua atuação pessoal foi possível não são coisas que se possam explicar claramente. O impacto histórico de Stálin precisou de nada menos do que a transferência de sua paranoia pessoal para os mecanismos do sistema de Estado. Esse processo, por sua vez, dependeu do tipo de sociedade que estava disposta a implementar seu governo e das maneiras pelas quais Stálin chegou ao poder e depois foi capaz de monopolizá-lo.

PRECONDIÇÕES

Stálin só conseguiu adquirir supremacia absoluta na União Soviética ao triunfar na luta pelo poder durante os cinco anos que se seguiram à morte de

Lênin em 1924. O pré-requisito para ele vencer a batalha pela sucessão era seu controle da organização do Partido Comunista, uma vez tendo se tornado secretário-geral em 1922. Isso lhe deu um veículo para maximizar seu poder, que nenhum de seus rivais poderia igualar. Porém, além disso, ele demonstrou ter grande talento político, manipulando-os com sua estratégia.

Uma precondição para o modo como Stálin foi capaz de exercer poder após 1929 foi o tipo de sociedade que surgiu das quase três décadas de colossal tumulto e agitação.[15] Essas décadas produziram: uma revolução fracassada contra o regime tsarista em 1905; perdas massivas na Primeira Guerra Mundial; a derrubada do tsar numa revolução incompleta em fevereiro de 1917; a Revolução Bolchevique em outubro de 1917, que implicou incitamento ao terror contra inimigos de classe — uma categoria vaga que compreendia a burguesia, o clero e camponeses ricos (kulaks); a total selvageria de três anos de uma guerra civil que custou a vida de quatro vezes mais russos — mais de 7 milhões no total — do que custara a Primeira Guerra Mundial; uma requisição brutalmente coercitiva de grãos, que levou à fome e ao fuzilamento em massa de camponeses rebeldes em 1921-2; depois um recuo das políticas iniciais de coerção extrema para uma Nova Política Econômica (NEP) que durou até 1928, permitindo um certo grau de economia de mercado na produção agrícola, mas despertando inquietação urbana com a especulação e a corrupção.

Era uma sociedade sem paralelos na Europa. A enorme disrupção e toda a perturbação que Stálin herdou proporcionaram uma plataforma para o terror que iria explodir na década de 1930. Já antes do período de seu governo, a União Soviética (criada em 1922 e efetivada em 1924) era uma sociedade extraordinariamente violenta na qual a vida humana era barata, e terror e repressão arbitrários por parte da polícia, do partido e do Estado eram endêmicos. Legalidade, como entendida no Ocidente, não existia. Isso não era novidade na União Soviética. A exposição a um irrestrito poder policial e a punição mediante trabalhos forçados, às vezes com deportação para as vastidões da Sibéria, onde milhares foram deixados para lá perecer, já eram disseminados no Estado tsarista. Depois, a revolução viu várias centenas de milhares de russos caírem vítimas do terror infligido pela polícia secreta, a Tcheká. E no final da década de 1920, um exército de funcionários do partido e de burocratas (*apparatchiks*) tinha aumentado em número — controlado do centro por uma organização que estava nas mãos de Ióssif Stálin.

A morte de Lênin desencadeou os extremos da luta interna sectária que sua presença e sua posição tinham conseguido conter durante seu tempo como líder incontestável. Facções eram endêmicas no bolchevismo, mesmo que oficialmente banidas. Debates dentro do marxismo eram tão amargos e tão sujeitos a acusações de heresia quanto as disputas teológicas na Idade Média. Havia diferenças significativas de interpretação quanto ao futuro da revolução — uma industrialização acelerada e uma revolução mundial (Trótski e seus seguidores eram a favor), continuação da NEP com base no campo (apoiada por Bukhárin) e "socialismo em um só país" (que tanto Stálin quanto Bukhárin vieram a endossar). Mas rivalidades e ambições pessoais de poder, entrelaçadas com sectarismo, eram ainda mais fortes do que diferenças ideológicas. Na prática, as posições eram fluidas. Lênin tinha advertido que o antagonismo entre Stálin e Trótski dividiria o partido. E certamente isso foi parte da luta pelo poder que se seguiu à morte do líder.

Trótski, um vigoroso orador, bom organizador e popular no partido e no Exército Vermelho, tinha feito inimigos poderosos. Isso unira temporariamente rivais cheios de rancor. Uma ânsia mais ampla por bloquear as chances de que Trótski sucedesse a Lênin reuniu a troika (como se tornou conhecida) de Stálin, Zinóviev e Kámenev. Mas o fator de integração negativo que temporariamente unia a troika era frágil. Havia outras facções. Stálin também cultivava o apoio de Bukhárin, que tinha razoável número de seguidores. Isso, também, era puramente tático.

Em 1924-5 a troika conseguiu solapar a influência de Trótski. No final de 1925, contudo, Zinóviev e Kámenev ficaram mais preocupados com Stálin do que com Trótski, e no ano seguinte trocaram de lealdades, juntando forças com Trótski. Não eram, contudo, páreo para a poderosa oposição combinada de Stálin e Bukhárin, e os três e seus seguidores foram expulsos do partido em 1927. Zinóviev e Kámenev foram readmitidos no ano seguinte, humilhados e contritos.[16] Trótski, por outro lado, foi banido para um exílio distante em 1928, e, em 1929, expulso de toda a União Soviética. Stálin combinou seu controle sobre a organização do partido com uma astuta manobra tática para voltar-se agora contra Bukhárin e seus seguidores, o principal obstáculo remanescente a seu poder. No final de 1929 os apoiadores de Bukhárin foram destituídos de toda base de apoio organizacional de que usufruíam no partido. Não havia mais nada no caminho da supremacia de Stálin.[17]

Essas intrigas e maquinações de poder em altas posições passavam despercebidas pela majoritariamente pouco instruída sociedade camponesa. Mas suas vidas estavam prestes a ser drasticamente alteradas pelo resultado das lutas pelo poder. A NEP teve sucesso até 1926, restaurando a produção industrial para o nível de 1913. Mas a questão de quão depressa a União Soviética seria capaz de se modernizar, e se isso poderia ser melhor conseguido mediante uma industrialização forçada (o que envolveria necessariamente um forte aperto no campesinato) ou por meio de investimentos na produção agrícola, continuou a ser motivo de acalorado debate. Enquanto isso, a NEP estava entrando em dificuldades. Bukhárin, o principal defensor da continuação da NEP, encontrava-se enfraquecido. Os camponeses seguravam os alimentos em vez de vendê-los sob os depreciados preços oficiais. Vigaristas exploravam a escassez de alimentos e vendiam produtos a preços de mercado paralelo. A reação de Stálin foi característica. Ele voltou aos métodos brutais usados na guerra civil. Foi até a Sibéria em 1928 para supervisionar o confisco de grão acumulado, arrebatado dos camponeses com grande violência.[18] No mesmo ano acionou o primeiro Plano Quinquenal de industrialização rápida, aceito pelo Congresso do Partido em 1929.

Stálin tinha, a essa altura, triunfado sobre seus rivais, obtido o apoio do partido para sua liderança e vencido a batalha pela futura direção da economia soviética. Tinha sido lançada a base para a plena emergência de seu governo pessoal e o desenrolar de um terror sem precedentes em todos os níveis da sociedade.

RADICALIZAÇÃO CUMULATIVA

O conceito de "radicalização cumulativa", inventado para ajudar a explicar o desenvolvimento interno do regime nazista,[19] pode ser aplicado tão bem quanto, se não melhor, ao regime stalinista na União Soviética durante a década de 1930. Anos de agitação revolucionária haviam desestabilizado a sociedade. Desde sua criação, a União Soviética estivera efetivamente em permanente estado de emergência. Stálin se aproveitou disso e o ampliou. A percepção de uma sociedade acossada por poderosos inimigos internos e externos que buscavam destruí-la estimulou a crença em fantasmas — inimigos de tal força que só poderiam ser combatidos com um terror extremo. O arqui-inimigo de longa data de Stálin, Trótski, adquiriu o status de bicho-papão, por trás de todas as supostas conspirações cujos apoiadores podiam ser encontrados em todos os nichos, prontos para colaborar até mesmo com o inimigo de classe, o capitalismo imperialista internacional, para derrubar a União Soviética. Esse foi o clima no qual uma paranoia pessoal pôde tornar-se a paranoia de todo um sistema de Estado, tendo como expressão níveis sem precedentes de terror contra todo suposto oponente.

Stálin estava no centro desse crescente horror, não há a menor dúvida. Ele, diretamente, instigava, estimulava, autorizava ou confirmava todas as principais decisões que acionaram a radicalização de uma brutal desumanidade. Pessoalmente aumentou a pressão para ampliar o terror. Pessoalmente aprovou ordens para execuções em massa. Porém, a implementação dos imperativos de Stálin num país tão vasto dependia de um elaborado aparato de poder, que por sua vez envolvia a prontidão de agentes voluntários do regime em todos os níveis de um partido em imensa expansão e uma burocracia de Estado para cumprir diretivas, por mais desumanas que fossem.[20]

Isso tornou-se possível graças a um sistema de comando de cima para baixo, altamente centralizado, que exigia obediência incondicional às ordens de superiores em todos os níveis e uma crença irretocável de que "o partido tem sempre razão". E o partido, o veículo da "ditadura do proletariado", dominava o Estado. Stálin não teve cargo no Estado até tornar-se primeiro-ministro em 1941, sucedendo a seu mais fiel devoto, Viatcheslav Mólotov, que ocupara o posto desde 1930. Sua posição como secretário-geral do partido era o que contava. À medida que ele consolidava seu poder absoluto, as instituições do partido atrofiavam. As reuniões do Congresso do Partido, que tinham sido anuais sob Lênin, tornaram-se pouco frequentes. Stálin transformou o Congresso numa assembleia meramente aclamatória. O Comitê Central, o corpo soberano do partido, foi reduzido à função de carimbo para as decisões de Stálin. O Politburo, equivalente ao gabinete nos sistemas de governo ocidentais, cada vez mais se limitava a registrar decisões que lhe eram ditadas por Stálin.[21] Seus membros dependiam dos favores de Stálin e viviam com medo de sua desaprovação. No centro da rede estava o grupo interior de acólitos de Stálin, não mais que um punhado de cortejadores de longa data, escolhidos por sua subserviência canina, cada um deles altamente consciente de sua inferioridade em relação ao líder. Entre os mais importantes, além de Mólotov, estavam Lázar Kaganóvitch (principal organizador da coletivização), Klim Vorochílov (encarregado da defesa) e Anastas Mikoian (comissário para o comércio exterior), figurões do país com o suporte de Stálin, mas ninguém sem isso. Esse grupo — na verdade, portanto, o próprio Stálin — controlava todas as nomeações importantes no partido e no Estado. A pirâmide para baixo, de poder e de patrocínio, era enorme.

Na base da pirâmide havia um imenso conglomerado de burocratas e funcionários, arrogantes chefes de linhas de produção e agentes do temido Comissariado do Povo para Assuntos Internos, a NKVD, que deviam sua existência literalmente à sua prontidão para cumprir ordens, até mesmo por antecipação. Claro, não agiam somente motivados por medo, embora houvesse uma pervasiva insegurança e a desconfiança que a acompanha. O idealismo coexistia com um oportunismo carreirista — o senso, especialmente no enorme influxo de jovens membros do partido, de que estavam ajudando a construir uma nova sociedade. Stálin, acreditavam, estava tornando isso possível. Quer estivessem aceitando os excessos do fabricado culto ao grande líder, quer estivessem cinicamente apoiando da boca para fora o culto a Stálin por acomodação, o efeito na criação de um ídolo intocável no pináculo do sistema soviético foi absolutamente o mesmo.[22] A enorme rotatividade de membros do partido (em grande parte devido a expurgos, execuções e prisões), que colocava jovens e ambiciosos novos membros em posições de autoridade e de poder localizado, assegurava que nunca houvesse qualquer escassez daqueles cujo próprio minidespotismo se baseasse numa implementação acrítica das diretivas.

O profundo sentimento de insegurança de Stálin fez dele um microgerente obsessivo que intervinha em todos os níveis de governo. Mas para isso dependia do fluir de relatórios que lhe chegavam de agentes em todas as partes da União Soviética. Os relatórios mais importantes vinham da polícia secreta, a NKVD. Na verdade, era um Estado dentro do Estado — exceto quanto ao fato de que até mesmo Estados autoritários comumente (embora nem sempre) operam segundo regras, e a NKVD não estava sujeita a regras (muito menos legalidade), a não ser as ordens de Stálin. Além disso, satisfazer Stálin significava tomar a iniciativa de encontrar vítimas e preencher cotas de "inimigos" e "traidores" a serem erradicados. Os relatórios da NKVD a Stálin eram com frequência fornecidos a partir de denúncias e detalhavam ainda mais amplamente o alarmante crescimento, em números, dos inimigos internos. Stálin lia os relatórios ávida e meticulosamente, autorizava prisões em massa, aprovava listas de execução (383 dessas listas, contendo o nome de 44 mil indivíduos, foram aprovadas só em 1937-8)[23] e incentivava a polícia a alargar a rede e multiplicar os números dos que estavam destinados à execução, à prisão ou a serem despachados para passar longos períodos em campos de trabalho no gulag (que fazia parte do império da NKVD em expansão).

O tamanho da polícia secreta cresceu enormemente sob Stálin. Em 1938 seus números totalizavam cerca de 1 milhão de pessoas.[24] Seus agentes recebiam grandes aumentos de salário, e seus líderes recebiam prêmios pelo serviço, bem como outros emolumentos e privilégios de poder. Mas nem mesmo para a NKVD, os executores em chefe do regime terrorista, havia segurança. Quando a paranoia se disseminou por todo o sistema no decurso da década de 1930, a NKVD foi instigada a denunciar, prender e executar muitos de seus próprios membros.

O terror era parte do sistema soviético desde o início. Mas sua grotesca explosão durante a década de 1930 foi reflexo direto da liderança pessoal que Stálin exerceu na União Soviética, em condições específicas que estimularam e facilitaram sua disseminação em todos os setores da sociedade soviética.

O processo de radicalização começou com a cruel e compulsória coletivização da agricultura, no início da década de 1930. Stálin estava longe de ser o único a pressionar para a imposição dessa política. Ela poderia ter ocorrido sob outro líder. Mas o modo ultraviolento, brutalmente intransigente como foi implementada traz a marca de Stálin.[25] O número de pessoas executadas, deportadas ou presas foi estimado entre 4 milhões e 5 milhões.[26] Mais dezenas de milhões foram obrigadas a sair de suas terras e ir para fazendas coletivas. Muitos chegaram a passar fome quando a produção de grãos despencou. Stálin estipulou pessoalmente, em 1932, que quem fosse pego roubando grão de uma fazenda coletiva seria condenado à pena de morte.[27] A fome, como consequência direta não de desastres naturais mas de decisões políticas, causou a morte de mais de 5 milhões de pessoas. A incitação à irrestrita violência para erradicar os — arbitrariamente definidos — kulaks (camponeses mais ricos) preparou uma sociedade já habituada à crua brutalidade a aceitar assassinatos em massa em prol de erradicar os proclamados inimigos de classe.

Uma segunda grande irrupção de intensificado terror seguiu-se na esteira do assassinato do popular chefe do partido em Leningrado (e muito próximo de

Stálin) Serguei Kírov, em 1934, por um homem revoltado e perturbado, cuja mulher estava tendo um caso com Kírov. Não há prova de que Stálin estivesse implicado. Mas as evidentes falhas na segurança fomentaram suas suspeitas de traição. Stálin instruiu a NKVD quanto ao que era necessário. A NKVD reagiu de modo previsível, inventando rapidamente a existência de organizações terroristas em Leningrado e em Moscou e as conectando aos velhos rivais de Stálin, Zinóviev e Kámenev. Uma caça às bruxas a seus seguidores levou a centenas de prisões, ao exílio de outros milhares e à expulsão de mais de 280 mil membros do partido.[28] A NKVD obteve "confissões" forçadas de planos para matar Stálin, que inevitavelmente implicaram o distante Trótski e seus apoiadores — assim como, mais à mão, Bukhárin — em "atividades terroristas". A paranoia agora se espalhava rapidamente por todo o sistema. Não foi preciso muita coisa para direcioná-la aos estratos superiores do partido, do Exército e até mesmo da própria polícia secreta.

A guinada para a fase mais aguda do ataque aos totalmente ficcionais "inimigos internos", no que foi apropriadamente descrito como o Grande Terror de 1937-8, ocorreu quando a crescente probabilidade de uma guerra geral na Europa ressaltou a ameaça que a União Soviética enfrentava por parte de agressivas "potências imperialistas". A suspeita de uma influência de Trótski se intensificou ainda mais. Uma "quinta-coluna" de "espiões e inimigos fascistas" era tida como estando à espreita em todo nicho da União Soviética.

O expurgo da elite do partido e da liderança do Exército Vermelho ocorreu nessa atmosfera febril. A "velha guarda" dos bolcheviques da época de Lênin foi eliminada; a elite do partido, destruída. O julgamento de fachada de Bukhárin em 1938 e sua inevitável execução seguiram-se aos de Kámenev e Zinóviev (fuzilados após um julgamento de fachada em 1936). Cerca de 30 mil oficiais do Exército Vermelho estavam entre os expurgados. Aproximadamente 20 mil, inclusive o principal estrategista militar Mikhail Tukhatchévski, foram executados, deixando a liderança do Exército Vermelho seriamente enfraquecida (e incentivando os inimigos da União Soviética a subestimar sua capacidade de combate). O expurgo se estendeu à inteligência soviética voltada para o exterior, com o efeito tanto de reduzir sua capacidade quanto de diminuir a confiança de Stálin em seus relatórios. A própria NKVD ficou sob suspeita. Centenas de seus agentes, em casa e no exterior, foram expurgados. Seu ex-chefe, o repugnante Guenrikh Iagoda, foi executado em 1938, dois anos após sua exoneração, sob bizarras acusações de abrigar espiões e traidores na NKVD. Seu sucessor, o ainda mais abominável Nikolai Iejov, quase tão paranoico quanto Stálin e o principal carrasco durante o "Grande Terror", foi ele mesmo denunciado no final de 1938 por seu vice, Lavrenti Béria, com acusações absurdas de revelar segredos de Estado a inimigos estrangeiros, e foi torturado sob a supervisão de Béria e depois executado, em 1940.[29]

Quando Stálin suspendeu o Grande Terror no final de 1938, cerca de 700 mil pessoas tinham sido fuziladas, outras 1,5 milhão tinham sido presas. Cerca de 3 milhões definhavam em campos de prisioneiros. Havia então uma óbvia necessidade de reconstruir não só os quadros do partido como, muito mais urgentemente, a liderança do Exército Vermelho e de evitar mais danos à produção industrial quando os preparativos para a defesa do país eram clara prioridade.

O terror de Stálin na década de 1930 foi dirigido contra seu próprio povo. Indiretamente, no entanto, suas ramificações se estenderam para muito além das fronteiras soviéticas. Partidos comunistas em toda a Europa e seus camaradas viajantes, entre os quais sobressaíam muitos intelectuais ocidentais, estavam ou deliberadamente ignorando os crimes de Stálin contra a humanidade ou ignorando-os por graças a seu entusiasmo com a alternativa radical que a União Soviética oferecia ao capitalismo ocidental mergulhado em crise e ao fascismo. Mesmo quando reconheciam sua desumanidade, justificavam-na como meio infelizmente necessário a um valioso fim, na perspectiva de construir uma sociedade socialista. Houve um subproduto internacional ainda mais maligno. A reação contra o stalinismo se encaixou facilmente na armadura ideológica da direita radical em inúmeros países europeus, em especial na Alemanha. O fascismo tirou proveito do stalinismo. Além disso, a potencial disseminação do bolchevismo, salientada pelo envolvimento soviético na Guerra Civil Espanhola, alarmou os conservadores, bem como a direita fascista. Mas foi na extrema direita, mais que tudo na estridente retórica que emanava da Alemanha de Hitler, que foi lançada a base para um confronto com a União Soviética de Stálin.

Quando a guerra na Europa tornou-se uma certeza no verão de 1939, Stálin sabia que a União Soviética encontrava-se longe de estar preparada para se defender de um ataque da Alemanha (possivelmente aliada a outras "potências imperialistas") que certamente viria. As democracias ocidentais tinham demonstrado sua disposição para um acordo com a Alemanha nazista. Daquele lado não se poderia esperar qualquer ajuda. A necessidade de ganhar tempo esteve por trás da disposição de Stálin de assinar, em agosto de 1939, um pacto com seu arqui-inimigo ideológico (que convinha também à Alemanha, ao permitir que focasse em destruir a Polônia antes de se voltar contra o Ocidente). O programa de industrialização intensiva, implementado com base numa brutal coletivização, tinha levado a um enorme aumento na produção de armamentos. Mas a indústria ainda não era capaz de satisfazer a demanda rapidamente crescente de armamentos. Somando-se a isso, os expurgos tinham causado escassez de oficiais experimentados. A fraqueza militar do Exército Vermelho se revelou na Guerra de Inverno contra a Finlândia, em 1939-40, e Stálin acabou ciente, por meio de um duro relatório de seu comissário de Defesa, em dezembro de 1940, das graves deficiências nas forças armadas.[30] A produção de armamentos foi então rapidamente acelerada, e as forças armadas mais que triplicaram em número depois de 1938. Contudo, Stálin sabia que a União Soviética não estaria militarmente pronta para enfrentar uma invasão antes de 1942, no melhor dos casos.

Quando a invasão aconteceu, em junho de 1941, chocou Stálin até o âmago, apesar das muitas e detalhadas advertências que tinha recebido de que ela era iminente. Seu calamitoso erro de cálculo quanto às intenções alemãs teve causas sistêmicas e também pessoais. O sistema inteiro fora construído em cima da bajulação a Stálin, não da ousadia de contradizê-lo. Assim, ninguém desafiou sua obstinada negação dos planos de invasão alemã. E Stálin considerou praticamente todos os relatórios da inteligência como "desinformação". A desconfiança que permeava todo o sistema levou, portanto, à descrença de Stálin em relação à sólida informação que estava recebendo de várias fontes bem localizadas. Seu extraordinário erro de avaliação teve consequências catastróficas. Durante as primeiras semanas que se seguiram à invasão em 22 de junho desenrolou-se uma incalculável calamidade militar. Em dezembro, as baixas do Exército Vermelho totalizavam 2 663 000 mortos e 3 350 000 prisioneiros (a maioria dos quais morreria no cativeiro alemão).[31]

Stálin, pessoalmente, mas também as falhas endêmicas no sistema de governo que ele presidia, foram responsáveis pela catástrofe. Mas em menos de quatro anos a União Soviética iria obter o que seria indubitavelmente sua maior vitória militar na história. Se Stálin foi responsável pela calamidade de 1941, merecerá também os louvores pela vitória de 1945?

LÍDER NA GUERRA

Sem a assombrosa contribuição soviética para a derrota da Alemanha nazista, a vitória aliada em 1945 — o crucial ponto de inflexão no século XX — concebivelmente só seria factível mediante uma rendição alemã depois de ser devastada por bombas atômicas lançadas sobre Berlim, Munique e outras cidades. A escala das perdas soviéticas é dificilmente imaginável: pelo menos 25 milhões de mortos, cerca de 17 milhões deles civis; 84% dos 34,5 milhões de homens e mulheres mobilizados acabaram mortos, feridos ou capturados.[32] Nenhum fator isolado pode explicar a conquista soviética. Certamente central foi a prontidão para defender a família, o lar e o país contra o invasor bárbaro que travava uma guerra de aniquilação. Uma nova ênfase no patriotismo, acompanhada de uma maior tolerância religiosa, desempenhou seu papel. Vingança pelo que um impiedoso inimigo tinha feito a entes queridos foi uma forte motivação adicional. Junto com isso, havia a elementar luta por sobrevivência, o mais básico fator de motivação para todos os soldados, junto com a lealdade aos camaradas que estavam a seu lado, dos quais dependia a autossobrevivência. A vitória soviética foi a vitória de toda uma sociedade, obtida com sacrifícios e perdas fenomenais. Mas não teria sido obtida sem uma liderança, envolvendo um esforço coletivo de mobilização, militar e civil.

Assim, qual foi a contribuição pessoal de Stálin para essa liderança e para a vitória soviética? Ele depois recebeu os elogios, desfrutando a glória de herói de guerra, assegurando-se de que os lauréis da vitória não fossem "usurpados" pelo lendário comandante militar, marechal Gueórgi Júkov.[33] Por mais absurda que fosse a tentativa de reivindicar o único crédito pela vitória, não é fácil imaginar que esse crédito pudesse ser obtido sob um líder diferente. Especialmente depois da magnitude das perdas iniciais em seguida à invasão alemã em 1941, era necessário que houvesse uma forte liderança pessoal no topo do comando, para transformar o que parecia ser uma derrota certa numa concentração de força militar, em vitórias retumbantes e no triunfo final. Stálin teve impacto direto em várias esferas cruciais no esforço de guerra soviético: terror; propaganda; comando militar; e negociações diplomáticas. Em cada área, a personalidade do líder desempenhou um importante papel.

O terror da década de 1930 tinha moldado uma sociedade, impondo-lhe submissão por meio do pavor que ela tinha de uma drástica punição por desobediência ou inconformidade. O terror contra os cidadãos soviéticos foi reduzido durante a guerra, embora, por qualquer critério que não o da década de 1930, continuasse num nível surpreendente. Tinha o imprimátur expresso de Stálin.

O medo espraiava-se pelas fileiras do Exército. Os comandantes temiam Stálin. Tinham razão em temer. O comandante supremo da frente ocidental, general Dmítri Pávlov, e os três generais que eram seus subordinados imediatos, foram presos por suspeita de traição, torturados e executados em seguida às enormes baixas dos soviéticos e à queda de Minsk (o que abriu aos alemães a rota para Moscou) durante o devastador avanço alemão na primeira semana da guerra. Pávlov foi o bode expiatório para o que, na verdade, tinha sido um calamitoso erro de Stálin ao ignorar as advertências quanto à invasão alemã. No entanto, a execução de um comandante de tão alta patente enviou um sinal claro. Os comandantes tratavam brutalmente seus subordinados. Mais adiante na guerra, o comandante do 62º Exército na batalha de Stalingrado, Vassíli Chuikov, atacava pessoalmente os comandantes subordinados que o desagradavam.[34] Desobediência entre os soldados era respondida com punição exemplar. Os acusados de serem "covardes e traidores" eram sumariamente executados. Os soldados, portanto, tinham bons motivos para temer seus comandantes. Centenas de milhares de soldados soviéticos foram presos por deserção e condenados à morte, ou enviados para servir em batalhões penais, ou mandados para campos de prisioneiros (e essas duas últimas medidas eram equivalentes a uma sentença de morte). Unidades da NKVD ficavam estacionadas atrás da linha de frente, prontas para atirar em desertores. Muitos soldados achavam que era menos arriscado avançar em direção aos canhões alemães do que recuar e enfrentar as armas da NKVD. Os soldados que eram recapturados do cativeiro inimigo eram presos e frequentemente executados.[35]

Civis enfrentaram a perda de seus lares, destituição e fome quando a política de terra arrasada ordenada por Stálin em junho de 1941 destruiu suas casas, fazendas e aldeias.[36] As pessoas que fossem consideradas "inimigos internos" — uma ampla categoria que podia incluir andarilhos, prostitutas, ciganos ou pequenos larápios — eram executadas ou deportadas para a Sibéria. Centenas de milhares de trabalhadores foram presos, com frequência por pequenas infrações às draconianas leis do trabalho. O simples fato de se atrasar para o trabalho podia ter as mais terríveis consequências.[37]

Cidadãos não soviéticos que viviam em áreas fronteiriças e eram considerados uma ameaça à segurança estavam em sério perigo. Em março de 1940, Stálin assinou pessoalmente (assim como fizeram os membros de seu entorno mais próximo) a aprovação à proposta de Béria de fuzilar 25 700 oficiais poloneses, alguns cujos restos mortais foram depois descobertos na floresta de Katyn. Centenas de milhares de poloneses já tinham então — em seguida à divisão da Polônia, em 1939, entre a Alemanha e a União Soviética — sido deportados, por ordem de Stálin, da Polônia Oriental para a Sibéria ou a Ásia Central. Numa fase posterior da guerra, Stálin fez com que mais de 3 milhões de pessoas de grandes minorias étnicas na União Soviética — entre elas alemães do Volga, tártaros da Crimeia, calmucos e tchetchenos — fossem suspeitas de simpatizar com os alemães, expulsas de suas terras natais e deportadas em massa para regiões inóspitas da Ásia Central.[38]

O terror de Stálin em tempo de guerra foi uma continuação, não um rompimento, da política no pré-guerra. Sua aprovação e, em muitos casos, suas ordens expressas estão fora de dúvida. O terror não foi, é claro, a única razão pela qual o povo soviético lutou tão tenazmente. Mas foi indiscutivelmente uma parte indispensável do esforço de guerra soviético. Para mentes liberais é incômodo pensar que a derrota imposta à Alemanha nazista poderia ter sido impossível sem o terror de Stálin.

Stálin também chefiou o esforço de propaganda para dar suporte e sustentar a disposição de combater. Ele admitiu para Averell Harriman, posteriormente o embaixador americano, "que o povo não vai lutar por uma revolução mundial e não vai lutar por um poder soviético". "Talvez", acrescentou, "eles lutem pela Rússia."[39] Foi feito um grande esforço, desde o início, para enfatizar a imagem de uma luta patriótica, num apelo ao sentimento nacional para promover a resistência ao invasor estrangeiro.[40] Em seu primeiro discurso de guerra ao povo soviético, em 3 de julho de 1941, Stálin combinou ameaças de uma represália impiedosa contra "covardes, desertores e fomentadores de pânico" com uma retórica patriótica, empregando tradicionais apelos à família que falavam de seus "irmãos e irmãs" bem como de seus "camaradas" e "cidadãos".[41] Houve também um retorno a Deus. Igrejas foram reabertas, sacerdotes, trazidos de volta dos campos de prisioneiros, tropas eram enviadas para a batalha com a bênção de Deus. Stálin chegou a se encontrar com o chefe da Igreja ortodoxa russa, que deu publicamente seu apoio à defesa das "fronteiras sagradas de nossa pátria".[42]

O culto a Stálin foi ainda mais enaltecido para fortalecer a unidade de povo e líder. Chegou perto da deificação do "grande líder", apropriando-se da velha e simplista crença, no estilo camponês, do inflexível, autoritário, mas benfazejo "pai tsar". A crucial importância de Stálin para a estabilidade do regime foi claramente demonstrada no momento mais crítico de um ano crítico, em meio ao crescente pânico dos cidadãos de Moscou, em meados de outubro, quando a queda da cidade ante os alemães parecia provável. Tudo foi preparado para que Stálin deixasse a capital soviética para um lugar seguro além dos montes Urais. Já sendo esperado na estação, com a locomotiva a vapor funcionando, no último minuto ele decidiu não ir. Quando circularam as notícias de que ele permaneceria em Moscou, ficando à frente de seu povo e no comando, o moral rapidamente se restabeleceu. Mólotov, talvez num exagero dramático, aventou depois que a União Soviética teria colapsado se Stálin tivesse ido embora. Não obstante, a decisão de Stálin de ficar desempenhou papel importante na sustentação do esforço patriótico naquela conjuntura vital.[43]

A principal contribuição de Stálin para a vitória soviética foi seu planejamento e sua direção das operações do Exército Vermelho de 1942 em diante. Como Comandante Supremo (a partir de julho de 1941) ele tinha a responsabilidade total pela condução da guerra. Suas relações com seus comandantes militares foram de vital importância. Elas passaram por significativa transformação em 1942-3.

Os erros grosseiros e a incompetência militar de Stálin durante os catastróficos primeiros meses de guerra foram completados pela falta de uma estrutura de comando coordenada no momento da invasão e pela inexperiência tanto dos planejadores como dos comandantes no campo de batalha.[44] No início de 1942, após o Exército Vermelho ter contido o avanço alemão sobre Moscou, Stálin cometeu mais um oneroso erro estratégico. A questão não foi apenas a obstinação de Stálin. Seus líderes militares não eram unânimes quanto à estratégia. O quartel-general concluíra, no entanto, que os níveis de equipamento e de reservas treinadas disponíveis exigiam uma "estratégia defensiva" durante os meses seguintes e focar no "setor central" da "frente de combate" (os acessos a Moscou). Stálin desconsiderou essas recomendações e insistiu em ataques ofensivos "numa frente ampla".⁴⁵ Uma consequência disso foi a desastrosa perda da cidade ucraniana de Khárkov, em maio de 1942 (apesar da superioridade numérica do Exército Vermelho). A situação piorou com a perda total da Crimeia no início de julho. Entre as duas, Khárkov e Crimeia custaram cerca de 370 mil homens e quantidades não informadas de armamentos.⁴⁶ Mais um desastre ocorreu com a queda de Rostov, em 23-24 de julho, o que abriu aos alemães a rota através do rio Don para os campos de petróleo do Cáucaso. Ante a difícil posição militar no verão, Stálin chegou a admitir que seu próprio erro pessoal tinha sido ao menos em parte responsável pela debacle.⁴⁷ Ele reagiu de modo característico, no entanto, com uma ordem, em 28 de julho, que declarava ser dever de todo soldado lutar até a última gota de sangue. Não deveria haver "nem um passo atrás". "Fomentadores de pânico", "covardes" e "traidores" teriam de ser erradicados.⁴⁸

No final de agosto de 1942, Stálin nomeou o general Júkov vice-comandante Supremo — líder militar geral, isto é, diretamente abaixo do próprio Stálin —, para assumir o comando na vital área de Stalingrado, onde os alemães ameaçavam romper as defesas. O apoio que Stálin deu ao planejamento tático de Júkov e do chefe do Estado-Maior, general Aleksandr Vassilevski, foi crucial para a vitória soviética em Stalingrado. Mas o papel do próprio Stálin não deve ser subestimado. Júkov ficou impressionado com o nível de atenção de Stálin, seu conhecimento da situação e sua grande preocupação com detalhes.⁴⁹

De Stalingrado em diante, aumentou sua disposição a aceitar conselhos de seus generais, embora ainda não conseguisse resistir a fazer intervenções. Além do mais, esse ponto de inflexão na frente oriental foi o começo da espantosa série de vitórias soviéticas durante os dois últimos anos da guerra, que culminou com a tomada de Berlim em 1945. As derrotas no primeiro ano e meio tinham elevado a tensão entre Stálin e seus generais. As vitórias nos últimos dois anos e meio levaram, compreensivelmente, a um relacionamento que funcionou melhor. Stálin apoiou totalmente seus principais comandantes, fazendo poucas trocas nos comandos durante a fase vitoriosa da guerra. Grande parte do crédito para as bem-sucedidas operações militares cabe, é claro, aos comandantes do Exército Vermelho, principalmente Júkov. A liderança do Exército Vermelho ganhou em experiência, aprendeu com os erros e fez importantes inovações em tecnologia, armamento e organização; Stálin apoiou as mudanças e garantiu, mediante implacáveis exigências à indústria e à força de trabalho, que os necessários suprimentos, reservas e capacidade de fogo estivessem sempre disponíveis. Ele continuou definitivamente a cargo de toda a estratégia e de vitais decisões militares. Mas estava preparado para aceitar o conselho de seus comandantes de alto escalão.[50]

Quando a derrota da Alemanha tornou-se mais certa, os líderes aliados se encontraram para determinar qual seria o formato da Europa depois da guerra. Stálin, Roosevelt e Churchill tiveram o primeiro desses encontros em Teerã, em novembro de 1943 — a primeira vez que Stálin saía da União Soviética desde que assumira o poder. Um segundo encontro momentoso, quando a guerra na Europa se aproximava do fim, teve lugar em Ialta, no mar Negro, em fevereiro de 1945. O terceiro foi em Potsdam, em agosto de 1945, em seguida à vitória aliada na Europa. Em cada um dos encontros a figura-chave foi Stálin. O aspecto que teria a Europa nas próximas quatro décadas e meia foi em grande parte acordado nessas três conferências. Quando aconteceu a de Ialta, as conquistas do Exército Vermelho tinham estabelecido em grande medida as duras realidades que sustentaram a diplomacia. Mas o que foi decidido em Ialta tinha sido prefigurado em grande parte na conferência em Teerã.[51] Embora não se tivessem tomado decisões finais em Teerã, a crucial redefinição das fronteiras da Polônia foi em essência acordada. Foi também determinado em princípio que a Alemanha do pós-guerra seria dividida. Ialta, com grande parte da Europa Oriental então sob controle soviético, confirmou que o futuro da Polônia seria efetivamente traçado em Moscou. Potsdam confirmou a divisão da Alemanha.

Nas deliberações dos "Três Grandes", Stálin tinha o chicote na mão, graças, é claro, às façanhas do Exército Vermelho. Mas ele alcançou seus objetivos mediante negociações inteligentes, bem informadas e hábeis, maestria nos detalhes, domínio da geopolítica — e a pura força de sua personalidade. Roosevelt e Churchill deixaram Teerã e Ialta pensando que tinham conseguido resultados satisfatórios nas conversações. Pensaram ter conquistado a amizade de Stálin e que podiam confiar nele. Ambos realmente tinham gostado do ditador soviético. Mas acontece que Stálin era um bom ator, que sabia como ser encantador e jovial, com agudo (mesmo que sombrio) senso de humor. Tinha jogado poeira nos olhos de Roosevelt e Churchill.

Ele impressionava seus interlocutores. Anthony Eden, o secretário do Exterior britânico, observou que Stálin seria sua primeira opção numa equipe de negociadores.⁵² Averell Harriman, que teve tratativas frequentes com Stálin entre 1941 e 1946, achava que ele era mais bem informado que Roosevelt e mais realista que Churchill.⁵³ O general Alan Brooke, chefe do Quartel-General Imperial, tinha resumido perspicazmente suas opiniões sobre Stálin em seu diário durante a visita que fez, com Churchill, a Moscou em agosto de 1942.

> Ele é um homem excepcional, não há dúvida quanto a isso, mas não atraente. Tem um rosto desagradável, frio, astuto, morto, e sempre que olho para ele posso imaginá-lo enviando seu povo para sua sina sem mover uma palha. Por outro lado, não há dúvida de que tem um cérebro ágil e uma percepção real do que é essencial numa guerra.⁵⁴

Stálin foi um indivíduo monstruoso, que liderou um regime monstruoso, modelado a sua imagem. Mas essa mesma monstruosidade dirigiu a União Soviética para a vitória sobre a Alemanha e tornou possível a mais ampla vitória dos aliados. Ao acionar uma implacável repressão de cunho terrorista para impor a implementação do colossal esforço de guerra, tanto civil quanto militar, ao personalizar a luta patriótica para libertar a Pátria, na direção segura do bem-sucedido curso da guerra de 1942 em diante, e ao negociar grandes ganhos territoriais para a União Soviética, sua liderança pessoal foi indispensável. Quando a guerra acabou, seu prestígio, em casa e no exterior, estava em seu apogeu.

ÚLTIMOS ANOS

Em 24 de junho de 1945, Stálin estava na sacada do Mausoléu de Lênin: era o herói conquistador recebendo a adulação de uma grande e eufórica multidão. O marechal Júkov desfilava na praça Vermelha montado num garanhão branco, seguido por fileiras cerradas de regimentos do Exército Vermelho que saudavam o grande líder e arremessavam diante dele as bandeiras capturadas ao inimigo derrotado.⁵⁵ Foi um momento de glória e alegria irrestrita. Mas não era mais que uma distração passageira antes do imenso esforço de reconstruir um país totalmente devastado pela guerra. Os últimos anos de Stálin iriam infligir mais adversidade e imenso sofrimento a seu país. O próprio ditador não dormiu sobre as glórias passadas. Sua personalidade, seus instintos, suas arraigadas suspeitas não tinham mudado. Tampouco, em essência, o sistema que ele presidira antes da guerra — e transformara num despotismo pessoal.

A vitória levava agora o já grotesco culto ao grande líder a novos níveis de absurdidade. Stálin protestava contra seus excessos, mas não fez nada para diminuí-los. Embora professasse ser discípulo de Lênin, uma onipresente propaganda o colocava agora num pedestal mais elevado que o do lendário líder bolchevique. Memórias que pudessem manchar sua aura heroica eram perigosas. Quando Anna Allilúieva, irmã da segunda mulher de Stálin, Nadejda, publicou em 1946 — com aprovação oficial — memórias que apresentavam inofensivos, mas pouco lisonjeiros, detalhes de sua vida pregressa, foi sentenciada a dez anos no gulag por difamação.[56] O culto mascarou o real distanciamento do ditador de seu povo em seus últimos anos. Ele quase não aparecia em público, fazia poucos discursos, retirou-se atrás dos impenetráveis muros da segurança pessoal e praticamente desapareceu da vista de cidadãos comuns.

Seu punho de ferro em todos os níveis centralizados de poder no partido e no Estado, na polícia de segurança e no exército — os suportes básicos de seu governo — permaneceu, contudo, intacto. Assim como sua dependência dos relatórios que lhe chegavam das agências do ministério de Segurança do Estado (MGB, na sigla em russo) e de indivíduos, por intermédio das instituições de governo sempre prontas para transformar rivalidades pessoais e ciúmes em denúncias ou perniciosa crítica política. Sua suspeita não poupava ninguém. As residências, até mesmo dos membros do Politburo, tinham escuta plantada. Ninguém, especialmente quem ocupava altos cargos e que pudesse representar uma ameaça, podia ficar tranquilo. O grande herói militar, o marechal Júkov, cujas façanhas eram tidas como potenciais ameaças à popularidade de Stálin, foi designado para um posto na distante Odessa, e no início de 1947, definitivamente exonerado. Béria foi removido da chefia da segurança do Estado, onde poderia tornar-se perigoso para o ditador, e passou a ser responsável pelo desenvolvimento da bomba atômica.[57] Mólotov, Mikoian, Jdánov, Malenkov, Kaganóvitch e Béria, todos tinham motivos para temer a imprevisibilidade do ditador em seus anos derradeiros.

A repressão foi incrementada. Os campos de trabalho escravo expandiram-se novamente. Seus 5 milhões de prisioneiros incluíam mais de 1 milhão de soldados que regressavam das horrendas condições do cativeiro alemão, tendo sido seu único "crime" o de ter caído nas mãos inimigas, o que suscitou desconfiança quanto a sua lealdade. Como antes, benefícios materiais e privilégios foram usados como "edulcorantes" para comprar o comprometimento dos agentes daquela implacável coerção. Não houve um retorno ao Grande Terror de 1937-8. Mas um expurgo localizado da liderança do partido em Leningrado em 1949 foi um indicador de que a imprevisível ira do ditador poderia se manifestar a qualquer momento. Pouco antes de sua morte havia o temor de que houvesse expurgos mais amplos nos escalões mais altos do partido. Em seus últimos meses, Stálin mais uma vez via ameaças por toda parte. Sua paranoia, se mudou, foi para aumentar ainda mais. Ele imaginou que Mólotov e Mikoian, dois de seus acólitos mais leais, eram agentes de potências estrangeiras e que os médicos do Kremlin (com nomes que soavam judaicos) estavam envolvidos numa trama para matá-lo.

Os temores que grassavam até mesmo em seu entorno mais próximo só terminaram com sua morte, em 5 de março de 1953, depois de um grave AVC e de uma forte hemorragia gástrica. A luta pela sucessão que se seguiu levou à ascensão de Khruschóv e à denúncia, feita por ele em 1956, contra o líder que ele servira de tão bom grado e por tanto tempo, e de cujos crimes contra a humanidade ele participara tão prontamente.

LEGADO

Mal o ditador morreu, seu ex-escudeiro já se esforçava por introduzir reformas no regime.[58] A batalha pelo poder só se extinguiu gradualmente, com Khruschóv saindo depois como vencedor. Após rejeitar o culto à personalidade de Stálin em 1956, ele afrouxou o sufocante estrangulamento da sociedade da era Stálin. Mais de 4 milhões de prisioneiros retornaram dos campos e das colônias penais. A vida tornou-se muito menos insegura. Os padrões de vida melhoraram, embora permanecessem modestos em comparação com os do Ocidente. O rompimento oficial com o culto a Stálin veio em 1961, com a retirada do corpo do ex-ditador de seu lugar ao lado de Lênin no mausoléu.

Mas será que houve um rompimento com o stalinismo? Alguns especialistas em liderança alegaram que o stalinismo foi um "sistema por direito próprio", um desvio dos objetivos do bolchevismo.[59] Parece mais plausível considerar a ditadura de Stálin menos um "sistema" separado do que *uma* possibilidade que estava implícita no bolchevismo e que adquiriu uma forma extrema, radical, nas condições de um permanente estado de emergência (medo de inimigos internos e externos, crescente ameaça de guerra). Não foi um desenvolvimento acidental, um desvio de uma "verdadeira rota" do bolchevismo. Tampouco foi uma ramificação inevitável da Revolução Bolchevique. Após a morte de Lênin mais de uma rota era concebível. Se Bukhárin tivesse se tornado o líder, a rota teria sido diferente da que foi seguida por Stálin. A coletivização e a industrialização poderiam ter ocorrido sem os extremos de Stálin e certamente sem tanta brutalidade a acompanhá-las — ao menos não na escala de Stálin. A redução das estruturas de governo para serem veículos de despotismo pessoal (apoiados por um extravagante culto à personalidade) e a destruição dos quadros do partido não estavam predestinadas a seguir o estilo de liderança de Lênin. O terror era uma parte embutida no sistema de Lênin, mas Stálin deu-lhe uma dimensão totalmente nova. Lênin não tinha se voltado contra o próprio partido. Stálin fez exatamente isso. As precondições para o governo de Stálin, na verdade, foram estabelecidas sob Lênin.[60] A capacidade de fazer surgir a tirania de Stálin estava embutida no sistema que ele herdou. No entanto, os extremos aos quais Stálin levou o sistema que herdou foram tais que equivaleram não a um novo sistema ou a um rompimento com o leninismo, mas, assim mesmo, a uma distorção que carregava claramente sua marca pessoal.

A rapidez com que foram introduzidas mudanças assim que Stálin morreu indica, por si mesma, quão profundamente o sistema de governo ficara infundido, durante os longos anos em que ele exerceu o poder, com os traços de sua personalidade paranoica. Com a morte dele, o sistema pôde se livrar das distorções. Com isso e o traumático acerto de contas com o culto de sua personalidade que se seguiu sob Khruschóv, o — horrível — dinamismo esvaiu-se do sistema. Mas em sua essência estrutural, o sistema se manteve o mesmo. Sob Bréjnev ele tornou-se um repressivo, mas estável, autoritarismo conservador. Embora não tenha retornado a um terror massivo, continuou a ser, reconhecidamente, o sistema de governo que havia tomado forma sob Stálin. Adaptando aqui a terminologia marxista, Stálin mutilou — e em parte destruiu — a superestrutura, mas manteve a base. Assim que morreu, a superestrutura pôde ser reformatada sobre uma base que permaneceu, em tudo que era essencial, sólida até o colapso do Estado soviético, cerca de quatro décadas mais tarde.

Quando da morte de Stálin, a União Soviética não era mais uma sociedade camponesa retrógrada e um Estado fraco vulnerável à ameaça de invasão por países inimigos tanto a leste quanto a oeste. A guerra serviu de molde para uma União Soviética que emergiu como uma nascente superpotência. Isso não foi, obviamente, uma conquista só de Stálin. Mas ele certamente tem mais que um pouco a ver com isso. Será que a União Soviética teria se industrializado, militarizado e organizado tão rapidamente para derrotar os exércitos de Hitler se Stálin não estivesse no poder? Parece ser altamente improvável. A um custo humano quase inimaginável, teve lugar uma transformação social e econômica fenomenal. Em 1953 a União Soviética, possuidora de um crescente arsenal nuclear, rival dos Estados Unidos, era um gigante no palco global e logo capaz de enviar um homem ao espaço. A transição de sociedade camponesa para superpotência não foi a parte menos importante do legado de Stálin.

A Guerra Fria foi, é claro, parte do mesmo legado. A desconfiança mútua entre a União Soviética e seus ex-aliados na guerra foi inevitável e de rápida evolução. Os países da Europa Central e Oriental que caíram na esfera de influência soviética logo passaram a ter governos fantoches stalinistas, o que intensificou os temores ocidentais de um expansionismo soviético. O famoso discurso de Churchill sobre a "Cortina de Ferro", em 1946, aguçou o foco na responsabilidade da União Soviética pela divisão da Europa. As ansiedades do Ocidente aumentaram. Mas a prioridade de Stálin na Europa era ter uma zona tampão de segurança, não expansão. Assim, por exemplo, ele não ajudou os comunistas gregos a tomarem o poder. Nem deu apoio tangível aos consideráveis partidos comunistas na França e na Itália. (No Extremo Oriente foi diferente: seu apoio foi importante para a ascensão comunista ao poder na China.)[61] Nos primeiros anos do pós-guerra ele estava ansioso para não provocar o Ocidente, ciente de que seu país devastado não poderia competir com a força militar americana e temeroso de que os Estados Unidos usassem sua vantagem nuclear inicial para atacar a União Soviética. A desconfiança mútua original entre os ex-aliados endureceu e a partir de 1947 estava gravada em pedra. Depois que Stálin recusou, naquele ano, a ajuda do Plano Marshall para os países do bloco oriental — aceitar teria solapado o domínio soviético sobre seus Estados-satélites —, a Guerra Fria adquiriu seu formato definidor. Ela seria uma ameaça à paz mundial por mais de quarenta anos.

O impacto pessoal de Stálin no governo de seus subordinados do bloco oriental era evidente. Enquanto ele viveu, os líderes dos Estados na Cortina de Ferro estavam sob sua servidão e seus povos, brutalmente subjugados pelas ações repressoras da polícia e do partido. Após sua morte, o clima mudou abruptamente. No espaço de três anos ocorreram levantes contra o domínio soviético na República Democrática Alemã e na Hungria, e houve séria inquietação na Polônia. Mas mesmo depois de Stálin, os sistemas cuja construção ele influenciara tão fortemente mostraram ser poderosos o bastante para se sustentarem — com graus variados de dificuldade — até a década de 1980.

Durante décadas após sua morte, o julgamento do lugar de Stálin na história foi quase total e universalmente negativo. Apologistas da União Soviética no Ocidente buscaram retratar Stálin como uma aberração na história soviética. A própria União Soviética tentou varrê-lo de sua história. Nenhuma dessas tentativas funcionou. Stálin acabou sendo considerado, cada vez mais, parte da história soviética, não uma ruptura dela — um produto de condições singulares na década de 1920, cujo despotismo impôs um preço terrível a seu país, mas o conduziu a uma vitória histórica, deixando um legado que lhe deu sua forma até seu fim. Gorbatchóv, com razão, condenou Stálin como um dos maiores criminosos da história. Iéltsin deu continuidade a essa difamação. Pútin, no entanto, alterou o tom, elogiando as conquistas do Estado soviético durante a era Stálin, mas sem reabilitar o próprio Stálin, e invocando a continuação da grandeza do passado russo e soviético.[62] A estratégia de Pútin para restaurar a Rússia (principal herdeira da União Soviética) como grande potência global e para remodelar as atitudes em relação ao passado soviético afetou as atitudes em relação a Stálin. Em 2003, no quinquagésimo aniversário de morte do ditador, uma pesquisa de opinião entre 1600 russos registrou 53% de aprovação de Stálin. Apenas 27% concordaram que ele tinha sido "um tirano cruel, desumano, responsável pela morte de milhões".[63]

Essas ideias representam os caprichos de uma opinião manipulada. Porém, apesar da grande variedade de materiais que ficou disponível desde o fim da União Soviética, a avalição histórica de Stálin — como ele foi possível, como conseguiu exercer tal controle de terror sobre um país tão imenso e por tanto tempo, como avaliar suas conquistas — tornou-se em muitos aspectos menos clara e mais aberta a diferentes interpretações. Seja qual for a tendência dos argumentos, o que parece ser claro, no entanto, é que Stálin, apesar de ter sido uma personalidade terrível que encharcou seu país em matança e sangue, deixou na história europeia no século XX uma marca mais profunda do que qualquer outra pessoa, talvez com exceção de Hitler. Dado o contexto singular que ofereceu as condições estruturais necessárias, Stálin apresenta um caso por si só evidente da importância do indivíduo na história.

Churchill no convés do encouraçado HMS Prince of Wales *durante a Conferência do Atlântico, ao largo da costa da Terra Nova, em agosto de 1941, na qual discutiu estratégias de guerra com o presidente Roosevelt. Os dois líderes definiram metas britânicas e americanas para o pós-guerra, que foram estabelecidas na Carta do Atlântico.*

5. Winston Churchill:
O herói de guerra britânico

Provavelmente nenhum político numa democracia europeia exerceu mais poder do que Winston Churchill entre 1940 e 1945. Certamente a nenhum concederam-se tantos louvores. Frequentemente ele foi retratado como a quintessência da grandeza histórica, o salvador de sua nação — e ainda mais: o salvador da liberdade no mundo ocidental. A força de uma personalidade raramente foi — se é que foi alguma vez — elevada a um papel tão determinante na história — de modo positivo, em contraste com o impacto catastrófico da personalidade de ditadores.

Mas Churchill foi, no geral, um fracasso político antes de 1940. E sua liderança na década que se seguiu a 1945 — os anos em que foi oposição política, até 1951, depois novamente primeiro-ministro até 1955 — não teria resultado nas efusões de consistentes elogios para um titã da política não fosse aquilo que os tinha precedido. Portanto, a avaliação de personalidade e de poder depende grandemente, neste caso, do julgamento do papel de Churchill durante a Segunda Guerra Mundial. Ninguém esteve mais ciente disso do que o próprio Churchill, que conscientemente buscou moldar o modo como a posteridade veria sua liderança em tempos de guerra em suas memórias de guerra em seis volumes. *A Segunda Guerra Mundial*, publicado entre 1948 e 1954, alcançou um público leitor de milhões de pessoas.[1]

PERSONALIDADE E ESTILO DE LIDERANÇA

Foi nas condições excepcionais da democracia britânica em tempos de guerra que a personalidade de Churchill desempenhou um papel vital. As qualidades pessoais que antes da guerra tinham se mostrado ineficazes, e que depois da guerra ficaram subordinadas a determinantes econômicos e geopolíticos que Churchill era incapaz de controlar, pareciam ter sido feitas sob medida para as condições emergenciais da guerra. Elas operavam numa democracia — embora uma democracia transformada pela crise num veículo incomumente maleável para a liderança de uma personalidade dominadora.

Churchill era extremamente egoísta — muito dogmático, fruto da autoconfiança inata típica da aristocracia britânica na qual tinha nascido. Seu contexto social lhe deu também um forte senso de dever e de propósito, com o inato sentimento de prerrogativa e autoridade que é atributo de um membro da elite governante. Seu temperamento exalava beligerância. Ele, instintivamente, ia para a agressão, não para a defesa. Era resoluto e implacável, fisicamente corajoso. Era dado a decisões ousadas e rápidas — uma característica que lhe trouxera havia muito tempo a reputação de ser afoito, de não julgar com sensatez. Tinha inabalável confiança em si mesmo, uma implacável disposição e arraigadas tendências autoritárias. Usava em debates suas réplicas ferinas e ágeis, às vezes sarcásticas, com um efeito cortante. E era difícil se opor à força de sua convicção e a seus poderes de persuasão. Sua energia inata e seu dinamismo eram acompanhados de impaciência e irrupções de mau humor. Até mesmo sua esposa, Clementine, achou necessário censurá-lo por seus "modos ásperos, sarcásticos e insuportáveis", sua "irascibilidade e rudeza".[2] Mas também podia ser generoso e magnânimo. Despertava profunda afeição e lealdade nas pessoas à sua volta. *"Action this day"* [Ação hoje] tornou-se seu lema. Ele dirigiu o governo implacavelmente para a frente.

Com tudo subordinado ao esforço de guerra, o escopo das agências de controle democrático dos poderes executivos do governo mediante escrutínio parlamentar e, especialmente, opinião pública, foi restringido. O parlamento, é claro, ainda funcionava, comitês do gabinete se reuniam, jornais eram publicados, o rádio era mais importante do que nunca. Mas a censura, a oficial e — talvez ainda mais importante — a "autocensura", significava a supressão ou a omissão de qualquer coisa que soasse não patriótica.

Sendo o corpo principal do governo, o gabinete se reunia regularmente. Mas Churchill desperdiçava o tempo do gabinete ao não ler antecipadamente documentos relevantes ou com verbosas dissertações sobre algo que acabara de chamar a sua atenção. As decisões cruciais eram tomadas por um pequeno Gabinete de Guerra, no início com apenas cinco membros, depois oito. Churchill era a figura dominante, afirmando rápida e completamente sua autoridade. Ele ouvia conselhos e quase sempre os seguia. Havia, contudo, a ideia amplamente sustentada e justificada de que era superdependente do conselho de dois amigos pessoais, Lord Beaverbrook (encarregado da produção de guerra) e Brendan Bracken (ministro da Informação), que não faziam parte do Gabinete de Guerra.[3] Havia também ressentimento devido à forte influência de seu principal conselheiro científico, Frederick Lindemann (professor de física em Oxford). A crise de gestão em tempos de guerra deu total ensejo às suas arraigadas tendências ditatoriais. O que antes era visto como impulsivo ou afoito agora era considerado decisivo e dinâmico.

Como ministro da Defesa e primeiro-ministro, a direção da guerra era seu domínio. Os negócios estrangeiros eram em princípio o assunto de Anthony Eden, nomeado secretário do Exterior em dezembro de 1940, para substituir Lord Halifax (enviado a Washington como embaixador britânico). Na prática, no entanto, era Churchill quem tocava a política exterior também. Estava pouco interessado em assuntos domésticos e nisso dependia muito dos políticos do Partido Trabalhista que havia incorporado a seu governo: Clement Attlee, o líder trabalhista e coordenador, com grande eficiência, dos assuntos domésticos, Ernest Bevin, que Churchill tinha nomeado para o posto-chave de ministro do Trabalho, e Herbert Morrison, a partir de outubro de 1940 secretário do Interior e ministro da Segurança Doméstica. O trabalho vital que eles realizavam na frente doméstica deu a Churchill a liberdade de dedicar suas copiosas energias à condução da guerra.

Seu pensamento estratégico era, contudo, frequentemente falho e precisava da correção de seus chefes de Estado-Maior. Na segunda metade da guerra, seu poder declinou, quando foi obrigado a ceder cada vez mais aos imperativos americanos, tanto no planejamento estratégico quanto no geopolítico. Na verdade, quando ocorreram as conferências dos "Três Grandes", que iriam estabelecer a ordem do pós-guerra na Europa, o poder real não foi exercido nem por Churchill nem por Roosevelt, mas pelo ditador soviético, Ióssif Stálin. O que contou foi menos personalidade do que realidades militares.

O LONGO E SINUOSO CAMINHO PARA O PODER

Winston Churchill nasceu em 30 de novembro de 1874 no Palácio de Blenheim, perto de Oxford. O palácio fora concedido a seu ilustre antepassado, duque de Marlborough (cuja biografia ele escreveria), em seguida à famosa vitória sobre os franceses na batalha de Blenheim, em 1704. O pai de Winston, Lord Randolph Churchill, chegou a ser Chancellor of the Exchequer [chanceler do Tesouro, isto é, ministro das Finanças], e era considerado o futuro primeiro-ministro até que erros por imprudência política acabaram com sua carreira. Morreu em 1895 com apenas 45 anos, provavelmente de doença relacionada à sífilis. A mãe de Winston, nascida nos Estados Unidos, Jennie Jerome, uma socialite de notável beleza, teve vários amantes (inclusive o príncipe de Gales) e mais dois casamentos após a morte de Lord Randolph, e morreu em 1921. Os pais de Winston eram figuras distantes, que punham sua carreira e atuação na sociedade à frente do relacionamento com o filho (e com seu irmão mais novo, Jack). Winston buscava amor e atenção em suas tristonhas e queixosas cartas para casa, durante os infelizes anos que passou fora, num internato; seu comportamento em Harrow (uma das principais escolas públicas da Inglaterra) era indisciplinado, e seu desempenho acadêmico, medíocre. A maioria de suas cartas ficava sem resposta. As respostas que recebia eram frias e evasivas. Era uma terrível crueldade emocional. Não obstante, com o correr dos anos, Winston aproximou-se de sua mãe. Idolatrava o pai, embora em vão tentasse obter sua aprovação. A necessidade de igualar, e depois superar, as conquistas do pai continuou presente nele. Mais tarde na vida ele ainda estava se justificando com o falecido pai, que estava convencido de que o filho seria um fracasso.[4]

De fato, os 45 anos que se seguiram à morte do pai, até 1940, dificilmente podem ser considerados como de absoluto sucesso. Como jovem oficial do Exército e correspondente de guerra, ele estava ansioso por ver ação e tornar-se conhecido, depois de escapar do cativeiro durante a Guerra dos Bôeres. Após ingressar na política, em 1899, seu talento precoce foi rapidamente reconhecido, e ele teve as conexões no alto escalão para avançar mais. Em 1907, profetizou que seria primeiro-ministro em pouco mais de uma década.[5] Já no ano anterior tornara-se ministro de governo como subsecretário de Estado para o ministério das Colônias, na administração liberal. (Como devoto do livre comércio, desertara em 1904 dos conservadores devido à introdução de tarifas sobre bens importados de fora do império.) Foi membro do gabinete como presidente da Junta de Comércio em 1908, secretário do Interior em 1910, e Primeiro Lorde do Almirantado em 1911 (posto que apreciou particularmente). Em 1917 foi nomeado ministro das Munições; em 1919, secretário de Estado para a Guerra e o Ar; e, por breve período em 1921-2, secretário de Estado para as Colônias. Entre 1924 e 1929 exerceu o alto cargo de ministro das Finanças na administração conservadora — tornara a se juntar aos conservadores em 1924.

Seus longos anos no governo antes de ir para a oposição, com a derrota dos conservadores nas eleições gerais de 1929, deram-lhe uma experiência incomumente ampla. Mas acusações de que era falho em seu julgamento o perseguiam. Stanley Baldwin, três vezes primeiro-ministro entre 1924 e 1937, tinha observado, privadamente:

> Quando Winston Churchill nasceu, muitas fadas desceram até seu berço trazendo presentes — imaginação, eloquência, diligência, habilidade, e então veio uma fada que disse "Nenhuma pessoa tem direito a tantos presentes", o agarrou, sacudiu e balançou tanto que mesmo com todos esses presentes foram-lhe negadas capacidade de julgar e sabedoria.[6]

A ideia de que a Churchill, apesar de sua grande capacidade, faltava discernimento para julgar era amplamente disseminada e o perseguiu durante a maior parte de sua carreira. Parecia provável, até a dramática mudança nas circunstâncias externas no final da década de 1930, que isso fosse impedi-lo de vir a realizar sua ambição de ser primeiro-ministro.

Seu temperamento voluntarioso tinha realmente contribuído para que cometesse graves erros. Ele deixou seu estimado cargo de Primeiro Lorde do Almirantado, humilhado pela pesada responsabilidade que lhe coube pela fatídica operação naval de forçar passagem pelo estreito de Dardanelos em 1915, prelúdio da desastrosa campanha de Galípoli, que causou mais de 100 mil baixas. Um jornal conservador o descreveu naquele ano como "um perigo para o país".[7] Como ministro das Finanças, sua decisão, em 1925, de voltar ao padrão-ouro foi amplamente considerada, então e depois, como economicamente prejudicial. Churchill, mais tarde, chegou até a concordar com seus críticos que tinha sido um mau ministro das Finanças.[8] As belas promessas de seus anos iniciais não tinham sido cumpridas.

Mesmo assim, nada sugeria que ele ficaria fora do governo durante uma década. Seus anos "no deserto" (como ele os chamava) pareciam marcar o fim de uma carreira que começara com tantas expectativas. Pelo menos podia dedicar mais tempo a escrever, o que incluía trabalhar no quarto volume de sua biografia *Marlborough*, e a seus inúmeros hobbies, como pintura, alvenaria e apicultura. Mesmo sem seu salário de ministro, sua prolífica produção literária lhe provia uma renda considerável. Mas seu estilo de vida extravagante e os custos de manutenção e renovação da casa e da propriedade em Chartwell, em Kent (seu lar desde o início da década de 1920), de um pródigo lazer, dos salários de uma equipe de catorze servidores e do sustento de sua família (sua mulher, Clementine, e seus quatro filhos, agora crescidos e dispendiosos) significavam que ele não tinha dificuldade em gastar essa renda e mais ainda.

Central no caráter de Churchill era sua percepção da história. Como um descendente da aristocracia inglesa, impregnado dos valores das eras vitoriana e eduardiana, ele via a história como o progresso da civilização humana que atingiu seu apogeu nas instituições parlamentares britânicas e no Império Britânico — no auge quando Churchill chegava à idade adulta. De certo modo ele pertencia mais ao século XIX do que ao século XX.[9] Na escola, absorveu os feitos dos grandes heróis do passado da Inglaterra, que levaram a Grã-Bretanha à proeminência. Sua crença no Império foi a pedra angular de tudo que ele realizou, a defesa do Império era sua principal força motivadora. Ele compartilhava das ideias da maioria das pessoas na época — e certamente da classe governante — de que a "raça branca" era superior aos "nativos" do Império, em relação aos quais ele tinha um senso de dever paternal; ao longo da vida empregou regularmente expressões racistas, que gerações futuras iriam considerar repulsivas.[10]

Sua já ultrapassada mentalidade imperialista estava por trás de sua renitente rejeição de uma reforma constitucional na Índia, mesmo que limitada, o que o deixou em desacordo com a maioria de seu partido. Ficou novamente no lado errado da ortodoxia governamental com seu forte apoio a Eduardo VIII na Crise da Abdicação de 1936. Mas o que principalmente acarretou sua crescente impopularidade foi sua repetida demanda de um urgente e extensivo rearmamento. A informação que lhe chegou de inúmeras fontes confidenciais, não oficiais mas confiáveis, sobre a escala do rearmamento alemão o alarmou profundamente. Suas advertências, no entanto, foram ignoradas, e o governo, sobretudo com o suporte da oposição, passou de uma política de desarmamento para uma de apaziguamento, tardiamente apoiada num rápido rearmamento. Ninguém duvidava da eloquência de Churchill. Mas seus discursos na Câmara dos Comuns condenando a política britânica de defesa foram ineficazes. Seu discurso no debate que se seguiu à aparentemente triunfante volta de Chamberlain da Conferência de Munique em 1938, na qual a Grã-Bretanha cedera à exigência de Hitler de anexar a região dos Sudetos, na Tchecoslováquia, foi proferido para uma Câmara dos Comuns em sua maioria hostil.

A denúncia da Alemanha nazista por Churchill tinha sido consistente desde que Hitler assumira o poder em 1933 (e sua admiração inicial por Mussolini dissipou-se quando a Itália fascista se aliou à Alemanha). Seu ódio de longa data ao bolchevismo deu lugar, no final da década de 1930, ao reconhecimento de que uma aliança com os soviéticos era necessária para se contrapor ao apaziguamento e evitar a guerra. Mas sua defesa de uma "grande aliança" que incluísse a União Soviética foi em vão. Somente quando os alemães ocuparam o que restou do que tinha sido a Tchecoslováquia, em março de 1939, despontou na Inglaterra o reconhecimento de que a guerra na Europa era quase certa e de que Churchill tivera o tempo todo razão quanto ao perigo que o nazismo representava. Em 3 de setembro de 1939, dia em que a Inglaterra declarou guerra à Alemanha, Churchill foi chamado de volta ao governo, novamente como Primeiro Lorde do Almirantado, posto que deixara humilhado cerca de um quarto de século antes.

Se tivesse morrido antes de 1939, dificilmente Churchill poderia ter ficado conhecido como "o homem que preparou a Marinha Real para a Grande Guerra".[11] Seria, isso sim, mais provavelmente lembrado pelo desastre do estreito de Dardanelos.

PRECONDIÇÕES DO PODER

Com certeza, Churchill introduziu nova energia e um sentido de urgência no planejamento naval. Contudo, era improvável que substituísse Neville

Chamberlain como primeiro-ministro. Tinha se tornado um outsider em seu próprio partido. Ainda em julho de 1939, quatro quintos dos membros conservadores nos "assentos de trás" do parlamento nem sequer o queriam no gabinete.[12] Mesmo após ter voltado ao governo no início da guerra, figuras importantes em Whitehall achavam que sua falta de discernimento o excluía como possível futuro primeiro-ministro.[13] Churchill, no entanto, era instintivamente atraído para o poder. Ele se considerava um "homem do destino". Sobre o momento em que foi nomeado primeiro-ministro ele escreveu depois: "Foi como se eu estivesse caminhando com um destino e como se toda a minha vida passada não fosse mais do que uma preparação para este momento".[14] Contudo, foi o acaso, não o destino, que o levou a ser primeiro-ministro em 1940.

O acaso operou, no entanto, dentro de um quadro estrutural determinado pela aguda deterioração nas relações internacionais durante as duas décadas precedentes, o aumento do poder alemão, a crescente ameaça representada pelo Japão no Extremo Oriente e o superestiramento imperial britânico para manter os gastos com defesa e enfrentar movimentos por independência nas colônias. As políticas de desarmamento, e depois, quando elas obviamente fracassaram, as de apaziguamento, foram moldadas por esse contexto.

O que tinha começado sob Baldwin foi continuado por seu sucessor, Neville Chamberlain, até um ponto no qual a fraqueza política, econômica e militar da Grã-Bretanha ficou desnuda e a ameaça ao país, bastante óbvia. A consistente oposição de Churchill, devido à qual fora tão fustigado durante a década de 1930, era agora louvada como profética. As atitudes em relação a ele começavam a mudar. No entanto, não houve grande ameaça à primazia de Chamberlain durante os estranhos meses da "guerra de mentira". Ele ainda era extremamente popular no Partido Conservador, e as estruturas de poder que o apoiavam como primeiro-ministro permaneciam intactas. Era preciso mais do que apenas uma política de apaziguamento para derrubá-lo.

A mudança veio de uma inesperada reviravolta nos acontecimentos. A tola observação de Chamberlain, em 4 de abril de 1940, de que Hitler "perdera o ônibus" ao não invadir rapidamente a França e a Grã-Bretanha voltou-se contra ele. Cinco dias depois, tropas alemãs invadiram e logo ocuparam a Dinamarca e a Noruega, antecipando-se a planos britânicos, que Churchill tinha incentivado veementemente, de minar águas territoriais norueguesas para cortar os suprimentos de minério de ferro para a Alemanha que estavam sendo enviados de

Narvik. As primeiras batalhas navais (com perdas para os dois lados) foram o prelúdio de uma desastrada campanha de desembarque no norte da Noruega, que terminou ignominiosamente com a evacuação das tropas aliadas. Erros táticos, problemas organizacionais e falhas na inteligência desempenharam cada um a sua parte. Houve muito rancor no comando militar britânico, em grande medida dirigido a Churchill, o arquiteto da expedição a Narvik. Alguns defenderam sua exoneração. Se isso ocorresse, qualquer chance de suceder a Chamberlain teria desvanecido. Mas aconteceu que a fúria popular pela debacle passou ao largo de Churchill e voltou-se contra o chefe do governo, Chamberlain.

O acalorado debate sobre a Noruega na Câmara dos Comuns, em 7 e 8 de maio, pôs Chamberlain sob fogo como nunca estivera antes. Todo o debate centrou-se na questão da confiança no primeiro-ministro. E a humilhação na Noruega estava agora vinculada a falhas a longo prazo e a erros estratégicos em rearmamento e apaziguamento (cujo efeito foi desviar o foco do papel de Churchill na campanha da Noruega). Foram feitas exigências explícitas de uma mudança na liderança. Churchill manteve-se abertamente leal a Chamberlain. Mas seus amigos na Câmara lhe cantaram loas. O governo saiu vencedor na votação (embora 41 conservadores tenham votado contra o governo, e cerca de cinquenta se abstido).[15] Foi uma derrota moral fatal para Chamberlain.[16] Logo ficou claro que ele não teria saída. Só restava em aberto quando se daria sua renúncia e quem seria o sucessor.

Não havia a menor certeza de que seu sucessor seria Churchill. Na verdade, no início isso parecia improvável. Na Câmara dos Comuns alguns até falavam na possibilidade de trazer de volta David Lloyd George, que tinha sido primeiro-ministro durante a Primeira Guerra Mundial.[17] Mas era só palavreado. O favorito a se tornar o próximo primeiro-ministro, no entanto, não era Churchill, e sim Lord Halifax, o secretário do Exterior. Halifax era o preferido de Chamberlain e da maioria do Partido Conservador. Os líderes da oposição trabalhista, que tinham recusado qualquer participação no governo de Chamberlain, haviam deixado claro que estariam dispostos a servir numa administração liderada por Halifax. Um problema óbvio era o fato de Halifax não ter assento na Câmara dos Comuns, embora nem Chamberlain nem o rei George VI (que também era a favor de Halifax) considerassem isso um obstáculo insuperável. A questão maior era se Halifax de fato queria ser primeiro-ministro. Só de pensar nisso ele sentia dor de barriga. Estava claramente consciente de que lhe faltavam conhecimento e experiência em assuntos militares e tinha medo de ser basicamente ninguém numa administração dominada por Churchill, que seria o encarregado da defesa e estaria na prática conduzindo o esforço de guerra. A timidez de Halifax — ou seria um cálculo oculto de que Churchill estava destinado a fracassar? — e a assertividade de Churchill mostraram ser decisivas. Halifax não queria aquela pesada responsabilidade; Churchill não queria nada menos do que isso. Assim, quando Chamberlain foi ao palácio de Buckingham na tarde de 10 de maio apresentar sua renúncia ao cargo de primeiro-ministro, foi para recomendar que Churchill, e não Halifax, assumisse o mais alto cargo no país.[18] Quatro homens — Chamberlain, Churchill, Halifax e o líder de bancada David Margesson — tinham determinado entre si quem iria liderar a Grã-Bretanha na pior crise que o país já enfrentara.

A DECISÃO CRÍTICA

A história britânica — na verdade, a história da Europa e do mundo ocidental — teria sido muito diferente se Lord Halifax, e não Churchill, tivesse dirigido o destino do país naquele ano. Halifax tinha muitas qualidades. Mas, como ele mesmo reconhecia, não eram as de um líder na guerra. Ele não teria sido um primeiro-ministro adequado em 1940. Seu caráter modesto, sua discrição e seus modos friamente racionais em muitas circunstâncias seriam considerados importantes atributos. No entanto, num momento de grande crise nacional, não era disso que se precisava. A Halifax faltava a capacidade de inspirar. E ele tinha sido uma figura central no governo que adotara a fracassada política de apaziguamento. Churchill, em contraste, era visto como alguém que tivera razão o tempo todo em sua oposição frontal, em grande parte isolada, a essa política. Seu entusiasmo, seu indomável espírito desafiador e seu pugnaz dinamismo eram exatamente o que era preciso para manter, e depois elevar, o moral quando o panorama era tão sombrio. Ele tinha a capacidade de insuflar esperança. Seu emocional patriotismo, expresso numa oratória inimitável — magníficas cadências, floreios literários (um tanto arcaicos) de linguagem — mostraram ser motivo de inspiração. Avaliação racional e fria análise não poderiam se comparar a isso nas circunstâncias prevalentes. Os traços de caráter de Churchill tinham sido às vezes, ao longo de sua carreira, uma desvantagem. Mas naquela conjuntura, sua personalidade foi decisiva.

Difícil imaginar condições piores do que aquelas em que, aos 65 anos de idade, Churchill assumiu o poder. A ofensiva alemã na Europa Ocidental começou exatamente no dia em que foi nomeado primeiro-ministro, 10 de maio, avançando em velocidade alucinante em direção ao Canal da Mancha. Em duas semanas a Holanda se rendeu, a Bélgica estava a ponto de fazer o mesmo, e a queda da França parecia certa. O principal aliado continental da Grã-Bretanha, até então tido como uma grande potência, estava diante de calamitosa derrota. Em 25 de maio a Força Expedicionária Britânica foi encurralada em Dunquerque. A liderança militar tinha pouca esperança de conseguir uma evacuação. O exército e seu equipamento, presumia-se, estavam em grande parte perdidos. Algo ainda pior estava sendo contemplado: a inteligência britânica achava provável uma invasão alemã num futuro próximo. O estabelecimento de uma superioridade no ar era tido como a única chance real de impedi-la. A Grã-Bretanha nunca estivera diante de tão extremo perigo. Vozes de desânimo, quando não de claro derrotismo, podiam ser ouvidas entre os que estavam plenamente cientes da terrível situação. Falava-se da derrota final da Grã-Bretanha, do fim do Império Britânico, de que tudo estava acabado.

Enquanto a grande crise grassava, Churchill não dominava tanto a situação quanto viria depois a dominar. Ele mesmo reconhecia totalmente sua dependência de Chamberlain (que continuou como líder do Partido Conservador até sua morte, de câncer, em novembro) e também de Halifax, mantido como secretário do Exterior. Os outros membros do pequeno Gabinete de Guerra que Churchill estabelecera imediatamente após tornar-se primeiro-ministro eram o líder trabalhista Clement Attlee e Arthur Greenwood (vice-líder trabalhista). Archie Sinclair (líder dos liberais e secretário de Estado para a Aviação) era convidado às vezes a participar.

Aqui foi tomada aquela que foi indubitavelmente a mais crítica decisão na história britânica, no final de maio de 1940.[19] O que estava em jogo era se a Grã-Bretanha se deixaria sondar quanto a uma possível paz negociada ou se, apesar de sua evidente fraqueza militar, continuaria na luta. A questão, naquele momento extraordinariamente perigoso, não era continuar lutando até a vitória final, mas aguentar e esperar que a sorte mudasse nos meses seguintes.[20] A discussão sobre se deveriam buscar um acordo ocorreu no Gabinete de Guerra em dias sucessivos, entre 25 e 28 de maio. Lord Halifax era a favor de explorar o agenciamento, pela Itália, de uma conferência de paz, que possivelmente levaria a um acordo negociado para terminar a guerra. Algumas concessões territoriais (incluindo talvez Malta, Gibraltar e Suez) seriam sem dúvida necessárias, e se a Grã-Bretanha não gostasse dos termos, argumentou Halifax, sempre poderia rejeitá-los. Halifax era tão patriota quanto Churchill. Como Churchill, seu objetivo era preservar a independência da Grã-Bretanha, mas, racionalizando com frieza a fraqueza militar britânica, ele, não sem razão, buscava uma solução diplomática.

O temperamento de Churchill era totalmente diferente. Ele falava com paixão e emoção, instintivamente favorecendo o desafio e a disposição para lutar, na esperança de que a América viesse auxiliar a Grã-Bretanha antes que fosse tarde demais. E ele mesclava emoção com argumentação racional. Qualquer aproximação com Mussolini iria solapar o potencial de luta britânico, declarou. Hitler se sentiria seguro para impor termos que enfraqueceriam drasticamente a Grã-Bretanha. Nenhum termo que ele pudesse oferecer seria aceitável. O país ainda tinha potencial para resistir. Mostrar a Hitler que ele não era capaz de conquistar ou quebrar a Grã-Bretanha era a única opção sensata. O ato de lutar e ser derrotado não resultaria em termos piores do que os que estavam agora sendo oferecidos. Ele rejeitou a posição de Halifax, portanto, como vã e perigosa.

A discussão foi às vezes acalorada. Halifax achava que "Winston dizia as mais assustadoras bobagens" e desesperava-se com sua "paixão emotiva quando devia fazer seu cérebro pensar e raciocinar".[21] Não obstante, a avaliação de Churchill foi aceita por Attlee, Greenwood e, posteriormente, por Chamberlain também. Halifax ficou isolado no Gabinete de Guerra, ainda mais depois que Churchill se dirigiu ao restante do gabinete e recebeu caloroso apoio à sua postura desafiadora. O secretário do Exterior acabou se curvando à decisão coletiva, temendo minar a posição unívoca. Aceitou a decisão de não buscar termos para um acordo e continuar lutando.[22] Churchill desempenhou o papel central na tomada de uma resolução de importância fundamental.

Apenas uma semana depois da conclusão desses momentosos debates no Gabinete de Guerra foi completada a evacuação de Dunquerque. Mais além de todas as expectativas, e quando tudo parecia perdido, 338 mil tropas britânicas, francesas e belgas foram trazidas através do Canal. Em 4 de junho, Churchill pôde relatar à Câmara dos Comuns o "milagre do resgate" em Dunquerque. Seu discurso patriótico, desafiador, ficou, com razão, famoso. Ele conseguiu transformar uma derrota humilhante num triunfo nacional. Sua própria posição elevou-se muito. Sua autoridade como o indisputável líder de guerra britânico estava completamente estabelecida.

Há poucas instâncias nas quais o impacto da personalidade numa decisão de consequências vitais é tão claramente demonstrada. Se Lord Halifax, um homem capaz, inteligente e da mais absoluta integridade, tão ansioso quanto Churchill por fazer o melhor por seu país, fosse o primeiro-ministro em maio de 1940, o destino da Grã-Bretanha teria sido totalmente diferente. O ato de buscar termos para um acordo que terminasse a guerra teria sido equivalente a uma derrota. O moral da população teria afundado como uma pedra. Em qualquer acordo, alegava Churchill, Hitler teria imposto termos danosos que garantissem um status de permanente subordinação da Grã-Bretanha. Uma especulação razoável era que o destino da Grã-Bretanha teria sido semelhante, em sua forma, ao da França após o armistício assinado em 21 de junho. Independência e liberdade teriam sido perdidas. A Grã-Bretanha teria se transformado, efetivamente, num satélite da Alemanha. As forças armadas teriam sido ou cooptadas ou neutralizadas. Halifax, feito seu trabalho de facilitar as negociações de paz, teria sido removido — possivelmente preso ou pior. Um governo fantoche, talvez sob o líder fascista Oswald Mosley ou o ex-líder em tempo de guerra e admirador de Hitler David Lloyd George, teria se estabelecido. Possivelmente o ex-rei Eduardo VIII teria sido reinstalado como monarca. A ocupação do país, ou de parte dele, provavelmente seria desnecessária, dada a existência de um governo disposto a seguir a linha traçada em Berlim, inclusive a implementação de uma legislação racista.

O Império não teria de ser destruído, embora tivesse de haver significativas concessões territoriais, e o que restasse seria submetido aos interesses e à influência da Alemanha. A família real provavelmente iria se retirar sub-repticiamente para o Canadá. Churchill, se não fosse capturado e executado, iria também para lá e tentaria organizar uma resistência no estrangeiro. A probabilidade de qualquer ajuda a uma Grã-Bretanha ocupada, indefesa e pró-Alemanha por parte dos Estados Unidos teria, no entanto, desaparecido. Com a Grã-Bretanha e a França fora da guerra, os suprimentos de armas americanos estariam descartados, a Alemanha seria vitoriosa na Europa Ocidental e Hitler estaria livre para voltar toda a sua atenção para a guerra que realmente queria, contra a União Soviética. Um governo pró-Alemanha na Grã-Bretanha teria apoiado essa guerra e provavelmente estaria implicado nos horríveis crimes contra a humanidade que a acompanharam e na implementação do Holocausto. Um contingente britânico poderia se ver combatendo do lado da Alemanha nas vastidões geladas e infindáveis estepes da Rússia.

O fato de que esse destino foi evitado e de que a Grã-Bretanha emergiu da Segunda Guerra Mundial não como uma nação derrotada, conquistada e subjugada, mas entre os vitoriosos, deve-se, ao menos em parte, ao poder da personalidade — e ao fato de ter sido Churchill, e não Halifax, o primeiro-ministro em maio de 1940.

LÍDER NA GUERRA

Ainda que a ameaça de uma invasão tenha recuado após a Batalha da Inglaterra, em setembro, e o bombardeio noturno quase diário de Londres e outras cidades tenha posteriormente terminado (embora tenha reiniciado no último ano da guerra), haveria muitos reveses e tempos ruins pela frente até que a sorte da guerra mudasse irreversivelmente no final de 1942. Nessa longa e sombria fase da guerra é difícil imaginar que qualquer político britânico pudesse ser capaz de igualar a capacidade de Churchill de estimular e sustentar a vontade de combater.

Seu principal contato com o público geral era por intermédio da BBC. Entre metade e três quartos da população ouvia a transmissão dos grandes discursos de Churchill nos tempos de guerra. Muitos discursos foram de fato comoventes, excitados, entusiasmados, animados por sua sublime retórica.[23] Mas o impacto dos discursos não deve ser exagerado.[24] Pesquisas feitas sobre as reações a eles demonstraram que o grandioso estilo de oratória do primeiro-ministro estava longe de ser universalmente admirado. Houve tanta gente inspirada quanto assustada por seu discurso em 19 de maio de 1940, proferido durante o implacável avanço alemão pela Europa Ocidental. E mais da metade reagiu negativamente a seu discurso em 15 de fevereiro de 1942, anunciando a queda de Singapura. Em cada caso, as pessoas estavam reagindo a notícias ruins, e não especificamente ao modo como Churchill as transmitia. A crítica a seus discursos aumentava quando ele tinha más notícias a comunicar após reveses militares e era muito menor quando informava sucessos militares. A reação aos discursos, positiva ou negativa, de qualquer forma tinha pouca duração. O humor popular era impulsionado por um discurso bem recebido, mas não por muito tempo.

As avaliações alemãs de sua própria propaganda em tempos de guerra distinguiam entre "humor", ou "estado de espírito", que, aceitava-se, flutuaria de acordo com notícias positivas ou negativas, e "moral", que eles alegavam (com decrescente credibilidade) permanecer elevado. Algo semelhante poderia se dizer quanto à Grã-Bretanha. Embora fosse transitória a reação a discursos individuais que refletiam os azares da guerra, a postura e o comportamento de Churchill, sua convicção de que o povo britânico iria superar a adversidade, sua inabalável crença na vitória e o espírito de desafio mediante solidariedade que ele transmitia contribuíram substancialmente para fortalecer e manter o moral. E os discursos construíram confiança na liderança de Churchill.

Sua aparência física — baixo, atarracado, um rosto que anunciava belicosidade — parecia corporificar a disposição para lutar. E se deixava ver por seu povo (diferentemente de Hitler, que se esquivava de aparições públicas e de discursos quando a guerra azedou para a Alemanha). Para elevar o moral, ele ia até áreas que tinham sofrido muito com os bombardeios e visitava tropas na frente de combate. Erguendo o chapéu gelot com sua bengala, o onipresente charuto na boca, fazendo com os dedos o V da vitória em toda oportunidade, ele era o epítome do espírito de luta. Queria estar perto da ação e às vezes teve de ser segurado para não se expor descuidadamente ao perigo. O próprio rei teve de proibir que acompanhasse os desembarques no Dia D, em 1944. Sua popularidade era assombrosa. Durante quase toda a guerra, cerca de quatro quintos da população aprovava sua liderança; às vezes seu índice de popularidade superava os 90%.[25] A esmagadora maioria da população britânica pensava claramente, e com boas razões, que Churchill era o homem certo para liderar o esforço de guerra.

Se era o homem certo para a reconstrução do pós-guerra, já é outra questão. As expectativas quanto ao que se seguiria à vitória foram levantadas pela publicação do Relatório Beveridge, que delineou a estrutura de um futuro Estado-providência. O Partido Trabalhista parecia, aos olhos da maioria dos que responderam em pesquisas de opinião (que começaram em junho de 1943), ser mais adequado que os conservadores para implementar mudanças de longo alcance. Durante os dois últimos anos de guerra os trabalhistas estiveram à frente dos conservadores nas intenções de voto.[26] A frequentemente eficaz administração da política doméstica pelos ministros trabalhistas na coalizão em tempo de guerra foi um anúncio do potencial do partido como governo. Os Tories, por outro lado, estavam maculados pelas lembranças do apaziguamento. A derrota de Churchill nas eleições de 1945 foi menos surpreendente do que pode parecer.

Logo depois que a guerra acabou, Churchill manifestou irritação com a sugestão de que seus discursos tinham sido o fator decisivo na guerra da Grã--Bretanha. Ele enfatizou, em vez disso, que tinha "tomado as principais decisões militares".[27] Como primeiro-ministro (e também ministro da Defesa), cabia claramente a ele tomar as decisões. Mas será que essa reivindicação não minimiza o papel que seus líderes militares desempenharam na tomada dessas decisões? Ele desconsiderou ou acatou seu aconselhamento militar?

Sua personalidade, seu conhecimento militar, sua ansiedade por estar envolvido em todas as etapas de planejamento estratégico e operacional e sua intervenção até mesmo nos menores detalhes de preparação significavam que o conflito com seus conselheiros militares era preordenado. Ele não hesitava em exonerar generais, mesmo um que conhecesse bem e de quem gostasse pessoalmente, quando achava que uma nova liderança era necessária. Entre os generais que removeu estavam Ironside, Gort, Dill, Dowding, Wavell e Auchinleck. O que se buscava com isso era a revitalização das forças combatentes mediante a substituição de comandantes desgastados pela pressão e carentes do dinamismo necessário. Claro que as decisões eram precedidas de aconselhamento com o alto-comando militar, particularmente com o general Sir Alan Brooke, comandante das forças domésticas em 1940-1, depois chefe do Quartel-General Imperial, mas eram duras escolhas pessoais, e a responsabilidade era indubitavelmente do próprio Churchill. As mudanças eram na maioria das vezes justificadas. A substituição de Auchinleck pelo general Sir Harold Alexander, em agosto de 1942, como comandante em chefe para o Oriente Médio, e a nomeação, dias depois, do general Bernard Montgomery para assumir o comando do desmoralizado 8º Exército, foram medidas importantes na virada de mesa sobre Rommel na guerra do deserto no norte da África.

A nomeação do próprio Brooke demonstrou que Churchill não queria "paus-mandados" como seus líderes militares. Brooke não só era um hábil estrategista e excelente organizador como também uma pessoa franca, obstinada e de mente forte e independente, pronto para confrontar as vigorosas opiniões de Churchill com as suas próprias.[28] Seus embates eram frequentes e tempestuosos. As entradas no diário de Brooke revelam a extensão do conflito regular que havia entre eles e às vezes pintam um cintilante quadro da liderança de Churchill na guerra. Em setembro de 1944, por exemplo, ele escreveu sobre os "argumentos ridículos" do primeiro-ministro, dizendo que ele "não conhece detalhes, só tem em mente metade do quadro, fala absurdos e faz meu sangue ferver só de ouvir suas bobagens". A maior parte da população, continua Brooke, "o imagina como um gênio estratégico, sem ter noção da ameaça pública que ele é e tem sido durante esta guerra". Apesar de sua ira, Brooke reconhecia a estatura de Churchill e seus atributos únicos. "Nunca admirei e desprezei alguém ao mesmo tempo em tal medida", escreveu na mesma entrada no diário.[29]

Churchill tinha uma mente fértil e inventiva. Algumas de suas sugestões, como aquela de 1942 de construir "cais flutuantes" para usar em futuros desembarques de forças aliadas, eram de grande valor.[30] Estava preparado para ser totalmente inflexível na perseguição de seus objetivos militares. Em julho de 1940, apoiado pelo Gabinete de Guerra, ordenou a destruição da armada francesa atracada em Mers-el-Kébir, o porto militar em Orã, Argélia, para impedir que caísse em mãos alemãs, matando 1297 marinheiros franceses.[31] Conquanto brutal, a ação em geral foi considerada lamentável, porém justificável. Mais controvertida foi a eficácia, sem falar na justificativa moral, da passagem, em fevereiro de 1942, para uma política de bombardeio implacável da população civil alemã. Churchill deu ao novo comandante em chefe do Comando de Bombardeios, Arthur Harris, carta branca — que ele aceitou com entusiasmo — para devastar cidades alemãs, o que só suscitou pruridos morais depois da destruição de Dresden, em 1945.[32] Mais de uma vez Churchill considerou o uso de gás venenoso, mas desistiu quando alertado contra isso (por motivos práticos, não morais) por seu pessoal militar.[33]

Foi extremamente incisivo em fazer valer suas preferências militares. Mas nem sempre conseguiu. O major-general John Kennedy, diretor de Operações Militares durante a maior parte da guerra, observou que "muitas de suas ideias são desregradas, doentias e impraticáveis", embora "no fim sejam eliminadas se não forem aceitáveis".[34] Uma dessas decisões em que Churchill curvou-se ao conselho de seus chefes de serviço foi a de rejeitar requisições urgentes dos franceses de enviar mais aviões para ajudar na defesa da França, em 1940.[35] Eles certamente seriam perdidos, e com isso perder-se-ia o potencial para sobreviver na subsequente Batalha da Grã-Bretanha. Contudo, seus superpoderes, seu modo impetuoso de tomar decisões, descartando bruscamente até mesmo tentativas de questioná-las, levaram ao erro — que ele mesmo admitiu mais tarde — de enviar tropas para a Grécia na primavera de 1941.[36] Ele atribuiu o erro ao chefe do Quartel-General Imperial na época, general Sir John Dill, embora na verdade tenha sido ideia sua, com a qual Dill — cujo caráter era diferente do de seu sucessor, Brooke — concordou com demasiada solicitude. Assim como fez o general Sir Archibald Wavell, comandante em chefe para o Oriente Médio, cujo exército ficou seriamente debilitado com o envio de destacamentos para a Grécia e que se sentiu menosprezado e sob pressão de Churchill.[37]

Dill, contrariamente à sua preferência, que era a de reforçar o Extremo Oriente, tinha antes cedido à insistência de Churchill — uma decisão audaciosa em julho de 1940, num momento em que a Grã-Bretanha enfrentava uma ameaça imediata de invasão — em reforçar o exército britânico para atacar os italianos no norte da África.[38] A posterior vitória no norte da África, após alguns sérios reveses, deveu muito à determinação de Churchill em fazer daquele o teatro crucial da guerra em 1943. Bancando o conselho de seus chefes de Estado-Maior, Churchill foi inflexível ao rejeitar as solicitações americanas de uma cabeça de ponte na França como ação preliminar para a abertura de uma segunda frente naquele ano. Sua insistência na Operação Tocha — os desembarques combinados dos aliados no norte da África — levou à vitoriosa supremacia dos aliados no Mediterrâneo (embora a subsequente campanha na Itália tenha acabado retardando seu avanço nos meses seguintes).[39]

Quando a primazia estratégica passou a ser dos americanos, nos últimos anos da guerra, Churchill foi obrigado a ceder ao presidente dos Estados Unidos, Franklin D. Roosevelt, a posição de líder supremo da guerra. Teve de se curvar aos interesses americanos no planejamento do Dia D e recuar de sua própria preferência, que era aumentar o comprometimento com a campanha italiana. Continuou a não ser um entusiasta da Operação Overlord — os desembarques na Normandia — até ela acontecer.[40] Teve também de ceder ao desembarque no sul da França, exigido pelos americanos, e teve de abandonar a ideia de um avanço para o norte através dos Bálcãs, que apoiava fortemente.[41] A estratégia americana estava correta nos dois casos, as propostas de Churchill eram falhas.

À medida que a guerra avançava e a incessante e extrema pressão sobre ele cobrava seu preço, Churchill ficou mais do que nunca propenso a explosões temperamentais. Para ele era psicologicamente difícil reconhecer que sua liderança na guerra já contava menos. Após a entrada dos Estados Unidos no conflito, em dezembro de 1941, a Grã-Bretanha foi gradual mas inexoravelmente reduzida a ser coadjuvante dos norte-americanos. Os erros de Churchill contribuíram para que eles confiassem cada vez menos em seu julgamento; recusaram, por exemplo, dar suporte a operações no mar Egeu, que Churchill, contrariando o conselho de Brooke, insistiu em realizar em outubro de 1943, e que terminaram com derrotas humilhantes.[42] Churchill dava a impressão, observou um de seus secretários particulares mais para o fim da guerra, de estar "perdendo o interesse na guerra por não mais ter o controle das questões militares". Acrescentou que Churchill antes tinha se considerado "a autoridade suprema a quem cabiam todas as decisões militares", mas enquanto isso tornara-se "pouco mais que um espectador".[43] Isso evidentemente o irritava.

Churchill tinha cortejado assiduamente o presidente Roosevelt nos primeiros anos da guerra, na tentativa de persuadir os Estados Unidos a entrar no conflito. Em privado, criticava frequentemente o presidente americano e ficava cada vez mais ressentido com seu status menor na parceria. Contudo, eles desenvolveram uma ligação de amizade e respeito mútuo, independente das inevitáveis tensões. Isso deu início ao que é ainda considerado a "amizade especial" da Grã-Bretanha com os Estados Unidos. A extensa correspondência entre eles refletiu todo o peso desse relacionamento; Churchill enviou a Roosevelt 373 mensagens a mais do que as que recebeu dele.[44] Encontraram-se em nove ocasiões durante a guerra, a primeira delas no histórico encontro em agosto de 1941 a bordo de um navio em Placentia Bay, Terra Nova, onde acordaram os princípios para os futuros fundamentos de um mundo livre no pós-guerra. Churchill reconheceu desde o início que a intervenção americana era necessária para a vitória. No entanto, fossem quais fossem as inclinações pessoais de Roosevelt, seus esforços para persuadir os Estados Unidos a entrar na guerra não tiveram sucesso até o Japão bombardear Pearl Harbor em 7 de dezembro de 1941 e a Alemanha declarar guerra aos Estados Unidos quatro dias depois. Mas o programa Lend-Lease [empréstimo e arrendamento], proposto por Roosevelt e aprovado pelo Congresso em março de 1941, já então começava a prover a Grã-Bretanha de mercadorias e equipamentos vitais.

Quando a União Soviética começou, no outono de 1942, a vencer a guerra horrivelmente bárbara na frente oriental, Churchill teve de se adaptar também à posição cada vez mais forte de Stálin. Em seu primeiro encontro com o ditador soviético, em Moscou, em agosto de 1942, quando a situação ainda era sombria e os alemães avançavam sobre os campos de petróleo do Cáucaso, Churchill foi fustigado por um truculento Stálin que questionava a ausência de uma frente ocidental (uma queixa recorrente antes dos desembarques na Normandia em 1944). Mas durante uma refeição tarde da noite com uma boa dose de bebida no próprio apartamento de Stálin, os dois líderes de contextos e sistemas políticos tão diferentes acabaram estabelecendo a base de relações amigáveis, ao menos funcionalmente. Na verdade, unilateralmente foi além de ser uma amizade apenas funcional. Mesmo sabendo — pois Stálin lhe contou — da responsabilidade do ditador pelo assassinato em massa de seu próprio povo, Churchill deixou Moscou realmente gostando dele.[45] Apesar de ter conhecimento de seus crimes hediondos, Churchill ainda admitiria apreço por ele três anos mais tarde.[46] Foi levado pela bonomia sempre cínica de Stálin. Convinha a Stálin mostrar-se simpático a Churchill. Na verdade, ele continuou a ver Churchill (e Roosevelt) com antipatia e extrema desconfiança.

As conferências dos "Três Grandes" em Teerã, em novembro de 1943, e em Ialta, em fevereiro de 1945, revelaram a crescente fraqueza de Churchill como líder mundial. Já em Casablanca, em janeiro de 1943 (um encontro ao qual Stálin não compareceu), Roosevelt predominou totalmente. Embora consultado com antecedência, Churchill não gostou da política de "rendição incondicional" que o presidente anunciou.[47] Mas Roosevelt foi em frente, ocupando claramente o assento do motorista. Em Teerã, quase não se disfarçava o papel secundário de Churchill. Não os "Três Grandes", mas os "Dois e Meio Grandes", foi uma avaliação depreciativa do encontro.[48] Ele enfrentou a oposição tanto de Roosevelt quanto de Stálin em sua preferência por uma frente no Mediterrâneo em vez de um desembarque na França, e acabou, devidamente, cedendo. Sem contar com muito apoio de Roosevelt (que estava interessado em se congraçar com Stálin) e ciente de que no fim da guerra Stálin estaria "capacitado para fazer o que quisesse", Churchill ficou "consternado com sua própria impotência".[49]

Em seu único encontro sozinho com Stálin em Teerã, Churchill já tinha sugerido mover as fronteiras da Polônia para o oeste e indicou, quando se encontrou com Stálin em Moscou, em outubro de 1944, que a fronteira da Polônia no pós-guerra estava "resolvida".⁵⁰ Na verdade, não ficou definitivamente resolvida até as difíceis negociações em Ialta, embora o resultado fosse pouco diferente do que tinha sido efetivamente acordado meses antes. Ialta demonstrou mais claramente do que nunca a realidade básica de que os avanços do Exército Vermelho tinham dado a Stálin um predomínio em qualquer negociação. Churchill e Roosevelt — o presidente agora fisicamente fragilizado, em suas últimas semanas de vida — estavam assim mesmo mais do que dispostos a confiar em Stálin e a conseguir uma acomodação com ele. E, como em Teerã, Roosevelt estava preparado para ser, privadamente, crítico a Churchill e a lidar separadamente com Stálin quando lhe convinha — como fez, acertando as condições para a entrada da União Soviética na guerra contra o Japão e depois simplesmente apresentando o acordo para que Churchill o assinasse.⁵¹

Churchill obteve relativamente pouca coisa nas conferências das três potências. Ele negociou com vigor, e como experimentado jogador de cartas que era, jogou, com a mão relativamente ruim que tinha, o melhor possível. Mas sua forte personalidade se defrontou com outras fortes personalidades, cada uma delas comandando forças militares muito maiores. É concebível que Clement Attlee, o sucessor de Churchill como primeiro-ministro, cuja personalidade não demonstrativa, não carismática, modesta, era a antítese direta da de Churchill, e que se saiu adequadamente (em contraste com o mau desempenho de Churchill) na Conferência de Potsdam que se seguiu imediatamente ao fim da guerra na Europa, tivesse se saído tão bem nas negociações. Churchill talvez tenha mantido os soviéticos fora de uma intervenção na Grécia (em linha com os acordos secretos que fez com Stálin durante sua visita a Moscou, em outubro de 1944). Porém é mais provável que Stálin já tivesse decidido que intervir na Grécia seria algo marginal para seus interesses.⁵² E em Ialta ele teve sucesso em persuadir Roosevelt e Stálin a dar à França uma zona de ocupação na Alemanha do pós-guerra, embora isso não fosse matéria de importância esmagadora para as emergentes superpotências. Fora isso, sua principal conquista pode ter sido indireta: assegurar que a Grã-Bretanha, bem além da duração da guerra, fosse tratada como grande potência quando, na realidade, sua reivindicação a esse status estava em abrupto declínio.

A contribuição singular de Churchill como líder na guerra foi inquestionavelmente na sustentação do esforço de guerra e na manutenção do moral durante os dias mais sombrios de 1940.⁵³ No restante da guerra, o dinamismo único e a inabalável energia que ele insuflou em todos os aspectos da mobilização de forças foram valiosos, mesmo que sua tomada de decisões fosse frequentemente falha, suas intervenções, às vezes contraproducentes, e seus modos, arrogantes e opressivos para quem tivesse de lidar com ele regularmente. É difícil imaginar que alguém pudesse igualar o que ele fez. Ele ofereceu direção, motivação e esperança. Suas constantes tentativas no sentido de persuadir os americanos a prover fundos e material essencial forneceu posteriormente ricos dividendos, embora na segunda metade da guerra sua importância tenha diminuído, quando os papéis desempenhados pelos Estados Unidos e pela União Soviética se expandiram. Ele deu grande contribuição para a vitória aliada — embora no fim tenha sido, em última análise, uma contribuição subordinada.

PODERES EM DECLÍNIO

Em 8 de maio de 1945, as imensas multidões que comemoravam em Londres o fim da guerra na Europa aclamaram Churchill como o herói que tinha levado o país à vitória. Menos de dois meses depois, nas eleições gerais de 5 de julho de 1945, com a guerra contra o Japão ainda em curso, ele não foi eleito para o cargo. Para o mundo exterior, isso foi um choque. Mas a eleição marcou a volta a um certo aspecto de política partidária convencional. Foi um veredicto para o Partido Conservador, não para Churchill como líder de guerra. E Churchill, numa campanha mal conduzida, despiu o manto unificador do líder nacional na guerra, tornando-se novamente um político partidário divisivo. Absurda e insultuosamente, ele até alegou que um governo trabalhista (com cujos líderes ele se sentara durante cinco anos no Gabinete de Guerra) iria recorrer a "alguma forma de Gestapo".[54] Era improvável que tais comentários cativassem muitos trabalhadores na classe operária que não gostavam dele antes da guerra e o associavam, e mais geralmente os conservadores, às extremas agruras da Grande Depressão. Muitos homens, ainda vestindo uniformes, não tinham lutado para voltar a um passado do qual não tinham saudades, enquanto os eleitores mais jovens esperavam ter um futuro melhor. Apesar da popularidade de Churchill em tempos de guerra, sua derrota eleitoral como líder do partido em 1945 esteve longe de ser um relâmpago em céu azul.[55]

Claro, ele era festejado onde fosse no mundo; seria considerado durante os vinte anos seguintes "o maior inglês vivo".⁵⁶ Porém, apesar de seu incomparável prestígio internacional, seus poderes declinaram inexoravelmente — reflexo de sua idade e de uma enfermidade que avançava, mas também do papel menor que a Grã-Bretanha desempenhava na política global. Sua imensa participação na história da Europa e do mundo se concentra pesadamente em sua liderança durante os cinco anos da guerra, não no que veio depois. Em 1946, no entanto, ele proferiu dois importantes discursos, em Fulton, Missouri, em 5 de março, e em Zurique, em 19 de setembro.

Em seu discurso em Fulton ele foi memorável ao falar da "Cortina de Ferro" que agora dividia a Europa — uma divisão com a qual, na verdade, Roosevelt havia concordado essencialmente, em Teerã e em Ialta. O discurso ficou famoso. Na época, contudo, ele foi recebido com críticas nos Estados Unidos e não teve efeito prático na Guerra Fria, que se instalaria totalmente no ano seguinte. Em Churchill estava arraigado o ódio ao comunismo, que fora suspenso quando a União Soviética era aliada da Grã-Bretanha em tempos de guerra, mas que retornou assim que a guerra acabou. Na verdade, Churchill já estava indo para uma política de confronto com Moscou mesmo antes de as hostilidades cessarem.⁵⁷ Sua estima a Stálin durante a guerra fora uma anomalia bizarra. Como Roosevelt, ele achou que "compreendia" o ditador soviético. Sua grotesca e errônea leitura de caráter estava longe de ter como explicação as necessidades de uma aliança em tempo de guerra. Equivalia a um indesculpável borrão no histórico de Churchill de crença na liberdade e na humanidade, embora essa crença estivesse confinada ao mundo ocidental (especialmente o anglo-saxão).

Em seu discurso em Zurique, Churchill falou sobre a unidade europeia, centrada na amizade entre a França e a Alemanha, que destacou como a base essencial da paz futura. Numa declaração visionária, conclamou à criação de "Estados Unidos da Europa". Seu discurso foi uma inspiração para muitos em países devastados por inimizades nacionalistas e pela guerra. Mas foi ambíguo em seu significado; era um símbolo de esperança e não um plano de ação. Reconheceu que alguma fusão de soberanias nacionais seria necessária numa futura Europa. Mas isso não se aplicaria à Grã-Bretanha. Sua ideia ainda era, como em 1930, que "Estamos *com* a Europa, mas não somos *da* Europa". Os futuros "Estados Unidos da Europa" não incluiriam a Grã-Bretanha.⁵⁸

Churchill proferiu outros importantes discursos sobre a unidade europeia, em Haia, em 1948, e um ano depois em Estrasburgo, na fundação do Conselho da Europa, para cuja criação ele fora fundamental (e que deu origem à Convenção Europeia sobre Direitos Humanos). Mas o conselho não era o início de um federalismo supranacional, e sim uma associação de Estados-nação para promover a democracia, direitos humanos e o estado de direito. A ambiguidade na visão de Churchill para o futuro da Europa permaneceu.[59] Ela deu incentivo aos federalistas — embora Churchill não fosse um deles. Ele estava, afinal, comprometido demais com a crença no excepcionalismo britânico, no Império e na primazia das ligações atlânticas dos "países anglófonos" para ver a Grã-Bretanha, política e economicamente, integrada à nova Europa.

Churchill não foi um líder da oposição muito bem-sucedido, embora tenha se beneficiado da crescente impopularidade das medidas de rigorosa austeridade do governo trabalhista, quando este tentava lidar com os danosos custos da guerra. Churchill nunca tinha vencido uma eleição geral como líder conservador e estava determinado a fazer isso. Perdeu por pouco em 1950, mas quando foi necessária uma nova eleição no ano seguinte, em 26 de outubro de 1951, um mês antes de seu 77º aniversário, ele foi levado de volta à Downing Street 10, com uma confortável maioria (apesar de ter obtido menos votos do que os trabalhistas). A política era como que uma droga para ele. Não poderia resistir à chance de dirigir novamente os negócios do país. De alguma maneira, isso foi uma pena. Os últimos anos como primeiro-ministro não foram de grande distinção, mesmo tendo sua administração — que em grande parte deu seguimento às políticas de bem-estar social dos trabalhistas — florescido como beneficiária do crescimento da economia global, lançando a base para uma incrementada prosperidade. A política doméstica não o motivava muito. Dificilmente teria sido diferente, fosse quem fosse o primeiro-ministro. Seus interesses estavam grandemente voltados para os negócios exteriores (que também eram, essencialmente, uma continuação da política exterior dos trabalhistas). Mas o real status da Grã-Bretanha como potência mundial estava àquela altura muito diminuído, assim como, apesar de seu incomparável prestígio internacional, o escopo para que Churchill exercesse uma forte influência pessoal em assuntos internacionais. Fosse como fosse, era Eden, e não Churchill, quem estava efetivamente conduzindo a política exterior britânica naquela época.[60]

Como muitos outros líderes que provaram do elixir do poder, Churchill não queria perdê-lo. Isso causava muito desgosto a Eden. Tinha sido durante muito tempo o "príncipe da coroa", esperando, com cada vez mais impaciência, o momento da sucessão. Considerando sua desastrosa atuação ao manejar a crise do canal de Suez apenas um ano após se tornar primeiro-ministro, talvez tenha sido uma bênção o fato de Churchill tê-lo feito esperar durante tanto tempo.

Em junho de 1953, Churchill sofreu um derrame cerebral grave, que o incapacitou por mais de um mês, embora o público não tenha sido informado de que o governo estava funcionando sem um primeiro-ministro. Ele recuperou-se, com alguma perda de memória. Elogios, inclusive o Prêmio Nobel de Literatura, em 1953, continuavam a chegar. Suas realizações em tempo de guerra asseguraram sua continuada popularidade na Grã-Bretanha e alhures. Mas a idade o alcançara. Anfetaminas o ajudavam a continuar atuando. Ainda resistia a uma grande pressão para abrir caminho a Eden. Quase teve de ser arrancado de Downing Street, finalmente deixando a cena de sua glória anterior em 5 de abril de 1955, com uma equivocada sensação de estar sendo expulso do cargo.[61]

Continuou sendo membro do parlamento até 1964, embora em seus últimos anos raramente aparecesse na Câmara dos Comuns. Sua espantosa produção literária não se interrompeu. Ele agora tinha tempo para completar a obra em quatro volumes que havia começado na década de 1930, *Uma história dos povos de língua inglesa*, que refletia sua visão de que a história dependia das realizações de "grandes homens". Grande parte de seu tempo ele passava agora em Chartwell, onde continuou a se entreter com liberalidade, e em longas estadas no calor do Mediterrâneo ou em luxuosos cruzeiros de férias. O potencial para uma guerra nuclear o deixava pessimista em relação ao futuro. Oprimia-o também a crença de que a Grã-Bretanha estava em declínio — sua fraqueza internacional desnudada pela crise de Suez em 1956, e seu Império, cuja defesa constituíra a essência de sua própria carreira política, visivelmente desmoronando. Sua memória começou a desvanecer após uma queda que sofreu em Monte Carlo, em 1962, e suas notáveis força física e resiliência finalmente declinaram.

Morreu em 24 de janeiro de 1965, duas semanas após sofrer outro grande derrame cerebral. Nada menos que 112 países se fizeram representar em seu funeral de Estado em 30 de janeiro — um espetáculo extraordinário de solene grandeza, assistido por 350 milhões de pessoas em todo o mundo.[62]

LEGADO

O maior legado de Churchill foi ter ajudado a preservar a liberdade, a democracia e o estado de direito no mundo ocidental. Isso garantiu, com justiça, seu duradouro renome. O papel do indivíduo na história nunca foi mais claramente demonstrado do que nos críticos eventos de 1940. Sem ele a história poderia ter tomado um curso diferente.

Liberdade, democracia e estado de direito são, contudo, suscetíveis de interpretações diferentes. Sob a carapaça da civilização ocidental, quanto do legado de Churchill resistiu ao teste do tempo? Talvez se deva fazer uma distinção entre os elementos de sua "visão de mundo", que se mostraram transitórios, e o duradouro impacto de como a Grã-Bretanha, especialmente, viu a Segunda Guerra Mundial.

O funeral de Churchill marcou, de alguma maneira, o fim de uma era. A era do Império estava terminando, a era das grandes potências europeias já tinha passado. O mundo em que Churchill tinha nascido noventa anos antes já estava distante. O mundo de sua vida política e de suas maiores conquistas estava mudando rapidamente. Mas sua própria visão de mundo ficou em grande parte inalterada desde a Primeira Guerra Mundial.[63] Seus objetivos políticos tinham nascido naquela época. Nesse sentido, portanto, seu legado estava destinado a ter curta duração.

Ele lutou para salvar o Império. Mas foi como pôr esparadrapo numa ferida aberta. Quando de sua morte, o império colonial — havia muito tempo reintitulado Commonwealth (Comunidade das Nações), embora Churchill preferisse a antiga terminologia — estava perto de sua própria extinção quando os imparáveis movimentos de independência forçaram a retirada imperial. Ele sofrera com a concessão da independência da Índia em 1947 e com o imenso derramamento de sangue que a acompanhou e que ele havia muito previra ser uma inevitável consequência. No final da década de 1950 estava se provando impossível manter as possessões no estrangeiro. Na época em que morreu só restavam remanescentes daquele que fora uma vez um império de âmbito mundial. Talvez fosse isso que ele tinha em mente quando, em seus últimos anos, dizia que não tinha conseguido nada.[64]

Quando ele morreu, a Grã-Bretanha ainda estava longe de se tornar uma sociedade multicultural. O número de imigrantes que entrava no país ainda era pequeno. As ideias de Churchill sobre raça não tinham mudado materialmente desde sua juventude. Ele previa que surgiriam problemas "se muitas pessoas de cor se estabelecerem aqui", disse ao gabinete em 1954. Em outro momento recomendou "Mantenham a Grã-Bretanha branca" como um bom lema.[65] Muita gente no país, provavelmente até a maioria, compartilhava dessa visão na época. Mesmo assim, as atitudes em relação à raça começavam a mudar. Não levou muito tempo para que as ideias que ele expressava para o gabinete viessem a significar o fim de qualquer carreira política convencional. Apesar do grande apoio popular a suas ideias, Enoch Powell foi demitido de seu cargo como ministro de governo um dia após ter feito um discurso racista em 1968 e nunca mais exerceu um cargo. Da mesma forma, três anos após sua morte, as ideias de Churchill seriam publicamente insustentáveis. E apesar da continuada existência da opressão racial, elas passariam a ser consideradas repugnantes pela vasta maioria da sociedade.

As ideias raciais de Churchill não eram a única parte de sua visão de mundo que pertencia a uma era em rápido desvanecimento. Igualdade de gênero, comportamento sexual, deferência em declínio, lealdade de classe enfraquecida e políticas "verdes" eram mudanças ainda em seus primórdios nos anos que se seguiram à morte de Churchill, e que gradualmente ganhariam ritmo. Os valores que Churchill representava logo estavam em retirada. Na esfera política, sua ênfase na "democracia Tory" — sua marca de paternalismo conservador — seria substituída, da década de 1980 em diante, por uma mais impetuosa, estridente e severa doutrina de algo mais semelhante ao individualismo liberal do século XIX.

No entanto, a questão do relacionamento da Grã-Bretanha com a Europa, mencionada no discurso de Churchill em Zurique em 1946, permaneceria por muito tempo como uma persistente mas incerta parte do legado de Churchill. Ele considerava a Grã-Bretanha, como afirmou em 1949, uma "parte integral da Europa". Contudo, invariavelmente dava prioridade ao relacionamento com os Estados Unidos (essencial, a seu ver, para preservar o papel cada vez menor da Grã-Bretanha como grande potência) e com o Commonwealth (cuja importância econômica para a Grã-Bretanha já estava em declínio na década de 1950).[66] Isso estava de acordo com a política em relação à Europa dos dois grandes partidos durante a década de 1950. No início da década de 1960, a Comunidade Econômica

Europeia, estabelecida pelo Tratado de Roma em 1957, já estava dando forma ao processo de integração europeia seguindo linhas diferentes das concebidas por Churchill em 1946. O governo conservador, embora estivesse, assim como o partido, dividido quanto a essa questão, chegara a ver vantagens econômicas para a Grã-Bretanha como membro da Comunidade Econômica Europeia. Dois anos antes do veto de Charles de Gaulle à solicitação da Grã-Bretanha para sua filiação, em 1963, Churchill tinha escrito ao presidente de seu distrito eleitoral, expressando a ideia de que "o governo tem razão em solicitar sua filiação à Comunidade Econômica Europeia".[67] No entanto, já havia expressado opinião exatamente oposta, protestando contra o plano de entrada da Grã-Bretanha.[68] Quando a questão da filiação da Grã-Bretanha na União Europeia se tornou um tema mais tóxico na política britânica, muito depois de sua morte, Churchill foi citado, seletivamente, como tendo apoiado os dois lados da discussão. A posição da Grã-Bretanha no mundo tinha mudado dramaticamente quando a Europa tornou-se a preocupação central na política britânica. Como as ideias de Churchill poderiam ter mudado de acordo com os desenvolvimentos ocorridos muito depois de sua morte é questão da mais pura adivinhação. Como disse Hugo Young, Churchill foi o "pai dos mal-entendidos" quanto à participação da Grã-Bretanha na Europa, o "primordial expoente da ambiguidade britânica".[69] No que concerne à Europa, a ambiguidade foi de fato seu principal legado.

Contudo, talvez o mais duradouro impacto de Churchill tenha sido nas atitudes britânicas na Segunda Guerra Mundial e no papel que isso desempenhou na definição da subsequente consciência pública. "Estamos sozinhos", "combatê-los nas praias", "nunca nos renderemos", "sua melhor hora", são sentimentos que se tornaram parte intrínseca de como a Grã-Bretanha continua a ver a si mesma. Essas imagens são inextricáveis do papel central de Churchill nos acontecimentos da época, em grande parte construído na versão que ele relata em sua história da guerra, em seis volumes. Uma pesquisa feita na televisão em 2002 (com a costumeira absurdidade dessas tabelas classificatórias) declarou que Churchill foi o maior britânico de todos os tempos. De fato, ele é venerado na visão britânica do passado e do presente.[70] Churchill significa o modo como os britânicos veem a si mesmos. Houve, é claro, um valor verdadeiro na luta contra as probabilidades, em 1940. Mas nas décadas subsequentes uma interminável preocupação da mídia com a Segunda Guerra Mundial produziu duradouras distorções da história.

Churchill representa o "mito" do desafio e da indomabilidade britânica na Segunda Guerra Mundial — a memória pública de uma história épica: a de uma grandeza subsequentemente perdida e seguida de um longo, irreversível declínio nacional. Isso não ajudou uma potência europeia de tamanho médio a aceitar seu lugar no mundo moderno.

De Gaulle no meio de uma grande multidão durante sua primeira visita à Argélia, em junho de 1958. Sua volta ao poder no mês anterior foi ocasionada pela crença de que somente ele poderia resolver a crise na Argélia. Quatro anos mais tarde, ele concordou com a independência do país, tornando inimigos ferrenhos aqueles que esperavam que ele salvasse a "Argélia Francesa".

6. Charles de Gaulle:
Restaurando a grandeza da França

Durante três décadas, entre 1940 e sua morte, em 1970, Charles de Gaulle deixou uma marca indelével na França e na Europa. Especialmente durante a Segunda Guerra Mundial, suas ações tiveram importância global. Desempenhou um papel decisivo na descolonização francesa, especialmente ao terminar a longa e brutal guerra na Argélia. E a Constituição que criou em 1958 existe até hoje. Em todos os aspectos, foi uma personalidade eminente no palco europeu e mundial.

De 1940 em diante ele se via como um líder insubstituível, engajado numa sublime missão histórica: salvar a França. Seu hábito de se referir a si mesmo na terceira pessoa, como "De Gaulle", era sugestivo de uma distância entre a pessoa real e o personagem histórico. O "mito De Gaulle", estabelecido durante a Segunda Guerra Mundial, sustentou-se quando o líder em tempos de guerra retirou-se da vida política, no tumulto que era a França do pós-guerra, e foi reinvocado quando voltou ao poder em meio à crise de 1958, para fundar a Quinta República. Sua imagem histórica representa uma figura de unidade nacional e grandeza. O De Gaulle de carne e osso era, em contraste, uma pessoa que engendrava enormes lealdades, mas também enormes ódios — uma figura altamente divisiva que, tanto para seus amigos quanto para seus inimigos, continuava a ser um enigma.

PERSONALIDADE E IDEIAS

Parte do enigma surgiu das contradições e paradoxos internos que constituíam essa personalidade extraordinária. De Gaulle — nascido em novembro de 1890 numa próspera família burguesa, imbuída de valores cristãos e patrióticos, com tendências para o monarquismo — era profundamente conservador. Admirava muita coisa do *ancien régime*, o antigo regime, provavelmente teria se sentido à vontade como líder militar francês sob Luís XIV. Sua visão idealizada do passado era compartilhada por muitos conservadores franceses. Mas estava longe de aderir rigidamente a um passado romantizado ou de rejeitar a França que resultara da Revolução. A história dava-lhe inspiração. Mas reconhecia a necessidade de acomodar o novo e o moderno — especialmente a mudança tecnológica. Era tradicionalista e reacionário, mas também um modernizador — em armamento militar, na economia, em instituições políticas e em tecnologia (por exemplo, usando o novo meio da televisão como brilhante fator de vantagem). Era um imperialista, mas liquidou o Império francês, um nacionalista que, não obstante, ajudou a inserir a França na estrutura supranacional da Comunidade Europeia. Era dogmaticamente inflexível, mas taticamente sutil. Para muitos que tiveram de lidar com ele, era insuportável, arrogante, intolerante, abrasivo, com frequência secamente desdenhoso, até mesmo com apoiadores leais. Mas ao mesmo tempo podia exalar charme e atrair profunda devoção. Era um autoritário que acreditava na constituição, um oponente a partidos políticos e à democracia que adaptou seu autoritarismo instintivo a essas duas coisas. Opositores de esquerda volta e meia o rotularam, erroneamente, de fascista. Permaneceu comprometido demais com a lei constitucional para que isso se justificasse. Mas quis fazer com que a constituição servisse à sua forma de autoritarismo — como de fato fez após 1958.

Peça central na complicada armação de sua mente era a elevada noção que tinha do Estado francês. Para ele, o Estado era a entidade política suprema, a corporificação da nação e de seu interesse geral; mas era intrinsecamente frágil, já que enfraquecido e ameaçado pelos interesses de partidos políticos em competição. Ele considerava o serviço ao Estado como "a ação mais nobre e importante que existe na ordem temporal".[1] O Estado, no entanto, por essa filosofia, não poderia se basear em igualdade. Estava, na verdade, acima da sociedade. Seus governantes teriam de personificar a grandeza histórica da França. De Gaulle era um intelectual, versado nos feitos dos heróis da Antiguidade — e, claro, dos heróis da história francesa. Não teve dificuldade em se colocar na linha dos heróis franceses, que ia de Carlos Magno, passando por Joana d'Arc e Napoleão, até Clemenceau.[2] Seu elitismo, ainda que envolvido num patriotismo romantizado, não incluía uma alta consideração pelo povo francês.[3] De fato, um membro da Resistência comentou, após passar uma noite com De Gaulle no meio da guerra, sobre seu "imenso desprezo pela humanidade".[4]

A chave para decifrar o "enigma De Gaulle" está em sua inimitável visão da grandeza histórica da França. "Para mim, a França não pode se uma França sem grandeza", escreveu.[5] Esta, em sua visão, tinha se perdido quando políticos de segunda linha haviam presidido um declínio de longa duração para a mediocridade, que culminou no desastre nacional de 1940. Notavelmente, num ensaio escolar em 1905 ele visualizara a França sendo salva por um "general De Gaulle".[6]

Mais tarde, adulto, foi guiado pela ideia de que a nação em perigo precisava de um herói nacional que a salvasse. Sua missão, como a concebia, era restaurar a grandeza perdida da França. Não foi modesto nas comparações, por mais absurdas que elas pareçam ser, com Joana d'Arc.[7] Salvar a França significava acima de tudo expungir a ignomínia da desgraçada rendição em 1940 e eliminar efetivamente da história da França o regime de Vichy, que ele sempre considerou ilegítimo. "Vichy sempre foi, e continua a ser, nulo e sem efeito", declarou em sua volta a Paris em 1944.[8] A Libertação foi capturada para sempre na famosa fotografia do general De Gaulle, ombros e cabeça mais altos do que todos à sua volta — com 1,93 metro, ele era quase trinta centímetros mais alto que o cidadão francês médio naquela época[9] —, passando pelo Arco do Triunfo e descendo a Champs-Élysées em 26 de agosto de 1944. A Libertação significava para ele renascimento, restauração e renovação. Não era, no entanto, uma nova França, e sim a continuação da República que tinha sido traída em 1940. Ao mesmo tempo, a Libertação exigia a superação daquilo que tinha sido tão danoso à França, inclusive a discórdia entre os partidos políticos. Salvar a França significava ficar à margem das divisões diárias na vida política, corporificando a nação em toda a sua grandeza e glória — e a liderando.

Fossem quais fossem seus ideais elitistas e a elevada opinião que tinha de suas próprias qualidades, provavelmente nunca se teria ouvido falar dele fora dos círculos militares e do ministério da Defesa franceses não fosse a devastadora derrota da França em 1940. A capitulação francesa diante dos alemães foi a primeira precondição que garantiu a De Gaulle um lugar na história. Uma segunda precondição veio muito depois da guerra, em 1958.

PRECONDIÇÕES PARA LIDERANÇA

A derrota militar total e a crise nacional habilitaram De Gaulle a sair da obscuridade e, a partir de uma posição pouco promissora no exílio, na Inglaterra, a começar a se estabelecer como a imagem da determinação para libertar a França da ocupação alemã. Essas foram as precondições essenciais para sua — inicialmente débil — reivindicação de ser um líder nacional. Se o ex-primeiro-ministro Paul Reynaud (que optou por não ir para Londres e pouco depois foi preso pelo regime de Pétain) estivesse disponível após a queda da França, o governo britânico quase decerto o teria preferido a De Gaulle como a imagem da França Livre. Contudo, é altamente improvável que alguém que não De Gaulle tivesse conseguido fazer o que ele fez.

Quando a França caiu em maio e junho de 1940, De Gaulle não tinha uma percepção de si mesmo como líder político. Nem a tinha qualquer outra pessoa. Nada em sua carreira até aquele momento indicava que ele desempenharia um papel político decisivo. Tinha sido um militar sob todos os aspectos, desde que fora aprovado para ingressar na academia militar em Saint-Cyr, em 1909. Após servir como oficial condecorado na Primeira Guerra Mundial (e passar algum tempo no cativeiro alemão), ele ganhou reputação como pensador independente sobre táticas militares e a condução da guerra, mas também como indivíduo arrogante e difícil. Em 1932 fora promovido a tenente-coronel e, durante um período como oficial de Estado-Maior, desenvolveu e publicou suas ideias sobre a futura importância do uso de tanques na guerra — ideias que não impressionaram seus superiores. Ele tinha uma elevada opinião quanto a suas próprias capacidades e seus critérios de julgamento. Mas parecia não estar destinado a chegar mais alto do que a posição de oficial de alta patente no Exército francês.

Sua promoção à patente de brigadeiro-general — reconhecimento pelo modo como comandou uma divisão blindada que se saiu razoavelmente bem em meio à iminente calamidade — só ocorreu em 23 de maio de 1940. Seu primeiro envolvimento no governo foi em 5 de junho, quando foi nomeado subsecretário de Estado para a Defesa pelo primeiro-ministro Paul Reynaud, mas era um posto menor, e o governo estava nas últimas. Essa posição, contudo, o pôs em contato com Winston Churchill, primeiro-ministro britânico desde 10 de maio. Seu indomável espírito de luta deve ter causado impacto. Seja como for, Churchill ficou bem impressionado com De Gaulle, achando que provavelmente estaria envolvido no comando militar de uma potencial resistência em colônias francesas.[10] Evidentemente, De Gaulle não se fazia de modesto. Visitando Londres em 16 de junho, com a França à beira da derrota, ele se "pavoneava" entre ministros britânicos, suscitando alguns deles a perguntar — presumivelmente com sarcasmo — se ele era um novo Napoleão. "Mas ele é apenas um major-general, só recentemente descoberto", comentou o secretário de Churchill, John Colville.[11]

Ao voltar de Londres naquele dia, De Gaulle soube que o governo de Reynaud tinha renunciado. O marechal Pétain, herói da valente defesa de Verdun em 1916, fora encarregado de formar uma nova administração que buscaria um armistício. De Gaulle tinha admirado a liderança militar de Pétain na Primeira Guerra Mundial, mas seu bom relacionamento inicial posteriormente se deteriorou. A disposição de Pétain de entrar num armistício com a Alemanha foi para De Gaulle um imperdoável ato de traição e desonra. Para ele a França deveria continuar lutando. Ainda dispunha de forças armadas, embora um tanto desordenadas. Poderiam continuar lutando, dirigidas, se necessário, de fora da França. Na manhã seguinte, com um ajudante próximo e 100 mil francos que Reynaud lhe fornecera dos fundos governamentais, ele partiu para o exílio em Londres.[12] Quatro anos se passariam até ele retornar a Paris.

ARREGIMENTANDO SEGUIDORES

O futuro de De Gaulle em Londres não parecia ser brilhante. Não tinha seguidores, nem organização, nem reputação. Mas sua recente promoção a general deu resultado. Se tivesse continuado como coronel, poderia ter sido bem mais difícil obter o reconhecimento britânico como líder francês no exílio.[13] De qualquer forma, a Grã-Bretanha, diante de uma provável invasão, não considerava a derrotada França uma alta prioridade. Assim, De Gaulle teve de lutar para ser reconhecido tanto por seus anfitriões ingleses como pelo público francês, para o qual ainda era completamente desconhecido.

Na noite seguinte à sua chegada no exílio, 18 de junho, anunciando-se como "Eu, general De Gaulle, atualmente em Londres", ele fez seu lendário apelo, pelas ondas da BBC, a todos que pudessem aderir à sua causa, assegurando-lhes que a vitória seria posteriormente deles. Ao menos, o apelo depois *tornou-se* lendário — uma pedra fundamental do mito De Gaulle. Na época, seu curto discurso foi ouvido por poucos homens e mulheres franceses — e a maioria não tinha ideia de quem ele era.[14] Os meses seguintes de seu exílio na Grã-Bretanha foram altamente frustrantes para De Gaulle. Foi difícil obter apoio até mesmo do relativamente pequeno número de soldados e marinheiros franceses que se encontravam na Inglaterra quando a França caiu. E os que se encontravam com ele sentiam-se às vezes repelidos por sua fria, distante personalidade — e por alguém, recordou um recruta, cuja aparência física lembrava a de uma garça.[15] Escritores franceses exilados, ainda em novembro, ignoravam De Gaulle, alegando que não havia ninguém "com autoridade" para dizer aos franceses que "a luta tinha de continuar".[16] Por outro lado, a maioria — embora houvesse significativas exceções — dos que se juntaram a De Gaulle na esteira da capitulação francesa não só continuou com ele o tempo todo como lhe serviu, e à causa francesa, com grande lealdade.

Alguns deles tornaram-se importantes conselheiros e indispensáveis associados em seu trabalho pela França Livre, muitas vezes continuando a servir De Gaulle após a libertação e quando ele retornou ao poder em 1958. Mas não havia dúvida quanto a quem dava as ordens, quem fornecia as diretrizes, quem tomava as decisões, quem era o indiscutível líder. A personalidade dominante — e dominadora — do general De Gaulle deu foco, ímpeto e dinamismo ao movimento pela França Livre. Ele, sozinho, manteve unido o grupo mal-humorado, heterogêneo e descoordenado que formou o círculo interior inicial da liderança em Londres.

Quando De Gaulle estava visitando, durante várias semanas, a África Equatorial Francesa — o Império francês estendia-se por grande parte do norte, do oeste e do centro da África —, no outono de 1940, tentando angariar apoio nas colônias, a organização em Londres foi deixada com três pessoas que mostraram ser um triunvirato irremediavelmente disfuncional. O passado de Jules Antoine na administração de negócios não poderia compensar sua rude mordacidade e suas ideias de extrema direita. O temperamento instável do almirante Émile Muselier e a crença de que ele, e não De Gaulle, deveria estar no comando, fizeram com que fosse impossível trabalhar com ele, mesmo antes de este romper com De Gaulle, em setembro de 1941.[17] E André Dewavrin, depois conhecido pelo codinome "Passy", encarregado de montar o serviço de inteligência, carecia do peso necessário para manter os outros dois na linha.[18]

Outros membros de seu entorno nos primeiros meses lhe deram excelente suporte. Geoffroy Chodron de Courcel, seu ajudante mais próximo e diplomata treinado, o acompanhara na fuga para a Inglaterra, em 17 de junho. Sua organização foi reconhecida formalmente pelos britânicos em 7 de agosto graças à ajuda de René Cassin, um advogado. Maurice Schumann foi a voz da França Livre mais frequentemente ouvida na França. Outro não menos importante de seus primeiros seguidores foi René Pleven, um jovem e talentoso homem de negócios com bons contatos nos Estados Unidos, que viria a ser o primeiro-ministro da França na década de 1950.[19]

A missão do pequeno e incipiente entorno do general De Gaulle consistiu primeiro em nada mais que tentar obter apoio e estabelecer sua legitimidade como os autênticos representantes da França. Uma vaga aparência de organização política embrionária foi obtida pela primeira vez quando De Gaulle estabeleceu, em outubro de 1940, com nove pessoas, um Conselho para a Defesa do Império (Conseil de Défense de l'Empire). Em teoria, o Conselho tinha poderes que um Estado normalmente exerceria. Na prática, não era mais do que um frouxo corpo consultivo cujo poder de decisão era reservado ao próprio De Gaulle. Foi substituído em setembro de 1941 pelo Comitê Nacional da França Livre, composto de doze membros, inclusive Pleven, a cargo de assuntos econômicos, e Cassin, encarregado das questões legais. Isso tinha a aparência de um governo no exílio. Mas De Gaulle, como seu presidente, retinha todas as rédeas do poder.[20] Não era um show de um homem só, mas não estava longe disso.

Não era segredo o fato de que De Gaulle e seu inicialmente pequeno mas dedicado grupo de seguidores estavam diante de uma luta árdua. Uma vasta proporção das forças armadas francesas tinha ficado sob o comando de Vichy. O devastador ataque britânico à esquadra francesa em Mers-el-Kébir, em julho de 1940, dificilmente foi um bom anúncio para De Gaulle. E o Império ficou predominantemente leal a Pétain. Quando o fracasso de uma tentativa de desembarque da França Livre em Dakar, no Senegal, apoiada pelos britânicos, ofereceu uma deixa para a propaganda de Vichy, foi fácil retratar De Gaulle como um traidor da França.

As relações com seus anfitriões britânicos logo tornaram-se turbulentas. O governo britânico dava suporte financeiro à França Livre e em agosto de 1940 reconheceu formalmente suas forças militares como aliadas. De Gaulle pôde usar a BBC para transmitir doze discursos e apelos aos franceses durante os meses de junho e julho.[21] Mas o texto de seus discursos era submetido a correções pelos britânicos. Na verdade, os britânicos controlavam sua permissão para falar em geral.[22] Para o governo britânico, ainda inseguro quanto a como lidar com De Gaulle, a França Livre era, naqueles primeiros meses, dada a magnitude da derrota da França, não mais do que um espetáculo marginal numa guerra agora centrada na própria luta britânica pela sobrevivência nacional.

De Gaulle ressentia-se amargamente de sua subordinação aos interesses dos britânicos e, quando os Estados Unidos entraram na guerra em dezembro de 1941, cada vez mais aos interesses de Roosevelt e da administração americana. Mas sua própria obstinação, seu comportamento altivo e seus modos frequentemente ásperos alienavam e enfureciam os que entravam em contato com ele. Para De Gaulle, o caso era sempre e invariavelmente "França em primeiro lugar" e acima de tudo o mais. Isso, irremediavelmente, colidia com a mais ampla estratégia de guerra dos aliados. E um choque de temperamentos entre De Gaulle e Churchill foi inevitável.[23] O respeito de Churchill pela França e sua preocupação com seu futuro foram superados por sua insignificância militar. Enquanto a guerra progredia, a admiração inicial de Churchill por De Gaulle deu lugar a explosões de raiva ante sua obstinação, enquanto Roosevelt, desde o início, foi desdenhoso em relação ao líder da França Livre. Nos primeiros dois anos da guerra, os aliados consideravam De Gaulle e a França Livre algo marginal e um elemento frequentemente irritante em seu planejamento. Começaram a mudar quando a própria sorte da guerra passou a oscilar em favor dos aliados, do final de 1942 em diante.

Na fase inicial da guerra, De Gaulle lutou para ganhar o apoio do Império francês. Mas apesar da séria derrocada de suas esperanças no fiasco de Dakar, ele pelo menos obteve o apoio da África Equatorial Francesa e de pequenos enclaves franceses na Índia e na região do Pacífico — principalmente devido a sua dependência econômica da Grã-Bretanha.[24] A maior parte do império colonial só aderiu a De Gaulle após novembro de 1942. Naquele mês tiveram lugar os estrategicamente vitais desembarques britânico-americanos no norte da África. De Gaulle, enfurecido, foi mantido fora do planejamento, e não se atribuiu à França Livre nenhum papel na operação, na qual as forças de Vichy lutaram contra os aliados.

Não obstante, o sucesso dos aliados no norte da África ofereceria oportunidades totalmente novas a De Gaulle, mesmo não sendo imediatamente aparentes. A resposta alemã aos desembarques foi ocupar o que fora antes a "zona livre" da França, deixando o regime de Vichy como um óbvio e total fantoche da Alemanha nazista. Isso abriu caminho para que De Gaulle obtivesse posteriormente o controle do que sobrara do Exército francês — a Marinha afundou a si mesma no final de novembro para evitar cair nas mãos dos alemães —, que tinha cerca de cinco vezes o tamanho de suas forças da França Livre. Ele também teve a chance de ganhar gradualmente o apoio do grande remanescente do império colonial. Mas houve obstáculos iniciais no caminho. Os Estados Unidos estiveram entre os países que reconheceram a legitimidade de Vichy (na esperança de que o regime não desse apoio ao esforço de guerra do Eixo). Assim, o governo de Roosevelt, ainda em sua pouca consideração por De Gaulle, apostou de início no almirante François Darlan — veementemente anglófobo e por muito tempo o homem forte do regime de Vichy —, que assinou um armistício com os aliados no norte da África. Quando Darlan foi convenientemente assassinado em Argel, na véspera do Natal, os americanos transferiram sua simpatia ao general Henri Giraud, que fugira dramaticamente de uma prisão alemã no mês de abril anterior e nunca se cansava de lembrar, a quem estivesse preparado para ouvir, suas façanhas heroicas. Levou meses para que De Gaulle, tendo transferido seu quartel-general para Argel em maio de 1943, afirmasse sua ascendência sobre Giraud, cuja incompetência e cujos erros minaram suas pretensões à liderança.[25] Somente mais para o fim do ano De Gaulle garantiu o reconhecimento pelos aliados de sua absoluta supremacia como político francês e como líder militar. A essa altura, a construção do "mito De Gaulle", cuja arquitetura fora projetada pelo próprio, estava bem encaminhada.

SURGIMENTO DO HERÓI NACIONAL

De Gaulle nunca foi um "homem do povo", embora certamente tenha aprendido a explorar a aclamação popular que recebeu. De início, sua única arma para ganhar apoio popular foi a palavra falada. E nisso, como Churchill, ele era mestre. Sua retórica, como a de Churchill, tinha um tom antiquado. Mas era perfeitamente ajustada para mexer com emoções patrióticas — primeiro somente de uma pequena minoria da população francesa, embora, mais tarde, tenha alcançado a maioria daqueles que aguardavam o dia da libertação da França. De Gaulle passou a ser a voz da Libertação, muito antes de o povo francês saber quem e como ele era.

Antes de 1940 ele era pouco conhecido na França fora da academia militar, da sede do quartel-general e dos corredores do poder em Paris. No início de sua estada em Londres certamente era considerado, para o melhor ou, comumente, para o pior, uma personalidade extraordinária. Mas ninguém, mesmo em seu próprio entorno, achava que ele era, àquela altura, um herói carismático com apelo popular. A primeira vez que o próprio De Gaulle se deu conta de que "as pessoas estavam contando com um homem chamado De Gaulle para libertá-las" e de que "havia uma pessoa chamada De Gaulle que existia na mente de outras pessoas e que era realmente uma personalidade separada de mim mesmo" ocorreu quando foi recebido por multidões que o aclamavam em sua visita às colônias africanas no outono de 1940.[26] Mais ou menos na mesma época, transmissões regulares de jornalistas baseados em Londres começaram a difundir e reconhecer seu nome — um nome que por si mesmo (por sua proximidade com "Gaul", a Gália) parecia simbolizar a história primordial de seu país — mais amplamente na própria França. E houve as primeiras indicações de sua associação com os fragmentados bolsões de resistência à ocupação alemã.[27] Mas a resistência organizada estava se desenvolvendo lentamente. Não houve nenhum movimento consistente durante dois anos.[28] E, de qualquer maneira, antes de 1942 De Gaulle tinha poucas expectativas quanto a seu potencial.

A grande mudança em seu envolvimento com a Resistência que ocorreu naquele ano foi em grande parte obra não do próprio De Gaulle, mas de Jean Moulin, até 1940 prefeito de Chartres, mas que logo tornou-se a figura-chave que fez a interligação entre organizações de resistência que eram embrionárias e separadas. Em outubro de 1941, Moulin viajou incógnito para Londres, via Lisboa, encontrou-se com De Gaulle e o convenceu do potencial que havia na França para uma resistência armada coordenada. Moulin recebeu financiamento. De Gaulle insistiu em ter a liderança total. A partir de janeiro de 1942 Moulin passou a agir como "representante" de De Gaulle. Moulin o considerava simbolicamente vital para construir um movimento de resistência eficaz, mas deixava um ponto de interrogação quanto a sua posterior aptidão para estar à frente de um governo.[29] Ele enfrentou grandes dificuldades para forjar qualquer aparência de unidade ante a disparidade organizacional e de posições ideológicas dos movimentos de resistência. Mas a total subordinação do regime de Vichy às exigências alemãs, sobretudo após a introdução da ordem de trabalho compulsório em fevereiro de 1943 (que visava fornecer trabalhadores franceses ao esforço de guerra alemão), funcionou como um grande agente de recrutamento para a Resistência.

O objetivo comum da libertação permitiu posteriormente que Moulin reunisse representantes de diversos movimentos de resistência num Conselho Nacional da Resistência, que ocorreu pela primeira vez em 27 de maio de 1943. Este concordou que De Gaulle devia ser antevisto como líder de um governo provisório, embora a unidade dos movimentos de resistência ainda fosse superficial.[30] Seu papel na Resistência ainda estava longe de ser sua principal preocupação. Naquele momento De Gaulle estava principalmente preocupado, em sua nova base em Argel, com manobras para assegurar sua liderança ante o desafio de Giraud. Foi somente a partir do outono de 1943, uma vez tendo De Gaulle estabelecido o controle sobre o Comitê Francês de Libertação Nacional (liderado inicialmente por ele e Giraud), que ele teve seu reconhecimento geral como símbolo da resistência francesa.[31] Mesmo então, a resistência comunista, em particular, tinha a cautela de não conceder autoridade demais a alguém considerado um conservador reacionário, se não um fascista. De Gaulle, de sua parte, continuava preocupado com a possibilidade de perder para os comunistas o controle do movimento de resistência. Enquanto isso, o corajoso trabalho de Moulin tinha acabado tragicamente com sua captura, em junho de 1943; ele seria depois torturado e morto nas mãos da Gestapo.

De Gaulle, no final de 1943, era cada vez mais visto por seus compatriotas e pelos aliados como o futuro líder da França libertada. Ele se adaptou pragmaticamente à necessidade de um planejamento coletivo do futuro pelo Comitê Nacional de Libertação (que se via como o precursor do governo francês), mas insistia que o Comitê era meramente consultivo. Qualquer semelhança com democracia era pura fachada. Ele retinha o controle e os poderes de decisão em todas as questões importantes. Seu arraigado autoritarismo permaneceu intacto. Assim como seu difícil relacionamento com os líderes aliados. Os aliados reconheciam agora — nem sempre com muito entusiasmo — que apenas ele tinha autoridade para falar pela França Livre. Mas De Gaulle ressentiu-se raivosamente por ter sido deixado fora dos planos para o Dia D e estava desconfiado do que teriam em mente para o futuro governo da França, imaginando — não sem justificativa — que pretendiam manter o país sob controle aliado.

Seu humor era irritadiço quando se encontrou com Churchill em 4 de junho de 1944, dois dias antes do Dia D, depois de retornar de Argel para Londres, numa furiosa discussão, durante o almoço, sobre a subordinação da França (e da Grã-Bretanha) aos interesses americanos nos planos para a Libertação. A explosão de cólera foi um sinal de sua própria tensão (alimentada pelo álcool), e a ela seguiu-se uma reunião um pouco mais amena com o comandante em chefe aliado, o general Eisenhower, na qual De Gaulle queixou-se amargamente da falta de envolvimento francês no desembarque.[32] No próprio Dia D, De Gaulle recuperou seu aprumo proferindo um estridente, patriótico discurso ao povo francês, transmitido pela BBC. Mas, para a irritação de Churchill, ele falou das "diretivas dadas pelo governo francês", como se tal governo realmente já existisse. Churchill não conseguiu resistir e comentou com Roosevelt que o discurso fora notável, já que "De Gaulle não tem um único soldado na grande batalha ora em curso" (uma alfinetada que logo ficou datada, pois uma divisão blindada francesa, comandada pelo general Philippe Leclerc, foi lotada como parte da força aliada na Normandia a partir de 1º de agosto de 1944).[33] Apesar da impaciência de Churchill, para grande número de homens e mulheres franceses De Gaulle, àquela altura, era a encarnação da própria Libertação — e, com ela, da restauração da honra francesa.

O "mito De Gaulle" — a imagem heroica do libertador da França — ficou mais realçado quando, após quatro anos de ausência, De Gaulle voltou a pisar em solo francês, em 14 de junho. Seu discurso ao povo de Bayeux, a maior cidade libertada até então, numa visita bem ensaiada, foi em grande parte um exercício de propaganda. A recepção foi entusiástica, conquanto menos eufórica do que De Gaulle alegaria depois.[34] De Gaulle estava estabelecendo a base para um poder político após a Libertação. Seu grande passo foi sua entrada triunfal em Paris, para onde voltou em 25 de agosto. A cidade tinha sido libertada — no ato final do drama — pelos próprios franceses. Dias antes a Resistência tinha orquestrado um levante na capital, como em outros lugares da França. A glória militar de entrar lutando em Paris tinha sido assegurada, por Eisenhower, para as forças do general Leclerc. As unidades francesas entraram na cidade na noite do dia 24. A rendição alemã ocorreu no dia seguinte.

Quando De Gaulle fez um discurso comovente naquela noite de 25 de agosto, no Hôtel de Ville, na capital francesa, falou da Paris "libertada por si mesma, libertada por seu povo com a ajuda dos exércitos da França".[35] Seu breve agradecimento aos aliados pela ajuda representou o mais despojado reconhecimento do que eles tinham feito para tornar possível a libertação da França. Mas só uma coisa contava para De Gaulle: glorificar a própria França mediante a imagem de uma autolibertação. Isso era, em si mesmo, de grande importância para a reconstrução de uma nação traumatizada.

E não havia dúvida quanto a quem estava sendo retratado como o herói da Libertação, o salvador da nação. De Gaulle ocupou o lugar de honra no desfile da vitória ao longo da Champs-Élysées no dia seguinte. A vasta e jubilosa multidão agitava bandeiras, que tinha recebido antecipadamente. E aclamava: "Viva De Gaulle".[36]

FRACASSO

O líder De Gaulle foi produto da guerra. A tarefa de montar uma organização, garantir uma continuidade tanto na França quanto no Império, manter contatos e construir um exército no exílio enquanto lutava com os aliados para ser reconhecido exigira qualidades específicas de liderança. E sua personalidade era compatível com elas. Sua força de vontade, seu distanciamento das disputas políticas cotidianas, seus modos autoritários, sua insistência em ter controle autocrático num tipo de estrutura de comando militar mostraram ser valiosos nas condições de emergência de uma guerra. Essas qualidades, no entanto, não eram adequadas a um governo democrático na tarefa coletiva de reconstrução no pós-guerra.

Depois da parada triunfal pela Champs-Élysées, De Gaulle começou do modo como pensava continuar: impondo sua própria autoridade no governo que tinha nomeado e — na medida em que era possível fazer isso — em todo o país (partes do qual ainda não tinham sido libertadas). O governo incorporou todas as partes do espectro político, inclusive os representantes comunistas. Mas De Gaulle mantinha firmemente as rédeas do poder.

Seu prestígio único lhe garantiu sucesso inicial. Explorou o culto à sua personalidade desempenhando o papel da Resistência, cuja consagração poderia representar um desafio a sua própria autoridade. Ele considerou a desilusão de muitos que tinham visto nele um símbolo de suas esperanças futuras como, efetivamente, um dano colateral. Um senso de unidade nacional, traçando uma linha demarcatória sob o recente e doloroso passado, pôde ser evocado no julgamento e na punição de colaboracionistas e representantes do regime de Vichy. E sua visita a Moscou em dezembro de 1944, para conversas bilaterais com Stálin (que levaram a um tratado razoavelmente insignificante de assistência mútua), ecoou bem em casa, ao sinalizar que a França estava retornando a seu supostamente justo status de grande potência.[37]

Logo ficou claro quão ilusório isso era. De Gaulle ficou muito irritado com a exclusão da França nas deliberações dos "Três Grandes" (Stálin, Roosevelt e Churchill) em Ialta, em fevereiro de 1945, e após o fim da guerra na Europa em Potsdam, em agosto. De Gaulle continuava a não agradar Roosevelt, enquanto Stálin desdenhava de um país que em 1940 "não tinha lutado de todo". Mas Churchill queria reforçar a posição da França como o mais importante aliado da Grã-Bretanha na Europa Ocidental. A defesa dele foi grande fator para o acordo —"só por gentileza", disseram Roosevelt e Stálin — de criar uma zona de ocupação francesa na Alemanha.[38] Também se deu à França participação no Conselho de Controle Aliado e um assento permanente no recém-formado Conselho de Segurança das Nações Unidas.

Foi em casa, no entanto, que De Gaulle enfrentou seu maior desafio. Partidos políticos de novo ganharam forma rapidamente, com mais ênfase aos reconstituídos partidos Comunista e Socialista e um novo partido democrata cristão, o Mouvement Républicain Populaire (MRP, Movimento Republicano Popular). Proeminentes na liderança do MRP, havia figuras estreitamente associadas a De Gaulle, inclusive Georges Bidault, que tinha chefiado o Conselho Nacional de Resistência após a morte de Jean Moulin, e Maurice Schumann, o mais regular locutor nas transmissões da França Livre em Londres, a partir do verão de 1940. Nas primeiras eleições do pós-guerra, em outubro de 1945, os três principais partidos obtiveram níveis quase iguais de apoio. Seguiu-se uma estranha coalizão governamental, numa aliança tripartite, embora houvesse, de fato, boa medida de apoio interpartidário nos primeiros estágios de planejamento econômico, para satisfazer as necessidades urgentes de reconstruir a economia.

De Gaulle foi reeleito para chefiar o governo. Mas suas ideias de como a França deveria ser governada no futuro, de um lado, e a dos partidos políticos, de outro — especialmente os de esquerda — logo levaram a um previsível conflito. De Gaulle sempre tinha prevalecido e confirmado seu controle durante a guerra. Agora, contudo, o poder dos partidos mostrou-se mais forte. Nas propostas para uma nova constituição, o poder do governo seria ainda mais constrangido do que tinha sido sob a Terceira República.

De Gaulle insistira que o governo provisório que ele chefiava após a Libertação fosse uma continuação direta da Terceira República, da qual o regime de Vichy não fora mais que uma interrupção ilegítima. Mas embora enfatizasse a continuidade constitucional, ele também sinalizava para a necessidade de uma transformação política. A constituição da Terceira República tinha favorecido o poder parlamentar de controlar o governo. O resultado fora a existência de governos fracos, repetidamente formados e dissolvidos pelo poder da Assembleia Nacional, que refletia uma divisão de lealdades partidárias. Essa fraqueza, para De Gaulle, tinha sido o motivo maior do colapso de 1940. A França, ele tinha certeza, precisava de um governo forte — e ele era a pessoa certa para formá-lo. Um regime presidencial baseado em suporte popular era o que tinha em mente.[39]

Os partidos da esquerda tinham, desde o início, colocado De Gaulle sob suspeita e não queriam lhe dar um forte poder executivo. A constituição que foi proposta ia numa direção diametralmente oposta à sua vontade. Já enfrentando dificuldades para lidar com a Assembleia Nacional, ele não conseguiu o que queria. Em 20 de janeiro de 1946 ele, peremptoriamente, renunciou.[40] Esperava que seu gesto dramático de herói nacional mobilizasse mentes a chamá-lo de volta. Se era essa sua esperança, ela foi frustrada. Pela primeira vez desde junho de 1940 ele não estava mais no comando.

De Gaulle não se considerava um ditador (embora muitos não estivessem tão certos disso). Mas o modo como se descrevia e concebia seu papel equivalia a uma forma de liderança carismática (como Max Weber a definiu), baseada em suas realizações como herói de guerra da França e salvador nacional.[41] Mas isso dificilmente era compatível com a divisão em partidos políticos pluralistas que, em qualquer forma de democracia — e isso ocorrera enfaticamente no sistema francês sob a Terceira República —, limitava e controlava o poder executivo do governo. Exatamente esse tinha sido o dilema intrínseco ao seu poder como chefe do governo provisório após a Libertação. Ele precisava dos partidos e era a favor de sua restauração, tanto para limitar a influência comunista quanto para demonstrar a medida de seu apoio popular — mesmo quando a esquerda (e mais

que todos os comunistas) dificilmente poderia ser considerada uma parceira.⁴²
Por outro lado, mesmo os partidos da esquerda dificilmente poderiam fazer algo sem ele; eles também tinham de reconhecer sua posição única. A tensão de combinar políticos "carismáticos" com as divisões da democracia parlamentar era óbvia e insuperável. De Gaulle, relutante em subordinar sua própria autoridade "carismática" às restrições de partidos políticos, obteve doze anos de fracasso político. Como líder em tempos de guerra ele fora único e indispensável. Como líder em tempos de paz, enfrentou divisões que não foi capaz de superar. Um suposto ditador poderia muito bem ter tentado destruir as estruturas políticas que se interpunham em seu caminho. O que De Gaulle fez, em contraste, foi se retirar totalmente da política para esperar a crise fundamental do sistema que, ele tinha certeza, ocorreria posteriormente. Então, o herói seria de novo necessário. Ele voltaria para salvar outra vez a França.

Após renunciar em janeiro de 1946, não ficou ausente por muito tempo. Em meses estava de volta aos olhos do público — se bem que não no governo. Com seu bem cultivado senso teatral ele escolheu Bayeux, cena de seu retorno à França em 1944, para proferir um discurso, em 16 de junho, no qual apresentou seu argumento em favor da eleição de um presidente que tivesse poderes executivos. Ele via a força do governo como emanando de um chefe de Estado (claramente o papel que imaginou para si mesmo), que nomearia os membros do governo, ficaria acima da administração rotineira, reservando para si mesmo a promulgação de leis e decretos. Em tempos de perigo para a nação, o presidente garantiria a liberdade do país.⁴³

Seu apelo caiu em terreno pedregoso. Em outubro de 1946 o povo francês aprovou — um tanto relutantemente — a constituição da Quarta República. Era — assim como fora a da Terceira República — uma receita para um governo fraco e para instabilidade política. Governos dependiam de frágeis maiorias na Assembleia Nacional. Nenhum sobrevivia por muito tempo. Houve 22 governos entre 1945 e 1958, que duraram de menos de uma semana a quinze meses.⁴⁴ A incapacidade do governo para governar dificilmente se encaixava na ideia que De Gaulle tinha da "grandeza da França" e era a antítese de sua visão do futuro do país. Ele, sombriamente, previa uma nova catástrofe para a França, e até mesmo, com notável exagero, comparava o estado de espírito no país com o de junho de 1940.⁴⁵ Estava se preparando para salvar a França novamente. Em abril de 1947, fez novo retorno.

O Rassemblement du Peuple Français (RPF, Reagrupamento do Povo Francês), que ele lançou naquele mês com entusiástica recepção, alegava ser um movimento, não um partido, acima dos partidos e pela nação. No entanto, era na verdade outro partido, que contestaria eleições em sua própria plataforma. Era mesmo assim um partido, com uma diferença — em essência, era um veículo para De Gaulle, com sua liderança carismática, e para a forma de governo que ele imaginara para a França. A afiliação a ele no início foi grande, ajudada por um anticomunismo que se intensificara com a instalação da Guerra Fria. Mas nunca chegou perto de obter apoio da maioria e, na verdade, cindiu a votação da direita, enfraquecendo o MRP. A direita gaullista e a esquerda comunista — os comunistas tinham sido excluídos do governo em 1947 — simplesmente formavam extremidades opostas do espectro político, com coalizões instáveis entre si, que lutavam para formar administrações duradouras. Em 1951, na primeira eleição geral desde sua formação, o RPF obteve 22% dos votos, ficando em segundo lugar, atrás do Partido Comunista (com 26%). De Gaulle alegou, implausivelmente, que seu relativo sucesso lhe dava o direito de formar um governo com a intenção de alterar a constituição, mas foi sumariamente contestado pelo presidente Auriol.[46] Dois anos depois, em maio de 1953, com o RPF passando por cisões internas e perdendo apoio eleitoral, De Gaulle declarou que se coubesse a ele governar a França só faria isso se pudesse assumir o poder e mudar o regime. "Significa que é isso ou absolutamente nada", declarou.[47] Parece que foi absolutamente nada. Ele retirou-se novamente — dessa vez, parecia, para sempre.

A VOLTA DO HERÓI: A CRISE DA ARGÉLIA

Sem uma crise fundamental da Quarta República, De Gaulle jamais teria chance de voltar ao pináculo da política francesa nos termos que ele aceitasse. Sua carreira política parecia ter terminado. Aos 63 anos, retirou-se para sua modesta casa de campo em Colombey-les-Deux-Églises, na região de Champagne, no leste da França, que ele e sua mulher Yvonne possuíam desde 1934 e onde trabalhava em suas memórias de guerra. Tinha começado em 1946, embora seu envolvimento político tivesse limitado longamente o tempo de que dispunha para escrever. Agora ele podia se dedicar a deixar para a posteridade a história de sua luta heroica para salvar a França após as profundezas da queda do país em 1940.

A enorme publicidade que houve no lançamento dos primeiros dois volumes em 1954 e 1956 — o terceiro foi publicado em 1959, após seu retorno ao poder — adornou seu lendário status como salvador da França. E deu lustro à imagem do redentor, novamente pronto para voltar de um isolamento solitário se a França precisasse dele mais uma vez.[48] Em 1958, ela precisou.

Crises de governo vieram e foram embora durante o retiro autoimposto de De Gaulle, como acontecera desde a fundação da Quarta República. Dada a natureza da constituição, isso estava destinado a acontecer. Mas a instabilidade governamental era compatível com a estabilidade do próprio sistema de Estado subjacente e com uma economia próspera. O que era necessário como precondição de uma "segunda vinda" de De Gaulle — e da concessão à sua ambição de realizar uma mudança duradoura, transformadora — não era só outra crise de governo, mas, dessa vez, uma crise do próprio Estado francês. Isso ocorreu em 1958. O fator motivador foi a incapacidade de revolver o problema da Argélia.

Impérios coloniais estavam desmoronando em toda parte. Mas a Argélia era um caso único — uma colônia que não era colônia. Embora fosse de fato uma colônia francesa desde 1830, com uma casta de colonos, principalmente franceses (um décimo da população), governando uma população muçulmana a ela subordinada, era juridicamente parte integrante da própria França. Perder a Argélia seria, portanto, o equivalente a perder parte da França. Em novembro de 1954, a Front de Libération Nationale (FLN, Frente de Libertação Nacional) começou uma luta armada pela independência, que logo se transformou numa prolongada guerra de implacável violência nos dois lados. Os governos franceses, instáveis e de curta duração, não conseguiram encontrar uma resposta para aquele problema intratável. Quando colonos franceses (conhecidos como *pieds-noirs* [pés negros]), apoiados pelo Exército na Argélia, rebelaram-se contra o governo, aumentou a pressão para que De Gaulle interviesse. De Gaulle deixou que se soubesse que ele estava disposto a formar um governo, sob a condição de que recebesse poder para mudar a constituição. Lembrou ao público francês que no passado tinha levado o país à salvação e que a "extremamente grave crise nacional" poderia trazer "uma espécie de ressurreição".[49] Tanto para o Exército quanto para os *pieds-noirs*, salvar a França significava salvar a Argélia francesa. Confiaram que De Gaulle faria o que ninguém mais seria capaz de fazer.[50]

O que De Gaulle fez, afinal, após mais quatro anos de terrível derramamento de sangue, foi acabar com o conflito argelino — embora não como os *pieds-noirs* queriam ou esperavam.[51] O fato de ter sido capaz de ter sucesso onde os governos da Quarta República tinham falhado se deve aos poderes ampliados que obteve mediante a grande mudança na constituição. Renomeado primeiro-ministro no final de maio de 1958, em meio à alta tensão política, ele rapidamente assegurou apoio parlamentar para submeter uma nova constituição à aprovação do povo. Em setembro, suas propostas ganharam o apoio de 79% dos eleitores. Em 21 de dezembro, sob a nova constituição, ele foi eleito por um colégio eleitoral para a presidência, que agora contava com fortes poderes executivos, assumindo o cargo oficialmente em 8 de janeiro de 1959. A reforma constitucional já estava sendo debatida e provavelmente teria se materializado em algum momento mesmo que De Gaulle não tivesse voltado ao cargo no ano anterior. A paralisia governamental e o fracasso em resolver a crise argelina tinham deixado o público desejoso da restauração da ordem e aberto à mudança constitucional. Mas as disposições constitucionais específicas da Quinta República foram atribuídas a De Gaulle, reflexo de sua singular autoridade e seu prestígio.

O modo como De Gaulle lidou com a crise, levando à independência da Argélia em 1962, parece, em retrospecto, uma obra-prima estratégica. Na prática, embora sua ação política de alto risco tenha sido conduzida com consumado talento, era um ajuste pragmático a uma inexorável derrota para os defensores da *Algérie française*, a Argélia Francesa, e não uma busca que visava exclusivamente a uma estratégia clara. Equivalia a cortar as perdas de um conflito que não poderia ser ganho.[52] Sua declaração "Eu compreendi vocês", proferida ante uma multidão extasiada em Argel, em 4 de junho de 1958, foi uma expressão magistral de estudada ambiguidade.[53] Os que a ouviram a tomaram erroneamente como significando que ele estava de seu lado, de que a Argélia continuaria a ser francesa. Mas ele se esquivou de ser explícito. Embora os franceses contassem com superioridade militar, mostraram-se incapazes de derrotar uma força de guerrilha determinada, que lutava numa guerra por independência nacional. Além do mais, a conduta brutal dos franceses na guerra mostrou-se contraproducente para conquistar a opinião pública tanto em casa como internacionalmente. Gradual e cautelosamente, De Gaulle seguiu em direção ao reconhecimento de que o único resultado viável era a independência da Argélia. Aceitar isso significava transformar em inimigos os *pieds-noirs* e o Exército na Argélia, exatamente os grupos que esperavam que ele os resgatasse. De Gaulle considerou esse resultado com equanimidade. Era um mal muito menor do que a continuação de uma guerra impossível de vencer. Não derramou lágrimas pelos *pieds-noirs*. Já era tempo de olhar para o futuro, não de se agarrar a um passado em extinção.

A pressão pela independência certamente teria tornado impossível para qualquer governo francês a retenção da Argélia como possessão colonial. Mas apenas De Gaulle, muito provavelmente, teria a autoridade pessoal para transformar uma potencial guerra civil num reconhecimento geral de que a Argélia não podia ser retida. Ele se dera conta havia muito tempo de que não tinha trunfos na mão para resolver a questão da Guerra Argelina. Negociações secretas com a FLN começaram no outono de 1961, e em 18 de março de 1962 levaram a um cessar-fogo que, em 8 de abril, foi aprovado por 90% do eleitorado francês (e em 1º de julho por 99% dos eleitores na Argélia).[54] A independência da Argélia foi declarada em 1º de julho. Centenas de milhares, a grande maioria deles argelinos não brancos, tinham sido mortos ou mutilados no terrível conflito. A maioria dos *pieds-noirs*, carregando consigo uma duradoura sensação de terem sido traídos, foi embora para a França. De Gaulle tinha pouca simpatia por eles e nenhuma pelas dezenas de milhares de *Harkis*, muçulmanos argelinos que tinham lutado pela França na Argélia e que depois da independência fugiram para a França para escapar de terríveis represálias em casa.

A questão da Argélia ofuscou tudo que De Gaulle fez em seus primeiros anos no poder. Terminar a guerra e evitar uma prolongada inquietação civil foram conquistas por si mesmas. Mas sua posição internacional, bem como sua autoridade em casa, trouxeram sucessos tangíveis em outras arenas. Em forte contraste com a situação única da Argélia, o término de quase todo o restante do Império francês foi consumado rapidamente entre 1958 e o final de 1960. Para alguém que nasceu na era do Império, que considerava as possessões coloniais francesas um componente intrínseco do status da França como grande potência, De Gaulle foi rápido e desapaixonado na aceitação de sua liquidação. Aceitou isso como inevitável; não como algo bem-vindo. Tratava com desdém os novos países independentes e seus povos. "Sei que a descolonização é desastrosa", ele comentou privadamente em 1962, "que a maioria dos africanos dificilmente está no estágio de nossa Idade Média" e logo eles novamente "experimentarão guerras tribais, feitiçaria, canibalismo."[55] Não obstante, ele presidiu o processo de descolonização e ajudou a assegurar uma transição relativamente suave para a independência, embora comumente preservando os interesses econômicos franceses. Sua conquista não deve ser exagerada. A pressão global por descolonização era tão forte que ela aconteceria de qualquer maneira, fosse qual fosse o caráter do governo francês. Mas sem De Gaulle na liderança, poderia ter sido um caminho muito mais espinhoso.

NO PODER: A MARCA DA PERSONALIDADE

A Quinta República foi constitucionalmente estruturada de modo a acomodar o exercício pessoal de poder pelo presidente às exigências modernas de uma representação parlamentar pluralista. Como tal, era um curioso híbrido, um tanto mais parecido com o sistema presidencial americano do que com a democracia parlamentar britânica, mas uma criação unicamente francesa. De certo modo, sua posição era semelhante à combinação de uma liderança carismática com o gerenciamento de uma política representativa da qual Bismarck fora mestre, na Alemanha Imperial — embora, é claro, Bismarck ainda se reportasse ao Kaiser. De Gaulle aceitou a participação popular na política, reconheceu-a como necessária e até lhe deu boas-vindas — contanto que fosse segundo seus termos. Na França, De Gaulle foi um chefe de Estado executivo, que não se reportava a ninguém; não um ditador, mas alguém capaz de usar um referendo a fim de obter apoio popular para seu poder pessoal e como meio de manipular o parlamento. Sob De Gaulle, a política na França curvou-se à sua personalidade e ao prestígio extraordinário que suas conquistas históricas lhe outorgaram.

Em teoria, o presidente dirigia a política exterior e de defesa (e tinha o direito de assumir poderes quase ditatoriais no caso de uma emergência nacional), enquanto os assuntos domésticos eram o terreno do primeiro-ministro e do governo, responsável ante o parlamento. Na prática, não havia esfera da política que não estivesse sob De Gaulle. Estava bem servido por alguns dos destacados políticos que ele nomeara para cargos elevados, dos quais sobressaíam Michel Debré, Georges Pompidou (que se sucederiam como primeiros-ministros), Maurice Couve de Murville (ministro do Exterior) e André Malraux (ministro da Cultura). Porém, crucialmente, os ministros eram subordinados apenas a ele, não ao parlamento. Ele cortou a conexão entre ministros e qualquer base de força parlamentar. O próprio parlamento estava muito enfraquecido. Mesmo assim, o novo partido gaullista, o Union pour la Nouvelle République [União pela Nova República], estabelecido em 1958, garantia uma forte representação parlamentar para De Gaulle.

De Gaulle dominava todas as discussões políticas importantes, também nas questões domésticas. Além disso, intervinha pessoalmente para orientar a resolução de problemas econômicos, como o plano de estabilização financeira de 1958 (concebido pelo economista Jacques Rueff) e medidas para derrubar a inflação em 1963.[56] Ele preservava, com ciúme, suas prerrogativas e tomava todas as decisões-chave. Demonstrava, para alguém na casa dos setenta, notável ímpeto e energia na pressão pela implementação de sua política, mesmo quando não estava diretamente envolvido. Isso era uma marca de sua governança desde a volta ao poder em 1958. Seu forte ritmo de trabalho, a capacidade de ouvir, de captar detalhes, seu questionamento de ministros e a extraordinária memória eram características de seu estilo de governar e sustentavam seu instintivo autoritarismo.[57] Nas reuniões semanais do Conselho de Ministros (equivalente ao gabinete, na Grã-Bretanha), meramente se ouviam relatórios ministeriais e se ratificavam decisões já acordadas por comitês ad hoc presididos (e completamente dominados) por De Gaulle.[58] Uma coisa era absolutamente clara: De Gaulle decidia.

Ele aumentou o poder pessoal ainda mais em 1962, explorando uma tentativa frustrada de assassinato por opositores fanáticos da independência da Argélia, membros da OAS (Organisation de l'Armée Secrète [Organização do Exército Secreto]), para emendar a constituição a seu favor. Buscou reduzir a necessidade de apoio parlamentar por meio da eleição do presidente por voto popular, não, como na constituição de 1958, mediante um colégio eleitoral. A mudança era altamente polêmica; foi considerada, não apenas pela esquerda, uma rota para um novo tipo de ditadura bonapartista. Mas foi aprovada (embora por apenas 62% dos votos, com 23% de abstenção) num referendo em outubro.[59] Três anos mais tarde, em 1965, De Gaulle foi reeleito presidente com 55% dos votos. No entanto, foi obrigado a enfrentar um segundo turno contra seu principal opositor, François Mitterrand, candidato da esquerda, depois de obter apenas 45% do voto popular no primeiro turno. Longe de confirmar as suas pretensões de ser um líder que estava acima de partidos e incorporava a união nacional, a eleição mostrou que De Gaulle era uma figura divisiva que, em tempos que não eram de crise profunda, mais refletia do que transcendia a divisão normal existente entre esquerda e direita.[60]

Enquanto o Império evanescia na nova era das superpotências, De Gaulle procurava novos caminhos para garantir à França o status de grande potência. Sua busca por uma política exterior independente carregava uma marca distintamente pessoal. Seu arraigado antiamericanismo — oriundo em parte do modo como Roosevelt o tinha esnobado anos antes — levou-o a buscar boas relações com a União Soviética e a China comunista. Ele rejeitou a oferta americana de mísseis Polaris e aplicou recursos num programa nuclear francês (que, na verdade, já tinha sido iniciado durante a Quarta República). Ante a grande oposição da esquerda, a França adquiriu bombas de hidrogênio em 1968 — para De Gaulle, um indispensável símbolo de prestígio nacional. Retirando-se do comando militar da Otan, liderado pelos americanos, em 1966 deu mais um passo para salientar a independência francesa em questões de defesa de política exterior. Contudo, essa independência e o status de grande potência que ela implica eram em grande parte uma miragem. De Gaulle de fato fez da França mais do que uma presença para países não alinhados (os que não se comprometiam com nenhuma das superpotências).[61] Porém, fazia já muito tempo que haviam acabado os dias de algo que se aproximasse de uma autêntica independência para um Estado-nação europeu de médio escalão (como a Grã-Bretanha havia descoberto também).

Diferentemente da Grã-Bretanha, a França tinha achado um novo papel para si na Comunidade Econômica Europeia (CEE) quando De Gaulle assumiu o cargo. De Gaulle nunca gostou de Jean Monnet ou de suas ideias supranacionais de integração europeia. Aqui, também, suas próprias concepções estavam ancoradas num passado de Estados europeus independentes e rivais. Mas ele era realista. A CEE trouxe grandes benefícios para a França — notavelmente na Política Agrícola Comum, que favorecia os agricultores franceses desproporcionalmente. E De Gaulle tinha ciência de que a paz na Europa dependia da existência de relações estreitas com a Alemanha Ocidental, que ele selou com o simbólico Tratado de Amizade Franco-Alemão, assinado por ele e pelo chanceler Konrad Adenauer em 1963. Mas o que ele queria era o domínio da França numa "Europa de nações" (*Europe des patries*). A política de "a França em primeiro lugar" determinava que a Grã-Bretanha — considerada uma ameaça aos interesses franceses na Europa — teria de ser mantida fora da CEE. Isso, no entanto, apenas postergou a entrada da Grã-Bretanha (e os inevitáveis atritos entre os interesses britânicos e os da CEE, que De Gaulle tinha previsto) por alguns anos. De Gaulle insistia na primazia dos interesses franceses, o que levou também a sete meses de boicote francês a instituições europeias quanto à extensão dos poderes supranacionais da Comissão

Europeia, encerrado num estranho compromisso em 1966. Isso resumia o incômodo equilíbrio entre os interesses nacionais franceses e os objetivos supranacionais da CEE — uma tensão impossível de superar, certamente, enquanto De Gaulle permanecesse no poder.

O que De Gaulle foi incapaz de fazer foi submeter a marca de seu autoritarismo às forças de modernização e transformação cultural que grassavam na França e no resto da Europa na década de 1960. Quando protestos de estudantes, inicialmente por causa das condições nas universidades, galvanizaram a França num nível de levante que por um momento, em maio de 1968, ameaçou a ordem política, De Gaulle foi pego desprevenido. Sua resposta inicial — sair da França para uma visita de Estado de quatro dias na Romênia, deixando no cargo executivo o primeiro-ministro Pompidou — mostrou que ele estava enganado em sua análise da situação e sem contato com as mentalidades da geração mais jovem. Somente mais para o fim de um mês de violentos distúrbios ele retomou a iniciativa — e apenas depois de ter desaparecido misteriosamente por alguns dias sem sequer informar o primeiro-ministro. A causa de seu desaparecimento foi ter cruzado a fronteira com a Alemanha Ocidental para obter junto ao general Jacques Massu, comandante das forças francesas na Alemanha Ocidental, a garantia de que poderia contar com o apoio dos militares. Depois disso, partiu para a ofensiva, advertindo a nação do perigo de uma ditadura e da ameaça do comunismo, enquanto uma orquestrada marcha de meio milhão de legalistas por Paris demonstrava seu apoio. Pompidou desempenhou então o papel principal (como fizera durante a crise), mediante concessões e promessas de reforma, trazendo uma gradual restauração da ordem.

As eleições, um mês depois, resultaram num imenso voto de confiança em De Gaulle. Mas a maré estava se voltando contra ele. Quando submeteu suas propostas de reforma do governo ao voto popular, num referendo em 27 de abril de 1969, o povo as rejeitou. De Gaulle considerava o referendo um teste de confiança em sua liderança. Portanto, tirou conclusões óbvias do resultado e imediatamente renunciou, sem canções ou danças. Tinha dito a um de seus conselheiros mais próximos: "Se a França não quer me ouvir, bem, irei embora, e depois o povo verá que eu tinha razão".[62]

A verdade era que ele não estava mais sintonizado com a época. Em duas crises, em 1940 e depois novamente em 1958, sua personalidade tinha sido crucial para moldar o destino da França. Mas os eventos de maio de 1968, apesar de terem deixado imediatamente alguns resultados tangíveis, mostraram que a França tinha passado da marca peculiar de seu poder pessoal. Ele reconheceu isso, à sua inimitável maneira. Os franceses, concluiu privadamente, não tinham correspondido à sua visão de grandeza. Tinham escolhido "a mediocridade".[63] Na verdade, seu sucessor, Georges Pompidou, era tudo menos uma mediocridade, enquanto a visão defendida por De Gaulle, de uma restauração da grandeza francesa, não passava de uma ilusão. Ele retirou-se uma vez mais, primeiro para férias na distante costa ocidental da Irlanda, depois para a reclusão em Colombey-les-Deux-Églises, onde trabalhou assiduamente no que pretendia que fossem três volumes de memórias de seu período no cargo desde 1958. Dessa vez a aposentadoria foi final. A era De Gaulle tinha terminado. Pouco mais de um ano depois, ele estava morto.

LEGADO

Revisitando as dramáticas décadas da história francesa nas quais De Gaulle deixou tão indelével marca — desde os "anos ocos" da década de 1930,[64] passando pelo trauma da guerra e pela libertação, pela turbulência da Quarta República e da Guerra da Argélia, até a notável estabilidade da Quinta República —, a questão óbvia se impõe: poderia alguém que não De Gaulle ter alcançado tão notável transformação? A pergunta pode ser respondida, com certeza, com uma negativa.

Algumas conquistas, como vimos, podem ser tidas facilmente como exageradas, ou ao menos requerem relativização. A libertação da França foi obtida principalmente pelo poder armado de americanos e britânicos, não por De Gaulle e sua França Livre ou pela inquestionável grande coragem da Resistência. Mas a visão do general De Gaulle de uma "outra França" foi, não obstante, crucial, como uma causa comum tanto no próprio país quanto no Império e para manter a visão, aceita por Churchill mas não prontamente por Roosevelt, de que a França deveria ser tratada, após a guerra, como uma grande potência. Sua visão permitiu que a França esmagada em 1940 readquirisse o autorrespeito após a libertação.

A independência da Argélia e, mais genericamente, a descolonização certamente viriam de qualquer maneira, mas o papel pessoal assumido por De Gaulle no processo foi decisivo. Ele também deu um sabor distintivo à construção de uma independente política exterior e de defesa da França. Como conquista sua, isso exige certas reservas. Planos para construir armas nucleares já existiam antes de ele assumir o cargo. E o tempo diluiu tanto a pretensão de ser uma grande potência quanto o valor de uma política de defesa independente (como demonstrou a reintegração da França à Otan).

A reconciliação entre França e Alemanha (Ocidental) deveu-se mais aos primeiros passos dados por Robert Schuman, Jean Monnet e Konrad Adenauer do que a De Gaulle, e o processo já estava estabelecido em 1958, embora tenha sido De Gaulle quem selou o novo relacionamento no tratado de amizade que assinou com Adenauer em 1963. Sua desejada "Europa das nações" nunca superou a visão de Monnet de uma integração supranacional. Mas o contrário tampouco aconteceu. O instável equilíbrio entre o nacional e o supranacional na Comunidade Europeia (e depois na União Europeia) continuou. Mas em certos aspectos os desenvolvimentos foram numa direção que teria favorecido De Gaulle. O corpo que tomava as principais decisões desde 1974 era o Conselho Europeu, que representava os Estados-membros individuais. E a primazia dos interesses nacionais em geral prevalecia, especialmente em tempos de crise.

Por fim, a economia francesa inquestionavelmente prosperou sob De Gaulle. Mas tinha havido um extraordinário crescimento econômico — apesar da instabilidade do governo, da inflação, do custo da guerra na Argélia e de crises periódicas nas finanças públicas — durante a Quarta República.[65] De Gaulle teve a sorte de ter herdado em seu tempo uma economia intrinsecamente forte quando as dificuldades estavam ficando mais administráveis. E o crescimento não cessou quando De Gaulle deixou o cargo. Foi sustentado até que grandes mudanças na economia global afetassem a França, como afetaram outros países, durante a década de 1970, para encerrar os "trinta anos gloriosos" (*les trentes glorieuses*). Aqui o papel pessoal exercido por De Gaulle foi secundário em relação às forças econômicas impessoais que saíram do controle nacional. E a modernização que acompanhou o boom econômico tinha afinal solapado a França que De Gaulle visionava. A Política Agrícola Comum da CEE certamente ajudou a agricultura francesa. Mas o campesinato — o cerne da imagem tradicional da França — desapareceu, como em toda a Europa. E, enquanto isso, os estilos de vida e mentalidades modernos que surgiam da rápida mudança econômica não se adaptavam à liderança patriarcal do general.

De Gaulle tinha sobrevivido à crença em "heróis" nacionais. Ele foi o último na linhagem de líderes políticos europeus que se consideravam "grandes homens".[66]

Pluralismo democrático, liberdades civis e direitos humanos, quando se estabeleceram na Europa Ocidental, especialmente após a década de 1960, fizeram com que as noções de "grandeza" política, tão prevalentes no século XIX e no início do século XX, parecessem arcaicas. Condições mais estáveis e mudanças na mentalidade não eram compatíveis com formas de "liderança carismática", que eram produtos de crise e que apresentavam o "gênio" do "grande líder" como a solução de problemas sociais e políticos imensamente complexos.

Não obstante, seu estilo de liderança pessoal produziu sua mais significativa e duradoura conquista: a notável constituição da Quinta República. Ela foi projetada para acomodar sua exigência de poder. Mesclando autoritarismo e pluralismo democrático numa estrutura única, a constituição resistiu ao teste do tempo. Anos recentes expuseram a fraqueza, em tempos de crise, de uma constituição que depende tão pesadamente das (percebidas) qualidades do presidente. Contudo, embora na política francesa raramente falte um drama, não há clamor para mudar a constituição — algo que não se poderia dizer de qualquer período na história francesa entre a Revolução e De Gaulle.[67]

De Gaulle foi certamente um líder de notáveis qualidades e de conquistas extraordinárias. O que durou bem mais que seu papel pessoal foi, no entanto, o "mito De Gaulle" — a lendária imagem de grandeza. Sua imagem heroica transcendeu com sucesso os caprichos da política francesa nas décadas do pós-guerra (demonstrando às vezes ser uma bênção mista a seus sucessores). De Gaulle é amplamente considerado na França a figura mais importante na história francesa — muito à frente de Napoleão. O principal aeroporto de Paris tem seu nome. Mais simbolicamente, a Place de l'Étoile, no coração de Paris, com o Arco do Triunfo em seu centro e onde fica o túmulo do Soldado Desconhecido, chama-se "Place Charles de Gaulle".[68] Assim como centenas de outras praças em cidades e municípios franceses. A França de hoje avançou de muitas maneiras desde De Gaulle. Contudo, não se pode imaginá-la sem o seu legado.

Konrad Adenauer (à dir.) é acompanhado pelo prefeito de Berlim Ocidental (e futuro chanceler federal) Willy Brandt e pelo presidente americano John F. Kennedy, que foi euforicamente aclamado por enormes multidões quando de sua visita à cidade, em 26 de junho de 1963.

7. Konrad Adenauer: Construindo a Alemanha Ocidental

Não é menos notável, no que concerne a Konrad Adenauer, o fato de que sua maior contribuição à vida pública tenha começado numa idade em que a maioria das pessoas já está usufruindo da aposentadoria. Ele era principalmente conhecido por ser apenas um político da província da Renânia antes de alcançar proeminência nos primeiros anos após a Segunda Guerra Mundial. Quando se tornou o primeiro chanceler da nova República Federal da Alemanha (RFA), em 1949, tinha 73 anos de idade. Poucos imaginariam que ainda seria o chanceler catorze anos depois, finalmente renunciando aos 87 anos. E no fim de seu período como chanceler, em 1963, tinha renome internacional — em geral reconhecido como tendo sido um dos estadistas excepcionais da Europa no início da era do pós-guerra.

Adenauer esteve envolvido, centralmente, na profunda transformação da Alemanha e da Europa durante quase duas décadas após o fim da guerra. Mas qual foi, exatamente, seu papel pessoal? Quanto devem o estabelecimento da democracia na Alemanha Ocidental, a adesão da República Federal ao Ocidente e o estabelecimento de uma Comunidade Europeia integrada a suas decisões individuais? Ele fez história ou foi mormente o veículo de forças da política e da economia internacionais que encaminhou mas, no melhor dos casos, só controlou parcialmente?

PERSONALIDADE, INÍCIO DE CARREIRA E OBJETIVOS POLÍTICOS

O jovem Konrad Adenauer demonstrava claramente ter os traços de personalidade que iriam modelar mais tarde sua atuação como chanceler e fariam dele um líder formidável, mesmo aos oitenta anos de idade. Os valores que ele absorveu desde a infância — nasceu em Colônia em 1876, numa família católica devota de classe média — deram-lhe um acentuado senso de que as responsabilidades e os deveres de cada indivíduo estavam enraizados na tradição e no legado do cristianismo na Europa Ocidental. A importância do dever, do trabalho árduo, da confiabilidade e do serviço público numa sociedade construída com ordem e racionalidade estava arraigada em seu caráter.[1] Compartilhava suas ideias políticas com a maioria dos cidadãos de sua classe social (e filiação religiosa) na Alemanha guilhermina. Orgulhava-se de que a Alemanha tivesse se tornado uma grande potência e adquirido um império colonial. Sua educação católica instilou nele o temor do crescente poder de uma democracia social "ateia". A doutrina social da Igreja católica no final do século XIX (que buscava melhorar as condições dos pobres, mas evitando conflito de classe e ataques à propriedade privada) modelou sua consciência política e foi depois adaptada à sua forma de conservadorismo democrático cristão.

A esses princípios gerais ele acrescentou características pessoais, das quais a ambição não estava em último lugar. Tinha sido atraído pela política logo após completar seus estudos de direito e começado a trabalhar nos tribunais de Colônia. Em 1906 — então casado e com uma criança pequena — filiou-se ao Zentrum (o Partido do Centro, principal voz do catolicismo político), o qual, junto com os liberais, era a força política dominante na cidade. No mesmo ano foi eleito para o conselho municipal; em três anos já era o vice-prefeito. Quando eclodiu a Primeira Guerra Mundial, graves problemas nos brônquios o deixaram incapacitado para o serviço militar. Àquela altura, seu trabalho na administração de uma grande cidade próxima da frente ocidental já era, de qualquer modo, suficientemente importante para autorizar isenção. Sua aptidão para garantir provimentos para Colônia durante a guerra foi um importante trampolim para que se tornasse, em 1917, o mais jovem prefeito (*Oberbürgermeister*) em toda a Prússia. Como prefeito nos anos da República de Weimar, até a chegada do regime nazista, em 1933, ele introduziu melhorias modernizantes nos serviços de

Colônia e adquiriu valiosa experiência política e administrativa. A posição de prefeito de uma grande cidade dá ao incumbente ampla autoridade executiva e uma significativa base de poder — tanto que Adenauer foi mais de uma vez, na década de 1920, considerado um possível futuro chanceler do Reich. Colônia foi o cadinho essencial para o que veio depois.

A chegada dos nazistas trouxe um fim súbito a esse longo período como prefeito de Colônia. Seguiram-se anos de dificuldade e ansiedade. Fazia tempo que era observado pelos nazistas como figura local-chave no Zentrum, o partido que representava um grande obstáculo à penetração nazista entre a população católica de Colônia e, mais amplamente, na Renânia. A campanha contra ele — inclusive com acusações de que simpatizava com judeus ou que era ele mesmo judeu — foi perniciosa e prolongada. Rufiões nazistas chegaram a circular coletando dinheiro para "uma bala para Adenauer".[2] Como muitos outros, ele estava disposto a considerar a participação nazista no governo do Reich como uma forma de sair da crise de Estado, mas esse erro de avaliação não refletia apoio aos valores nazistas, que ele considerava abjetos. Continuou a falar da defesa, pelo Zentrum, "da verdade, da liberdade e da lei" nas semanas seguintes à posse de Hitler como chanceler, em 30 de janeiro de 1933.[3]

Sua deposição do cargo de prefeito foi inevitável quando os nazistas assumiram o controle de Colônia, em março. Seguiram-se anos sombrios. Foi privado de sua casa e de seu sustento. Refugiou-se por alguns meses no mosteiro de Maria Laach, na região do Eifel. Sua segunda mulher, Gussie, e seus (agora) sete filhos — sua primeira mulher, Emma, mãe dos três filhos mais velhos, morrera em 1916 — mudaram-se temporariamente para uma casa de caridade em Colônia. Até sua pensão ser restaurada, em 1937 — a lei civil ainda funcionava parcialmente — teve de se valer do apoio financeiro de amigos. De 1935 em diante foi permitido que vivesse com sua família em reclusão em Rhöndorf, uma aldeia na margem direita do Reno, ao sul de Bonn. Os três filhos mais velhos, de seu primeiro casamento, tinham a essa altura saído de casa, embora Adenauer tenha mantido estreito relacionamento com todos os filhos. A família lhe proporcionou um oásis de estabilidade e apoio durante esses anos turbulentos. O regime nazista não o perdia de vista. Foi preso duas vezes, mas tinha mantido distância da conspiração para matar Hitler em 1944, e, contando com alguma sorte, ele e a família sobreviveram ao Terceiro Reich. Gussie, no entanto, nunca se recuperou totalmente de uma infecção sanguínea que contraíra quando foi presa nas últimas semanas da guerra e morreu em 1948.

A capitulação alemã de 1945, tão pouco promissora quanto toda a situação parecia ser inicialmente, deu a Adenauer a chance de recomeçar sua própria carreira política e de adquirir um perfil nacional, não apenas regional. Seu nome estava no topo de uma "Lista Branca" elaborada pelos líderes aliados no início de 1945, de pessoas que lhes poderiam ser úteis.[4] Os americanos o reinstalaram como prefeito de Colônia em 4 de maio de 1945.[5] Contudo, quando os britânicos assumiram a ocupação algumas semanas depois, eles culparam Adenauer de estar agindo muito pouco a fim de preparar a cidade para o próximo inverno e em outubro o destituíram por incompetência — um espetacular erro de avaliação.[6] Em três meses deram-se conta do erro e passaram a considerar Adenauer uma figura importante para a construção de um novo partido político, a União Democrática Cristã (UDC), em sua zona de ocupação. Adenauer compartilhava uma visão amplamente abraçada em círculos conservadores de que um partido que se apoiasse em princípios de renovação cristã, mas capaz de transcender a divisão existente entre católicos e protestantes, era necessário para superar a mancha da criminalidade nazista e conter a ameaça dos ímpios socialismo e comunismo. Desde agosto de 1945 ele se envolvera na construção da UDC na Renânia, e em março de 1946 era o líder do partido em toda a Zona Britânica.[7] Isso pavimentou o caminho para sua ascensão ao cargo de chanceler da República Federal da Alemanha quando de seu estabelecimento em 1949.

Enquanto isso, sua ambição ficou evidente. "Quero ser o chanceler federal", declarou.[8] Tinha um alto nível de autodisciplina e, mesmo em idade avançada, uma capacidade stakhanovista para o trabalho árduo. Mostrar-se-ia inabalavelmente leal a seus colegas e conselheiros. Nem na aparência nem em pronunciamentos públicos ele transmitia um carisma natural. No entanto, instintivamente transmitia autoridade, fosse conduzindo os assuntos em Colônia ou, depois, administrando seu gabinete no governo da República Federal.

Tinha uma força de vontade incomum, com claras tendências autoritárias. Já nos tempos de Colônia houve quem achasse que ele tinha o estilo de um ditador. Seus opositores de esquerda o chamavam de "Mussolini alemão" ou "Duce de Colônia".[9] As pessoas brincavam dizendo que ele usufruía de mais poder em Colônia do que o rei da Prússia ou o Kaiser alemão jamais tiveram.[10] Ele acreditava num governo democrático. Mas a democracia, a seu ver, precisava ser manobrada, guiada, dirigida. Não à toa seria depois frequentemente acusado de conduzir uma "democracia de chanceler" (*Kanzlerdemokratie*). Seu estilo de governar, dizia-se, era uma ponte entre um Estado patriarcal e uma democracia multipartidária.[11] Tinha uma sintonia fina para as realidades políticas que sustentavam o poder. Podia ser cruel e maquiavélico em suas manobras e maquinações. Olhava para o longo prazo, embora fosse adepto de fazer quaisquer ajustes e compromissos de curto prazo que fossem necessários para alcançar seus objetivos. Era proeminente entre os que estavam construindo uma Alemanha Ocidental democrática, economicamente estável e comprometida com os valores ocidentais, disposto a trabalhar em cooperação com seus vizinhos europeus, e um estreito aliado dos Estados Unidos. Uma vez tendo iniciado uma ação, ele a seguia com determinação, era difícil demovê-lo, e estava pronto a lutar por ela. Junto com seu domínio detalhado de uma proposta, a clareza de sua mente e seus poderes de persuasão faziam dele um formidável operador político.

Sua prioridade total nos primeiros anos como chanceler foi o término da ocupação e a obtenção da soberania para a República Federal. Ele rejeitava totalmente o nacionalismo agressivo que tinha levado à criminalidade nazista e à destruição da Alemanha. Mas era profundamente patriota e colocava o bem-estar e os interesses de seu país acima de todas as outras considerações políticas. Naturalmente (como quase todos os seus compatriotas) queria que a Alemanha fosse de novo um Estado-nação unido. Privadamente, aceitava o fato de que as ex-províncias orientais além da Linha Oder-Neisse, tomadas pelo Exército Vermelho na fase final da guerra e desde então parte (principalmente) da Polônia, estavam perdidas. Publicamente, tinha de manter a ficção de que as fronteiras da Alemanha ainda eram as do Reich Alemão em 1937. Seu realismo político o levou, além disso, à conclusão antecipada de que, para a indefinida futura unificação, mesmo as fronteiras de 1945 — acordadas na Conferência de Potsdam naquele ano — seriam impossíveis. Somente em algum momento distante e imprevisível do futuro isso seria realizável — e mesmo então, apenas se o Ocidente fosse militarmente mais forte do que a União Soviética.

Um segundo leitmotiv reforçava o primeiro. Em sua juventude, a educação católica instilou nele a primeira antipatia pelo socialismo. E antes da Primeira Guerra Mundial, como muitos outros alemães, tinha temido o poder da Rússia. As duas coisas se traduziram depois em seu duradouro e intenso ódio ao comunismo soviético e em sua ansiedade quanto à ameaça nuclear soviética. Isso significou, inexoravelmente, que ele via a chave da segurança da Alemanha como intimamente ligada às potências ocidentais, acima de tudo aos Estados Unidos. Embora isso impedisse uma unificação em breve, não diminuía, aos olhos de Adenauer, o senso de identidade nacional. E sim, equivalia a redefinir aquela identidade nacional como parte de uma democracia constitucional ocidental liberal em forte oposição à tirania do comunismo soviético.

Seu forte apoio aos estágios iniciais da integração da Europa Ocidental seguia as mesmas premissas. Já no outono de 1945, prevendo uma Europa irreconciliavelmente dividida entre leste e oeste, ele pensou que o futuro das zonas não soviéticas seria moldado pela integração econômica com outros países da Europa Ocidental.[12] Como renaniano, era natural que buscasse uma estreita cooperação econômica com vizinhos da Alemanha no oeste. Até chegara, em 1923, durante a ocupação francesa do Ruhr, a brincar com a ideia de uma república renana separada, com conexões industriais, financeiras e de segurança mútua com a França. Imediatamente após a Segunda Guerra Mundial mostrou estar aberto à ideia de uma reaproximação econômica destinada a eliminar o antigo conflito entre a França e a Alemanha. Seu rápido apoio à proposta de Schuman, em 1950, de uma Comunidade Europeia do Carvão e do Aço e à sugestão francesa de uma Comunidade de Defesa Europeia seguiu-se a um ponto de partida comum — o de que o futuro da Alemanha estava ligado à integração da Europa Ocidental, econômica e militarmente. Mas a integração não era um objetivo em si mesmo. Seu propósito era servir aos interesses nacionais alemães. E a reaproximação com a França, desejável como era para remover velhos antagonismos, nunca seria bastante, em termos de segurança, para proteger a Alemanha da ameaça do comunismo soviético. Para esse fim, ele considerava o contínuo apoio dos Estados Unidos indispensável.

As razões de Adenauer para fazer avançar sua política de ligações estreitas com as potências ocidentais (especialmente os Estados Unidos) e uma mais estreita integração econômica com países vizinhos (acima de tudo com a França) teve impacto direto em sua agenda doméstica. Ele visava a nada menos do que a reconstrução da Alemanha — física, econômica e moralmente arruinada por doze anos de regime nazista. A integração de uma sociedade destroçada era o imperativo crucial, a base indispensável do processo de reconstrução. Mentalidades danosas e perigosas alimentadas por anos de ditadura extremamente nacionalista, imperialista e racista tinham de ser substituídas por um compromisso com paz, democracia, liberdade, estado de direito e cooperação amigável com países que compartilhassem valores semelhantes. Isso levaria tempo. Seria necessário deslegitimar movimentos políticos, de esquerda ou de direita, que rejeitassem esses valores. Mas também significava, para ele, estender um véu sobre a cumplicidade de amplos setores da sociedade com o nacional-socialismo — priorizando a integração política em detrimento da condenação moral e da prestação de contas.

A construção de uma nova Alemanha (Ocidental) exigiria ajuda de fora, dos aliados ocidentais, e também de outros países europeus. Mas acima de tudo precisaria do comprometimento da população alemã com os novos valores democráticos. Isso seria mais fácil se a democracia funcionasse no interesse do povo. Aqui, a sorte, assim como boas escolhas políticas, forneceu um bônus na forma do "milagre econômico". Adenauer, que tivera ligações estreitas com líderes industriais já na época de Colônia, instintivamente favoreceu uma política econômica liberal e não o controle do Estado. Teve a sorte de ter Ludwig Erhard para orientar a recuperação econômica e o impacto da Guerra da Coreia para estimular uma economia ainda em dificuldades. Mesmo naquele ambiente econômico positivo, ganhar o apoio para políticas altamente controversas, como a da integração com o Ocidente à custa de qualquer perspectiva de uma unificação nacional em breve, exigiu coragem política, um alto grau de determinação e a capacidade de convencer os que duvidavam, com a força do argumento e o poder da personalidade.

PRECONDIÇÕES

Difícil imaginar circunstâncias menos propícias do que as que Adenauer encontrou nos primeiros anos do pós-guerra. Entre 1945 e a fundação, em 1949, dos dois novos Estados, a República Federal da Alemanha e a República Democrática Alemã, a "Alemanha" consistiu em nada mais do que quatro zonas de ocupação pelas quatro potências (Grã-Bretanha, Estados Unidos, França e União Soviética). O que Adenauer teve de enfrentar quando surgiu como o líder político alemão mais significativo nas três zonas ocidentais não foi uma crise de Estado, mas a assustadora tarefa de construir um Estado totalmente novo. Ele estava isento de qualquer cumplicidade com o regime nazista. Mas tinha de começar a partir de uma posição de total subordinação às forças de ocupação, num país onde os valores nazistas ainda prevaleciam amplamente.

Entre 1946 e 1949, Adenauer construiu rapidamente a organização da UDC na zona britânica. A zona americana não tinha uma liderança unificada, e a Baviera, seu maior estado, predominantemente católico, onde o catolicismo político tinha sido representado na República de Weimar não pelo Zentrum mas pelo Partido do Povo Bávaro, estava estabelecendo sua própria variante de democracia cristã, a União Social Cristã (USC). Berlim, sob o governo das quatro potências mas situada na zona soviética, e que em 1946 estivera sob firme controle comunista, parecia ser inviável como lugar para a sede nacional. Assim, a forte base de Adenauer na zona britânica, no noroeste da Alemanha, mostrou-se vantajosa para ampliar seu controle sobre o partido que nascia. Quando, em junho de 1948, em meio à aumentada tensão da Guerra Fria, os aliados ocidentais concordaram em criar um novo Estado na Alemanha Ocidental, Adenauer estava na melhor posição para vencer a eleição para presidente do Conselho Parlamentar (Parlamentarischer Rat), estabelecido em Bonn naquele mês de setembro a fim de rascunhar uma constituição (promulgada em maio de 1949). Foi um trampolim para ele passar a se considerar não meramente um líder de partido, mas potencialmente um chefe de governo.[13]

Em 14 de agosto de 1949, Adenauer liderou a UDC nas eleições para o parlamento federal (Bundestag). A vitória por estreita margem sobre o Partido Social-Democrata (PSD) foi suficiente para determinar que o Estado — fundado em 20 de setembro de 1949 (ao que se seguiu a fundação da República Democrática Alemã, em 7 de outubro) — se construísse sobre os princípios de uma economia de mercado liberal, não a planejada economia socialista desejada pelo PSD. A oposição ao PSD habilitou Adenauer a montar uma coalizão antissocialista na qual juntou-se à UDC seu partido irmão, a USC, o recém-criado, orientado para o mercado, Partido Democrático Livre (PDL) e o Deutsche Partei (DP). Quando terminaram as discussões para formar a coalizão, restava ainda por decidir a questão da chancelaria. Teria de ter o apoio da maioria dos membros do Bundestag. E os partidos de oposição estavam quase tão fortemente representados quanto a coalizão governamental. Quando se contaram os votos, em 15 de setembro, Adenauer tinha sido eleito chanceler federal por um voto — o seu. Ao declarar sua disposição de servir como chanceler, Adenauer afirmou: "Meu médico me disse que eu seria capaz de exercer esse cargo por pelo menos um ano, talvez dois".[14] Na verdade, foram catorze anos.

COMPROMISSO COM O OCIDENTE: A ROTA PARA A SOBERANIA

O fato de a República Federal, em 1955, após uma década sob ocupação aliada, ter se tornado um país soberano — dificilmente imaginável seis anos antes — deve muito à liderança pessoal de Adenauer. Seus principais conselheiros para a política exterior, o secretário de Estado no ministério do Exterior, Walter Hallstein, e o experiente diplomata Herbert Blankenhorn, foram fundamentais nos bastidores. Mas a orientação, inquestionavelmente, veio do próprio Adenauer, que — refletindo a extraordinária importância das relações exteriores da Alemanha Ocidental na época — foi ministro do Exterior e também chanceler federal entre 1951 e 1955.

A rápida obtenção de soberania foi possível porque no início da década de 1950 Adenauer vinculou decididamente a República Federal ao Ocidente. Com o passar do tempo, essa orientação fundamental para o Ocidente parece ser algo normal, até mesmo inevitável. Mas não era assim no início da década de 1950. Uma enorme oposição foi articulada, com mais força — porém não somente — pelo Partido Social-Democrata, que era a favor de uma unificação mais imediata das duas Alemanhas como um país neutro, desmilitarizado e com uma economia socializada. A orientação para o Ocidente significava, em contraste, a aceitação de uma aparentemente permanente divisão da Alemanha, compromisso com uma economia capitalista e participação (inclusive com rearmamento) na aliança militar do Ocidente.

Poucas questões eram mais sensíveis que a do rearmamento alemão — motivo de profunda divisão dentro da própria República Federal e, compreensivelmente, questão muito rejeitada na França, que fora invadida três vezes através do Reno entre 1870 e 1940. Uma tentativa de desarmar essa ideia foi a iniciativa francesa em prol de uma Comunidade de Defesa Europeia (EDC, na sigla em inglês), que incluiria pequenos contingentes de tropas da Alemanha Ocidental num sistema controlado (isso era tacitamente assumido) pelos franceses. Adenauer deu boas-vindas à iniciativa, vendo na participação na EDC um passo em direção ao reconhecimento de soberania para a República Federal da

Alemanha. Esse objetivo ficou um pouco mais próximo com o início de conversas, no outono de 1951, para trabalhar na direção de um "Tratado Geral" que iria rever os termos da ocupação, estabelecer novas relações com os aliados ocidentais e dar à República Federal extensivos poderes de soberania. Esse foi o plano de fundo contra o qual, alarmado com as movimentações em direção a laços políticos e militares mais estreitos com as potências ocidentais, Stálin lançou sua própria iniciativa em 10 de março de 1952.

A "Nota" de Stálin dirigida aos aliados ocidentais propunha uma conferência das quatro potências para preparar um tratado de paz com a Alemanha com base na reunificação do país nas fronteiras acordadas em 1945 (ou seja, a oeste da Linha Oder-Neisse), em neutralidade, na "livre atividade de partidos e organizações democráticas" e em forças militares suficientes para autodefesa. A iniciativa de Stálin era uma clara tentativa de afastar a República Federal da influência dos aliados ocidentais. Farejando o perigo, Adenauer não hesitou em reagir negativamente. Ele disse aos altos-comissários aliados que a "Nota" não teria influência na política do governo federal. Em sua correspondência diplomática com a União Soviética nas semanas seguintes, as potências ocidentais apresentaram condições — por exemplo, eleições livres e termos para um tratado de paz — que Stálin não estava preparado para aceitar. A posição de Adenauer era inflexível: somente quando o Ocidente fosse mais forte que a União Soviética teria chegado o momento para negociações. Não seria em breve. Enquanto isso, as movimentações na direção da EDC e, acima de tudo, da conclusão do "Tratado Geral" precisavam ser aceleradas.[15]

No entanto, ele se preocupava, o que é compreensível, com as reações populares na Alemanha Ocidental. Na superfície, o que Stálin estava oferecendo tinha seus atrativos. Havia vozes poderosas a favor de pelo menos explorar aquelas possibilidades — entre elas a de Kurt Schumacher, o respeitado líder do PSD, e de Jakob Kaiser, um velho adversário de Adenauer dentro da UDC e agora membro de seu gabinete como ministro de Todos os Assuntos Alemães. Contudo, Adenauer autorizou um comunicado à imprensa com tom fortemente negativo, enfatizando a ameaça que a iniciativa de Stálin representava ao expor a Alemanha à influência soviética (considerando sua incapacidade de se defender) e a certa e permanente perda das províncias orientais. Pesquisas de opinião mostraram que sua posição contava com muito apoio por parte do público.[16]

Se a Alemanha tivesse aceitado a "oferta" de Stálin, seu caminho no futuro teria sido diferente. Era um ponto de inflexão no qual a Alemanha não mudou de direção. Não é de surpreender, portanto, que desde então tenha sido feita a pergunta: será que não se perdera já em 1952 uma chance histórica de criar uma Alemanha unificada, pacífica e livre? O "e se...?" da história, por sua própria natureza, nunca pode ser respondido conclusivamente. Mas é quase certo que nenhuma chance histórica foi perdida.[17] A imposição do poder soviético sobre os países da Europa Central dificilmente instilou confiança nas salvaguardas de Stálin para o futuro da Alemanha. Tampouco foi de bom augúrio o exemplo do domínio soviético na Zona Soviética da Alemanha Oriental. Obviamente, é duvidoso que Stálin mantivesse sua palavra nos termos da "Nota". Seja como for, "eleições livres" e "democracia" não significavam para a União Soviética o mesmo que significavam para o Ocidente. Havia um grande risco — que certamente não valia a pena assumir — de que toda a Alemanha ficasse posteriormente sob o controle soviético. A posição dos aliados ocidentais — mais notavelmente os Estados Unidos — seria gravemente enfraquecida, e a Europa Ocidental ficaria, portanto, mais exposta. Dentro da própria Alemanha, Adenauer com certeza teria de renunciar ou seria exonerado do cargo. O governo alemão muito provavelmente teria uma disposição mais favorável em relação à União Soviética, oferecendo um firme ponto de apoio ao Partido Comunista. Se os perigos de um controle soviético precisavam ser enfatizados, eles logo seriam anunciados pela brutal repressão, mediante força militar, ao levante contra o regime comunista na Alemanha Oriental, em junho de 1953.

De qualquer forma, é claro que os aliados ocidentais não aceitariam as propostas soviéticas, fosse ou não Adenauer o chanceler. Estavam determinados a integrar a República Federal na aliança ocidental. Os americanos estavam resolutos: a retirada das forças americanas da Alemanha era inconcebível, o que significava que não poderia haver uma Alemanha neutra, nem acordo com a União Soviética, e que a divisão da Alemanha e da Europa continuaria indefinidamente.[18] A dominação soviética de toda a Alemanha era um perigo que eles não poderiam contemplar. No entanto, um governo mais receptivo à "oferta" soviética teria causado problemas para as potências ocidentais. No mínimo, teriam se deparado com mais dificuldades sem a forte liderança de Adenauer e com uma postura pró-ocidental menos determinada por parte do governo federal.

As "Notas de Stálin" — houve mais três "Notas" em 1952, embora seu conteúdo não fosse materialmente diferente da primeira — mais apressaram do que retardaram o progresso em direção ao crucial Tratado Geral entre a República Federal e as três potências ocidentais. Os preparativos para o tratado envolveram Adenauer durante meses de complexa negociação com os aliados. Impressionantemente, ele manteve até mesmo seu gabinete no escuro quanto a seu progresso.[19] O tratado (que enquanto isso foi renomeado como Tratado da Alemanha — *Deutschlandvertrag*) foi assinado em Bonn em 26 de maio de 1952. Contudo, houve uma longa demora até a República Federal se tornar finalmente um Estado soberano, em 5 de maio de 1955. Isso foi causado por uma crescente oposição à EDC na França, e finalmente pela rejeição francesa, em agosto de 1954, de sua própria proposta para estabelecê-la. Mas o que inicialmente foi um grave desapontamento para Adenauer abriu a porta para a participação da Alemanha na Otan — para ele uma solução ainda melhor.[20] Isso foi em 9 de maio de 1955. A República Federal recebeu permissão para formar um exército com meio milhão de homens, porém (por iniciativa do próprio Adenauer) foi expressamente proibida de fabricar armas atômicas, biológicas ou químicas.[21]

Os britânicos e, em especial, os americanos, no início da década de 1950, tinham passado bruscamente a considerar a integração de uma República Federal na defesa ocidental como vital para a estratégia militar do Ocidente. O fracasso da EDC significava que os franceses teriam de aceitar o que tinham antes procurado evitar. Em vez de ser um parceiro júnior dos franceses na EDC, a Alemanha Ocidental tinha uma posição praticamente igual na aliança ocidental. Os interesses das potências ocidentais eram prevalentemente determinantes. Os desejos de Adenauer harmonizavam completamente com esses interesses. Mas a habilidade, a lucidez e a determinação de Adenauer foram de valor inestimável na perseguição a objetivos que tanto ele como as potências ocidentais buscavam alcançar. Se outro político alemão ocidental estivesse liderando o governo da República Federal, a tarefa teria sido com certeza mais difícil. Os sociais-democratas queriam uma política totalmente diferente. Mesmo em seu próprio gabinete Adenauer teve de contender com a oposição. Os determinantes estruturais da estratégia ocidental na Guerra Fria certamente modelaram os fundamentos de sua política. Mas, para seguir aquele caminho, a orientação segura de Adenauer era necessária.

AMIZADE COM A FRANÇA: FUNDAMENTOS DE UMA NOVA EUROPA

Em 8 de maio de 1950, Adenauer deu, privadamente, calorosas boas-vindas a uma iniciativa que seria lançada no dia seguinte por Robert Schuman, marcando a inauguração da Comunidade Europeia do Carvão e do Aço (que compreendia a França, a Alemanha Ocidental, os países do Benelux e a Itália). Quatro décadas depois isso se desenvolveria e passaria a ser a União Europeia. A remoção de uma hostilidade de séculos entre a França e a Alemanha, declarou Schuman, era a premissa de uma nova Europa.

Adenauer fez sua primeira viagem ao estrangeiro como chanceler para assinar o tratado que estabelecia a Comunidade Europeia do Carvão e do Aço, em 18 de abril de 1951. A retificação pelo Bundestag veio em 11 de janeiro de 1952, apesar da oposição dos sociais-democratas, cujo líder, Kurt Schumacher, rejeitou a Comunidade Europeia do Carvão e do Aço como sendo uma conspiração capitalista contra o trabalho organizado.[22] Porém, impulsionada pela demanda por aço causada pela Guerra da Coreia, a economia da Alemanha Ocidental teve grande avanço no início da década de 1950, atraindo exportações dos outros países da Europa Ocidental,[23] de modo que ficou mais difícil sustentar a oposição direta. Em 1956, quando o Bundestag autorizou Adenauer a entrar em negociações para estabelecer um mercado comum e uma política comum de energia nuclear, houve um acordo geral bipartidário em que a integração europeia era vital para a estabilidade e a segurança futuras.[24]

Após o fracasso da EDC em 1954, Adenauer, no início, ficou ansioso quanto às perspectivas de sucesso de outro grande projeto de inspiração francesa — o que era compreensível, dada a contínua instabilidade política na França. E seu ministro da Economia, Ludwig Erhard, que mais do que qualquer outro indivíduo isoladamente tinha arquitetado o "milagre econômico", era a favor de um sistema de livre comércio internacional, em vez de uma união aduaneira europeia. Erhard e o ministro de Energia Nuclear (e, a partir de 1956, ministro da Defesa), Franz Josef Strauss, também eram contra os planos de uma política de energia atômica comum, que eles alegavam ser desvantajosa para a nascente indústria atômica alemã. Porém, convencido pelo ex-primeiro-ministro belga, que era a força motriz do processo de integração, Paul-Henri Spaak, Adenauer superou suas dúvidas quanto aos méritos do mercado comum. Escrevendo a Erhard em abril de 1956, ele enfatizou o valor da integração europeia para a posição internacional da República Federal. Ressaltou especialmente que os Estados Unidos viam a integração como a base de sua política em relação à Europa, acrescentando que considerava "a ajuda dos Estados Unidos absolutamente necessária para nós".[25]

Contudo, as divisões no gabinete permaneceram. Tampouco houve acordo entre a França e a Alemanha Ocidental quanto a um tratado atômico ou quanto à criação de um mercado comum. As relações com a França se complicaram mais com a crise de Suez, causada quando tropas britânicas, francesas e israelenses invadiram o Egito em 5 de novembro de 1956, numa tentativa frustrada de retomar o controle do canal (que tinha sido nacionalizado pelo líder egípcio Gamal Abdel Nasser). A reviravolta veio com uma visita de Adenauer a Paris durante a própria crise de Suez. Um acordo com a França foi alcançado durante reuniões em 6 de novembro com o primeiro-ministro francês Guy Mollet, e foi estabelecida uma base para uma futura e estreita colaboração entre os dois países. O caminho agora estava claro. Em 25 de março de 1957 Adenauer estava entre os signatários do Tratado de Roma — apoiado pelos dois maiores partidos da Alemanha Ocidental —, que estabeleceu a Comunidade Econômica Europeia e a Comunidade de Energia Atômica Europeia. Ele tinha dito a jornalistas algumas semanas antes que isso poderia equivaler ao "mais importante evento da era do pós-guerra".[26]

O fato de o Tratado de Roma ter sido concretizado deve-se, é claro, a um empreendimento coletivo — e não ao trabalho de Adenauer. Se há um homem que merece ser singularizado, é Spaak. Assim mesmo, sem o talento de Adenauer para desfazer as tensões em seu próprio gabinete e para negociar um acordo com os franceses — adoçado por uma contribuição alemã substancial ao fundo de desenvolvimento da CEE, do qual a França seria beneficiária —, o grande passo em direção à integração europeia provavelmente não teria sido dado em 1957.

Uma questão lateral na política europeia mais ampla, mas de importância para a opinião da Alemanha Ocidental e que tocava diretamente nas relações franco-germânicas, foi a reversão da região do Sarre para a soberania alemã. A importante área industrial, com população predominantemente alemã, tinha sido um "protetorado" administrado pela França desde 1947. Isso era muito impopular na República Federal, mas os franceses estavam ansiosos por manter o Sarre. Quando a questão foi submetida a plebiscito em 23 de outubro de 1955, mais de dois terços dos votos optaram pela união com a Alemanha Ocidental. Os franceses não tiveram outra escolha a não ser aceitar o resultado, e em 1º de janeiro de 1957 o Sarre tornou-se parte da República Federal. A medida removeu um ponto dolorido nas relações entre a França e a República Federal. O crédito por isso foi concedido a Adenauer pelos cidadãos da República Federal.[27] Na verdade, contudo, Adenauer, ansioso por não contrariar os franceses e no interesse da integração europeia, estava disposto a, se necessário, deixar que o Sarre continuasse com a França.[28]

As relações franco-germânicas melhoraram muito durante a década de 1950. Mas uma reaproximação mais profunda só se estabeleceu depois que Charles de Gaulle assumiu o poder na França, em 1958. Tal aproximação se apoiava nos interesses estratégicos comuns da França e da República Federal. Para De Gaulle, relações mais estreitas entre os dois países eram cruciais para limitar a influência americana na Europa. Sua prioridade era construir a primazia da França numa estratégia de defesa europeia que fosse independente dos Estados Unidos e da Grã-Bretanha e alcançasse um modus vivendi com a União Soviética. Mas substituir a dependência da República Federal aos Estados Unidos — como a base da segurança da Europa Ocidental — pelo alinhamento com a França provavelmente nunca foi uma fórmula vencedora em Bonn. Nem Adenauer nem o ministro do Exterior alemão pensavam nesses termos. Suas dúvidas estavam ligadas à questão da integração europeia. E aqui as ideias da Alemanha Ocidental e da França divergiam. Para De Gaulle, os objetivos supranacionais da CEE (com os quais ele antipatizava intensamente) deviam subordinar-se aos interesses nacionais franceses. Para Adenauer, os interesses alemães só poderiam ser atendidos com sua sublimação nos interesses de uma Europa Ocidental mais integrada.[29]

Nos cinco anos que se seguiram a seu primeiro encontro em 1958, Adenauer e De Gaulle se encontraram em inúmeras ocasiões. Em julho de 1960 — a França tornou-se naquele ano uma potência nuclear —, De Gaulle buscou persuadir Adenauer do valor de uma aprofundada integração na defesa e na política exterior da França e da República Federal, que reduziria grandemente (se é que não suplantaria) a dependência, em questões de segurança, da Otan. A CEE, segundo essa visão, seria limitada à cooperação econômica. Uma futura integração política estaria fora da agenda. A política, para De Gaulle, era assunto de governos nacionais. No entanto, como Adenauer via claramente, os interesses da República Federal estavam profundamente associados a, por um lado, o acúmulo de vantagens a serem obtidas junto à Comunidade Econômica Europeia e, por outro, à segurança provida pela Otan, com base no poder dos Estados Unidos.[30]

Em 1962 De Gaulle propôs um relacionamento bilateral com a República Federal, embora ainda dentro da estrutura da CEE e da Otan. "As esperanças de unir a Europa", ele declarou, dependiam da solidariedade entre França e Alemanha.[31] Essa solidariedade tinha como expressão o "Tratado de Élysée", assinado com grande pompa e circunstância por Adenauer e De Gaulle em 22 de janeiro de 1963, no qual a França e a República Federal concordavam em se consultar mutuamente, especialmente em questões ligadas a assuntos exteriores e política de defesa.[32] A confirmação da reconciliação franco-alemã era um sucesso final na política estrangeira de Adenauer, cujo cargo como chanceler deveria terminar naquele ano. Mas na verdade o tratado tinha mais simbolismo do que conteúdo. E ele mascarava divisões no âmago da CEE.

O caminho que De Gaulle propôs para a Europa era projetado não só para reduzir a influência dos países do Benelux, mas também para excluir a Grã-Bretanha da condição de membro. Seu veto à entrada da Grã-Bretanha, em 14 de janeiro de 1963, foi uma consequência lógica. Mas foi um golpe para os outros membros da CEE, que eram a favor da participação britânica. Adenauer tinha uma vez considerado o envolvimento da Grã-Bretanha como importante para a reconstrução da Europa, embora as atitudes britânicas negativas em relação à CEE tivessem, enquanto isso, influído em suas ideias. E em 1963 ele achou que De Gaulle tinha razão ao vetar a participação britânica, considerando que não seria vantajosa para a CEE e compartilhando a visão do presidente francês de que a Grã-Bretanha era próxima demais dos Estados Unidos (cujo incerto comprometimento a longo prazo com a defesa da Europa o preocupava naquele momento).[33]

Seu partido, a UDC, por outro lado, estava ansioso pela participação da Grã-Bretanha, e quando a autoridade de Adenauer diminuiu no país alguns de seus membros proeminentes criticaram publicamente a oposição à entrada da Grã-Bretanha na CEE, resultante do prevalente compromisso com as relações bilaterais com a França.[34] Erhard referiu-se à rejeição à participação britânica como sendo "uma hora obscura para a Europa".[35] Em meses, Erhard sucederia a Adenauer como chanceler. Antes disso, o Bundestag ratificaria em maio o Tratado de Élysée, embora somente depois que as críticas de Adenauer o forçaram a aceitar um preâmbulo declarando a adesão da República Federal a uma parceria com os Estados Unidos, seu comprometimento com a Otan e seu apoio à CEE como o veículo para a unificação europeia.

Um preâmbulo introduzido unilateralmente a um tratado internacional já assinado era um procedimento extraordinário.[36] Sinalizava que o tempo de Adenauer como chanceler estava quase esgotado. Era, obviamente, uma afronta a De Gaulle. Mas foi a política do presidente francês que trouxe a CEE a um impasse. Incapaz de continuar seguindo De Gaulle, mas também de seguir adiante sem o envolvimento francês (que, por algum tempo, em meados da década de 1960, foi completamente retirado), a CEE estagnaria muito durante os anos seguintes.

Adenauer tinha superado uma séria oposição para possibilitar a criação da CEE em 1957. Mas embora a economia da Alemanha Ocidental, como seu componente mais dinâmico, continuasse a prosperar, o prolongado e estreito relacionamento bilateral de Adenauer com De Gaulle após 1958, impulsionado primordialmente por considerações de estratégias de defesa, ajudou a bloquear o progresso em direção à integração política da CEE durante quase um quarto de século.

ESTABILIZAÇÃO DA DEMOCRACIA

No momento de sua fundação, apenas quatro anos após o fim do Terceiro Reich, a República Federal da Alemanha era uma democracia muito frágil. Um em cada dois alemães, segundo pesquisas de opinião, achava que o nacional-socialismo tinha sido uma boa ideia, só que mal conduzida (e o preferia ao comunismo). À pergunta feita em 1951 de qual fora o melhor período da Alemanha no século XX, mais de quatro quintos da população apontaram ou os anos antes de 1914 (quando o Kaiser ainda governava) ou os anos pré-guerra do Terceiro Reich, entre 1933 e 1939 (sob Hitler). Apenas 7% achavam que o melhor período fora o da democracia na República de Weimar. E menos de 2% achavam que era o período atual. Um terço dos que responderam criticou os membros da Resistência que tentaram matar Hitler em 1944. No ano seguinte, um quarto da população ainda tinha uma "boa opinião" sobre Hitler. Uma maioria achava — notavelmente, e presumivelmente pensando apenas no que considerava os "bons tempos" antes da guerra — que ele fizera mais pela Alemanha do que Adenauer (que ainda não tinha colhido os benefícios da exaltação do "milagre econômico").[37] No entanto, em meados da década de 1950, houve uma extraordinária reviravolta. Adenauer era então considerado o segundo, perdendo apenas para Bismarck, na estimativa do público quanto a quem era o líder que mais fizera pela Alemanha. Quando deixou o cargo, em 1963, tinha superado até mesmo

Bismarck. Mais da metade da população já o classificava, em 1958, "entre os homens realmente grandes de nosso século".[38]

Quando Adenauer renunciou ao cargo de chanceler durante seu quarto mandato sucessivo, a democracia parlamentar multipartidária — conquanto conservadora, patriarcal e elitista em seu caráter essencial — estava bem estabelecida, mesmo que ainda não totalmente segura de si mesma. Diferente da República de Weimar, que nunca foi aceita pela maioria da elite política ou por uma grande parte do eleitorado, a República Federal, após um começo incerto, ganhou avassalador apoio nos dois níveis. Quaisquer que fossem as divisões políticas, havia boa e completa aceitação de uma constituição que se baseava em princípios de liberdade pessoal e na prevalência da lei, fortalecida por ter aprendido as lições da fraqueza da constituição de Weimar. A República de Weimar foi destruída por sua incapacidade de lidar com as longas, multifacetadas crises que quase derrubaram a democracia no início da década de 1920 e que fizeram isso uma década mais tarde. A República de Bonn, em contraste, não foi perturbada por nenhuma crise interna prolongada e contou com forte apoio dos aliados ocidentais (sobretudo dos Estados Unidos). Diferente do período subsequente à Primeira Guerra Mundial, não houve imposição do que, então, foi amplamente considerado reparações injustas, que ajudaram a envenenar a política de Weimar. E, é claro, em vez de uma crise econômica devastadora, a República Federal logo experimentou um boom que trouxe rapidamente níveis crescentes de prosperidade. Mais do que qualquer outra coisa, o "milagre econômico" da década de 1950 sustentou a consolidação da democracia. Milhões de alemães ocidentais melhoraram de vida e sentiram que a vida estava mais segura. Adenauer certamente desempenhou um grande papel na formatação da estrutura política para a incrível explosão do crescimento econômico. Mas o arquiteto do "milagre econômico" não foi Adenauer, e sim Ludwig Erhard, que, com sucesso, usou o Estado para estabelecer a estrutura de uma florescente economia de mercado liberal, ligada a princípios de bem-estar social.

Os dois não se viam com frequência. No início da década de 1960, Erhard, como antes mencionado, estava criticando abertamente as implicações, para as relações com os Estados Unidos e para o desenvolvimento da CEE, do estreito alinhamento de Adenauer com a França e da rejeição da Grã-Bretanha como membro. Adenauer, de sua parte, estava deixando transparecer que não achava que Erhard era o nome adequado para substituí-lo como chanceler. Aquele tinha sido totalmente um casamento de conveniência. Mas tinha funcionado bem para a Alemanha Ocidental, mormente porque Adenauer deixou que Erhard conduzisse as questões econômicas sem sua interferência.[39] No crucial terreno da economia, decisivo para a estabilização da democracia, Erhard foi mais importante do que Adenauer.

A importância de Erhard para a crucial política econômica é um indicador de que até mesmo um chefe de governo tão assertivo e diretivo como Adenauer era dependente da contribuição vital de ministros eficazes. Além de Erhard, outros ministros desempenharam papéis significativos no desenvolvimento inicial da República Federal e estavam longe de ser apenas ratificadores das políticas de Adenauer — entre eles Heinrich von Brentano (ministro do Exterior), Gerhard Schröder (ministro do Interior, depois do Exterior), Theodor Blank (Defesa, depois ministro do Trabalho) e Franz Josef Strauss (Defesa). Mas era no gabinete do chanceler (Bundeskanzleramt) que se formulavam as decisões-chave. E Adenauer, com obstinação e consumado talento político, as fazia executar.

Diferentemente dos negócios exteriores, nas questões importantes da política doméstica (à parte a questão da unificação alemã) Adenauer, com mais frequência, ia na onda da opinião pública, e não contra ela. Seu pronunciado anticomunismo, por exemplo, coincidia com o sentimento geral do público. O fato de que a Cortina de Ferro passava bem no meio da Alemanha e de que a República Democrática Alemã era um ostensivo exemplo de um sistema abominável para a maioria dos alemães ocidentais era de valor inestimável para Adenauer. O sentimento de ultraje contra o esmagamento, pelos soviéticos, do levante armado em 1953 talvez o tenha ajudado a obter uma retumbante vitória eleitoral naquele ano. A data do levante, 17 de junho, foi logo transformada num feriado anual na Alemanha Ocidental, uma forma regular de lembrar os horrores do comunismo soviético.

O anticomunismo foi o cimento ideológico da sociedade da Alemanha Ocidental. Unia todos, menos a extrema esquerda (o já eleitoralmente insignificante Partido Comunista foi banido em 1956). Ele ajudou Adenauer cada vez mais a caminhar na corda bamba da política de unificação alemã. Em meados da década de 1950, a União Soviética tinha aceitado o fracasso de seus esforços para reunificar a Alemanha e reconheceu que a divisão do país era irreversível. Em 1960 o conflito inicial entre a ideia de integração ocidental e a ideia de unificação nacional tinha terminado. Naquele ano, os sociais-democratas mudaram sua posição anterior pela unificação, aceitaram a integração com o Ocidente, o rearmamento (embora rejeitando enfaticamente a posse pela Alemanha Ocidental de armas nucleares) e a participação como membro da Otan.[40]

Quando a última grande crise em Berlim, entre 1958 e 1961, levou à construção do muro de Berlim, em 13 de agosto de 1961, selando visivelmente a divisão da Alemanha, as antenas políticas de Adenauer lhe falharam daquela vez. Ele perdeu popularidade quando anunciou que seu governo não faria nada que prejudicasse as relações com a União Soviética e pusesse em perigo a situação internacional. E ir visitar Berlim nove dias após a construção do muro não ajudou. Mas o Muro não desarmou a questão da unificação alemã. Quaisquer que fossem as esperanças a longo prazo, num futuro previsível a política de Adenauer de integração com o Ocidente tinha saído vitoriosa.

Seu conservadorismo fortemente antissoviético e pró-ocidental foi capaz de atrair muitos daqueles que poderiam, sem isso, ser desviados para um revivido nacionalismo de extrema direita.[41] O letal antibolchevismo dos anos do nazismo transmudou para o anticomunismo da era Adenauer. A guerra da Wehrmacht no leste podia ser retratada como honrosa. A opinião pública apoiou fortemente a libertação antecipada de ex-oficiais superiores que tinham sido condenados pelos aliados por crimes de guerra. E uma das conquistas mais populares de Adenauer foi ter, durante sua visita a Moscou em setembro de 1955, negociado a libertação de milhares de alemães que ainda eram mantidos prisioneiros na União Soviética.[42] As pessoas estavam felizes em aceitar a ideia de que a Wehrmacht estava "limpa". A criminalidade nazista podia ser atribuída totalmente às SS. Essa distinção geralmente excluía, até mesmo para muitos apoiadores da esquerda, os 900 mil membros das Waffen-SS (a ala militar da SS). Segundo o líder do PSD, Kurt Schumacher, eles não "tinham cometido nenhum crime" e mereciam "a oportunidade de seguir seu caminho no que para eles é um novo mundo".[43]

O modo como Adenauer via os anos de Hitler era perfeitamente sintonizado com uma sociedade que estava mais ansiosa por buscar paz, prosperidade e estabilidade no futuro do que por esgravatar os crimes de um passado muito recente.[44] Passar um véu sobre a era nazista era conveniente à maioria das pessoas que estavam mais do que dispostas a não mais ir buscar, além de Hitler e da liderança nazista, aqueles a quem culpar pelo desastre que acometera a Alemanha. A punição infligida em Nuremberg a líderes nazistas foi em geral considerada justificada, segundo pesquisas de opinião conduzidas na zona americana. Mas elas não contam toda a história. Muitos, na época, e desde então, achavam que os julgamentos tinham sido a "justiça dos vitoriosos". Os soviéticos tinham perpetrado crimes hediondos, foi alegado, e os aliados ocidentais tinham bombardeado impiedosamente a população civil, mas agora estavam julgando os alemães. E à medida que os julgamentos progrediam, o interesse neles diminuía. As questões econômicas do dia a dia frequentemente superavam a preocupação com o destino de ex-líderes nazistas.[45] Mas os peixes pequenos eram uma questão totalmente diferente. Milhões de alemães tinham sido membros do Partido Nazista e de suas várias suborganizações, e incontáveis outros tinham aclamado Hitler ou sido cúmplices, de um modo ou de outro, do nazismo. Qualquer que tivesse sido o nível de seu comprometimento com o nazismo, poucos estavam preparados para admitir a própria culpa pelo que tinha acontecido. Rejeitavam também a culpa coletiva, que viam como um injustificado veredicto, por parte dos aliados, para toda a sociedade. A maioria achava que tinha sido enganada pela propaganda e reprimida por um Estado policial totalitário.

O programa aliado de desnazificação foi, sem surpresa, um fracasso quase total. E quando os próprios alemães o assumiram, tornou-se pouco mais que uma farsa. Assim, com os nacionalistas se sentindo ainda fortes e ressentidos com a imputação de um crime coletivo, Adenauer teve a maioria do público a seu lado quando introduziu anistias para todos, a não ser o pequeno número dos condenados pelos piores crimes na era nazista. A pressão por uma anistia geral veio em parte de ex-nazistas, alguns dos quais tinham um passado muito obscuro e que tinham se infiltrado entre os parceiros da coalizão de Adenauer, o PDL. Veio também das cada vez mais influentes organizações dos expulsos, representando os milhões de alemães que tinham sido obrigados a sair da Tchecoslováquia, da Polônia e de outros lugares.[46] Qualquer possível ressurgimento do nazismo foi, contudo, descartado em 1952, com o banimento do Partido Socialista do Reich (Sozialistische Reichpartei), que atraíra ex-nazistas e que, no ano anterior, tivera preocupante progresso em algumas regiões no norte da Alemanha, com uma filiação de cerca de 40 mil membros. O perigo logo passou. Nas eleições gerais de 1953, com a popularidade de Adenauer sustentada pela economia florescente, a extrema direita teve 1% dos votos.[47]

Àquela altura, muitos dos que tinham servido no regime de Hitler — às vezes em posições importantes — tinham se reintegrado ao serviço civil e ao sistema legal. Uma lei aprovada em 1951 garantia a realocação nas posições anteriores, ou equivalentes, com direitos totais de pensão, para ex-servidores civis e soldados de carreira que tinham sido demitidos como consequência da desnazificação. Por exemplo, mais de um terço de servidores civis de alto escalão no ministério do Exterior, em 1952, tinham pertencido ao Partido Nazista.[48] Juízes que tinham proferido sentenças de morte por crimes políticos no Terceiro Reich voltaram ao cargo. A proporção de continuidade no cargo de quem tinha servido no regime de Hitler foi impressionante.[49]

Em nenhum lugar isso foi mais controverso do que no estreito círculo em torno de Adenauer, na figura de Hans Globke, que serviu entre 1953 e 1963 como secretário de Estado (o mais alto cargo depois do chanceler) na Chancelaria Federal. Globke tinha contato diário com o chanceler, atuando como a "aranha na teia" em todas as questões pessoais e impondo o "selo da vontade de Adenauer" em extensas áreas de governo.[50] Altamente capaz e eficiente, ele tornou-se indispensável a Adenauer. Mas seu passado era um grande problema. Embora nunca tivesse sido membro do partido, como servidor no ministério do Interior do Reich, tinha ajudado a formular a legislação antijudaica e fora coautor do comentário à Lei de Cidadania do Reich (parte das notórias Leis de Nuremberg de 1935). Isso era politicamente embaraçoso.[51] Mas Adenauer nunca retirou seu apoio a Globke apesar da veemente crítica pública, sobretudo na esquerda.[52] Isso não afetou sua popularidade. A questão Globke foi, paradoxalmente, objeto de acalorado debate político, mas aparentemente não atingiu a vasta maioria da população alemã. Três quartos das pessoas às quais se perguntou sobre isso em 1960 alegaram que nem sabiam quem era Globke.[53] Talvez não quisessem saber.

Um caso ainda mais patente de reabilitação de ex-nazistas foi a inclusão no governo de Adenauer, após 1953, de Theodor Oberländer, que em 1923 tinha participado da tentativa de golpe de Hitler e que participara, antes da guerra, de um planejamento racial para a Europa Oriental. Adenauer sabia que Oberländer tinha sido um nazista ferrenho. Mas Oberländer era um líder que representava o considerável lobby dos refugiados.[54] Assim, quando o Bloco dos Refugiados e Expatriados (Gesamtdeutscher Block/Bund der Heimatvertriebenen und Entrechteten) obteve 27 cadeiras parlamentares nas eleições de 1953, Adenauer o nomeou ministro federal para Pessoas Deslocadas, Refugiados e Vítimas da Guerra sem grandes protestos populares. Quando a votação na Liga caiu em 1957, deixando-a sem cadeiras no Bundestag, Adenauer ainda manteve Oberländer, que enquanto isso juntara-se, oportunistamente, à UDC. Em 1960, quando aumentou a crítica à participação de ex-nazistas no governo, especialmente entre estudantes, Oberländer, agora um risco desnecessário, renunciou. Mas Adenauer ficou com ele até o fim, declarando que ele "nunca fizera nada desonroso".[55]

A popularidade de Adenauer estava então começando a ceder. Tinha obtido espantosa vitória nas eleições gerais de 1957, quando a União Cristã (UDC e USC) ganhou maioria absoluta de votos, 50,2% — feito único na história da República Federal. Seu lema eleitoral, *Keine Experimente* (Sem experimentos, ou Nenhum experimento), ecoava perfeitamente o espírito da época, refletindo o crescimento da prosperidade. Ele tinha oferecido ao eleitorado uma extensão muito atraente de benefícios sociais com uma garantia de pensões indexadas ao custo de vida, que foi apoiada pelos sociais-democratas.[56] Mas 1957 foi o apogeu de seu apelo popular. As eleições gerais de 1961 trouxeram pela primeira vez desde 1949 uma queda nos votos da União Cristã, com 5% menos do que em 1957, com a perda de 26 cadeiras.

Um sinal marcante de que Adenauer estava perdendo contato com o estado de espírito reinante no país foi o "Caso *Spiegel*". Um artigo na revista noticiosa *Der Spiegel*, em 10 de outubro de 1962, atacando o ministro da Defesa, Franz Josef Strauss, e apontando deficiências na capacidade de defesa do país levou a uma operação da polícia nos escritórios da revista, em Hamburgo, e à prisão de seu editor e de várias outras pessoas. Adenauer denunciou o que ele chamou de traição por parte da revista. Mas uma tempestade de protestos, conduzidos por estudantes e intelectuais, e o ataque da imprensa livre ao que foi considerado métodos nazistas forçaram posteriormente a renúncia de Strauss (que voltou a seu reduto bávaro, onde sua popularidade não sofrera danos). Adenauer foi prejudicado pelo caso e sua autoridade, enfraquecida. Alguns ministros da UDC tinham se recusado a servir junto com Strauss, e cinco ministros do PDL renunciaram. Num sentido mais amplo, o caso foi a primeira indicação clara de que o sentimento público estava começando a se voltar contra as formas de conservadorismo autoritário que caracterizaram o longo exercício da chancelaria por Adenauer.[57]

Adenauer já tinha indicado antes do final de 1962 que renunciaria ao cargo de chanceler no outono de 1963. As lideranças políticas começaram, inevitavelmente, a considerar um futuro sem ele. Houve até mesmo rumores de que os sociais-democratas se juntariam a uma grande coalizão — algo impensável apenas alguns anos antes, mas que logo se tornaria realidade. Dentro de seu próprio partido, o planejamento da sucessão passou a ser urgente. Adenauer falhou em suas tentativas de bloquear o candidato óbvio e favorito para substituí-lo e, contra sua vontade, em 15 de outubro de 1963 teve de dar lugar ao sucessor que ele não considerava apto para o cargo.

LEGADO

Infindáveis e efusivas homenagens, em casa e no exterior, acompanharam a partida de Adenauer do cargo. "Adenauer não precisa temer o veredicto da história", publicou *Die Zeit*, um jornal liberal que frequentemente estivera entre seus críticos. "Foi o maior de nosso tempo."[58] Mais elogios apareceram após a morte de Adenauer (com 91 anos) em 1967. Sua reputação perdurou durante décadas. Em 2003, 3 milhões de alemães votaram nele como tendo sido o maior alemão de todos os tempos, por ter tirado a Alemanha das cinzas e ter lhe dado um lugar no palco mundial.[59] Mas se deixarmos de lado essa consulta inexpressiva quanto à "grandeza" e focarmos em uma mais tangível, conquanto difícil, questão do impacto pessoal no desenvolvimento histórico, uma avaliação mais nuançada se apresenta.

O papel que ele desempenhou pessoalmente no comprometimento da República Federal com a aliança ocidental no início da década de 1950 foi indiscutivelmente a parte mais importante de seu legado. O futuro da Alemanha, como epicentro da Guerra Fria, era na época totalmente incerto. Com o apoio da oposição social-democrata e de elementos de seu próprio partido, a pressão para a unificação imediata da Alemanha poderia ter, involuntariamente, desestabilizado tanto a Alemanha como a Europa e levado à penetração soviética no país inteiro. Provavelmente os aliados ocidentais teriam evitado isso, qualquer que fosse o chanceler federal. Mas é concebível que a constelação política na Alemanha, se fosse favorável a aceitar a oferta de Stálin de 1952, tivesse tornado isso difícil, até mesmo impossível. Adenauer foi fundamental ao assegurar que a República Federal se voltasse para o Ocidente, particularmente os Estados Unidos, para sua segurança futura. Quaisquer que fossem os caprichos da política internacional desde então — e houve alguns percalços no caminho das relações com os Estados Unidos mesmo nos tempos de Adenauer —, a integração com o Ocidente continuou, durante décadas, a servir bem à República Federal. Sem Adenauer, a história da Alemanha e da Europa poderia ter sido muito diferente.

Adenauer também foi importante para o reconhecimento de que o futuro da República Federal tinha de ser parte de uma Europa Ocidental mais integrada, com base em interesses mútuos, amizade e estreita cooperação. Ele apoiou intensamente as primeiras iniciativas francesas para estabelecer a Comunidade Europeia do Carvão e do Aço e a Comunidade de Defesa Europeia. E pôs todo o seu peso na criação e no crescimento da Comunidade Econômica Europeia de 1957 em diante. Mas em seus últimos anos encantou-se demasiadamente por De Gaulle, e sua ênfase em relações bilaterais com a França ameaçou dividir a Comunidade e criou dificuldades para o processo de integração europeia.

O legado de Adenauer para a própria República Federal não foi inequívoco. Houve grandes conquistas. Ele desempenhou um papel indispensável na estabilização da democracia na Alemanha Ocidental (embora o "milagre econômico", seu mais forte pilar, tenha sido obra primordialmente de Erhard). A partir de uma fragilidade inicial, a democracia ali acabou se apoiando em sólidos fundamentos. E Adenauer, mediante suas visitas ao exterior e seus encontros com líderes ocidentais — inclusive Churchill, Eisenhower e De Gaulle —, obteve o respeito do mundo ocidental à República Federal e à sua nova democracia. Isso se apoiava, em não pequena medida, no respeito pessoal que ele conquistou e que transferiu para a República Federal, até mesmo em Israel, depois que ele pessoalmente (e, caracteristicamente, sem autorização do gabinete) concordou, em dezembro de 1951, com substanciais reparações financeiras pelos crimes nazistas contra os judeus.[60]

O caráter da democracia da Alemanha Ocidental em seu início refletiu a marca da personalidade autoritária de Adenauer. Isso estava de acordo com o espírito público dominante numa sociedade que ainda dava grande importância à autoridade política, buscava lideranças firmes e queria passar uma borracha no passado nazista. Mas a reabilitação de Adenauer e a reintegração de ex-nazistas na nova democracia foram a parte mais questionável de seu legado. Será que a nomeação de Globke era totalmente inevitável? Globke foi, decerto, um assessor de Adenauer altamente capaz. Mas não se poderia achar outro secretário de Estado igualmente bom, mas sem o estigma moral? E seria absolutamente essencial dar lugar em seu gabinete a Oberländer, que fora um nazista de matiz mais profunda, e mantê-lo no governo mesmo quando a importância do lobby dos refugiados diminuíra?

A forte continuidade do Terceiro Reich, expressa no pessoal do serviço civil, do judiciário e da profissão médica, e entre professores, acadêmicos e outros, foi sem dúvida um lado pouco edificante dos altos e baixos do legado de Adenauer. Ele achou que seus talentos eram indispensáveis para a República Federal. Ainda mais importante, considerou sua integração uma parte vital do processo de consolidar a democracia o mais rapidamente possível, sem ser dilacerada por conflitos ferozes no que concernia ao passado muito recente. Críticos, na época e depois dela, viram a rápida reabilitação de tanta gente com um passado altamente repugnante — até mesmo alguns que tinham sido membros da polícia de segurança nazista — como moralmente repreensível. Sem dúvida isso deixou uma mancha duradoura na reputação de Adenauer.

Tentar encobrir um passado recente e angustiante para construir um novo sistema político pela via da integração, e não do confronto, esteve longe de ser exclusividade da Alemanha Ocidental. Foi, na verdade, a norma na maioria dos países da Europa Ocidental (e do Japão) após a Segunda Guerra Mundial, e também foi o caso na Espanha pós-Franco. No entanto, quase em toda parte, isso meramente postergou o acerto de contas com o passado. Na República Federal, isso começou com os julgamentos de Eichmann e de Auschwitz no início da década de 1960 e ganhou impulso com os protestos estudantis de 1968. Frequentes e acalorados debates públicos sobre o passado nazista iriam ocorrer periodicamente nas décadas subsequentes. Já quando Adenauer deixou o cargo, os valores que ele representava estavam perdendo aceitação. Um conservadorismo abafado, autoritário, estava começando a dar lugar, no início de modo incipiente, a normas mais liberais — parte da mudança social que ocorria na Europa.

Isso refletiu-se politicamente, após as eleições de 1969, na exclusão do partido de Adenauer, a UDC, do governo, pela primeira vez desde a fundação da República Federal, vinte anos antes. Os sociais-democratas, sob o carismático Willy Brandt, chefiaram um governo que simbolizava uma nova era. Um aspecto importante disso foi a inversão da política de Adenauer nas relações com a República Democrática Alemã, com implicações diretas para a questão da unificação alemã. Em 1955, Adenauer tinha lançado a política que ficou conhecida como "Doutrina Hallstein" (em nome de Walter Hallstein, seu principal consultor para política exterior e mais tarde o primeiro presidente da Comissão da CEE).

O objetivo da "doutrina" era impedir o reconhecimento internacional da República Democrática Alemã e sustentar a reivindicação da República Federal de ser a única representante do povo alemão dentro das fronteiras de 1937. Porém, a linha dura de Adenauer em relação à RDA só durou até a introdução da *Ostpolitik* (política oriental) de Willy Brandt, em 1970. Apesar da veemente oposição conservadora, isso levou ao reconhecimento da RDA, ao estabelecimento de relações diplomáticas entre os dois Estados alemães e à aceitação, em princípio, da Linha Oder-Neisse, agora permanentemente marcada como a fronteira oriental da Alemanha, reconhecendo, portanto, a perda das ex-províncias alemãs a leste (embora isso só viesse a se confirmar oficialmente em 1990).

Uma carreira política tão longa em tempos tão turbulentos inevitavelmente deixou um legado que não estava livre de ambivalência. É inquestionável que houve alguns aspectos negativos, sendo o principal a reabilitação de proeminentes ex-nazistas. Mas foram enormes as realizações de Adenauer, em circunstâncias extraordinariamente difíceis, ao estabelecer uma Alemanha Ocidental pacífica e democrática e ao ancorá-la como parte essencial de uma rede ocidental de Estados comprometidos com o pluralismo e o estado de direito. Ninguém menos que Winston Churchill descreveu Adenauer, em maio de 1953, como "o mais sábio estadista alemão desde a época de Bismarck"; disse ainda que "admirei imensamente a perseverança, a coragem, a compostura e o talento com que ele tratou as complexas, mutantes, incertas e imprevisíveis situações com as quais foi confrontado incessantemente".[61] Adenauer combinou determinação ideológica com grande perspicácia tática, administrando as restrições de um sistema democrático com uma astuta combinação de manipulação política, autoconfiança e direção autoritária. Sem ele, a história da Alemanha — e, mais amplamente, da Europa — teria seguido um curso diferente.

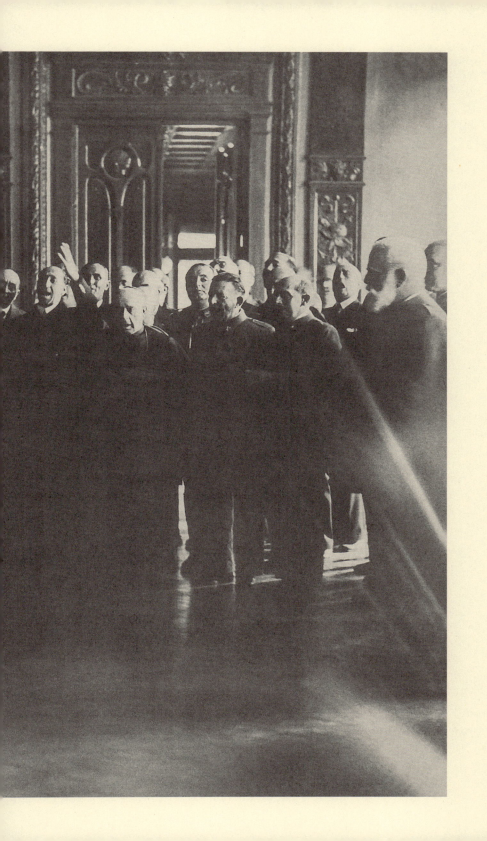

Franco é aclamado (aparentemente com diferentes graus de entusiasmo) por líderes nacionalistas como generalíssimo e chefe de Estado, em 1º de outubro de 1936, em Burgos. Em um ano seria oficialmente designado "Caudilho" (líder) do "Movimento para salvar a Espanha".

8. Francisco Franco: Cruzado nacionalista

É tentador pensar que Franco é uma figura periférica demais para ser classificado como um "fazedor da Europa do século xx" — figura central na história espanhola da época, naturalmente, mas não necessariamente de importância maior. Claro, é óbvio que o impacto de Franco mal se compara ao de Hitler e Mussolini, ou Lênin e Stálin. Ele representa um estudo de caso do papel e do impacto de um indivíduo na história na extremidade mais baixa da escala. E é justo dizer que em grande parte do século xx a Espanha esteve na periferia dos desenvolvimentos mais cruciais na Europa. Considera-se que Franco "influenciou a história mundial, no melhor dos casos, durante a década de 1930. Mas o século xx não seria muito diferente sem ele".[1]

Essa declaração é demasiadamente desdenhosa. A história europeia, assim como a da Espanha, certamente teria sido, se bem que de maneiras indefiníveis, diferente se a república espanhola tivesse sobrevivido após 1936. O fato de não ter sobrevivido deve-se muito, sem dúvida, à liderança de Franco na Guerra Civil. Além disso, a importância daquela guerra foi tal que ela atraiu — em diferentes medidas — as grandes potências da Europa e a participação de combatentes voluntários de todo o continente. As tratativas de Franco com as potências do Eixo durante a Segunda Guerra Mundial, e depois com o Ocidente durante a Guerra Fria, deram também à sua longa ditadura uma importância não confinada à Espanha. O caráter da subsequente transição para uma democracia pluralista e o impacto da era Franco na memória espanhola, na cultura política e na divisiva questão do separatismo regional em um dos maiores países da Europa fizeram de Franco, além disso, uma figura de relevância para a história europeia, não somente espanhola. Não menos importante, Franco ilustra como um indivíduo com qualidades reconhecidas como comandante militar mas nenhuma experiência de liderança política pôde se beneficiar das condições históricas que tornaram possível, em primeiro lugar, que assumisse o poder e o habilitaram a continuar e "fazer sua própria história".

PERSONALIDADE

A educação recebida por Francisco Franco Bahamonde apontava para a carreira militar.[2] Nascido em 1892 em El Ferrol, uma base naval na Galícia, a cerca de 650 quilômetros de Madri, numa próspera família de militares, parecia que ia seguir os passos do pai e do avô, ambos oficiais navais de alta patente. Seu pai, Nicolás, ficava ausente por muito tempo — ainda bem, uma vez que em casa era presença despótica, tinha explosões de ira e batia na mulher e nos filhos. Francisco, o segundo de cinco filhos, carecia totalmente de afeição por parte de seu dominador e desdenhoso pai, que, com um histórico de ser mulherengo e apostador em jogos de azar, mudou-se do lar de sua família em 1907 para assumir um posto em Madri (deixando para trás um matrimônio infeliz). O relacionamento com seu pai nunca melhorou. No entanto, ele era ligado a sua piedosamente católica e muitíssimo conservadora mãe, Pilar Bahamonde, que fez o melhor que pôde para compensá-lo por seu pai tirânico e que, apesar das dificuldades financeiras depois que o marido saiu de casa, assegurou que ele tivesse uma boa educação. Logo antes de seu pai ir embora, em 1907, Francisco passou no exame para entrar na academia militar em Toledo.

Lá ele assimilou valores militares — disciplina rígida, forte senso de dever, bravura, aceitação estoica de sofrimento físico e crença nas glórias do passado espanhol. Seu histórico na academia é medíocre, e entre 1910 e 1912 ele não teve qualificação suficiente para pleitear o posto que queria no Marrocos (uma das poucas colônias espanholas restantes). Mas ele estava determinado. E após cerca de dois anos servindo em sua cidade natal, conseguiu obter uma transferência para servir no Exército espanhol no Marrocos. Foi onde demonstrou ter excepcional talento militar.

Durante guerras coloniais brutais que visavam suprimir membros insurgentes de tribos berberes, ele demonstrou ser um oficial cheio de bravura, talento tático e frieza no combate. Sua bravura e sua liderança o levaram a rápidas promoções: para primeiro-tenente em 1912, para capitão em 1914, para major em 1916 (o que o levou a um posto de volta na Espanha), para tenente-coronel em 1922 (e, no ano seguinte, para o comando da Legião Estrangeira Espanhola no Marrocos) e, em 1926, com apenas 33 anos, à patente de brigadeiro-general. Enquanto isso tinha se casado, em 1923, com María del Carmen Polo, de uma família bem relacionada em Oviedo, que deu à luz, três anos depois, Carmen, sua única filha. Mas a vida familiar estava em segundo plano em relação à sua florescente carreira militar. Suas vitórias no Marrocos sobre as forças tribais indígenas rebeldes granjearam-lhe enorme prestígio e o tornaram uma espécie de celebridade na Espanha. O rei Alfonso XIII lhe concedeu a prestigiosa Medalha Militar em 1923 e fez dele um dos cortesãos em seu corpo de elite militar. Lisonjeado com a adulação que já se acumulava sobre ele, Franco começou a se considerar como tendo alguma importância nacional, embora ainda na esfera primordialmente militar e não na política.

Sua formação ideológica tinha começado cedo. Um pesado sentimento de humilhação nacional prevalecia havia muito nos círculos militares, após a desastrosa derrota espanhola para os Estados Unidos numa curta guerra em 1898, que levou à independência cubana e à perda de quase todas as possessões coloniais espanholas. O jovem Franco cresceu nessa atmosfera, profundamente imbuído de um senso de vergonha nacional e da crença de que os militares tinham sido abandonados pelos políticos. Ele logo viu a Espanha como cercada de inimigos no exterior e em casa. Detestava os anarquistas e os socialistas, que em 1909 lançaram um violento protesto de uma semana contra a guerra colonial espanhola no Marrocos, e aprovava a cruel supressão deles por meio da força armada. Sua paranoica crença, de toda a vida, de que a livre maçonaria internacional estava por trás dos elementos subversivos da Espanha — uma aversão tão irracional, pervasiva e duradoura quanto o ódio de Hitler aos judeus — parece datar daquela época.[3]

Quanto à personalidade, Franco era reservado e desapegado, emocionalmente frio, cauteloso e calculista, não espontâneo, movido por um orgulhoso senso de dever, disciplina e obediência, raramente revelando emoção e impiedoso com inimigos derrotados. E era ambíguo. Aprovava as atrocidades cometidas por seus brutais legionários contra aldeias mouras capturadas nas guerras coloniais no Marrocos. Demonstrou mais tarde a mesma falta de humanidade no tratamento que deu a inimigos políticos na Espanha. A vingança fria contra seus inimigos, internos e externos, foi um traço inerente a seu caráter. E a longa lista de inimigos internos equivalia, a seu ver, àqueles que estavam arruinando a Espanha — a esquerda revolucionária, os antimonarquistas, antimilitaristas, pacifistas, liberais, os que estavam determinados a destruir a Igreja católica, os separatistas na Catalunha e no País Basco, que sonhavam em se separar do Estado centralizado espanhol. Ele enxergava, por trás deles, apoiadores ocultos — Moscou, os judeus, mas acima de tudo a livre maçonaria internacional, que, a seus olhos, era a responsável pela difícil situação na Espanha.[4]

PRECONDIÇÕES

Franco foi inquestionavelmente um produto de circunstâncias excepcionais, mesmo que tenha sido em alguns aspectos a manifestação espanhola de um disseminado e bem estabelecido mal-estar na Europa entreguerras. As candentes convulsões sociais, políticas e ideológicas que assolaram a Espanha durante os muito turbulentos cinco anos da Segunda República, de 1931 a 1936, resultaram numa devastadora guerra civil, que elevou Franco à posição de líder militar da revolução nacionalista. Sem a Guerra Civil não haveria chance de Franco se tornar o chefe de Estado da Espanha.

Ele foi o beneficiário das feridas havia muito supuradas no corpo político da Espanha. Sob a monarquia constitucional, de 1874 até a abdicação do rei Alfonso XIII em 1931, o sistema político da Espanha funcionou grandemente segundo os interesses de uma classe dominante massivamente corrupta. Mesmo em seguida à expansão da indústria no País Basco, em Astúrias, na Catalunha e nos arredores de Madri, os *notables* locais — comumente poderosas dinastias familiares de longa data — dominavam a política e controlavam as eleições mediante clientelismo e patrocínio. A corrupção, em todos os níveis da sociedade, era extensa e endêmica. O Estado central era fraco, embora pudesse contar com a cooperação, em interesse próprio, de chefes locais para reprimir quaisquer sinais de convulsão ou rebelião social. A industrialização trouxe o crescimento de uma burguesia industrial e comercial, mas a influência do setor permaneceu pequena em relação à dos grandes proprietários de terra, que, junto com a monarquia e a hierarquia da Igreja católica, mantiveram um controle do poder político até deparar com o grande desafio a seus interesses representado pela expulsão do rei e pelo estabelecimento de uma república em 1931.[5]

A grande maioria da população não tinha representação política. A pobreza era profunda e disseminada. Para trabalhadores agrícolas que viviam em condições primitivas, fazendo trabalho pesado em propriedades de grandes senhores de terra, em amplas faixas da Espanha central e meridional, e para um crescente proletariado industrial que vivia e trabalhava em condições miseráveis, empobrecidas, em Madri, Barcelona e partes do norte, o Estado representava uma entidade alienígena, hostil e ameaçadora. O socialismo e a filiação a sindicatos ofereciam a trabalhadores na indústria uma base ideológica e organizacional para desafiar o poder do Estado. No norte, o conflito de classes mesclava-se à hostilidade regional, catalã ou basca, ao governo central em Madri. No sul, de agricultura pobre, o anarcossindicalismo, que frequentemente envolvia violência antiestado, ganhou muito apoio entre trabalhadores sem-terra. Greves, tumultos e insurreições localizadas contra o poder do Estado e o "regime burguês" eram uma crescente característica da política espanhola.[6] O anticlericalismo também se fundiu com o conflito de classe, originando outro elemento na tempestade que se formava. A classe trabalhadora industrial e o proletariado agrícola consideravam, muito justificadamente, os representantes da Igreja como parte do sistema de opressão econômica e política. Ataques a propriedades da Igreja não eram raros mesmo antes de terem escalado drasticamente durante a Segunda República.[7] Ao mesmo tempo, sobretudo na Espanha rural, a maior parte da população ainda estava ligada a crenças e tradições católicas, vendo-as como centrais em qualquer percepção de identidade nacional e ameaçadas pelas perigosas forças da esquerda.

As divergências na sociedade e no sistema político espanhóis se aprofundaram ainda mais depois da Primeira Guerra Mundial (que trouxe enorme perturbação econômica, mesmo o país tendo permanecido neutro).[8] Um movimento socialista em rápido crescimento, e agora um Partido Comunista com uma doutrina categoricamente revolucionária, enfrentavam uma enfraquecida oligarquia política de elites liberais e conservadoras determinada a se manter no poder.[9] O golpe de 1923, quando o general Miguel Primo de Rivera assumiu o poder, apoiado por praticamente todos os setores da Espanha conservadora e ante uma ineficaz e neutralizada oposição da classe trabalhadora — foi apenas o último numa série de tomadas de poder por militares que remontava ao início do século XIX. Isso apontava para uma fundamental divisão entre a liderança do Exército, que se considerava a única guardiã da unidade nacional e da ordem social ante poderosos inimigos internos na esquerda revolucionária, e a classe trabalhadora, que odiava o Exército como sendo o agente mais importante da repressão.[10] A contrarrevolução de Primo foi de curta duração, embora, ideologicamente, o legado tenha perdurado até a ditadura de Franco.[11] Em 1930, crescentes problemas econômicos na esteira da crise de Wall Street e a agitação popular forçaram sua renúncia e sua retirada para o exílio, em Paris. O rei Alfonso XIII deixou a Espanha alguns meses depois, e as eleições em abril de 1931 inauguraram uma nova república democrática. As forças extremamente reacionárias da Espanha, temporariamente derrotadas e desmoralizadas, foram obrigadas a ficar na defensiva. Mas logo estavam se reorganizando e se preparando para restaurar seu poder e destruir a democracia — para sempre, assim esperavam.

A vitória da esquerda republicana nas eleições de 1931 foi menos impressionante do que pareceu ser. Os fundamentos da democracia foram construídos sobre areias movediças. A Espanha rural — a maior parte do país — ainda apoiava em grande medida a monarquia. Muitas pessoas ofereciam pouco mais do que um apoio morno, condicional, ao novo sistema. A liderança da república só recebeu um apoio sólido da relativamente pequena classe trabalhadora industrial, embora confinada a grandes cidades e regiões específicas — Catalunha, Astúrias, o País Basco — e dividida em suas lealdades políticas entre socialistas, anarquistas e comunistas orientados por Moscou. O governo, uma coalizão de socialistas moderados e principalmente liberais da classe média, carecia de uma agenda coerente, radical. Suas reformas, limitadas à agricultura, a uma melhora na proteção aos trabalhadores e a restrições ao poder social da Igreja católica por meio da separação de Igreja e Estado — notavelmente na educação —, não foram radicais o bastante para muitos de seus próprios apoiadores. Mas eram enormemente antagônicas às elites dominantes, conquanto deixassem em grande parte intactos seu poder, sua riqueza e sua influência.[12] A disposição para aceitar um status autônomo para a Catalunha em 1932 foi uma fonte especial de antagonismo na relação entre a república e o Exército, que estava vinculado a um Estado central espanhol e depois se enraiveceu com planos de reduzir seu tamanho e sua influência.[13]

Em dois anos a república já estava com um pé atrás. A esquerda sofreu pesada derrota em novas eleições, em novembro de 1933. Os dois últimos anos da república trouxeram um endurecimento do conflito de classes e deram o tom para a catástrofe que se seguiu. Proprietários de terra, empregadores, os militares e a Igreja católica viram seu poder social ser reforçado pela vitória eleitoral dos partidos de direita, e as reformas feitas anteriormente foram revertidas pelo novo governo direitista. A força motriz era a recém-formada CEDA (Confederación Española de Derechas Autónomas), liderada por José Maria Gil Robles, um enorme movimento de massas com 735 mil membros, fascista em tudo, menos no nome, clamando defender o cristianismo do marxismo.[14] A esquerda respondeu convocando uma greve geral em outubro de 1934, que em Astúrias, no norte da Espanha, converteu-se numa insurreição em escala total, que durou duas semanas. Os insurgentes, principalmente da classe trabalhadora e liderados por mineiros em greve, ocuparam algumas cidades, apoderaram-se de grande quantidade de armas, principalmente de pequeno porte, mataram vários padres e seminaristas e destruíram igrejas e conventos na capital Oviedo.[15]

Foi nessa conjuntura que Franco imprimiu pela primeira vez sua marca na crise que se aprofundava na Espanha. Tinha sido nomeado diretor da nova Academia Militar Geral em Saragoça, em 1928, mas o estabelecimento da república sustou sua carreira. Ele deplorou a queda da monarquia em 1931, embora, pragmaticamente, tenha se ajustado a isso, tapando o nariz e jurando lealdade à república. Era uma lealdade puramente nominal. Ele era visto com alguma suspeita pelos líderes do governo, que buscavam deixá-lo fora do centro do poder. Recebeu um posto em La Coruña, como comandante de brigada, em 1932, e em fevereiro de 1933 foi despachado para as ilhas Baleares como seu comandante militar. A mudança de governo que se seguiu às eleições de 1933 revitalizou sua carreira. O novo ministro da Guerra, Diego Hidalgo, ficou muito impressionado quando conheceu Franco; promoveu-o a major-general e fez dele seu consultor militar pessoal.

Foi nessa função (e efetivamente como chefe não oficial do Quartel-General) que ele foi encarregado de reprimir a revolta em Astúrias. Sustentado por uma declaração de lei marcial, Franco mobilizou unidades de empedernidos mercenários marroquinos, que esmagaram o levante com selvageria. Mais de 1100 civis foram mortos, cerca de 4 mil feridos e mais de 15 mil foram presos.[16]

O prestígio de Franco disparou na direita conservadora.[17] Mas apesar de se falar em golpe, ele não achou que o momento era propício para uma intervenção militar contra a república. Sua recompensa pela atuação em Astúrias foi ter sido nomeado comandante em chefe do Exército marroquino, embora logo estivesse de volta à Espanha, promovido oficialmente em maio de 1935 à posição de chefe do Estado-Maior. Os rumores de um golpe persistiam, num clima de extrema volatilidade. De qualquer maneira, o Exército bem poderia ter tentado um, embora uma ação para derrubar o governo tenha se tornado mais provável depois das eleições seguintes, em fevereiro de 1936. Como reflexo de um país completamente dilacerado, elas resultaram numa vitória — estreita no número de votos, ampla nas cadeiras obtidas no parlamento — da Frente Popular, de esquerda. Os temores da direita aumentaram. Chegaram a um febricitante ápice quando greves, ocupações de terra e queima de igrejas foram descritas como precursoras de uma revolução comunista. Na verdade, não havia perspectiva disso, embora a percepção de perigo por parte da direita nacionalista fosse real o bastante e assassinatos políticos perpetrados pela direita e pela esquerda refletissem um país mergulhado em enorme tumulto. A polarização social, política e ideológica era intransponível. A sobrevivência da república era questionável. Forças poderosas, especialmente entre os militares, estavam determinadas a destruí-la. Os líderes da direita começavam agora a conspirar com urgência para desferir um golpe militar.

O governo estava no escuro no que concernia à crescente conspiração.[18] Teve a precaução de remover Franco de seu posto como chefe do Estado-Maior e enviá-lo para as ilhas Canárias. Já se falava nele como o provável líder de um golpe. Mas durante semanas ele ficou hesitante e pouco se envolveu em preparativos. Sua instintiva cautela o fazia duvidar do sucesso de um levante contra o governo. Numa carta redigida com ambiguidade para o primeiro-ministro, Santiago Casares y Quiroga, em junho de 1936, ele parecia preferir um governo militar que mantivesse a ordem na república a um arriscado levante. O primeiro-ministro ignorou sua carta. Qualquer que tenha sido a motivação de Franco, ele então juntou-se à trama para derrubar a república.[19]

Entre os conspiradores, o general José Sanjurjo, um monarquista, veterano das guerras coloniais no Marrocos e ex-chefe da Guarda Civil, que estava vivendo no exílio em Portugal após ter participado de um golpe fracassado em 1932 (do qual Franco se mantivera fora), foi aventado como futuro líder da Espanha, enquanto o principal organizador do complô em desenvolvimento era o general

Emilio Mola, baseado em Pamplona, no norte da Espanha. Mola pretendia designar Franco para o comando do levante no Marrocos espanhol. Mas no final de junho ele ainda estava incerto quanto à participação de Franco. Mesmo quando finalmente se comprometeu, Franco não se considerou, no início, um potencial líder da Espanha. Sua esperança era tornar-se alto-comissário no Marrocos.[20]

O assassinato, em 13 de julho de 1936, de José Calvo Sotelo, uma figura carismática na direita monarquista, que tinha sido a favor de um governo sob uma monarquia autoritária e que seria destinado a desempenhar um papel importante após um golpe bem-sucedido, foi o momento em que Franco decidiu que não poderia mais ficar alheio à rebelião planejada.[21] Quatro dias depois, em 17 de julho, o levante começou no Marrocos. Franco partiu das Canárias no dia seguinte para assumir o comando do Exército da África, que tinha os mais endurecidos e brutais soldados das forças armadas espanholas.

GUERREIRO IDEOLÓGICO

Difícil dizer que Franco tinha a aparência de um grande herói nacional. Estava longe de ser uma figura imponente. De baixa estatura (apenas 1,62 metro), com calvície prematura, um tanto corpulento e dono de uma voz pouco atraente, aguda e monótona, ele carecia de qualquer halo carismático óbvio. Diferentemente de Mussolini ou Hitler, não tinha poderes demagógicos e não construiu um movimento de massa em torno de um acompanhamento pessoal. Não tinha, na verdade, se envolvido em política partidária (embora tivesse flertado brevemente com a ideia em maio de 1936).[22] Mas tinha excepcional aptidão militar e inspirava profunda lealdade e admiração entre as tropas que comandava, mais notavelmente o Exército da África, onde era reverenciado por sua liderança vitoriosa nas guerras coloniais da década anterior. Quando começou a rebelião militar, ele logo ambicionou liderá-la. Porém, a realização dessa ambição dependia de fatores que estavam além de seu controle. Havia outros competidores. Não obstante, assumiu depressa o comando supremo das forças nacionalistas. E uma vez tendo sido reconhecido como o líder da revolta, logo passou a ser citado como o chefe de Estado da Espanha. Deveu essa rápida elevação de status a golpes de sorte, bem como a seu inquestionável talento militar.

A boa sorte foi a oportuna eliminação de todos os rivais potenciais. O general

Sanjurjo, líder prospectivo do levante, morreu três dias após o início da rebelião, quando o avião de pequeno porte que o trazia de volta de Portugal se acidentou na decolagem. Por mais conveniente que isso tenha sido para Franco, foi um acidente, e não um atentado. Os outros líderes militares que poderiam rivalizar com Franco, o general Joachín Fanjul e o general Manuel Goded, foram executados quando do fracasso inicial do levante em Madri e em Barcelona. O general Mola, único remanescente que poderia desafiar Franco entre os militares, logo demonstrou estar numa posição relativamente fraca. As forças no norte da Espanha sob seu comando foram incapazes de impor qualquer avanço decisivo, enquanto, após sua chegada do Marrocos, o Exército da África de Franco tinha feito um rápido progresso no sul. Além disso, Mola conseguiu alienar oficiais monarquistas que começaram a ver em Franco seu líder prospectivo. O que foi mais crucial, Mola mostrou-se muito menos apto e energético do que Franco na obtenção de suprimentos de armas do exterior.

Entre potenciais líderes civis, Gil Robles caiu em descrédito após o fraco desempenho da CEDA nas eleições de 1936. E Sotelo, como já mencionado, tinha sido assassinado antes do início do levante. José Antonio Primo de Rivera (filho do ex-ditador), o carismático fundador da Falange — o movimento fascista radical que de seu início modesto crescera rapidamente nos últimos meses da república (quando conquistou especialmente jovens ex-apoiadores da CEDA) —, foi preso em março de 1936 e executado em novembro. Só restava Franco.

Sua ascensão, no entanto, não se deveu apenas à boa sorte. Com 43 anos quando a Guerra Civil começou, Franco era o general mais jovem da Europa desde Napoleão.[23] Fora dos círculos militares, a direita na Espanha o tinha em grande consideração desde que acabara cruelmente com o levante nas Astúrias. E era tanto astuto quanto bem relacionado. Agia com rapidez utilizando contatos pessoais e notável iniciativa para obter ajuda do exterior. Mussolini e Hitler se comprometeram rapidamente a suprir as vitais aeronaves necessárias para transportar o Exército da África para a Espanha. No final de agosto de 1936, cerca de 30 mil combatentes empedernidos — "regulares", marroquinos autóctones, e "legionários", principalmente espanhóis — desembarcaram na Espanha.

A chegada do temido Exército da África mudou a sorte dos nacionalistas na Espanha meridional enquanto Mola lutava para superar fortes contingentes republicanos no norte. As tropas marroquinas espalhavam o terror por onde passavam — parte calculada da estratégia de Franco —, massacrando prisioneiros e estuprando mulheres em seu avanço.[24] Os níveis de violência arraigados numa sociedade dilacerada já eram tão grandes que esses ultrajes foram tão aceitáveis para um lado quanto foram tidos como atrocidades odiosas para o outro. Em meados de agosto, norte e sul se juntaram para formar uma única zona nacionalista. Os sucessos iniciais de Franco garantiram que ele, e não Mola, fosse logo considerado o comandante prevalente — ele foi pessoalmente favorecido pelos alemães como receptor dos vitais suprimentos de armas.

Em 21 de setembro, um encontro dos principais generais — alguns com um entusiasmo claramente emudecido — votou para fazer de Franco o comandante supremo (generalíssimo) das forças nacionalistas. Uma semana mais tarde, Franco obteve um grande triunfo de propaganda ao ser euforicamente aclamado no lado nacionalista, quando suas forças marroquinas se desviaram do caminho lógico que seria um ataque à capital, Madri, a fim de romper — com enorme derramamento de sangue — o cerco republicano à formidável fortaleza de Alcázar em Toledo, construída pelo imperador Carlos V e um símbolo da antiga glória da Espanha. Outro encontro de generais no dia seguinte levou à relutante aceitação, por parte de Mola e de outros, de uma proposta para que Franco, como supremo comandante militar, fosse o chefe de governo "enquanto a guerra durasse" e "assumisse todos os poderes no novo Estado". Em 1º de outubro, numa cerimônia solene e aplaudido por multidões em êxtase, Franco recebeu os "poderes absolutos do Estado".[25]

Em dias, a propaganda nacionalista o estava chamando de *Caudillo* [Caudilho] — "o líder", título que vinculava Franco aos heróis do passado espanhol.[26] Essa adulação satisfez o ego já inflado de Franco. Ele devorava o clamor da propaganda nacionalista e as declarações de líderes da Igreja que o retratavam como o chefe da cruzada pela defesa da Espanha e da fé católica contra o ateísmo e a barbárie da república.[27] Isso combinava com sua crença de que tinha uma missão prioritária e patriótica, que lhe fora confiada por Deus. Achava ter sido escolhido pela divina providência como o salvador da Espanha.[28]

O Exército, na visão de mundo de Franco e da casta militar em geral, estava entre a anarquia revolucionária — que um governo fraco era incapaz de evitar — e a salvação da Espanha. Havia que drenar o veneno da política espanhola. O inimigo interno tinha de ser não apenas derrotado, mas destruído. Somente então a glória da Espanha seria restaurada. Para ele a ideia de que o Exército determinaria o destino da Espanha era um axioma. O tumulto da Segunda República após 1931 confirmava isso a seu ver. No entanto, a expectativa de que o levante de 1936 pudesse trazer uma rápida tomada de poder pelos militares desvaneceu rapidamente. Começou uma luta intensamente brutal que duraria três longos anos. Ela carregou a marca de Franco.

A determinação de Franco de erradicar, não apenas derrotar, o que ele considerava serem os inimigos internos da Espanha contribuiu para prolongar o cruel conflito. Ele não queria uma vitória rápida porém superficial. Suas forças avançavam de modo lento, implacável — e impiedoso. Atrocidades terríveis foram perpetradas por ambos os lados, embora a maioria delas, de longe, tenha sido dos nacionalistas.[29] Além dos cerca de 1 milhão de pessoas que jogaram em prisões ou campos de trabalho (de uma população de cerca de 25 milhões), as forças de Franco executaram dezenas de milhares de republicanos. Ele pessoalmente repassou e assinou muitas sentenças de morte.[30]

A desesperada defesa republicana, gradual mas inexoravelmente, foi enfraquecendo. O desequilíbrio no fornecimento de armas do exterior mostrou-se decisivo. O fluxo de armas das potências do Eixo (que visava bloquear qualquer penetração bolchevique na Espanha e testar sua própria tecnologia militar, inclusive com bombardeio de civis) deu aos rebeldes nacionalistas uma grande vantagem, aumentada pela política de não intervenção das democracias ocidentais.[31] A ajuda soviética à república foi pequena demais para mudar o jogo, e de qualquer maneira o envolvimento de Moscou foi divisivo. A dimensão internacional do conflito foi além dos corredores do poder nas capitais europeias. Cerca de 30 mil voluntários de todo o continente europeu viajaram para a Espanha para lutar contra o fascismo, e muitos morreram nesse valente esforço. Mas sua contribuição foi muito pequena para inclinar a balança de uma guerra cada vez mais desigual. No início de 1939 o fim estava à vista, quando as defesas republicanas em seus principais redutos caíram uma a uma. Em 28 de março os nacionalistas, cerca de três anos após sua fracassada tentativa inicial de tomar a cidade, entraram em Madri. Em 1º de abril, Franco declarou que a guerra tinha terminado.

Incluindo as centenas de milhares que morreram nos campos de batalha, as dezenas de milhares que foram executadas por cada um dos lados e os cerca de meio milhão de republicanos que fugiram para o exílio (muitos dos quais morreram de doenças nos campos de concentração franceses), as vítimas da Guerra Civil em ambos os lados talvez tenham chegado a mais de 1 milhão.[32] A matança não parou com o fim da guerra. A retaliação e o impulso para "causar a extirpação total de nossos inimigos" (como disse, em 1938, o presidente do Tribunal de Responsabilidades Políticas nomeado por Franco, Enrique Suñer Ordóñez) garantiram que a eliminação da demonizada esquerda continuasse até meados de 1940.[33] Um dos oficiais de Franco, encarregado do contato com a imprensa, um capitão do Exército e proprietário de terras, Gonzalo de Aguilera, chegou a falar, em 1939, de um "programa" destinado a um trabalho de purificação para "exterminar um terço da população masculina da Espanha" para "limpar o país e nos livrar do proletariado".[34] Nenhum programa desses jamais foi criado. Mesmo assim, cerca de 20 mil republicanos foram executados após o fim da Guerra Civil, e milhares morreram em prisões, campos de concentração e batalhões de trabalhos forçados antes de, finalmente, a sangria diminuir.[35]

Qual foi a contribuição pessoal de Franco para a vitória nacionalista? Ele teve pouco a ver, pessoalmente, com a irrupção de uma guerra civil na Espanha. Suas preferências ideológicas eram claras. Sua profunda antipatia pela república, sua disposição para agir com grande crueldade contra a esquerda e sua simpatia pela direita militarista, que ele sabia estar preparando um golpe, eram evidentes. Mas seus ódios ideológicos eram amplamente compartilhados na direita, e ele ainda estava nas beiradas da conspiração quando o levante começou. Sua contribuição vital foi de início na preparação da ajuda da Itália e da Alemanha, que permitiu o transporte do Exército da África para a Espanha. Depois, ele foi leniente com a bárbara condução da guerra, quando não a encorajava ativamente. Mesmo que outro general nacionalista que não Franco estivesse no comando, Mola, digamos (que aliás morreu num desastre de avião em junho de 1937, conveniente para Franco, mas aparentemente um acidente), a descida para a barbárie ainda teria acontecido.

Mola compartilhava com Franco obsessões ideológicas, inclusive seu ódio à franco-maçonaria e aos judeus. Era a favor da extrema violência, do terror e da punição exemplar na perseguição a inimigos internos e da "purificação" da Espanha.[36] Não é possível saber, é claro, se a sede por vingança, tão característica de Franco, teria sido tão violenta e durado tanto após a Guerra Civil se fosse outro o líder militar. O talento militar de Franco desempenhou sem dúvida um papel significativo para a derrota das forças republicanas.[37] Contudo, sem os suprimentos de armas das potências do Eixo, a aptidão de Franco como comandante provavelmente não teria sido suficiente. E com aquelas armas, outro general nacionalista poderia muito bem ter conquistado a vitória. Assim, de certo modo foi por sorte que Franco recebeu todos os lauréis da vitória. No entanto, quando se obteve a vitória, poucos na Espanha estavam preparados para discutir a questão.

A vitória dos nacionalistas marcou o ponto em que a fabricação do culto a Franco entrou em marcha direta. Mas dessa vez ele tinha, muito além do aspecto militar, um movimento de massas capaz de disseminar e manter a aura de grande líder. Em 1937, as várias facções da direita tinham se unido numa reestruturada e reinventada Falange, que agora incluía monarquistas, conservadores, muitos ex-membros da CEDA e outros direitistas. Franco desempenhou um papel pequeno ou indireto, embora fosse agora objeto de insaciável adulação. O movimento, que fora minúsculo, se tornara um grande partido de Estado no novo regime, e suas centenas de milhares de membros eram o principal veículo da aclamação do Caudilho.[38]

Suas imensas e cerradas fileiras fizeram parte da espetacular exibição de propaganda, de um tipo que era familiar na Itália fascista e na Alemanha nazista, encenada em Madri durante três dias, da noite do dia 18 até o dia 20 de maio de 1939, para comemorar a vitória nacionalista e, acima de tudo, reforçar a imagem do Caudilho como o glorioso herói da Espanha. A entrada triunfal de Franco na cidade foi conscientemente projetada para evocar visões do lendário herói medieval espanhol El Cid. No dia seguinte ele presidiu um desfile da vitória que durou cinco horas, seguido de um discurso no qual advertiu contra o "espírito judaico que permitia a aliança do grande capital com o marxismo". Em 20 de maio, um grande cortejo celebrou a cruzada medieval espanhola contra os mouros e o glorioso passado militar do país. A solene Grande Missa que o acompanhou expressou a gratidão da Igreja católica pela vitória de Franco.

Durante três anos a Guerra Civil espanhola manteve grande parte da Europa sob sua influência — prelúdio, parecia, de uma cada vez mais inevitável conflagração mais ampla. Quando aconteceu, quando a guerra maior, primeiro de âmbito europeu, depois global, irrompeu, teve pouco a ver com a Espanha. A conquista de Franco, não obstante, teve consequências que não se limitaram às fronteiras espanholas. A Alemanha e a Itália aproveitaram a oportunidade para testar o terror mediante bombardeios. Com sua política de não intervenção, as democracias ocidentais continuaram a demonstrar sua fraqueza, o que não passou despercebido na União Soviética e nas potências do Eixo. Elas, as democracias, consideraram a vitória de Franco, por mais odiosos que tivessem sido seus métodos, como preferível ao triunfo do comunismo na Espanha. A esquerda, não só na Espanha, estava derrotada e desmoralizada. Mas quando a maior parte da Europa foi arrastada para o que logo se tornaria uma guerra mundial, a Espanha saiu de vista, não mais sendo central nos acontecimentos que engolfavam o continente. Mesmo assim, tanto durante a Segunda Guerra Mundial como na Guerra Fria, Franco desempenhou um papel, ainda que menor, nos planos estratégicos das grandes potências. Só não era o papel que ele tinha imaginado.

GUERRA MUNDIAL E GUERRA FRIA: AS DUAS FACES DE FRANCO

Durante a Guerra Civil espanhola, Franco venerava e temia Mussolini, e Hitler ainda mais. Durante os primeiros anos da Segunda Guerra Mundial, quando as potências do Eixo pareciam estar indo para a vitória, Franco cortejou os dois ditadores. Sentia estar ideologicamente sintonizado com eles. Mais do que isso, achava que havia vantagens para a Espanha na própria guerra, e na derrota, que ele considerava como certa, da democracia ocidental para a Itália fascista e a Alemanha nazista. Queria que a Espanha entrasse na Segunda Guerra Mundial como potência beligerante, para compartilhar o imaginado triunfo.

Naturalmente, não foi essa a imagem que ele quis retratar, nem ao povo espanhol nem, mais importante, aos aliados vitoriosos, quando a Segunda Guerra Mundial terminou. Quando a guerra começou a se voltar contra as potências do Eixo e sua derrota ficou ainda mais certa, o entusiasmo inicial de Franco murchou. Ao mesmo tempo, a propaganda espanhola começou o processo de reverter a imagem pública do Caudilho, de um ávido apoiador do Eixo para a de um líder sábio cuja brilhante diplomacia tinha, habilmente, mantido a Espanha fora da guerra e feito perseverar nobremente a neutralidade do país. Isso marcou o começo da tentativa, no mundo que surgiu no pós-guerra, de superar a hostilidade do Ocidente e acabar com o status de pária atribuído à Espanha nas relações internacionais. Mas foram as exigências estratégicas da Guerra Fria, e não as habilidades ou os esforços de Franco, que abriram o caminho para uma reabilitação parcial da Espanha. Durante a Segunda Guerra Mundial e a Guerra Fria, fatores externos, não o próprio Franco, foram os determinantes-chave na configuração das relações internacionais da Espanha. Franco representava seu aspecto público contraditório.

Não há dúvida de que Franco tomava as decisões que definiam a política espanhola. A responsabilidade final era dele. Mas nada indica que ele as tomasse "contra a corrente", que o que estava fazendo não exprimisse a voz coletiva das elites de poder na Espanha. Além disso, a decisão de não entrar na guerra refletia apenas a fraqueza econômica e militar da Espanha. Uma decisão alternativa dificilmente seria possível. Se outro ditador militar estivesse encarregado de conduzir o destino da Espanha, a política provavelmente teria sido idêntica, ou ao menos muito parecida. Franco não era um ditador fraco, já que seu poder era real e sua autoridade, aceita por toda a classe governante da Espanha. Mas suas ações estavam limitadas por determinantes que não tinham a ver com sua pessoa. Se prevalecesse a escolha pessoal de Franco, a Espanha acabaria sendo uma nação beligerante, lutando ao lado do Eixo.

Franco lamentou que a guerra na Europa tivesse chegado cedo demais para a Espanha, que não estava em condições, militar ou economicamente, de se juntar à luta. Sua confiança de que a Grã-Bretanha logo teria de buscar a paz acompanhou a decisão, tomada por recomendação de seus "especialistas" econômicos, de isolar a economia da Espanha do Ocidente, em favor de uma autarquia (autossuficiência). O resultado foi a intensificação da já grande dificuldade sentida pela maioria da população e criou uma desastrosa escassez de alimentos e de outras necessidades do cotidiano.[39] A demanda por uma massiva ajuda econômica da Alemanha para aliviar o precário estado da economia, bem como de grandes suprimentos militares, foi uma das duas questões centrais em que se fundamentaria o desejo de Franco de levar a Espanha a uma guerra que, assim presumia, seria vitoriosa. A outra questão foi a reivindicação de Franco, após a derrota da França em 1940, de que deveria ser entregue à Espanha o Marrocos francês. Sua expectativa de que, no fim, a Grã-Bretanha fosse ceder Gibraltar à Espanha não seria obstáculo a um potencial acordo com a Alemanha de Hitler, embora, da perspectiva alemã, isso exigisse também a entrada da Espanha na guerra e, portanto, dependesse da solução de outros dois fatores — ambos foco de uma infrutífera diplomacia no verão de 1940. A recusa alemã em aprovar a exorbitante "lista de desejos" da Espanha se baseava na avaliação de que a beligerância espanhola, mesmo oferecendo a oportunidade de tomar Gibraltar e isolar o Mediterrâneo, tinha valor irrisório — simplesmente não valia o preço que Franco estava exigindo por ela.

A opinião alemã de que a Espanha tinha baixo valor militar para o Eixo — com base nos cálculos de que o esforço de guerra espanhol só poderia ser limitado e de duração extremamente curta — foi estabelecida ainda antes de o conflito começar e nunca se alterou substancialmente. Não obstante, considerações estratégicas em Berlim, no verão de 1940, incluíram — junto com instruções de Hitler para que se preparasse uma guerra contra a União Soviética na primavera seguinte — uma "estratégia periférica" para empurrar a Grã-Bretanha para fora do Mediterrâneo. O controle de Gibraltar, que envolvia a participação da Espanha na guerra, era, portanto, uma questão óbvia. Assim, a Alemanha estava preparada para sondar o terreno com a Espanha. Mas conversas em Berlim em meados de setembro de 1940, entre o ministro do Exterior alemão, Joachim von Ribbentrop, e Ramón Serrano Súñer, casado com a irmã da mulher de Franco e o homem mais poderoso no regime abaixo do próprio ditador, e depois, no mês seguinte, entre Hitler e Franco em Hendaye, na fronteira espanhola, não levaram a lugar algum. Franco ficou desapontado com o resultado, mas continuou implacável em suas expressões de apoio ao Eixo.

No entanto, as derrotas militares do Eixo no Mediterrâneo e a incapacidade de forçar a Grã-Bretanha a sair da guerra fizeram com que ele começasse a duvidar de uma imediata vitória alemã. Seus conselheiros militares o advertiram de que seria perigoso contemplar uma beligerância espanhola até que as potências do Eixo capturassem Suez. Da perspectiva alemã, os planos para um ataque a Gibraltar seriam perigosos sem a intervenção da Espanha na guerra. Os preparativos para o ataque à União Soviética levaram ao abandono final desses planos em fevereiro de 1941, depois de Franco ter feito exigências econômicas, militares e territoriais tão exorbitantes que foram consideradas em Berlim não mais que um pretexto para evitar a entrada da Espanha na guerra. Quando o curso da guerra voltou-se inexoravelmente contra o Eixo, do outono de 1942 em diante, e uma vez tendo os aliados, no ano seguinte, assumido o controle do Mediterrâneo e da África do norte, Franco, com o apoio de seus principais generais, ampliou o âmbito da aposta. Ele tentou, sem sucesso, explorar a neutralidade da Espanha a fim de obter armamentos alemães para resistir aos aliados, enquanto fazia as primeiras aberturas aos britânicos e aos americanos em direção a uma aproximação.[40]

A Divisão Azul, formada no entusiasmo do verão de 1941, que atraiu um total de 47 mil espanhóis para servir à causa alemã na frente oriental (com cerca de 50% de baixas), foi retirada do front em outubro de 1943 e oficialmente dispersa no mês seguinte — embora um pequeno número de fanáticos continuasse combatendo como Legião Azul durante vários meses, até que os poucos remanescentes foram incorporados à Waffen-ss.[41] A maré, àquela altura, tinha mudado totalmente. No outono de 1944 Franco estava propondo a Churchill uma aliança anglo-espanhola contra os bolcheviques, e logo depois, malgrado suas fantasias privadas quanto a conspirações da livre maçonaria americana, estava fazendo sondagens junto ao governo Roosevelt. Ambas as aberturas encontraram respostas hostis.[42]

O poder de Franco na Espanha não diminuiu, embora sua imagem tivesse sido agora reconstruída para enfatizar sua não beligerância durante a guerra e para atenuar a coloração fascista do regime, enquanto sublinhava suas credenciais católicas e monarquistas — estas últimas reforçadas quando a Espanha foi declarada uma monarquia (conquanto sem um rei) pela lei de sucessão de 1947. O extravagante culto ao Caudilho manteve todo o seu grau de absurdidade. A imprensa oficial em 1949 classificava Franco acima de Alexandre, o Grande, e Júlio César, descrevendo-o como "o homem de Deus", "paladino das forças do céu e da terra", "astro do mundo inteiro", a quem se devia "a mobilização do Vaticano, de Washington e do mundo inteiro".[43] Se, por um lado, o Vaticano deu alegremente seu contínuo apoio ao extremamente anticomunista defensor da Espanha católica,[44] Franco continuava a ser banido pela maior parte da Europa Ocidental durante os primeiros anos do pós-guerra. Isso logo começou a mudar, no entanto, sob o impacto da Guerra Fria.

Franco teve pouco ou nada a ver com as circunstâncias que iriam pôr fim ao isolamento internacional e ao status de pária da Espanha. O início da Guerra Fria significava que os americanos — os novos guardiães da segurança ocidental — estavam ansiosos por evitar qualquer disseminação do comunismo na Europa Meridional. A Europa Ocidental, embora mais hesitante do que os Estados Unidos, logo seguiu o exemplo. Em 1947 os americanos ainda consideravam Franco um pária e excluíram a Espanha do Plano Marshall. Contudo, em 1949, a Guerra Fria havia endurecido, chegado a um profundo congelamento; os soviéticos tinham detonado sua própria bomba atômica e Mao estabelecera um novo regime comunista na China. Um ano depois, começou a Guerra da Coreia. A atitude americana em relação a Franco mudou de acordo com a avaliação dos perigos internacionais. Qualquer que fosse a antipatia por Franco, nenhum fim de regime estava à vista, e seu quase fascismo foi considerado preferível à perspectiva de uma infiltração comunista na Europa Meridional. De "besta fascista", Franco tinha se tornado "sentinela do Ocidente".[45] A necessidade de adquirir bases militares na Espanha superava quaisquer objeções morais e políticas. Em 1951 alcançou-se um acordo quanto ao arrendamento de bases na Espanha, o que trouxe valiosa ajuda financeira dos Estados Unidos. Dois anos depois, o acordo foi concretizado e alardeado na Espanha como uma grande vitória de Franco. Ele era agora um valioso aliado dos Estados Unidos. Em 1955 a Espanha ingressou nas Nações Unidas, saindo do gelo internacional.

No processo, o objetivo do regime de Franco reduzira-se a pouco mais que assegurar a sobrevivência a longo prazo. Seus elementos fascistas se atenuaram, qualquer dinamismo que uma vez tivera desvaneceu. Ainda era muito repressivo, embora não mais claramente terrorista, como tinha sido nos primeiros anos após a Guerra Civil. E houve uma completa mudança na política econômica, a começar pelo alinhamento da Espanha com o restante da Europa Ocidental e com a economia internacional.

Uma insustentável crise econômica — um grave déficit no balanço de pagamentos, além de inflação, tinham levado o país quase à bancarrota — o obrigou a mudar de direção, apesar da discordância inicial de Franco.[46] A política de autossuficiência econômica foi abandonada em 1959. Tinha infligido uma pobreza abjeta a vastos setores da população, deixada sem escolha a não ser aceitar o baixo padrão de vida e os constrangimentos de uma maçante porém imutável ditadura enquanto a maior parte da Europa Ocidental pós-guerra passava por uma espantosa transformação e se recuperava da devastação de uma guerra mundial.[47] No final da década de 1950, no entanto, a Espanha — agora experimentando um forte crescimento — foi incorporada à Organização para Cooperação Econômica Europeia (a partir de 1961, Organização para Cooperação e Desenvolvimento Econômico [OECD, na sigla em inglês]) e aceita como membro do Banco Mundial, do Fundo Monetário Internacional e da estrutura de regulação em comércio exterior do GATT (Acordo Geral de Tarifas e Comércio). Sob um novo Plano de Estabilização foram introduzidas e implementadas drásticas reformas por especialistas em economia (rotulados como "tecnocratas") estreitamente associados à Opus Dei, organização leiga católica teologicamente conservadora mas economicamente liberal, cujos instruídos membros estavam ligados a negócios e finanças.[48] Sua incisiva reestruturação e sua liberalização da economia trouxeram rapidamente recompensas quando a Espanha, com atraso, compartilhou dos níveis sem precedentes de crescimento experimentados pela maior parte da Europa.[49] O turismo do exterior logo aumentou o crescimento da florescente economia da Espanha.[50]

Nenhuma dessas fundamentais mudanças estruturais se deveu muito à personalidade de Franco — ainda um fator negativo nas avaliações internacionais da Espanha — ou a seu talento. Foram parte da modernização que chegou inicialmente à Espanha oriunda de pressões externas, não internas — que, na verdade, depararam no início com a desaprovação de Franco.[51] E quando as condições de muita gente começaram a melhorar muito, a modernização mostrava cada vez mais como Franco e seu regime eram remanescentes obsoletos de uma era ultrapassada, mesmo que a transformação política ainda tivesse de esperar pela morte do ditador.

O CARTEL DO PODER

Antes de 1939, Franco era um comandante militar com responsabilidades políticas apenas embrionárias. Subsequentemente, ele teve de se ajustar ao novo papel de chefe de Estado. Uma lei promulgada em 8 de agosto de 1939 lhe deu poderes legislativos supremos, irrestritos. Não havia restrições constitucionais.[52] Ele não se via como um ditador, embora considerasse o governo uma questão de comando, muito parecido com o Exército.[53] Mas como foi que Franco governou efetivamente a Espanha por mais de três décadas após o fim da Guerra Civil? Era ele quem ativava e pessoalmente ditava a política? Ou estava dando voz a interesses poderosos que moldavam a política e sustentavam o regime? E de que maneira eles mudaram durante a longa existência da ditadura? De que forma, sobretudo quando Franco ficou velho e cada vez mais enfermo, seu governo pessoal continuou a funcionar? Numa formulação mais abstrata, será que o indivíduo determinou o curso da história espanhola ou foi configurado por estruturas e pressões políticas, econômicas e culturais mais amplas, mais impessoais?

A causa nacionalista durante a Guerra Civil fora apoiada pela maior parte das classes dominantes que tradicionalmente formavam as elites do poder na Espanha — militares, proprietários de terra, os grandes negócios, a alta hierarquia da Igreja católica. As mesmas forças formaram a espinha dorsal do regime depois que a Guerra Civil terminou. As elites tinham conferido o poder a Franco, assim como as da Itália e da Alemanha o tinham conferido a Mussolini e Hitler, e estavam amplamente satisfeitas com seu governo enquanto ele serviu a seus próprios interesses.[54] Na Itália e na Alemanha a dinâmica ideológica dos regimes tinha levado a um crescente atrito com os interesses das elites conservadoras. O regime franquista, no entanto, embora tivesse promovido mudanças significativas durante a ditadura, não levou a uma corrosão proporcional dos pilares conservadores que o sustentavam.

Nesse sentido, seu regime poderia ser descrito como um cartel de poder, embora não composto de partes equivalentes. Chefes da indústria e proprietários de terra apoiavam o regime, mas sem ter ação direta na determinação da política. Os industriais ficaram satisfeitos com a destruição do socialismo e a remoção dos direitos dos trabalhadores mediante a abolição de sindicatos independentes. Deram boas-vindas ao estabelecimento de um Estado corporativo nas linhas do da Itália fascista, que reforçara seu controle sobre as relações industriais. Proprietários de terra se beneficiaram do protecionismo agrícola e do apoio do Estado a seu poder sobre os trabalhadores. Num país no qual a devoção católica era tão profunda e disseminada, os líderes da Igreja proporcionavam a indispensável legitimação ideológica. Eles lembravam os tempos durante a república em que igrejas foram destruídas e o clero atacado. Agradeciam ao líder que consideravam ser seu protetor, um defensor da religião contra um ateísmo profano e o mantenedor de seu tradicional poder social. A burocracia de Estado, como em muitas outras partes da Europa, apreciava a tarefa de implementar diretivas políticas sob o regime autoritário enquanto os agentes de segurança — polícia, judiciário, Guarda Civil — saboreavam a chance de explorar seus poderes amplamente coercivos. A Falange, crucial portadora e transmissora do culto ao Caudilho, servia, por conta de seu tamanho e sua onipresença, como importante veículo de cotidiana vigilância, mobilização e controle, se bem que com limitada influência na formulação da política. Os militares eram beneficiários do regime por cuja criação foram em grande medida os responsáveis e no qual podiam confiar para a defesa de seus interesses.

A formulação da política estava dominada por um número relativamente pequeno de oficiais militares e ministros civis, todos selecionados por Franco e dependentes de seu contínuo favorecimento. Membros da família também eram influentes.[55] Nos primeiros anos, a figura mais importante foi Ramón Serrano Súñer, que foi responsável principalmente pela unificação das várias facções nacionalistas no partido da Falange Espanhola em 1937, e subsequentemente seu chefe efetivo. Desempenhou papel importante na construção do aparato do Estado autoritário, no fim da Guerra Civil. Como ministro do Interior, e depois de outubro de 1940 como ministro do Exterior, era o segundo em importância, abaixo somente do próprio Franco. Mas a verdadeira base de seu poder era seu acesso regular ao ditador. Quando Franco retirou dele seu favorecimento, em setembro de 1942, depois de um sério conflito entre falangistas e monarquistas, Serrano foi exonerado — e a Falange ficou significativamente enfraquecida, em benefício dos militares que compunham o cartel do poder.

Governo e administração não permitiam, é claro, quaisquer formas de oposição ao chefe de Estado. Não obstante, permitia-se aos ministros uma considerável autonomia — embora uma autonomia *relativa*, sempre sujeita à intervenção e à reconhecida autoridade pessoal de Franco.[56] As reuniões do gabinete — o Conselho de Ministros — com frequência duravam horas, ocasionalmente desde a manhã até, após uma interrupção para o almoço, as primeiras horas do dia seguinte. (O controle da bexiga por Franco era extraordinário; até dezembro de 1968 ele nunca interrompeu reuniões para ir ao banheiro — para angústia de alguns de seus ministros.) Nos primeiros anos os sinuosos discursos de Franco eram a característica dominante nas reuniões do gabinete. No fim, ele pouco falava. Deixava seus ministros falarem longamente sem qualquer temor de que pudessem desafiar sua autoridade. Onde houvesse discordâncias — que nunca eram de natureza fundamental — adiavam-se as decisões até que se alcançasse de algum modo um acordo.[57] Mas o gabinete era destituído de um poder real. As decisões mais importantes sobre qualquer coisa passavam por cima do gabinete e eram deliberadas pelo círculo íntimo de Franco, formado por generais de confiança, seus favoritos particulares e outros camaradas da clique que frequentava a sede da ditadura na palácio El Pardo, em Madri. Os cem membros do corpo supremo da Falange, o Conselho Nacional do Movimento, em teoria ofereciam uma voz importante à sua liderança. Na prática, o Conselho Nacional era fraco e, mesmo antes de sua castração em anos ulteriores, deu ao Movimento não mais que uma representação, sem poder autêntico. Havia também uma espécie de Parlamento: as Cortes, estabelecidas em 1942, só apresentavam, no entanto, uma fachada de legitimação, sem poder para desafiar, e muito menos para restringir, o governo.

Franco se mantinha totalmente incontestado no pináculo do cartel de poder. Ele mergulhou, nos primeiros anos, nos detalhes da política, fazendo alterações em esboços de leis e decretos. Nomeava e demitia ministros como achava conveniente. E as decisões finais ficavam com ele. Mas em nenhum momento houve qualquer abalo significativo na base de suporte fundamental na qual se apoiava o regime. Ele era com certeza astuto o bastante para manipular, com bons resultados, os interesses frequentemente conflitantes de indivíduos que competiam entre si ou de setores rivais do regime. Foi particularmente hábil em manter os monarquistas do seu lado, prometendo, pelo Ato de Sucessão de 1947, a posterior restauração da monarquia, mas evitando qualquer cronograma específico e retendo em suas próprias mãos o poder de escolher quem seria o próximo monarca. "Dividir para reinar" era uma máxima que lhe serviu muito bem ao longo dos anos.

A promessa de avanço, juntamente com o quase ilimitado potencial para enriquecimento num sistema que se apoiava em colossais subornos e corrupção, foi um atenuante vital, um elemento significativo para unir as elites a Franco.[58] As elites no poder, às quais se permitiu que enriquecessem sem restrição ou retribuição, tinham tudo a ganhar se o regime se mantivesse. A segurança, a espionagem e os serviços armados eram bem cuidados financeiramente, e assim podiam se encarregar de assegurar que o regime permanecesse intacto e mantinham sob controle quem não estivesse de acordo com ele.

De meados da década de 1960 em diante, Franco delegou os assuntos cotidianos do governo a Luis Carrero Blanco, um oficial naval (àquela altura com a patente de almirante) que sempre fora defensor ferrenho do franquismo e que tinha sido seu lugar-tenente mais confiável desde 1941.[59] Mas não cedeu nenhum de seus poderes. Um autoritarismo não dinâmico estava firmemente arraigado. A polícia e a Guarda Civil reprimiriam com rigor toda dissidência. Opositores foram forçados a adotar uma apática conformidade. O Movimento Nacional — o nome "Falange" foi retirado em 1970 — ainda ajudava a garantir a aquiescência das bases. Mesmo assim começaram a aparecer agitações na sociedade civil, particularmente entre trabalhadores na indústria e estudantes, embora estivessem longe de serem suficientes para romper o domínio firme do regime, que, não obstante, começava a afrouxar, quando a Espanha gradualmente passou pelas mudanças econômicas, sociais e culturais que estavam afetando toda a Europa Ocidental. A luta armada pela independência basca foi uma especialidade espanhola, embora formas domésticas de terrorismo logo se manifestassem em outras partes da Europa Ocidental. Quando separatistas bascos assassinaram Carrero Blanco em 1973, isso disparou um último espasmo de violenta repressão na Espanha de Franco. Mas dessa vez o regime estava vivendo claramente um tempo de prorrogação. A ditadura estava grosseiramente em descompasso com as imparáveis demandas por liberalização e democratização. Enquanto o ditador vivesse, contudo, uma transformação autêntica continuava a ser impossível. Isso, mais do que qualquer outra coisa, representava a importância de Franco na história espanhola e europeia no século XX.

LEGADO

Franco foi inquestionavelmente um excepcional líder militar, como demonstrou na década de 1920 no Marrocos, e depois no comando das forças nacionalistas na Guerra Civil. Mas suas qualidades de liderança política eram invisíveis até o final da década de 1930. Sem as condições específicas que prevaleceram na Espanha nessa época, elas quase certamente teriam permanecido assim.

O que lhe deu oportunidade para ganhar o poder foi o equilíbrio de classes na Espanha durante a Segunda República, quando nem as forças da esquerda nem as da direita conseguiram prevalecer.[60] A Guerra Civil o impulsionou para a liderança militar dos rebeldes nacionalistas. Durante mais de três décadas como chefe de Estado, sua principal aptidão foi o talento para manter seu próprio controle do poder mediante a divisão e a manipulação dos setores que compunham o cartel do poder. Sua incontestável autoridade foi imensamente reforçada pelo culto de uma personalidade "heroica" que foi fabricado em torno dele. Fosse a crença em Franco autêntica ou inventada, uma considerável (conquanto inquantificável) proporção da população aderiu ao culto do Caudilho, assim como fizeram — frequentemente com cinismo, sem dúvida — as elites que iriam ganhar com a ditadura. A imagem pública ocultava a realidade: uma personalidade que numa época diferente não deixaria marcas na história.

Após a guerra, manter o poder, mais ou menos em seu próprio benefício — enquanto acumulava a grande riqueza que tinha juntado no processo, num sistema que dependia de corrupção em grande escala —, era no que, mormente, consistia a ditadura. Não havia mais qualquer grande dinâmica ideológica por trás dela, uma vez tendo sido destruídos, cruel e vingativamente, seus inimigos internos. O que restava era uma crença no patriotismo, na religião, na unidade e na ordem.[61] Franco tinha admirado Mussolini e Hitler e se identificado com eles. Mas seu entusiasmo pelo Eixo foi oficialmente extinguido quando a cada vez mais inevitável vitória dos aliados tornou isso contraproducente. Sua fantasia quanto à conspiração maçônica internacional persistia, porém, qualquer que fosse seu reflexo na estranha mentalidade de Franco, não teve implicações práticas.[62] Quando as circunstâncias exigiram uma reaproximação com os Estados Unidos, a seu ver o centro do poder maçônico, sua paranoia pessoal não desempenhou um papel na mudança de política determinada pelas necessidades de um ajuste pragmático às realidades geopolíticas.

À medida que passavam os anos e as décadas, as energias de Franco para governar foram esvanecendo, mesmo quando se agarrava tenazmente ao poder. Seu interesse na rotina diária do governo diminuiu, e ele passava cada vez mais tempo permitindo-se cuidar de seus hobbies, como caça, pesca em águas profundas e, nos anos finais, já acometido de enfermidade, assistir à televisão e apostar em loteria esportiva de futebol (que ganhou algumas vezes).[63] No entanto, a ditadura continuou a funcionar, não menos porque ainda servia aos interesses das classes dominantes na Espanha, mas sobretudo porque a complacência da maioria da população era mantida pela melhora no padrão de vida, resultante do retardado crescimento econômico. E Franco manteve a bem recompensada lealdade dos militares e do aparato de segurança.

Era cada vez mais óbvio, contudo, que as forças da modernização estavam sobrepujando o obsoleto autoritarismo do sistema. Isso era reconhecido por todos os setores das elites do poder. Portanto, essas elites estavam prontas para mudar para um novo tipo de relacionamento com o Estado assim que Franco morresse, embora buscando garantir que uma democracia pluralista sob a monarquia restaurada continuasse a servir a seus interesses.

Semanas de uma crise médica cada vez mais grave por fim levaram à morte de Franco em 20 de novembro de 1975. Henry Kissinger tinha dito em 1970 que a Espanha estava "esperando que uma vida terminasse para poder se juntar novamente à história europeia".[64] Com Franco morto, esse processo pôde começar, embora a transição para a democracia só tenha se consolidado após o fracasso de uma última tentativa de golpe, por membros da Guarda Civil, em 1981. O sucessor escolhido por Franco, o rei Juan Carlos, desempenhou um papel significativo no crucial processo de estabelecer uma democracia duradoura.[65] Durante a década de 1980 a Espanha foi governada por um governo socialista pela primeira vez desde 1936. Ela ingressou na Otan. E tornou-se membro da Comunidade Europeia (que logo tornou-se a União Europeia). Mas Franco tinha deixado uma marca indelével na história espanhola. Quando a Espanha fazia sua transição de ditadura para democracia, as feridas da divisão na época de Franco eram profundas demais para que se corresse o risco de se abrirem novamente.[66] A democracia ainda era frágil. A polícia, o judiciário e a Guarda Civil ainda não tinham passado por uma grande reforma. O temor, na esquerda, de uma nova ditadura, ou mesmo da volta de uma guerra civil, permaneceu.[67] Aspectos práticos da criação de alguma forma de consenso político tinham precedência sobre um acerto de contas com o passado (assim como acontecera na Alemanha durante a década de 1950).

Apenas depois do fim do milênio teve início de fato "a recuperação da memória histórica".[68] Estátuas de Franco começaram a ser demolidas. Em 2006, setenta anos após a irrupção da Guerra Civil, o "ano da memória histórica" trouxe intenso debate público sobre a era Franco.[69] Gradualmente, foram reveladas a escala da matança, do sofrimento e da repressão na Guerra Civil e muitas — embora longe de serem todas — atrocidades perpetradas sob a ditadura. Após 2008 o governo socialista deu suporte à busca de valas comuns de pessoas executadas sob o governo de Franco.

Contudo, um suporte residual a Franco não havia desaparecido. As sepulturas de falangistas que lutaram com os alemães na frente oriental foram mantidas, com algum apoio do governo conservador espanhol depois que este voltou ao poder em 2011.[70] O túmulo de Franco na basílica no Vale dos Caídos — um memorial ao mortos na Guerra Civil, erigido por milhares de prisioneiros durante a década de 1940 — foi destino de peregrinações anuais de pessoas leais a Franco e ex-falangistas até que manifestações em homenagem ao ex-ditador foram banidas, em 2007. Ele foi fechado pelo governo socialista em 2009, mas reaberto pela administração conservadora três anos mais tarde. Os restos mortais de Franco, no entanto, foram finalmente exumados do Vale dos Caídos em 2019, depois de anos de disputa política, demonstrando que as divisões da Guerra Civil ainda estavam longe de estarem curadas. O enterro de Franco no mausoléu familiar, longe da vista do público, é claro, dificilmente poderia pôr um fim a décadas de divisão e enfrentamento no que concerne a seu legado. Marcou, assim mesmo, uma espécie de desfecho.

Para que serviu tudo isso? Durante os longos anos de sua ditadura, os militares, a polícia e o judiciário de Franco impuseram ordem na sociedade espanhola. Foi uma ordem favorecida pelos muitos que tinham aplaudido a supressão da esquerda e temiam as ameaças do anarquismo e do comunismo. Para o resto da sociedade espanhola tinha sido uma ordem sustentada por um punho de ferro, apoiado em rigoroso controle social, censura da mídia de massa e uma orquestrada manifestação de apoio. A desastrosa política de autarquia de Franco condenou a maior parte da população à duradoura pobreza até a década de 1960, enquanto a classe dominante na Espanha enriquecia como nunca antes. No momento da morte de Franco em 1975, a Espanha estava lentamente começando a alcançar o progresso econômico de outros lugares da Europa.[71] Contudo, o impressionante crescimento econômico nos últimos anos de Franco teve pouco ou nada a ver com suas próprias iniciativas, refletindo, isso sim, as tendências internacionais, após uma longa era de retrocesso econômico.[72] Os avanços foram desdobramentos de políticas liberalizantes e de necessárias reformas modernizantes que descartaram suas próprias crenças — de longa data — na autarquia de estilo fascista. Mesmo seu ramo reacionário do catolicismo estava, no fim, muito fora de sintonia com as reformas liberais da Igreja católica (embora a Igreja continuasse a proteger seus próprios interesses).[73] E na década que se seguiu à morte de Franco, a Espanha tinha se tornado uma democracia pluralista e rapidamente se desenvolveu como um Estado europeu ocidental "normal".

A longa sombra de Franco não se dissipou completamente.[74] Mais de três quartos dos espanhóis questionados em 2000 acharam que pouco ou nada restara de Franco como seu legado.[75] Porém, mesmo além das controvérsias quanto à memória histórica da Espanha, não se poderia deixar de perceber totalmente a coloração de seu passado franquista. A corrupção nos altos escalões, parte dela ligada a figuras do partido conservador, o Partido Popular, estava longe de estar erradicada.[76] E a crise quanto à independência da relativamente próspera Catalunha, que provocou uma reação agressiva do governo conservador espanhol, evocava memórias da cruel supressão da identidade catalã sob Franco e da imposição por seu regime de um Estado extremamente centralizado com base num hipernacionalismo espanhol. Não obstante, a Espanha tinha mudado drasticamente desde a época de Franco. Apesar dos problemas que surgiram do profundo impacto da crise financeira de 2008, das divisões quanto à independência catalã e do advento do populismo, a sociedade espanhola permaneceu predominantemente ligada aos valores europeus — a antítese de tudo que Franco defendera. Que a Espanha tenha se tornado um pilar da União Europeia não foi a menos importante das não intencionais consequências da longa ditadura de Franco.

A memória dos sombrios anos de ditadura não foi totalmente apagada. Ela permanece à sua própria maneira, como o duradouro legado da era nazista na Alemanha, sendo parte inevitável do presente — um "passado que não morrerá".[77] Franco deixou uma marca indelével na Espanha do século XX. Seu papel na Guerra Civil, sua longa ditadura e seu legado também são parte da construção da Europa do século XX.

Tito — que parece entediado — e o líder soviético Nikita Khruschóv relaxam enquanto cruzam o Adriático durante a visita de Khruschóv à Iugoslávia, entre 20 de agosto e 3 de setembro de 1963. As relações amigáveis entre a Iugoslávia e a União Soviética tinham sido restauradas após a morte de Stálin, embora a visita de Khruschóv não tenha sido totalmente harmoniosa.

9. Josip Broz Tito: O rei sem coroa da Iugoslávia socialista

Josip Broz ficou conhecido no mundo inteiro nas décadas do pós-guerra simplesmente como Tito, nome que começou a usar em 1934. Assim como outros ativistas políticos, tinha como praxe adotar vários pseudônimos para evitar ser preso. Tito, ele disse, não tinha significado especial para ele.[1] Mas pegou. Quão crucial foi Tito para a existência da Iugoslávia como república federal multinacional é algo demonstrado pela velocidade com que o edifício que ele construiu acabou destroçado, após sua morte, pelo conflito nacionalista e étnico.

Ele primeiro alcançou proeminência internacional durante a Segunda Guerra Mundial como o indomável líder dos partisans, que, fato único nos movimentos de resistência, com pouca assistência militar externa libertou seu país da ocupação inimiga. Depois, com talento político e crueldade, manteve rígido controle das rédeas do poder na Iugoslávia durante 35 anos, morrendo no cargo em 1980. Desafiou, com sucesso, a extrema pressão por parte de Stálin em 1948, mantendo a Iugoslávia fora do bloco soviético e assegurando ser o único país comunista europeu a preservar sua independência de Moscou. Em consequência, a União Soviética não conseguiu estender seu domínio sobre os Bálcãs. Mediante sutil diplomacia, Tito assegurou a importância internacional da Iugoslávia como um pivô entre o Leste e o Ocidente na Guerra Fria, capaz de explorar e manipular os interesses conflitantes da União Soviética e dos Estados Unidos. Foi fundamental na construção, sob a liderança iugoslava, do Movimento dos Países não Alinhados como um guarda-chuva para países na Ásia, na África e na América do Sul que não queriam prestar lealdade a nenhuma das duas superpotências. No exterior, a posição de Tito excedeu de longe o que se poderia esperar do líder de um país comunista europeu sem poder econômico e militar. Em casa, mostrou-se capaz de sustentar unidade nacional num Estado cujas fortes tendências centrífugas nem mesmo ele, às vezes, conseguia controlar.

Como pôde Tito exercer impacto tão profundo, tanto em seu próprio país como internacionalmente? Que qualidades de liderança, na guerra e na paz, fizeram dele uma figura tão excepcional? Que condições o habilitaram a tomar o poder e consolidá-lo? E como manteve o poder por tanto tempo? Que estruturas de governo havia por trás de seu absoluto domínio? E, não por último, por que o Estado que ele construiu foi tão dependente de sua personalidade? Por que desmoronou tão violentamente quase uma década após sua morte?

PERSONALIDADE

Josip Broz tinha uma personalidade marcante — era inteligente, autoconfiante, resoluto, um dinâmico homem de ação. Dele emanava uma autoridade natural, e ele ganhava apoio com seu exemplo pessoal. Como demonstraram seus feitos em tempos de guerra, era fisicamente, bem como politicamente, corajoso, capaz de suportar situações difíceis e de inspirar nos outros resiliência.

Segundo Milovan Đilas, um de seus mais próximos aliados até romper com Tito, na década de 1950, ele era "vivaz, espontâneo, informalmente simples", não arredio. Não era um orador notável. Mas era capaz de expressar ideias numa linguagem simples, direta, e de transmitir sua mensagem com base em sua própria convicção, energia e decisão. Evocava confiança e segurança. Convencia seus seguidores, mediante seu senso de missão histórica e de seu destino pessoal, a dar a essa missão uma forma. O que mais impressionava aqueles que o viam de perto era seu instinto político e "um arguto e insaciável impulso para o poder".[2] Em seus últimos anos Tito lembrava o que Churchill lhe tinha contado quando a guerra se aproximava do fim: "O que conta é o poder, e novamente o poder, e o poder de uma vez por todas".[3]

Sua sede pelo poder estava inevitavelmente ligada a outro ingrediente que era um componente essencial na personalidade de ditadores (e em certa medida de todos os líderes políticos): a crueldade. Ele não tinha a crueldade psicótica de Stálin. Mas a liderança dos partisans exigia uma dureza intransigente com os inimigos. A vitória trazia consigo uma selvagem retaliação. Nos notórios massacres em Kočevski Rog, em 1945, os homens de Tito executaram sumariamente 10 mil colaboracionistas que tinham sido devolvidos pelas forças britânicas na Áustria. Mais dezenas de milhares, principalmente prisioneiros de guerra, foram mortos ainda naquele ano. E nos primeiros anos no poder, depois da guerra, ele não sentiu remorso por enviar "inimigos internos" a um campo de concentração erigido pelo novo Estado. Quando achava necessário, demitia de seus postos até mesmo os mais próximos aliados. Aceitou, até o fim, que aqueles que se opusessem fundamentalmente ao sistema de governo no Estado unipartidário deveriam ser punidos com severidade. O processo de manter seu poder e sustentar a aura de sua própria autoridade trazia consigo a indelével e insensível mancha que havia por baixo de sua jovialidade e bonomia. Porém o núcleo duro de sua personalidade não era imediatamente visível.

Fitzroy Maclean, chefe da Missão Militar Britânica enviada aos partisans em 1943, achou que Tito, então com 52 anos, era uma figura imponente: "De estatura mediana, bem barbeado, rosto bronzeado de feições regulares e cabelos de um cinza entre claro e escuro. Tinha uma boca muito firme e olhos azuis e alertas". Era "perfeitamente seguro de si" e, embora aberto à argumentação, pronto para "tomar uma decisão imediatamente". Maclean ficou impressionado com sua capacidade organizacional, mas também com seu "infalível senso de humor, sua desavergonhada fruição dos pequenos prazeres da vida", sua "afabilidade natural" e sua sociabilidade. Mas testemunhou também "um temperamento violento, que se inflamava em súbitos acessos de ira".[4]

O poder e o prestígio de Tito, bem como sua boa aparência e seu charme, atraíam mulheres, e ele tinha forte apetite sexual, mesmo em idade avançada. Casou-se três vezes e teve mais dois relacionamentos duradouros e numerosos casos. Era particularmente atraído por mulheres muito mais jovens que ele (algo que compartilhou com Hitler e com Stálin). Impossível dizer se era porque uma "mulher-troféu" satisfazia sua vaidade, ou se havia algum outro motivo de natureza psicológica, ou se era meramente atração física por mulheres jovens e sensuais. Sua primeira mulher, Pelagija, filha de um trabalhador de São Petersburgo, tinha somente catorze anos quando se casou com ele, em 1918. De seus cinco filhos, apenas um, Žarko, sobreviveu. Divorciaram-se em 1936, e Tito casou-se com uma mulher alemã de 22 anos, Elsa Johanna König (também conhecida como Lucie Bauer), que apenas um ano depois foi presa pela polícia secreta de Stálin, falsamente acusada de ser espiã da Gestapo, e executada.[5] Tito nunca a mencionou em anos posteriores. Impossível dizer se Tito, um ardente stalinista, aceitou de boa vontade as razões alegadas para a execução dela. Seja como for, em dois anos ele estava com uma nova parceira: Herta Haas, 25 anos, filha de um advogado austríaco, que lhe deu mais um filho, Aleksandar (conhecido como Mišo), antes de se separarem em 1941. Então teve um caso com sua secretária, Zdenka — apelido de Davorjanka Paunović —, que morreu de tuberculose em 1946 com apenas 27 anos. A última mulher de Tito, Jovanka Budisavljević, oriunda de um meio camponês, juntou-se aos partisans em 1942 com apenas dezessete anos, e cinco anos depois era amante de Tito, com menos da metade da idade dele. Era glamorosa (ao menos no início), mas determinada, ciumenta e intrometida — logo alienando quase todos em torno de Tito com seu comportamento altivo e rude. Casaram-se em 1952, e talvez quando ele começou a ficar mais suspeitoso em relação até mesmo a seus mais chegados aliados tenha ficado cada vez mais dependente dela, por mais problemático que fosse seu relacionamento. No entanto, ele ficou gradualmente tão ácido que isso acabou levando à sua separação formal, em 1977. Jovanka, detestada pela maioria das pessoas que a conhecia, viveu mais que ele.

A CONSTRUÇÃO DE UM LÍDER POLÍTICO

Josip Broz foi um líder político antes de se tornar um líder militar. O caminho para a liderança foi longo e sinuoso. Foi atraído inicialmente para o socialismo a partir de sua experiência de discriminação e dificuldades no trabalho, só gradualmente encontrando seu caminho para uma interpretação ideológica. Suas crenças políticas não foram assimiladas em casa, nem se originaram de um estudo profundo de textos marxistas clássicos. Posteriormente, o marxismo veio lhe dar uma explicação para a miséria social e uma perspectiva de um futuro melhor. Mas não houve algo como uma conversão "na estrada para Damasco", para se tornar um comunista profundamente comprometido. Houve uma quantidade de etapas no caminho.

Ele nasceu em 1892 no vilarejo de Kumrovec, distrito de Zagorje, uma região pobre da Croácia ocidental, perto da fronteira com a Eslovênia, naquela época ainda parte do Império Austro-Húngaro. Seu pai era um pequeno proprietário, dado a beber muito e dono de uma terra pequena demais para sustentar uma família grande. Sua mãe, uma católica devota e mãe de quinze filhos, oito dos quais morreram ainda crianças, tinha a dura incumbência de alimentar a casa. Aos dezoito anos, Josip achou um emprego em Zagreb, como metalúrgico. Tinha começado a demonstrar interesse em política e em 1910 ingressou no Sindicato dos Metalúrgicos e no Partido Social-Democrata. Foi o início de seu despertar político. Mas não houve sinais de dúvida de caráter socialista ou pacifista quanto a servir, quatro anos depois, como primeiro-sargento no Exército austro-húngaro. Quando, ao lutar na frente dos Cárpatos, foi ferido e levado para o cativeiro russo, em 1915, começou a segunda etapa de sua radicalização ideológica. Não enfrentou muitas dificuldades como prisioneiro, e após um ano passado principalmente num hospital, recuperando-se de seus ferimentos, trabalhou primeiro num moinho de farinha, depois na Ferrovia Transiberiana. Em 1917 foi simpatizante dos bolcheviques. No caos que se seguiu à derrubada do tsar, foi para Petrogrado, onde experimentou a efervescência revolucionária, participou de manifestações em junho, ficou preso por algum tempo, conseguiu fugir de um trem que o levava de volta aos Urais e chegou até Omsk, na Sibéria, onde juntou-se aos Guardas Vermelhos. Foi obrigado a fugir outra vez durante a guerra civil russa, quando os contrarrevolucionários brancos tomaram temporariamente o poder em Omsk. Mas em 1920, agora um inflamado comunista e após quase seis anos ausente, conseguiu voltar para sua pátria.[6]

A perseguição à esquerda com que se deparou no recém-criado e altamente instável Reino dos Sérvios, Croatas e Eslovenos (renomeado, em 1929, como Iugoslávia) foi a terceira etapa em sua emergência política. Repressão e violência marcavam o contexto. O recém-formado Partido Comunista foi banido do governo monarquista em 1921. Seguiram-se anos de atividade subterrânea em que os membros do partido enfrentaram detenções e prisões. Broz havia se lançado em atividade política, e em 1928 tornou-se o secretário do partido na seção de Zagreb. Naquele ano foi preso e julgado, com outros cinco membros, por atividade comunista ilegal, inclusive por posse de duas bombas (que ele alegou terem sido implantadas pela polícia). Teve um desempenho corajoso e desafiador, mas foi condenado a cinco anos de trabalhos forçados.

Durante os anos que passou na prisão, o corrupto regime monarquista na Iugoslávia tornou-se uma ditadura absoluta. O banido Partido Comunista perdeu apoio. E sua organização foi em grande parte destruída. Assim que deixou a prisão, Tito (agora começando a usar esse pseudônimo, entre outros) voltou-se para a perigosa tentativa de reconstruir o partido. No final de 1934 — ele tinha então sido eleito membro do Comitê Central e Politburo —, decidiu-se enviá-lo a Moscou para trabalhar no Comintern (Internacional Comunista) em assuntos iugoslavos.[7] Seria a última etapa importante em seu caminho para tornar-se o líder do Partido Comunista na Iugoslávia.

Chegou em Moscou em fevereiro de 1935, numa época muito perigosa para estar na União Soviética. Grandes expurgos começavam a varrer o país, após o assassinato, em dezembro, do chefe do partido em Leningrado, Serguei Kírov, estreitamente associado a Stálin. A ameaçadora atmosfera de suspeita e desconfiança era pervasiva. Estrangeiros, inclusive os que trabalhavam para o Comintern, estavam particularmente expostos, suspeitos de serem espiões ou — tão grave quanto — trotskistas.[8] Centenas foram presos e sumariamente executados, entre eles o secretário-geral do Partido Comunista Iugoslavo, Milan Gorkić. Tito teve a sorte de estar fora da União Soviética.

Tinha começado a testemunhar o início dos julgamentos encenados em Moscou antes de partir, no outono de 1936, para começar dois anos de viagem clandestina e trabalho organizacional no estrangeiro, presumivelmente financiados pelo Comintern. Passou um tempo em Viena e Paris, voltou à Iugoslávia para tentar reconstruir o enfraquecido partido e esteve brevemente em Madri durante a Guerra Civil Espanhola (que pode ter envolvido uma colaboração com o serviço secreto soviético para a liquidação dos trotskistas).[9] Viver sob nomes falsos, viajar com documentos forjados, movendo-se entre diferentes endereços, lidar com facções internas do partido e rivalidades era exaustivo e perigoso — embora talvez menos perigoso do que teria sido ficar em Moscou.

Quando foi reconvocado a ir a Moscou em 1938 para enfrentar críticas quanto à posição do partido iugoslavo, diante de uma comissão hostil formada por cinco pessoas, o ponto alto dos expurgos já tinha passado. Não obstante, sua posição era precária. Ele quase certamente foi poupado de consequências desastrosas — talvez fatais — por causa do suporte, por baixo dos panos, do chefe do Comintern, Geórgi Dimitrov. Mas teve de lidar com uma segunda questão ameaçadora. Em 1936, pouco depois de deixar Moscou naquele mês de outubro, Tito, como já mencionado, casou-se com Lucie Bauer, uma jovem comunista alemã que tinha sido enviada a Moscou em 1934 para ser treinada para atividade partidária ilegal na Alemanha, mas que foi presa, acusada de espionagem, e executada. Isso pôs Tito em perigo quando foi questionado pela comissão. Ele não defendeu Lucie Bauer (o que seria suicídio), mas confessou que não fora vigilante o suficiente ao confiar nela e admitiu que isso era uma mancha escura contra ele.[10] Como foi o caso para muitos na hierarquia soviética, abandonar a esposa significava que ele tinha passado no teste.[11] Ele saiu ileso dessa provação.

Graças, outra vez e quase com certeza, à influência de Dimitrov, ele foi formalmente confirmado como secretário-geral do Partido Comunista Iugoslavo em 5 de janeiro de 1939.[12] Dimitrov disse que ele era "o único que restava" e lhe ordenou que erradicasse o facciosismo e reconstruísse o partido, ou ele teria de ser dissolvido. Tito prometeu "limpar a sujeira".[13] Stálin teria aprovado esse sentimento. Contudo, não há registro do que ele pensava da nomeação, ou do próprio Tito; naquela época, ele não conhecia Tito pessoalmente — os dois se encontrariam pela primeira vez em 1944.[14] Seja como for, permitiu-se que Tito deixasse a União Soviética e voltasse para a Iugoslávia.

Como foi que Tito, diferente de muitos de seus camaradas, escapou das garras da polícia secreta soviética (a NKVD), sobretudo após a prisão de sua mulher, não está claro. Estaria trabalhando tacitamente com a NKVD? Se estava implicado nos expurgos e, se estava, em que medida, nunca foi constatado. Đilas inferiu que ele estivera envolvido, mas que sua "participação nos expurgos fora limitada".[15] Na época em que escreveu, Đilas já tinha rompido com Tito havia muito tempo. E não esteve com Tito em Moscou durante os expurgos. No entanto, certamente, Tito não deu apoio a seus camaradas iugoslavos e não pronunciou uma só palavra de crítica ao terror stalinista. Como observou Đilas, lealdade total a Stálin era um imperativo para sobreviver. Tito era na época um stalinista convicto. Já era um forte apoiador da União Soviética de Stálin antes de ir a Moscou em 1935 e parece ter reconhecido depois que, mesmo que levados a excessos, os expurgos foram em princípio corretos.[16] De fato, embora não com a selvageria de Stálin, ele não teve remorsos ao recorrer a expurgos quando, mais tarde, assumiu o poder na Iugoslávia.

De volta à Iugoslávia, quando a tempestade da guerra estava ainda mais próxima, Tito deu início à reforma do desorganizado e desunido partido. Com enorme energia, implacável determinação e intolerância com facções opositoras, ele aos poucos transformou o partido numa organização stalinista altamente centralizada em âmbito nacional, totalmente comprometida ideologicamente com a linha de Moscou. Insistiu, no entanto, que fosse financeiramente independente, mediante, sobretudo, contribuições dos membros, a partir de seus magros ganhos. Trouxe o Comitê Central de volta de seu exílio para a Iugoslávia. E criou um núcleo interno de novos e jovens revolucionários, comprometidos com a causa representada pela União Soviética de Stálin, mas também leais ao próprio Tito. Três deles — Edvard Kardelj, Aleksandar Ranković e Milovan Đilas — formariam seu grupo de apoio mais próximo, não apenas durante a luta dos partisans, mas também na estrutura de poder do novo Estado da Iugoslávia após a guerra.[17]

No outono de 1940, o partido não tinha mais do que 6500 membros regulares (e outros 18 mil membros da organização juvenil). E ainda era uma organização proscrita. Tito estava impaciente por incentivar um levante contra o Estado, mas foi contido por Moscou. Uma tentativa de derrubar o governo iria levar, alegou convincentemente o Comintern, a um desastre certo. Não obstante, quando a ameaça externa à Iugoslávia aumentou, Tito liderou os preparativos para uma revolta armada por parte do que era agora um partido disciplinado e em crescimento. A situação logo mudou dramaticamente. Em 6 de abril de 1941, em resposta a um golpe militar em Belgrado que visava frustrar os planos iugoslavos de se juntar ao Pacto Tripartite (Alemanha, Itália e Japão), os alemães os invadiram.

O exército iugoslavo desabou sem lutar. Aproximadamente 350 mil homens, a maioria deles sérvios, foram aprisionados, enquanto outros 300 mil conseguiram escapar. O governo e a família real fugiram para o exílio. A Iugoslávia desmantelou-se. Os alemães controlavam a Sérvia. Seus aliados italianos, húngaros e búlgaros ocuparam outras partes do país desmembrado. Em 10 de abril foi estabelecido um Estado Independente da Croácia, governado pela fascista Ustaše, que estendeu seu controle à Bósnia-Herzegovina e durante o restante da guerra impôs um reinado de indescritível terror, assassinando mais de 300 mil sérvios e dezenas de milhares de judeus e ciganos.

Tito foi obrigado a se mudar de Zagreb para Belgrado logo antes de a fronteira entre a Croácia e a Sérvia ser fechada e a agir no maior segredo. Começou a ter uma existência peripatética, frequentemente atravessando distantes áreas montanhosas da Iugoslávia, que iria durar até o fim da guerra. Alguns, no partido, disseram que ele pouco poderia fazer além de algumas ações esporádicas de sabotagem. Mas quando teve início a invasão da União Soviética pela Alemanha, em 22 de junho de 1941, Tito pôde fazer pressão, com sucesso, por uma luta armada. Em 27 de junho, o Politburo do partido criou um Estado-Maior de unidades de partisans, pronto para se engajar numa guerrilha pela libertação nacional da Iugoslávia. Inevitavelmente, como líder do partido, Tito foi nomeado seu comandante em chefe.

PRECONDIÇÕES PARA O PODER

A guerra possibilitou que Tito assumisse o comando. Sem a guerra, a invasão, o desmembramento do país, a cruel ocupação alemã e italiana, o horrendo terror da Ustaše e o deslanchar da resistência dos partisans liderados pelos comunistas e pelo movimento monarquista Chetnik, Tito certamente nunca estaria em posição de tomar o poder na Iugoslávia. Antes de 1941 os comunistas eram um movimento pequeno e sem popularidade disseminada. As divisões étnicas e as rivalidades nacionais tornavam quase impossível construir uma identidade de classe iugoslava predominante. O potencial para um levante revolucionário, como reconhecia Moscou, não existia. Sem a invasão, o Estado comunista unitário teria sido quase inconcebível. Mais provavelmente, a Iugoslávia — que era uma construção feita de retalhos reunidos após a Primeira Guerra Mundial — teria se desintegrado, em algum momento, em um número de pequenos Estados-nação.

Entre os líderes estudados neste livro, Tito foi o único que chegou ao poder como vitorioso tanto numa guerra mundial quanto numa simultânea guerra civil. Lênin, Mussolini, Hitler (indiretamente), Churchill e De Gaulle todos chegaram ao poder como consequência, ao menos em parte, de uma guerra mundial (e De Gaulle teve de combater as reivindicações rivais do regime de Vichy). Franco deveu seu poder à vitória numa guerra civil, mas não participou da guerra mundial. Somente Tito chegou ao poder após lutar numa guerra civil dentro de uma guerra mundial — não num quartel-general relativamente seguro, longe do perigo imediato, e sim na própria linha de frente de um combate feroz. Seus partisans tiveram de enfrentar não somente a poderosa e letal força dos ocupantes alemães (e italianos), mas também as bárbaras atrocidades da Ustaše e os impiedosos ataques dos chetniks, uma força nacionalista monarquista sérvia liderada por um coronel do derrotado exército iugoslavo, Draža Mihailović. Brutalidade gera brutalidade. Os partisans perpetraram suas próprias atrocidades. Tito ordenou pessoalmente a liquidação de todos os espiões, quintas-colunas e "opositores ativos à luta de libertação do povo".[18]

Havia apenas 40 mil partisans no início da guerra civil na Sérvia. A crueldade, a perseguição, as represálias e as atrocidades que enfrentavam diariamente, embora imensamente intimidantes, serviram como agentes de recrutamento para uma minoria fanática pronta para sacrificar tudo pela causa partisan, que era livrar a pátria dos fascistas e imperialistas. Em 1943 Tito comandava cerca de 150 mil partisans. O número dobrou no fim daquele ano, quando as pessoas viram que a guerra estava se voltando inexoravelmente contra os invasores. No momento da libertação de Belgrado, em outubro de 1944, os partisans já eram não menos do que 800 mil.[19] Por trás dessas cifras havia um crescente número de pessoas, inclusive familiares, que mesmo não estando entre os combatentes simpatizavam com eles e prestavam ajuda e socorro aos partisans.[20]

Tito reagiu com amargura ao apoio mínimo que recebeu da União Soviética, que precisava ela mesma de todos os recursos que pudesse mobilizar para o titânico confronto com as forças de Hitler. Tampouco, até 1943, tiveram os partisans qualquer apoio tangível por parte da Grã-Bretanha ou dos Estados Unidos. As simpatias de Churchill estavam no início com os chetniks, mas o que importava para ele era a derrota da Alemanha; gradualmente deu-se conta de que tinha apostado no cavalo errado. Havia colaboração entre chetniks, alemães e italianos. E eles estavam perdendo apoio popular. Embora os americanos continuassem a depositar suas esperanças neles devido a seu veemente anticomunismo, Churchill repassou cada vez mais recursos britânicos para ajudar os partisans. Quando da Conferência de Teerã, em novembro de 1943, os aliados estavam preparados para reconhecer os partisans como a força de libertação nacional da Iugoslávia. Churchill, o líder britânico de descendência aristocrática, fez uma discreta contribuição para a formação do líder comunista, Tito. Com a ajuda dos suprimentos de armas britânicas, os partisans estavam imobilizando quinze divisões alemãs nos Bálcãs.[21]

Tito estava longe de ser perfeito em seu comando militar (como apontou Đilas mais tarde).[22] Mas tinha bons comandantes a ele subordinados. E era um líder inspirador — decidido, calmo na hora do perigo, pronto para compartilhar as dificuldades de seus homens, mantenedor de disciplina, transpirando força de vontade e confiança na vitória. Construiu uma equipe de cerca de trinta pessoas que o acompanhavam quando mudava constantemente de localização, cruzando centenas de quilômetros de território iugoslavo.[23] Mas era ele quem tomava as decisões cruciais. Todas as linhas de controle passavam por suas mãos. Sua autoridade não era questionada.

Durante mais de três anos como comandante dos partisans, ele levou uma vida tão extraordinária que hoje poderia parecer uma história ficcional de aventuras. Mas foi real. Em março de 1943, por exemplo, numa manobra altamente arriscada, ele conduziu o exército partisan, inclusive os doentes e feridos, através do rio Neretva, para um lugar seguro, evitando sua certa destruição nas mãos de uma grande força de chetniks armados. Mais do que isso: os partisans foram então capazes de derrotar os chetniks, embora sendo numericamente muito inferiores. Os chetniks nunca se recuperaram. Foi uma derrota decisiva para seu líder, Mihailović.[24] Em junho, em meio a intenso combate, Tito escapou por pouco da morte, sendo ferido no braço esquerdo por uma granada que explodiu perto dele, e ainda conseguiu evitar ficar cercado nas proximidades do rio Sutjeska. Mais de 7 mil partisans foram mortos, mas Tito conseguiu escapar novamente nas florestas da Bósnia oriental. Em maio de 1944, ele e seus camaradas mais próximos, encurralados numa caverna durante uma grande ofensiva alemã, seguiram pelo leito de um rio seco e conseguiram fugir para as montanhas. Essas façanhas foram depois enfeitadas para construir uma imagem poderosa do lendário comandante partisan, um componente intrínseco do culto a Tito.

Após a ida de Tito a Moscou, em setembro de 1944, Stálin concordou em enviar tropas para ajudar na libertação da Iugoslávia. Cerca de 400 mil soldados do Exército Vermelho lutaram ao lado dos partisans no ataque final a Belgrado, embora seu comportamento predatório — foram registrados 1219 casos de estupro, 111 assassinatos e 1204 casos de saque — tenha sido profundamente perturbador.[25] A assistência militar soviética nesse estágio da guerra esteve longe de ser insignificante.[26] Os partisans, como já mencionado, também tinham se beneficiado, fazia já cerca de um ano, de suprimentos de armas britânicas. Contudo, na maior parte dos três anos eles tinham lutado sozinhos, inicialmente contra todas as probabilidades, desafiando os alemães, os italianos, a Ustaše e os chetniks. Sua reivindicação de terem libertado seu próprio país era em grande medida justificada. Diferentemente do que aconteceu em qualquer outro lugar na Europa Oriental, o Exército Vermelho tinha desempenhado um papel subsidiário, e com atraso.

Cinco dias após a entrada dos partisans em Belgrado, após intenso combate, em 20 de outubro de 1944, Tito retornou à capital — agora como o triunfante líder na guerra e o libertador da Iugoslávia, um herói com uma indisputável reivindicação à liderança do país no pós-guerra.

A AUTOCRACIA DE TITO

Reunir as partes fragmentadas da Iugoslávia, despedaçada pela guerra durante quatro anos, num estado unitário poderia ter sido inconcebível sem Tito. Ele foi o fundador, a inspiração e o fulcro do Estado iugoslavo, o foco indispensável de sua integração, até sua morte.

A estrutura de um governo e de futuras disposições constitucionais já tinha sido apresentada num encontro de 142 delegados do segundo Conselho Antifascista, em 29-30 de novembro de 1943. A futura Iugoslávia, determinou-se, seria um Estado federal democrático. O governo no exílio seria excluído do poder. Quase um ano depois, em 1º de novembro de 1944, foi formado um governo provisório com Tito como primeiro-ministro, mas incorporando alguns políticos "burgueses" de antes da guerra que não tinham se comprometido ou colaborado com o inimigo.[27] No entanto, durante os meses seguintes, quaisquer esperanças dos aliados ocidentais quanto a um governo pluralista e liberdades democráticas desapareceram. Em novembro de 1945, quando houve eleições para uma Assembleia Constituinte, o único partido no boletim de voto era a Frente Popular liderada por Tito — na verdade, o Partido Comunista —, e ela, devidamente, venceu com 96% dos votos.[28] A monarquia foi abolida. Então (como já mencionado), tinha havido um brutal acerto de contas com os colaboracionistas, milhares dos quais, com a aprovação expressa de Tito, foram fuzilados (embora outros milhares — inclusive Ante Pavelić, o inominável líder da Ustaše — tivessem fugido para encontrar refúgio primeiro na Áustria, depois em outros lugares no estrangeiro, inclusive Argentina, Espanha e Estados Unidos). O líder chetnik Mihailović seria executado em julho de 1946.[29] O governo de Tito teve como fundamento não apenas sua liderança na guerra, mas também sua total brutalidade, ao ordenar ou tolerar as atrocidades nos primeiros meses do pós-guerra.

De acordo com a constituição, que entrou em vigor naquele ano, a nova Iugoslávia seria uma federação de seis repúblicas (Sérvia, Eslovênia, Croácia, Bósnia e Herzegovina, Montenegro e Macedônia) com status de autonomia garantido para as províncias sérvias de Vojvodina e Kosovo, ambas com grandes minorias não eslavas.[30] Não deveria ser, nem mesmo em teoria, uma democracia pluralista no estilo ocidental, e toda autonomia que existisse constitucionalmente seria na prática restringida pelo fato de que a Iugoslávia era um Estado unipartidário, governado pelo Partido Comunista, em linhas stalinistas.

Durante a guerra o Partido Comunista tinha se tornado a única força política que visava recriar o Estado unificado da Iugoslávia. Os cada vez menos numerosos monarquistas almejavam, é claro, um futuro diferente para a Iugoslávia, sob uma monarquia restaurada. Mas os chetniks tinham combatido por uma "Sérvia maior". E a Ustaše queria um Estado da Croácia etnicamente limpo. Enquanto isso, a organização tanto dos chetniks como da Ustaše tinha sido destruída. Mas os comunistas estavam longe de ser universalmente bem-vindos. Tinham de vincular sua reivindicação de ser o partido dominante em toda a Iugoslávia à enorme popularidade de Tito. Os princípios do culto à personalidade de Tito — fundamento indispensável da legitimidade do novo Estado — foram claramente exibidos no imenso derrame de adulação no dia de seu aniversário, 25 de maio de 1946. Uma verdadeira barragem de propaganda louvava o líder como herói de guerra, estadista e simples "filho do povo". Três semanas antes, 70 mil pessoas tinham marchado por Belgrado carregando bandeiras vermelhas e gritando "Tito-Stálin", "Viva o Exército Vermelho" e "Viva o Partido Comunista".[31]

No entanto, não demoraria muito para que Tito e Stálin não fossem mais aclamados juntos. O relacionamento entre os dois — deteriorando-se havia muito tempo — dissolveu-se, resvalando para uma duradoura acrimônia. O controle sobre os Bálcãs era uma questão crucial. Stálin queria que a Iugoslávia se tornasse um dócil satélite da União Soviética, como parte de uma Federação Balcânica.[32] Os gestos diplomáticos de Tito para estender sua influência à Bulgária, à Albânia e à Grécia eram intoleráveis para Moscou. Além disso, a insistência de Tito num programa de cinco anos para a industrialização da Iugoslávia não se encaixava nos planos soviéticos de manter os Bálcãs, inclusive a Iugoslávia, como economias principalmente agrícolas, que poderiam ajudar a alimentar a própria União Soviética e outras partes industrializadas de seu bloco. No início de 1948 a paciência de Stálin estava se esgotando. Em março, ele enviou uma longa carta a Tito, acusando-o de "revisionismo" e tendências trotskistas. Tito não se intimidou. Ele apresentou sua longa, inflexível resposta numa reunião de líderes do partido iugoslavo, que teve aprovação quase unânime. Stálin não conteve sua ira em mais duas cartas. Exigiu que Tito comparecesse a uma reunião, em Bucareste, de membros do Cominform (Escritório Comunista de Informação, fundado em outubro de 1947 como sucessor do Comintern, para coordenar internacionalmente partidos comunistas sob a égide de Moscou). Para Tito era óbvio que, se comparecesse à reunião, seria obrigado a entrar na linha, possivelmente com terríveis consequências. Em sua ausência, foi acusado de ser um "espião imperialista" e foi decidido que o Partido Comunista Iugoslavo tinha excluído a si mesmo da fraternal família dos partidos comunistas.

No embate entre vontades fortes, Tito manteve sua posição. Recusou-se a ser intimidado pela infinitamente mais poderosa União Soviética e demonstrou grande coragem pessoal e política. A imprensa soviética derramou veneno em sua imagem. Houve até mesmo tentativas de assassiná-lo. Mas Tito não se curvou ao assédio de Stálin. O líder soviético tinha um bilhete de Tito na gaveta de sua escrivaninha, só encontrado após sua morte: "Se você não parar de enviar assassinos, vou enviar um a Moscou e não vou precisar enviar outro".[33]

Havia um temor autêntico na Iugoslávia de que o Exército Vermelho pudesse marchar sobre o país e submetê-lo ao domínio soviético. Porém, apesar de todas as suas ameaças, Stálin não queria arriscar uma guerra mundial por causa da Iugoslávia — ou qualquer outro lugar, àquela altura, quando as tensões com os aliados ocidentais estavam ficando agudas (e os americanos ainda eram a única potência de posse de uma bomba atômica). E, talvez o fator mais importante, Stálin testemunhara o sucesso da guerrilha partisan contra os alemães. Uma invasão, mesmo considerando a grande superioridade de suas forças, incorreria no risco de uma guerra prolongada contra comprometidos e patriotas guerrilheiros. Assim, Tito prevaleceu. E, na Iugoslávia, seu desafio a Stálin fez aumentar ainda mais seu já elevado prestígio.

Depois da vitória na guerra, a vitória sobre a União Soviética foi o segundo fundamento do carismático apelo de Tito. Ele não tinha somente libertado a Iugoslávia na guerra. Tinha estabelecido agora a independência do país. Isso fez dele um herói nacional até mesmo para aqueles que até então não tinham se rendido a Tito e, no melhor dos casos, eram oportunistas ou simplesmente conformistas em seu apoio ao comunismo.

Embora o comunismo na Iugoslávia logo viesse a se desenvolver em linhas distintas das do bloco soviético — mais uma fonte do profundo alheamento em Moscou —, a cisão com Stálin fortaleceu a organização do partido iugoslavo. No início — a tendência mais tarde ficou um tanto enfraquecida —, o Partido Comunista Iugoslavo ficou, realmente, até mais monolítico (e totalmente focado na lealdade a Tito). O próprio Tito tomou a decisão de fazer com que dois de seus principais críticos, Andrija Hebrang (ministro da Economia, tido como o favorito de Stálin para suceder a Tito) e Sreten Žujović (ministro das Finanças e firme apoiador de Stálin) fossem exonerados de seus cargos, expulsos do partido e presos como "inimigos do povo". Foi lançada uma campanha de propaganda para erradicar inimigos do partido. Mais de 55 mil simpatizantes de Moscou foram expurgados. Tito aprovou a proposta de estabelecer um campo de concentração na ilha de Goli Otok, no mar Adriático, onde, entre 1949 e 1956, cerca de 13 mil prisioneiros foram submetidos a trabalhos forçados em condições infernais. Outros milhares foram "reeducados" em campos de trabalho.[34] As lacunas nas fileiras de membros do partido foram fácil e rapidamente preenchidas. Quase meio milhão de novos membros foram recrutados em poucos anos após a cisão com Moscou — todos leais a Tito, muitos devendo suas carreiras e benefícios materiais a seu comprometimento com ele. Partidos regionais estavam subordinados a Belgrado. Posições importantes em todos os níveis de governo eram mantidas por membros do partido. Assim, a autoridade de Tito infiltrava-se, através de centenas de milhares de pessoas leais a ele, em todas as partes do Estado iugoslavo.

No todo-poderoso Partido Comunista, as doze seções do Comitê Central implementavam a política do governo. O fórum crucial de poder, contudo, era o secretariado do Politburo, que tinha apenas três integrantes além do próprio Tito: Kardelj, Ranković e Đilas. Kardelj era o encarregado da política exterior, e Đilas da propaganda e da vida intelectual. Esse "quarteto" (como Đilas o denominou) determinava a política, o Politburo a confirmava, e os níveis inferiores do partido — formados principalmente por jovens fanáticos ex-partisans com pouca instrução mas uma ardorosa crença em Tito, a implementavam.[35] No próprio secretariado não estava em questão quem realmente exercia o poder. Kardelj, Ranković e Đilas tinham servido ao lado de Tito na guerra. Sabiam como ele operava, reconheciam seu direito à liderança e se curvavam à sua incontestável autoridade.

Fosse qual fosse a teoria constitucional, na prática aquilo era uma autocracia. "Sou responsável pela Iugoslávia! Aqui sou eu quem decide!" Tito deixou isso bem claro.[36] Não era jactância vã. Ele tomava decisões importantes com pouca ou nenhuma consulta.[37] E após ter decidido, não voltava atrás. Como líder partisan, estava acostumado a dar ordens sem ser questionado. Podia agora transformar seu prestígio único como herói de guerra numa liderança autoritária do Estado. Seu estilo de vida opulento transbordava poder e autoridade absolutos. Era uma declaração intencional de sua intocável supremacia. Acostumado, havia muito tempo, a lidar com duras condições de vida, ele passou a saborear o luxo ainda mais. Era uma paródia grotesca dos ideais socialistas. Dinheiro não era problema. Ele tratava as finanças do Estado como sua renda pessoal (e, depois de ter começado modestamente, pagava a si mesmo um belo salário também). Tornou-se um pseudomonarca, um mini Luís XIV, usufruindo de um esplendor de estilo socialista ao qual comparecia uma comitiva de cortesãos que eram corrompidos pela proximidade com o poder e pelo acesso a privilégios materiais. Quem tinha uma vez sido revolucionário tornou-se um nouveau riche — aderindo avidamente à apropriação de riqueza e de propriedades.

Tito mudou-se imediatamente para um dos palácios reais, reformou outro para ser local de luxuosas recepções e, pouco tempo depois, acrescentou mais ex-residências reais e imensas propriedades destinadas à caça à sua coleção. A favorita era sua residência de verão na ilha de Brioni, onde possuía uma extravagante nova mansão e acomodações espaçosas para seu governo e funcionários do partido, construídas por prisioneiros. Criou até mesmo seu próprio jardim zoológico ali. E logo era dono de uma Mercedes blindada, de um Rolls-Royce, de um iate oceânico suntuosamente equipado e de uma extensa coleção de obras de arte. Era vaidoso de sua estatura. Glorificava-se de seu título de marechal, que lhe fora outorgado em 1943, e em ocasiões públicas aparecia invariavelmente em seu espalhafatoso uniforme de marechal com todas as condecorações. Sua ostentosa vulgaridade lembrava um pouco a de um ditador latino-americano.[38]

Sua posição de chefe de Estado, comandante em chefe das forças armadas e líder do partido era incontestável — e permaneceria assim até sua morte em 1980. Seu poder repousava sobre a tríade formada pelo partido, pelo Exército e pelas forças de segurança. Muitas pessoas leais ao partido também serviam no Exército iugoslavo, que, construído a partir do movimento dos partisans, tinha fortes ligações pessoais com Tito. Praticamente todos os oficiais eram membros do partido. A formação ideológica era parte do treinamento militar para o meio milhão de soldados que serviam no Exército no início da década de 1950. Tito certificava-se de que o Exército recebesse bons salários e tivesse acesso privilegiado a moradias do Estado. Sua lealdade nunca esteve em questão.[39]

A polícia de segurança (sob a direção de seu associado muito próximo, o ministro do Interior e subsequentemente vice-primeiro-ministro Aleksandar Ranković) garantia conformidade e punia desvios políticos. A ideia de um "inimigo interno" era, como em todas as ditaduras, um dispositivo para promover integração e lealdade, com a prisão arbitrária e a punição de supostos "traidores" como meio de garantir obediência. A polícia de segurança (a UDBA) podia pôr escuta em prédios, interceptar correspondências e monitorar chamadas telefônicas. Nunca chegou perto de se equiparar ao nível de terror implantado na União Soviética. Mas, não obstante, a oposição ao regime de Tito era severamente punida com prisão ou internação em campos de trabalho. Compreensivelmente, a maioria dos cidadãos comuns, quaisquer que fossem suas opiniões privadas, conformava-se com um sistema que não era capaz de modificar.

Não era, no entanto, um regime sustentado apenas por coerção e intimidação. Tito foi, por muitos anos, um ditador popular. Quão popular, claro, não se pode mensurar. E é óbvio que essa legitimidade de caráter popular foi, pelo menos em parte, fabricada pela mídia de massa controlada e pela doutrinação no partido e no Exército. Nada deixou de ser feito para o aprimoramento do rapidamente ubíquo culto a Tito. Enormes retratos dele adornavam prédios públicos. Ruas e praças recebiam seu nome.[40] A aura do líder heroico dominava totalmente a cena política. Nenhuma outra figura pública chegou nem remotamente perto da popularidade do "herói do povo". Por mais importante que fosse o papel da manipulação da propaganda, seria enganoso negar que Tito gozava de autêntica popularidade pessoal, particularmente nos primeiros anos, quando podia desfrutar da glória de seus lendários feitos em tempos de guerra e de ter defendido a nação do assédio soviético. Ele era o epítome do orgulho nacional. E não era apenas uma exaltação psicológica. Uma enorme energia social e política fora desencadeada. Novos prédios, canteiros de obras e grandes projetos de infraestrutura eram sinais físicos de uma grande mudança. Havia melhoras tangíveis nos padrões de vida — modestos, certamente, em comparação com as regiões mais ricas da Europa, sem falar nos Estados Unidos, porém mais elevados do que qualquer coisa que a maioria das pessoas alguma vez experimentara, e que ofereciam a esperança de um futuro ainda melhor. A década de 1950 presenciou enorme investimento do Estado e um impressionante crescimento econômico (que começara baixo): um crescimento anual de 13% na produção industrial e uma elevação na renda de quase 6%. Isso significava uma grande mudança da agricultura para a indústria. Mas o impulso inicial para a agricultura coletivizada (embora sem a brutalidade assassina de Stálin) foi revertido em 1953, já que demonstrara ser tão impopular e economicamente inviável. Cooperativas improdutivas foram desfeitas, a terra foi devolvida aos camponeses, e investiu-se mais em agricultura — o que trouxe mais resultados e uma crescente satisfação junto à grande população agrária.[41]

Após a cisão com a União Soviética houve mudanças na condução da economia que, ao menos no início, pareceram promissoras e atraentes. Kardelj (o principal teórico do partido), Boris Kidrič (membro importante do Politburo, encarregado da economia) e Đilas (o propagandista) convenceram Tito, em 1949, a adotar um novo modo de relações industriais. "Autogestão", ao menos em teoria, permitia que conselhos de trabalhadores dirigissem a administração de fábricas e mobilizassem a construção do socialismo "de baixo para cima", e não num direcionamento "de cima para baixo" pelo Estado, como na União Soviética. Os problemas logo apareceram, mas inicialmente o sistema pareceu ser atraente para os trabalhadores, bem como para o governo. Para Tito, que nunca se baseava em teoria, como Kardelj, em particular, fazia, as vantagens políticas e de propaganda do sistema superavam as estritamente econômicas. Crucial para ele era que o controle total pelo partido — sinônimo de seu próprio controle — não fosse minado por uma "autogestão". Havia uma óbvia tensão. Mas, essencialmente, Tito insistia que o monopólio do poder permanecesse incontestável. A democratização tinha seus limites.[42]

Isso ficou claramente demonstrado quando, em 1953, Milovan Đilas, que alguns achavam ser o mais provável sucessor de Tito, criticou publicamente o sistema que ele mesmo ajudara a construir. Quando, em vez de recuar, Đilas intensificou sua crítica — que publicou no principal jornal do partido, *Borba*, nada menos que isso — a recriminação era certa. Foi demitido de seus cargos, obrigado a sair do partido e depois preso por um total de nove anos. Foi depois anistiado e pôde escrever sobre suas experiências com Tito. Mas quando não serviu mais aos interesses de Tito, tornou-se descartável. Como Tito lhe disse, estava "politicamente morto".[43] Pelo menos não estava de fato morto, como certamente estaria sob Stálin.

Na década de 1960 o poder absolutista de Tito estava em seu auge. Porém, abaixo dele, as cisões na liderança se ampliavam entre o reformador do sistema, o esloveno Edvard Kardelj, e o linha-dura sérvio Aleksandar Ranković, os dois principais contendores para a sucessão (após o haraquiri de Đilas na década anterior). No início, quando os problemas — ineficiência e corrupção — do sistema de "autogestão" que ele tinha promovido ficaram cada vez mais evidentes, Kardelj foi o alvo principal da ira de Tito. Ele sobreviveu em grande parte mediante astúcia tática e devido ao apoio que tinha em sua pátria eslovena (a região mais rica e avançada da Iugoslávia). Em meados da década de 1960, a posição de Ranković era a mais exposta. Ele tinha sido o homem da machadinha de Tito, realizando lealmente o trabalho sujo. Presidiu um aparato de repressão que tinha reunido arquivos referentes a milhões de cidadãos. E tinha outra posição poderosa, na Secretaria Organizacional do partido.[44] Mas havia feito inimigos entre seus colegas sérvios no partido. Além disso, Tito ficara profundamente suspeitoso não só quanto às intrigas e brigas internas nos escalões superiores do regime, mas também quanto à própria segurança; se questionava se os serviços de segurança não estavam tramando contra ele. Não foi difícil convencê-lo de que sua residência privada, até mesmo seu quarto de dormir, tinham sido grampeados pelo serviço secreto. Os dispositivos de escuta estavam conectados à vila de Ranković. Intimidado até ceder, numa reunião do Comitê Central em junho de 1966, Ranković aceitou sua responsabilidade (embora privadamente pensasse que tinham armado contra ele) e em seguida renunciou a todos os seus cargos. Mais tarde foi perdoado (em contraste com o que certamente seria seu destino sob Stálin) e desapareceu da vida pública, secretamente acusando Tito de traição.[45]

O serviço de segurança foi expurgado dos que tinham sido apoiadores de Ranković e descentralizado (fora a esfera vital da contrainteligência). O controle da segurança passou para as repúblicas individuais — embora os relatórios sobre qualquer comportamento subversivo ainda fossem enviados para Belgrado. Qualquer perigo — mais imaginário do que real — que os serviços de segurança tivessem representado para Tito foi eliminado, sua lealdade irrestrita foi restabelecida. O partido, apesar das sugestões de que deveria ser controlado menos centralmente, permaneceu essencialmente sem mudanças, como veículo para o poder de Tito. O Exército, como sempre, continuou como o mais crucial bastião de seu poder. E Tito manteve o firme controle do serviço de inteligência militar (KOS).[46] O ministro da Defesa, general Ivan Gošnjak, ex-comandante partisan com um estreito relacionamento de trabalho com Tito, tinha sempre assegurado sua firme lealdade. Quando seu relacionamento esfriou, na esteira das demandas por mudança que se seguiram ao caso Ranković, Tito o substituiu pelo general Nikola Ljubičić, outro ex-comandante partisan totalmente leal.[47]

A Iugoslávia, graças à posição internacional de Tito e às reformas internas que ele supervisionara, era, aos olhos do mundo, de longe, o Estado comunista europeu mais popular na década de 1960. Parecia ser uma versão mais atraente do comunismo do que o bloco soviético. Seu crescimento econômico conquistou a admiração do Ocidente. Investimentos jorravam. Um turismo massivo abarrotava os cofres do Estado. A liberalização parcial da cultura atraía visitantes estrangeiros. O prestígio de Tito, no estrangeiro e em casa, estava no auge. Mas nem tudo era o que parecia ser. Começavam a aparecer rachaduras que se alargariam muito na década seguinte. O crescimento econômico estava ficando mais lento, desemprego e inflação subiam ameaçadoramente, o déficit comercial aumentava, a dependência de empréstimos do exterior mantinha como refém a futura prosperidade.[48] Os passos dados para uma modesta liberalização estavam deixando a economia exposta às forças do mercado internacional. Tito, poderoso como era, não pôde fazer nada para deter, muito menos reverter, os problemas estruturais. Na década de 1970 eles seriam ampliados e, nesse processo, também a dificuldade de manter sob controle as tendências nacionalistas separatistas. Tito, agora como antes, era o próprio símbolo da unidade iugoslava. Sua autoridade dava solidez a todos os fundamentos do Estado socialista multinacional que ele tinha construído. Ele ainda mantinha o país unido. Mas a Iugoslávia era em muitos aspectos um constructo frágil, como tinha sido desde seu início após a Primeira Guerra Mundial. Tito completou oitenta anos em 1972. Quanto tempo iria durar a unidade após sua morte?

ENTRE OS BLOCOS: O ESTADISTA GLOBAL

Somente Tito poderia ter transformado a Iugoslávia — um país de tamanho médio e economicamente fraco, com um honroso registro em tempos de guerra mas uma modesta força militar — num fator-chave nos assuntos internacionais. Foi cortejado por ambas as superpotências e foi capaz, às vezes por meio de uma diplomacia escorregadia, de manipular uma contra a outra, explorando a importância estratégica da Iugoslávia. Enquanto manobrava habilmente entre elas, construiu para a Iugoslávia a posição de líder de um grupo amorfo de países, espalhados pelo mundo, que formaram o frouxamente organizado Movimento dos Não Alinhados, que operava entre os grandes blocos de poder, sem se comprometer nem com os Estados Unidos nem com a União Soviética. Especialmente de meados da década de 1950 em diante, Tito fez-se um ator central no palco global. Do isolamento inicial que se seguiu ao rompimento de relações com a União Soviética, ele, sozinho, pôs a Iugoslávia no mapa mundial. Suas viagens diplomáticas alcançaram proporções épicas. Fez 169 visitas oficiais a 92 países entre 1944 e 1980, recebeu em casa 175 chefes de Estado, cem primeiros-ministros e centenas de outras figuras políticas notáveis.[49]

A cisão com Stálin foi a base de sua recém-estabelecida alavancagem internacional. Enquanto Stálin fervia e ameaçava no Kremlin, Tito tornou-se o foco da atenção americana — considerado um anteparo vital ao bloco soviético na Europa Oriental. A Iugoslávia, estrategicamente, tinha a chave para os Bálcãs. Se tivesse a Iugoslávia sob sua égide, como satélite, a União Soviética estaria potencialmente em posição de ampliar sua influência sobre grande parte da Europa Meridional. Mas sendo a situação como era, a Iugoslávia provia uma porta aberta para a penetração ocidental na metade da Europa que era dominada pelo comunismo. Por essa porta veio a ajuda financeira — principalmente americana — (553,8 milhões de dólares entre 1950 e 1953), que alimentou a economia iugoslava em expansão. Quando a Guerra da Coreia aumentou a ansiedade quanto aos objetivos expansionistas soviéticos, a ajuda dos Estados Unidos destinou-se também a financiar armamentos, na esperança de trazer a Iugoslávia para os planos de defesa ocidentais.[50] Em anos posteriores, quando a economia ficou sob crescente pressão, o financiamento americano ajudou a manter Tito estável — embora ao preço de aumentar a dependência iugoslava da ajuda ocidental e de levar a níveis crescentes a dívida com o exterior.

Especialmente nos Estados Unidos e na Grã-Bretanha — que após a guerra ainda eram uma força internacional a ser levada em conta, com bases em todo o Mediterrâneo oriental —, Tito foi reconhecido não só como um notável comandante dos partisans em tempos de guerra, mas como um líder extraordinário que, sozinho, demonstrara ter nervos, vontade férrea e implacável determinação para repelir Stálin e a poderosa União Soviética. Isso lhe deu grande vantagem em suas tratativas com o Ocidente. Ele a explorou habilmente, ao mesmo tempo se assegurando de que a Iugoslávia — quando Khruschóv, após a morte de Stálin, tomou a iniciativa de rever o estremecimento entre os países — também se valesse de relações muito melhoradas com Moscou, enquanto ainda mantinha distância da União Soviética. Ajuda financeira (e cooperação técnica) foi negociada com Moscou e também com Washington.[51]

Houve muitos solavancos no caminho das relações com o Leste e com o Ocidente. As relações com Moscou, por exemplo, entraram em queda livre durante alguns meses que se seguiram à revolta húngara de 1956, quando Tito tinha ao mesmo tempo reconhecido a necessidade da intervenção e criticado a continuação do stalinismo na União Soviética e em seus satélites como a causa do problema.[52] O apoio de Tito aos árabes nas guerras de 1967 e 1973 contra Israel caiu mal no Ocidente. As relações diplomáticas com Belgrado foram rompidas pela Alemanha Ocidental por algum tempo depois que a Iugoslávia reconheceu a República Democrática Alemã em 1957. De Gaulle ficou irritado com o suprimento de armas, por Tito, para o Movimento de Libertação da Argélia. E a União Soviética ficou alienada com a condenação por Tito da invasão da Tchecoslováquia em 1968. Em cada um desses casos, no entanto, os interesses geopolíticos tanto de Moscou quanto de Washington, por um lado, e os interesses econômicos de Belgrado, por outro, fizeram com que as relações prejudicadas fossem reparadas.

Diante da ira soviética depois de 1968, Tito voltou-se ostensivamente para os Estados Unidos. O presidente Nixon foi convidado a visitar a Iugoslávia em outubro de 1970, e no ano seguinte Tito foi honrado durante uma visita oficial a Washington, voltando com créditos financeiros no valor de aproximadamente 1 bilhão de dólares no bolso. Pouco antes da viagem de Tito aos Estados Unidos, o líder soviético Leonid Bréjnev tinha engolido seu orgulho e, em outubro de 1971, embora ainda cheio de ressentimento, foi para Belgrado. A atmosfera durante as discussões com Tito foi gelada. Mas Bréjnev foi embora depois de conceder créditos no valor de 540 milhões de dólares.[53]

A oportunidade para a Iugoslávia sair do isolamento diplomático que se seguiu ao rompimento com a União Soviética e dar ao país indevido peso na arena internacional veio da política de forjar relações estreitas com países que não se alinhavam com qualquer das superpotências. A nova política não foi de iniciativa do próprio Tito. Surgiu primeiro como um produto indireto das boas relações pessoais nas Nações Unidas entre os representantes indianos e iugoslavos no Conselho de Segurança. Foram estabelecidas relações diplomáticas entre Belgrado e Nova Delhi, e o embaixador iugoslavo, Josip Djerdja, logo foi atraído pela crença do chefe de Estado indiano, Jawaharlal Nehru, de que uma "terceira força" entre os blocos das superpotências teria potencial. Djerdja apresentou o caso a Kardelj, na época ainda ministro do Exterior, em 1951, e Kardelj levou-o adiante para um Tito a princípio não muito entusiasmado. Depois de mais uma tentativa de persuasão, Tito se afeiçoou à ideia e em seguida a abraçou completamente.[54] O primeiro fruto foi um convite para visitar a Índia, o qual Tito imediatamente aceitou, tornando-se, em novembro de 1954, o primeiro chefe de Estado europeu a fazer uma visita oficial.

Esse foi o começo. Tito logo embarcaria em suas viagens ao exterior, muitas das quais incluíam longos cruzeiros em seu iate oficial *Galeb* (*Gaivota*). Foi o primeiro líder comunista a visitar a África subsaariana e a América Latina, bem como a estender suas conexões com países asiáticos. A diplomacia pessoal era importante. Ele estabeleceu boas relações especialmente com líderes de países recém-independentes que tinham chegado ao poder mediante seu papel em movimentos anticoloniais. Entre os mais importantes, além de Nehru, estavam Sukarno, na Indonésia, Gamal Abdel Nasser, no Egito, Kwaane Nkrumah, em Gana, Julius Nyerere, na Tanzânia, e o imperador Haile Selassie, na Etiópia. Alguns eram personagens notadamente desagradáveis, como o presidente de Uganda, Idi Amin, e o ditador da República Central Africana, Jean-Bedél Bokassa. A doutrina que unia esses disparatados sistemas políticos era a da "coexistência pacífica"; o objetivo era criar uma "terceira força" que exercesse influência no mundo político e se opusesse à dominação dos dois blocos de superpotências.[55] Quando a tensão aumentou entre Estados Unidos e União Soviética, em setembro de 1961, Tito apresentou os princípios — condenando tanto a Otan quanto o Pacto de Varsóvia — aos representantes de 25 países numa conferência que ele tinha convocado em Belgrado.[56] Isso marcou um ponto alto de sua liderança naquilo que veio a ser chamado de Movimento dos Não Alinhados.

Por mais forte que fosse a retórica, a eficácia daquele grupo disparatado de Estados era limitada. Não teve um impacto substancial nas relações com as superpotências e pouco ou nada fez para diminuir as tensões da Guerra Fria. Porém, para a Iugoslávia, a proeminência de Tito trouxe dividendos. Não só elevou o status internacional do país como também abriu mercados para exportação que inflaram as finanças da Iugoslávia em cerca de 1,5 bilhão de dólares anuais. Internamente, ajudou a encobrir a inerente divisão entre Eslovênia e Croácia, que miravam o Ocidente, e a Sérvia, que tradicionalmente pendia para a Rússia. Também foi atraente para os muçulmanos bósnios, devido às conexões com a cultura islâmica.[57] Não menos importante, o renome internacional refletiu-se em glória para Tito em casa. Seu prestígio estava nas alturas; sua posição era intocável.

PODER EVANESCENTE

Mesmo com idade avançada Tito tinha uma figura impressionante e não considerava deixar o poder. Demonstrava notável energia ao manter sua atividade representacional no estrangeiro — o que lhe dava oportunidade para prolongadas férias de luxo ao sol. Na década de 1970, viajou para o subcontinente indiano, a Síria e a América Latina (além de ter feito visitas oficiais a países europeus), e participou da importante, em termos globais, Conferência de Cooperação e Segurança da Europa, em Helsinque, em 1975. No entanto, sua saúde estava em declínio: os mais próximos viam sinais visíveis de envelhecimento.[58] As décadas no poder como força integradora vital na Iugoslávia estavam claramente chegando ao fim.

O sistema que ele construíra e sustentara já estava se esgarçando nas costuras muito antes de sua morte. O poder pessoal de Tito foi incapaz de deter, muito menos reverter, os inerentes problemas estruturais da economia — uma crescente dívida nacional, inflação e desemprego, enquanto os níveis de produtividade caíam. As dificuldades intrínsecas foram exacerbadas massivamente pelo impacto da crise do petróleo de 1973 e da desastrosa elevação de custos enfrentada por todos os países dependentes de importação de petróleo. Na segunda metade da década de 1970 houve um aumento de quase cinco vezes em tomadas de empréstimo e um aumento de três vezes na taxa de juros para pagá-las. Havia menos disponibilidade na importação de bens de consumo. Os preços, inevitavelmente, subiram.[59] Assim como a desigualdade econômica. Na esteira disso, as tensões nacionais e as tendências separatistas se intensificaram. A Croácia e a Eslovênia se opunham a que "seu" dinheiro fosse transferido para financiar as regiões mais pobres do país. A Sérvia e as repúblicas economicamente mais fracas eram antagonizadas pelas regiões mais ricas por serem desproporcionalmente beneficiadas. O ressentimento econômico e social trouxe uma ênfase mais estridente e mais corrosiva às diferenças culturais e à identidade nacional. Inversamente, o senso de identidade do Estado iugoslavo estava se perdendo.

A Iugoslávia não era imune às pressões liberalizantes que se espalharam pela Europa no final da década de 1960. Quando irrompeu a inquietação estudantil de 1968, Tito a neutralizou com a promessa — não cumprida — de concessões que, com os temores de uma incursão soviética (muito aumentados pela invasão da Tchecoslováquia), ajudou a acalmar a revolta.[60] Mais preocupantes foram as grandes demandas nacionalistas pela independência da Croácia, por estudantes de Zagreb em 1971. Tito respondeu com o *big stick*. Ele obrigou parte da liderança croata a renunciar.[61] Foram feitas cerca de duzentas prisões, centenas foram expurgados do partido croata, e foram adotados extensivos expurgos nas outras repúblicas que abrigavam sentimentos nacionalistas. Em 1971, mais de 5 mil liberais na mídia e na economia sérvias foram obrigados a renunciar. Em 1973, foram introduzidas significativas restrições à liberdade de imprensa. Alguns filmes e revistas foram banidos. Alguns professores da Universidade de Belgrado foram suspensos de seus cargos. Em meados da década, havia nas prisões da Iugoslávia cerca de 5 mil prisioneiros políticos.[62]

Não houve apenas a repressão do *big stick*. Havia uma cenoura, também, nos planos para restituir mais poder às repúblicas. A esperança era, claramente, desarmar as tensões que estavam começando a ameaçar a unidade iugoslava — e a sobrevivência do regime. A comissão para preparar uma nova constituição (que entrou em vigor em 1974) foi trabalho de Kardelj. Tito não gostou dela, insistindo que deveriam ser incluídas garantias para salvaguardar a proeminência do partido e do Exército, e a confirmação de que ele seria presidente vitalício (o que era garantido na constituição revisada de 1962).[63] Na prática, a pesada nova constituição nada fez para diluir as tendências separatistas e evitar a crescente fragmentação do país. A unidade da Iugoslávia estava se tornando cada vez mais frágil. Apenas o Exército e a polícia de segurança continuavam sob controle federal, mas eram instituições crucialmente leais e constituíam, junto com o partido, o pilar do poder de Tito. Ele não tinha dúvida de que sempre poderia confiar no Exército. Ainda retinha as alavancas do poder. E como muitos outros líderes — não só ditadores —, não queria perdê-las. Mas se preocupava com o futuro do país depois que fosse embora.[64] Estava bem ciente de que era cada vez mais o único baluarte contra a desintegração da Iugoslávia.

Embora os problemas tenham aumentado durante a década de 1970, a autocracia de Tito permaneceu intacta até sua morte, em 4 de maio de 1980, com 87 anos. O último ditador europeu sobrevivente, que chegara ao poder durante as terríveis décadas de 1930 e 1940, fora-se. Em seus últimos anos, uma diabetes de longa data tinha piorado a ponto de ele ter de amputar a perna esquerda; no final sua condição se deteriorou drasticamente. Com as notícias de sua morte houve enorme expressão de lamentação nacional. Sua posição internacional refletiu-se na representação de dignitários estrangeiros de 128 países em seu funeral.[65]

LEGADO

Raramente, quando um estadista detém o poder durante tanto tempo e, ao morrer, é saudado em todo o mundo, o trabalho de sua vida desmorona em apenas uma década. Portanto, é difícil falar significativamente, no caso, de um legado duradouro. Em vez disso, o colapso da Iugoslávia no terrível conflito étnico da década de 1990 demonstra mais vividamente quão monumental foi a realização de Tito ao construir um sistema político que foi capaz de se manter unido por tanto tempo apesar de suas forças intrinsecamente centrífugas. Por cerca de 35 anos ele foi o ponto focal da integração de povos de diferentes etnias e formações linguísticas e religiosas, e diferentes níveis de desenvolvimento econômico. Ao mesmo tempo, a velocidade do colapso ilustra as inerentes falhas estruturais em seu constructo, que inevitavelmente produziram as tensões e divisões, já bem aparentes na década de 1970, que no fim iriam cindir o país.

Sem Tito, a tentativa de prover um complexo equilíbrio com a constituição de 1974 não funcionou. O Exército era cada vez mais a única instituição que continuava ansiosa por manter um Estado federal unitário. E no final da década de 1980, o impacto de Gorbatchóv estava alterando dramaticamente o equilíbrio internacional de poder e, como consequência indireta, desviando as preocupações com a crescente ameaça de desintegração da Iugoslávia.[66] Tito foi um fazedor de história. Mas foi impotente para evitar que forças impessoais — pressões crescentes, e por fim incontroláveis, por nacionalismo e separatismo — minassem e finalmente acabassem com a Iugoslávia que ele construíra. Seu impacto pessoal na mudança histórica foi, portanto, significativo — mas transitório.

As ações de Tito não afetaram apenas a Iugoslávia. Seu desafio a Stálin teve importantes consequências europeias e até mesmo globais. Seu engajamento com países em desenvolvimento também teve importância mundial. Durante quase quatro décadas Tito, inquestionavelmente, tomou ele mesmo as decisões cruciais que moldaram o destino do país. Desempenhou um papel pessoal único e singular. Ninguém poderia tê-lo emulado. Foi totalmente indispensável para a construção e a sustentação do Estado socialista na Iugoslávia do pós-guerra, como fora antes para o triunfo dos partisans.[67] Sua personalidade e suas realizações lhe valeram a lealdade e o apoio unificado de um corpo de liderança potencialmente fragmentário. Tito foi, na visão de Max Weber, um "líder carismático", apoiado por uma "comunidade carismática". Era o cerne daquilo que infindáveis produtos da máquina de propaganda do Estado transformaram num inflado "culto a Tito" — a base de sua legitimidade popular, que tornou sua posição no poder inatacável.

O halo "carismático" de Tito durou até sua morte. Logo depois, no entanto, começou a desvanecer. Os anos que passou no poder começaram a ser reexaminados e vistos sob uma luz diferente. Sua vida privada, sua ânsia por luxo, sua vaidade e sua paixão pelo poder estavam em forte contraste com os ideais socialistas que ele pregava. Como resultado, tanto o socialismo quanto o sistema político e a unidade nacional do Estado multiétnico da Iugoslávia ficaram cada vez mais desacreditados. Mesmo o registro de sua atuação em tempos de guerra foi posto em questão quando se desenhou um quadro mais complexo da luta contra o fascismo — que reabilitou parcialmente os chetniks e revelou a extensão das atrocidades dos partisans.[68] A transformação de Tito de ídolo nacional a uma figura na acalorada disputa política e histórica, foi parte do início da trágica desintegração da Iugoslávia. Pouco mais de uma década após sua morte, ruas e praças na Croácia que levavam seu nome receberam novos nomes, estátuas dos partisans foram demolidas. Numa ex-Iugoslávia pós-comunista e etnicamente dividida, uma identidade cultural estilhaçada não tinha lugar para a veneração de um ditador comunista que tinha, pela força de sua personalidade e mediante repressão cruel, insistido na unidade do Estado socialista e abominado os inimigos nacionalistas que tentavam destruí-lo. Tito tinha evitado cultivar um sucessor. E realmente nenhum líder capaz de manter a integridade de uma Iugoslávia multinacional seguiu-se a ele. Em vez disso, os homens fortes que em poucos anos estavam construindo suas bases de poder foram líderes que derramaram óleo nas fogueiras das divisões étnicas: Slobodan Milošević na Sérvia, Franjo Tuđman na Croácia, Alija Izetbegović na Bósnia-Herzegovina, e Radovan Karadžić entre os sérvios da Bósnia.

Os governos que assumiram o poder nos Estados separados que antes tinham sido a Iugoslávia fizeram o possível para desacreditar Tito e voltar as costas à época que era sinônimo de seu nome. Tito simbolizava um passado que queriam apagar. Durante as quatro décadas seguintes à sua morte, Tito tornara-se a figura central numa história altamente contenciosa. Apenas cidadãos mais velhos nos Estados que sucederam à Iugoslávia ainda se lembravam dele como o líder do país. Eles ainda poderiam evocar as inextricavelmente entrelaçadas características positivas e negativas de seus anos no poder.

Tito tornou-se pouco mais que um resquício distante do passado, sem significação real para as vidas diárias da maior parte das pessoas, que viam a história política como remontando apenas à fundação dos atuais Estados-nação que uma vez tinham sido parte da Iugoslávia. Uma mítica imagem de Tito permanece como símbolo da unidade perdida. Somente uma minoria está agarrada a essa nostalgia.[69] É tudo que restou de um titã político que fez história, mas cujo legado provou ser notavelmente de curta duração.

Margaret Thatcher com (da esq. para a dir.) Nigel Lawson (ministro da Fazenda), Norman Tebbit (presidente do Partido Conservador) e Paul Channon (secretário de Estado para Comércio e Indústria), na véspera das eleições gerais de 1987. Fazer a Grã-Bretanha ser "grande" novamente era o objetivo político subjacente da sra. Thatcher.

10. Margaret Thatcher: Regeneração nacional

Margaret Thatcher é a única mulher incluída entre meus estudos selecionados de casos de liderança política. Isso reflete o fato de que a política na Europa do século XX foi preponderantemente masculina. Contudo, também é um testemunho de sua posição na Grã-Bretanha, na Europa e no mundo mais amplo durante a década de 1980. Em que medida Thatcher moldou a indubitável transformação da Grã-Bretanha durante seus quase doze anos como primeira-ministra? Será que estava a cargo de uma mudança de direção que aconteceria de qualquer maneira? Ou será que conseguiu ir contra a corrente, ante uma poderosa oposição? Como seu papel pessoal deveria ser avaliado na reforma da economia britânica, na vitória nas ilhas Falkland e na derrota da greve dos mineiros? E quão importante foi sua marca no século XX para além das fronteiras britânicas?

PERSONALIDADE E EMERGÊNCIA POLÍTICA

O fato de ter de competir num meio político socialmente elitista dominado por homens, esnobe no que concernia a sua origem provinciana de classe média baixa e condescendente quanto a seu gênero, provavelmente ajudou a dar forma à postura de aço, à firmeza e até mesmo à agressividade de Margaret Thatcher.

Estimulou o sentimento de que ela sempre teria de se afirmar, de provar que era mais capaz, mais diligente, mais decisiva, mais no controle, do que qualquer outra pessoa. Dureza, competitividade, abrasividade não são comumente vistas como características femininas. Mas num ambiente político "macho" ela teve de — ou achou que teria de — exibir características masculinas como prova de seu valor. Mas combinou sua personalidade dominadora com um aspecto claramente feminino, que usou vantajosamente. Era capaz de acionar seu considerável charme, manipular emoções, demonstrar um aspecto suave, sensível de seu caráter. Era capaz até mesmo de parecer sexy. A famosa observação do presidente Mitterrand, da França, de que "ela tem os olhos de Calígula mas a boca de Marilyn Monroe" é uma indicação um tanto estranha de seu apelo feminino.[1] Feminino, mas não feminista. Sua atitude em relação a gênero era tradicionalista. Enfatizava o papel da mulher como dona de casa e mãe. Não se alinhava com as demandas do movimento feminista: a seu ver, as mulheres tinham todo o direito de ter sucesso por mérito, mas não mereciam nenhum favorecimento com base no gênero. Achava que tinha de abrir seu caminho até o topo como a melhor pessoa para o cargo, e não porque era uma mulher.[2]

Era incomumente segura quanto a suas ideias. A certeza de que tinha razão, aliada a uma mente ágil, à agudeza no debate e à recusa irredutível de fazer concessões, tornavam a sra. Thatcher difícil de ser enfrentada, muito menos derrotada, numa discussão política. Sua certeza provinha mormente de seus instintos e de valores de longa data, formados em seus primeiros anos. Nasceu em 1925, na cidade-mercado de Grantham, no condado de Lincolnshire. Seu pai, Alfred Roberts, era um pregador da Igreja Metodista, um homem austero, em grande medida autodidata, que se tornou um esteio de sua comunidade, conselheiro local e posteriormente prefeito de Grantham. Margaret raramente falava de sua mãe, Beatrice. "Depois que completei quinze anos não tínhamos mais o que dizer uma à outra", ela comentou em 1961.[3] Em forte contraste, disse mais tarde: "Devo quase tudo a meu pai" (embora o tivesse visto muito pouco depois dos dezoito anos).[4] Ela absorveu seus valores essencialmente vitorianos: ordem, parcimônia, autoconfiança, trabalho duro, dever, patriotismo. Esses valores permaneceram como parte intrínseca de seu caráter, imutáveis ao longo dos anos em que estudou química na Universidade Oxford e em sua subsequente qualificação como advogada. Foram reforçados após seu casamento, em 1951, com Denis Thatcher, um bem-sucedido e abastado homem de negócios, que ajudou a facilitar seu caminho para os círculos conservadores no coração do sudeste inglês. Seus filhos gêmeos, Carol e Mark, nasceram em 1953. Sua confortável situação financeira permitiu que combinasse a vida familiar com a condução de sua carreira na política.

Em 1959 foi eleita, como conservadora, membro do Parlamento por Finchley, norte de Londres, e não levou muito tempo para que deixasse sua marca no partido. Durante sua primeira década no parlamento, chegou a ser a porta-voz da oposição conservadora para o setor de transporte, e depois, após a vitória conservadora nas eleições de 1970, juntou-se ao gabinete como secretária de Estado para Educação e Ciência. Já se dizia em alguns círculos que ela poderia tornar-se a primeira mulher a ser primeira-ministra britânica. Ela alegou depois ter desdenhado dessas ideias, dizendo que sua ambição máxima tinha sido ser ministra da Fazenda.[5] Mesmo isso era mirar extremamente alto.

PRECONDIÇÕES

Em meados da década de 1970, problemas estruturais de longa data na economia britânica (inclusive relações industriais precárias e baixas taxas de investimento) exacerbaram agudamente o impacto da crise do petróleo em 1973, engendraram uma perversa combinação de inflação alta (27% em 1975) e alta taxa de desemprego (mais de 1 milhão de pessoas naquele ano). O que foi rotulado como "estagflação" parecia incontrolável. Os gastos do governo estavam preocupantemente altos, e os custos cada vez mais elevados de importação desde a crise do petróleo tinham levado à triplicação do déficit. Em 1976, o governo trabalhista passou pela humilhação de ter de pedir um grande empréstimo ao Fundo Monetário Internacional, que exigia uma redução de gastos públicos. Mas o poderoso setor público dos sindicatos, compreensivelmente, recusou remunerações que estavam substancialmente abaixo da taxa de inflação, o que teria reduzido o padrão de vida de seus membros. Uma inquietação crônica continuou a perturbar a produção industrial, culminando no notório Inverno do Descontentamento de 1979, quando greves interromperam serviços públicos a ponto de um colapso total. Entre 1974 (um ano com duas eleições gerais à sombra da turbulência que se seguiu à quadruplicação dos preços do petróleo, após a guerra árabe-israelense de 1973) e 1979, quando Thatcher tornou-se primeira-ministra, nenhum dos dois principais partidos fora capaz de estabelecer firmemente uma estabilidade ou demonstrara a capacidade de dominar os aparentemente intransigentes problemas econômicos.

Edward Heath, primeiro-ministro desde 1970, passou um bom tempo atribulado, tentando lidar com a inquietação industrial. Em fevereiro de 1974, durante uma danosa greve de mineiros, na qual o país foi reduzido a um regime de três dias de trabalho por semana, Heath perdeu uma eleição que convocara com base na questão "quem governa a Grã-Bretanha?". Quando, em meio à turbulência política e econômica, houve mais eleições em outubro daquele ano, os conservadores foram outra vez derrotados. Mas Heath ainda assim não abria mão de ser o líder do partido. Ele teimosamente se agarrava ao cargo quando o fracasso político tornara sua renúncia inevitável. Esse foi o fatídico elemento de sorte que abriu a porta para que Thatcher se tornasse líder do Partido Conservador.

Thatcher não era tida como provável sucessora de Heath. Depois da derrota em fevereiro, Heath, agora líder da oposição, a tinha nomeado porta-voz para questões de meio ambiente no Gabinete Sombra, encarregada de preparar uma nova política habitacional.[6] Era uma posição na qual seria improvável atuar com brilho. Mas ela apresentou propostas radicais, inclusive o direito dos inquilinos de comprarem as residências. Sua proposta cobria questões financeiras, em particular a questão do impopular imposto de propriedade do governo local. Surpreendentemente, ela propôs que o próximo governo conservador abolisse as taxas e reduzisse a tributação local. Durante a segunda campanha eleitoral do ano, mostrou ser a estrela da vez dos conservadores, com aptidão natural para um bom desempenho na televisão.[7] Os conservadores perderam de novo as eleições. Mas Thatcher tinha se colocado na ribalta. E pesquisas de opinião mostravam que as políticas que ela propunha eram populares. Enquanto Heath se agarrava ao cargo desesperadamente, Thatcher explorava a nova função que ele lhe dera, de porta-voz para questões do Tesouro, a fim de melhorar sua posição no partido mediante vigorosos ataques à política econômica do governo trabalhista.

No início de 1975, o inevitável desafio a Heath não podia mais ser postergado. Muitos queriam uma mudança para a direita. Dito ainda mais simplesmente, queriam que Heath fosse embora. Mas os candidatos que buscariam substituí-lo estavam ficando pelo caminho. Sir Keith Joseph, uma figura cerebral, um tanto do outro mundo, que surgia como ideólogo da direita do partido, logo se mostrou inadequado, e Edward du Cann, o supremo e astuto negociador do partido, retirou-se para se concentrar nos seus negócios. A maioria dos figurões, na verdade, ainda se sentia obrigada a apoiar Heath. Se ele tivesse renunciado imediatamente após a derrota nas eleições, a liderança do partido poderia muito bem ter ido para Willie Whitelaw, um proprietário de terras do norte do país, imbuído dos valores paternalistas do conservadorismo da "nação única". Mas o forte sentimento de lealdade de Whitelaw implicava que ele não se poria contra Heath. Thatcher não tinha essas limitações e, quando Joseph deixou o campo livre, ela se apresentou para a liderança como a candidata para uma mudança radical. Apoiada numa campanha bem organizada, derrotou amplamente Heath no primeiro escrutínio. Heath por fim renunciou, e Whitelaw entrou no segundo turno da disputa. Mas Thatcher, com o vento a seu favor, era agora imparável. A oportunidade de Whitelaw terminou. Ele não guardou rancor, sintonizou suas inclinações políticas na nova ordem e tornou-se um totalmente confiável pilar de apoio a Thatcher, o outsider que, observou-se, aconteceu de estar "em frente ao local da roleta no momento certo".[8]

Thatcher foi impulsionada pela necessidade de agir. Não era uma teórica nem uma pensadora original, mas aprendia rápida e prontamente. Seu guru em meados da década de 1980, Sir Keith Joseph, tinha se adaptado à própria carência de qualidades de liderança para se tornar o principal teórico de uma mudança radical na política econômica. Joseph tinha sido ministro nos governos de McMillan e de Heath, mas passou por uma conversão "na estrada para Damasco" e chegou a rejeitar totalmente os princípios econômicos baseados na teoria apresentada por John Maynard Keynes na década de 1930, que defendera a intervenção do governo para estimular a demanda como caminho para a recuperação econômica. Até a queda do governo de Heath, a teoria keynesiana tinha sustentado toda administração conservadora no pós-guerra. Joseph, contudo, tinha engolido, no atacado, as ideias monetaristas apresentadas pela primeira vez nos Estados Unidos por Milton Friedman, professor de economia na Universidade de Chicago. Essas ideias rejeitavam gastos de Estado para estimular demanda. A inflação, e não o desemprego, era tida como o principal mal da economia. A tese central de Friedman era que o controle da inflação vinha do controle dos meios de pagamento. Tudo o mais se seguia a essa premissa.

Outras figuras-chave eram John Hoskyns, ex-capitão do Exército e homem de negócios que tinha feito fortuna com computadores, Sir Alfred Sherman, fundador do *think tank* conservador Centro para Estudos Políticos e uma influência sobre o próprio Joseph, e o professor Alan Walters, que fora catedrático de Economia na Faculdade de Economia de Londres, depois na Universidade Johns Hopkins, antes de assumir o posto de consultor econômico de Thatcher. É duvidoso que Thatcher assimilasse completamente a intricada teoria monetarista.[9] Dificilmente estaria sozinha nisso. Mas era capaz de destilar sua filosofia econômica num aparente senso comum — homilias sobre a necessidade de restringir os gastos do governo da mesma maneira que uma dona de casa tem de administrar o orçamento familiar. Nesse aspecto, como em tudo o mais, sua "visão de mundo" remontava aos valores de sua infância em Grantham. Ela tinha a singular capacidade de captar "como se sentia um amplo estrato da Inglaterra mediana, porque ela se sentia da mesma maneira".[10] Quando a crise se aprofundou na Grã-Bretanha no final da década de 1970, Thatcher tinha se distanciado completamente, filosoficamente, da política de seus predecessores no pós-guerra e estava armada de um fervoroso (se bem que inconsistentemente aplicado) conjunto de convicções que lhe dava a resposta para os problemas econômicos e políticos que estavam na raiz do amplamente percebido declínio nacional britânico.

A agitação crescente durante o Inverno do Descontentamento levou à derrota do governo trabalhista por um único voto numa moção de desconfiança, em 28 de março de 1979. Isso queria dizer que haveria eleições gerais. O primeiro-ministro, James Callaghan, tinha decidido não arriscar uma eleição no outubro anterior, a qual, antes da crise do inverno, ele bem poderia ter vencido. Se tivesse feito isso, Thatcher talvez nunca tivesse chegado ao poder.[11] Mas do modo como foi, o Partido Conservador ficou galvanizado pela campanha, sob uma liderança dinâmica cujas ideias tocaram de perto muitos membros da própria raiz do partido. Os trabalhistas estavam com um pé atrás, impopulares junto a grande parte do eleitorado e atolados em problemas insuperáveis.[12] Nas eleições gerais de 3 de maio de 1979, os conservadores assumiram o poder com uma maioria de 43 cadeiras. Thatcher entrou na casa de número 10 da Downing Street como primeira-ministra prometendo uma transformação radical num país que passara por uma década ou mais de turbulência política e econômica e de um amplamente percebido declínio nacional.[13]

IMPONDO CONTROLE

Os princípios fundamentais por trás da missão de mudança thatcheriana eram: limitar o suprimento de dinheiro para controlar a economia, cortar gastos do governo, reduzir o poder dos sindicatos, libertar a economia das restrições impostas por governos "socialistas" (permitindo que fosse mais modelada pelas forças do mercado) e acabar com o alto nível de dependência de assistência social. Quando começou seu governo, todo o seu programa político e econômico equivalia, na visão dela, ao ambicioso objetivo de deter o declínio britânico e restaurar a grandeza do país.

Sua visão de que apenas uma forte liderança, necessária para implementar uma mudança política radical, poderia reverter o implacável declínio de uma nação que uma vez fora grande, repercutiu em muitas pessoas. O tumulto econômico e político da década de 1970 parecia ser uma ampla confirmação do declínio nacional. Havia uma lamentação mais subconsciente do que aberta pela perda do poder global, dos tempos em que "Britannia" ditava as regras e em que a proeminência industrial do país tinha feito dele o "workshop do mundo". Havia também um mal oculto ressentimento por ter a Grã-Bretanha "vencido a guerra, mas perdido a paz", ao ser superada em prosperidade pelos países derrotados, a Alemanha e o Japão. A percepção de declínio era generalizada. Mas, não obstante as graves questões da década de 1970, tal declínio nacional era mais miragem que realidade. Outros países tinham se dado melhor, certamente, mas isso era meramente parte da disseminação da modernização global. A Grã-Bretanha tinha perdido suas colônias. Mas o Império já estava, havia muito, drenando e não ampliando os recursos da Grã-Bretanha, fora as considerações morais quanto ao regime colonial. E quaisquer que fossem seus indubitáveis problemas, desde a guerra a Grã-Bretanha se tornara um país mais próspero, com um padrão de vida para a maioria de sua população muito melhor que o da era imperial. Além disso, mesmo para um país pequeno, sua influência global residual ainda era impressionante.[14] Ainda assim, percepções podem superar a realidade. E Thatcher estava tocando no rico veio de um profundo pessimismo quanto ao futuro da Grã-Bretanha.

Ela representava uma imagem pública de força e indomabilidade, com sua habilidade, agilidade e clareza. Contudo, era mais cautelosa, ao menos nos primeiros anos, do que parecia ser aos olhos do partido e do público. Na prática, os princípios eram submetidos a ajustes táticos e adaptados às realidades políticas. Mas o que equivalia a uma ideologia permaneceu, em sua essência, sem mudança. Foi mais tarde resumido num lema simples de grande força: THERE IS NO ALTERNATIVE [Não há alternativa], invariavelmente abreviado para TINA.[15]

No início, apesar de sua vitória em 1979 e de sua grande maioria parlamentar, Thatcher teve de pisar com cautela para convencer seu gabinete a adotar políticas amplamente impopulares e divisivas. Praticamente todo o seu gabinete — fora ela, totalmente masculino — tinha servido com Heath. Embora reconhecessem a necessidade de mudança, poucos estavam firmemente comprometidos com o rompimento radical com as políticas conservadoras anteriores concebido por Thatcher. Estavam mais apreensivos, até mesmo temerosos das consequências para as perspectivas eleitorais do Partido Conservador e da possível desordem social resultante de políticas do governo que visavam a cortes drásticos nos gastos públicos e que implicariam um crescente desemprego. Os que tinham essas reservas, em geral proponentes de uma política mais tradicionalmente paternalista, de um tipo que confrontasse menos as ideias conservadoras, logo seriam apelidados de "Wets" [molhados], entre eles alguns muito experientes e bem considerados figurões do partido.

Thatcher, no entanto, usufruía de várias e notáveis vantagens que sustentavam sua cada vez maior e mais intocável supremacia. O poder intrínseco que todo primeiro-ministro britânico tem foi competentemente denominado "ditadura eletiva". Ele dá ao poder executivo um embutido domínio sobre o legislativo.[16] A não ser no caso de uma revolta unificada de membros sêniores do governo, um primeiro-ministro que conta com uma substancial maioria parlamentar não pode ser deposto. Além disso, o poder do protecionismo é uma arma formidável. Nunca faltam políticos dispostos a sacrificar princípios por um gostinho do poder e de suas vantagens.

Apenas uma oposição resoluta e unida dentro de um governo pode alterar a direção de um primeiro-ministro que se recuse a mudar de rumo. O gabinete de Thatcher durante seus críticos primeiros anos no cargo era tudo menos resoluto e unido em oposição a ela. Alguns dos Wets eram mais molhados que outros. Não formavam uma falange unida de oposição à política do governo, e lhes faltava qualquer aparência de uma política alternativa claramente definida. Outros ministros do gabinete estavam preparados, de qualquer maneira, para engolir quaisquer reservas que pudessem ter. E havia aqueles que apoiavam com fervor a linha seguida pela primeira-ministra. Gradual, mas inexoravelmente, os Wets foram substituídos. O gabinete, com o correr do tempo, adquiriu muito mais a imagem da primeira-ministra.

Dadas as divisões existentes, uma grande força de Thatcher residia em sua clareza ideológica e em sua férrea determinação na condução de sua política, fossem quais fossem as objeções. Suas dúvidas interiores — e logo após ter se tornado primeira-ministra ela admitiu algumas publicamente — nunca debilitaram sua vontade de perseverar, fossem quais fossem os obstáculos, nem sua crença de que estava certa. Enquanto outros vacilavam em sua resolução, Thatcher permanecia inflexível. Ela anunciou isso, para ser enormemente aclamada por seguidores fiéis que se reuniram na Conferência do Partido Conservador, em outubro de 1980, quando, em um de seus memoráveis floreios retóricos, repeliu categoricamente apelos para que mudasse de rumo. "Mudem vocês se quiserem", declarou. "Esta senhora não é a favor de mudança."[17]

Na verdade ela era mais cautelosa, adaptável e pragmática do que sua inflexível imagem pública sugeria. O exercício do poder numa democracia exige invariavelmente algumas concessões e alguns compromissos. Não obstante, Thatcher concedeu menos e se comprometeu com menos do que qualquer outro primeiro-ministro britânico recente. Ajustes oportunistas condiziam com, mais do que contradiziam, sua linha ideológica.

Seu estilo de governo propiciava-lhe outra vantagem. Em vez de buscar um consenso — ela detestava a palavra —, Thatcher crescia ao se ver numa discussão abrasiva, numa disputa combativa. Seus hábitos de pessoa viciada em trabalho — lendo documentos do governo até altas horas da noite, dominando os detalhes de todos os relatórios, envolvendo-se nas minúcias da administração —, junto com uma excelente memória e os poderes de interrogatório forense de uma advogada experiente, a equipavam muito bem para defender seu caso contra colegas de gabinete que eram menos bem preparados ou tinham caráter mais submisso. Alguns sentiam-se impedidos, por hábitos de civilidade de uma tradicional classe alta masculina, de se contrapor a seu estilo agressivo, intimidatório, com uma agressão equivalente. "Você intimida seus colegas mais fracos", dizia uma crítica mordaz a seu estilo de liderança feita por John Hoskyns em agosto de 1981. "Eles não podem responder a você sem parecerem estar sendo desrespeitosos, na frente de outros, com uma mulher e com uma primeira-ministra."[18]

Ela conseguiu, portanto, impor cada vez mais um nível de controle sobre seu governo que a habilitou a dar à política a direção desejada, com a ajuda de um Serviço Civil que, no início certamente, deu boas-vindas à clareza da orientação política. Contava com o reforço, em seu julgamento e em sua apresentação pública, de seus dois assessores mais importantes, seu secretário particular (nominalmente para assuntos exteriores), Charles Powell, e seu secretário de imprensa, Bernard Ingham (uma conexão crucial com os tabloides). E na esfera central da política econômica, Thatcher demonstrou desde o início a astúcia política, ao nomear para os cargos-chave na economia aqueles a quem poderia confiar a condução de seus preceitos.[19] Sua nomeação mais importante foi a de Geoffrey Howe. Como ministro da Fazenda, o cargo mais importante depois do de primeiro-ministro, Howe foi o leal administrador da política econômica da primeira-ministra no início da década de 1980. Outras pessoas leais a Thatcher foram alocadas em posições-chave no Tesouro e nos departamentos de comércio, indústria e energia. A força de sua personalidade, a recusa em se desviar fundamentalmente do curso em que embarcara (fossem quais fossem os desvios temporários e até mesmo as sutis reviravoltas) e, sobretudo, o apoio dos que estavam encarregados dos cruciais ministérios econômicos deram a ela a plataforma essencial para continuar como começara, fossem quais fossem os obstáculos.

REMODELANDO A ECONOMIA

Em comparação com sua suprema ambição de reestruturar a economia britânica, o primeiro mandato de Margaret Thatcher no cargo foi em muitos aspectos um fracasso. Uma forte recessão em 1980-1 foi em parte consequência (como em outros países) da segunda crise do petróleo que se seguiu à revolução iraniana em 1979. Foi em parte, no entanto, produto das próprias políticas — cortes nos gastos do Estado, aumento das taxas de juros como resultado indireto da descoberta de petróleo no mar do Norte, um aumento no valor da libra esterlina, tornando as exportações pouco competitivas. O altamente impopular orçamento de Howe em 1981, que agravou o aperto financeiro, aprofundou a agrura econômica.[20] Mas em 1983 a economia estava se recuperando da recessão, ajudada pelas receitas provenientes do petróleo do mar do Norte.[21] E o grande prêmio — o controle da inflação — fora alcançado, se bem que a um alto preço. A inflação caiu de 22% em maio de 1980 para menos de 4% em maio de 1983, sucesso ruidosamente alardeado, é claro, pelo governo.

Em outros aspectos, os resultados pareciam sombrios. O produto interno bruto tinha caído, a produção industrial diminuíra, o desemprego quase triplicara (o que os monetaristas consideravam um necessário subproduto do controle da inflação), os impostos tinham subido em vez de caírem, em linha com o objetivo professado pelo governo, e, ironicamente, em face do dogma monetarista, os meios de pagamento tinham crescido em vez de declinarem. E o mais chocante de tudo: os gastos do Estado estavam mais elevados em 1983 do que o nível herdado quatro anos antes do governo trabalhista anterior.[22] A revista *The Economist*, que apoiava amplamente o governo Thatcher, resumiu desdenhosamente seu desempenho no primeiro mandato: ela deixara de cumprir "sua promessa de radicalismo estrutural", recuara da reforma da assistência social e, fosse qual fosse a retórica, não tinha tomado decisões ousadas, estrategicamente orientadas.[23]

O custo do alto desemprego fez com que a tencionada redução nos gastos do governo ficasse difícil de alcançar na prática. Apenas nos dois últimos anos de Thatcher no cargo eles se reduziram significativamente em proporção ao produto interno bruto. Reajustados pela inflação, na verdade, os gastos até aumentaram levemente na era Thatcher.[24] O monetarismo demonstrou ser um dispositivo inadequado e insatisfatório para um controle rígido dos meios de pagamento.[25] Mesmo assim, os anos do governo Thatcher alteraram fundamentalmente toda a base estrutural da política econômica.

O Estado não iria mais intervir na administração da indústria. Firmas em dificuldades não poderiam contar com ajuda financeira do governo. (Ao menos essa era a teoria; levou tempo para transformá-la em prática. Nos primeiros dois anos, os subsídios para as combalidas indústrias automobilística e siderúrgica até aumentaram.)[26] O poder dos sindicatos foi reprimido por uma legislação que limitou os piquetes e proibiu greves de cunho político.[27] O controle da inflação foi considerado mais importante do que a manutenção do pleno emprego. A inflação, segundo a teoria monetarista (e a década de 1970 parecia estar confirmando a teoria), inevitavelmente implicaria demandas por salários mais altos — fortalecendo o poder dos sindicatos e enfraquecendo o do Estado —, o que levaria a mais aumento de preços numa espiral sem fim que acabaria minando tanto a administração da economia quanto a prosperidade nacional. Assim, dizia a teoria, somente um rigoroso controle dos meios de pagamento, para baixar a inflação, traria recuperação econômica, mesmo se a consequência no curto e médio prazo fosse uma elevação abrupta do desemprego. As implicações ideológicas da teoria iam além. O setor público da economia era denegrido como sendo monopolista, limitador de livre escolha e de liberdade, dispendioso e ineficiente. Começou a haver privatização de indústrias nacionalizadas e de instalações públicas (que logo iria muito além). A venda de ações e de casas de habitação social que antes estavam alugadas transformou muitos cidadãos em detentores de capital em pequena escala.

As forças do mercado desempenhavam um papel na modelagem da sociedade muito maior do que aquele que tinham desempenhado antes, intrometendo-se agora — em grande medida por meio de novas formas de gestão "orientada para o mercado" — em territórios tais como a assistência social e a educação (embora não tivessem sido privatizados). O "Big Bang" da desregulação financeira de 1986 trouxe uma crescente proeminência de Londres como centro bancário mundial. Com isso, uma nova riqueza chegava à capital britânica, mas com ela veio também um aumento crasso da desigualdade. As finanças, focadas em Londres, estavam substituindo a indústria e a manufatura como o foco da economia britânica, acelerando enormemente o declínio que já estava a caminho quando Thatcher assumiu o cargo.[28] A estagnação da década de 1970 fora deixada para trás. No entanto, a riqueza estava se concentrando cada vez mais em Londres e no sudeste da Inglaterra.

Regiões inteiras da Grã-Bretanha sentiram os ventos frios do abandono pós-industrial. A mineração de carvão, as indústrias do aço e naval estavam em abrupto declínio, com dezenas de milhares de seus trabalhadores diante de um futuro incerto e comunidades inteiras com uma profunda sensação de alienação em relação ao governo. A palpável e duradoura ira nessas comunidades devido ao modo como eram tratadas pelo governo Thatcher contrastava fortemente com a adulação que a primeira-ministra recebia em partes mais abastadas do país, de voto conservador. Na Escócia, e em certa medida em Gales, os anos Thatcher viram o Partido Conservador — não mais o patrício partido de uma única nação da era pré-Thatcher — perder um apoio que nunca mais iria recuperar e intensificaram as pressões por uma delegação de governo, que só vieram a se concretizar cerca de uma década após Thatcher ter deixado o cargo.

Uma mudança econômica substancial teria ocorrido com o tempo, qualquer que fosse o primeiro-ministro. Na década de 1970 a economia internacional do pós-guerra não estava funcionando mais. A tendência de se afastar da estrutura econômica das primeiras décadas do pós-guerra tinha começado nos Estados Unidos — o principal modelo britânico — em 1971, com o fim das relações fixas entre moedas. Os choques do petróleo de 1973 e 1979 foram tão graves que marcaram o fim da economia keynesiana. As mudanças experimentadas na Grã-Bretanha foram sentidas na maior parte da Europa Ocidental na década de 1980. Foi uma reação a forças econômicas globais, não uma cópia dos métodos thatcherianos. A desindustrialização e a contenção financeira foram ajustes necessários às novas realidades econômicas. Mas foram introduzidas em outras partes da Europa Ocidental sem os traumas que acompanharam a transformação na Grã-Bretanha. A capacidade que teve a Alemanha de manter suas principais indústrias demonstra que a destruição extensiva da base industrial ocorrida na Grã-Bretanha não era o único caminho possível.

O caráter abrupto, a rapidez e a severidade da transformação foram singulares na Grã-Bretanha. Isso se deveu muito às profundezas nas quais a economia britânica, numa comparação de âmbito internacional, tinha mergulhado na década de 1970. Foi também consequência da alacridade com que o governo britânico — em contraste com outras economias importantes na Europa Ocidental — aproveitou, com grande zelo ideológico, o modelo americano de monetarismo, até superando os americanos em sua aplicação. O papel pessoal de Thatcher nisso foi dar a seu governo uma direção clara e manter essa linha — submetida a necessários ajustes pragmáticos e táticos —, quaisquer que fossem e por mais relevantes que fossem as objeções, e apesar do custo, nas etapas iniciais, em forma de dissidência política e agitação social.

A GUERRA DAS FALKLAND*

No final de 1981, menos de um quarto dos eleitores achava que Thatcher estava fazendo um bom trabalho como primeira-ministra.[29] Mas àquela altura suas perspectivas políticas foram transformadas por um golpe de sorte. A invasão

* Para os argentinos, ilhas Malvinas. (N. T.)

pela Argentina das ilhas Falkland poderia ter tido consequências muito ruins para ela. Mas do modo como as coisas aconteceram, suas próprias ações ajudaram a assegurar que a guerra pelas Falklands se tornasse um grande triunfo. Foi um ponto de inflexão em sua atuação como primeira-ministra.[30]

As Falklands, em pleno Atlântico sul, eram uma possessão britânica já fazia um século e meio. Sua população compreendia menos de 2 mil habitantes, principalmente de descendência britânica. As ilhas, contudo, ainda eram reivindicadas pela Argentina, então governada por uma junta militar sob o general Leopoldo Galtieri. A invasão, em 2 de abril de 1982, foi seguida, um dia depois, pela anexação da Geórgia do Sul, uma distante dependência das Falklands, onde a bandeira argentina fora ilegalmente içada em 19 de março. A reação em Londres foi de ultraje, numa sensação de humilhação nacional. Mas tinha havido sinais de alerta. O ato de agressão deveria ter sido previsto. O fato é que o governo Thatcher havia dormido no ponto.

O governo, pouco depois de ter assumido o poder, tinha desenvolvido planos no sentido de transferir a soberania para a Argentina, mas com um arrendamento de longo prazo para a Grã-Bretanha. As Falklands eram uma baixa prioridade para o ministério do Exterior — um remanescente menor porém problemático da era colonial. Um acordo de arrendamento parecia ser um modo elegante de evitar uma disputa territorial. Mas Thatcher compartilhou a ira da direita conservadora quanto a essa disposição para entregar a possessão britânica. A possibilidade de uma solução de arrendamento desapareceu completamente quando o beligerante general Galtieri assumiu o poder na Argentina em dezembro de 1981. Então, o ministério da Defesa britânico, como parte de seu compromisso com o corte de gastos, tinha retirado do serviço no Atlântico sul o navio de inspeção armado *HMS Endurance*. Ainda antes de Galtieri assumir o poder, o governo argentino tinha interpretado isso, corretamente, como um sinal de que o interesse britânico pelas Falklands estava desvanecendo. Em 1981 e no início de 1982, as Falklands mal figuravam na agenda do governo britânico. Somente em março de 1982, imediatamente antes da invasão, o governo — e a própria primeira-ministra — despertou ante os sinais de perigo.[31]

Tolerar aquela flagrante agressão a uma possessão britânica quase com certeza derrubaria o governo.[32] De qualquer modo, uma aceitação passiva não estava em questão para a primeira-ministra. Ela rapidamente aceitou a avaliação da Marinha de guerra de que uma ação militar para recuperar as Falklands era possível, conquanto arriscada. Sem hesitar, ordenou a formação de uma força-tarefa naval e sua partida para o Atlântico Sul. Essa ordem precedeu uma reunião de emergência na Câmara dos Comuns no sábado, 3 de abril de 1982, na qual o sentimento de ultraje passou da ufanista direita conservadora para a esquerda trabalhista. A Câmara dos Comuns, não Thatcher, fez naquele dia com que a guerra no Atlântico Sul fosse quase inevitável, com a decisão de enviar a força-tarefa. Dois dias depois multidões agitavam bandeiras quando ela partiu de Portsmouth. Ela fez isso com o avassalador apoio do povo britânico.[33]

A partida da força-tarefa não significava, por si só, guerra, por mais provável que agora ela fosse. As seis semanas que a força-tarefa levou para chegar ao Atlântico Sul propiciou muito tempo para negociações. O fato de elas não terem levado a nada se deveu grandemente à intransigência da junta argentina. Mas também refletiu posições diferentes no gabinete, em Londres. Providencialmente desviando críticas feitas à primeira-ministra, Lord Carrington tinha renunciado ao cargo de secretário do Exterior, aceitando a culpa pelo fiasco da invasão (embora ela coubesse mais ao ministério da Defesa e, em parte, à própria Thatcher). Como seu substituto, a primeira-ministra nomeou Francis Pym, um antiquado "tory da nação única" que tinha servido na Segunda Guerra Mundial com longa experiência em negócios estrangeiros, tanto como secretário do Exterior no Gabinete Sombra antes de 1979 quanto, mais recentemente, como secretário de Defesa. Foi um movimento óbvio, embora um tanto relutante, sua nomeação como secretário do Exterior, feita após aconselhamento.[34] Pym era, na verdade, por temperamento e inclinação, a antítese de Thatcher, uma pomba diante do falcão. Enquanto Pym tentava evitar o horror da guerra, que ele experimentara em primeira mão, Thatcher, cada vez mais, adotava aquele caminho. Um compromisso negociável, mesmo se alcançável, tornara-se sinônimo de apaziguamento, com todas as conotações históricas desse termo.[35]

Durante a longa jornada da força-tarefa, e durante a própria guerra subsequente, Thatcher esteve de acordo com seus líderes militares. Ela tomava as decisões cruciais. Mas os militares, mais que o próprio gabinete interno (de guerra), que incluía Pym, é que davam as ordens. Os cinco políticos sob o comando de Thatcher no Gabinete de Guerra, com sete membros (secretários do Exterior, da Defesa e do Interior, além do presidente do partido e do procurador-geral), fossem quais fossem as dúvidas que os acometessem, seguiam a liderança da primeira-ministra. Ela mesma aceitava os conselhos dos militares, expressos no Gabinete de Guerra pelo almirante da esquadra e chefe do Estado-Maior da Defesa, Terence Lewin. Primordialmente por intermédio de Lewin e do Primeiro Lorde do Mar, Sir Henry Leach, os militares sabiam que podiam confiar completamente no apoio da primeira-ministra.[36]

O estreito relacionamento entre a primeira-ministra e a liderança militar foi consolidado pela ação que deu início à guerra. Isso demonstra claramente qual era o processo de tomada de decisões. O afundamento, por um submarino britânico, do cruzador argentino *General Belgrano*, em 2 de maio (com a perda de 363 vidas), fora da Zona de Exclusão em torno das Falklands que fora acordada, seguiu-se a uma solicitação feita pelo comandante da força-tarefa, o contra-almirante J. F. Woodward, apresentada à primeira-ministra por Lewin. Ela concordou de imediato. A decisão foi, inquestionavelmente, dela, um consentimento sem objeção — Pym estava ausente — do Gabinete de Guerra.[37]

Thatcher nunca duvidou de que era a decisão certa, apesar do opróbrio internacional e da crítica doméstica. Isso deu o tom de sua postura desafiadora durante a curta guerra. O resultado estava longe de ser uma conclusão previsível, e Thatcher estava mais do que consciente da proximidade de um possível desastre, especialmente quando o *HMS Sheffield* foi atingido por um míssil Exocet e afundou, levando à perda de 21 vidas e a muitos gravemente feridos. As semanas entre o desembarque de tropas britânicas nas Falklands, em 21 de maio, e a rendição dos argentinos, em 15 de junho, foram extremamente tensas. Mas ela conteve seu nervosismo. No fim, foi uma vitória militar completa.

Isso lhe trouxe um grande dividendo político. No mês seguinte à vitória nas Falklands seu índice de popularidade dobrou, indo a 51%.[38] As críticas do partido foram silenciadas. A dividida oposição parecia estar infeliz. Sua reputação internacional como a defensora do regime democrático da lei contra a agressão ditatorial tinha aumentado. A admiração pela coragem de Thatcher era generalizada. Nos Estados Unidos, especialmente na direita republicana, ela foi elogiada. Sua amizade com o presidente Reagan foi consolidada, apesar de sua administração só aos poucos ter chegado a apoiar completamente a posição britânica nas Falklands.

Houve uma perceptível, embora de curta duração, elevação psicológica na Grã-Bretanha com a vitória nas Falklands. O moral popular, muito prejudicado na década anterior, recebeu impulso. Os anos de declínio britânico, proclamou o governo, agora haviam, completa e verdadeiramente, passado. "A grandeza voltou à Grã-Bretanha", proclamou um jornal.[39] Euforia não é algo que se possa engarrafar. Logo as preocupações do dia a dia dominavam novamente as pessoas. A vitória nas Falklands, contudo, deixou um legado duradouro. Revitalizou e prolongou o sentimento britânico (e especificamente inglês) de excepcionalismo. O país que não fora conquistado desde 1066, que repelira a armada espanhola, Napoleão e Hitler, ainda era — a vitória parecia implicar — uma força militar a ser levada em conta, pronta para defender seus interesses, resistir à agressão e derrubar valentões; o Império podia ter acabado havia muito tempo, mas a Grã-Bretanha continuava a ser um ator importante no palco mundial.

Um ano após seu triunfo nas Falklands, Thatcher enfrentou uma segunda eleição geral. A sorte outra vez lhe sorriu: a oposição estava fatalmente minada por um profundo cisma. O Partido Trabalhista movera-se fortemente para a esquerda após a eleição de um novo líder, Michael Foot, em novembro de 1980. Em resposta, em 1981 uma facção dissidente do partido tinha formado o Partido Social-Democrata (SDP, na sigla em inglês). Os trabalhistas, na opinião dos líderes do SDP, encaminhavam-se para o marxismo e não estavam em posição de ganhar uma eleição geral. Logo o SDP estava num nível de apoio eleitoral ao rival Trabalhista.

Na véspera da Guerra das Falklands, os conservadores tinham nas pesquisas pouco mais de 30%. Em 1983, com a recessão superada, a inflação reduzida drasticamente e — eleitoralmente o fator mais decisivo de todos — a esquerda completamente cindida, eles provavelmente teriam vencido mesmo sem o triunfo nas Falklands. Na verdade, no momento da eleição parte do halo da vitória havia evaporado. A admiração pela atuação da primeira-ministra nas Falklands, que se estendia bem além do apoio dos conservadores, não superou a disseminada rejeição das políticas econômicas de seu governo. O país estava fortemente dividido. Mas os caprichos do sistema eleitoral britânico trabalharam muito em benefício dos conservadores. Sua participação na votação caiu levemente, de 43,9% em 1979 para 42,4%. Mas eles ampliaram sua maioria na Câmara dos Comuns, conquistando 58 cadeiras (principalmente do Partido Trabalhista). Encorajada e com uma oposição muito enfraquecida, Thatcher podia continuar com sua missão de transformar a Grã-Bretanha.

CONFRONTO COM OS MINEIROS

Quando estudava na universidade, Margaret Thatcher leu o livro de Friedrich von Hayek, de 1944, *O caminho da servidão,* que alegava que o socialismo levava forçosamente à servidão; que somente o livre mercado, libertado de controles do Estado, trazia a liberdade. Ela releu Hayek na década de 1970, quando as teorias monetaristas estavam moldando seu pensamento. Nessa época, sua visão estava começando a focar mais agudamente a necessidade de romper a camisa de força na qual, a seu ver, as indústrias nacionalizadas da Grã-Bretanha, e seu centro de poder nos sindicatos, mantinham a economia britânica. Os sindicatos, para ela, eram a fonte da doença que tinha solapado a grandeza britânica. Acabar com seu domínio era, para Thatcher, uma causa moral.

Uma legislação que visava conter os direitos dos sindicatos, particularmente mediante limites impostos a piquetes legais, já tinha sido aprovada pelo parlamento durante a primeira administração Thatcher. Em 1984, Thatcher endossou pessoalmente e, resoluta, sustentou a decisão de banir sindicatos na Sede de Comunicações do Governo — Government Communications Headquarters (GCHQ), apesar do previsível sentimento de ultraje dos sindicalistas e do incômodo — que trouxe uma disposição para um compromisso — entre ministros do governo. O fato de o governo ter prevalecido se deveu muito à determinação e à disposição implacáveis de Thatcher (e mesmo à sua satisfação) em lutar e derrotar o poder sindical. O grande teste, no entanto, ainda estava por vir.

Os mineiros eram considerados o mais forte bastião do poder sindical. Tinham quebrado o governo de Heath em 1974, uma humilhação cauterizada na consciência coletiva. Em 1981, o dano potencial de outra greve de mineiros tinha obrigado o governo Thatcher a se afastar de um conflito (enquanto digeria lições para o futuro).[40] Enquanto isso, a União Nacional dos Trabalhadores de Minas tinha eleito como seu presidente Arthur Scargill, um militante marxista que estava ávido por tomar o governo. A enfrentá-lo estava um obstinado homem de negócios escocês-americano, Ian MacGregor, recém-nomeado para chefiar a Junta Nacional do Carvão. Ele tinha antes presidido cortes substanciais na indústria siderúrgica. Era óbvio que um confronto com os mineiros estava a caminho.

Diferentemente da posição em 1981, o governo tinha empilhado carvão em estações de força e estava equipado para suportar uma greve longa. Scargill deu-

-lhe a oportunidade para fazer isso. A mineração de carvão era perda de dinheiro. Desafiada por outras fontes de energia — petróleo, energia nuclear e gás natural —, a indústria do carvão estava em declínio; o número de mineiros correspondia à metade do que tinha sido na década de 1950.[41] Mas, quando vinte minas economicamente não rentáveis foram designadas para serem fechadas na primavera de 1984 (parte de um programa muito mais amplo de fechamentos agendados, na época mantido em segredo), a enorme ira nas comunidades mineiras deslanchou greves não oficiais em diversas minas de carvão em Yorkshire. A União Nacional dos Trabalhadores de Minas estava sob pressão para tornar a greve oficial, e Scargill, inflamado em sua raiva com o governo, estava disposto a isso e não precisou ser obrigado. Recusou-se a reconhecer que as minas não eram economicamente viáveis.[42] Uma greve em mina de carvão na primavera e no verão seria, no que concerne ao sindicato, um loucura tática. Não obstante, ela seguiu adiante. Para Scargill, a luta contra o fechamento de minas e a perda de dezenas de milhares de empregos na indústria de mineração eram, de qualquer maneira, parte do que ele concebia como uma luta revolucionária.[43]

Ele conclamou os mineiros à greve — sem uma votação (que não tinha certeza de poder ganhar) que testasse o apoio à medida. Em algumas partes do país os mineiros se recusaram a entrar em greve, o que resultou numa cisão no sindicato. A amargura e o rancor suscitados pelo conflito foram enormes. Isso foi se arrastando, com sólido apoio em Yorkshire, na Escócia e em Gales do Sul, mas ante a oposição de um sindicato fragmentado nas jazidas carboníferas de Nottinghamshire (o que levou à enorme acrimônia entre mineiros grevistas e não grevistas). Piquetes em massa em minas e estações de força levaram a embates violentos com a polícia, mais notavelmente em Orgreave, em South Yorkshire. A opinião pública ficou dividida. Os mineiros contavam, tradicionalmente, com a simpatia do público. Mas a maioria das pessoas ficou alienada devido à violência dos piquetes e também à retórica revolucionária de Scargill, que soava repugnante para muitos eleitores britânicos. Ao mesmo tempo, as cenas na televisão, com a polícia montada atacando mineiros em Orgreave e policiais espancando mineiros com cassetetes, eram repulsivas, e não apenas para opositores do governo.

A greve começou a perder força no outono, e em março de 1985, depois de os mineiros em greve terem experimentado crescentes dificuldades durante o inverno, o sindicato votou pela volta ao trabalho. Foi uma estrondosa derrota para os mineiros e uma vitória para o governo. Mas houve pouca comemoração no país, como acontecera no fim do conflito das Falklands. Embora Thatcher tivesse buscado conectar a luta contra o inimigo externo com a luta contra "o inimigo de dentro",[44] a visão dos mineiros, as bandeiras de seu sindicato no alto enquanto marchavam de volta para o trabalho, não despertou muito júbilo.

Não obstante, o governo tinha prevalecido sobre o sindicato mais poderoso da Grã-Bretanha. A primeira-ministra demonstrara novamente sua força. Sua posição no gabinete era inatacável. Quem tinha ficado apreensivo quanto a um confronto total com os mineiros agora silenciava. A oposição trabalhista também se enfraquecera. Tinha se equivocado quanto à greve dos mineiros, não querendo alienar-se de seu apoio ao sindicato, mas também consciente de que muitos eleitores potenciais dos trabalhistas estavam, eles mesmos, alienados do extremismo de Scargill.

O papel de Thatcher na disputa foi menos aberto do que sua atuação direta e o papel de comando que desempenhou na Guerra das Falklands. Ela certamente deu o tom com sua retórica militante sobre a luta pela liberdade contra a tirania, a luta por manter o regime da lei contra a violência de multidões. E ela havia aprovado a nomeação, em 1983, de Ian MacGregor, cuja missão era, obviamente, assumir a liderança dos mineiros no confronto aberto relativo ao fechamento de minas. Em sua visão, era trabalho de MacGregor como presidente da Junta do Carvão, não do governo, lidar com o conflito na indústria do carvão. Era uma ficção, mas uma ficção à qual o governo se agarrou publicamente.[45] Quem apresentou a linha do governo ao público foi um sobrevivente dos "Wets" da época de Heath, o secretário de Energia, Peter Walker, que apoiava totalmente a inflexível determinação da primeira-ministra de esmagar Scargill, mas tinha a habilidade de comunicação necessária para compensar a imagem dura e abrasiva de MacGregor.

Não havia interesse econômico em manter abertas minas deficitárias. Minas de carvão tinham sido fechadas desde a década de 1960, em governos tanto trabalhistas quanto conservadores, e continuavam sendo, em outras partes da Europa. Mas os fechamentos poderiam ter sido conduzidos com muito menos agressividade. As personalidades de Arthur Scargill e de Margaret Thatcher contribuíram para tornar o confronto tão amargo. Scargill tinha caído direto na armadilha que o governo preparara para ele. Thatcher estava esperando o momento mais oportuno para derrubar os mineiros. Scargill o forneceu.

Os fechamentos que Scargill tinha previsto, e que agora se seguiam, devidamente, à derrota do sindicato, esvaziaram comunidades inteiras que tinham crescido em torno das entradas das minas. Mesmo que Thatcher nunca tivesse existido, a mineração do carvão teria encolhido com o tempo, como aconteceu em outros lugares do mundo ocidental, na esteira da pós-industrialização, da globalização e das crescentes preocupações ambientais. Mas o confronto com os mineiros significou que na Grã-Bretanha o fim da indústria do carvão estava acompanhado de um legado duradouro de amargo ódio ao governo Thatcher. Não foi obra de Thatcher apenas. Sua marca pessoal era, contudo, inegável.

ATLANTICISMO E EUROPA

Os limites do poder de Thatcher eram mais óbvios no âmbito dos assuntos estrangeiros do que na política doméstica. Nos primeiros anos, especialmente, ela não conseguiu exercer muita influência. Os acontecimentos estavam em grande parte fora de seu controle. Isso era, por si mesmo, um sintoma do declínio britânico como potência mundial. Houve, contudo, uma evidente química pessoal entre a assertiva primeira-ministra britânica, viciada em trabalho, e o descontraído, afável Ronald Reagan, eleito presidente dos Estados Unidos em 1980. A atitude dela em relação à Europa — que significava, na prática, a Comunidade Econômica Europeia — era, em contraste, instintivamente menos calorosa; ela ficou cada vez mais fria e terminou quase gelada.

A Guerra Fria teve papel central em seus propósitos políticos — seu senso de que tinha a missão moral de lutar pelo mundo livre contra o mal do comunismo. Tinha crescido na Guerra Fria e com a lembrança da recente derrota da Alemanha nazista na Segunda Guerra Mundial profundamente arraigada em sua psique. Tanto a Guerra Fria quanto a memória da Segunda Guerra Mundial militavam contra a Europa. "A maioria dos problemas que o mundo enfrentou veio da Europa Continental", ela escreveu depois de deixar o cargo, "e as soluções vieram de fora dela."[46] Os Estados Unidos, grandes aliados da Grã-Bretanha na Segunda Guerra Mundial, eram o líder do Ocidente na luta contra o "Império do mal" (como Reagan chamava a União Soviética). O "atlanticismo" dela e o rebaixamento da Europa estavam, portanto, profundamente impregnados em sua personalidade e em sua política.

O relacionamento especial com os Estados Unidos continuou, no entanto, a ser assimétrico. Por mais calorosas que fossem as imagens públicas, e por mais próxima que sua visão de mundo fosse da de Reagan, o papel de Thatcher estava subordinado aos interesses nacionais americanos. Quando, em outubro de 1983, tropas americanas invadiram a pequena ilha caribenha de Granada, uma antiga possessão britânica, resultando na deposição e no assassinato do líder marxista do governo, o que ameaçou uma desestabilização do "quintal americano", a Grã-Bretanha nem sequer foi consultada antecipadamente. Thatcher ficou com raiva e sentiu-se humilhada. Sentiu que tinha havido uma quebra de confiança. Mas teve de viver com o fato consumado.[47] Reagan minimizou alegremente a questão de Granada como um erro de comunicação. O sentimento de afronta de Thatcher diminuiu rapidamente. A calorosa relação pessoal retornou. Interesses comuns na política exterior, em especial em relação à União Soviética, formaram a base contínua do relacionamento. O total apoio de Thatcher a uma postura sem concessões na Guerra Fria foi demonstrado em sua concordância, apesar de acalorado protesto popular, com a instalação, na Grã-Bretanha, a partir de 1983, de mísseis americanos de médio alcance.

Ela usufruiu com prazer de sua muito aumentada estatura global após o triunfo nas Falklands. E quando as coisas começaram a mudar na União Soviética a partir de meados da década de 1980, ela se valeu de um papel de protagonismo, conquanto subordinado, no rápido descongelamento da Guerra Fria. Thatcher tinha convidado Mikhail Gorbatchóv a ir a Londres quatro meses antes de ele se tornar secretário-geral do Partido Comunista, em março de 1985. Apesar de suas ideologias diametralmente opostas, ela simpatizou com Gorbatchóv e achou que poderia trabalhar com ele.[48] Um bom relacionamento desenvolveu-se após Gorbacthóv assumir o poder. Isso deu a Thatcher abertura para desempenhar um papel mais importante no palco internacional do que desempenhara até então, servindo como um canal extremamente valioso e recomendando Reagan, cuja atitude inicial em relação ao líder soviético fora muito mais fria que a dela, a levar Gorbatchóv a sério em seus esforços de reaproximação com o Ocidente.

Reagan logo desenvolveu sua própria relação com Gorbatchóv. Mas, depois de seu encontro em Reykjavik em outubro de 1986, onde o presidente esteve próximo de concordar com a abolição de todas as armas atômicas, a veemente oposição de Thatcher ao desarmamento atômico ajudou a terminar com o breve flerte de Reagan com essa possibilidade. Isso foi bem-vindo no Pentágono, horrorizado com a linha adotada pelo presidente em Reykjavik, embora seja duvidoso que sua intervenção tenha sido de algum modo decisiva. Quase certamente a pressão do Pentágono teria feito Reagan recuar da busca impulsiva por um acordo se ele tentasse levá-lo adiante.[49]

No final da década de 1980, quando o surpreendente momentum desencadeado por Gorbatchóv estava solapando a União Soviética e seu domínio sobre seus Estados-satélites na Europa Central e Oriental, Thatcher — então em seu terceiro mandato como primeira-ministra, com seu domínio sobre a política doméstica completamente estabelecido — estava afastando a Grã-Bretanha de movimentos embrionários em direção a uma integração mais estreita com a Comunidade Econômica Europeia (CEE).

Ela apoiara Heath quando ele levou a Grã-Bretanha para a CEE, em 1973, e tinha apoiado que se tornasse membro, no referendo de 1975. Porém, diferentemente de Heath, ela não tinha apego emocional à participação da Grã-Bretanha. Considerava a unidade da Europa Ocidental necessária na Guerra Fria, particularmente no apoio à Otan. E via vantagens econômicas em ser membro do Mercado Comum Europeu numa época em que o comércio da Grã-Bretanha com o Commonwealth e outros lugares estava em abrupto declínio. Mas achava que o preço da participação da Grã-Bretanha era alto demais e pressionou fortemente, já em 1979, para um desconto significativo na contribuição britânica aos fundos da CEE. Os líderes da Comunidade não gostavam de suas arengas, mas tiveram de se acostumar com elas. Efetivamente, ela foi obrigada, por seu próprio gabinete, a aceitar, em 1980, um acordo pior do que queria, mas uma ácida barganha continuou até que, três anos depois, ela conseguiu uma redução maior e permanente na contribuição britânica. No fim, os chefes de governo da Comunidade cederam a suas incessantes atitudes prepotentes e concordaram com um abatimento de dois terços da diferença entre o que a Grã-Bretanha pagava e o que recebia da Comunidade. Ela já então estabelecera o status da Grã--Bretanha como o mais difícil dos Estados-membros da Comunidade. Contudo, via substanciais benefícios de uma integração econômica mais estreita, e seu governo, durante o segundo mandato, desempenhou um papel vital na decisão de 1986 de estabelecer o Mercado Único, destinado a harmonizar a regulação na movimentação de bens, capital, serviços e trabalho.

O aspecto econômico da filiação à CEE era uma coisa. Uma estreita política de integração era outra. Quando Jacques Delors, presidente da Comissão Europeia (cuja nomeação ela havia apoiado), começou a pressionar nessa direção, no final da década de 1980, isso despertou a franca hostilidade de Thatcher ao desenvolvimento de um Projeto Europeu. Num discurso que se tornou notório, proferido em Bruges em 1988, ela declarou sua oposição em termos bastante claros: "Não recuamos com sucesso as fronteiras do Estado na Grã-Bretanha para vê-las reimpostas num nível europeu, com um superestado europeu exercendo um novo domínio a partir de Bruxelas".⁵⁰ A declaração fez dela a paladina daqueles que logo seriam chamados de "eurocéticos".

Quando a Cortina de Ferro caiu, Reagan já tinha deixado o cargo, e Thatcher era menos próxima de seu sucessor, George H. W. Bush. O papel relativamente menor da Grã-Bretanha no drama que se seguiu, em 1989-90, refletiu, no entanto, menos a mudança nas relações pessoais do que as realidades básicas do poder. Embora fosse a chefe de governo de uma das quatros potências que no pós-guerra ocupavam a Alemanha, Thatcher não desempenhou papel substancial nem no colapso do bloco soviético nem na subsequente reunificação da Alemanha (da qual, na verdade, com sua evidente e profundamente estabelecida opinião antigermânica, ela não gostou, mas que não pôde evitar). As figuras-chave foram Gorbatchóv, Bush e o chanceler alemão Helmut Kohl. A Grã-Bretanha de Thatcher, como a França do presidente François Mitterrand, ficou, fora as sutilezas diplomáticas, principalmente à margem. De qualquer maneira, no final de 1990, os dias de Thatcher como primeira-ministra estavam contados — sem que percebesse isso, até que foi obrigada a enfrentar o desafio a sua autoridade em casa.

A ARROGÂNCIA DO PODER

O segundo mandato de Thatcher, entre 1983 e 1987, não foi isento de preocupações para os conservadores. Tinha havido algumas políticas bem-sucedidas, é certo, destacadamente entre elas a venda de casas de habitação social, o que deu aos inquilinos a oportunidade de se tornarem proprietários (e de engordarem os cofres do governo ao mesmo tempo). A privatização de certo número de indústrias nacionalizadas (British Telecom, British Gas, British Airways e Rolls-Royce) deu início a um processo irreversível e, em outro gesto aparentemente exitoso na direção de um capitalismo popular, milhões de indivíduos correram para comprar ações (que, no entanto, logo seriam devoradas por grandes investidores). Mas as pessoas, inclusive muitos sindicalistas, puderam se beneficiar dessas políticas sem se converterem ao thatcherismo. Não houve um salto na popularidade devido à vitória sobre os mineiros, como tinha havido depois das Falklands. A primeira-ministra foi em geral admirada, inclusive por seus opositores, por sua coragem e resiliência após o ataque a bomba do IRA no hotel em que estava hospedada durante a Conferência do Partido Conservador em Brighton, em 1984, embora isso não se traduzisse em maior estima popular ou apoio político ao governo. E, em 1985, o governo saiu prejudicado de uma séria disputa quanto à aquisição da Westland Helicopters — se a quase falimentar companhia devia ser vendida a compradores americanos (como a primeira-ministra queria) ou a um consórcio europeu, opção favorecida pelo secretário de Defesa, Michael Heseltine. O caso levou à renúncia de Michael Heseltine do gabinete, devido ao estilo governamental e à integridade pessoal da própria primeira-ministra. Segundo pesquisas de opinião, nesse momento o governo foi visto desfavoravelmente pela maioria do público.

Contudo, em junho de 1987, Thatcher obteve sua terceira retumbante vitória nas eleições. Nessa ocasião, a eleição, como quatro anos antes, foi realizada em circunstâncias propícias para o governo. A inflação, que não esteve acima de 5% durante seu segundo mandato, tinha sido controlada. O valor real dos salários tinha aumentado. O ministro da Economia, Nigel Lawson, que três meses antes havia anunciado mais um corte no imposto de renda e aumentado os gastos do Serviço Nacional de Saúde, estava engendrando um boom econômico. E Thatcher tinha sido recebida entusiasticamente numa visita à União Soviética, consolidando sua imagem como destacada líder mundial.

Os conservadores continuaram, também, a ser ajudados pelo cisma na oposição. Igualmente se beneficiaram de uma imprensa amplamente favorável e de um exitoso marketing de suas políticas conduzido pelos especialistas em relações públicas Saatchi & Saatchi. A própria Thatcher, porém, mantinha a mesma popularidade de sempre (exceto durante o breve período de euforia após o triunfo nas Falklands). Na verdade, houve algumas indicações de que talvez ela nem mesmo pudesse continuar a ser um ativo eleitoral para seu partido. Não obstante, quando os resultados foram computados, ela pôde comemorar outra vitória — embora a proporção dos votos a favor — 42,2% — fosse praticamente idêntica à de 1983 (os trabalhistas obtiveram 30,8%, a Aliança, 20,6%), apesar de os conservadores terem na verdade perdido 21 cadeiras.

O domínio de Thatcher agora era completo. Os "Wets" tinham sido totalmente vencidos. A direita do partido estava a seu lado. Foi elogiada pelos fiéis ao partido. Não estava à vista qualquer desafio evidente à sua liderança. Novas nomeações para cargos públicos levaram em conta a obediência a ela. "Ele é um de nós?", teria perguntado.[51] De fato, o gabinete foi obediente, embora sob a superfície espreitasse uma potencial inquietação quando se pensava num futuro pós-Thatcher. A maior ameaça, que se mostraria fatal, vinha da própria arrogância de poder por parte da primeira-ministra — que aumentara desde o triunfo nas Falklands e que no final da década de 1980 começou a apresentar seus próprios perigos. Nem todos os ambiciosos ministros Tory ficaram entusiasmados quando ela disse à BBC, em 1987, que poderia "continuar, continuar, e continuar".[52]

Um grande erro político em casa revelou flagrantemente como Thatcher se agarrava ao poder. Demonstrou também que suas antenas tinham ficado perigosamente mal sintonizadas com o que era politicamente possível. Ela havia levado a melhor tão frequentemente diante de dúvidas, críticas e oposição que adquirira uma ilusória sensação de invencibilidade. Na verdade, estava perdendo contato com muitos dos membros do baixo escalão do parlamento na Câmara dos Comuns. A arrogância do poder deixou-a fatalmente impermeável a qualquer conselho que a contrariasse.

A questão que trouxe à tona o crescente incômodo quanto a sua liderança dentro de seu próprio partido foi a introdução do *Community Charge*, imposto comunitário, rapidamente apelidado de *Poll Tax* ["imposto por cabeça"]. A ideia de substituir um imposto local sobre propriedade (as *rates*) por um imposto fixo per capita para todos os adultos que utilizassem serviços de governo locais tinha sido explorada inicialmente em 1984. Thatcher insistiu nesse objetivo, embora Nigel Lawson a tivesse advertido de que seria "politicamente catastrófico".[53] Apesar da dura oposição de seus próprios aliados, ela apoiou a legislação como necessária em 1988. Não foi uma imposição; houve total escrutínio por parte dos comitês normais do gabinete.[54] Contudo, a autoridade da primeira-ministra foi decisiva. As desigualdades e a injustiça social embutidas no *Poll Tax* estavam claramente à vista de todos; como tinha por base os indivíduos, e não o tipo de propriedade, os proprietários mais pobres e os mais ricos pagavam o mesmo nível de imposto. Quando ele foi introduzido na Escócia, em abril de 1989, muitos se recusaram a pagar, e houve grandes demonstrações contra o imposto em cidades inglesas no ano seguinte. Mas Thatcher se recusou a recuar. (O *Poll Tax* seria depois abandonado sob John Major, sucessor de Thatcher como primeiro-ministro, e substituído por uma nova forma de imposto sobre propriedade, o *Council Tax*.) Isso proporcionou o pano de fundo, entre os renovados problemas de uma economia superaquecida, para a queda da uma vez todo-poderosa primeira-ministra.

A questão juntou-se às evidentes divisões no Partido Conservador em relação à Europa, aumentadas desde o discurso de Thatcher em Bruges em 1988. O discurso sinalizava sua clara — e logo perigosa — oposição à abordagem favorecida por dois pesos-pesados de seu gabinete, seu mais duradouro e leal lugar-tenente, Sir Geoffrey Howe (então secretário do Exterior), e aquele que era considerado o grande gênio do boom econômico do final da década de 1980, o ministro da Economia, Nigel Lawson. As coisas começavam a chegar a um ponto crítico quando o Plano Delors, que visava ao controle da política monetária por um banco central europeu e uma moeda única, e à convergência para a participação no Sistema Monetário Europeu, foi publicado em 1989.

Tanto Howe quanto Lawson eram a favor de que a Grã-Bretanha se juntasse ao Mecanismo Europeu de Taxas de Câmbio (European Exchange Rate Mechanism, ERM na sigla em inglês), elemento-chave do Sistema Monetário Europeu, envolvendo uma taxa de câmbio administrada com restrita flutuação de moeda, dominada pelo marco alemão. Para Thatcher isso era incompatível com um controle total da moeda britânica, que ela considerava intrínseca à soberania nacional. Como parte central de uma grande recomposição do gabinete, em julho de 1989, Howe foi removido do ministério do Exterior e rebaixado à posição de Líder da Câmara dos Comuns, o que não foi abrandado pelo título — sem significação — de vice-primeiro-ministro. Em outubro, Lawson renunciou, sentindo, justificadamente, que sua posição fora solapada pela disposição demonstrada pela primeira-ministra de acatar os conselhos — contrários aos dele, quanto ao Mecanismo de Taxas de Câmbio — do arquimonetarista Alan Walters, recentemente trazido de volta dos Estados Unidos como seu consultor pessoal para a economia.[55] (A desnecessária alienação de um ministro tão eficaz foi salientada quando Thatcher por fim curvou-se à imensa pressão articulada por seu novo ministro da Economia, John Major, e concordou que a Grã-Bretanha, afinal, se juntasse ao ERM, o que fez em outubro de 1990.)[56] O rebaixamento de Howe e a saída de Lawson destacaram uma divisão crucial numa questão central da política, em pleno coração do governo. E, pela primeira vez, isso representava uma ameaça iminente à autoridade de Thatcher.

Ninguém menos que seu mais fiel servidor, Sir Geoffrey Howe, fustigado por ela durante tanto tempo e finalmente humilhado com a exoneração do cargo, jogou sal na ferida num ataque devastador à liderança da primeira-ministra na Câmara dos Comuns em 1º de novembro de 1990, após outra demonstração do desafio dela à movimentação europeia em direção a uma futura integração. Michael Heseltine, que tinha rompido com Thatcher devido ao caso Westland em 1986, agora a desafiava pela liderança. Foi derrotado na votação que se seguiu, mas a primeira-ministra tinha obtido uma vitória de Pirro. Seus colegas de gabinete a aconselharam, individualmente, a renunciar, o que fez com grande relutância, deixando o cargo em lágrimas e acreditando que tinha sido traída. "Eles me traíram", ela concluiu, amargamente.[57] Seu rancor persistiu. Uma falange de inveterados e leais apoiadores sustentou por muito tempo o mito da traição, dificultando a vida de seu sucessor, John Major (cuja autoridade Thatcher tentou minar repetidas vezes). Sua posição quanto aos países europeus, especialmente, fez dela um farol para os eurocéticos em vários setores do Partido Conservador.

LEGADO

Apesar de ter vencido três eleições sucessivas, Thatcher nunca teve o apoio de sequer metade do eleitorado. Mas, com a distribuição desproporcional de cadeiras no sistema eleitoral britânico, ela desfrutou de grandes maiorias na Câmara dos Comuns — 43 cadeiras em 1979, 144 em 1983, 102 em 1987. Isso lhe deu a oportunidade extraordinária para implementar suas políticas. Domesticamente, elas se apoiavam na ferrenha adoção de ideias econômicas neoliberais, que remodelaram a economia britânica durante décadas. Foi um componente crucial de seu legado para a Grã-Bretanha.

A Grã-Bretanha era certamente um país muito mudado quando ela deixou o cargo. O "socialismo", com base no movimento sindical, estava enfraquecido; o papel econômico do Estado, reduzido (embora seus poderes de coerção estivessem aumentados e o governo central, fortalecido às expensas de governos locais); a nacionalização recuara, a privatização avançara, a mudança da indústria para uma economia baseada em finanças e o domínio pelo mercado haviam sido salientados em toda parte. Sua alegação implícita (aceita por seus devotados seguidores) de que praticamente sozinha tinha realizado essa transformação era, não obstante, um exagero.⁵⁸ Houve menos transformação do que ela imaginava. E em muita coisa que realizou, ela nadou tendo atrás de si uma forte corrente, em parte valendo-se de sua instintiva capacidade de se sintonizar com as prevalentes variedades de individualismo e de aspiração. Do triunfo das Falklands em diante, até ter forçado a mão no prelúdio do drama final, ela pôde contar com o avassalador suporte de seu gabinete e de seu partido no parlamento e no país. Isso ainda exigia um primeiro-ministro incomumente forte, vigoroso, determinado e corajoso para levar adiante uma agenda, frequentemente radical, durante um longo período. E num certo número de questões cruciais — por exemplo, recusando-se a mudar de curso na política industrial e econômica no início da década de 1980, ao ir para a guerra pelas Falklands, na insistência de um abatimento na CEE — seu papel pessoal foi decisivo. Imaginar essas questões sendo tratadas por outro primeiro-ministro, digamos William Whitelaw, James Prior ou Francis Pym, é uma boa maneira de demonstrar isso. A história britânica teria sido diferente se um deles, ou qualquer outra pessoa, fosse o primeiro-ministro. Thatcher levou o poder do primeiro-ministro a seus extremos limites numa democracia em tempos de paz (embora esses limites tenham sido transcendidos em épocas mais recentes).

Numa questão crucial, no entanto, ela não mudou quase nada. A Irlanda do Norte era uma preocupação tão inquietante no final de seu mandato quanto fora no início. Suas inclinações, profundamente estabelecidas, na direção dos unionistas limitaram seu escopo para uma flexibilidade imaginativa. É verdade que ela assinou, junto com o *taoiseach* ["primeiro-ministro"] irlandês Garret Fitzgerald, o Acordo Anglo-Irlandês, em novembro de 1985 — um passo modesto de colaboração entre os governos britânico e irlandês. Contudo, nada muito substancial se seguiu a isso, até que avanços secretos sob seu sucessor, John Major, levaram ao inovador Acordo da Sexta-Feira Santa de Tony Blair, em 1998.

Por mais que se possa dizer que Thatcher mudou a Grã-Bretanha, seu impacto global pode ser exagerado. É um tanto forçado afirmar que "seus êxitos se propagaram pelo mundo".⁵⁹ Seu inegável triunfo pessoal, a vitória nas Falklands, equivaleu para grande parte do mundo a uma anacrônica guerra em estilo colonial. Não obstante, adornou a aura da Dama de Ferro, elevando seu status no palco global, e sinalizou uma Grã-Bretanha revitalizada, mais uma vez capacitada a ir além das próprias forças. Seu relacionamento com Reagan e, subsequentemente, com Gorbatchóv, deu polimento a sua imagem. Suas visitas a

Washington e Moscou lhe deram projeção internacional — uma líder de evidente importância em suas tratativas com superpotências. Mas desempenhou papel subsidiário no encerramento da Guerra Fria.

Thatcher deixou o cargo pouco mais de um ano antes da dissolução da União Soviética, no final de dezembro de 1991, que levou os líderes da Europa Ocidental a repensar e reconstituir o projeto europeu de uma maior integração. Sua antipatia pela Comunidade Econômica Europeia tinha se intensificado com o correr dos anos. Ficara mais depreciativa da atuação de Bruxelas, mais hostil ao que considerava serem movimentos em direção a um Estado federal europeu e uma diminuição da soberania de governos nacionais. Na Câmara dos Comuns, teve um desempenho brilhante ao denunciar as propostas de Delors de seguir para uma união política europeia, com seus retumbantes "Não. Não. Não".[60] Sentiu-se justificada em sua oposição ao Mecanismo de Taxas de Câmbio, pela ignominiosa saída forçada da Grã-Bretanha em setembro de 1992. E o acordo em Maastricht, para a introdução em alguns anos de uma moeda única e a criação de uma identidade comum de cidadania europeia, naquilo que a partir de então seria a União Europeia, era, naturalmente, para ela, um anátema.

Uma parte crucial de seu legado foi a hostilidade em relação à União Europeia, hostilidade que, já aposentada, ajudou a fortalecer no Partido Conservador. Tinha sido fundamental no estabelecimento do Mercado Único. Mas não previra as consequências políticas, na economia, do passo que havia abraçado. Os eurocéticos continuaram a ser por muito tempo uma minoria nas fileiras Tory. Mas ela serviu como sua imarcescível paladina, a voz de uma Grã-Bretanha que, a seus olhos, nunca seria novamente grande enquanto estivesse algemada à Europa. Acontecimentos ulteriores converteriam essa posição minoritária numa poderosa onda a favor da saída da Grã-Bretanha da União Europeia. Thatcher foi, de seu túmulo, a madrinha do Brexit.

Os últimos anos antes de sua morte, em 8 de abril de 2013, ela passou num isolamento cada vez maior, sofrendo com um trágico início de demência. Seu funeral foi realizado na catedral de Saint Paul, em Londres, algo que só é concedido a figuras nacionais excepcionais. O de Winston Churchill, em 1965, tinha unido praticamente todo o país. Thatcher, no entanto, tinha sido uma primeira-ministra profundamente divisiva, que suscitara uma forte e incomum devoção, mas também inspirou não apenas antipatia, como também ódio, no outro lado do espectro. As atitudes em relação a sua morte e subsequente funeral de Estado refletiram devidamente essa polarização. Mais de trinta anos após ter deixado o número 10 da Downing Street pela última vez, o nome Margaret Thatcher ainda tem a capacidade de despertar um espectro completo de emoções. As cicatrizes deixadas nos muitos que sofreram as consequências de suas políticas econômicas até hoje não se curaram.

Charles Moore concluiu sua monumental biografia em três volumes descrevendo Thatcher como "o maior gênio, em todos os tempos, a conduzir os negócios do Reino Unido".[61] O elogio é, certamente, injustificado. Porém, amando-a ou detestando-a, ela foi sem dúvida uma líder política extraordinária.

Mikhail Gorbatchóv, recém-eleito secretário-geral do Partido Comunista da União Soviética, num encontro com cidadãos de Moscou em 7 de abril de 1985. Sua disposição para ouvir as opiniões de pessoas comuns ajudou a estabelecer sua grande popularidade, que foi posteriormente prejudicada, em 1989-90, pelo colapso econômico e pelo tumulto político.

11. Mikhail Gorbatchóv: O homem que extinguiu a União Soviética e criou uma nova Europa

"Em 1990, líderes políticos, bem como cidadãos comuns, o consideraram um dos maiores estadistas do século XX."[1] Isso era, inquestionavelmente, verdade no que concerne à reputação de Mikhail Gorbatchóv no Ocidente, onde era festejado como o homem que, mais que qualquer outra pessoa, foi o responsável pelo fim da Guerra Fria. Da perspectiva ocidental, ele havia, surpreendentemente, virado as costas para o passado soviético, buscando introduzir a democracia e atuando para erradicar a ameaça de uma guerra nuclear. Para os cidadãos dos antigos Estados-satélites soviéticos na Europa Central, ele foi o indivíduo que ajudou a libertá-los de quarenta anos de dominação soviética. Na própria União Soviética, a história foi diferente. Enquanto sua popularidade aumentava no Ocidente, ela despencava em seu próprio país — mas não antes de 1990; até então ele tinha sido um líder popular lá também. Quando deixou o cargo, no final de 1991, sua reputação em casa era extremamente baixa. Era amplamente tido como alguém que arruinara a União Soviética. Em 1985 tinha se tornado o líder de uma superpotência. Seis anos depois, aquela que uma vez fora uma superpotência estava debilitada, empobrecida e humilhada.

Seja qual for o veredicto quanto à sua liderança, Gorbatchóv foi, sob quaisquer critérios, a mais eminente personalidade europeia da segunda metade do século XX. Mas em que medida ele esteve no controle dos momentosos acontecimentos que ocorreram durante o curto período de sua liderança na União Soviética? Será que não precisamos ir além de suas próprias decisões — seus erros, bem como suas realizações — para explicar a épica transformação da Europa naquele momento? Ou será que ele foi pouco mais que o veículo de pressões intransponíveis dentro e fora da União Soviética, que determinaram suas ações?[2] Ele simplesmente assistiu ao inevitável colapso da União Soviética ou foi ele de fato quem o causou? Será que o domínio soviético sobre seus Estados-satélites ficara virtualmente insustentável? Ou o momentum revolucionário só deslanchou devido às próprias ações de Gorbatchóv? E teria sido seu papel nos assuntos internacionais, na verdade, uma inevitável resposta à superioridade americana na corrida de armas nucleares? Ou foi sua personalidade o componente crucial para o fim da Guerra Fria?

PERSONALIDADE E O CAMINHO PARA O TOPO

Gorbatchóv atingiu o pináculo do sistema soviético como um arquetípico insider, alguém de dentro, um conformista, um burocrata do regime reconhecidamente capaz, que acreditava verdadeiramente nos princípios marxistas-leninistas. Qualquer outro roteiro para chegar ao topo seria impensável e impossível. Então, por que será que ele mudou tão categoricamente nos poucos anos em que esteve no poder? Foi a consciência de que estivera errado durante sua vida até aquele momento? Seria o reconhecimento inteligente de que as falhas fundamentais no sistema soviético significavam que ele era insustentável diante de forças externas e internas que pressionavam por uma grande mudança? O desafio de compreender Gorbatchóv apresentava problemas para aqueles que o conheciam bem — até para ele mesmo.[3]

De qualquer forma, o espantoso drama na União Soviética e na Europa Central entre 1985 e 1991 é inexplicável sem o enigma da extraordinária personalidade de Gorbatchóv. Quando assumiu o poder na União Soviética, sua inextinguível autoconfiança, junto com um otimismo ingênuo — que o fazia acreditar que seus próprios poderes de persuasão e sua implacável energia poderiam remodelar fundamentalmente um regime que precisava terrivelmente de uma reforma — eram traços fortes de seu caráter. Eram acompanhados de impulsividade e disposição para evitar planejamento estratégico e, em vez dele, "deixar o processo se desenvolver". Ele também, o que é notável num líder soviético, tinha uma arraigada relutância em usar o poder.⁴ Os atributos e a fraqueza atuavam juntos, formando uma parte intrínseca da transformação que ocorria na época, não apenas na União Soviética, mas na Europa, durante seus anos no cargo.

Nascido em 1931 numa família pobre de camponeses na aldeia de Privolnoe, um lugar remoto no distrito de Stavropol, norte do Cáucaso, Gorbatchóv cresceu à sombra obscura do stalinismo e do devastador impacto da guerra. Seus dois avós tinham sido presos no regime de Stálin, mas sobreviveram ao gulag. Seu pai, Serguei, foi ferido na guerra (e erroneamente tido como morto), mas voltou como herói condecorado. Mais tarde ele contou ao filho os horrores pelos quais tinha passado. Talvez isso tenha influenciado a posterior relutância de Mikhail em recorrer à violência para dar suporte ao cambaleante império soviético. A guerra foi um período de medo e sofrimento intensos para os Gorbatchóv, assim como para toda família soviética. Os invasores alemães, durante o pouco tempo em que estiveram em Privolnoe, deixaram a aldeia em ruínas. Mas os Gorbatchóv foram poupados do pior. Eles sobreviveram. As condições de vida e de trabalho foram extremamente difíceis nos anos do pós-guerra. Mesmo assim, a infância de Gorbatchóv foi feliz. Tinha uma ligação especial com o pai, mas menor com a mãe, Maria, uma severa disciplinadora.

Mikhail teve de crescer rapidamente durante a guerra. Na prática, ele era filho único — seu irmão Aleksandr, nascido em 1947, era dezesseis anos mais moço — e teve de trabalhar duro, fisicamente, para ajudar a mãe a ganhar a vida enquanto o pai esteve ausente (envolvido em pesados combates em Kursk, Kiev e Carcóvia). Isso o ajudou a desenvolver independência e iniciativa. Com sua capacidade, destacou-se na escola local. Também demonstrou os primeiros sinais de liderança e começou a desenvolver uma sede por aprendizado e autoaprimoramento. Ambas as características foram traços duradouros de seu caráter. Cresceu como um menino cheio de autoconfiança, muito inteligente, extremamente determinado, com uma tendência (lembrou um de seus amigos dos tempos de escola) a querer provar que tinha razão, e com um "notável talento para submeter qualquer um à sua vontade".⁵

Aos quinze anos ingressou no Komsomol (organização juvenil soviética) e logo tornou-se um líder local. Trabalhando com o pai numa fazenda coletiva, adquiriu conhecimentos de produção agrícola. Dois anos depois, no verão de

1948, ajudando o pai a operar uma colheitadeira combinada, venceu uma competição de colheita de grãos, que lhe valeu a Ordem da Bandeira Vermelha do Trabalho, assinada pelo próprio Stálin. Seus pais eram quase analfabetos, mas ele era ambicioso e logo percebeu que a educação lhe oferecia um caminho para uma vida fora da fazenda coletiva em Privolnoe. Sua capacidade, junto com seu ímpeto e sua ambição, o habilitaram a romper barreiras. Em 1950 foi admitido na prestigiosa Universidade Estatal de Moscou (onde estudou direito e conheceu Raisa, sua mulher, de quem foi inseparável até a morte dela em 1999). Naquele mesmo ano solicitou sua admissão como membro do partido.

Foi o primeiro passo no que se tornaria uma rápida ascensão ao topo — mas que seguiu um ortodoxo caminho de progressão na carreira na União Soviética. Ele aprendeu rapidamente como manobrar dentro dos escalões de poder do sistema. Seus talentos táticos eram necessários para escalar o traiçoeiro caminho político. Não ocultava suas visões heterodoxas; Gorbatchóv era um comunista ferrenho. Antes de Khruschóv ter aberto seus olhos ao denunciar o ex-líder em 1956, ele tinha sido adepto de Stálin e um dos milhares que prestaram honras fúnebres no velório oficial do ditador, em 1953.[6] Depois, então um ardente antistalinista, continuou a expressar admiração por Lênin.[7]

Após cursar a universidade ele ascendeu politicamente e se tornou o chefe do partido na cidade de Stavropol. Em 1970, com apenas 39 anos, foi nomeado por Leonid Bréjnev para chefiar o partido em toda a região de Stavropol. No ano anterior, na esteira da tensão ideológica que se seguiu à invasão da Tchecoslováquia (que tivera sua aprovação), Gorbatchóv obedeceu a ordens para atacar o livro de um colega em Stavropol, que propunha reformas do sistema. Ele era "estranho à nossa ideologia", foi o mordaz veredicto de Gorbatchóv.[8] Na verdade, as ideias não eram muito diferentes de algumas que o próprio Gorbatchóv tentou implementar bem mais tarde. Suas declarações públicas naquela época foram adequadamente conformistas (incluindo comentários efusivos e adulatórios sobre Bréjnev). Privadamente, contudo, ele estava ficando mais crítico às danosas consequências de um comando altamente centralizado da economia.

O ímpeto, a iniciativa e a capacidade organizacional de Gorbatchóv atraíram a atenção e o louvor dos altos escalões, em especial por seu trabalho na melhora da produção agrícola e na ampliação do sistema de irrigação numa região atingida por frequentes secas. Ele começou a cultivar boas relações com vários indivíduos poderosos. As perspectivas para sua carreira não foram prejudicadas de todo quando ele conheceu Iúri Andropov, chefe da KGB, também da região de Stavropol. Os líderes soviéticos gostavam dos spas que havia nos contrafortes caucasianos. Como primeiro-secretário do partido em Stavropol, Gorbatchóv providenciou as boas-vindas formais.[9] Andropov conheceu Gorbatchóv durante suas férias lá, assim como Alexei Kosygin, que foi presidente do Conselho de Ministros (primeiro-ministro) até 1980.

Em 1978, Gorbatchóv foi convocado a voltar a Moscou como secretário do Comitê Central com responsabilidades especiais para a agricultura. Sua ascensão meteórica continuou. Dois anos depois tornou-se o mais jovem membro do Politburo. Andropov tinha reconhecido o talento de Gorbatchóv e, ao se tornar o secretário-geral após a morte de Bréjnev em 1982, estendeu sua alçada da agricultura para todo o país. Após menos de dois anos no cargo, assolado por problemas de saúde, o próprio Andropov morreu. Ele queria que seu protegido lhe sucedesse como líder soviético, mas a velha guarda preferiu Konstantin Tchernenko, outro quase inválido, que durou pouco mais de um ano no posto. Gorbatchóv tinha presidido às vezes reuniões do Politburo quando Andropov ainda vivia e administrou o Politburo e a Secretaria do Partido por muito tempo durante a doença de Tchernenko. Embora longe de ser o candidato preferido por todos, ele efetivamente — e na falta de qualquer alternativa óbvia — tornou-se o herdeiro aparente. No dia seguinte ao da morte de Tchernenko, foi eleito, sem oposição, secretário-geral.

PRECONDIÇÕES

Quando Gorbatchóv tornou-se seu líder, em março de 1985, a União Soviética estava enfraquecida, econômica e politicamente. Mas não foi nem a economia nem a política que determinou que o sistema estava condenado ao colapso numa questão de apenas alguns anos. Quase ninguém previu que isso pudesse acontecer. Até mesmo especialistas, que conheciam a fundamental fraqueza estrutural da União Soviética e presumiam que o sistema não estaria, afinal, habilitado para sobreviver, não viam por que não seria capaz de continuar durante um futuro indefinido. Não tinha um nível elevado de dívida externa, não enfrentava uma grave desordem dentro de casa e podia contar com o apoio dos serviços militares e de segurança.¹⁰ Sistemas autoritários de governo, particularmente se fossem fortes como o sistema soviético fora durante sete décadas, raramente implodiam tão rápida e espetacularmente — e sem um massivo derramamento de sangue. A maioria dos observadores do Kremlin em 1985 julgava que a União Soviética, fossem quais fossem suas dificuldades internas, estava estável e sem perigo de colapso iminente, embora fosse alcançar posteriormente um ponto insustentável de crise sistêmica. Se outro que não Gorbatchóv tivesse sido eleito secretário-geral em 1985, um sistema não reformado, ou reformado apenas superficialmente, não duraria alguns anos. Como enfatizou Archie Brown, o mais destacado analista do governo de Gorbatchóv, "foi a reforma radical que produziu a crise, não foi a crise que determinou a reforma".¹¹ A reforma fundamental não era nem inevitável nem economicamente determinada.¹² Foi consequência das ações de Gorbatchóv.

Mais tarde o próprio Gorbatchóv destacou vividamente o estado sombrio da economia soviética que ele herdou como líder. O desequilíbrio que vinha do nível das despesas militares — não menos de 40% do orçamento do Estado — era enorme, distorcendo a administração geral da economia, limitando massivamente a margem de manobra para a satisfação das demandas civis e solapando o potencial para crescimento econômico. A despesa em pesquisa e desenvolvimento era dirigida preponderantemente para a área militar e negligenciava enormemente a esfera civil. Havia poucos incentivos para aumentar a produtividade na economia. Os custos de trabalho, combustível e matéria-prima eram mais que o dobro do que no Ocidente — na agricultura, segundo Gorbatchóv, dez vezes mais elevados. Apesar dos altos níveis na produção de carvão, petróleo e outros materiais, o "produto-fim" (como formulava Gorbatchóv) era somente metade do dos Estados Unidos. Ineficiência e atraso tecnológico enormes, em comparação com o Ocidente, iam de mãos dadas com a qualidade inferior. Uma gestão deficiente compunha e refletia os profundos problemas subjacentes. Os números da produção não correspondiam à realidade. Uma centralização pesada e rígida sufocava qualquer iniciativa. Corrupção, suborno, roubo e peculato eram endêmicos. E, acima de tudo, os inquestionáveis imperativos políticos e ideológicos impunham suas extremas limitações sobre qualquer pensamento original, sobre tudo que pudesse testar a ortodoxia existente.¹³

Durante a década de 1970, o relativo atraso e a arraigada inflexibilidade da economia soviética foram parcialmente ocultos pelo grande aumento nos preços do petróleo, na esteira da guerra árabe-israelense de 1973. Como a União Soviética tinha seus próprios campos de produção de petróleo, ela no início se beneficiou com o inesperado aumento. Uma década depois, contudo, a economia soviética foi severamente atingida quando os preços do petróleo caíram quase tão abruptamente quanto tinham se elevado. Ao mesmo tempo, houve uma diminuição na produção soviética de petróleo. Assim, a perspectiva de uma melhora significativa do já baixo padrão de vida na União Soviética desapareceu. O declínio econômico e o potencial para uma insatisfação social se agigantaram.

Politicamente, a herança de Gorbatchóv foi assustadora também. Quando as dificuldades econômicas aumentaram, o sistema político estagnou. O longo governo de Bréjnev tinha extraído dele quaisquer energias que tivessem fugazmente sido demonstradas sob seu predecessor, Khruschóv. Grandes reformas eram tão boas quanto impossíveis, dadas as estruturas escleróticas do governo e da administração. Havia uma centelha de esperança por parte de possíveis reformadores, em 1982, de que haveria mudança sob o sucessor de Bréjnev Iúri Andropov, que tentou conter a corrupção e reimpor a disciplina no trabalho. Andropov reconheceu os profundos problemas subjacentes na economia e se dispôs a melhorar os padrões de vida. Embora estivesse cercado pela velha guarda conservadora no Politburo, ele promoveu vários jovens quadros do partido — inclusive Mikhail Gorbatchóv — a posições nas quais pudessem começar a fazer valer seus instintos reformistas.[14] Os reformadores representavam tendências sociais subjacentes na União Soviética, particularmente a de se afastar da agricultura rumo a uma sociedade muito mais urbanizada e instruída, insatisfeita com o atraso econômico e as restrições políticas e aberta a uma mudança tecnológica, modernizadora.[15] Mas Andropov queria reformas que não desafiassem a ortodoxia do regime. Fosse como fosse, estava gravemente enfermo. Estava claro que não era de esperar nenhum zelo reformista de seu sucessor, Konstantin Tchernenko, a escolha dos conservadores — mais velho que Andropov, muito menos competente e ele mesmo doente terminal, que acabou morrendo em 1985. Mesmo para os outros membros da gerontocracia no Politburo, estava claro que era necessário parar com a sucessão de líderes velhos e frágeis. A morte de três secretários-gerais idosos e doentes em três anos significava, além disso, que nenhum candidato óbvio da velha guarda conservadora ainda aguardava ser convocado. Esse era o pouco promissor pano de fundo na eleição de Mikhail Gorbatchóv para secretário-geral em 11 de março de 1985.

Àquela altura Gorbatchóv tinha 54 anos. Apenas Stálin (com 43) era mais jovem quando se tornou secretário-geral. Após três líderes idosos e doentes em rápida sucessão, sua energia e seu dinamismo se destacaram. Mas, embora Gorbatchóv reconhecesse a necessidade de uma reforma, estava claro que isso exigiria esforço estrênuo. A idade média dos dez membros com direito a voto no Politburo quando da eleição de Gorbatchóv era 67, e cinco dos membros já estavam além dos setenta anos.[16] O sistema era administrado por membros de uma elite idosa, conservadora, nada ansiosa por trazer uma drástica alteração a um sistema que lhes servira tão bem. Eles aceitavam a ideia de que algumas mudanças eram necessárias. Afinal, Andropov tinha tentado introduzi-las durante o curto período de seu governo. Mas não queriam, nem esperavam, nada que fosse fundamental. Imaginavam que, com a eleição de Gorbatchóv, haveria algumas reformas. Mas estava além de seu entendimento que isso pudesse pôr em perigo o poder soviético, fosse em casa, fosse em relação aos Estados-satélites no leste da Europa.[17]

Gorbatchóv era o único no Politburo que buscava uma grande mudança. De qualquer modo, o que isso implicaria? O próprio Gorbatchóv não sabia. Não houve uma grande estratégia. Ele não tinha em mente um plano claro. Reforma, sim: tinha certeza de que era necessário haver reforma. Mas tudo indica que ele visava a uma reforma *dentro* do sistema. A começar da suposição de que o sistema soviético era capaz de passar por uma reforma.[18] Uma mudança política, a seu ver, era essencial para efetivar qualquer mudança econômica significativa. Mas achava que poderia alcançar isso construtivamente, sem danificar a base da estrutura de poder soviética. Fossem quais fossem suas intenções, foi obrigado a começar cautelosamente para evitar qualquer retaliação, ao alienar o "estamento" conservador no partido e as burocracias do Estado. Logo, no entanto, o momentum para uma mudança — que no fim destruiria a União Soviética — ganhava ritmo.

Teria isso de se desenvolver, como se desenvolveu, de um modo tão destrutivo para a União Soviética? Não teria sido possível uma "solução chinesa"? Perguntou-se na época, e frequentemente depois desde então, por que Gorbatchóv não seguiu a linha adotada sob Deng Xiaoping na China, onde a economia foi sendo gradualmente transformada para um novo tipo de capitalismo de Estado, sem que o firme controle pelo Partido Comunista se dissolvesse de modo algum. Gorbatchóv rejeitou essa comparação com a situação na União Soviética como sendo ingênua. Salientou que os dois países, e suas histórias recentes, eram muito diferentes. Alegou que uma "tentativa de conduzir todo mundo num modelo mandatório, uniforme de desenvolvimento" poderia funcionar para a China, com sua "imensa população e sua civilização antiga", mas que "os métodos de manter estabilidade política considerados possíveis e essenciais na China não são, em muitos aspectos, aplicáveis em nossas condições". Na União Soviética, ele estava convencido, era impossível "implementar primeiro reformas econômicas e só depois adotar reformas políticas".[19] Dizia-se que Deng considerou Gorbatchóv "um idiota" por arriscar a própria sobrevivência do comunismo soviético ao tentar reformar o sistema político antes da economia.[20] Na verdade, Gorbatchóv estava tentando fazer as duas coisas ao mesmo tempo. Sem reforma política, a seu ver, não poderia haver reforma econômica significativa.

A LUTA POR REFORMA

Gorbatchóv tinha personalidade completamente diferente não apenas da dos homens cinzentos, idosos, que o cercavam no Politburo, mas de tudo que a União Soviética tinha experimentado anteriormente. Em retrospecto, era notável que o enrustido, inflexível sistema soviético tivesse podido produzir um insider, um elemento "de dentro", que chegou ao topo guiado pelo desejo de mudar a própria estrutura do poder que possibilitara sua ascensão, em primeiro lugar. Mas a trajetória de sua carreira tinha sido ortodoxa, e ele não deu sinais de que quaisquer reformas que tivesse em mente se mostrariam tão completamente corrosivas — na verdade, não teve a intenção de que isso acontecesse. Um processo acelerado de aprender toda a natureza dos problemas que encontrou e as dificuldades para tentar combatê-los mediante uma reforma moderada o levariam, com o tempo, em direção a uma cirurgia mais radical.

Também no estilo de liderança ele estava em forte contraste com o que se tornara o melancólico, imutável autoritarismo da elite política estabelecida. Sua energia, seu ímpeto e seu dinamismo impactavam todos que entravam em contato com ele. Tinha o zelo de um missionário. Mas estava preparado para ouvir e aprender, não só pregar e instruir. Ele aliava fervor e um otimismo natural a seu charme pessoal, sua eloquência e uma inteligência que se evidenciava por si mesma. Estava aberto a uma discussão de um modo que tinha sido estranho a líderes soviéticos anteriores. Trabalhava com dissuasão, não imposição. As reuniões do Politburo agora eram muito mais longas do que tinham sido antes. Ele convidava à discussão e à discordância. Estava preparado para, à luz de objeções, corrigir posições prévias para manter a seu lado membros do Politburo potencialmente insatisfeitos.[21] Mas era autoconfiante, no limite da arrogância, em sua presunção de que possuía a capacidade intelectual, o conhecimento e a persuasão necessários para se opor a qualquer argumento e se sobrepor a quem tivesse dúvidas.

Num nível mais baixo, Gorbatchóv era perspicaz o bastante para entrar em contato direto e discutir com o público — e, acima de tudo, ouvir o que ele tinha a dizer. Isso era algo novo e também popular. Sua insistência em ouvir as opiniões de pessoas comuns, não só se encontrando com representantes selecionados e burocratas do partido, aprofundou sua percepção de quão pervasivo era o mal-estar político, bem como o econômico, na União Soviética. Suas visitas iniciais a Leningrado, depois à Ucrânia, à Sibéria e ao Cazaquistão deixaram claro para ele qual era o nível de fracasso da política econômica e reforçaram a percepção de que a comunicação direta, não simplesmente uma exortação de cima para baixo, era necessária para a obtenção de uma mudança.[22]

Sua extraordinária capacidade, sua flexibilidade mental e de expressão, e a ânsia por se engajar em discussão aberta e não simplesmente repetir bem estabelecidos chavões do partido fizeram dele um interlocutor interessante também fora da União Soviética, mesmo quando falando por intermédio de intérpretes. Numa visita à Grã-Bretanha um ano antes de se tornar secretário-geral, a primeira-ministra britânica, Margaret Thatcher, conquanto ideologicamente muito distante dele, encantou-se com sua personalidade, que achou ser um contraste atraente com "o rígido ventriloquismo do *apparatchik* soviético médio". Ela gostou do modo como ele, cheio de autoconfiança e sem recorrer a qualquer discurso antecipadamente preparado, debateu agudamente, com conhecimento de causa e bom humor, tópicos controvertidos de alta política. A excelente impressão deixada por sua culta e muito inteligente mulher, Raisa, também ajudou a fazer do encontro entre opositores daquele nível um grande sucesso. A famosa conclusão de Thatcher foi que "este é um homem com quem eu poderia fazer negócios".[23] As qualidades que atraíram Thatcher também pavimentaram o caminho para boas, até mesmo calorosas e amistosas, relações com outros líderes ocidentais da direita conservadora, sendo os mais importantes entre eles Ronald Reagan, George H. W. Bush e Helmut Kohl.

Impaciente para assumir o poder e introduzir mudanças políticas e econômicas, Gorbatchóv estava ciente de que não poderia proceder apressada e impetuosamente. Além do mais, embora comprometido com uma reforma sistemática, estrutural, mesmo antes de se tornar secretário-geral, suas ideias estavam longe de constituir uma estratégia coerente. Ao chegar ao Kremlin, quando pôde avaliar completamente quão ruim era a situação econômica, ele aceitou a ideia de que se perdera tempo ao se tentar primeiro "sair do buraco usando métodos antigos, para depois começar reformas significativas".[24] Assim, nos primeiros estágios de seu tempo como secretário-geral ele ficou com pouco mais do que lemas, em si mesmos poderosos, mas suscetíveis de interpretações muito diferentes, e com diretivas de ação às quais faltavam meios óbvios de implementação num sistema labirinticamente burocrático que era bem usado para bloquear iniciativas. Em abril de 1985 ele falou da "aceleração do desenvolvimento social e econômico do país, em busca de melhorias em todos os aspectos da vida de nossa sociedade". Ninguém poderia objetar a essa vaga declaração de intenção, que era perfeitamente compatível com os ideais soviéticos tradicionais, embora dificilmente qualificáveis como a "política estratégica" que Gorbatchóv alegava ser.[25]

Ele deixou claro quais eram seus objetivos tangíveis, conquanto ainda em termos muito amplos, um mês depois. A economia tinha de ser modernizada, declarou, mediante mudanças nas estruturas de gestão, liberando iniciativas vindas de baixo e restringindo o controle central de seu direcionamento estratégico.[26] Mas foi em Leningrado (que depois voltou a ter seu antigo nome, São Petersburgo), em 17 de maio, que Gorbatchóv introduziu pela primeira vez o termo que logo simbolizaria seu ímpeto para a reforma: Perestroika, que significa reestruturação. "Obviamente, todos nós temos de passar por uma reestruturação", declarou. "Todos temos de adotar uma nova abordagem e compreender que nenhum outro caminho está disponível."[27] Olhando retrospectivamente, Gorbatchóv considerou seu discurso em Leningrado como o "primeiro evento da Glasnost" — outro termo, significando transparência, que veio a caracterizar a notável mudança que o mundo também estava começando a reconhecer na União Soviética.[28] Como a Perestroika, a Glasnost iria desenvolver um momentum impossível de ser detido. Mas isso não era imediatamente aparente. Nos primeiros dois anos, Gorbatchóv lutou para superar grandes obstáculos no caminho de uma mudança substancial. Como ele mesmo admitiu depois, muito poucos resultados tangíveis foram obtidos nesse período, menos ainda na questão premente da economia.

Nos primeiros meses ele teve mais sucesso remodelando sua base central de poder, valendo-se de muita sutileza tática para tirar a velha guarda de suas antigas posições de força no Politburo e substituindo numerosos funcionários regionais e de cidades de nível inferior. Ele trouxe consultores e assessores que eram a favor da reforma. Andrei Gromiko, o inflexível ministro do Exterior de longa data, com 76 anos, foi substituído por Eduard Shevardnadze, líder do partido na Geórgia, que mostraria ser um aliado crucial e leal nas relações com o Ocidente, que melhoravam rapidamente.[29] Um papel essencial no processo de influenciar e moldar as ideias de Gorbatchóv sobre a reforma e de apoiá-las no Comitê Central foi desempenhado por Alexander Yakovlev, um ardente promotor de uma mudança radical que tinha passado uma década como embaixador soviético no Canadá. Nikolai Ryzhkov substituiu o octogenário Nikolai Tikhonov como presidente do Conselho de Ministros, com responsabilidade total pela economia. Egor Ligatchóv, que fora encarregado por Andropov do importante departamento organizacional do Comitê Central, foi então promovido à condição de membro do Politburo.[30] Tanto Ryzhkov como Ligatchóv se opuseram mais tarde a Gorbatchóv quando suas reformas tornaram-se mais radicais, mas nos primeiros anos lhe deram apoio vital. Outra promoção acabou se mostrando fatídica. Boris Iéltsin, chefe do partido em Sverdlosvk (que depois voltou a seu antigo nome de Yekaterinburg), foi, contra a recomendação de Ryzhkov, eleito secretário do Comitê Central, e em julho de 1985 substituiu o linha-dura conservador Viktor Grishin, poderoso opositor a qualquer mudança, na posição crucial de líder do partido em Moscou. Ele acabaria sendo a nêmese de Gorbatchóv. Em 1985, no entanto, era mais uma forte voz a favor de reforma.

Gorbatchóv teve de pisar com cuidado no trato com os militares, com quem nunca teve laços muito próximos.[31] Mas um escândalo em maio de 1987, quando um jovem alemão ocidental pilotou seu pequeno avião através do espaço aéreo soviético, pousando perto da praça Vermelha, ofereceu o momento oportuno para fazer mudanças no pessoal — o que era essencial para quaisquer esperanças de reduzir os gastos com a defesa. O ministro da Defesa, general Aleksandr Koldunov, foi obrigado a renunciar, e cerca de cem líderes militares que se opunham às reformas de Gorbatchóv e a suas aberturas em direção a um novo entendimento com os Estados Unidos foram pressionados a se reformar.

A implementação de uma reforma séria em qualquer parte do sistema soviético, no entanto, continuou a ser uma árdua tarefa. Gorbatchóv dependia de uma panóplia de instituições do partido e do governo para transformar intenções em ação efetiva.[32] Exortações a partir de cima, repetidas nas visitas de Gorbatchóv a diferentes regiões do país, não poderiam superar o profundamente arraigado conservadorismo em todos os níveis do sistema político e econômico.[33] As pessoas tinham levado setenta anos para fazer o sistema trabalhar a seu favor. Ele ainda ziguezagueava e chiava, como fizera durante décadas. Corrupção, ineficácia, falsificação de relatórios, dizer a supervisores, gerente e chefões do partido o que eles queriam ouvir, tudo isso era endêmico num sistema que funcionava mal, capaz de resistir a todas as tentativas de reformá-lo. O resultado foi a melancólica ausência de um progresso econômico significativo. Em um ano, Gorbatchóv ficou consternado ao perceber que "tudo era retardado pela inércia; a política da Perestroika não estava trazendo impacto à vida das cidades e das empresas". Reconheceu que "a Perestroika está emperrada". Que tinha ido de encontro aos gigantescos partido e aparato de Estado, "uma barragem no caminho das reformas".[34]

E isso foi antes do terrível choque do desastre nuclear em Tchernóbil, em 26 de abril de 1986, o qual, para Gorbatchóv, "lançou luz sobre muitos males de nossos sistema como um todo". Para ele, isso revelou "a ocultação ou o silenciamento de acidentes e outras notícias ruins, irresponsabilidade e negligência, trabalho desleixado, embriaguez por atacado". Isso o deixou ainda mais determinado a levar adiante a Perestroika, a promover uma mudança fundamental. Foi "mais um argumento convincente em favor de reformas radicais".[35] E havia muita disposição para aceitar a reforma numa população cuja crença no sistema existente tinha sido seriamente abalada pelo desastre.

Em 1987, a política de reformas de Gorbatchóv tinha chegado a uma encruzilhada. Será que se reduziria a uma ousada tentativa que afinal fracassara em deixar uma marca duradoura nas arraigadas estruturas da União Soviética? Ou seria um impulso para a frente, para os reinos desconhecidos de uma transformação fundamental, com todos os riscos que implicava? O caminho à frente era imprevisível. Mais tarde, quando o sistema estava implodindo, Gorbatchóv concluiu que o próprio processo de mudança que ele tinha começado removera qualquer escolha. Consta que tenha observado: "Estou condenado a seguir em frente, e somente em frente. E se recuar, eu mesmo vou perecer, e a causa perecerá também!".[36]

Era um exagero? As primeiras mudanças foram populares no país, sustentadas por reformadores nomeados por Gorbatchóv para posições importantes no partido e no Estado. Ele mesmo ainda usufruía do prestígio e do enorme poder que cabia ao secretário-geral do Partido Comunista. Contudo, ainda havia um resíduo de oposição conservadora a suas reformas, inclusive na maior parte da liderança militar (os maiores beneficiários do sistema existente). Depor Gorbatchóv e substituí-lo por um líder soviético seria uma medida difícil e perigosa. Mas ainda havia a possibilidade de que o próprio Gorbatchóv e seus principais apoiadores decidissem conter as reformas, consolidar o poder, satisfazer-se com uma mudança relativamente menor e aceitar que o sistema de governo não fosse fundamentalmente alterado.

Em vez disso, entre 1987 e 1989, Gorbatchóv acelerou e radicalizou o ímpeto para mudança. Ele tinha à sua volta, é claro, um grupo de apoiadores. Mas não havia dúvida de que era ele quem tomava as decisões vitais. Era o condutor crucial da mudança. E ele mesmo estava mudando. O desejo de reforma virou determinação no sentido de transformar o sistema soviético.[37] Sua ideia era que a rigidez embutida tanto na economia quanto na subjacente estrutura de poder tinha de ser amenizada, e que só se poderia conseguir isso mediante certo grau de descentralização e liberalização. Uma vez solto o freio de mão, no entanto, movimentos no sentido da liberalização tornaram-se quase inevitavelmente um impulso cada vez mais forte, a partir de baixo, para a democratização. Gorbatchóv deu boas-vindas a esse desenvolvimento — que no início tencionava que permanecesse *dentro* do partido. Mas logo se deu conta de que democratização significava romper o monopólio do Partido Comunista em todas as posições de poder e abri-las ao pluralismo.

A radicalização da reforma começou no início de 1987. Na plenária do Comitê Central em janeiro, Gorbatchóv, ousadamente, criticou a doutrina de longa data do partido e depois pressionou quanto à necessidade da Perestroika, que seria "estrangulada e sufocada" sem uma democracia que desencadeasse "a mais poderosa força criativa do socialismo — o trabalho livre e o pensamento livre num país livre".[38] Ele defendeu eleições com voto secreto em todos os níveis. Certamente, não era um pluralismo no estilo ocidental. Mas eleições contestadas de candidatos de todos os níveis de dentro do partido denotavam, por si mesmas, um brusco rompimento com práticas do passado.

Uma reforma econômica significativa ainda se mostrava elusiva. Houve passos limitados no sentido de uma liberalização. A Lei de Empresa Estatal, de 1987, dava a diretores de fábricas mais liberdade de controle central e poderes para estabelecer níveis de salários e preços de produtos, embora na prática isso resultasse em pouco mais do que aumentar preços de mercadorias de qualidade ainda medíocre.[39] A Lei de Cooperativas de maio de 1988 foi significativa ao permitir a criação de algo que era equivalente a companhias privadas em pequena escala, embora isso ainda causasse pouco dano no comando da economia pelo Estado.[40] Gorbatchóv tinha muita coisa em mente, além da economia. Ele mais tarde admitiu que "no calor das batalhas políticas nós perdemos de vista a economia, e as pessoas nunca nos perdoaram pela escassez de itens de consumo diário e pelas filas por bens essenciais".[41]

É duvidoso que ele pudesse ter conseguido mais. Ainda tinha de andar numa corda bamba. Até mesmo aliados importantes como Ryzhkov e Ligatchóv queriam pisar no freio da reforma. A oposição conservadora, mesmo dentro da liderança, foi expressa abertamente na primavera de 1988 num fulminante ataque, num jornal, à linha reformista. Outros, em contraste, queriam acelerar a reforma. Entre os radicais destacava-se Boris Iéltsin. Já alguns meses antes, Gorbatchóv tinha rompido com Iéltsin — arrogante, impulsivo, abrasivo e sedento de poder, bem como cada vez mais insistente por uma reforma mais rápida e mais abrangente. Numa reunião do plenário do Comitê Central, em 21 de outubro de 1987, Iéltsin tinha criticado a falta de progresso da Perestroika e atacado o que considerava um renascer do culto à personalidade — uma farpa dirigida, é claro, a Gorbatchóv. Os presentes na reunião se voltaram contra Iéltsin, e Gorbatchóv nada fez para conter a invectiva. Iéltsin renunciou a seu posto no Politburo e em semanas foi removido de sua poderosa posição de chefe do partido em Moscou. Gorbatchóv e Iéltsin nunca se deram bem. Mas de agora em diante havia uma total inimizade entre os dois. Iéltsin se mostraria um inimigo perigoso.

Discussões no entorno de Gorbatchóv durante os meses que levaram à 19ª Conferência do Partido, no final de junho de 1988, aguçaram seus objetivos reformistas. Na Conferência ele valeu-se de sua autoridade como secretário-geral — provavelmente em seu auge, àquela altura — para forçar mudanças que claramente não eram bem-vistas por muitos dos 5 mil delegados presentes. Ele propôs o "aprofundamento da Perestroika" junto com a "reforma do sistema político".[42] No cerne das propostas estavam a redução do poder do partido e o aumento do papel de um reestruturado e quase parlamentar Soviete Supremo, do qual dois terços dos membros seriam eleitos por sufrágio universal.[43] Ele usou o termo "pluralismo socialista" para descrever a desejada democratização da opinião e da expressão — ainda longe do liberalismo ocidental.[44] Ao final do ano, as mudanças nas estruturas do partido e os grandes cortes nos números dos apparatchiks [burocratas do partido] foram, todos, aprovados. Uma nova lei eleitoral e emendas constitucionais determinaram que haveria eleições na primavera de 1989.[45]

Durante 1988, Gorbatchóv passou do ponto de não retorno. A partir de então, o momentum que ele tinha desencadeado varreu o processo de transformação, e Gorbatchóv foi levado junto com ele. Não estava mais no controle dos acontecimentos. Os últimos dois anos e meio de seu poder veriam se avolumar uma onda de mudanças radicais que finalmente iria destruir a União Soviética. Já em 1988, luzes de advertência brilhavam claramente. Havia sinais preocupantes de agitação no Cazaquistão e no Cáucaso. A "questão nacional" estava ficando séria.[46] As condições econômicas, enquanto isso, estavam visivelmente se deteriorando, filas ainda mais longas tornaram-se um aspecto normal da vida diária.

REDUÇÃO DA AMEAÇA NUCLEAR

As precondições para uma mudança drástica nas relações exteriores que caracterizariam os anos imediatamente seguintes eram tudo, menos promissoras, quando Gorbatchóv assumiu o poder. A União Soviética estava envolvida, desde 1979, numa guerra no Afeganistão. As relações com os Estados Unidos eram ruins. O Ocidente tinha reagido à instalação de mísseis ss-20 na Europa Oriental com a instalação de seus próprios mísseis Pershing e Cruise na Europa Ocidental em 1983. No mesmo ano, o presidente Reagan, um "falcão" na política exterior, introduziu um novo programa nuclear americano, a Iniciativa de Defesa Estratégica (SDI, na sigla em inglês), coloquialmente conhecida como Guerra nas Estrelas, destinada a estabelecer um sistema de defesa inexpugnável no espaço. A derrubada pelos soviéticos, em 1º de setembro de 1983, de um avião de carreira sul-coreano que entrou equivocadamente no espaço aéreo soviético, suspeito de estar envolvido em reconhecimento militar, foi um sinal da crescente tensão internacional. A liderança soviética também pensou que um exercício da Otan em novembro de 1983 tinha sido um preâmbulo para um ataque nuclear.⁴⁷ O perigo de uma guerra nuclear — talvez desencadeada por algum mal-entendido — era evidente.

Nada na cena sombria das relações entre grandes potências pressagiava, muito menos predeterminava, a mudança extraordinária na política exterior soviética que logo teria impacto dramático na Europa e no mundo. A primeira reação em Moscou ao que foi considerado uma perigosa escalada nas políticas de Washington não propiciava uma mudança de curso, e sim um endurecimento da política existente. Os gastos com a defesa teriam de ser aumentados, não reduzidos, para alcançar os avanços americanos em tecnologia. Se a velha guarda tivesse sobrevivido em posições de poder, parece não haver motivo para duvidar de que a linha dura soviética teria continuado. No curto e no médio prazos pelo menos não haveria mudança substancial nas prioridades de longa data da política exterior soviética. Os direitos adquiridos dos militares cuidariam disso.

A política exterior oferecia, no entanto, uma arena na qual Gorbatchóv tinha espaço para deixar uma marca pessoal. Aqui, ele podia operar predominantemente por intermédio do ministério de Negócios Estrangeiros, que estava nas mãos de um de seus colegas mais confiáveis e parecidos com ele no modo de pensar, Eduard Shevardnadze. O pensamento inovador de Gorbatchóv na política exterior era como uma lufada de ar fresco. Sua disposição para ter encontros frequentes com outros líderes estrangeiros era em si mesma uma novidade. Reuniões de cúpula anteriores entre líderes soviéticos e americanos tinham sido eventos raros. Mas em menos de sete anos como líder soviético, Gorbatchóv teve nove encontros com presidentes dos Estados Unidos, três em solo americano, e numerosos encontros com líderes europeus.⁴⁸ O fato de ele logo ter sido festejado e elogiado em suas visitas ao exterior, onde era considerado um estadista em nível mundial, de inegável estatura, só pode ter dado mais um impulso em sua já inextinguível autoconfiança.

Na total remodelação da política exterior soviética que se seguiu, o papel pessoal de Gorbatchóv foi vital. Ele tinha a seu lado o leal e capaz Shevardnadze. E contava com forte apoio de seu círculo interior de consultores políticos, notavelmente seu mais próximo auxiliar, Anatoli Tcherniaev. Os conservadores tinham sido enfraquecidos e, na política doméstica, a não ser um retorno à tradicional linha dura da Guerra Fria, não tinham nenhuma alternativa a oferecer. O novo pensamento de sua equipe foi tomando forma com o tempo. Mas não poderia haver dúvida quanto a quem era tanto o arquiteto quanto a força condutora da transformação.

Gorbatchóv tinha reconhecido desde o início que o progresso de qualquer reforma doméstica significativa dependia da correção do nível excessivamente alto de gastos militares, que por sua vez estava ligado às prioridades da política externa soviética. A brecha tecnológica em relação aos Estados Unidos, exposta pela introdução da SDI, reforçou nele a ideia de que era urgentemente necessária uma nova abordagem. Em vez de tentar competir com gastos de defesa (uma competição que a União Soviética não tinha esperança de vencer), a *redução* da corrida armamentista nuclear parecia ser uma política muito mais benéfica, se pudesse ser alcançada. A ansiedade de Gorbatchóv com a crescente possibilidade de uma catástrofe nuclear caso não se adotasse esse caminho foi fortemente aumentada por Tchernóbil. Assim, logo tomou forma a base de um objetivo em política exterior totalmente inovador, de relações melhoradas com os Estados Unidos, um arrefecimento da corrida armamentista e um extensivo desarmamento nuclear por parte das duas superpotências. O progresso em direção a esses objetivos, Gorbatchóv tinha certeza, dependia de suas relações pessoais com o presidente americano.

A começar pelo primeiro encontro de cúpula com Reagan em Genebra, em novembro de 1985, Gorbatchóv estabeleceu um forte relacionamento com o inicialmente cético presidente americano. A personalidade dos dois líderes desempenhou importante papel, ajudando a diminuir as diferenças ideológicas. A química pessoal, depois também com o presidente Bush, foi crucial. Tampouco foi pequeno o papel desempenhado por Thatcher ao garantir a Reagan que Gorbatchóv era um tipo diferente de líder soviético. O segundo encontro, em outubro de 1986, em Reykjavik, terminou, contudo, com uma nota azeda. O notável foi que ambos os lados chegaram perto de um acordo sobre uma ampla e mútua redução de seus arsenais nucleares. Em certo momento, após uma sugestão de Gorbatchóv de uma redução de 50% de "armas ofensivas estratégicas" em 1991 e a eliminação do resto em 1996, o presidente Reagan, segundo as atas americanas da reunião, chegou a declarar que por ele "seria bom se eliminássemos todas as armas nucleares". Gorbatchóv concordou prontamente.[49] Tão perto e ainda assim tão longe: a reunião terminou em fracasso.

O ponto nevrálgico foi a recusa de Reagan a banir o trabalho da SDI no espaço e confiná-lo ao laboratório. Não obstante, quando a poeira assentou, Reykjavik não só aumentou o respeito mútuo entre Gorbatchóv e Reagan como também pavimentou o caminho para a grande conquista na reunião de cúpula em

Washington, em dezembro de 1987: o Tratado das Forças Nucleares de Alcance Intermediário, que removeu da Europa mísseis soviéticos SS-20 e Cruise e Pershing ocidentais. (O programa SDI não foi abolido imediatamente devido à falta de apoio nos Estados Unidos após o fim da Guerra Fria, e foi oficialmente terminado em 1993, tendo, efetivamente, feito seu trabalho.) A reunião Gorbatchóv-Reagan na primavera de 1988 em Moscou foi mais notável como uma demonstração do novo ambiente de amizade do que por seus resultados tangíveis — embora o simbolismo da imagem dos dois líderes daqueles que tinham sido por tanto tempo tão perigosos adversários agora de pé na praça Vermelha abraçados indicasse quão longe tinham ido as coisas em tão pouco tempo.[50]

O discurso de Gorbatchóv nas Nações Unidas em dezembro de 1988 foi uma convincente demonstração da seriedade de seu comprometimento com o desarmamento e a paz. Ele anunciou uma redução de meio milhão de homens nas forças armadas soviéticas e o recuo de seis divisões blindadas da Europa Central em 1991. Enfatizou um "objetivo comum" para a humanidade, o estabelecimento de um mundo pacífico. Não houve menção a luta de classes ou marxismo-leninismo. "Arrebatador", "heroico", "um discurso entre os mais notáveis já proferidos nas Nações Unidas" constava entre os elogios na imprensa americana.[51]

As cada vez mais calorosas relações pessoais que se desenvolveram entre Gorbatchóv e Reagan continuaram com o presidente George H. W. Bush — após um início frio, antes de ter evaporado o ceticismo inicial da nova administração americana quanto ao líder soviético. Gorbatchóv e Bush desenvolveram uma estreita compreensão das grandes questões que estavam se desenrolando. Quando se encontraram no que demonstraria ser outra reunião de cúpula crucial, num navio soviético nos mares tempestuosos da costa de Malta, em dezembro de 1989, uma mudança momentosa estava acontecendo. Gorbatchóv já tinha então retirado suas tropas do Afeganistão — um muito atrasado corte de perdas numa tacitamente aceita e dolorosa derrota. E, na Alemanha, a queda do muro de Berlim um mês antes da reunião de cúpula tinha desencadeado um colapso, no estilo de pedras de dominó, do poder soviético em seus Estados-satélites na Europa Central.

Apenas poucos anos antes, a crise na República Democrática Alemã teria elevado imensamente a tensão entre as superpotências e não teria pavimentado o caminho para uma aproximação mais estreita. Do modo como aconteceu, tanto Gorbatchóv quanto Bush cuidaram em Malta de evitar qualquer mal-entendido quanto à unificação da Alemanha, questão que estava começando a dominar a agenda dos assuntos europeus. Gorbatchóv assegurou que "a União Soviética em circunstância alguma começaria uma guerra" e que, publicamente, deixaria de considerar os Estados Unidos como um inimigo. Bush retribuiu essa boa vontade, oferecendo-se para cooperar em questões econômicas e apoiar a Perestroika. A reunião de cúpula consolidou as cada vez melhores relações entre as superpotências. Na visão de Gorbatchóv, Malta denotou que a Guerra Fria tinha finalmente acabado.[52]

A DERRUBADA DA CORTINA DE FERRO

Os seis países que compunham a Europa Central — República Democrática Alemã, Polônia, Tchecoslováquia, Hungria, Romênia e Bulgária — tinham imensa importância simbólica para a União Soviética, à qual estavam ligados política, ideológica, econômica e militarmente. A "irmandade fraternal" desses Estados era produto da conquista soviética na Grande Guerra Patriótica. Constituíam um bloco solidamente unido no enfrentamento ao hostil bloco aliado aos Estados Unidos, no outro lado da Cortina de Ferro. E destacavam o status da União Soviética como uma superpotência.

Na década de 1980, os satélites na Europa Central estavam, contudo, contribuindo para os já sérios problemas econômicos da União Soviética. Gorbatchóv estava ciente de que os satélites eram um peso para a economia soviética.[53] Suas próprias economias — pesadamente carregadas de dívidas, altamente ineficientes e carecendo desesperadamente de uma modernização que não tinham condições de proporcionar — eram uma propaganda ruim para o socialismo no estilo soviético. Tinham acumulado dívidas com o Ocidente na esteira da crise do petróleo da década anterior, que também aumentara sua dependência de importações do combustível subsidiadas pela União Soviética. Quando o preço do petróleo caiu posteriormente, caiu também a receita proveniente dos satélites para a União Soviética. Nos satélites, bem como na União Soviética, portanto, a situação da economia era preocupante quando Gorbatchóv assumiu o poder. A sobrevivência dos satélites dependia totalmente do suporte soviético — militar e econômico. Seus regimes existiam porque a União Soviética os tinha criado e sustentado por meio de força militar, ou mediante a ameaça de usá-la. Na década de 1980, no entanto, uma intervenção para escorar regimes cambaleantes, como aconteceu na Alemanha Oriental em 1953, na Hungria em 1956 e na Tchecoslováquia em 1968, não era mais considerada factível. Foi descartada, em 1981, como uma solução para a crise na Polônia. Assim, os satélites eram um problema cada vez maior. Ao mesmo tempo, era impensável abandoná-los; que a União Soviética pudesse deixar que se desintegrassem.

Isso não era um perigo imediato quando Gorbatchóv chegou ao poder. Em 1988, no entanto, havia ominosos sinais de uma crise que se aproximava. Em outubro, Gorbatchóv recebeu um memorando urgente pedindo conselho quanto ao que se deveria fazer se uma bancarrota econômica ou "instabilidade social" assolasse um ou mais países do bloco soviético. Ele foi instado a discutir a questão no Politburo. Preocupado com outros problemas, não considerou isso urgente; as crescentes dificuldades dentro da própria União Soviética eram sua prioridade predominante. Isso foi quatro meses antes que ocorresse uma discussão inconsequente. As análises no início de 1989 apresentavam cenários alternativos: ou um "novo modelo de socialismo" que manteria o controle comunista, ou o "colapso da ideia socialista".[54] Gorbatchóv descartou uma intervenção militar, mas não agiu de outra maneira.

Os países do bloco soviético tinham reagido de modo diferente ao cada vez mais célere ritmo de mudança na União Soviética sob Gorbatchóv. A Romênia, sob a indizível tirania de Nicolae Ceauşescu, continuou a seguir seu próprio caminho a uma distância parcial de Moscou — um tipo de comunismo nacional despótico — e resistia totalmente a quaisquer noções de reforma. A Bulgária da boca para fora aceitava a reforma, mas tinha a intenção de manter o monopólio do Partido Comunista no poder.[55] Também os líderes linha-dura da Tchecoslováquia se opunham a qualquer coisa que pudesse ameaçar seu poder. A reforma foi rejeitada, por desnecessária, na RDA. A Perestroika não convinha à Alemanha Oriental, segundo o lapidar veredicto de Erich Honecker, seu líder.[56] No entanto, houve agitações de discordância popular na Tchecoslováquia e na RDA, embora, a menos que Moscou retirasse seu apoio aos regimes, a oposição fosse fraca demais para derrubá-los. Na Hungria e na Polônia, contudo, a oposição popular construíra-se durante vários anos dentro da estrutura de sistemas comunistas monolíticos, e agora ganhava nova força com as mudanças em andamento na União Soviética. Os regimes em ambos os países foram compelidos a fazer concessões.

Os primeiros anos de Gorbatchóv no cargo já tinham começado a minar o poder dos regimes nos países do bloco soviético. Mas esse poder ainda era forte. Só ficou totalmente minado quando Gorbatchóv deixou claro que a União Soviética não faria mais nada para sustentá-lo. A crucial rejeição da "doutrina Bréjnev" de intervenção para manter o regime comunista levou tempo para se aprofundar, tanto para os líderes (e os cidadãos) dos países do bloco soviético quanto para os observadores ocidentais. Os comentários de Gorbatchóv, no início ambivalentes, só gradualmente ficaram mais claros para os líderes dos satélites soviéticos. Os Estados do bloco soviético tinham o "direito de escolher" seu próprio destino.[57] Isso foi decisivo. Os povos dos Estados-satélites estavam fortalecidos, e as elites no poder, enfraquecidas.

A pressão por pluralismo político tinha avançado tanto na Hungria que o Partido Comunista aceitou formalmente o fim de seu regime unipartidário em janeiro de 1989. Na Polônia, prisioneiros políticos que tinham sido presos sob a lei marcial do Estado em 1981 foram anistiados em 1986, e foram introduzidas reformas parciais. Uma economia em aguda deterioração tinha provocado uma onda de greves em 1988, que por sua vez obrigou o regime a levar isso em conta, e no ano seguinte desaguou numa crescente pressão por uma mudança democrática. A fase mais crucial em todo o bloco soviético ocorreu no outono de 1989, estimulada pelos acontecimentos dramáticos na República Democrática Alemã. Gorbatchóv, durante dois anos, considerou Erich Honecker, o líder da Alemanha Oriental, um dinossauro político postado no caminho de uma reforma necessária. Mas não fez nada para removê-lo do cargo, e na verdade não agiu diante da situação que se deteriorava.[58] Ficou claro, no entanto, que sem o apoio de Moscou (que fora descartado) a polícia da Alemanha Oriental não interviria para deter as cada vez mais enormes demonstrações a favor da reforma, encorajadas pela extraordinária mudança na política soviética que Gorbatchóv tinha articulado. A pressão sobre o sistema aumentou irresistivelmente até que, em 9 de novembro de 1989, o momento simbólico chegou, com a queda do muro de Berlim.

No final de 1989, quando o poder comunista nos Estados-satélites desabou, o império soviético na Europa Central terminou. No longo prazo, sem dúvida, os problemas estruturais do bloco soviético se tornariam insustentáveis. Mas o fato de a mudança ter vindo quando veio, e tão rápida quanto veio, decorreu da disposição de Gorbatchóv para abraçá-la e para remover o escudo de uma intervenção soviética. O fim de 45 anos de dominação soviética da Europa Central foi claramente resultante do fator Gorbatchóv.[59]

Uma questão gigantesca, de importância histórica e internacional, tinha ressuscitado como consequência das mudanças sísmicas na Europa Central: a Questão Alemã. As semanas seguintes à queda do muro de Berlim trouxeram inegáveis indicações de que para a liderança da Alemanha Ocidental — e cada vez mais para o povo nos dois lados da divisão do país — a unificação da Alemanha estava virando, de um sonho distante, uma possibilidade iminente. Gorbatchóv tinha mencionado dois anos antes a possibilidade de uma Alemanha unida em cem anos.[60] Mas a perspectiva cada vez maior de que isso ocorresse num futuro próximo era muito pouco atraente para ele — e para a maioria dos cidadãos soviéticos, conscientes do horror que a Alemanha infligira ao país no passado recente. Sua reação ao discurso de Helmut Kohl em 28 de novembro de 1989, sugerindo inesperadamente a possibilidade de uma "confederação" da República Federal com a RDA, passo que obviamente levaria na direção da unificação, foi emocionalmente negativa.[61] Porém, comentou um de seus assessores, ele foi lento em reconhecer a rapidez com que os acontecimentos estavam se movimentando inexoravelmente.[62] A pressão que se avolumava nas duas partes da Alemanha pela unificação tornou-se, no início de 1990, impossível de ser contida. Gorbatchóv deu-se conta àquela altura de que não seria capaz de deter aquele vagalhão.

No entanto, ele descartou com firmeza a potencial extensão da Otan para o que tinha sido a Alemanha Oriental antes de mudar de ideia durante uma visita aos Estados Unidos no final de maio de 1990. Talvez devido ao aprofundamento de suas preocupações domésticas, os americanos depararam com um Gorbatchóv que "comandava" menos que antes. E, como que do nada, durante suas conversas com o presidente Bush ele fez uma concessão vital — aceitando que uma Alemanha unificada pudesse decidir por si mesma se queria ou não pertencer à Otan. Essa foi a ruptura que assombrou Bush e seu entorno. Foi uma iniciativa do próprio Gorbatchóv. Ele não tinha combinado antecipadamente isso com seus consultores, na mesa de negociações. Os americanos imaginaram muito depois que Gorbatchóv teria sido capaz de conseguir uma Alemanha unificada, porém neutra. Ele mesmo descreveu sua concessão como simplesmente um reconhecimento de que um povo soberano seria capaz de decidir por si mesmo — princípio básico da democracia.[63] Seu próprio pensamento tinha percorrido um longo caminho em curto tempo. O reconhecimento da fraqueza soviética o havia imergido numa autêntica e cada vez mais firme convicção de que tentar deter a demanda popular por mudança seria tanto indesejável quanto inútil. Quando Kohl visitou Moscou em meados de julho de 1990, oferecendo garantias de que a Alemanha não constituiria um risco de segurança para a União Soviética, Gorbatchóv deixou explícito para o deliciado chanceler alemão: "Uma Alemanha Unificada pode ser membro da Otan".[64]

Dinheiro foi um bom lubrificante. A desesperadora situação financeira da União Soviética deixou Gorbatchóv aberto à oferta de empréstimos alemães. Em setembro, uma difícil negociação resultou na promessa de um crédito de 15 bilhões de marcos para financiar o recuo das tropas soviéticas do território da RDA.[65] Mais que isso viria depois. Em meados de 1991, créditos alemães, garantias de créditos e subvenções para remover tropas soviéticas e realocá-las na União Soviética e cobrir dívidas da Alemanha Oriental foram calculados como totalizando 60 bilhões de marcos.[66] Enquanto isso, a unificação da Alemanha tornou-se realidade em 3 de outubro de 1990. Àquela altura, a própria sobrevivência de Gorbatchóv como líder soviético estava por um fio.

DESINTEGRAÇÃO

Entre o outono de 1989 e o outono de 1991, o poder de Gorbatchóv esmaeceu e finalmente desabou totalmente. Embora tenha batalhado até o fim, nesses dois anos ele foi sendo cada vez mais fustigado pelos acontecimentos, sem mais os controlar. Sua inextinguível sede por reforma tinha desencadeado forças que não mais podiam ser controladas ou detidas. A Caixa de Pandora estava bem e verdadeiramente aberta.

Em 1991, economicamente, a União Soviética estava de joelhos. O comando da economia estava severamente enfraquecido, mas movimentos em direção à economia de mercado não foram penetrantes o bastante para dar resultado. As antigas verdades tinham sido muito criticadas. Mas as estruturas embutidas em seus preceitos continuavam quase todas em seu lugar. No processo de vários anos de tentativas de mudança, bloqueios de reformas e muita confusão e desincentivos, a economia ficou enormemente disfuncional. Isso levou ao racionamento de gêneros alimentícios e a uma desastrosa escassez de combustível, remédios e outras mercadorias necessárias — provocando, compreensivelmente, uma raiva cada vez maior do governo, do partido e da personalidade de Gorbatchóv. Sua popularidade, forte nos primeiros anos de reforma, caiu verticalmente durante 1990.

Entre o outono de 1990 e a primavera de 1991 ele tentou, sem sucesso, deter uma crescente dissidência conservadora. Continuou espremido entre conservadores — alienados pelas reformas que, a seu ver, levariam apenas ao desastre, incensados pela perda do império soviético na Europa Central e ainda esperançosos de uma restauração do antigo sistema — e radicais, que, liderados por Iéltsin, estavam aguçando seus ataques políticos e pessoais a Gorbatchóv. Iéltsin, surgindo como um sério competidor capaz de desafiar a supremacia de Gorbatchóv, tinha saído muito fortalecido da eleição para o Congresso dos Deputados do Povo em março de 1989, em que sua candidatura foi apoiada por cerca de 90% dos moscovitas, diante da oposição armada pelo aparato oficial do partido. O triunfo de Iéltsin marcou um grande passo na direção de transformar a República Russa no maior desafio ao poder, finalmente até mesmo à existência, da União Soviética.

Em 1991, as chances de sobrevivência da União Soviética estavam fortemente ameaçadas pelo crescente clamor por independência das nominalmente autônomas repúblicas. A União Soviética era na prática uma federação dominada pela Rússia, à qual quase todas as repúblicas tinham pertencido na maior parte de sete décadas. Os países bálticos (Lituânia, Letônia e Estônia) eram uma exceção. Tinham sido incorporados à União Soviética à força por Stálin, em 1940, e agora buscavam ativamente sua independência. Uma violenta repressão soviética em janeiro de 1991 — contra a vontade de Gorbatchóv, sinalizando sua crescente fraqueza política — levou a derramamento de sangue na Lituânia e na Letônia, e provocou enormes protestos populares em Moscou, bem como nos próprios países bálticos. Em 1990 tinha havido distúrbios violentos também nas repúblicas da Ásia Central e no Cáucaso, levando novamente à intervenção brutal de tropas soviéticas. Na Geórgia houve grandes demonstrações a favor da independência. Um movimento exigindo independência surgiu até mesmo na Ucrânia, parte integrante da União Soviética desde suas origens. Isso representava um agudo perigo.

O centro de todo o sistema estava na época começando a implodir. A República Russa era o núcleo vital da União Soviética, de longe sua maior república. E exatamente aqui, sob a direção de Iéltsin, crescia a pressão para que os interesses nacionais russos fossem prioritários em relação aos interesses da união.

O poder de Gorbatchóv baseava-se em seu posto como secretário-geral do Partido Comunista. No entanto, aquilo que cinco anos antes teria parecido inimaginável tornou-se realidade em abril de 1990: o Partido Comunista perdeu o monopólio do poder. Um mês antes, Gorbatchóv tinha sido eleito para a recém-criada posição de presidente da União Soviética. Sua reivindicação ao poder residia agora em seus novos e extensivos direitos de chefe de Estado. Mas seu poder real estava desvanecendo rapidamente. Gorbatchóv tinha escolhido um caminho rápido para a presidência: eleição pelo Congresso dos Deputados do Povo, não pelo voto popular. Iéltsin, àquela altura certamente o arquirrival de Gorbatchóv, evitou cometer erro semelhante. Assegurou, em junho de 1991, que obteria um mandato popular por eleição direta à presidência da Rússia.[67] Durante bem mais de um ano, Iéltsin tinha granjeado popularidade priorizando os interesses russos em toda oportunidade, às expensas da União Soviética como um todo. Ficou contente por trabalhar lado a lado com Gorbatchóv, em 1991, num tratado para substituir a antiga subordinação das repúblicas soviéticas por uma nova união de Estados soberanos. Mas isso foi um movimento puramente tático. O tempo estava a seu lado, não ao de Gorbatchóv.

Os linhas-duras e até mesmo alguns dos descontentes entre os nomeados por Gorbatchóv em meados de 1991 deram um basta. A destreza política de Gorbatchóv tinha, até então, sustado qualquer tentativa potencial de removê-lo do cargo. Mas estava se construindo uma oposição. Ele aparentemente estava cego ao perigo iminente quando um jornal reacionário publicou o texto "Uma palavra ao povo", assinado por intransigentes militares, economistas e intelectuais. O ataque frontal à nova política declarava que "nossa pátria está morrendo, despedaçando-se e mergulhando na escuridão e no nada". Isso se dirigia inequivocamente a Gorbatchóv quando ele denunciou aqueles "que não amam seu país, que reverenciam senhores estrangeiros e buscam conselho e bênçãos no exterior".[68]

Quando estava de férias na Crimeia, em agosto, os golpistas atacaram. A tentativa de golpe, perpetrada por um grupo de conspiradores que tinham usufruído da confiança de Gorbatchóv — inclusive seu vice-presidente Gennadi Yanaiev, seu primeiro-ministro, Valentin Pavlov, os ministros do Interior e da Defesa, o chefe da KGB e seu próprio e traiçoeiro chefe de estado-maior, Valery Boldin —, foi um fiasco de curta duração. Se tivesse obtido sucesso, poderia haver até mesmo uma guerra civil na União Soviética. Do modo como aconteceu, com o desafio resoluto de Gorbatchóv, a inaptidão dos conspiradores e a corajosa resistência popular em Moscou liderada por ninguém menos que Boris Iéltsin condenaram o golpe a um retumbante fracasso em três dias. Gorbatchóv tinha sobrevivido. Mas estava mortalmente enfraquecido, agora de fato à sombra de Iéltsin. Por enquanto, ele continuava. O fim, porém, estava à vista. Tinha se tornado prisioneiro dos acontecimentos.

Iéltsin suspendeu (e logo baniu) o Partido Comunista na Rússia. Ele formou um novo gabinete, ele mesmo como primeiro-ministro, que visava a introduzir sem demora uma economia de mercado totalmente estabelecida. Os planos de Gorbatchóv de introduzir seu tratado de criação de uma união de Estados independentes foram confinados à lata de lixo. As repúblicas não russas, uma após outra, proclamaram sua independência, com o apoio de Iéltsin. O golpe fatal à uma vez poderosa União Soviética foi o avassalador apoio de eleitores ucranianos à sua independência, em 1º de dezembro de 1991. A Rússia, a Ucrânia e Belarus concordaram, uma semana depois, em formar um frouxo Commonwealth de Estados Independentes (ao qual outras oito repúblicas logo declararam sua disposição de aderir) em substituição à União Soviética. Em 25 de dezembro, num discurso pela televisão, Gorbatchóv renunciou ao posto de presidente da União Soviética — um posto do qual todo o poder fora drenado, por representar um país que quase deixara de existir. Seus poderes foram transferidos para um triunfante Boris Iéltsin. Seis dias depois, a União Soviética estava formalmente dissolvida.

O próprio Gorbatchóv tinha passado por uma metamorfose: de um verdadeiro crente nos princípios do comunismo para um social-democrata no estilo ocidental. Ele escolhera para seu povo a liberdade, acima da subserviência. Mas foi lento em perceber, se é que realmente chegou a perceber no fim, que as estruturas da União Soviética eram incompatíveis com uma social-democracia construída sobre escolha pessoal, liberdades individuais e independência política. Eram escolhas atraentes para a grande maioria da população — ao menos até que seus padrões de vida despencassem. Mas, com o correr do tempo, se lhes fosse permitido florescer, como ocorreu cada vez mais sob Gorbatchóv, elas só poderiam, inexoravelmente, dissolver as ligações que tinham mantido coeso o sistema político soviético.

LEGADO

Sem Gorbatchóv, os cidadãos da União Soviética teriam permanecido privados de liberdades civis básicas. Sem Gorbatchóv, é improvável que a liberdade dos Estados que formavam o bloco soviético na Europa Central fosse obtida em revoluções (quase) sem derramamento de sangue. Sem Gorbatchóv, uma aproximação com os Estados Unidos teria sido improvável e o perigo de um conflito nuclear seria maior. As mudanças, dentro e fora da União Soviética, que o próprio Gorbatchóv realizou ou inspirou foram monumentais. Mais do que qualquer outro indivíduo, ele deixou, no final de 1991, um país e um continente transformados.

Em seu discurso de despedida ao povo soviético, ao deixar o poder, à beira do processo de dissolução da União Soviética, ele estava longe de uma postura defensiva. Suas reformas, ele declarou, tinham sido necessárias e justificadas. Tinham superado o totalitarismo, produzido um pluralismo democrático, introduzido liberdades e liberalismo e, principalmente, removido a ameaça de guerra nuclear. Sua lista de realizações não impressionou muito a maioria dos cidadãos soviéticos. No final de 1991, eles o culpavam por suas dificuldades econômicas, pela perda de um império, por ter jogado fora tudo que a gloriosa vitória de 1945 tinha trazido (ao preço de um sacrifício colossal) e por "ter se vendido" ao Ocidente. Ele tinha herdado uma superpotência. Pouco mais de seis anos depois, ela havia desaparecido.

Na verdade, foi Iéltsin, não Gorbatchóv, quem destruiu efetivamente a União Soviética. Gorbatchóv fez o máximo que pôde para salvá-la. Não obstante, é compreensível que Gorbatchóv tenha sido acusado por ex-cidadãos soviéticos de causar a destruição da União Soviética. Em termos de uma analogia médica, as reformas de Gorbatchóv, acima de todas a introdução das contestadas eleições de 1989, tinham deixado o paciente vivo mediante o uso de aparelhos. Iéltsin os desligou da tomada.

O legado imediato de Gorbatchóv foi a desastrosa era Iéltsin. A brusca e imprudente desregulação de preços numa economia de mercado liberalizada trouxe um aumento da inflação em 1992, que acabou com as economias de muitos cidadãos soviéticos. O começo de uma rápida privatização no mesmo ano liquidou enorme quantidade de ativos do Estado a preço de banana, fomentando o surgimento de oligarcas super-ricos que empregavam violência no estilo da máfia para transformar a Rússia num Estado criminalizado. Em meio à desordem econômica e à crescente oposição política, Iéltsin fez uso até mesmo de força militar, em 1993, contra seu próprio parlamento, para sustentar seu poder pessoal.[69] Iéltsin epitomizava a humilhação da Rússia com seu próprio comportamento, sempre embriagado e no complacente desprezo com que era considerado por líderes estrangeiros. Uma liderança diferente poderia ter oferecido aos cidadãos soviéticos um caminho melhor a seguir. Mas Iéltsin era o único líder em oferta naquele momento. Poderia o Ocidente ter feito mais do que fez para ajudar? Possivelmente, embora o suporte necessário para resgatar a catastrófica economia ex-soviética tivesse de ser muito maior do que o do Plano Marshall no pós-guerra. E, se iria funcionar, era uma questão em aberto.

Vladímir Pútin, o líder russo a partir de 1999, ofereceu uma reação aos desordenados, dissolutos e desastrosos anos de Iéltsin. A volta a um regime de "homem forte" e autocrático (mesmo que sob uma fachada quase democrática), a evocação de valores russos num afastamento consciente do Ocidente e a intencional restauração do status russo como grande potência equivaleram, no entanto, a uma reação não somente a Iéltsin, mas também à era Gorbatchóv. Iéltsin continuou sendo totalmente desdenhado por Gorbatchóv por ter deixado o país num estado caótico. Quanto a Pútin, ele foi mais ambíguo. Ele o elogiou por ter resgatado a Rússia do caos de Iéltsin. E achava que uma "certa dose de autoritarismo" era necessária, depois de Iéltsin.[70] Embora tenha sido mais crítico de Pútin quando a descida dele rumo a um evidente autoritarismo se acelerou, nunca retirou totalmente seu suporte genérico ao presidente russo, até o apoiando quando anexou a Crimeia em 2014.[71]

Gorbatchóv foi um extraordinário político, estadista e líder da União Soviética. Declarar que a transformação que ele instigou não foi trabalho apenas dele é declarar o óbvio. No entanto, ele foi a decisiva força impulsionadora. Sem ele, muito do que aconteceu não teria acontecido. A Europa — e o mundo inteiro — certamente experimentou depois de Gorbatchóv graves problemas que causaram profunda ansiedade. Mas, se tivessem escolha, não seriam muitas as pessoas, especialmente as que poderiam evocar como seria isso, que optariam por voltar a uma era à qual Gorbatchóv, mais do que qualquer outro, deu um fim. Em seu caso, pode-se dizer categoricamente que um indivíduo mudou a história — e para melhor.

Helmut Kohl, chefe da União Democrática Cristã (UDC), acena para a multidão em Bonn, em 23 de junho de 1975. No ano seguinte ele foi derrotado por Helmut Schmidt nas eleições federais e passou vários anos na oposição até alcançar o poder como chanceler, em 1982.

12. Helmut Kohl: Chanceler da unificação, força motriz da integração europeia

Helmut Kohl, o "Chanceler da Unificação", tem lugar assegurado na história alemã e na europeia. Ele serviu como chanceler da Alemanha Ocidental entre 1982 e 1990, e depois, entre 1990 e 1998, da então unificada Alemanha — período mais longo que o de qualquer chanceler desde Bismarck. Quando de sua morte, em 2017, com 87 anos, os tributos por parte de líderes mundiais expressavam efusivos louvores: "um dos maiores líderes da Europa no pós-guerra"; "um grande europeu"; "um grande estadista"; "um grande político em tempos excepcionais"; "um gigante da Europa unificada"; "figura eminente na história alemã e europeia".[1] A Alemanha e, mais amplamente, a Europa tinham se transformado quando ele deixou o cargo. Mas será que ele fez história? Ou foi a história que o fez? Se tivesse deixado o cargo em qualquer momento antes de 1989, suas realizações poderiam ser consideradas bastante modestas, superadas pelas de seus predecessores imediatos Helmut Schmidt e Willy Brandt, sem falar no primeiro chanceler da Alemanha Ocidental, Konrad Adenauer. Mesmo na Alemanha Ocidental (como ainda era então) ele não teria sido classificado como um chanceler excepcional. Fora da Alemanha, até aquele momento, não deixara uma grande marca. O tipo de tributo prestado em sua morte seria inimaginável. Seu reconhecimento internacional, seu legado e sua duradoura e excepcional reputação foram quase todos moldados pelos acontecimentos transformadores de 1989-90 e pelo impacto que tiveram no projeto da integração europeia.

Perguntas sobre o papel pessoal que ele desempenhou na transformação podem ser feitas com justiça. Qual foi sua contribuição pessoal para as mudanças que estavam varrendo a Europa, e especificamente a Alemanha, naqueles anos dramáticos? Qual foi seu papel nos movimentos acelerados em direção à integração europeia à época da Conferência de Maastricht (e depois dela), que se seguiu à unificação alemã? Foi ele pouco mais que o agente de forças impossíveis de serem detidas? Ou sem ele teria a história tomado um rumo diferente?

PERSONALIDADE E INÍCIO DE CARREIRA

Helmut Kohl era uma figura inconfundível. Por mais apinhado que estivesse um recinto, ele se destacava. Seu tamanho imenso — 1,93 metro de altura, mais de 108 quilos — dava-lhe uma imponente, às vezes até mesmo intimidadora, presença. Era com frequência descrito como "o Gigante" (*der Riese*). Sua altura e sua circunferência fizeram com que fosse chamado de *"die Birne"*(a Pera). Sua aparência e estatura fizeram dele o sonho dos caricaturistas.

A identificação de Helmut Kohl com a região da Alemanha onde cresceu, o Pfalz (Palatinado, em português), no sudoeste do país, uma bela área de vinicultura fronteiriça com a França, deixou sua marca na personalidade dele. Uma consistente emoção positiva, o sentimento de pertencer a uma determinada localidade e uma forte associação com seus costumes e suas tradições — *Heimatgefühl* — frequentemente tem profundas conotações na Alemanha. O Palatinado lhe ofereceu senso de solidez e de segurança. Deu-lhe uma base política. Mais que isso, desempenhou importante papel em modelar seu mundo mental.

Muito mais tarde, como chanceler federal e estadista internacional, ele iria todo fim de semana para sua casa em Oggersheim (um subúrbio abastado de Ludwigshafen), no Palatinado. A visitantes eminentes de todo o mundo ele mostrava as delícias do Palatinado. Em seu hotel predileto em Deidesheim, no coração do distrito vinícola do Palatinado, recebia sua corte, num canto reservado. Ele se inspirava em discussões — que invariavelmente dominava — com grupos fechados de associados confiáveis. Seu plano de fundo no Palatinado o ajudou também a quebrar o gelo e a construir relacionamentos em suas tratativas com outros políticos, no exterior e em casa.

Quando se encontrou pela primeira vez com o líder da Alemanha Oriental, Erich Honecker, em Moscou, em 1983, Kohl começou mencionando os nomes de pessoas no Palatinado que Honecker tinha conhecido antes da guerra como funcionário no movimento juvenil comunista na região. E brincou, dizendo que deveriam falar no dialeto do Palatinado para dificultar que fossem compreendidos por quem estivesse ouvindo sua conversa.[2] Seu sotaque regional, sua maneira de se expressar sem adornos, às vezes desajeitada, e seu gosto pelas iguarias básicas do Palatinado, como *Saumagen* (barriga de porco recheada e temperada), davam-lhe certa calidez de caráter muito pessoal. Também suscitava esnobismo por parte de quem se achava mais sofisticado. A imagem de ser não mais que um político provinciano granjeou para Kohl o desdém de seus opositores, de nenhum deles mais do que de seu predecessor imediato como chanceler, o altamente experiente, cosmopolita, sábio e mundano Helmut Schmidt. Até os acontecimentos de 1989-90, Kohl continuou a ser uma figura altamente subestimada na política alemã.[3]

Nasceu em 1930 em Ludwigshafen, a única grande cidade industrial do Palatinado, na margem esquerda do Reno, que se tornou o quartel-general da gigante química BASF. Sua família era de uma sólida classe média e católica. Seu pai, Hans, um oficial na Primeira Guerra Mundial, era um servidor civil no ministério das Finanças em Ludwigshafen. Sua mãe, Cäcilie, era originária de um subúrbio de Ludwigshafen que mantivera seu caráter rural mesmo depois de ser engolido pela metrópole industrial em expansão no final do século XIX. Helmut era o mais jovem de três filhos, oito anos mais moço que sua irmã, cinco mais moço que seu irmão.

A Segunda Guerra Mundial — especialmente, para a maioria dos alemães, seus últimos traumáticos meses — deixou indelével marca em seu caráter. Seu pai fora convocado como oficial da reserva e serviu nas campanhas da Polônia e da França. Era um patriota, mas não um nazista. A adesão da família Kohl à crença católica foi uma barreira a que apoiasse a ideologia anticristã do regime de Hitler. De 1941 em diante, os pais de Helmut tinham cada vez mais certeza da derrota alemã e temiam o que ela poderia trazer. Como muitos outros, cada vez mais culpavam Hitler pelo desastre iminente. Helmut tinha apenas treze anos quando Ludwigshafen foi reduzida a escombros num maciço bombardeio aéreo em 6 de setembro de 1943. No final da guerra, a presença de grandes indústrias fez dela uma das cidades mais bombardeadas na Alemanha. O medo dos ataques fazia parte da vida diária. Foi um grande choque para a família saber, em outubro de 1944, que o irmão de Helmut, Walter, fora morto durante um bombardeio. Os estudos de Helmut na escola eram, enquanto isso, cada vez mais perturbados por bombardeios aéreos. Como todos os garotos, ele estava inscrito no Jungvolk, a compulsória preparação para a Juventude Hitlerista. Quando a guerra acabou, teve de encontrar um modo de voltar para casa de um campo de treinamento pré-militar da Juventude Hitlerista perto de Berchtesgaden, para onde fora enviado em fevereiro de 1945. Levou cinco semanas para finalmente chegar em casa, mas encontrou seus pais vivos e sua casa ainda de pé.

A experiência daqueles meses nunca o abandonou. As revelações feitas nos Julgamentos de Nuremberg, em 1946, abriram completamente seus olhos para a catástrofe do nazismo. Naquele ano, com dezesseis anos, ajudou a fundar a ala juvenil da recém-estabelecida União Democrática Cristã (UDC). Seus pais tinham votado no partido Zentrum Católico, na República de Weimar. Para eles, como para Helmut, o passo lógico no pós-guerra seria apoiar a UDC, o partido comprometido com princípios cristãos — não mais apenas católicos. O mentor político anterior de Helmut, Johannes Finck, um padre local, tinha sido figura importante no Zentrum, no Palatinado, antes da tomada de poder pelos nazistas. A influência de Finck o persuadiu de que a solidariedade social suportada por ideais cristãos era a esperança para o futuro.

Já em 1949, quando ainda na escola, ele estava ficando conhecido nos círculos políticos de Ludwigshafen. Quando estudou em Frankfurt, depois em Heidelberg, durante a década de 1950, ganhava dinheiro durante as férias universitárias trabalhando em indústrias químicas em Ludwigshafen. Mas já estava visando à carreira política. Sua energia, seu ímpeto e sua capacidade organizacional logo ficaram conhecidos e fizeram com que fosse extremamente útil à UDC local, em Ludwigshafen. Dedicou-se a cultivar uma rede de colegas políticos de mentalidade semelhante à sua. Em 1955 era parte da liderança da UDC no estado da Renânia-Palatinado. Quatro anos depois tornou-se o membro mais jovem do parlamento do estado (Landtag). Nessa época ganhava um bom dinheiro num posto bem pago que lhe fora oferecido pelos chefes da indústria química local, que viam vantagens em ter conexões com o partido de Kohl; ele poderia ser um útil lobista para seus interesses. Ele combinou participação na indústria química e atividade política até 1969, quando foi eleito ministro-presidente (primeiro-ministro) da Renânia-Palatinado.⁴

Havia se casado com Hannelore Renner em 1960 e tido dois filhos (Walter, nascido em 1963, e Peter, dois anos depois). Ainda tinha quarenta anos, era bem-sucedido politicamente, muito ambicioso e estava ganhando prestígio na UDC em nível federal. Em 1973 já era o presidente do partido — posição que manteria até 1998 — e sua figura era dominante.

O sistema federal oferecia possibilidades — mais difíceis num sistema altamente centralizado — de construir uma sólida base provincial que pudesse servir de trampolim para o grande passo na política e no poder nacionais. Em meados da década de 1970, Helmut Kohl, que tinha se dedicado quase totalmente durante cerca de três décadas a construir uma carreira política, estava preparado para se inclinar na direção do prêmio maior: o cargo de chanceler federal. Durante anos ele se antevira como chanceler.⁵ Sua dificuldade era que a manutenção do poder pelos sociais-democratas, no governo desde 1969, parecia sólida — enquanto se mantivesse o apoio de seus parceiros na coalizão, os Democratas Livres.

PRECONDIÇÕES

Por mais apto e politicamente experiente que fosse Kohl, sua personalidade e sua liderança da UDC não foram por si mesmas suficientes para levá-lo ao poder. Para alcançar esse objetivo, as condições teriam de mudar. A Alemanha Ocidental tinha sido menos afetada do que praticamente qualquer outro país da Europa Ocidental pelo choque do petróleo de 1973. Mas uma política democrática quase sempre funciona em ciclos. Partidos governantes se perdem no caminho. A confiança neles por parte de corpos públicos influentes, às vezes em suas próprias fileiras, deteriora-se. Um momentum para uma mudança vai se formando. Esse momentum adquiriu ritmo no final da década de 1970, e, em 1982, Kohl estava no limiar do poder.

Ele não conseguira tirar Helmut Schmidt de seu posto na eleição de 1976, renunciando depois disso do cargo de ministro-presidente da Renânia-Palatinado para se concentrar em liderar a oposição da UDC no parlamento federal. Seu rival na União Cristã, Franz-Josef Strauss, o rei não coroado da Baviera, foi escolhido como candidato a chanceler nas eleições de 1980, mas depois que ele também falhou em derrotar Schmidt, a liderança de Kohl na oposição ao governo de centro-esquerda permaneceu incontestada. Quando veio a oportunidade, dois anos mais tarde, ele estava pronto para suceder a Schmidt.

Poucos, por mais insatisfeitos que estivessem, buscavam uma ruptura radical. Claro, havia problemas, entre eles questões imediatas de segurança ligadas às atividades terroristas do Baader-Meinhof e ajustes de longo prazo devido ao fechamento de antigas indústrias. Renovados temores de uma guerra nuclear causavam muita ansiedade. Mas a economia da Alemanha Ocidental era forte, o governo era estável, e o sistema político estava bem estabelecido e coeso, as diferenças político-partidárias eram conduzidas com respeito e de modo civilizado. A democracia repousava sobre fundações firmes. A União Cristã contava com o suporte de quase metade dos eleitores. Mas não era o bastante para formar um governo. Para isso era necessário um parceiro na coalizão. E enquanto o parceiro mais provável, o Partido Democrático Livre, não estivesse disposto a oferecer seu apoio à União, a coalizão social-liberal sob Helmut Schmidt permaneceria intacta.

Mesmo assim, sob a superfície as dificuldades estavam aumentando e conduziriam posteriormente Helmut Kohl ao cargo de chanceler. Os níveis de desemprego e de inflação se elevaram durante a década de 1970. Conquanto modesta, comparada com a britânica, a "estagflação" fez ressurgirem velhas ansiedades na Alemanha Ocidental, e não era suscetível aos tradicionais remédios econômicos keynesianos. A percepção de que era necessário haver uma mudança de curso cresceu fortemente depois que a segunda crise do petróleo, em 1979, afetou a Alemanha Ocidental mais fortemente do que a primeira. O crescimento econômico despencou, o desemprego subiu, a inflação continuou alta, os salários reais caíram, falências aumentaram e o endividamento do Estado aumentou bruscamente; os problemas que a coalizão enfrentava eram desafiadores. Os Democratas Livres buscavam um remédio neoliberal para a economia em dificuldades voltando-se para um maior apoio nas forças do mercado, para a desregulação e o corte de gastos. O rompimento com o PSD e sua ênfase tradicional em intervenção do Estado e na proteção a altos níveis de gastos sociais era inevitável. Embora tenha sido reeleito como chanceler em 1980, em dois anos Helmut Schmidt tinha perdido o apoio de seus parceiros na coalizão.[6] O PDL simplesmente trocou de lado em 1982. Sua pequena base de apoio popular — menos de 11% em 1980 — agora passava do PSD para o apoio à União Cristã. Mediante uma manobra política e não uma convincente vitória eleitoral, Helmut

Kohl tornou-se o chanceler da República Federal da Alemanha.[7] Que iria permanecer como chanceler durante dezesseis anos — mais até do que Adenauer — não estava na previsão de ninguém.

CHANCELER FEDERAL

Nada, nos primeiros anos de Kohl como chanceler, entre 1982 e 1989, apontava para o que viria depois. Havia pouca ou nenhuma indicação de que Kohl tivesse o estofo de um chanceler excepcional. Na verdade, frequentemente ele parecia dar razão às opiniões depreciativas de seus opositores políticos — compartilhadas por parte não pequena da população — de que era uma figura um tanto medíocre, destituída de carisma e sem a estatura de seus predecessores, Willy Brandt e Helmut Schmidt.

Ele tinha, contudo, uma inextinguível sede de poder político. E o governo era para ele um veículo de poder personalizado.[8] Era uma presença dinâmica em seu partido, energizando a liderança com um senso de propósito e de ímpeto, motivando as fileiras com discursos que, embora não fossem obras-primas de retórica, beneficiavam-se de um modo de expressão impulsivamente emocional, até mesmo sentimental. Certamente ele sentia a necessidade de renovar e revitalizar a UDC, estender seu apelo a todas as partes da sociedade, modernizar o conservadorismo alemão. Porém, paradoxalmente, seu estilo de liderança era essencialmente antiquado, cada vez mais autoritário, baseando-se pesadamente em laços de lealdade pessoal. Quando se aproximava do fim de sua longa permanência como chanceler, foi chamado de "o patriarca".[9] E, à maneira de um patriarca, ele referia-se condescendentemente à mulher que em seguida assumiria seu manto de líder da UDC e de chanceler, Angela Merkel, como *"das Mädchen"* (a garota).

Em seus primeiros anos houve um considerável aumento no número de membros do partido. Ele construiu em seu partido o consenso que sustentou sua base de poder como chanceler. Na prática, enquanto chanceler, sua postura em política doméstica foi a de um convencional conservadorismo de meio-termo, que o habilitou a manter juntas tanto a ala mais liberal quanto a mais conservadora do partido. Ele alegava estar oferecendo uma mudança radical.[10] Na verdade, não era uma mudança dramática de direção. Não era excitante, embora não necessariamente, nesse aspecto, impopular. Os alemães tinham experimentado muito drama e muita ansiedade no passado recente. Um período de monotonia era de certa maneira bem-vindo, enquanto houvesse estabilidade econômica e nenhuma perturbação à prosperidade e a seus suportes de bem-estar social.

Sob o governo Kohl, a economia, como em grande parte da Europa, inclinou-se para uma restrição de gastos governamentais, contenção do crescimento de despesas sociais, maior flexibilidade no trabalho, incentivos fiscais para melhorar a competitividade e os primeiros passos em direção à privatização. Mas não havia uma adoção ideológica do modelo monetarista de livre mercado adotado pelos Estados Unidos sob o presidente Reagan e pela Grã-Bretanha sob a primeira-ministra Margaret Thatcher. Em vez disso, a abordagem corporativa da tentada e testada "economia de mercado social" — agora com um pensamento mais forte de não exagerar na ênfase do "mercado" — foi adaptada aos imperativos da economia global, sacudida pelas crises da década de 1970.[11] A economia industrial da Alemanha Ocidental, necessariamente modernizada após a guerra, trouxe prosperidade sem precedente para os cidadãos do país. Fossem quais fossem os problemas, não havia pressa para mudar o que era fundamental — que na verdade sobrevivera essencialmente incólume ao impacto do choque do petróleo. Não havia um mal-estar econômico semelhante ao que expusera os problemas subjacentes à economia britânica — falta de investimento e de inovação, indústrias não competitivas e relações industriais ruins — durante a década de 1970. Assim, na Alemanha Ocidental não houve um rompimento brusco com o passado imediato sob o novo governo de coalizão liderado por conservadores, após 1982, nem se caiu no tipo de conflito social e político visto na Grã-Bretanha.

Nem houve — ao menos nos primeiros anos — divisões sérias no governo de Kohl. Muitos de seus ministros permaneceram no cargo durante a década de 1980 — o que foi notável, uma vez que eles, em sua maior parte, não vinham de qualquer círculo interno favorecido havia tempos, e já que ele tanto tinha de acomodar seus parceiros de coalizão quanto achar postos ministeriais para o partido-irmão da UDC, o USC da Baviera, na formação de seu gabinete.[12] Ele tinha pessoas capazes em posições-chave. Isso incluía seu ministro das Finanças, Gerhard Stoltenberg, o ministro de Assuntos de Trabalho e Sociais, Norbert Blüm, e, muito especialmente, o formidável e, desde que servira no gabinete de Schmidt, altamente experiente ministro do Exterior e chefe do PDL, Hans-Dietrich Genscher. O secretário-geral da UDC, Heiner Geißler, era uma garantia de que o partido serviria como veículo flexível para o chanceler. O fato de que o gabinete, cuja voz coletiva ficara muito diminuída, não tinha grandes fissuras deveu-se não pouco ao estilo de governar de Kohl. Era uma estranha combinação de um processo quase autoritário de tomada de decisões, mania de controle e o tipo de afabilidade que vem junto com a demanda de inquestionável lealdade e reconhecimento de quem é o chefe.[13]

Os avanços sociais alcançados durante a era de coalizão social-liberal não foram revertidos. Os direitos sindicais foram em geral mantidos, embora não sem luta por parte dos sindicatos. Depois que uma greve do sindicato de metalúrgicos que durou sete semanas, em 1984, em prol da redução das jornadas de trabalho a 35 horas semanais, foi seguida de um locaute de empregadores que envolveu 250 mil trabalhadores, foi acordado com o governo o compromisso de 38,5 horas por semana para metalúrgicos, estabelecendo um padrão para outros ramos da indústria. Os sindicatos não ficaram seriamente enfraquecidos, como esperava o governo. Embora ele tivesse tido sucesso em reduzir o nível de benefícios para trabalhadores em greve, não houve um solapamento do papel dos sindicatos como agentes efetivos e estabilizadores das relações industriais.[14] Subsídios de Estado para combater as dificuldades provenientes da redução da mineração e da produção de aço em grandes regiões industriais foram aumentados. Algumas medidas foram tomadas para melhorar os benefícios a desempregados e cuidados com crianças, embora estes estivessem dentro da estrutura geral de cortes em gastos sociais. O padrão era o de uma mudança modesta anexada a uma forte base de continuidade.

Os conservadores da Alemanha Ocidental apelidaram a mudança de governo em 1982 de "a virada" (die Wende). À parte o fato de que o mesmo termo foi subsequentemente, de modo mais genérico e muito mais apropriado, usado para capturar o impacto da dramática transformação da Alemanha e da Europa entre 1989 e 1991, o que se deu foi uma extrapolação daquilo que ocorreu sob Kohl após 1982. Foi no máximo uma meia virada.[15]

Kohl tinha herdado uma economia afetada pelas dificuldades globais da década anterior, mas assim mesmo inerentemente forte e em boa posição para se recuperar bem e com rapidez. Teve a sorte a seu lado também. Coincidentemente com sua ascensão ao cargo de chanceler, o boom econômico que teve início nos Estados Unidos em 1982 começou a se espalhar pela Europa. A política monetária refreou a inflação nos Estados Unidos e na Europa Ocidental. As exportações alemãs floresciam novamente, produzindo superávits maiores que nunca em 1989. Pouco disso foi obra de Kohl. Claro, ele pode reivindicar crédito por ter chefiado um governo que promoveu as condições para uma economia próspera. Mas seria difícil, para qualquer chanceler da Alemanha Ocidental na década de 1980, *não* ter supervisionado um substancial crescimento econômico.

Uma eleição no início de 1983, destinada a dar um mandato à nova coalizão, foi um sucesso para Kohl, que fortaleceu sua posição no parlamento federal. Seus parceiros na coalizão, o PDL, para muitos o culpado pela mudança de governo no ano anterior, saíram perdedores, assim como os sociais-democratas (em parte para a nova força política, os Verdes). Quatro anos depois, no entanto, o eleitorado demonstrou que não ficara impressionado com os primeiros anos de Kohl como chanceler. Agora, a maioria dos alemães ocidentais, segundo pesquisas de opinião, não tinha uma boa opinião sobre Kohl.[16] Seu partido perdeu cadeiras no parlamento, embora não a ponto de desalojar a coalizão, pois o PDL recuperou a maior parte de suas perdas na eleição anterior, enquanto o PSD teve perdas menores e os Verdes — beneficiários da hostilidade à energia nuclear e à presença de mísseis Pershing em solo alemão — continuaram a ganhar apoio. Kohl permaneceu como chanceler, portanto, embora não com base em nenhum retumbante sucesso eleitoral.

Também houve continuidade nas relações exteriores. O que ficou de fora antes de 1989 foi o esforço feito por Kohl no sentido de construir um relacionamento sólido com o presidente francês, François Mitterrand, como a base crucial — reconhecida desde Adenauer — de uma nova Europa na qual relações cordiais e uma estreita cooperação entre países europeus eliminariam conflito e inimizade. Que Kohl, criado como conservador e católico, combinasse isso com uma rejeição frontal do socialismo — e, obviamente, do comunismo soviético — era de esperar. Além disso, é difícil definir uma posição ideológica claramente delineada. Seu tato podia ser desajeitado e insensível. Num discurso no Knesset, o parlamento israelense, em 1984, ele falou da "graça de ter nascido tarde". Queria dizer que a sorte de ter sido muito jovem para ser considerado cúmplice dos crimes nazistas implicava não obstante o dever de assegurar que nunca pudessem ocorrer outra vez. Mas a expressão causou constrangimento tanto em Israel quanto na Alemanha Ocidental, aparentemente se referindo a uma geração pós-guerra que podia se eximir do fardo do passado alemão.[17]

Como se isso não fosse ruim o bastante, a impressão foi agravada um ano depois pelo "Caso Bitburg". Quarenta anos após o fim da Segunda Guerra Mundial, Kohl estava tentando fazer um gesto de conciliação visitando um cemitério de guerra na Alemanha, junto com o representante do inimigo na época da guerra, o presidente americano Ronald Reagan. Isso seguiu-se a uma emocionante cerimônia ocorrida no ano anterior, na qual Kohl e o presidente Mitterrand relembravam as horrorosas perdas, alemãs e francesas, na batalha de Verdun de 1916, com uma exibição simbólica de amizade (embora a foto dos dois apertando as mãos parecesse um tanto estranha). Consolidar uma amizade e uma reconciliação alemã-americana parecia ser, da mesma forma, uma boa ideia. Não tão boa, no entanto, foi a decisão de fazer a cerimônia num cemitério de guerra nas proximidades de Bitburg, onde membros das Waffen-SS estavam sepultados. Isso, sem surpresa, provocou grandes protestos nos Estados Unidos, e o presidente ficou sob fogo cruzado por sua aparente disposição para honrar homens da SS — talvez os responsáveis pelo massacre de soldados americanos durante a Ofensiva das Ardenas, em dezembro de 1944. Kohl foi pego de surpresa. Não adiantou alegar que o cancelamento da cerimônia iria "ferir os sentimentos de nosso povo".[18] De acordo com isso, ele seguiu em frente, e o dano nas relações públicas dificilmente foi reparado por uma subsequente visita de Reagan ao antigo campo de concentração de Bergen-Belsen. O episódio parecia significar que a Alemanha Ocidental estava tentando canhestramente sair da sombra escura do passado nazista, uma interpretação que ganhou credibilidade durante uma grande disputa pública entre historiadores alemães, em 1986, sobre o lugar do Holocausto na história alemã e na identidade nacional.

Uma vez mais, em outubro de 1986, Kohl demonstrou quão desajeitado era capaz de ser em relações exteriores. Durante uma entrevista à revista americana *Newsweek* ele conseguiu insultar o novo líder soviético, Mikhail Gorbatchóv, o homem que, mais do que ninguém antes dele, ofereceu a esperança de relações muito melhores entre a União Soviética e o Ocidente. Espantosamente, ele comparou Gorbatchóv ao ministro de propaganda nazista Joseph Goebbels, "também um especialista em relações públicas".[19] Houve uma reação previsivelmente furiosa na União Soviética. Mas o Ocidente, também, estava impressionado com a conduta estabanada de Kohl. Ele culpou a imprensa. O capaz e diplomaticamente habilidoso Hans-Dietrich Genscher logo fez as pazes com Moscou. Reconhecera antes de Kohl o potencial de se engajar de maneira positiva com o novo líder soviético, particularmente na questão crucial do desarmamento nuclear.

As relações com a União Soviética melhoraram muito quando Kohl concordou, em outubro de 1987, em remover mísseis Pershing do solo alemão como parte de um acordo mais amplo de acabar com mísseis de médio alcance americanos e soviéticos no mundo inteiro. A iniciativa foi de Gorbatchóv, com o apoio da administração Reagan. Kohl dificilmente poderia se opor ao acordo entre as duas superpotências. Ele fez com que Washington soubesse de seu próprio desconforto com a pressão para reverter sua política de defesa — baseada na presença dos mísseis Pershing em resposta à presença, pelo Pacto de Varsóvia, de mísseis SS-20 na Europa Oriental. Mas fora um passo importante e nada fácil de se alcançar. Enfrentou oposição de dentro da União Cristã e teve de superar também a resistência de seu próprio ministério da Defesa.[20] Mas Kohl aceitou a mudança da situação real, alterando a política de defesa da Alemanha Ocidental. Isso ajudou muito a que se estabelecesse uma base de confiança nas relações com Gorbatchóv.

A primeira visita de Kohl a Moscou, em outubro de 1988, com uma delegação que incluiu membros de seu gabinete e importantes representantes de grandes negócios foi um grande passo nessa direção — adoçado por créditos de 3 bilhões de marcos para dar apoio à combalida economia soviética.[21] Gorbatchóv evocou mais tarde a importância do encontro com Kohl:

> Nossa espontânea e mútua confiança deveu-se provavelmente ao fato de que tanto ele quanto eu víamos nosso "mandato político" não somente no estabelecimento de relações de boa vizinhança entre os povos soviético e alemão, mas em alcançar a paz em toda a Europa. Ele levou esse problema a sério, considerando ser um dever pessoal garantir um futuro seguro para sua própria família e seus filhos.[22]

A visita de retribuição de Gorbatchóv a Bonn em junho de 1989 aumentou o bom relacionamento pessoal com Kohl. Isso seria crucial durante o colapso da República Democrática Alemã, em 1989-90.

Foi somente nessa conjuntura que a perspectiva de uma nova Europa começou a tomar forma. Helmut Kohl desempenharia papel significativo nesse processo. Antes disso, no entanto, com toda a sua inquestionável crença no Projeto Europeu, significando definitivamente para ele a união política e um Estado federal europeu,[23] é fácil superestimar suas realizações. Ele era um ávido europeu, claro, levado pela emoção bem como pela razão. Mas as grandes mudanças no Projeto Europeu antes da queda do Muro vieram de outras pessoas. Na decisão crucial, de 1986, de criar o Mercado Único, oferecendo uma abertura fundamental na integração econômica, o governo de Margaret Thatcher fez grande parte do trabalho. E a figura-chave para dar novo impulso e ímpeto à acalmada estrutura política das Comunidades Europeias foi Jacques Delors. O papel desempenhado por Kohl foi secundário.

Se Kohl tivesse deixado o cargo na primavera de 1989, teria feito isso num momento em que seu capital político e sua popularidade estavam em declínio. Para a posteridade, ele seria visto como um "exemplar chefe de partido, mas um chanceler medíocre".[24] As reformas moderadas de Kohl na política doméstica e, em especial, sua aceitação dos notáveis passos em direção ao desarmamento nuclear na Europa seriam, é claro, reconhecidos. Seu constante e firme apoio a uma integração europeia mais estreita também seria reconhecido. Mas o louvor seria limitado e silencioso. Os elogios que choveram sobre ele de todos os lados em seus anos ulteriores teriam sido, então, inimagináveis.

FAZEDOR DE HISTÓRIA

Os ventos de mudança que Gorbatchóv fez soprar pela Europa Oriental estavam, em outubro de 1989, atingindo a República Democrática Alemã com grande força. O próprio Gorbatchóv tinha sido recebido entusiasticamente numa visita a Berlim Oriental no início do mês, se distanciando claramente da liderança da Alemanha Oriental. Dezenas de milhares de cidadãos estavam então fazendo manifestações pela mudança do sistema. O regime, fortemente influenciado por Moscou, recuara de todo uso de força e estava claramente cambaleando. O momento crucial veio, no entanto, inesperadamente: em 9 de novembro o regime permitiu que cidadãos da Alemanha Oriental passassem livremente, pelo muro de Berlim, para o Ocidente, pela primeira vez desde 1961.

"Chanceler, neste momento o Muro está caindo", foi como Kohl ouviu as notícias, transmitidas por um de seus assessores.[25] Ele nem estava na Alemanha na ocasião. Tampouco esperava por acontecimentos tão importantes, tanto que tinha ido fazer uma visita oficial à Polônia, e estava em Varsóvia quando as sensacionais notícias o alcançaram. Mas ele reagiu rapidamente. Apressou-se a voltar no dia seguinte, dirigiu-se a uma grande multidão diante da prefeitura de Berlim Ocidental, ao lado de Genscher, Willy Brandt (que cerca de duas décadas antes tinha dado os primeiros passos em direção a uma acomodação com a República Democrática Alemã) e o prefeito de Berlim Ocidental, Walter Momper. Ele aconselhou compostura, apesar da euforia.[26] Brandt, no entanto, já tinha pronunciado as mais expressivas frases: "O que tem de estar junto está agora crescendo junto... As partes da Europa estão crescendo juntas". Era um pensamento inspirador, não uma profecia visionária. Ninguém sabia como as coisas iriam evoluir.[27]

Kohl, no entanto, tinha seu segundo conjunto de precondições. O primeiro havia configurado seus primeiros anos como chanceler, após 1982. Em novembro de 1989 ele herdou novas e desafiadoras circunstâncias, para cuja criação nada fizera mas que lhe deram a oportunidade de criar sua própria história. Já naquele mês ele começou a fazer isso. Enfrentou restrições óbvias. O destino das duas Alemanhas não era uma questão que só dizia respeito aos alemães. Era uma preocupação internacional que envolvia os ex-aliados em tempos de guerra. As quatro potências que garantiam a ordem do pós-guerra ainda tinham muito a dizer; a Grã-Bretanha e a França, contudo, muito menos que as duas superpotências. Tanto Gorbatchóv como o sucessor de Reagan como presidente dos Estados Unidos, George H. W. Bush, recomendavam cautela na exploração das excitadas emoções, para que não se fizesse nada que pudesse desestabilizar a situação com qualquer conversa sobre reunificação. Mitterrand e, especialmente, Thatcher se opunham a qualquer mudança no status quo. A história os fizera temerosos do poder e das ambições de uma Alemanha reunificada; um país unificado, substancialmente aumentado, não só teria um peso preponderante na Europa como poderia reviver o nacionalismo havia muito adormecido. De sua parte, o novo líder da Alemanha Oriental, Hans Modrow, rejeitava veementemente qualquer especulação sobre reunificação — embora a opinião majoritária tanto na RDA quanto na República Federal favorecesse, no final de novembro, essa hipótese. Assim, Kohl tinha de agir com cuidado. Mas foi Kohl, antes de qualquer outra pessoa, quem viu o potencial para uma mudança histórica no que estava acontecendo e tomou a iniciativa. Não tinha uma visão clara. Estava sendo guiado por instinto político, não por um plano de ação. Mas o que fez, passo a passo improvisado, foi agarrar a oportunidade que súbita e inesperadamente se apresentara. Ele farejou a chance, sentiu o inebriante aroma daquelas semanas e o converteu em desenvolvimentos incipientes que, não obstante, estavam começando a seguir depressa numa direção.

A primeira grande intervenção de Kohl foi seu discurso em 28 de novembro de 1989, no qual propôs um "Plano de Dez Pontos" para superar a divisão entre a Alemanha e a Europa. Falou de "estruturas confederativas entre os dois Estados da Alemanha", mas teve o cuidado de evitar despertar temores no exterior, ou, em casa, expectativas inflamadas quanto a uma imediata unificação. A implicação era que a "confederação" seria um relacionamento de longo prazo, não uma rota curta para a unificação (embora esse, como tinha sido explicitamente desde a fundação da República Federal, continuasse a ser o objetivo final). O papel principal na composição do discurso foi desempenhado pelo auxiliar de longa data de Kohl, Horst Teltschik, que trabalhou nele junto com os redatores de discurso usuais na chancelaria.[28] Teltschik, parece, tinha concluído que Kohl já estava começando a pensar em termos de uma possível reunificação. O ex-ministro da Defesa Rupert Scholz tinha, privadamente, incentivado Kohl a seguir naquela direção uma semana antes do discurso. Scholz aconselhou, assim disse ele mais tarde, um "programa montado" para a unificação, começando talvez "com estruturas confederativas".[29] O discurso foi produto de um trabalho de equipe, mas suas passagens cruciais refletiam o pensamento pessoal de Kohl. E, o que era característico no seu estilo de liderança, o gabinete — até mesmo o ministro do Exterior Genscher — foi mantido no escuro. Apenas o presidente americano foi consultado antecipadamente. O fato de Bush, desde o início, não ter se oposto fundamentalmente à unificação deu a Kohl o estímulo de que precisava para seguir adiante com sua iniciativa.[30]

As reações ao discurso entre líderes europeus foram principalmente negativas. A União Soviética, sobretudo, reagiu com desdém. Não obstante, o discurso de Kohl marcou uma mudança importante. Privadamente, ele falava de "estruturas confederativas" que perdurariam por anos — talvez 25 anos. Na verdade, as ideias tanto na Alemanha — a Oriental e a Ocidental — quanto no exterior logo passaram de uma coexistência amistosa das duas Alemanhas para uma crescente perspectiva de unificação num futuro previsível.[31]

Uma reunião no início de dezembro entre Gorbatchóv e Bush ainda mostrou que havia resistência a quaisquer mudanças em direção a uma unificação em breve, e a oposição vinha em especial de Thatcher e Mitterrand, embora também de vários outros líderes da Europa Ocidental. As relações pessoais de Kohl com Margaret Thatcher eram, de qualquer forma, ruins, embora fossem muito mais calorosas com François Mitterrand, a quem tranquilizou assegurando que qualquer futura Alemanha unificada estaria incluída numa integração europeia mais estreita. Os líderes estrangeiros estavam, além disso, cientes da crescente pressão popular pela unificação em ambas as partes da Alemanha e reconheciam que dificilmente poderiam privar os alemães daquilo que consideravam axiomático em outros casos: o direito à autodeterminação, de traçar seu próprio destino como uma nação.

Kohl também estava sendo atingido por pressões vindas de baixo. Isso era bem aparente quando ele fez um discurso emocional ante uma enorme multidão, diante das ruínas da Frauenkirche, em Dresden, em 19 de dezembro de 1989. Falou do desenvolvimento de "estruturas confederativas". Então acrescentou: "Permitam-me dizer isto, também, neste lugar tão rico em tradições. Meu objetivo continua a ser, se o momento histórico permitir, a unidade de nossa nação".[32] Era o que a multidão queria ouvir. Coros de "Alemanha, pátria unida" fizeram-se ouvir. Kohl ficou profundamente emocionado com sua recepção. Ele a descreveu como sua "experiência crucial" no processo de unificação.[33] Deixou Dresden preparado, agora, para acreditar que "o momento histórico" não mais poderia ser postergado.

As antenas de Kohl eram muito sensíveis à força motriz da opinião popular nas duas partes da Alemanha. Seus discursos captavam o estado de espírito e eram animados pelos desejos cada vez mais urgentemente expressos de que os sinais evidentes do colapso da República Democrática Alemã levassem à unificação num futuro próximo, não distante. A percepção de Kohl de que isso era realmente um "momento histórico" que se aproximava, de que teria de abraçá-lo e não resistir a ele, o fez transmitir, por sua vez, a mensagem a Bush e, acima de tudo, a Gorbatchóv, de que as superpotências precisavam dar os passos decisivos a fim de conduzir o irresistível momentum rumo a um esquema de ação política. Kohl não estava sozinho no reconhecimento da forte onda que levava à unificação. O coro dos manifestantes da Alemanha Oriental antes de o muro cair tinha sido "Nós somos o povo". No final do ano tinha mudado para "Nós somos um só povo". O líder da Alemanha Oriental, Hans Modrow, reconheceu que a tendência era agora irresistível. Em janeiro de 1990 ele confirmou que Gorbatchóv agora aceitava que "a unificação da Alemanha seria considerada inevitável".[34] Em retrospecto, parece que era inevitável desde o início. Mas para quem passou pelos acontecimentos na época, fosse como cidadão comum, fosse como líder político, somente durante as semanas que se seguiram à queda do muro ficou óbvio que os acontecimentos estavam começando a correr para a unificação. A parte de Kohl nesses acontecimentos foi importante para a condução do momentum.

A mudança de postura de Gorbatchóv foi vital para o que se seguiu. Ele aceitou, numa reunião com Kohl em Moscou, em 10 de fevereiro, uma proposta americana de que uma conferência internacional entre as quatro potências que tinham ocupado a Alemanha e os dois Estados alemães (fórmula rapidamente conhecida como 2+4) delineasse o roteiro para a unificação. Os Estados Unidos, em sua resposta ao Plano de Dez Pontos de Kohl, tinham insistido que uma Alemanha reunificada pertencesse inteiramente à Otan. Gorbatchóv rejeitou totalmente essa noção e manteve isso em fevereiro de 1990. Para a União Soviética era uma questão de prestígio. Aceitar a expansão da Otan era equivalente a admitir abertamente que a União Soviética tinha perdido a Guerra Fria.[35] Mas a posição de Gorbatchóv, como reconheceu o presidente Bush, estava se enfraquecendo quase visivelmente. Os americanos insistiam agora que a Otan se estendesse ao território da República Democrática Alemã. Persuadir Gorbatchóv a alterar sua inflexível posição não seria fácil, sobretudo por ter o líder soviético tido antes a firme impressão de que a Otan não seria estendida. Outra vez, foi Kohl quem tomou uma importante iniciativa. Ele sabia que o marco alemão lhe dava uma boa mão em qualquer pôquer de negociação. A União Soviética, cuja situação financeira estava registrada no escritório do chanceler, já tinha, em janeiro, buscado ajuda para gêneros alimentícios e obtivera subsídios de 220 milhões de marcos. Quando se encontrou com o presidente nos Estados Unidos em 24-5 de fevereiro, Kohl sugeriu que a assistência financeira à União Soviética poderia ser fator decisivo: "No fim, era uma questão de preço".[36] Os soviéticos teriam de ser pressionados a dizer qual.

A requisição da União Soviética de massivos créditos da Alemanha Ocidental para lidar com a situação financeira cada vez mais desastrosa do país foi feita no início de maio. No fim do mês, Gorbatchóv cedeu às exigências do Ocidente em relação à Otan.[37] Isso se confirmou quando Kohl visitou Moscou em julho. Um crédito sem juros no valor de 15 bilhões de marcos foi acordado entre Kohl e Gorbatchóv em setembro, para cobrir a retirada de tropas soviéticas do território da RDA. O maior obstáculo à unificação fora superado. A outra grande questão internacional, a renúncia de toda reivindicação alemã a antigas províncias orientais que tinham pertencido à Polônia desde a guerra, tinha, enquanto isso, sido aceita pela Alemanha Ocidental em março de 1990. A finalização dos detalhes levou tempo. Domesticamente era um assunto difícil, o qual Kohl manejou astutamente, embora as complexas negociações diplomáticas nos bastidores tenham sido obra principalmente de Genscher. A fronteira entre a Alemanha e a Polônia ao longo da Linha Oder-Neisse foi final e solenemente confirmada em junho de 1991 (e seria ratificada em outubro daquele ano).[38]

Nos primeiros meses de 1990 ficou ainda mais óbvio que a República Democrática Alemã estava próxima de um colapso econômico e político. Kohl se recusou a sustentar o cambaleante sistema com uma grande injeção de ajuda financeira (embora alguma assistência emergencial para suprimentos médicos tenha sido assegurada). Enquanto isso, centenas de milhares de alemães orientais fluíam para a rica Alemanha Ocidental, impondo uma tensão à economia dos dois países. Em 6 de fevereiro, Kohl decidiu oferecer à RDA uma união monetária, o que obteve rapidamente o apoio de seu gabinete e do partido no parlamento para esse passo crucial em direção à união política.[39] Quando Gorbatchóv deu a luz verde em sua reunião com Kohl em Moscou, a pressão para um movimento rápido foi engrenada.

As eleições na RDA em 18 de março foram um triunfo para Kohl. Ele fora entusiasticamente recebido durante a campanha por dezenas de milhares de alemães orientais que vieram a seus comícios — atraídos sobretudo pela ideia de que logo teriam o marco alemão ocidental em seus bolsos. O novo governo da Alemanha Oriental não perdeu tempo em concordar com a unidade alemã assim que fosse possível, cedendo à determinação da Alemanha Ocidental de que isso deveria ocorrer mediante a incorporação dos cinco recentemente reconstituídos Länder [Estados federais] da RDA — que tinham sido abolidos em 1952 e foram restabelecidos em julho de 1990 — na existente República Federal sob o artigo 23 da Constituição da Alemanha Ocidental. A liderança da Alemanha Oriental aliou isso à sua disposição anterior de entrar na união monetária com base num câmbio de 1:1 entre o marco alemão ocidental e o marco oriental. Era uma questão crítica, na qual Kohl mais uma vez desempenhou um vital papel pessoal.

A taxa de câmbio real seria de 1:8 ou 1:9. Uma taxa de conversão de 1:1 foi, portanto, não só extraordinariamente generosa, mas também potencialmente desestabilizadora. A economia da RDA, à beira da falência, seria totalmente não competitiva com essa taxa, o que significaria desemprego generalizado quando as fábricas fechassem e a necessidade de enorme suporte financeiro por parte da Alemanha Ocidental. O Bundesbank e o ministro das Finanças de Kohl, Theo

Waigel, aconselharam fortemente, portanto, que a taxa fosse de 1:2. Kohl, no início, foi convencido por seus argumentos. Mas quando essa proposta de taxa vazou para a imprensa, houve uma reação furiosa entre os eleitores alemães orientais, que antes das eleições tinham tido a nítida impressão de que a taxa seria a desejada 1:1. As pessoas olhavam, o que é bastante natural, para as vantagens pessoais da taxa melhor, não se preocupando com (ou apenas ignorando) as implicações econômicas mais amplas. Essa taxa foi apoiada por todos os partidos da RDA, pelo PSD da Alemanha Ocidental, pelos sindicatos e pelos especialistas em política social. Com a iminência de eleições locais na RDA, Kohl recuou de sua posição anterior e apoiou a taxa de câmbio de 1:1 para poupanças e pensões até 4 mil marcos orientais (6 mil para quem tivesse mais de sessenta anos) e de 1:2 para poupanças maiores e dívidas de companhias. Isso deu resultado nas eleições da RDA. Na Alemanha Ocidental, por outro lado, a popularidade de Kohl despencou quando três quartos dos cidadãos consideraram as exigências da RDA para a união econômica excessivas.[40]

Kohl reconheceu mais tarde que seu governo tinha subestimado o impacto negativo da RDA na economia.[41] O custo da unificação se mostraria exorbitante e enfraqueceu a economia alemã durante a década de 1990. Mas o efeito na economia da antiga RDA foi traumático. Quando indústrias moribundas entraram em colapso, o desemprego aumentou muito. Os cidadãos alemães orientais pagaram um alto preço por suas novas liberdades com seus empregos perdidos e preocupantes perspectivas econômicas. Os que não dispunham de uma poupança que lhes permitisse se beneficiar dessa taxa de câmbio tão favorável foram atingidos de modo especialmente duro. Na época, no entanto, o que contava era que o caminho para a unidade alemã estava claro quando a união monetária entrou em vigor em 1º de julho de 1990. Complexidades legais e administrativas foram resolvidas no final de agosto, em boa medida graças ao extraordinário trabalho do ministro do Interior, Wolfgang Schäuble. (Considerado havia muito tempo o príncipe da coroa, Schäuble seria gravemente ferido, ficando parcialmente paralisado, numa tentativa de assassinato por parte de um indivíduo perturbado, pouco depois de a unificação se completar.) Faltava apenas a RDA deixar formalmente o Pacto de Varsóvia e as quatro potências de ocupação darem fim a suas responsabilidades. Em 3 de outubro de 1990, Helmut Kohl, em meio a uma vasta multidão que comemorava em Berlim, pôde usufruir de seu triunfo histórico como "o chanceler da unidade". Um ano antes, isso seria quase inimaginável.

Os espantosos acontecimentos que levaram, em apenas onze meses, da queda do muro de Berlim à unificação da Alemanha tornaram-se possíveis mediante a extraordinária transformação na União Soviética após 1985, conduzida pelas reformas de Gorbatchóv e pela correspondente mudança dramática na posição em relação aos Estados-satélites na Europa Central e na Europa Oriental. Da queda do muro em diante, o presidente Bush deu apoio irrestrito às medidas que culminaram na unificação, e a administração americana foi particularmente insistente em estender a Otan a toda a Alemanha. Mas há ainda o papel desempenhado pelo próprio Helmut Kohl. Ele instintivamente percebeu o potencial que se abrira para uma mudança fundamental. O Plano de Dez Pontos em novembro de 1989, a reação à inebriante atmosfera em Dresden no mês seguinte, a sugestão a Bush em fevereiro de que uma grande injeção de dinheiro — efetivamente um suborno — conseguiria superar as objeções soviéticas à extensão do âmbito da Otan (e a subsequente ardilosa conversa telefônica sobre o acordo), o triunfo eleitoral na RDA em março de 1990 e a decisão pela taxa de 1:1 introduzida em julho: tudo isso foi fruto do trabalho pessoal de Kohl (embora tenha contado com o soberbo apoio de seus ministros e conselheiros). A personalidade de Kohl também deve ser levada em conta no modo como construiu uma relação de confiança, até mesmo de amizade, tanto com Bush quanto com Gorbatchóv.

No drama que terminou com a unificação da Alemanha, Gorbatchóv foi o habilitador, Bush, o apoiador, e Kohl, o energizador e ativador. O próprio Kohl, uma figura sólida e tranquilizadora durante os meses críticos, surfava na forte onda de sentimento popular. A partir de dezembro de 1989, no mais tardar, seria impossível deter a pressão pela unificação que já ganhara força nas duas partes da Alemanha. Possivelmente, um outro chanceler da Alemanha Ocidental teria agido de modo semelhante a Kohl. Isso não passa de suposição. O que *de fato* aconteceu deve-se muito a Helmut Kohl.

INTEGRAÇÃO EUROPEIA: OS LIMITES DO PODER

Certamente, nunca lhe faltou autoconfiança. Mas com os aplausos vindos de todos os lados ressoando em seus ouvidos, ele agora assumia o palco e dominava o cenário político na Alemanha e além dela, com a segurança que somente um grande e incontestável sucesso pode trazer. Tudo parecia ser possível. O otimismo estava no ar. O otimismo do próprio Kohl nunca fora maior. E a Alemanha tinha adquirido importância central na nova Europa.

O fato de Kohl ter sido criado na Renânia-Palatinado, sua proximidade geográfica com a França — que fora durante tanto tempo o arqui-inimigo da Alemanha —, a experiência, na infância, do horror da guerra e o total reconhecimento do que seu país tinha feito para destruir a Europa, tudo desempenhou um papel na modelagem de sua crença apaixonada na integração europeia. Tendo sido uma vez a destruidora da Europa, a nova Alemanha, aos olhos de Kohl, não desperdiçaria a oportunidade de liderar o impulso para a unidade europeia. Para ele, construir a nova Europa era uma missão — ainda mais quando a política doméstica pós-unificação tornou-se rapidamente menos glamorosa e dramática, mais lamuriosa e carregada de dificuldades do que se poderia imaginar na euforia do outubro de 1990.

Jacques Delors, presidente da Comissão Europeia, tinha insuflado nova vida na Comunidade Europeia já antes da queda do muro de Berlim. Delors queria usar o Mercado Único (que posteriormente entrou em vigor, em 1993) como um degrau para a união política. Achou que isso seria factível em uma década, ou algo assim. No início da década de 1990, uma oportunidade única e imprevista tinha se aberto para configurar uma "união ainda mais estreita" da Europa. A unificação da Alemanha, o colapso da União Soviética e o fim da Guerra Fria deram ímpeto dramático ao movimento em direção à integração europeia. Kohl estava nessa frente de batalha.

Quando os líderes da Comunidade Europeia se encontraram em Maastricht, em dezembro de 1991, a fim de prover um esquema para a recém-constituída União Europeia, a visão de Kohl para a Europa já tinha se formado. Era otimista e ambiciosa. Kohl acreditava firmemente numa união política europeia e via como favoráveis as perspectivas de alcançá-la. Uma união política significava para ele a criação de um Estado federal europeu, modelado em linhas amplas na estrutura da República Federal da Alemanha. "Nunca em minha vida estive tão motivado quanto a um objetivo específico", disse aos líderes de seu partido na primavera de 1991. "O primeiro objetivo para mim, depois da unidade da Alemanha, é propiciar a construção dos Estados Unidos da Europa." Ele considerava isso um projeto essencialmente europeu ocidental. Estava aberto a, numa etapa posterior, estender a abrangência aos Estados da Europa Oriental, mas não antes de um tempo considerável. Imaginava que a estrutura subjacente do Estado federal europeu estaria pronta em 1994. A intenção era que fosse uma transformação irreversível.⁴²

A união política deveria ocorrer a partir da união monetária. Sem união política, como disse Kohl ao Bundestag em 1991, a união monetária não se sustentaria a longo prazo.⁴³ A união monetária seria construída nos termos alemães. Isso queria dizer disciplina orçamentária, evitar a responsabilidade de bancos nacionais de ter que resgatar Estados que tivessem sido imprudentes em seus gastos, e criação de um Banco Central Europeu para assegurar a supervisão da política monetária e a estabilidade dos preços. O modelo para o Banco Central Europeu veio de fato a ser calcado no do Bundesbank.⁴⁴ Mas o caminho em direção a uma união monetária — evocada e relegada durante anos — estava longe de ser claro e direto. Deveria mesmo preceder uma união política? Ou, como alegava, entre outros, o presidente do Bundesbank, deveria suceder-lhe?⁴⁵ Quanto à própria união política, Kohl iria concluir rapidamente que negociar a unificação era simples em comparação com esse objetivo.

Logo ficou claro que uma união política na Europa era irrealizável. Continuou sendo não mais que uma utopia — ou, na visão de alguns, uma distopia. Significaria que Estados-nação manteriam alguns poderes (como, digamos, a Baviera e a Saxônia na República Federal da Alemanha), mas transfeririam grande parte de sua soberania e muitos de seus poderes cruciais, inclusive na política exterior e de defesa, a um governo central europeu. É questionável que isso fosse aceitável para o Tribunal Constitucional Alemão.⁴⁶ Do modo como aconteceram as reuniões com outros líderes europeus, a começar pela figura-chave de François Mitterrand, cujo apoio total era essencial para que o projeto tomasse forma de todo, ficou claro para Kohl que a união política não era mais do que um sonho impossível. Esperar que a França, e ainda mais a Grã-Bretanha, outorgasse poderes significativos em política exterior e de defesa, e até mais do que isso, a um governo europeu era apostar numa carta fora do baralho. Objeções importantes à praticidade de uma união política que, quase com certeza, seria dominada pela Alemanha, viriam provavelmente da maioria dos (se não de todos) Estados-membros. Assim, o objetivo de uma união política, conquanto não oficialmente abandonado, tornou-se na prática não mais do que um dispositivo retórico.⁴⁷ Houve uma consequência óbvia. A união monetária não precederia nem sucederia a união política; seria um substituto dela.

No nível europeu, então, os poderes de Kohl tinham limites óbvios quando iam contra os interesses de outros Estados europeus. Onde ele pôde trabalhar a favor, e não contra, esses interesses, suas conquistas nas deliberações de Maastricht estiveram longe de ser insignificantes. No entanto, a figura-chave ali foi Mitterrand. Tanto o presidente francês quanto, ainda mais que ele, a então primeira-ministra britânica Margaret Thatcher estiveram extremamente preocupados com as implicações da unificação alemã para a paz e a segurança europeias. Era uma atitude alarmista, porém historicamente compreensível. Na época da Conferência de Maastricht, Thatcher já não estava no poder. Mitterrand ainda estava lá, contudo, e numa posição crucial. Para o presidente francês, cujo país fora invadido três vezes através do rio Reno, entre 1870 e 1940, associar estreitamente a Alemanha à nova Europa era axiomático. Isso era havia muito tempo parte integrante do subjacente interesse francês numa união monetária e, a partir de uma direção diferente, ia ao encontro da ansiosa busca de Kohl por esse objetivo. O acordo em Maastricht para a introdução de uma moeda comum, primeiro sem um nome mas logo chamada de euro, foi o resultado desse encontro dos interesses franco-alemães. Kohl ficou satisfeito com o fato de que as disposições estruturais para a nova moeda tinham a marca alemã.

O Tratado de Maastricht, assinado em fevereiro de 1992, com certeza levou a questão da integração europeia para um novo plano. Mas era muito menos do que Kohl queria. E a rejeição da união monetária na Dinamarca e na Grã-Bretanha (junto com outras exceções das estipulações do tratado), somada à fria recepção do Tratado também por alguns dos outros países, inclusive a França, demonstrou quão longe estava a Europa da união política que Kohl tinha imaginado.

O DECLÍNIO DO PODER

O poder e a influência de Helmut Kohl estavam no auge de 1989 a 1992, entre a queda do muro de Berlim e a assinatura do Tratado de Maastricht. Claro que, como o triunfante "chanceler da unidade", seu prestígio estava agora, internacionalmente, nas alturas. Em casa, seu domínio no partido não era desafiado. Não obstante, sua popularidade logo começou a declinar. Entre os motivos para isso estavam os altos custos da unificação para a economia alemã e a decisão de substituir o icônico marco alemão — símbolo da prosperidade e da estabilidade no pós-guerra — por uma moeda comum europeia.

A promessa de Kohl aos alemães orientais de que a unificação lhes traria "paisagens florescentes" soava embaraçosamente vazia no início da década de 1990. O preço econômico da unificação foi, ao menos a curto prazo, extremamente alto para os alemães orientais. Na verdade, na Alemanha como um todo a economia sofreu durante a maior parte da década de 1990. A dívida do Estado subiu, o desemprego aumentou, o crescimento caiu, as exportações declinaram, e os altos custos do trabalho e do bem-estar social fizeram com que a economia tivesse de lutar para permanecer competitiva. Ainda havia, é claro, orgulho e prazer na unificação, apesar dos resmungos devido aos custos, até mesmo nas regiões mais prósperas da ex-Alemanha Ocidental. E havia amplo apoio ao objetivo de uma integração europeia mais estreita. Esse tema, contudo, tão próximo ao coração de Kohl, raramente era dominante na opinião pública alemã na década de 1990 — com exceção da emergente e forte objeção a que o amado marco alemão fosse oferecido em sacrifício no altar da união monetária europeia. Perturbada, também, por discordância e disputa, em seu governo de coalizão, com o PDL — especialmente após o líder do PDL, o altamente estimado e (havia muito tempo no cargo) ministro do Exterior Hans-Dietrich Genscher, ter renunciado em 1992 —, a popularidade de Kohl declinou abruptamente, mais no oeste que no leste. Quando se aproximou a eleição geral de 1994, apenas cerca de um terço dos eleitores o queriam como chanceler.[48] Mas a União Cristã, que estivera se espreguiçando no marasmo, acabou vencendo a eleição.

A contribuição de Kohl ao que apenas meses antes parecia ser um improvável sucesso não pode ser subestimada. Ele energizou seu partido e, numa campanha que focou pesadamente em sua liderança pessoal, transbordava confiança e otimismo. Ele mesmo fez campanha, incansavelmente, proferindo mais de cem discursos, muitos deles ao ar livre, para multidões de às vezes 10 mil pessoas ou mais — embora elas já não o aclamassem em êxtase como tinham feito quatro anos antes.[49] Sua elevada posição internacional e sua mestria — em contraste com a de seus primeiros anos — na televisão eram vantagens, ao contrário da insossa personalidade do principal líder da oposição, Rudolf Scharping, do PSD. Kohl se beneficiou também de fatores que estavam fora de seu controle pessoal. Um deles era o fato de que o PSD estava dividido e sua liderança era fraca. Eles tinham uma ala esquerdista, o que permitiu a Kohl comprometê-los com o cinicamente eficaz dispositivo de associar isso ao marxismo. Ele acusou o PSD de querer assumir o poder junto com os comunistas — alusão ao Partido do Socialismo Democrático (PDS), sucessor do antigo Partido Comunista na RDA, que ele, adaptando uma expressão do primeiro líder do PSD no pós-guerra, Kurt Schumacher, atacou absurdamente, chamando-os de "fascistas pintados de vermelho" (*rot lackierte Faschisten*).[50] Um segundo fator foi que a economia tinha começado a melhorar vários meses antes da eleição, o que permitiu a Kohl alegar — não só para os eleitores alemães orientais — que suas políticas tinham sido corretas o tempo todo.

A melhora econômica teve curta duração. Mas um renovado otimismo no país veio num momento ideal para Kohl. Quando os votos foram contados, ele permaneceu como chanceler. A eleição não foi, mesmo assim, um sucesso absoluto. Os votos nos partidos da União tinham na verdade caído 2,4%, e os dos parceiros da União, mais de 4%, enquanto o PSD e os Verdes tiveram pequenos ganhos. Mas a coalizão acabou tendo uma pequena maioria no parlamento federal. Foi outra vitória para Kohl — embora tenha acabado se mostrando seu último triunfo eleitoral.

Na época da eleição geral seguinte, em 1998, os problemas econômicos constituíam de novo uma grande preocupação. O governo de Kohl estava, patentemente, perdendo força. Não obstante, estar outra vez numa campanha eleitoral o revitalizou. Ele cruzou o país discursando em enormes comícios. Calculou no fim da campanha que cerca de meio milhão de eleitores estiveram presentes em seus comícios.[51] Seu apelo à fidelidade ao partido não tinha diminuído. Mas ele não era mais capaz de convencer os relutantes e os indecisos. Sua personalidade não podia compensar uma nova piora econômica e perspectivas sombrias. Diante de problemas econômicos estruturais, a antiga magia eleitoral de Kohl não funcionava mais. Ela não era capaz de combater o sentimento indefinido de que, após a UDC ter governado por tanto tempo, era hora de haver uma mudança. Em acréscimo a isso, seu oponente para o cargo de chanceler em 1998, o muito mais jovem, vibrante, telegênico Gerhard Schröder, era formidável. Para muitos, ele parecia ser a imagem do futuro, capaz — como Tony Blair na Grã-Bretanha, que ele tinha como inspiração — de dominar os problemas econômicos e liderar a Alemanha no próximo milênio, que se aproximava rapidamente. Quando começou a campanha eleitoral, as pesquisas de opinião indicavam que os que preferiam Schröder eram o dobro dos que preferiam Kohl como o próximo chanceler.[52]

Em 1994 Kohl tivera a sorte de se beneficiar da recente (e que se mostraria de curta duração) mudança para melhor da economia. Mas a Alemanha, a tradicional usina de força da Europa, no final da década de 1990 não era competitiva, tendo de lidar com altos custos de trabalho e de bem-estar social e o continuado fardo financeiro da unificação. O nível de desemprego — oficialmente 4 milhões de pessoas em 1996, mas que na realidade era mais alto que isso — era a mais preocupante manifestação de dificuldade econômica e um tema central na campanha eleitoral. Kohl não tinha um grande e tangível programa a oferecer. O estado das finanças nacionais indicava que era preciso priorizar o equilíbrio orçamentário mediante cortes de gastos, inclusive politicamente arriscadas reduções nos gastos com bem-estar social. Um ponto de inflexão negativo na popularidade de Kohl, em 1996, seguira-se diretamente a cortes no auxílio-doença. A introdução do euro, que veio em seguida, somou-se a suas agruras. Apenas 21% dos alemães eram favoráveis a ela; 52% eram contra.[53] Sua popularidade despencou, mais dramaticamente no leste. Onde, em comícios eleitorais, ele uma vez fora delirantemente aclamado, agora era vaiado.

Kohl foi culpado pessoalmente por muitos dos problemas econômicos e visto como alguém a quem faltavam a energia e a visão para superá-los. Ironicamente, com a ajuda das enormes quantias que foram derramadas no leste nos últimos oito anos, os ex-cidadãos da RDA estavam agora, por fim, vendo a vida começar a melhorar substancialmente. Canteiros de obras apontavam para impressionantes níveis de investimento. Mas, é claro, grandes problemas ainda permaneciam. O desemprego era muito mais alto do que na Alemanha Ocidental, o padrão de vida em geral era mais baixo. Persistia a percepção de que a Alemanha Oriental era negligenciada pelo oeste mais abastado. Kohl nada podia fazer para mudar essa mentalidade, nem mesmo persuadir a maioria dos eleitores na Alemanha Ocidental de que ele seria capaz de fazer reviver a economia e assegurar padrões de vida mais elevados.

A eleição mostrou ser um desastre para Kohl. A União Cristã só obteve 35% dos votos. Os 41% do PSD (o que levou a uma nova coalizão com os Verdes) levaram Schröder a ser nomeado o próximo chanceler da Alemanha. Kohl, naturalmente, pagou o pato. Ele, com certa razão, foi considerado pessoalmente responsável pela derrota nas eleições. Tinha ficado mais resistente a conselhos, mais confiante em suas próprias capacidades, dizia-se. Sua insistência em querer prolongar seu tempo no cargo após dezesseis anos como chanceler e a recusa a abrir caminho para um sucessor quando sua popularidade era muito mais baixa que a de Wolfgang Schäuble, havia muito tido como favorito para sucedê-lo, foram vistas como um erro sério. Como muitos outros líderes que ficaram muito tempo no poder, ele foi relutante em abrir mão dele. Mas ultrapassou o tempo em que era bem-vindo. Os fatos falavam por si: a era Kohl tinha acabado.

Sua partida do cargo, após ter dominado o cenário político por tantos anos, foi presenciada por uma impressionante e comovente cerimônia, assistida na televisão por milhões, do lado de fora da iluminada catedral de Speyer, um prédio magnífico que simbolizava a rica história do Palatinado, onde, séculos antes, os imperadores Hohenstaufen haviam sido sepultados. Foi o fim de uma carreira que levara, de um início modesto, a um triunfo inimaginável.

LEGADO

Helmut Kohl desempenhou um importante papel ao trazer uma mudança fundamental e duradoura para a Alemanha e a Europa. Isso já é um belo legado. Claro, não foi trabalho só dele. E, evidentemente, aconteceu de ele ser o chefe do governo quando acontecimentos dramáticos que ele não tinha engendrado nem previsto lhe propiciaram a oportunidade de dar uma contribuição pessoal única para uma transformação histórica. Mas o fato de ter feito isso o estabeleceu como um importante fazedor da história. A Alemanha e a Europa de hoje são, não em pequena medida, resultado de seu trabalho.

A "República de Berlim" como sistema político alemão unificado — assim rotulado quando a mudança iniciada por Kohl, de Bonn para a nova capital federal, aconteceu um ano após ele ter deixado o cargo — é em si mesma um monumento duradouro. Ele previu que uma Alemanha unificada, economicamente forte, o maior Estado com a maior população, de sua localização bem no meio do continente europeu, se tornaria mais uma vez — embora agora com objetivos pacíficos, internacionalistas — a força dominante na Europa, voltada tanto para o leste quanto para o oeste. Bonn, uma pequena cidade sobre o Reno, que tinha servido tão bem à modesta política da Alemanha Ocidental durante décadas, não era agora a capital mais adequada para o papel central na Europa de uma Alemanha unida.

Nesse contexto europeu mais amplo, o principal legado de Kohl é o euro, introduzido em 1º de janeiro de 1999. Junto com François Mitterrand, ele foi seu principal arquiteto. Com isso, alcançou um de seus objetivos cruciais: assegurar que o futuro da Alemanha estivesse ligado a seu lugar numa Europa mais integrada. As fundações da Europa eram tão sólidas, ele declarou numa longa entrevista a um jornal um ano após deixar o cargo, que não poderiam ser alteradas fundamentalmente. Como podia ter tanta certeza? "A introdução do euro, com todas as suas consequências para o futuro da Europa", foi sua resposta. "Com isso, a Europa atravessou o Rubicão... Para mim, foi crucial termos conseguido a introdução do euro — e estou certo de que isso não teria sido possível se não fosse eu o chanceler da República Federal da Alemanha."[54] Era um exagero? Uma moeda única na União Europeia — por muito tempo presente nas mentes de quem buscava uma integração europeia — bem poderia ter acontecido, de qualquer maneira, em algum outro momento. Mas Kohl com certeza tinha razão em alegar que, sem seu estreito relacionamento com Mitterrand, o acordo para introduzir o euro quase com certeza não seria alcançado em Maastricht. O que aconteceu desde então foi um momento decisivo para a Europa.

Os últimos anos de Kohl, depois de deixar o poder até sua morte, em 2017, foram cobertos de tragédia — política e pessoal. Sua reputação sofreu enormemente, em especial na própria Alemanha, quando ficou enredado, em 1999, num escândalo que envolvia grandes doações, recusando-se consistentemente a dar o nome de quem tinha financiado ilegalmente seu partido. (Milhões de marcos alemães tinham sido pagos secretamente à UDC por doadores desconhecidos desde 1991. Não ficou estabelecido que Kohl tivesse se beneficiado pessoalmente. Mesmo assim, uma investigação criminal só foi interrompida em 2001, quando Kohl concordou em pagar um total de 300 mil marcos, metade ao Estado, a outra metade para caridade.) Em 2000 a UDC, que ele tinha liderado por um quarto de século, revogou a presidência honorária que tinha lhe concedido quando ele deixou o cargo.[55] O fato de que alguns dos que pertenciam antes a seu entorno e tinham sido suportes essenciais em sua base de poder estivessem entre os que aprovaram aquela medida equivaleu a seus olhos a uma deslealdade que foi incapaz de perdoar. Assim, rompeu com muitos dos que uma vez tinham sido parte de seu séquito fiel, inclusive Wolfgang Schäuble e Angela Merkel. As memórias que publicou refletem sua crença de que sua reputação tinha sido injustamente manchada e de que não recebera um pleno e apropriado reconhecimento por suas grandes realizações históricas.[56] Ele tinha obtido uma Alemanha unificada, mas, sentia, o país não estava suficientemente grato por isso. Ressentia-se profundamente do fato de que, enquanto líderes estrangeiros o cobriam de louvores, em casa — até mesmo em seu próprio partido — ele encontrava uma disseminada rejeição.

Houve também uma tragédia pessoal. Sua esposa, Hannelore, com quem foi casado por 41 anos, suicidou-se em 2001. O escândalo do financiamento tinha aprofundado uma depressão que a limitava, e ela sofria cada vez mais de uma dolorosa e debilitante alergia à luz, que os médicos não conseguiam curar.[57] Em seu funeral, Helmut parecia ser um homem quebrado. Quase sete anos depois, em fevereiro de 2008, ele sofreu uma queda em casa que o deixou parcialmente paralisado, confinado a uma cadeira de rodas, com algum dano cerebral e com a fala prejudicada. Para espanto geral, durante sua estada no hospital, casou-se novamente, com Maike Richter, que tinha trabalhado na chancelaria e era 34 anos mais jovem que ele. Ela começou a construir um muro de proteção em torno do ex-chanceler, tão cerrado que mantinha fora praticamente todo mundo — não apenas jornalistas inquisitivos, mas quase tudo que fora uma vez seu círculo político, amigos, e até mesmo, para a grande tristeza deles, seus dois filhos.[58] A vida política tinha consumido totalmente Helmut Kohl. No fim, ela devorou sua própria família.

Conclusão
Fazedores de história em seu tempo

Este livro busca explorar como doze líderes de Estado e de governo europeus de diferentes contextos e diferentes sistemas políticos foram capazes de adquirir e exercer poder, e em que medida esse poder transformou a Europa no século XX. Se esses indivíduos foram, realmente, fazedores de história, isso foi, em cada instância, devido ao fato de que o líder foi um produto de um conjunto único de circunstâncias que tornou possíveis especificamente a aquisição e o exercício do poder. Fora do contexto particular, é plausível sugerir (mesmo que, pela própria natureza das coisas, seja impossível ter certeza) que eles não deixariam uma marca especial na história. Sua capacidade de explorar com tal sucesso condições que eles pouco ou nada fizeram para criar os fez se destacarem e serem capazes de presidir uma mudança fundamental (às vezes altamente destrutiva). Assim, eu quis abordar o papel desempenhado pela personalidade na mudança histórica olhando não somente para as ações pessoais dos líderes, mas também para as condições *impessoais*, *estruturais* que possibilitaram o impacto do indivíduo.

Alguns dos líderes aqui estudados foram ditadores, outros, democratas. Será que tiveram alguma coisa em comum, fora o fato de que detiveram o poder em seus respectivos países? Serão os ditadores dotados de um poder tão sem limites quanto parecem ser, e, se sim, como conquistam tal posição? Serão os democratas tão circunscritos em seu poder quanto implicam os dispositivos constitucionais?

Se sim, quando e como a personalidade e as circunstâncias dessas pessoas superam restrições teóricas ao exercício do poder? A Introdução apresentou a natureza do problema, e eu destaquei lá um número de proposições ou suposições sobre a interação de condições estruturais e poder individual. Esta Conclusão busca testar até onde os casos estudados se encaixam nessas proposições em geral.

Como apontei na Introdução, Karl Marx usou o termo "equilíbrio de classe" para conceitualizar as precondições que habilitaram Luís Bonaparte, alguém que ele considerava ser uma nulidade, a assumir o poder na França em meados do século XIX. Com isso ele quis dizer que, onde nem os revolucionários nem a classe dominante eram fortes o bastante para prevalecer, o espaço se abriu para alguém "de fora", a quem faltavam totalmente as qualidades pessoais para assumir o poder do Estado. Contudo, o "equilíbrio de classe" pouco ajuda nos casos aqui estudados, com a possível exceção da Espanha na década de 1930.

Não havia equilíbrio de classe na tomada do poder pelos líderes comunistas (Lênin, Stálin, Tito). Aqui, a classe dominante já fora destruída (mesmo que tenha sido necessária uma feroz guerra civil, sob Lênin, para completar a destruição da Rússia). Claramente, o equilíbrio de classe é irrelevante, também, no caso de Gorbatchóv. Oficialmente, não existiu distinção de classe na ditadura do proletariado. Na realidade, um estrato de aparatchiks, cujo serviço ao Estado e ao partido lhes deu privilégios e vantagens materiais, ficava à parte da imensa maioria da população, tanto sob Gorbatchóv quanto em todo o sistema soviético. Mas isso não era equilíbrio de classe.

Nem foi uma precondição para o poder de Mussolini e Hitler. O poder político da classe trabalhadora já tinha sido drasticamente enfraquecido antes de tomarem o poder. Os recém-instalados ditadores completaram a destruição com repressão selvagem. No caso de Franco, a tomada ocorreu no fim de uma horrível guerra civil que deixou a classe trabalhadora totalmente à mercê do ditador e da vitoriosa classe governante espanhola. Os líderes democráticos (Churchill, De Gaulle, Adenauer, Thatcher e Kohl) beneficiaram-se, de modos diferentes, das estruturas de poder social e político prevalentes, embora isso não possa ser descrito como equilíbrio de classe. De Gaulle e Adenauer chegaram ao poder, é claro, depois que os sistemas políticos existentes tinham sido destruídos numa guerra, embora as estruturas sociais tradicionais subjacentes só tenham sido destruídas em parte junto com eles.

Tendo recentemente experimentado como, surgindo do nada, a pandemia do coronavírus conseguiu revirar sociedades em todo o globo, não precisamos de um lembrete especial para a importância de determinantes impessoais nas mudanças históricas (embora seu impacto danoso possa ser significativamente piorado pelo papel de uma liderança individual, como a de Trump ou a do presidente brasileiro, Jair Bolsonaro). Também o século XX, no qual o papel de personalidades poderosas tanto se agiganta, foi modelado fundamentalmente por cruciais, às vezes ocultos, padrões de mudança sob um drama, na superfície, de acontecimentos políticos importantes. A população da Europa, por exemplo, continuou a crescer no século apesar das declinantes taxas de natalidade e das enormes perdas causadas pela guerra, de doenças, fome e genocídio. A queda nas taxas de mortalidade (tendência que vinha da segunda metade do século XIX), em parte resultado de assombrosos avanços na medicina, foi o motivo principal. A industrialização e a urbanização tiveram enormes consequências para o modo de vida de muitos milhões, mas apesar de tentativas feitas por líderes políticos ou para promovê-las ou para contê-las, as tendências continuaram implacavelmente. Na segunda metade do século, quando o crescimento urbano continuou, a desindustrialização (trazendo em sua esteira profunda mudança social e política) ocorreu, fosse qual fosse o caráter da liderança política — embora, como demonstra o caso da Grã--Bretanha na era Thatcher, este último afetasse os modos pelos quais essa mudança era conduzida.

As duas guerras mundiais foram o maior motor para a mudança histórica. A complexidade, tanto pessoal quanto impessoal, de suas causas e suas condutas, é evidente. Se a Primeira Guerra Mundial desafia a tentativa de pôr a culpa em qualquer pessoa individualmente, as origens da Segunda parecem ser mais claras. Contudo, por mais importante que tenha sido seu papel pessoal, Hitler esteve longe de ser a única causa da guerra europeia, que só se tornou verdadeiramente global com a entrada do Japão e dos Estados Unidos no conflito, em dezembro de 1941. E a ocorrência da guerra, seja da Primeira Guerra Mundial, seja da Segunda Guerra Mundial, tampouco pode ser atribuível somente à atuação humana. Embora as ações dos líderes da guerra tenham pavimentado o caminho para o sucesso ou o fracasso militar, a vitória dependeu pesadamente de forças que estavam além do controle individual: poder econômico, geografia, relações internacionais, escala de armamentos, produção e capacidade de manter enormes forças armadas por muito mais tempo do que o inimigo seria capaz.

As duas guerras não foram só imensamente destrutivas. Elas estimularam a inovação tecnológica (inclusive o motor a jato, a tecnologia espacial e a fissão nuclear) e avanços na medicina (como técnicas de cirurgia reconstrutiva). Elas destruíram monarquias e impérios, e fizeram surgir o comunismo e o nacionalismo extremo, mas também mobilizaram movimentos democráticos. O fim da Segunda Guerra Mundial desencadeou um crescimento econômico sem precedentes, promoveu o início do estado de bem-estar social e novos níveis de prosperidade, e levou a uma paz duradoura na Europa. Outras grandes tendências seculares — por exemplo, o declínio da influência das Igrejas cristãs, a demanda pela igualdade das mulheres, a ênfase em direitos humanos, o impacto da migração em massa, a disseminação da tecnologia computacional e, cada vez mais, os efeitos da mudança climática — foram cruciais na história da Europa no século xx, mas, no máximo, só foram parcialmente afetados pelo papel de líderes políticos individuais.

Mesmo assim, sem o impacto dos líderes discutidos neste livro (e em outros), a vida de milhões de cidadãos europeus no século xx teria sido drasticamente diferente. A liderança não foi puramente incidental no modo como a história se desenvolveu. Foi um componente-chave dessa história. As forças impessoais por trás de qualquer controle individual tornaram possível o impacto desses líderes, em primeiro lugar. A personalidade de um líder pôde, no entanto, desempenhar um papel fundamental.

A guerra foi o mais importante habilitador disso. Sem a Primeira Guerra Mundial é altamente improvável que Churchill, De Gaulle ou Tito tivessem chegado ao poder. A guerra e seu legado de devastação foram a causa mais óbvia da crise extrema que deu lugar ao tipo de líder que melhor pudesse representar a demanda por uma solução extrema da crise ou oferecer esperança de salvação nacional. A guerra produziu também o grau de oportunidade que às vezes tem consequências extraordinariamente fatídicas. Como poderia Lênin ter chegado ao poder em 1917 sem a prontidão com que os militares alemães permitiram sua passagem para a Rússia?

Em dadas circunstâncias, a personalidade pôde, evidentemente, demonstrar ser um fator decisivo. Os indivíduos que foram o assunto dos capítulos precedentes não eram intercambiáveis. Uma personalidade diferente teria produzido — às vezes drasticamente — uma história diferente. Talvez isso seja óbvio no caso de ditadores. A liderança de Hitler tornou possível o Holocausto. Sem ele como chefe de Estado alemão, a aniquilação física dos judeus da Europa provavelmente não teria acontecido. Mas o papel crítico da personalidade foi verdadeiro no caso dos líderes democráticos também. A nomeação de Churchill — que não era estimado por grande parte do estamento político — e não de Halifax (preferido por muitos) para primeiro-ministro britânico em maio de 1940 mudou a história não só na Grã-Bretanha. A eleição, com pouca margem de votos, de Adenauer como chanceler da Alemanha Ocidental em 1949 teve repercussão vital para a Europa, bem como para a própria Alemanha, na Guerra Fria. O impacto de Thatcher na Grã-Bretanha, na Europa e no mundo na década de 1980 não teria sido replicado se houvesse outra pessoa no cargo. E é quase inimaginável que qualquer outro que não Gorbatchóv tivesse sido capaz de imaginar e perseguir as políticas que levaram ao colapso da União Soviética e ao fim da Guerra Fria. Helmut Kohl se destaca dos outros casos estudados em ao menos dois aspectos. Sua ascensão ao cargo de chanceler da Alemanha Ocidental não foi produto de uma grande crise. E até que circunstâncias externas afetassem sua atuação como chanceler, em 1989, ele não era uma personalidade com estatura internacional. Mas, como demonstram as páginas anteriores, nas condições extraordinárias que prevaleciam na Alemanha e na Europa em seguida à queda do muro de Berlim, Kohl desempenhou internacionalmente um papel vital. De modo crucial, ele foi capaz, em parte por seus modos afáveis, de construir uma relação pessoal e ganhar a confiança e a estima dos líderes das superpotências e da Europa (embora não de Thatcher). Eles sentiam que poderiam confiar a ele grande parte de seu comprometimento com um papel-chave da Alemanha numa Europa pacífica. No que concerne a ele, a personalidade foi um fator bastante crucial.

 Será que houve componentes comuns às doze personalidades fazedoras de história consideradas nestas páginas? Poucas características pessoais unem figuras tão disparatadas. Seus planos de fundo sociais diferiam enormemente. Assim como suas experiências na infância. É melhor resistir à tentação de buscar explicações psicológicas ou raízes na infância e na história da família. Deixando de lado o fato de que esses indivíduos nunca estiveram num sofá de psicanalista que oferecesse diagnósticos fundamentados e que hipóteses, décadas depois, não são mais que palpites, a redução dos desenvolvimentos profundamente complexos que acompanham e modelam as ações de um líder a uma supostamente definidora única experiência de vida é, grosseiramente, provocar um curto-circuito em qualquer explicação valiosa de mudança histórica.

 Porém, diversos traços semelhantes de caráter são, talvez, discerníveis. Cada um dos líderes aqui estudados demonstrou ter um grau incomum de obstinação antes e depois de alcançar o poder. Cada um deles tinha uma determinação extraordinária, força de caráter suficiente para superar dificuldades e reveses, uma implacável vontade de ter sucesso e um nível de egocentrismo que exigia lealdade extrema e subordinava todos e tudo à obtenção dos objetivos desejados. Eram todos indivíduos "motivados". Sentiam — alguns deles o disseram — que tinham uma missão, a de cumprir um "destino". Poucas pessoas têm tais sentimentos. Cada um, em graus muito diferentes, era instintivamente autoritário, pronto e determinado a comandar. Isso com frequência se associava a demonstrações intimidatórias de intolerância e ira.

Sistemas ditatoriais, é claro, ofereceram amplo âmbito para um governo despótico: nenhum foi tão tirânico quanto Stálin, mas Hitler, Mussolini, Franco e Tito também foram autocráticos ao extremo. Líderes democráticos tiveram de restringir suas inclinações autoritárias e operar mais mediante persuasão, embora De Gaulle (se é que pode ser realmente chamado de democrático) comportou-se de modo imperial. Adenauer também foi autocrático, e Thatcher foi frequentemente desdenhosa de seus oponentes (e de alguns de seus colegas mais próximos). Churchill era comumente cortês, embora sob grande estresse também pudesse ser desagradavelmente arrogante com colegas e subordinados. Mesmo líderes democráticos tinham de ter um traço de crueldade. Em ditadores isso era uma qualificação para o trabalho. Líderes, democráticos ou ditatoriais, precisavam também da capacidade de inspirar e motivar quem os cercava. Eram eficazes em transmitir um número limitado de ideias facilmente compreensíveis por meio de uma linguagem que capturasse amplamente as atitudes que mantinham, aspirações e preconceitos. E não é preciso ressaltar que cada líder aqui estudado teve um gosto pronunciado pelo poder e, uma vez conquistado, ficou extremamente relutante em deixá-lo escapar.

Mas em contextos diferentes daqueles nos quais eles desempenharam papel tão importante, essas características pessoais seriam ineficazes. Lênin provavelmente teria continuado a ser um teórico no exílio e não o praticante de uma revolução se a Rússia não estivesse envolvida no impacto desastroso da Primeira Guerra Mundial. Hitler não teria sido ouvido não fosse o impacto, calamitoso para a Alemanha, da Primeira Guerra Mundial. Franco teria continuado a ser uma proeminente figura militar se não tivesse sido levado pela Guerra Civil Espanhola à liderança política. Sem a invasão da França pela Alemanha, De Gaulle provavelmente teria continuado em sua carreira como oficial de alta patente no Exército francês, como incontáveis outros, publicamente desconhecidos. Sem a guerra, Churchill bem poderia ter ficado no que ele considerava ser um deserto político. Thatcher e Kohl, por outro lado, ascenderam por intermédio dos canais de estrutura político-partidária das democracias liberais. Ambos poderiam, teoricamente, tornar-se líderes de governo em circunstâncias diferentes. Contudo, a crise de governo e a crise econômica da Grã-Bretanha na época permitiram que Thatcher chegasse à proeminência; não fosse isso, seu gênero e sua classe social poderiam ter se demonstrado obstáculos insuperáveis. Kohl, de todos os líderes estudados, era o que provavelmente escalaria de qualquer maneira o pau de sebo do poder mediante uma vitória eleitoral normal. Mas mesmo aqui, a crise desempenhou seu papel também. O senso preponderante de que a duradoura coalizão de governo existente não seria capaz de dominar os problemas estruturais da economia, expostos pela crise do petróleo de 1979, foi o pivô do poder político de Kohl. Em outras palavras, o tipo de líder, também no caso de Thatcher e de Kohl, foi também um produto de condições únicas.

Agora é tempo de considerar a aplicabilidade das sete proposições gerais sobre liderança pessoal destacadas na Introdução.

O escopo para o impacto individual é maior durante ou imediatamente após uma grande convulsão política, quando estruturas existentes de governo colapsam ou são destruídas.

Isso é em grande medida sinônimo das condições nas quais o poder ditatorial, com poucas restrições, pode operar. Mesmo então, há algumas limitações. O levante massivo na Rússia que se seguiu à destruição revolucionária do regime tsarista proporcionou a base para o poder de Lênin. Mas Lênin, por mais forte que fosse sua autoridade pessoal, não estava livre de restrição. Ao lidar com seus líderes subordinados no Partido Bolchevique, ele teve de operar mediante persuasão e força de argumentação. O poder despótico de Stálin só emergiu gradualmente do redemoinho dos levantes revolucionários e das lutas internas de facções após a morte de Lênin. Seu controle do aparato do partido lhe permitiu o domínio das estruturas governamentais bolcheviques — o Congresso, o Comitê Central, o Politburo — que eram mais fracas do que pareciam ser. Sua erosão, acompanhada de terror massivamente intensificado, removeu todas as restrições a seu poder personalizado.

A liberdade de ação de Mussolini era limitada no período de maior convulsão, nos anos que se seguiram imediatamente à Primeira Guerra Mundial — os anos nos quais ele chegou ao poder. Ela só aumentou muito após ele ter dominado a crise interna do regime, em 1924-5. No final da década de 1930, seu espaço para ação independente, ao menos na política exterior, era restringido (não que ele reconhecesse isso) por sua crescente dependência da Alemanha. Hitler tinha sido um fracasso nos anos de grande agitação que se seguiram à guerra. Sua subida ao poder ocorreu mais de uma década depois. A prolongada e abrangente crise de Estado e de sociedade que precedeu sua tomada do poder enfraqueceu os partidos que se opunham a ele e o habilitou a construir um partido enorme totalmente subordinado ao líder. Mesmo então, se o presidente Hindenburg não tivesse cedido à pressão de seu círculo mais próximo de conselheiros, Hitler não teria se tornado chanceler. Uma vez no poder, no entanto, ele removeu as restrições internas muito mais rapidamente do que Mussolini. Ao eliminar a ameaça potencial representada por sua ala paramilitar, no verão de 1934, e se movimentando depressa para substituir Hindenburg como chefe de Estado, Hitler estabeleceu um poder absoluto.

O poder democrático beneficia-se, como um todo, de estabilidade e continuidade, não de convulsão e ruptura. E, crucialmente, é constitucionalmente restrito. O poder de líderes é circunscrito. Mesmo onde, como nos casos de Adenauer e De Gaulle, a democracia emergiu de uma enorme convulsão, o poder era constitucionalmente limitado, fossem quais fossem as tendências autoritárias do líder. De Gaulle, na libertação da França em 1944, fez questão de salientar a ilegitimidade do regime de Vichy, mas a continuidade legal do Estado francês. Ele logo descobriu, para sua tristeza, que a aura que obtivera como líder em tempos de guerra não se traduziu em liberdade de ação política numa democracia reconstituída. A crise na Argélia, que suscitou sua volta à liderança do Estado em 1958, deu-lhe poderes maiores sob a nova constituição da Quinta República, mas embora ele se libertasse muito de restrições parlamentares, ainda estava limitado constitucionalmente e longe de ser livre para agir de modo ditatorial.

A ascensão de Adenauer ao cargo de chanceler da Alemanha Ocidental seguiu-se à destruição total do Estado alemão em 1945. Mas a simples premissa de sua obtenção do poder era a volta a um governo baseado no regime da lei, no estado de direito. Como prefeito de Colônia antes da tomada do poder pelos nazistas, ele foi um talentoso operador dentro dos limites do poder democrático.

Levou esses talentos para a chancelaria federal. Suas indubitáveis tendências autoritárias foram contidas pela necessidade de operar colegiadamente, num sistema democrático. Atingiu seus objetivos mediante poderes de persuasão, somados a uma astuta manipulação da máquina político-partidária. Foi um caso no qual uma enorme convulsão e a destruição de um sistema de governo existente resultaram no aumento, e não na remoção, de restrições ao poder.

Uma obstinada perseguição a objetivos facilmente definíveis e uma inflexibilidade ideológica combinada com perspicácia tática habilitam um determinado indivíduo a se destacar e ganhar seguidores.

Com a exceção de Helmut Kohl, essa generalização se relaciona com cada um dos indivíduos aqui estudados, embora, acima de tudo, com os ditadores. Kohl, com certeza, tinha perspicácia tática, mas até lhe ser oferecida a oportunidade de pressionar pela unificação alemã, no outono de 1989, ele não foi um chanceler excepcional. Seus avanços até então tinham sido bastante convencionais. Foi obstinado em sua vontade de atingir o topo em seu próprio partido e de se tornar chanceler federal. Seus objetivos no poder eram, contudo, limitados. Suas ambições eram as de um líder democrático conservador de um partido político convencional. Ele não tinha objetivos claramente definidos nem era ideologicamente inflexível. A sorte, no caso dele, veio ajudar, fazendo de Kohl um ator importante no palco mundial, com um claro objetivo em vista, o da unificação alemã. Os outros líderes democráticos incorporavam mais claramente um objetivo único e claro: a vitória na guerra e a preservação da liberdade (Churchill); a libertação da França (De Gaulle); a reconstrução da democracia mediante laços com o Ocidente (Adenauer); e a renovação da "grandeza" britânica mediante a liberdade do mercado para substituir o que pareciam ser as algemas econômicas do "socialismo" (Thatcher).

Para ditadores fascistas, objetivos ideológicos claros ficaram aparentes com o tempo, uma vez conquistado e consolidado o poder. Mas não eram necessariamente cruciais para ganhar o apoio das massas. Mussolini era taticamente competente, mas ideologicamente oportunista ao obter suporte. A aquisição do poder por ele baseou-se mais em ofuscamento ideológico do que em clareza. Ele, com sucesso, tinha dois aspectos — um revolucionário, para os radicais paramilitares, um mantenedor da ordem, para a elite liberal-conservadora. As obsessões pessoais de Hitler pela "remoção" dos judeus e a obtenção de um "espaço vital" não foram centrais em sua ascensão ao poder. Durante os anos de seu espantoso sucesso eleitoral, entre 1930 e 1933, sua retórica focou muito menos nos judeus do que focara uma década antes, na qual ele acabou sendo um fracasso, enquanto a aquisição de "espaço vital" em algum momento indefinido do futuro era irrelevante para as preocupações da maioria dos alemães durante uma abrasadora crise econômica e política. Durante essa crise abrangente ele repetidas vezes prometeu varrer o atual sistema de governo e destruir os inimigos internos da Alemanha. Ele associou esse vitríolo a vagas noções de uma futura "comunidade do povo" e à reconstrução do orgulho e da força nacionais. Objetivos ideológicos mais precisos e mais claros teriam sido um obstáculo, não uma ajuda. A combinação de uma total aversão a um sistema de governo que se percebia falido, do medo acumulado de uma esquerda revolucionária e da promessa de um renascimento nacional para criar uma sociedade completamente nova, forte e dinâmica era muito mais importante do que objetivos claramente definidos para que Mussolini e Hitler ganhassem o poder. Ela moldou o clima no qual a personalidade do líder poderia desempenhar um papel decisivo.

Na Espanha, o amargo e violento conflito de classes durante os cinco anos que precederam a Guerra Civil engendrou muitos sintomas semelhantes aos de uma crise nacional. Franco não tinha o suporte de uma base de massas antes da Guerra Civil, quando sua percepção pessoal de uma cruzada nacionalista para esmagar a esquerda de uma vez por todas e restaurar a glória da Espanha católica não se destacou entre os que lutavam a seu lado. A adulação que recebeu após a guerra veio do sucesso militar, não de talento demagógico. E uma vez obtido o poder, não havia objetivos ideológicos claros além da luta constante contra supostos inimigos (internos e externos), para manter ideias nacionalistas e sustentar seu próprio poder.

Os líderes comunistas, Lênin, Stálin e Tito, todos tiveram de demonstrar publicamente reverência pela doutrina estabelecida por Karl Marx e Friedrich Engels. Stálin e Tito tiveram, além disso, de prestar obediência ritual a Lênin. Mas os preceitos ideológicos do marxismo-leninismo foram mais importantes na formação e na integração da corte essencial de liderança do Partido Bolchevique do que em seu apelo às massas. A construção de uma ampla base de apoio veio *depois* e não antes da obtenção do poder.

O exercício e a escala do poder pessoal são em grande medida condicionados por circunstâncias de tomada do poder e pela fase inicial de sua consolidação.

Essa proposição geralmente aplica-se a ditadores. Fosse comunista ou fascista, a consolidação inicial de um poder ditatorial era acompanhada de altos níveis de repressão aos opositores. Lênin exigiu a expansão do terror contra os inimigos dos soviéticos durante a guerra civil. Como sucessor efetivo de Lênin, ao vencer a batalha ideológica pelo desenvolvimento da economia, Stálin teve a plataforma para a construção de uma base inexpugnável de poder personalizado, que expandiu mediante um terror extremo dirigido a toda ameaça interna real ou imaginada. Mussolini e Hitler puderam contar com sucessos iniciais, especialmente em seu ataque à esquerda, que fortaleceram sua manutenção do poder. O domínio pessoal de Mussolini só foi plenamente obtido quando os chefes provinciais do partido foram "domados" em meados da década de 1920 (e mesmo então a monarquia constituía um foco alternativo de legitimidade). Hitler completou sua rota para o poder pessoal total ao esmagar o desafio potencial de seus implacáveis paramilitares no verão de 1934. A tomada do poder por Franco foi, na verdade, a vitória na Guerra Civil. Sua supremacia foi, como resultado disso, incontestável. Seu uso do terror contra inimigos internos (sobretudo durante a Guerra Civil e nos anos imediatamente posteriores) foi impiedoso. Contudo, seu poder pessoal se apoiava pesadamente na capacidade de manipular os setores da elite governante, que via seus interesses serem atendidos por sua liderança. Algo muito parecido aplica-se a Tito, cujos feitos em tempos de guerra o habilitaram a estabelecer uma incontestável base de poder, que conseguiu ampliar mediante corrupção (especialmente, como fazem todos os ditadores, mantendo felizes o partido, os militares e os serviços de segurança), uma manipuladora tática de "dividir para reinar" entre seus líderes subordinados e, claro, repressão.

Só com modificações essa proposição se aplica ao poder pessoal de líderes democráticos. Estes, em termos gerais, chegam ao alto cargo por meio de um sistema baseado em regras que os vê serem eleitos como líderes de partido e de governo; depois acabam obrigados a funcionar por meio de colaboração, não de imposição. Thatcher e Kohl tornaram-se líderes de governo mediante estruturas políticas bem estabelecidas. Em ambos os casos o contexto de assumir e consolidar o poder no Estado não foi em si mesmo fundamental para a posterior expansão de seu poder personalizado. Isso derivou em grande medida de eventos imprevistos. O triunfo nas Falklands foi inquestionavelmente um grande impulso para a posição e a autoridade pessoal de Thatcher. O declínio, depois o colapso da República Democrática Alemã, deram a Kohl nova autoridade pessoal — mais de sete anos após ter se tornado (um bastante comum) chanceler.

No entanto, situações de emergência provêm um padrão diferente, mesmo para líderes democráticos. A crise na Grã-Bretanha em abril e maio de 1940 proporcionou uma oportunidade inesperada para que Churchill tomasse o poder. Em condições de tempos de guerra, restrições democráticas são limitadas. Mesmo assim, qualquer que tenha sido sua instintiva assertividade, Churchill operou numa estrutura de governo coletivo. De Gaulle e Adenauer tiveram, em grande medida, de começar novamente e forjar sistemas, em vez de herdá-los. Nesses casos, pode-se dizer que a proposição acima se mantém. Adenauer tinha uma forte base partidária, mas foi eleito chanceler com uma margem estreita em 1949. Ele estendeu aos poucos sua inicialmente precária posição de poder mediante políticas exitosas (e o "milagre econômico"), dominando a nova democracia de modo tão pessoal que chegou a ser chamada de "democracia de chanceler". Os instintos autoritários de De Gaulle eram totalmente evidentes. Seu triunfo na Segunda Guerra Mundial não trouxe o poder político que esperava. As condições de seu retorno à liderança em 1958, na crise da Argélia, permitiram-lhe moldar a nascente Quinta República como um veículo para seu próprio poder estendido — embora numa estrutura democrática que, no fim, o levaria à derrota em 1969.

O último estudo de caso, o de Gorbatchóv, é em certo sentido anômalo. Gorbatchóv não era um ditador, embora tivesse chegado ao poder por meio de um sistema ditatorial. Como produto comprometido das estruturas leninistas de governo, ele não era um democrata (mas de certo modo tornou-se um). Sua posição como secretário-geral eleito do Partido Comunista dava-lhe um poder enorme, para começar. Mas sua agenda de reformas foi duramente contestada. Ele operava através de uma vigorosa persuasão. Seu poder pessoal só gradualmente se estendeu mediante a popularidade inicial de suas reformas. Mas o efeito das reformas foi o de minar gradativamente sua autoridade em tal medida que resultou no colapso de seu poder pessoal e, afinal, em sua essencialmente forçada renúncia. Pode-se dizer, portanto, que as condições da tomada e da consolidação inicial do poder removeram restrições a Gorbatchóv, mas que o próprio exercício do poder o submeteu com o tempo às restrições que iriam terminar com esse poder.

Em todos os sistemas, inclusive democracias, a personalidade de um líder que seja capaz de consolidar e estender seu poder por um longo período tem potencial para erodir as limitações ao exercício do poder.

A concentração de poder aumenta o potencial impacto do indivíduo — quase sempre com consequências negativas, às vezes catastróficas.

Isso parece ser algo evidente e verdadeiro no caso de ditadores. No caso dos líderes democráticos aqui revistos, é menos óbvio.

A duração da liderança de Lênin foi curta demais para se julgar a aplicabilidade no seu caso. Ele esteve, afinal, em seu último ano incapacitado por uma série de crises de saúde, sem poder suficiente para impedir que a sucessão fosse para Stálin, apesar de ter advertido quanto a seus pendores perigosos — uma advertência que se tornou conhecida pelos escalões superiores do partido. Contudo, se Lênin tivesse vivido mais tempo, e em boa saúde, parece certo que, devido à aura que já tinha como o arquiteto da Revolução Bolchevique, o "centralismo democrático" (como era conhecida a doutrina na União Soviética) teria continuado a fortalecer seu poder pessoal. A enormidade da matança dirigida pelo Estado que ocorreu sob Stálin provavelmente não teria ocorrido se Lênin tivesse governado por mais tempo, embora seus registros históricos sugiram que um alto nível de violência contra qualquer um que fosse percebido como inimigo interno teria continuado. Stálin, uma vez tendo liquidado seus principais rivais em meados da década de 1920, implacavelmente concentrou poder nas próprias mãos. Não só o seu poder era incontrolável; o sistema inteiro, com consequências extremamente letais, trabalhava para pôr em prática a extraordinária paranoia do líder.

A concentração de poder nas mãos de Mussolini e de Hitler habilitou os ditadores, pessoalmente, a tomarem decisões que levaram à guerra e a um completo desastre para seus países. Sua autoridade se tornou tão incontestável nos anos em que se formou sua ditadura que pessoas ansiosas ou críticas quanto ao que consideravam ser estratégias altamente perigosas não dispunham do potencial para detê-las. A intocável estatura do líder — ao menos antes que a iminente catástrofe nacional levasse a uma nova, desesperada disposição da elite fascista para derrubar Mussolini e levasse um corajoso grupo de oficiais do Exército na Alemanha a uma vã tentativa de assassinar Hitler — foi formada em parte porque as ditaduras tinham embutidas amplas bases de apoio, ou ao menos de aquiescência. Não existiam estruturas institucionais para tomadas de decisão coletivas, e o espaço para organizar a oposição estava quase totalmente eliminado. Os ditadores asseguravam, também, que os principais pontos de apoio de seu governo — o partido, os militares e os serviços de segurança — estivessem sempre satisfeitos. A concentração do poder tornou a Espanha dependente do poder pessoal de

Franco, e a Iugoslávia, do de Tito. A diferença aqui era que o exercício desse poder ditatorial, uma vez consolidado, era dirigido à manutenção do poder como um fim em si mesmo, e não à conquista de objetivos ideológicos mais amplos que pudessem envolver seus países em guerra e destruição. É admissível que Franco só tenha sido impedido de entrar na Segunda Guerra Mundial devido à incapacidade econômica e militar da Espanha de fazer isso.

A concentração de poder é muito menos aplicável a líderes democráticos — mesmo àqueles que têm aspirações a um exercício extensivo de poder pessoal, como Adenauer, Thatcher, Kohl e (embora numa medida muito mais limitada) o próprio De Gaulle, qualquer que fosse a direção de suas tendências, estavam protegidos por formas coletivas de liderança, restrições constitucionais e estruturas de oposição que em geral levaram a um processo mais racional de tomada de decisão do que é de esperar em sistemas ditatoriais altamente personalizados. A tendência de Churchill para a tomada de decisões mais impetuosas era mais pronunciada em questões militares do que nas de governo interno. Em ambos os casos, ele aceitava, embora às vezes com relutância, o conselho de seus consultores.

A liderança democrática tem de enfrentar muitos obstáculos, os quais quem está no cargo frequentemente acha cansativos. Ela pode ser solapada de dentro, de modo a não conseguir se manter contra um desafio autoritário (como na Alemanha entre 1930 e 1933). E certamente não é imune a procedimentos errôneos e decisões prejudiciais. A política de apaziguamento de Chamberlain, amplamente apoiada em todo o espectro político e pelo povo britânico antes do outono de 1938, é um caso em questão. Mas restrições constitucionais (e, em certa medida, formas coletivas de tomada de decisão) significam, por sua própria natureza, que uma liderança democrática tem muito menos probabilidade do que uma ditadura de produzir decisões que tenham consequências catastróficas.

Gorbatchóv, aqui também, constitui uma exceção às normas para uma liderança tanto ditatorial quando democrática. A concentração de poder nas mãos do líder soviético deu-lhe, apesar das várias formas de oposição, enorme potencial para seguir adiante com suas reformas. Estas acabaram sendo economicamente danosas para muitos cidadãos soviéticos. Também enfraqueceram, e depois finalmente destruíram, o poder soviético, que para tantas pessoas tinha sido motivo de grande orgulho. Por outro lado, as reformas libertaram milhões, dentro da

União Soviética e em seus Estados-satélites, submetidos durante décadas à dominação soviética.

A guerra submete até mesmo líderes políticos poderosos às avassaladoras restrições do poder militar.

Sejam quais forem as restrições do poder militar, a guerra, se resultar em conquista territorial, abre perspectivas para a expansão de poder político além dos limites do que é possível em condições de paz, mesmo para uma ditadura. A bárbara conquista da Etiópia levou Mussolini, na Itália, a novas alturas de poder e de prestígio. Franco conseguiu construir uma base incontestável de poder mediante impiedoso ataque a seus inimigos políticos durante a Guerra Civil Espanhola. Não menos importante, a subjugação da Polônia e depois a guerra contra a União Soviética deram a Hitler condições nas quais as políticas para a aniquilação dos judeus da Europa puderam ser concebidas e implementadas. O assim chamado Plano Geral para o Leste lançou a base para a preparação de um genocídio até mesmo muito mais extenso, que visava à exterminação de milhões de eslavos, para estabelecer um império racial alemão. Apesar de a guerra, enquanto parecia levar à vitória e à conquista, ampliar o âmbito para uma extrema desumanidade, os próprios ditadores eram compelidos a se submeter aos caprichos de um poder militar que estava além de seu controle.

Apenas Adenauer, Kohl e Gorbatchóv, dos casos aqui examinados, nunca foram líderes na guerra. Lênin liquidou o mais rápido que pôde e a um enorme preço inicial a participação da Rússia na Primeira Guerra Mundial, que tinha herdado ao assumir o poder. Franco e Tito chegaram ao poder por intermédio da guerra, embora subsequentemente, como chefes de Estado, tenham se mantido fora de um conflito armado. Os restantes casos aqui estudados ressaltam a relativa autonomia do poder militar.

Hitler e Mussolini demonstraram ser terríveis líderes militares cujas intervenções em decisões estratégicas e até mesmo táticas foram desastrosas quando a Segunda Guerra Mundial assumiu a forma de um longo conflito, o que expôs sua fraqueza fundamental em armamento, planejamento e recursos econômicos. Por mais sólido que fosse seu poder em casa, ficaram restringidos por limitações intrínsecas de seus próprios países ao lutarem uma guerra mundial contra forças militares muito mais fortes. Seu próprio poder político estava cada vez mais inexoravelmente subordinado ao resultado de campanhas militares que, uma vez deslanchadas, não conseguiram mais controlar. Por mais duro que lutassem para implementar as exigências às vezes impossíveis de Hitler, os generais alemães não puderam evitar o colapso militar que arrastou consigo o sistema político. O regime de Mussolini, militarmente mais fraco desde o início e humilhado por um crescente catálogo de desastres, foi destruído por dentro em 1943, em consequência da falta de poder militar.

Líderes aliados eram eles mesmos constrangidos, em seu processo de tomada de decisões, pelo poder militar. Churchill entrava em choque repetidas vezes com seus líderes militares e, fosse qual fosse sua própria vontade, muitas vezes acabou cedendo às demandas deles. Mais tarde, na guerra, lamentou sua cada vez maior impotência na determinação da estratégia aliada e sua subordinação aos imperativos da liderança militar americana. Stálin começou a guerra de modo totalmente catastrófico, ignorando advertências quanto à invasão alemã e submetendo o Exército Vermelho a enormes e desnecessárias derrotas. Depois, frequentemente delegou poder operacional na decisão de táticas a seus comandantes militares, embora continuasse a intervir onde achava necessário e a manter o controle estratégico total.

De Gaulle, como líder da França Livre, só adquiriu grande importância estratégica durante a Segunda Guerra Mundial quando o controle do Império por Vichy desapareceu e os aliados estabeleceram sua supremacia. Acontecimentos militares muito além de seu controle ou de sua direção lhe permitiram ampliar sua própria base de poder na segunda metade da guerra. Mesmo então, para sua grande irritação, ele foi grandemente ignorado no planejamento dos desembarques na Normandia em 1944. Isso se seguiu a um prolongado hiato de tempo no qual ele foi incapaz de traduzir poder militar em poder político. Sua volta para liderar a França na crise de 1958 se deu na expectativa de que conseguiria uma vitória na Argélia. Mas ele não tinha controle sobre o equilíbrio de poder na colônia. As forças militares francesas logo mostraram ser incapazes, em qualquer contexto tolerável, de vencer a guerra colonial. As qualidades de De Gaulle como líder político foram demonstradas em seu reconhecimento desse fato, apesar da forte oposição daqueles, particularmente no Exército, que sentiam ter sido traídos por ele.

Thatcher demonstrou ousadia política ao lançar a guerra para retomar as ilhas Falkland após a invasão argentina em 1982. Ela tomou as decisões-chave, apoiada por seu Gabinete de Guerra, o que continuou durante a campanha. As figuras cruciais, no entanto, sobre as quais o poder da primeira-ministra se baseou durante a curta guerra, não eram os políticos, mas seus comandantes militares.

Uma vez lançada a guerra, os eventos militares desenvolveram seu próprio momentum, só parcialmente controlável a partir de Londres. O próprio e intenso nervosismo de Thatcher no decorrer do conflito era por si mesmo testemunho da incerteza do resultado da ação militar e da dependência de seu poder político do poder das forças armadas britânicas. A vitória foi para ela um triunfo, um ponto de inflexão em sua própria sorte. Se a Guerra das Falklands tivesse resultado em derrota, ela não teria sobrevivido politicamente.

O poder de líderes individuais e seu espaço de manobra dependem, em grande medida, da base institucional e da força relativa do apoio que recebem, primariamente dos canais secundários de poder, mas também do público mais amplo.

Os casos aqui estudados parecem demonstrar amplamente que, seja um ditador ou um chefe de governo democrático, um indivíduo, por mais poderoso que seja, precisa de um aparato subordinado de governo comprometido com a implementação das ordens do líder enquanto move pouca ou nenhuma oposição a ele. Isso às vezes pode ser chamado de "cartel do poder". O termo não denota igualdade em status ou no processo de tomada de decisão, mas implica que o líder só tenha autonomia relativa, não absoluta, da elite de poder que dá suporte à forma de governo.

A ascensão ao poder, depois o processo de sua tomada, já vê um ditador prospectivo construir um corpo de apoio atraído pela personalidade, pela mensagem ideológica e pela probabilidade de sucesso do líder de um movimento ou uma facção. Max Weber chamou isso de "comunidade carismática"; seus membros são comumente seguidores do líder desde o início. Hermann Göring, Joseph Goebbels, Heinrich Himmler e Hans Frank continuaram a ser fiéis lugares-tenentes de Hitler desde o início da década de 1920 até os últimos dias. Lázar Kaganóvitch e Viatcheslav Mólotov foram agentes leais e subservientes a Stálin desde a década de 1920 até sua morte. A estreita adesão a Tito por parte dos outros três membros de seu "quarteto", na liderança, depois de estabelecida sua ditadura — Edvard Kardelj, Aleksandar Ranković e Milovan Đilas — remontam aos anos da guerra, embora Tito tenha depois se desligado amargamente dos dois últimos. Suspeições de deslealdade, como é comum nesses casos, levaram a uma cruel ruptura de quaisquer laços que ainda existissem. Stálin não tem paralelo na carnificina que impôs aos subordinados que imaginou terem sido desleais. Hitler certamente demonstrou sua crueldade na execução, em 1934, do líder das SA, Ernst Röhm, um de seus mais importantes subordinados desde os primeiros anos do movimento nazista, que acreditou estar tramando contra ele, embora expurgos não fossem, na verdade, um aspecto característico de seu regime.

Em ditaduras, o "cartel do poder" invariavelmente inclui os que controlam os instrumentos da segurança do Estado. Se eles ficarem tão poderosos a ponto de constituir uma ameaça ao ditador, um líder forte age para removê-los. Stálin, com sua paranoia a exceder os limites, teve dois (leais, mas cada vez mais desacreditados) chefes de segurança executados. Hitler, nos últimos dias de vida, demitiu o líder das ss, Heinrich Himmler, cuja lealdade, no entanto, antes que o fim do regime se tornasse iminente, tinha sido um suporte essencial para o poder do ditador.

Nenhum ditador pode permitir que um acólito construa uma base de poder alternativa que possa minar seu próprio poder. Qualquer sinal percebido de deslealdade, ou talvez apenas um declínio em sua utilidade, pode ter terríveis consequências. "Dividir para reinar" era uma estratégia útil para um ditador já forte, para assegurar lealdade mediante a necessidade de competir pelo favorecimento do ditador. Tito mostrou ser um adepto dessa estratégia. Stálin era a favor de um medo absoluto, mesmo por parte dos que estavam nos mais altos escalões do regime. Tanto Stálin quanto Hitler destruíram, ou permitiram que se atrofiassem, as instituições de governo que pudessem permitir qualquer expressão de oposição ou crítica. Mussolini, em contraste, embora dominasse o governo e as estruturas do partido, não as destruiu. O Grande Conselho Fascista, que compreendia agentes importantes da ditadura, selou o destino de Mussolini quando se voltou contra ele em 1943. Hitler nunca permitiu que houvesse tal corpo coletivo no Partido Nazista.

Em cada uma das ditaduras aqui revistas, conquistas e sucessos percebidos traziam o "cartel do poder" mais para perto do líder, dissuadiam a oposição e estendiam a base do apoio popular que, por sua vez, reforçava a segurança do líder contra qualquer contestação vinda de dentro das coortes de liderança. Líderes subordinados, em parte movidos pelo medo, mas principalmente para assegurar ou expandir seu próprio poder e seu avanço, aproximavam-se ainda mais do líder na demonstração de sua lealdade e dependência. Isso, contudo, tinha o efeito de fortalecer a posição do próprio líder e aumentar sua liberdade quanto a restrições internas às suas ações. Um controle exclusivo sobre os instrumentos e a fabricação de propaganda permitiam que, fosse qual fosse a base autêntica de popularidade existente, ela fosse elaborada num culto à personalidade que elevava o status do líder muito acima do de qualquer de seus subordinados. Desse modo, o líder que prometia e trazia sucesso podia com o tempo expandir seu poder e, de acordo com isso, o espaço para comprometer seus apoiadores com suas próprias decisões políticas, mesmo que precedidas de poucas consultas e por mais custosas e desastrosas que pudessem se mostrar.

Gorbatchóv, nem democrata nem ditador (apesar da criação de um sistema ditatorial), mais uma vez ocupa um lugar único nos casos aqui estudados. Não dispunha de um "cartel de poder" pronto para uso. Não podia depender do apoio do alto escalão da liderança soviética que herdou e cujo arraigado conservadorismo representava um importante obstáculo a seu programa de reforma. Mas conseguiu usar seu poder e domínio como chefe do partido para instalar com relativa rapidez, em posições importantes, um número de reformadores com ideias semelhantes às suas. Isso proporcionou um novo e essencial corpo de liderança que o habilitou a levar em frente as reformas, apesar de os obstáculos continuarem a ser grandes. Quando alguns membros dessa elite do poder, que antes o apoiava fortemente, romperam com ele no final da década de 1980 devido à velocidade e ao caráter das reformas, seu próprio poder ficou severamente enfraquecido. A popularidade de que tinha usufruído no início desmoronou quando a crise econômica e política piorou muito em 1989-90.

As estruturas democráticas do poder subsidiário são, é claro, fundamentalmente diferentes. Sucesso ou fracasso, para líderes democráticos, são comumente medidos por sua capacidade de ganhar eleições, onde os níveis de apoio podem ser regular e rotineiramente testados. A liderança de Churchill em tempo de guerra, quando muitas das regras normais da democracia são suspensas, foi uma exceção. Mas quando as eleições democráticas recomeçaram, em 1945, Churchill, embora fosse um herói de guerra, teve de conduzir a campanha simplesmente como líder de partido — e perdeu.

O sucesso eleitoral permitia que líderes democráticos considerassem acima de tudo a hipótese de ampliar seu âmbito na implementação de políticas desafiadoras. Adenauer teve quatro vitórias eleitorais sucessivas, Kohl teve quatro também, Thatcher teve três. Cada líder, não obstante, precisava de um entorno leal, atraído por sua personalidade e seu programa, e que sustentasse a sua primazia. De Gaulle, em seus últimos anos como presidente da França, ainda pôde se valer de lealdades pessoais forjadas quando tinha sido o líder exilado da França Livre. Seus apoiadores parlamentares até demonstravam sua lealdade ao adotarem o epíteto de gaullistas. Quando voltou ao cargo em 1951, Churchill trouxe com ele para o governo adeptos do tempo de guerra, e sua estatura única lhe assegurou grande lealdade pessoal. O apoio a ele nos últimos anos como primeiro-ministro foi, no entanto, menos pessoal do que, convencionalmente, político-partidário. Isto é, apoiava-se, sobretudo, na máquina interna de seu partido e nos colegas de ministério, cuja lealdade ao primeiro-ministro era testada por suas evidentemente evanescentes capacidades mentais e físicas. Embora relutante em deixar o cargo quando não mais podia funcionar bem como primeiro-ministro, as bem estabelecidas estruturas de governo asseguraram que ele pudesse ser substituído de maneira normal, sem uma convulsão.

O comando das estruturas e da máquina de seu partido político foi a base do poder de Adenauer e de Kohl. Ambos, contudo, também se apoiaram numa sólida falange interna de apoio pessoal, que em parte remontava aos anos em que ainda não eram líderes de governo e que lhes dava uma importante caixa de ressonância para chegarem a decisões importantes. Quando eles perderam o apoio de seu cartel de poder, seu tempo acabou. Embora relutantemente, tiveram de passar adiante o poder. Thatcher diferiu porque, embora já atraísse conselheiros que apoiavam e estimulavam seus objetivos radicais quando estava na oposição, não herdou uma base forte de apoio ministerial. Ao contrário, teve de lutar com pesada oposição nos primeiros anos de seu governo e só gradualmente (em especial após a Guerra das Falklands) construiu um gabinete de apoiadores na maioria não críticos — alguns até mesmo devotos e servis. Sua própria marca de comunidade carismática não era, contudo, tão sólida que não pudesse se voltar contra ela quando suas decisões políticas tornaram-se uma responsabilidade eleitoral. Sua percepção de ter sido traída quando de sua partida do cargo em novembro de 1990 foi um sinal de que tinha esmaecido as linhas que separavam lealdade pessoal e o próprio interesse político de seus colegas de ministério e de partido.

Um governo democrático impõe maior limitação à liberdade de ação e ao alcance do indivíduo na determinação de uma mudança histórica.

Essa é a mais direta das proposições. Claramente, ter de operar mediante formas de governo coletivo, que pode expressar oposição e até mesmo obstruir a implementação de uma política, limita a liberdade de ação do líder individual. Ditadores não enfrentam esse problema. Uma liderança democrática coletiva é com frequência desajeitada, canhestra, lenta em tomar decisões e, é claro, nem sempre sensata, seja nas próprias decisões ou na implementação política que a elas se segue. Não obstante, opções políticas bem pensadas, a que se chegou com cuidado, têm muito mais chances de sucesso do que atos ditatoriais. Quanto menores as restrições ao líder, mais provável é que sejam tomadas decisões precipitadas, até mesmo catastróficas.

Não obstante, os casos de liderança democrática aqui ressaltados sugerem que ao menos alguns dos excepcionais líderes democráticos do século xx eram, por temperamento, autocráticos e que em certas circunstâncias suas tendências autoritárias foram até mesmo vantajosas. Em momentos de grande crise, notavelmente na guerra, processos lentos e com frequência ponderados de tomada de decisão são em geral inadequados. Dos casos aqui tratados, Churchill, De Gaulle e Thatcher tiveram de tomar decisões rápidas que, por sua natureza, passavam por cima de procedimentos totalmente democráticos. Mesmo assim, Churchill, na decisão crucial de maio de 1940 de continuar lutando, e Thatcher, quando decidiu pela ação militar para retomar as Falklands, não operaram num isolamento de quase ditadores. Fizeram consultas, embora num círculo estreito, antes de chegarem a uma decisão. Adenauer, em sua crucial rejeição da "Nota" de Stálin em 1952, e Kohl, ao tomar a iniciativa, em novembro de 1989, que abriu as portas para uma unificação antecipada, também evitaram qualquer coisa parecida com uma ampla consulta democrática. As decisões eram delicadas demais e exigiam uma resposta tão rápida que um amplo debate prévio parecia ser inadequado, talvez danoso.

Ao voltar ao governo em 1958, De Gaulle assegurou-se de que a nova constituição lhe desse o direito de assumir poderes pessoais quase ilimitados no caso de emergência nacional, e de qualquer maneira administrou seu gabinete de modo tão imperial que o que contava era sua sanção pessoal. Contudo, por mais autocrático que fosse seu modo de atuar, a França continuou sendo um Estado constitucional. O vibrante debate político-partidário continuou. Embora os partidos no parlamento tivessem perdido seus poderes mais obstrutivos, que frequentemente tinham exercido sob a Quarta República, a França ainda era uma democracia. De Gaulle, em várias ocasiões, manipulou com sucesso um apoio plebiscitário a suas políticas, o que lhe permitiu contornar a oposição parlamentar. No entanto, quando deu-se conta de que suas decisões não tinham mais apoio popular, como em 1969, ele renunciou peremptoriamente ao cargo. Este é, afinal, o teste dos líderes democráticos: estarão dispostos a partir quando derrotados ou quando não puderem mais contar com sua base de apoio? Os líderes democráticos aqui abordados foram relutantes em abrir mão do poder. Mas quando chegou a hora, cada um deles fez isso — e pacificamente.

Quando Helmut Kohl deixou o cargo, em 1998, o século XX estava quase terminado. Novos líderes estavam entrando em cena: Tony Blair na Grã-Bretanha, Gerhard Schröder, seguido por — a notável (e durável) — Angela Merkel, na Alemanha, Nicolas Sarkozy e depois François Hollande, na França, todos vieram a ser atores centrais em importantes democracias da Europa Ocidental. A personalidade continua, sem dúvida, a ser um fator de importância central para o exercício do poder — como demonstraram os talentos retóricos e a capacidade de persuasão dinâmica de Blair e a calma, a segurança e o pragmatismo de Merkel.

Contudo, seja qual for a personalidade, até mesmo o mais apto operador político luta para superar as enormes questões estruturais que tem pela frente nos dias de hoje — problemas bem diferentes em seu caráter daqueles enfrentados por seus predecessores no século XX. A tentativa de lidar com eles em ciclos eleitorais de curto prazo, que demandam constante adaptação a uma opinião pública flutuante, influenciada por notícias recentes de todo o globo, bem como por poderosa mídia social, impõe desafios formidáveis aos líderes democráticos no século XXI. E quanto mais inadequadamente parece funcionar uma democracia, mais cresce o clamor por uma liderança forte. Políticas parlamentares — espelhando a sociedade — com frequência ficam atoladas não só numa divisão intransponível, mas num clima de hostilidade no qual opositores tornam-se inimigos. As tentações do autoritarismo espreitam assim que as democracias ficam em dificuldades. Essas tentações destruíram democracias no passado, como demonstram alguns dos casos estudados neste livro. Potencialmente, poderiam fazer isso de novo. E, como também demonstra-se aqui, uma vez no poder, com a capacidade de remover restrições constitucionais, as ações de líderes fortes frequentemente acabaram sendo desastrosas.

A democracia liberal no estilo ocidental certamente ficou mais difícil de administrar. O populismo, que põe a nação acima de tudo, é uma força política capaz de erodir valores democráticos de longa duração e é difícil de combater. O impulso emocional da política identitária, um poço profundo que o populismo pode explorar, não é prontamente suscetível a uma argumentação desapaixonada. Os movimentos populistas, em parte movidos por intensificadas desigualdades em padrões de vida (produto, em grande medida, da globalização e, ainda mais, da economia neoliberal), alimentando-se de problemas como as migrações em massa e capazes de explorar o novo potencial para mobilização de plataformas de mídia social, minaram as estruturas tradicionais de governança democrática e atacaram a legitimidade da elite política. Enormes movimentos de protesto — como Extinction Rebellion, Giles Jaunes, Me Too e Black Lives Matter [Rebelião da Extinção, Coletes Amarelos, Eu Também e Vidas Negras Importam] mostraram ser difíceis de conter mediante policiamento convencional com salvaguardas democráticas. O perigo é que podem não ser simplesmente ineficazes na obtenção de seus objetivos professados, mas até mesmo contraproducentes ao provocar uma retaliação que pode tanto alimentar tendências autoritárias quanto promover um populismo de direita. Na Hungria, Viktor Orbán se orgulhou do que chamou de "democracia iliberal"; o escorregão de seu país para o autoritarismo tornou-se um espinho no flanco da União Europeia. Assim como a Polônia, que usou a democracia para se tornar mais autoritária. Políticos democraticamente eleitos, com muito apoio popular por trás, estão eles mesmos, nesses casos, destruindo a democracia.

Os líderes das democracias liberais da Europa têm de enfrentar também sua crescente fraqueza relativa ao lidar com poderosos líderes autoritários de alguns dos maiores países do mundo. O surgimento, no século XXI, de Vladímir Pútin, na Rússia, Racep Tayyip Erdoğan, na Turquia, Narendra Modi, na Índia, e — mais importante que tudo — Xi Jinping, na China, inclinou a balança do poder na política internacional para novas formas de autoritarismo moderno. Dessas, o autoritarismo chinês parece ser o que mais provavelmente vai criar os maiores problemas geopolíticos futuros. Xi é, com certeza, um indivíduo extremamente poderoso. Em medida muito maior em relação aos outros líderes autoritários mencionados (e muitos outros), Xi é o chefe de um bem estabelecido e até agora altamente exitoso *sistema* de governo que se baseia não na personalidade de um indivíduo específico, mas numa mescla de poder político, econômico, ideológico e militar. O sistema tem a capacidade de sobreviver ao impacto pessoal de Xi. Parece estar mais solidamente fundamentado, ser mais capaz de se reproduzir e definitivamente mais poderoso do que era a União Soviética, que durante grande parte do século XX foi considerada o maior perigo geopolítico.

A democracia está, de certo modo, batendo em retirada. Os quatro anos de Donald Trump como presidente dos Estados Unidos demonstraram, de modo alarmante, como uma personalidade foi capaz de desafiar (e até mesmo deformar) as estruturas da mais avançada democracia do mundo. A constituição americana sobreviveu por pouco aos golpes que recebeu de Trump, e seu muito alardeado sistema de pesos e contrapesos demonstrou ser mais fraco do que se presumia. Os poderes pseudomonárquicos do presidente são, como demonstrou Trump, tão extensos que, em mãos erradas, podem pôr a própria democracia em perigo. O dano que o estilo de personalidade narcisista e autocrático de Trump infligiu aos Estados Unidos, e à democracia em outras partes do mundo, ainda não pode ser totalmente avaliado. Ele assumiu o poder com a promessa de sustentar o poder americano. Mas quando o deixou, os Estados Unidos pareciam estar globalmente mais fracos em seu enfrentamento contra forças de autoritarismo, especialmente, mas não apenas, a China.

Os traços de caráter dos líderes autoritários do século XX e as estruturas que sustentaram seus regimes, explorados neste livro, podem, talvez, ser às vezes vislumbrados nos regimes de suas contrapartidas do século XXI. Como e em que medida, nos anos por vir, eles determinarão os desenvolvimentos globais que moldarão o futuro da Europa é, por óbvio, impossível saber. Pode-se supor, com algum grau de certeza, que esse futuro será moldado não só pelas ações de líderes políticos, mas pelos redemoinhos e correntes socioeconômicos de longo prazo, junto com as preocupações globais que surgem da mudança climática e também os eventos imprevisíveis que mesmo o mais poderoso dos indivíduos será incapaz de controlar. Não obstante, como no século XX, líderes políticos irão, pessoalmente, no contexto que torna possível o exercício de seu poder, tomar decisões que afetarão diretamente a vida de milhões.

Os indivíduos examinados nos estudos de caso precedentes foram todos fazedores de história. O papel da liderança individual foi, com certeza, importante como fator determinante de mudança histórica. Assim foram também os traços de personalidade que forjaram suas formas específicas de liderança. Isso não significa que os líderes aqui estudados devem ser tidos como "grandes". É melhor que a noção de "grandeza", como sugeri na Introdução, não seja aplicada à liderança política. Já o impacto histórico é totalmente outra coisa. O impacto máximo, na primeira metade do século, foi sem dúvida alcançado por aqueles que foram tidos, no plano moral, como os mais repugnantes — Hitler, Stálin, Lênin.

Não há dúvida, contudo, de que as ações dos doze líderes brevemente explorados neste livro tiveram enorme impacto em suas próprias sociedades, na Europa e, pelo menos em alguns casos, em todo o mundo. Eles deixaram atrás de si importantes, às vezes sinistros, legados. Foram líderes transformativos.

Por mais poderoso que tenha sido o indivíduo, o legado evanesceu com o tempo — em alguns casos um tempo bem longo. (Poder-se-ia alegar que somente um punhado de líderes religiosos deixaram um legado atemporal.) O legado de Lênin durou até o colapso da União Soviética em 1991. O de Stálin envolveu a subjugação da maior parte da Europa Oriental durante quatro décadas, mesmo tendo o culto à personalidade a ele atribuído sido denunciado por Khruschóv em 1956. A longevidade do impacto dependia, nesses casos, dos modos pelos quais a liderança do indivíduo ficou embutida num sistema de governo que desenvolveu fortes fundamentos. Quando, em contraste, a legitimidade do sistema era na verdade superficial e muito dependente de um único indivíduo, como no caso da Iugoslávia comunista — apoiando-se nominalmente na doutrina marxista mas, na prática, no líder, Tito —, sua duração foi curta depois da morte do líder. As ditaduras fascistas altamente repressoras na Itália e na Alemanha eram inseparáveis de seus líderes. Assim, quando o líder e seu regime foram demolidos pela força militar, o único legado imediato foi a destruição. Os sistemas de Hitler, Mussolini e Franco morreram com eles, não obstante o persistente gosto de uma minoria pelo neofascismo. A mancha moral, claro, é outra coisa. O opróbrio moral de Hitler dura até hoje (e não apenas na Alemanha), embora o de Mussolini — que nunca foi tão pronunciado — tenha desvanecido. A Espanha ainda está ajustando contas, quase meio século mais tarde, com o legado moral do regime de Franco.

Líderes que chegaram ao poder em sistemas democráticos comumente descobrem que seu legado é de curta duração — produto colateral natural de uma correção, ou até mesmo de uma reversão política significativa, quando um partido e um líder de oposição assumem o poder. Mas o legado poderia, ao menos em alguma medida, ser cerceado de outras maneiras, pelo efeito de poderosas correntes de mudança histórica a longo prazo, que o indivíduo não é capaz de controlar. Churchill e De Gaulle, ambos produto de uma era colonial, consideraram o império como central ao poder e à grandeza de seus países e lutaram para preservá-lo. Churchill, contudo, viveu o bastante para ver o imparável declínio do Império Britânico. De Gaulle presidiu, ele mesmo, a liquidação do Império

Francês. Os movimentos anticoloniais que levaram à queda dos impérios coloniais tiveram seus próprios líderes inspiracionais. Mas as pressões que estes articularam não foram criação desses líderes. Eles representaram forças irreprimíveis que cresceram da cada vez maior rejeição de uma dependência colonial. Líderes europeus que, como Hitler e Mussolini, buscaram a brutalidade para impor imperialismo, ou, como Churchill e De Gaulle, para preservá-lo, enfrentaram incontrolável resistência de pessoas que não queriam, às vezes apesar da mais brutal repressão, aceitar a regra a eles imposta por conquistadores.

Cada um dos doze líderes explorados neste livro deu uma contribuição única (em alguns casos desastrosa) à construção da Europa do século xx. Mas os líderes pesquisados não foram apenas fazedores do século xx. Também foram feitos por ele — isto é, pelas condições específicas que lhes permitiram exercer a marca de seu poder. A maioria deles foi produto, de um modo ou de outro, da dramaticamente destrutiva, transformativa, natureza da primeira metade do século.

Em termos de sua significância histórica, as figuras cruciais foram inquestionavelmente Lênin, Stálin e Hitler. Lênin foi o mentor do estabelecimento de um sistema político e econômico completamente novo, que transformou totalmente seu próprio país e criou a base para um duradouro abismo ideológico em toda a Europa; Stálin levou esse sistema adiante com inimaginável brutalidade, para transformar a União Soviética numa potência industrial e militar capaz de sair vitoriosa na Segunda Guerra Mundial e de estender o regime soviético por metade da Europa. Isso foi em grande medida a reação à incrivelmente terrível guerra na Europa Oriental e no oeste da União Soviética, desencadeada pela Alemanha de Hitler. O principal autor daquela guerra e da imensa destruição — física e humana — que ela causou em grande parte do continente foi Hitler. Se uma devastação sem precedentes é a marca que prevalece daquela época, o impacto de Hitler se destaca especialmente.

A segunda metade do século foi muito mais construtiva, mais próspera — acima de tudo, mais pacífica. Mas foi dominada pela Guerra Fria e seu potencial para uma catástrofe natural. Em 1980, quando os efeitos da Guerra Fria cobraram seu preço na economia moribunda da União Soviética, materializaram-se as condições nas quais Mikhail Gorbatchóv pôde desempenhar um papel tão crucial não só na história soviética como também na história europeia. Ele destruiu a União Soviética. Mas o ato de terminar com a Guerra Fria e introduzir uma nova era no continente (e no mundo), com seus próprios e enormes problemas, com certeza, embora palpavelmente diferente do que aquela que a precedera, foi sem dúvida o episódio central e mais crucial na Europa desde o período sem dúvida posterior à Segunda Guerra Mundial. E no processo complexo que resultou da queda da Cortina de Ferro e da reunificação das duas metades, antes separadas, do continente europeu, as ações de Mikhail Gorbatchóv foram de suprema importância.

Difícil imaginar um contraste maior em termos de personalidade e uso do poder do que entre Hitler e Gorbatchóv. Porém, de modos totalmente diferentes, Hitler na primeira metade do século e Gorbatchóv na segunda, ambos são a mais clara manifestação da importância do indivíduo na realização de uma memorável mudança histórica.

Agradecimentos

As restrições advindas da pandemia de covid-19 fizeram com que eu ficasse especialmente agradecido a Laurence Rees pelo incentivo, pelo estímulo intelectual e pelos valiosos comentários sobre os rascunhos dos capítulos à medida que eram escritos, e por sua duradoura amizade. Também estou em débito de gratidão com Nick Stargardt e Christian Göschel, que subsequentemente leram e ajudaram a melhorar o manuscrito completo. Meus agradecimentos, por responder com conselhos de especialistas a questões específicas, vão também para Robert Service, Stephen Smith, Geoffrey Hosking, Paul Preston, Mary Vincent e Matthew Kerry. Simon Winder foi, como sempre, um editor exemplar. A magnífica equipe da Penguin, notavelmente Eva Hodgkin e Rebecca Lee, foi de grande ajuda, eficiente e solidária. Scott Moyers, da Penguin em Nova York, ofereceu não só seu estímulo como importantes sugestões. David Watson foi um meticuloso, sensível e engajado editor de texto. Mark Wells compilou um excelente índice. James Pullen, da Agência Wylie em Londres, foi, como sempre, soberbo em tudo. Meus mais calorosos agradecimentos a todos eles.

Um efeito inevitável de ter uma idade avançada é a perda de parentes próximos e amigos queridos. A morte de nossa nora Becky, com apenas 42 anos, causou imensa tristeza à nossa família. Entre nossos muitos amigos alemães, Traude e Ulrich Spät sempre tiveram um lugar especial. Assim, fiquei profundamente triste por Traude não ter vivido para ver terminado este livro, pelo qual ela demonstrou grande interesse desde o início.

Minha família sempre foi o fundamento sobre o qual tudo o mais repousa. Assim como em livros anteriores, meu incomensurável amor e minha gratidão vão para Betty, nossos filhos David e Stephen, e nossos netos Sophie, Joe, Ella, Olivia e Henry.

Notas

INTRODUÇÃO [pp. 15-29]

1. Cientistas políticos, é claro, exploraram frequentemente questões de liderança política, embora tentando, comumente, construir modelos abstratos de tipos de liderança. Valiosas indicações desse trabalho, grande parte dele excelente, podem ser encontradas em R. A. W. Rhodes e Paul 't Hart, *The Oxford Handbook of Political Leadership*, Oxford, 2016, esp. pp. 89, 150, 157, 210-1, 220, 230, 322-3, 343, 382-4 e caps. 22-8.

2. Veja, por exemplo, E. H. Carr, *What Is History?*, Londres, 1ª ed., 1961, 2ª ed., 1984, republicado com introdução de Richard J. Evans, Londres, 2018, cap. 2, "Society and the Individual", e a introdução de Evans, pp. XVI-XVII.

3. Leo Tolstoy, *War and Peace*, trad. Louise e Aylmer Maude, Ware, 2001, pp. XI, 541-4, 777-8, 889-92, 929-58.

4. Imanuel Geiss, "Die Rolle der Persönlichkeit in der Geschichte: zwischen Überbewerten und Verdrängen", em Michael Bosch (Org.), *Persönlichkeit und Struktur in der Geschichte*, Düsseldorf, 1977, p. 23.

5. Volker R. Berghahn e Simone Lässig (Orgs.), *Biography between Structure and Agency*, Nova York e Oxford, 2008, p. 19.

6. Hans-Peter Schwarz, *Das Gesicht des Jahrhunderts: Monster, Retter und Mediokritäten*, Berlim, 1998, p. 18. Margaret MacMillan, *History's People: Personalities and the Past*, Londres, 2017, apresenta cinco ensaios temáticos que visam determinar o papel desempenhado por figuras de liderança do passado dentro do contexto mais amplo de estruturas econômicas, sociais e culturais impessoais e correntes que configuram mudança histórica.

7. Jean-Baptiste Decherf, *Le Grand Homme et son pouvoir*, La Tour d'Aigues, 2017, pp. 7-59, explora as raízes e o desenvolvimento da imagem do "grande homem".

8. Thomas Carlyle, *On Heroes, Hero-Worship, and the Heroic in History*, Londres, 1841, reimp, [s.d.], II.

9. Ibid., CXXVI.

10. Diz-se que sua biografia "heroica" de Frederico, o Grande, emocionou Hitler até as lágrimas quando o drama final no bunker de Berlim se aproximava, em 1945. H. R. Trevor-Roper, *The Last Days of Hitler* (1947), Londres, 1973, p. 140.

11. Jacob Burckhardt, *Weltgeschichtliche Betrachtungen* (1ª ed., Berlim-Stuttgart, 1905, citada aqui da edição de C. H. Beck, com pós-escrito de Jürgen Osterhammel), Munique, 2018, pp. 217-9.

12. Ibid., p. 219.

13. Ibid., pp. 238, 246.

14. Ibid., p. 258.

15. Ibid., pp. 250-1.

16. Ibid., pp. 222-3.

17. Lucy Riall, "The Shallow End of History? The Substance and Future of Political Biography". *Journal of Interdisciplinary History*, v. 40, n. 3, pp. 375-97, 2010; Id., *Garibaldi: Invention of a Hero*, New Haven e Londres, 2007, pp. 390-97.

18. Lucy Riall, *Garibaldi*, p. 387.

19. Ibid., p. 397.

20. Joachim C. Fest, *Hitler*, Londres, 1974, pp. 3-9; Id., "On Remembering Adolf Hitler". *Encounter*, v. 41, n. 4, p. 19, out. 1973.

21. Geoffrey Best, *Churchill: A Study in Greatness*, Londres, 2001, pp. 329-30, destacando que "seu direito à grandeza apoia-se em conquistas no campo da guerra e da política", alega que "ele fez o que [...] os maiores homens são capazes de fazer: mudou o curso aparente da história". Geoffrey Wheatcroft, *Churchill's Shadow*, Londres, 2021, caps. 19-21, mostra a extraordinária disseminação do "mito" Churchill após sua morte.

22. Andrew Roberts, *Churchill: Walking with Destiny*, Londres, 2019, pp. 786-9.

23. Max Weber, *Economy and Society*, org. Günther Roth e Claus Wittich, Berkeley, Los Angeles e Londres, 1978, pp. 215-6, 241-54, 1111-57. Arthur Schweitzer, *The Age of Charisma*, Chicago, 1984, aplica o conceito de Weber a vários políticos modernos.

24. Frank Dikötter, *How to Be a Dictator: The Cult of Personality in the Twentieth Century*, Londres, 2019, apresenta vários exemplos esclarecedores.

25. Karl Marx, *The Eighteenth Brumaire of Louis Bonaparte*, Moscou, 1954, p. 10. (Eu corrigi levemente a tradução para o inglês.)

26. *The Eighteenth Brumaire*, Amazon, reimp., [s.d.], pp. 35-7.

27. Archie Brown, *The Myth of the Strong Leader*, Londres, 2014, pp. 24 e 61.

28. Heather Elizabeth Mitterer, "The Role of Personality in Leader Effectiveness", 22 jan. 2014. Disponível em: <https://sites.psu.edu/leadership/2014/01/22/the-role-of-personality-in-leader-effectiveness/>. Acesso em: nov. 2021.

29. Michael Mann, *The Sources of Social Power*, v. 3: *Global Empires and Revolution, 1890-1945*, Cambridge, 2012, pp. 5-13.

30. Max Weber, op. cit., p. 53.

31. Michael Mann, op. cit., p. 13.
32. Veja Archie Brown, *The Myth of the Strong Leader*, p. 45.
33. Ruth Ben-Ghiat, *Strongmen*, Nova York, 2020, põe Trump e outros líderes populistas recentes numa linha genealógica que remonta aos grandes ditadores do século xx.

I. VLADÍMIR ILITCH LÊNIN: LÍDER REVOLUCIONÁRIO, FUNDADOR DO ESTADO BOLCHEVIQUE [pp. 33-61]

1. Robert Service, *Lenin: A Biography*, Londres, 2000, pp. 134-5, para a mudança de nome.
2. Hans-Peter Schwarz, op. cit., p. 231.
3. Geoffrey Hosking, *Russia and the Russians*, Londres, 2001, pp. 362-85.
4. Michael Mann, *The Sources of Social Power*, v. 3: *Global Empires and Revolution*, 1890-1945, Cambridge, 2012, pp. 174-90, esp. pp. 182-3, 188-9.
5. Robert Service, *Lenin*, p. 232.
6. Dimitri Volkogonov, *Lenin: Life and Legacy*, Londres, 1995, pp. 110 e 156.
7. Robert Service, *Lenin*, pp. 204, 212, 247, 274.
8. Michael Mann, *Lenin*, p. 175.
9. Ibid., p. 184.
10. Victor Sebestyen, *Lenin the Dictator: An Intimate Portrait*, Londres, 2017, pp. 22-3.
11. Ibid., pp. 156-7.
12. Robert Service, *Lenin*, pp. 200, 232.
13. Ibid., pp. 19 e 22; Robert Payne, *Lenin*, Nova York, 1964, p. 14.
14. Robert Service, *Lenin*, p. 197, lista catorze grandes cidades europeias.
15. Victor Sebestyen, op. cit., pp. 30, 184-7.
16. Sumários no livro de Robert Payne, op. cit., pp. 147-54; Victor Sebestyen, op. cit., pp. 138--41; Robert Service, *Lenin*, pp. 135-9.
17. Robert Service, *Lenin*, pp. 152-3.
18. Ibid., pp. 171, 176.
19. Geoffrey Hosking, *Russia and the Russians*, p. 361.
20. Robert Service, *Lenin*, p. 259.
21. Ibid., pp. 263-5; Martin McCauley (Org.), *The Russian Revolution and the Soviet State 1917--1921. Documents*, Londres, 1975, pp. 54-5.
22. Lars T. Lih, "'All Power to the Soviets!' Biography of a Slogan", *International Relations*, 24 jul. 2017. Disponível em: <https://socialistproject.ca/2017/07/b1454/>. Acesso em: nov. 2021.
23. Robert Service, *Lenin*, p. 269.
24. Dimitri Volkogonov, op. cit., cap. 5, contém retrospectos de cada um deles.
25. Michael Mann, op. cit., pp. 185-6.
26. Geoffrey Hosking, *A History of the Soviet Union*, Londres, 1985, p. 43.
27. Victor Sebestyen, op. cit., p. 337, para citações.
28. Leonard Schapiro, *1917*, Londres, 1985, pp. 131-2.
29. Isaac Deutscher, *The Prophet Armed: Trotsky, 1879-1921*, Oxford, 1970, pp. 311-2.
30. Robert Service, *Lenin*, pp. 308-9.

31. Isaac Deutscher, op. cit., p. 325; Robert Service, *Trotsky: A Biography*, Londres, 2009, p. 191.
32. Robert Gellately, *Lenin, Stalin and Hitler: The Age of Social Catastrophe*, Londres, 2007, pp. 42-3.
33. Robert Service, *A History of Twentieth-Century Russia*, Londres, 1998, p. 73.
34. Leonard Schapiro, op. cit., caps. 9-10; Robert Service, *Lenin*, pp. 314-9.
35. Victor Sebestyen, op. cit., p. 381; também Robert Payne, op. cit., p. 426.
36. Leonard Schapiro, op. cit., pp. 147-9; Robert Service, *A History of Twentieth-Century Russia*, pp. 74-5.
37. Orlando Figes, *A People's Tragedy: The Russian Revolution 1891-1924*, Londres, 1996, pp. 631 e 642; Robert Gellately, op. cit., pp. 46-8.
38. Orlando Figes, *A People's Tragedy*, pp. 630-1.
39. Dimitri Volkogonov, op. cit., p. 313 (também pp. 306 e 311).
40. Orlando Figes, *A People's Tragedy*, pp. 627-9.
41. Dimitri Volkogonov, op. cit., pp. 148-9 (e cap. 5 para descrição do entorno de Lênin).
42. Evan Mawdsley, *The Russian Civil War*, Londres, 2000, p. 7, para o tamanho do exército.
43. Robert Service, *Lenin*, pp. 336-40 (citação p. 339); Evan Mawdsley, op. cit., pp. 42-6.
44. Id., *Trotsky*, p. 216.
45. Id., *Lenin*, p. 403.
46. Orlando Figes, *A People's Tragedy*, pp. 618, 622-3; Id., *Revolutionary Russia 1891-1991*, Londres, 2014, p. 153.
47. Robert Service, *Lenin*, p. 363; Robert Gellately, op. cit., p. 53.
48. Dimitri Volkogonov, op. cit., pp. 233-4.
49. Ibid., pp. 235-40.
50. Orlando Figes, *A People's Tragedy*, pp. 640, 647, 649 (e pp. 627-49 genericamente para a expansão do terror).
51. Robert Service, *Lenin*, p. 443 (e, para mais indicações da defesa que Lênin fez do terror, pp. 395, 411-2, 431, 435, 444).
52. Orlando Figes, *Revolutionary Russia*, p. 159.
53. Robert Service, *Lenin*, pp. 408-9; Dimitri Volkogonov, op. cit., p. 388; Victor Sebestyen, op. cit., pp. 460-1; Robert Payne, op. cit., p. 525; Robert Service, *Trotsky*, pp. 272-8.
54. Evan Mawdsley, op. cit., pp. 349-61.
55. Robert Service, *Lenin*, pp. 412, 418-9.
56. Geoffrey Hosking, *A History of the Soviet Union*, pp. 134-5.
57. Orlando Figes, *Revolutionary Russia*, pp. 166-7, 190.
58. Robert Service, *Lenin*, pp. 422-33.
59. Orlando Figes, *Revolutionary Russia*, pp. 189-94.
60. Este parágrafo baseia-se em Robert Service, *Lenin*, caps. 26-7.
61. Stephen Kotkin, *Stalin: Paradoxes of Power 1878-1928*, Londres, 2015, pp. 498-501.
62. Archie Brown, *The Myth of the Strong Leader*, p. 217.
63. Robert Service, *Lenin*, pp. 475-81, para os últimos meses e a morte.
64. Jan Plamper, *The Stalin Cult*, New Haven e Londres, 2012, p. 22.
65. Arthur Schweizer, *The Age of Charisma*, Chicago, 1984, p. 167.
66. Moshe Lewin, *The Making of the Soviet System*, Londres, 1985, pp. 57-71.
67. Jan Plamper, op. cit., p. 24.

68. Orlando Figes, *Revolutionary Russia*, pp. 181-2.

69. "Russos dizem que Lênin desempenhou papel positivo: Pesquisa de opinião". Disponível em: <https://www.rferl.org/a/russia-lenin-positive-role-levada-poll/28441045.html>. Acesso em: nov. 2021.

70. Alice Underwood, "Why Lenin's Corpse Lives On in Putin's Russia". Disponível em: <https://www.wilsoncenter.org/blog-post/why-lenins-corpse-lives-putins-russia>. Acesso em: nov. 2021.

2. BENITO MUSSOLINI: ÍCONE DO FASCISMO [pp. 65-93]

1. No outro lado do Atlântico, Mussolini desfrutou de "grande popularidade" nos Estados Unidos. John P. Diggins, *Mussolini and Fascism: The View from America*, Princeton, 1972, p. 23.

2. Winston S. Churchill, *The Second World War*, v. 2: *Their Finest Hour*, Londres, 1949, p. 548.

3. Denis Mack Smith, *Mussolini*, Londres, 1983, pp. XIV, 122; citação em A. J. P. Taylor, *The Origins of the Second World War*, Harmondsworth, 1964, p. 85; R. J. B. Bosworth, *Mussolini*, Londres, 2002, p. 424.

4. R. J. B. Bosworth, *The Italian Dictatorship*, Londres, 1998, pp. 76-81, pesquisa a persistência das desdenhosamente depreciativas visões de Mussolini como um "ditador charlatão" ou como um "Cesar feito de serragem" — efetivamente um pretensioso vaso vazio.

5. Luisa Passerini, *Mussolini Immaginario*, Roma e Bari, 1991, pp. 70-6, 99-101.

6. Hans Woller, *Mussolini: Der erste Faschist*, Munique, 2016, pp. 57-8.

7. Ibid., pp. 59-60; R. J. B. Bosworth, *Mussolini*, p. 110; Denis Mack Smith, op. cit., p. 33.

8. Emilio Gentile, "Paramilitary Violence in Italy: The Rationale of Fascism and the Origins of Totalitarianism", em Robert Gerwarth e John Horne (Orgs.), *War in Peace: Paramilitary Violence in Europe after the Great War*, Oxford, 2012, p. 89.

9. Adrian Lyttelton, *The Seizure of Power: Fascism in Italy 1919-1929*, Londres, 1987, p. 77; Robert O. Paxton, *The Anatomy of Fascism*, Londres, 2004, pp. 117-8.

10. Dominique Kirchner Reill, *The Fiume Crisis*, Cambridge, Mass., 2020, pp. 16-21.

11. Emilio Gentile, "Paramilitary Violence in Italy", pp. 89-92; Michael Mann, *Fascists*, Cambridge, 2004, pp. 100-18; Wolfgang Schieder (Org.), *Faschismus als soziale Bewegung*, Hamburgo, 1976, p. 75.

12. Roger Griffin, *The Nature of Fascism*, Londres, 1991, pp. 26-7.

13. Michael R. Ebner, *Ordinary Violence in Mussolini's Italy*, Nova York, 2011, pp. 25-34; Matteo Millan, "The Institutionalisation of Squadrismo", *Contemporary European History*, v. 22, n. 4, p. 556, 2014; Jens Petersen, "Violence in Italian Fascism, 1919-25", em Wolfgang J. Mommsen e Gerhard Hirschfeld (Orgs.), *Social Protest, Violence and Terror in Nineteenth- and Twentieth-Century Europe*, Londres, 1982, pp. 280-94, fornecem estatística da escala da violência.

14. Adrian Lyttelton, *Seizure*, pp. 44-6; Denis Mack Smith, op. cit., p. 52, para o descarte do programa de 1919.

15. Paul Corner, *Fascism in Ferrara 1915-1925*, Oxford, 1975, pp. 170-6.

16. Frank M. Snowden, *The Fascist Revolution in Tuscany, 1919-22*, Cambridge, 1989, pp. 60-1, 102, 147.

17. Emilio Gentile, "Fascism in Power: The Totalitarian Experiment", em Adrian Lyttelton (Org.), *Liberal and Fascist Italy*, Oxford, 2002, p. 144.

18. MacGregor Knox, *To the Threshold of Power, 1922/33*, Cambridge, 2007, p. 328; Hans Woller, *Mussolini*, pp. 72-4; R. J. B. Bosworth, *Mussolini*, pp. 157-62; Pierre Milza, *Mussolini*, Paris, 1999, pp. 282-9.

19. MacGregor Knox, *To the Threshold of Power*, p. 329.

20. Marco Tarchi, "Italy: Early Crisis and Fascist Takeover", em Dirk Berg-Schlosser e Jeremy Mitchell (Orgs.), *Conditions of Democracy in Europe, 1919-1939: Systematic Case-Studies*, Basingstoke, 2000, pp. 304-13.

21. MacGregor Knox, *To the Threshold of Power*, pp. 268-81, 327.

22. Giulia Albanese, *The March on Rome: Violence and the Rise of Italian Fascism*, Londres, 2019, pp. x, xiii, 74-7, 86-7.

23. Denis Mack Smith, op. cit., pp. 62-3.

24. Giulia Albanese, op. cit., pp. 91-2.

25. Hans Woller, *Mussolini*, p. 67.

26. Wolfgang Schieder, *Faschismus*, pp. 80-3, para o crescimento do partido e a mudança de seu caráter social.

27. Adrian Lyttelton, "Fascism in Italy: The Second Wave", em George L. Mosse (Org.), *International Fascism: New Thoughts and New Approaches*, Londres e Beverley Hills, 1979, pp. 45, 48.

28. R. J. B. Bosworth, *Mussolini*, p. 199; Adrian Lyttelton, *Seizure*, p. 250.

29. Adrian Lyttelton, "Fascism in Italy", pp. 47-8.

30. R. J. B. Bosworth, *Mussolini*, p. 203; Adrian Lyttelton, *Seizure*, pp. 265-6; Milza, op. cit., pp. 345-50.

31. Hans Woller, *Mussolini*, pp. 115-7.

32. Matteo Millan, op. cit., p. 550; Adrian Lyttelton, *Seizure*, pp. 269-307, trata extensivamente do Farinacci Secretariat e do declínio do partido; Pierre Milza, op. cit., cap. 12, destaca as partes componentes da estrutura de poder sob Mussolini.

33. Michael R. Ebner, op. cit., pp. 48-71.

34. Emilio Gentile, "Fascism in Power", p. 169.

35. Amedeo Osti Guerrazzi, "Das System Mussolini. Die Regierungspraxis des Diktators 1922 bis 1943 im Spiegel seiner Audienzen", *Vierteljahrshefte für Zeitgeschichte*, v. 66, n. 2, pp. 217-25, 2018.

36. Hans Woller, *Mussolini*, pp. 118-9.

37. Emilio Gentile, *The Sacralization of Politics in Fascist Italy*, Cambridge, Mass., 1996, pp. 136-9.

38. Stephen Gundle, Christopher Duggan e Giuliana Pieri (Orgs.), *The Cult of the Duce: Mussolini and the Italians*, Manchester, 2015, esp. pp. 2-4, 27-40; Christopher Duggan, *Fascist Voices*, Londres, 2012, pp. xi, 230, 241, 279; Piero Melograni, "The Cult of the Duce in Mussolini's Italy", em George Mosse, op. cit., pp. 73-90; Frank Dikötter, *How to Be a Dictator*, Londres, 2019, pp. 14-9; Hans Woller, *Mussolini*, pp. 114-5; Pierre Milza, op. cit., pp. 555-62; Paul Corner, *The Fascist Party and Popular Opinion in Mussolini's Italy*, Oxford, 2012, pp. 210-1, 280; id. (Org.), *Popular Opinion in Totalitarian Regimes*, Oxford, 2009, pp. 122-46.

39. Paul Corner, *Popular Opinion in Totalitarian Regimes*, pp. 138-41; John Gooch, *Mussolini's War*, Londres, 2020, p. 33.

40. Denis Mack Smith, op. cit., pp. 220-1.

41. MacGregor Knox, *Mussolini Unleashed 1939-1941*, Cambridge, 1986, pp. 9-10.

42. *Ciano's Diary 1937-1943*, Londres, 2002, p. 102 (18 jun. 1938), p. 110 (17 jul. 1938), pp. 152-3 (4 nov. 1938), p. 208 (27 mar. 1939).

43. O termo foi usado inicialmente em Hans Mommsen, *Beamtentum im Dritten Reich*, Stuttgart, 1966, p. 98, n. 26.

44. MacGregor Knox, *Common Destiny: Dictatorship, Foreign Policy, and War in Fascist Italy and Nazi Germany*, Cambridge, 2000, pp. 142-3.

45. Christian Goeschel, *Mussolini and Hitler*, New Haven e Londres, 2018, pp. 45-52.

46. Ibid., pp. 89-90.

47. *Ciano's Diary*, p. 201 (15 mar. 1939).

48. MacGregor Knox, *Common Destiny*, pp. 137-44; John Gooch, op. cit., pp. 15-7.

49. John Gooch, op. cit., p. 33.

50. Joe Maiolo, *Cry Havoc: The Arms Race and the Second World War 1931-1941*, Londres, 2010, pp. 196-202; John Gooch, op. cit., pp. 55-6; MacGregor Knox, *Common Destiny*, pp. 150-1.

51. Paul Corner, *Popular Opinion*, pp. 138-41; Christian Goeschel, "Mussolini, Munique and the Italian People", em Julie Gottlieb, Daniel Hucker e Richard Toye (Orgs.), *The Munique Crisis: Politics and the People*, Manchester, 2021, pp. 156-8, 161, 165-6.

52. Hans Woller, *Geschichte Italiens im 20. Jahrhundert*, Munique, 2010, pp. 153-61; id., *Mussolini*, pp. 164-71; R. J. B. Bosworth, *Mussolini*, pp. 338-44.

53. Michele Sarfatti, *The Jews in Mussolini's Italy*, Maddison, Wisconsin, 2000, pp. x, 42-3, 53-4.

54. *Ciano's Diary*, p. 264 (24 ago. 1939).

55. MacGregor Knox, *Mussolini Unleashed*, pp. 104-5.

56. Hans Woller, *Mussolini*, p. 209.

57. MacGregor Knox, *Mussolini Unleashed*, pp. 18-30.

58. Hans Woller, *Mussolini*, p. 200.

59. John Gooch, op. cit., pp. 296, 350.

60. Filippo Focardi, "Italy's Amnesia over War Guilt: The 'Evil Germans' Alibi", *Mediterranean Quarterly*, v. 25, n. 4, p. 8, 2014; Hans Woller, *Mussolini*, pp. 233-4.

61. Claudia Baldoli, "Spring 1943: The Fiat Strikes and the Collapse of the Italian Home Front", *History Workshop Journal*, v. 71, n. 1, pp. 181-9, 2011; John Gooch, op. cit., p. 365.

62. R. J. B. Bosworth, *Mussolini*, pp. 403-4.

63. Hans Woller, *Mussolini*, pp. 298-301; MacGregor Knox, "Das faschistische Italien und die 'Endlösung' 1942/43", *Vierteljahrshefte für Zeitgeschichte*, v. 55, pp. 53-5, 77-9, 91-2, 2007; Meir Michaelis, *Mussolini and the Jews*, Oxford, 1978, pp. 323, 348-50, 389-90, 408-14.

64. Claudio Pavone, *A Civil War: A History of the Italian Resistance*, Londres, 1991, 2014, cap. 5; Hans Woller, *Geschichte Italiens*, pp. 197-8; H. James Burgwyn, *Mussolini and the Salò Republic 1943-1945*, Cham, 2018, pp. 335-6.

65. Hans Woller, *Die Abrechnung mit dem Faschismus in Italien 1943-1948*, Munique, 1996, p. 279.

66. Paul Ginsborg, *A History of Contemporary Italy: Society and Politics 1943-1988*, p. 92.

67. Hans Woller, *Die Abrechnung*, pp. 271-3; Filippo Focardi e Lutz Klinkhammer, "The Question of Fascist Italy's War Crimes: The Construction of a Self-Acquitting Myth (1943-1948)", *Journal of Modern Italian Studies*, v. 9, n. 3, pp. 330-48, 2004.

68. Disputas quanto ao nível de suporte do ditador surgiram especialmente após a publicação do volume 4, *Mussolini il duce: Gli anni del consenso 1929-1936*, Turim, 1974. Uma forte crítica ao

método, à abordagem e à avaliação de De Felice é apresentada por Wolfgang Schieder, *Faschistische Diktaturen*, Göttingen, 2008, pp. 50-5.

69. Michael A. Ledeen, "Renzo De Felice and the Controversy over Italian Fascism", *Journal of Contemporary History*, v. 11, n. 4, pp. 269-82, out. 1976; Renzo De Felice e Michael A. Ledeen, *Fascism: An Informal Introduction to Its Theory and Practice*, Londres, 1976, 2017.

70. Stephen Gundle et al., op. cit., pp. 252-4.

71. Ruth Ben-Ghiat, *Strongmen*, Nova York e Londres, 2020, pp. 79-83 e 244-5, avalia o apelo dos "homens fortes" Silvio Berlusconi e Matteo Salvini.

72. Angelo Amante, "Half of Italians Want 'Strongman' in Power, Survey Shows". Disponível em: <https://www.reuters.com/article/us-italy-politics-survey-IDUSKBN1YA1X5>. Acesso em: nov. 2021.

73. Hans Woller, *Mussolini*, pp. 317-23; R. J. B. Bosworth, *Mussolini*, pp. 413-9.

74. Disponível em: <https://en.wikipedia.org/wiki/Benito_Mussolini>. Acesso em: nov. 2021.

3. ADOLF HITLER: INSTIGADOR DE GUERRA E DE GENOCÍDIO [pp. 97-125]

1. Jeremy Noakes e Geoffrey Pridham (Orgs.), *Nazism 1919-1945*, v. 3, Exeter, 1988, pp. 764-5 (também p. 740). Referências completas para este capítulo podem ser encontradas em minha biografia em dois volumes: Ian Kershaw, *Hitler, 1889-1936*, Londres, 1998, e *Hitler, 1936-1945*, Londres, 2000. Outras biografias substanciais incluem: Alan Bullock, *Hitler: A Study in Tyranny*, 2ª ed., Harmondsworth, 1962; Joachim C. Fest, *Hitler*, Londres, 1974; e Volker Ullrich, *Hitler* (2 v.), Londres, 2016, 2020; Peter Longerich, *Hitler: A Life*, Londres, 2019. Brendan Simms, *Hitler: Only the World Was Enough*, Londres, 2019, é praticamente o único que alega que a preocupação ideológica central de Hitler era o capitalismo anglo-americano.

2. As várias atitudes em relação a Hitler são resumidas em Ian Kershaw, *The "Hitler Myth": Image and Reality in the Third Reich*, Oxford, 1987, pp. 264-6.

3. Hans Mommsen, "Nationalsozialismus", *Sowjetsystem und demokratische Gesellschaft*, v. 4, Freiburg, 1971, coluna 702.

4. Claudia Schmölders, *Hitlers Gesicht*, Munique, 2000, pp. 7-14.

5. Eberhard Jäckel e Axel Kuhn (Orgs.), *Hitler: Sämtliche Aufzeichnungen 1905-1924*, Stuttgart, 1980, p. 69.

6. Thomas Weber, *Hitler's First War*, Oxford, 2010, pp. 250-5, 345-6.

7. Jeremy Noakes e Geoffrey Pridham, *Nazism 1919-1945*, v. 1, Exeter, 1983, p. 13.

8. A edição autorizada é agora a produzida pelo Institut für Zeitgeschichte em Munique: *Hitler. Mein Kampf: Eine kritische Edition*, org. Christian Hartmann et al., Munique, 2016.

9. Ponto enfatizado na primeira análise sistemática de *Mein Kampf* por Eberhard Jäckel, *Hitlers Weltanschauung: Entwurf einer Herrschaft*, Tübingen, 1969, pp. 140-1; e mais recentemente por Laurence Rees, *Hitler and Stalin*, Londres, 2020, pp. 1-2.

10. Lothar Machtan, *The Hidden Hitler*, Londres, 2001, pp. 88-93 (citação p. 93).

11. Anton Joachimsthaler, *Hitlers Liste*, Munique, 2003, descarta muitas histórias infundadas e lança luz especialmente sobre suas relações com mulheres.

12. Otto Gritschneder, *Der Hitler-Prozeß und sein Richter Georg Neithardt*, Munique, 2001, p. 51.

13. Gregor Strasser usou uma linguagem feudal — "Duque e vassalo" — ao descrever em 1927 o relacionamento do líder e seguidores como a essência do Partido Nazista. Jeremy Noakes e Geoffrey Pridham, op. cit., v. 1, p. 54.

14. Kurt Sontheimer, *Antidemokratisches Denken in der Weimarer Republik*, Munique, 1962, p. 271.

15. Richard J. Evans, *The Coming of the Third Reich*, Londres, 2003, fornece um guia perceptivo e extenso da crise de muitas camadas.

16. Martin Broszat, *German National Socialism, 1919-1945*, Santa Barbara, 1966, pp. 58-9.

17. Heinrich August Winkler, *Weimar 1918-1933: Die Geschichte der ersten deutschen Demokratie*, caps. 14-8, é excelente guia para as complexidades da crise política que se aprofundava e que se tornaria terminal.

18. Dietrich Orlow, *The History of the Nazi Party 1919-1933*, Newton Abbot, 1971, pp. 294-6.

19. Benjamin Carter Hett, *Burning the Reichstag*, Oxford e Nova York, 2014, lança nova dúvida na longamente sustentada ideia de que um jovem holandês ex-comunista, Marinus van der Lubbe, foi o único perpetrador.

20. Importantes juristas constitucionais destacaram essa interpretação. Jeremy Noakes e Geoffrey Pridham, op. cit., v. 2, pp. 200, 476, 486.

21. Ibid., v. 2, p. 200.

22. Franz Neumann (Org.), *Behemoth: The Structure and Practice of National Socialism*, Londres, 1942, p. 75, esteve entre os primeiros a ressaltar a importância do poder carismático de Hitler. Laurence Rees, *The Dark Charisma of Adolf Hitler*, Londres, 2012, avalia seu impacto.

23. Jeremy Noakes e Geoffrey Pridham, op. cit., v. 2, p. 207.

24. Heike B. Görtemaker, *Hitlers Hofstaat*, Munique, 2019, explora a composição e o caráter do círculo do Berghof.

25. Leonidas E. Hill (Org.), *Die Weizsäcker-Papiere 1933-1950*, Frankfurt, 1974, p. 162.

26. Helmut Krausnick e Hans-Heinrich Wilhelm, *Die Truppe des Weltanschauungskrieges*, Stuttgart, 1981, p. 86.

27. Christopher R. Browning, *The Origins of the Final Solution*, Jerusalém, 2004, p. 241.

28. Gerald Fleming, *Hitler und die Endlösung*, Wiesbaden, 1982, p. 86.

29. Elke Fröhlich (Org.), *Die Tagebücher von Joseph Goebbels*, parte 2, v. 2, Munique, 1996, p. 498.

30. Jeremy Noakes e Geoffrey Pridham, op. cit., v. 3, p. 1049.

31. Peter Longerich, *The Unwritten Order: Hitler's Role in the Final Solution*, Londres, 2001, p. 106.

32. P. ex., Peter Witte et al., *Der Dienstkalender Heinrich Himmlers 1941/42*, Hamburgo, 1999, p. 294, registra a concordância de Hitler, em 18 de dezembro de 1941, com que os judeus fossem exterminados. Gerald Fleming, op. cit., pp. 62-8, 163-5, para a alegação de Himmler de que tinha a aprovação de Hitler para suas ações.

33. Peter Longerich, *The Unwritten Order*, p. 119.

34. Nicolaus von Below, *Als Hitlers Adjutant 1937-45*, Mainz, 1980, p. 398.

35. Ralf Dahrendorf, *Society and Democracy in Germany*, Londres, 1968, pp. 402, 404.

36. Mary Fulbrook, *Reckonings*, Oxford, 2018, pp. 245-58.

4. IÓSSIF STÁLIN: ATERRORIZADOR DE SEU PRÓPRIO POVO, HERÓI DA "GRANDE GUERRA PATRIÓTICA" [pp. 129-57]

1. Nikita Khrushchev, *Khrushchev Remembers*, Londres, 1971, p. 587.
2. A seção que se segue baseia-se principalmente em Robert Service, *Stalin: A Biography*, Londres, 2004; Robert C. Tucker, *Stalin as Revolutionary 1879-1929*, Londres, 1974 (= Tucker 1); Simon Sebag Montefiore, *Stalin: The Court of the Red Tsar*, Londres, 2003; Edvard Radzinsky, *Stalin*, Nova York, 1996; e no mais recente, exaustivamente detalhado estudo por Stephen Kotkin, *Stalin: Paradoxes of Power, 1878-1928*, Londres, 2015 (= Kotkin 1) [Ed. bras.: *Stálin: Paradoxos do poder, 1878-1928*. São Paulo: Objetiva, 2017].
3. Robert Service, *Stalin*, pp. 10-1, resume a questão.
4. Laurence Rees, *Hitler and Stalin: The Tyrants and the Second World War*, Londres, 2020, p. xxvi.
5. Nikita Khrushchev, op. cit., p. 307.
6. Stephen Kotkin, *Stalin: Waiting for Hitler, 1929-1941*, Londres, 2018 (= Kotkin 2), pp. 234-5, 492-3.
7. Simon Sebag Montefiore, op. cit., pp. 305-6.
8. Ibid., pp. 259-61.
9. Kotkin 1, p. 422.
10. Evan Mawdsley, *The Stalin Years: The Soviet Union, 1929-1953*, Manchester, 1998, p. 80.
11. Veja Robert Service, *Stalin*, pp. 165-6.
12. Adam B. Ulam, *Stalin: The Man and His Era*, Boston, 1989, pp. 218-9; Tucker 1, pp. 288-9.
13. É duvidoso que Lênin, que em 1923 estava quase totalmente incapacitado por uma série de AVCs, tenha realmente escrito ou ditado o documento. É plausível que estivesse ali à mão de sua mulher, Krúpskaia, assim como à de Stálin, buscando turvar as águas da sucessão com comentários depreciativos sobre os outros contendores; Kotkin 1, pp. 498-501.
14. Veja Robert Service, *Stalin*, p. 147: "Se ele tivesse morrido em setembro de 1917, ninguém, com certeza, teria escrito sua biografia". A data terminal poderia ser estendida até 1924 e a revelação do testamento de Lênin.
15. Veja Moshe Lewin, *The Making of the Soviet System*, cap. 11, "The Social Background of Stalinism".
16. Robert Service, *A History of Twentieth-Century Russia*, p. 162.
17. Uma exposição clara das rivalidades em Tucker 1, pp. 299-303.
18. Kotkin 1, pp. 662-76; Alec Nove, *Stalinism and After*, Londres, 1981, pp. 29-37.
19. Hans Mommsen, "Cumulative Radicalisation and Progressive Self-Destruction as Structural Determinant of the Nazi Dictatorship", em Ian Kershaw e Moshe Lewin (Orgs.), *Stalinism and Nazism: Dictatorships in Comparison*, Cambridge, 1997, pp. 75-87.
20. Moshe Lewin, "Bureaucracy and the Stalinist State", em Ian Kershaw e Moshe Lewin, op. cit., pp. 62-3, para um crescimento de 15% no funcionalismo entre 1928 e 1939.
21. Kotkin 2, p. 162; Moshe Lewin, *The Soviet Century*, Londres, 2005, pp. 84-9; Richard Overy, *The Dictators: Hitler's Germany, Stalin's Russia*, Londres, 2004, pp. 65 e 169.
22. O culto a Stálin irrompe em 1929, em conexão com as comemorações do 51º aniversário do ditador. Esteve então relativamente adormecido por três anos, possivelmente para evitar que se ligasse Stálin aos tumultos da coletivização, antes de voltar ainda mais expansivamente a partir de meados de 1933 em diante. Jan Plamper, *The Stalin Cult*, New Haven e Londres, 2012, pp. 29 e 36.

23. Robert C. Tucker, *Stalin in Power: The Revolution from Above, 1928-1941*, Nova York, 1990 (= Tucker 2), p. 444.
24. Kotkin 2, p. 497.
25. Kotkin 1, p. 739.
26. Kotkin 2, p. 131.
27. Archie Brown, *The Myth of the Strong Leader*, p. 256.
28. Robert Service, *A History of Twentieth-Century Russia*, p. 215.
29. Kotkin 2, pp. 391-3, 479, 542, 586, 618-9, 740.
30. Lew Besymenski, *Stalin und Hitler: Das Pokerspiel der Diktatoren*, Berlim, 2004, pp. 282-90.
31. Richard Overy, *Russia's War 1941-1945*, Londres, 1999, p. 117.
32. Ibid., pp. 287-8.
33. Laurence Rees, *War of the Century*, Londres, 1999, pp. 323-3; id., *Hitler and Stalin*, pp. 390-1; Robert Service, *Stalin*, p. 512.
34. Laurence Rees, *War of the Century*, pp. 152-3.
35. Jörg Baberowski, *Scorched Earth: Stalin's Reign of Terror*, New Haven e Londres, 2016, pp. 362-71; Sean McMeekin, *Stalin's War*, Londres, 2021, p. 317.
36. Jörg Baberowski, op. cit., pp. 376-7.
37. Ibid., pp. 316-7.
38. Ibid., pp. 328-34, 382-4; Sean McMeekin, op. cit., pp. 146-9.
39. Geoffrey Roberts, *Stalin's Wars*, New Haven e Londres, 2006, p. 22.
40. Ibid., pp. 20-2.
41. Simon Sebag Montefiore, op. cit., p. 334; Dmitri Volkogonov, *Stalin: Triumph and Tragedy*, Londres, 1991, p. 413; Geoffrey Hosking, *A History of the Soviet Union*, p. 272; Edvard Radzinsky, op. cit., p. 472.
42. Edvard Radzinsky, op. cit., pp. 472-3; Jörg Baberowski, op. cit., p. 358.
43. Laurence Rees, *War of the Century*, pp. 70-3; Ian Kershaw, *Fateful Choices: Ten Decisions that Changed the World, 1940-1941*, Londres, 2008, pp. 289-90.
44. Laurence Rees, *War of the Century*, pp. 63-4, para sua responsabilidade pela perda desastrosa de Kiev, quando 600 mil soldados do Exército Vermelho caíram nas mãos dos alemães.
45. John Erickson, *The Road to Stalingrad*, Londres, 1975 (ed. de 1998), pp. 335, 337-8; David M. Glanz e Jonathan House, *When Titans Clashed: How the Red Army Stopped Hitler*, Kansas, 1995, pp. 105-6.
46. John Erickson, op. cit., pp. 347, 349.
47. Marechal da União Soviética G. Zhukov, *Reminiscences and Reflections*, Moscou, 1985, v. 2, pp. 71-5, 86; Laurence Rees, *War of the Century*, pp. 123-4; Geoffrey Roberts, op. cit., pp. 122-6; Laurence Rees, *Hitler and Stalin*, pp. 196-202.
48. G. Zhukov, op. cit., p. 79; John Erickson, op. cit., pp. 370-1.
49. G. Zhukov, op. cit., pp. 87-100.
50. Geoffrey Roberts, op. cit., pp. 159-62; Glanz e House, op. cit., pp. 129, 198-201, 259, 266; Laurence Rees, *Hitler and Stalin*, pp. 369-70.
51. Laurence Rees, *World War Two behind Closed Doors*, Londres, 2008, pp. 211, 240-2; Sean McMeekin, op. cit., pp. 507-11, 600-2.
52. Edvard Radzinsky, op. cit., p. 497.

53. Hans-Peter Schwarz, op. cit., pp. 260-1; Richard Overy, *Russia's War*, p. 291.

54. *War Diaries 1939-1945: Field Marshal Lord Alanbrooke*, orgs. Alex Danchev e Daniel Todman, Londres, 2001, p. 301 (14 ago. 1942).

55. Robert Service, *Stalin*, p. 512; Simon Sebag Montefiore, op. cit., pp. 436-7.

56. Robert Service, *Stalin*, p. 583.

57. Ibid., pp. 561, 563-4.

58. Ibid., p. 630.

59. Moshe Lewin, *The Making of the Soviet System*, p. 9. Veja também Moshe Lewin, *Soviet Century*, pp. 10-1.

60. Archie Brown, *The Myth of the Strong Leader*, p. 255.

61. Sean McMeekin, op. cit., pp. 652-5.

62. Robert Service, *Stalin*, pp. 635-6.

63. Geoffrey Roberts, op. cit., p. 3.

5. WINSTON CHURCHILL: O HERÓI DE GUERRA BRITÂNICO [pp. 161-89]

1. David Reynolds, *In Command of History*, Londres, 2004, p. xxi: "Churchill, o historiador, moldou nossa imagem de Churchill, o primeiro-ministro. E essa foi sua firme intenção".

2. Roy Jenkins, *Churchill*, Londres, 2001, p. 593.

3. Archie Brown, *The Myth of the Strong Leader*, p. 88; Roy Jenkins, op. cit., pp. 775-7.

4. Andrew Roberts, *Churchill*, pp. 904-6.

5. Ibid., p. 113.

6. Thomas Jones, *A Diary with Letters, 1931-1950*, Oxford, 1954, p. 204.

7. Andrew Roberts, *Churchill*, pp. 210-1.

8. Ibid., pp. 294, 310, 314-6.

9. Hans-Peter Schwarz, op. cit., p. 373.

10. Geoffrey Best, *Churchill: A Study in Greatness*, Londres, 2001, p. 138.

11. Andrew Roberts, *Churchill*, p. 183.

12. N. J. Crowson, *Facing Fascism: The Conservative Party and the European Dictators 1935-40*, Londres, 1997, p. 185.

13. Clive Ponting, *1940: Myth and Reality*, Chicago, 1993, p. 57.

14. Winston S. Churchill, *The Second World War*, v. I: *The Gathering Storm*, Londres, 1948, p. 601.

15. Andrew Roberts, *The Holy Fox: The Life of Lord Halifax*, Londres, 1997, p. 197.

16. Roy Jenkins, op. cit., pp. 577-82; Andrew Roberts, *Churchill*, pp. 494-500, para descrições do debate.

17. Clive Ponting, op. cit., p. 57.

18. Roy Jenkins, op. cit., pp. 583-5; Andrew Roberts, *Churchill*, pp. 507, 500-11; Clive Ponting, op. cit., pp. 65-6; Andrew Roberts, *The Holy Fox*, cap. 21.

19. Clive Ponting, op. cit., pp. 103-11; John Lukacs, *Five Days in London: May 1940*, New Haven e Londres, 2001; Ian Kershaw, *Fateful Choices*, cap. 1.

20. Clive Ponting, op. cit., pp. 110-1.
21. Andrew Roberts, *The Holy Fox*, p. 220.
22. O ministério do Exterior, sem a aprovação de Churchill, ainda considerou as possibilidades de uma aproximação, por intermédio da Suécia, a um acordo de paz, até meados de junho. Clive Ponting, op. cit., pp. 111-9.
23. Max Hastings, *Finest Years: Churchill as Warlord 1940-45*, Londres, 2009, pp. 76-7, 93, para exemplos.
24. Este parágrafo baseia-se em grande parte em Richard Toye, *The Roar of the Lion: The Untold Story of Churchill's World War II Speeches*, Oxford, 2015, pp. 227-32; também em Andrew Roberts, *Churchill*, pp. 535-6, 715-6.
25. Andrew Roberts, *Churchill*, pp. 572, 747.
26. Richard Toye, op. cit., p. 206.
27. Lord Moran, *Winston Churchill: The Struggle for Survival 1940-1965*, Londres, 1966, p. 292.
28. Andrew Roberts, *Churchill*, pp. 689-90; Max Hastings, op. cit., pp. 211-2.
29. *War Diaries*, op. cit., pp. xx-xxi.
30. Andrew Roberts, *Churchill*, p. 734.
31. Roy Jenkins, op. cit., pp. 622-4; Andrew Roberts, *Churchill*, pp. 573-4.
32. Roy Jenkins, op. cit., pp. 777-8; Max Hastings, op. cit., pp. 246-7; Andrew Roberts, *Churchill*, p. 715. A avaliação mais detalhada da efetividade dos bombardeios é fornecida por Richard Overy, *The Bombing War: Europe 1939-1945*, Londres, 2013.
33. John Colville, *The Fringes of Power: Downing Street Diaries 1939-1955*, Londres, 1985, p. 183; *War Diaries*, op. cit., p. 251.
34. Max Hastings, op. cit., p. xx; Andrew Roberts, *Churchill*, p. 736.
35. Max Hastings, op. cit., pp. 43-4.
36. Hans-Peter Schwarz, op. cit., p. 384.
37. Max Hastings, op. cit., pp. 124-30; Andrew Roberts, *Churchill*, p. 683.
38. Roy Jenkins, op. cit., p. 642; Max Hastings, op. cit., p. 117; John Colville, op. cit., p. 315.
39. *War Diaries*, op. cit., pp. 282-6; Max Hastings, op. cit., pp. 312-4.
40. Max Hastings, op. cit., pp. 478-82.
41. Ibid., pp. 493-6.
42. *War Diaries*, op. cit., pp. 458-9; Max Hastings, op. cit., pp. 409-21.
43. John Colville, op. cit., p. 574.
44. Andrew Roberts, *Churchill*, p. 812.
45. Laurence Rees, *Behind Closed Doors: Stalin, the Nazis and the West*, Londres, 2008, pp. 155-63.
46. Andrew Roberts, *Churchill*, p. 884.
47. Max Hastings, op. cit., pp. 359-60.
48. Laurence Rees, *Behind Closed Doors*, p. 214.
49. Lord Moran, op. cit., p. 141.
50. Laurence Rees, *Behind Closed Doors*, pp. 221, 239, 309, 315-7.
51. Diana Preston, *Eight Days at Yalta*, Londres, 2019, pp. 117, 245; Max Hastings, op. cit., p. 551.
52. Geoffrey Roberts, op. cit., pp. 220-1.
53. Geoffrey Best, op. cit., p. 332.

54. Roy Jenkins, op. cit., p. 792; Archie Brown, *The Myth of the Strong Leader*, p. 89.

55. Como fica claro em Paul Addison, *The Road to 1945: British Politics and the Second World War*, Londres, 1975.

56. Paul Addison, "The Three Careers of Winston Churchill", *Transactions of the Royal Historical Society*, 2001, p. 183.

57. David Carlton, *Churchill and the Soviet Union*, Manchester, 2000, pp. 131, 136, 141-3.

58. Hugo Young, *This Blessed Plot: Britain and Europe from Churchill to Blair*, Londres, 1998, pp. 6, 10-8 (citação p. 13).

59. Ibid., pp. 19-22.

60. Roy Jenkins, op. cit., p. 818.

61. Andrew Roberts, *Churchill*, pp. 948-9.

62. Ibid., p. 963.

63. Paul Addison, "The Three Careers", p. 185.

64. Andrew Roberts, *Churchill*, p. 959. John Charmley, *Churchill: The End of Glory*, Londres, 1993, enfatiza a perda do império como a contradição do que Churchill lutou para preservar, mas superestima seu papel de enxergar o que era um processo inexorável como resultante de uma falha em sua liderança.

65. Andrew Roberts, *Churchill*, pp. 943-4.

66. Roy Jenkins, op. cit., p. 818.

67. "Edward Heath, 'Um eurocético'? Churchill? Nunca'", *Independent*, 26 set. 1996. Disponível em: <https://www.independent.co.uk/archive>. Acesso em: nov. 2021.

68. Andrew Roberts, *Churchill*, p. 960.

69. Hugo Young, op. cit., p. 6.

70. A avaliação crítica do legado de Churchill por Geoffrey Wheatcroft em *Churchill's Shadow*, Londres, 2021, foi publicada depois de este capítulo ter sido escrito.

6. CHARLES DE GAULLE: RESTAURANDO A GRANDEZA DA FRANÇA [pp. 193-219]

1. Julian Jackson, *A Certain Idea of France: The Life of Charles de Gaulle*, Londres, 2019, p. 377 (discurso de 1959); Jean Lacouture, *De Gaulle: The Rebel, 1890-1944*, Londres, 1990, p. 215 (= Lacouture 1).

2. Hans-Peter Schwarz, op. cit., p. 208.

3. Ibid., p. 216.

4. Julian Jackson, op. cit., p. 305.

5. Charles de Gaulle, *War Memoirs*, v. 1: *The Call to Honour 1940-1942*, Londres, 1955 (= DG 1), p. 3.

6. Lacouture 1, p. 3; Julian Jackson, op. cit., p. 19.

7. Hans-Peter Schwarz, op. cit., p. 208.

8. Julian Jackson, op. cit., p. 329.

9. Ibid., p. 29.

10. Winston S. Churchill, *The Second World War*, v. 2: *Their Finest Hour*, Londres, 1949, p. 142.

11. John Colville, *Downing Street Diaries 1939-1955*, Londres, 1985, pp. 159-60.

12. DG 1, p. 86; Lacouture 1, pp. 203-12; Julian Jackson, op. cit., p. 119; Paul-Marie de La Gorce, *De Gaulle*, Paris, 1999, p. 252.

13. Hans-Peter Schwarz, op. cit., p. 204.

14. DG 1, p. 89; Lacouture 1, pp. 223-6; Julian Jackson, op. cit., pp. 3-6; Paul-Marie de La Gorce, op. cit., pp. 254-5; Éric Roussel, *Charles de Gaulle*, Paris, 2002, pp. 126-31.

15. Julian Jackson, op. cit., p. 140.

16. Rod Kedward, *La Vie en bleu*, Londres, 2006, p. 278.

17. DG 1, pp. 256-9, 262; Lacouture 1, pp. 309-19.

18. Julian Jackson, op. cit., p. 162.

19. Lacouture 1, pp. 252-5; Éric Roussel, op. cit., pp. 154-6.

20. Julian Jackson, op. cit., p. 186.

21. Rod Kedward, op. cit., p. 276.

22. Julian Jackson, op. cit., pp. 133-4, 149.

23. Charles de Gaulle, *War Memoirs*, v. 2: *Unity 1942-1944*, Londres, 1959 (= DG 2), pp. 38-9; David Schoenbrun, *The Three Lives of Charles de Gaulle*, Londres, 1966, cap. 5, pp. 97-140.

24. Julian Jackson, op. cit., p. 153.

25. DG 2, pp. 15-7, 75-9, 101-2, 114-8, menciona as tensões.

26. David Schoenbrun, op. cit., pp. 94-5.

27. Julian Jackson, op. cit., pp. 158-9.

28. Joseph Bergin, *A History of France*, Londres, 2015, p. 230.

29. DG 1, pp. 273-5; Julian Jackson, op. cit., pp. 198-200; Lacouture 1, pp. 378-80; Paul-Marie de La Gorce, op. cit., pp. 353-9; Éric Roussel, op. cit., pp. 267-9.

30. Lacouture 1, p. 445; Paul-Marie de La Gorce, op. cit., pp. 457-8; Éric Roussel, op. cit., pp. 362-3; Julian Jackson, op. cit., p. 271.

31. DG 2, pp. 151-8.

32. Ibid., pp. 226-7; Lacouture 1, pp. 520-3; Julian Jackson, op. cit., pp. 312-3; Paul-Marie de La Gorce, op. cit., pp. 516-8; Éric Roussel, op. cit., pp. 425-8.

33. Julian Jackson, op. cit., p. 315.

34. Lacouture 1, p. 529.

35. DG 2, pp. 305-9; Éric Roussel, op. cit., p. 450; Lacouture 1, p. 575; Julian Jackson, op. cit., p. 328.

36. Julian Jackson, op. cit., p. 329; Lacouture 1, pp. 577-8; DG 2, pp. 311-4.

37. Charles de Gaulle, *War Memoirs*, v. 3: *Salvation, 1944-1946*, Londres, 1960 (= DG 3), pp. 64-82; Julian Jackson, op. cit., p. 356; Éric Roussel, op. cit., pp. 470-7; Paulo-Marie de La Gorce, op. cit., pp. 678-82; Jean Lacouture, *De Gaulle: The Ruler, 1945-1970*, Londres, 1991 (= Lacouture 2), pp. 47-54. Stálin admitiu abertamente o caráter letal de seu regime, gabando-se com De Gaulle de sua brutalidade. Laurence Rees, *Behind Closed Doors*, p. 331.

38. Diana Preston, *Eight Days at Yalta*, Londres, 2019, p. 117.

39. DG 3, pp. 233-6; Robert Gildea, *France since 1945*, Oxford, 2002, p. 37; David Schoenbrun, op. cit., pp. 79 e 83, para visões de longa data da liderança e da personalidade de De Gaulle.

40. DG 3, pp. 278-9.

41. Max Weber, *Economy and Society*, orgs. Günther Roth e Claus Wittich, Berkeley, Los Angeles e Londres, 1978, pp. 1449-53. Arthur Schweitzer, *The Age of Charisma*, Chicago, 1984, pp. 288-96,

discute De Gaulle como um líder carismático, embora somente no contexto da guerra. Veja também David Schoenbrun, op. cit., p. 179. Jean-Baptiste Decherf, *Le Grand Homme et son pouvoir*, La Tour d'Aigues, 2017, pp. 220-6, aponta para a crença neorromântica de que De Gaulle estava realizando seu destino como o herói nacional da França.

42. Robert Gildea, op. cit., p. 38.

43. Julian Jackson, op. cit., p. 389; Lacouture 2, pp. 129-31 (texto do discurso, p. 130); Éric Roussel, op. cit., pp. 534-5; Paul-Marie de La Gorce, op. cit., pp. 749-50.

44. Rod Kedward, op. cit., p. 381.

45. Julian Jackson, op. cit., p. 395.

46. Robert Gildea, op. cit., p. 45.

47. Julian Jackson, op. cit., p. 429.

48. Ibid., pp. 434-40; Lacouture 2, pp. 154-5, 188-9; Paul-Marie de La Gorce, op. cit., pp. 825-9.

49. Julian Jackson, op. cit., pp. 464-5.

50. Robert Gildea, op. cit., pp. 50-1; Rod Kedward, op. cit., p. 339; Joseph Bergin, op. cit., p. 245.

51. Natalya Vince, *The Algerian War, the Algerian Revolution*, Cham, 2020, é um guia valioso pelo matagal da interpretação historiográfica.

52. Julian Jackson, op. cit., p. 549.

53. Ibid., pp. 487-8, e Éric Roussel, op. cit., p. 603, destacam a intencional ambiguidade. Veja também Lacouture 2, p. 186. Paul-Marie de La Gorce, op. cit., p. 923, tem o texto do discurso de Charles de Gaulle.

54. Robert Gildea, op. cit., p. 32.

55. Julian Jackson, op. cit., p. 619.

56. Ibid., pp. 641-2; Lacouture 2, pp. 223-5; Paul-Marie de La Gorce, op. cit., pp. 1034-8; Éric Roussel, op. cit., pp. 622-3.

57. Julian Jackson, op. cit., pp. 638-40.

58. Ibid., p. 639. O Conselho de Ministros era não mais que "decorativo" mesmo sob De Gaulle como primeiro-ministro, antes de se tornar presidente. Serge Berstein e Pierre Milza, *Histoire de la France au XX. Siècle: III. 1958 à nos jours*, Paris, 2006, p. 12.

59. Julian Jackson, op. cit., pp. 562-5; Serge Berstein e Pierre Milza, op. cit., pp. 39-49.

60. Julian Jackson, op. cit., pp. 669-71; Robert Gildea, op. cit., pp. 58-9; Serge Berstein e Pierre Milza, op. cit., pp. 62-3.

61. Rod Kedward, op. cit., pp. 392-4.

62. Julian Jackson, op. cit., p. 758; Lacouture 2, pp. 572-6; Paul-Marie de La Gorce, op. cit., pp. 1317-9; Éric Roussel, op. cit., pp. 906-7.

63. Julian Jackson, op. cit., p. 761; Lacouture 2, p. 581.

64. O título do livro de Eugen Weber, *The Hollow Years: France in the 1930s*, Nova York, 1996.

65. Julian Jackson, op. cit., pp. 480-1.

66. Jean-Baptiste Decherf, op. cit., pp. 14, 220-40.

67. Julian Jackson, op. cit., p. 781.

68. Ibid., p. xxix.

7. KONRAD ADENAUER: CONSTRUINDO A ALEMANHA OCIDENTAL [pp. 223-49]

1. Hans-Peter Schwarz, *Adenauer*, v. 1: *Der Aufstieg*, Munique, 1994 (= Schwarz 1), p. 128.
2. Schwarz 1, p. 347.
3. Ibid., pp. 344-5.
4. Klaus-Jörg Ruhl, *Neubeginn und Restauration*, Munique, 1982, p. 124.
5. Klaus-Dietmar Henke, *Die amerikanische Besetzung Deutschlands*, Munique, 1996, pp. 367-72; Schwarz 1, pp. 429-34.
6. Schwarz 1, pp. 467-73; Christopher Knowles, "How It Really Was. Konrad Adenauer and His Dismissal as Mayor of Cologne by the British in 1945", blog, 30 mar. 2008. Disponível em: <https://howitreallywas.typepad.com/how_it_really_was/2008/03/konrad-adenauer.html>. Acesso em: nov. 2021.
7. Schwarz 1, pp. 473, 477-8, 500-3, 508-9.
8. Ibid., pp. 432, 436, 619.
9. Andrea Hoffend, "Konrad Adenauer und das faschistische Italien", *Quellen und Forschungen aus italienischen Bibliotheken und Archiven*, v. 75, p. 481, 1995. Sou grato, por essa referência, a Christian Göschel.
10. Schwarz 1, pp. 293-5, 333.
11. Karl Dietrich Bracher, *The German Dilemma*, Londres, 1974, p. 152.
12. Schwarz 1, pp. 522-7; Ulrich Herbert, *Geschichte Deutschlands im 20. Jahrhundert*, Munique, 2014, pp. 586-7; Dennis L. Bark e David R. Gress, *A History of West Germany*, v. 1: *From Shadow to Substance 1945-1963*, Oxford, 1989, pp. 113-4.
13. Schwarz 1, pp. 567, 619.
14. Dennis L. Bark e David R. Gress, op. cit., pp. 236-44, 250-1.
15. Schwarz 1, pp. 909-17; Dennis L. Bark e David R. Gress, op. cit., pp. 298-300; Heinrich August Winkler, *Germany: The Long Road West, 1933-1990*, Oxford, 2000, pp. 136-8; Klaus-Jörg Ruhl (Org.), *"Mein Gott. Was soll aus Deutschland werden?" Die Adenauer-Ära*, Munique, 1985, pp. 130-1, 143-4; Ulrich Herbert, op. cit., pp. 637-8.
16. Elisabeth Noelle e Erich Peter Neumann (Orgs.), *The Germans: Public Opinion Polls 1947--1966*, Allensbach e Bonn, 1967, p. 471.
17. Veja Schwarz 1, pp. 920-4; Dennis L. Bark e David R. Gress, op. cit., pp. 299-300; Wolfram F. Hanrieder, *Germany, America, Europe*, New Haven e Londres, 1989, pp. 155-7; Ulrich Herbert, op. cit., p. 638; Heinrich August Winkler, *Germany*, pp. 137-8; Arnulf Baring, *Im Anfang war Adenauer*, Munique, 1971, pp. 246-54; Klaus-Jörg Ruhl, op. cit., pp. 122-52; Rolf Steininger, *Eine Chance zur Wiedervereinigung? Die Stalin-Note vom 10. März 1952*, Bonn, 1985, p. 75, alega que havia uma chance.
18. Wolfram F. Hanrieder, op. cit., p. 154.
19. Schwarz 1, p. 926.
20. Ulrich Herbert, op. cit., pp. 636, 639; Konrad Adenauer, *Erinnerungen*, 4 v., Stuttgart, 1965--8, v. 1, pp. 570, 563; v. 2, pp. 298, 301-4.
21. Dennis L. Bark e David R. Gress, op. cit., pp. 330-3; Heinrich August Winkler, *Germany*, pp. 151-2.
22. Dennis L. Bark e David R. Gress, op. cit., p. 270; Heinrich August Winkler, *Germany*, p. 133.

23. Alan S. Milward, *The European Rescue of the Nation-State*, Londres, 1992, pp. 136-7.

24. Dennis L. Bark e David R. Gress, op. cit., p. 381.

25. Hans-Peter Schwarz, *Adenauer*, v. 2: *Der Staatsmann, 1952-1967*, Munique, 1994 (= Schwarz 2), pp. 287-91 (citação p. 291).

26. Schwarz 2, p. 285.

27. Elisabeth Noelle e Erich Peter Neumann, op. cit., p. 505.

28. Dennis L. Bark e David R. Gress, op. cit., p. 427; Heinrich August Winkler, *Germany*, pp. 167-8.

29. Ibid., pp. 431-4; Wolfram F. Hanrieder, op. cit., pp. 13-4.

30. Ibid., pp. 454-7.

31. Ibid., p. 494.

32. Klaus-Jörg Ruhl, op. cit., pp. 466-70 (para o texto do tratado); Dennis L. Bark e David R. Gress, op. cit., pp. 516-7; Heinrich August Winkler, *Germany*, p. 198; Schwarz 2, pp. 810-26.

33. Schwarz 2, pp. 814-5.

34. Dennis L. Bark e David R. Gress, op. cit., p. 496.

35. Ibid., p. 518; Heinrich August Winkler, *Germany*, pp. 197-8.

36. Schwarz 2, pp. 824-6.

37. Elisabeth Noelle e Erich Peter Neumann, op. cit., pp. 195, 200, 241, 243; A. J. Merritt e R. L. Merritt (Orgs.). *Public Opinion in Occupied Germany: The OMGUS Surveys, 1945-1949*, Urbana, 1970. pp. 30-1.

38. Elisabeth Noelle e Erich Peter Neumann, op. cit., pp. 240-1.

39. Schwarz 1, p. 796.

40. Heinrich August Winkler, *Germany*, pp. 184-5.

41. Ibid., p. 162.

42. Ibid., p. 167.

43. Ibid., pp. 155-6.

44. Norbert Frei, *Adenauer's Germany and the Nazi Past: The Politics of Amnesty and Integration*, Nova York, 2002, p. 311.

45. A. J. Merritt e R. L. Merritt, op. cit., pp. 93-4, 121-3, 161; Mary Fulbrook, op. cit., pp. 216-9.

46. Heinrich August Winkler, *Germany*, p. 155.

47. Ulrich Herbert, op. cit., pp. 663-5.

48. Eckart Conze et al., *Das Amt und die Vergangenheit*, Munique, 2010, p. 493.

49. Mary Fulbrook, op. cit., pp. 250-1.

50. Schwarz 1, p. 658.

51. Mary Fulbrook, op. cit., p. 242.

52. Reinhard-M. Strecker, Hans Globke. *Aktenauszüge. Dokumente*, Hamburgo, 1961, reuniu o material antijudaico para o qual Globke colaborou. Globke foi condenado à morte in absentia num julgamento encenado na RDA. Fulbrook, op. cit., p. 242.

53. Elisabeth Noelle e Erich Peter Neumann, op. cit., p. 296.

54. Pertti Ahonen, *After the Expulsion: West Germany and Eastern Europe 1945-1990*, Oxford, 2003, pp. 104-5, 110-3; Heinrich August Winkler, *Germany*, p. 139.

55. Schwarz 2, p. 530.

56. Klaus-Jörg Ruhl, op. cit., pp. 231-45, para as propostas de reforma social.

57. Heinrich August Winkler, *Germany*, pp. 193-5; Ulrich Herbert, op. cit., pp. 756-69.

58. Schwarz 2, p. 868, citando *Die Zeit*, 18 out. 1963.

59. Ver <https://en.wikipedia.org/wiki/Unsere_Besten>; e "First German Chancellor wins TV Search for Greatest German", *Independent*, 1 dez. 2003. Disponível em: <https://www.independent.co.uk/news/world/europe/first-german-chancellor-wins-tv-search-for-greatest-german-94160.html>. Acesso em: nov. 2021.

60. Schwarz 1, pp. 902-3; Heinrich August Winkler, op. cit., p. 149.

61. Hansard, Foreign Affairs, House of Commons Debate, 11 maio 1953, v. 515, colunas 889-
-90. Disponível em: <https://api.parliament.uk/historic-hansard/commons/1953/may/11/foreign-affairs>. Acesso em: nov. 2021 (trad. alemã, Klaus-Jörg Ruhl, op. cit., p. 164).

8. FRANCISCO FRANCO: CRUZADO NACIONALISTA [pp. 253-79]

1. Hans-Peter Schwarz, *Das Gesicht des Jahrhunderts*, Berlim, 1998, p. 198.

2. Para o início da vida de Franco e sua carreira antes da Guerra Civil, veja Paul Preston, *Franco: A Biography*, Londres, 1993, caps. 1-4, e Stanley G. Payne e Jesus Palacios, *Franco: A Personal and Political Biography*, Madison, Wisconsin, 2014, caps. 1-4 (= P&P).

3. Paul Preston, *Franco*, p. 12.

4. Ibid., p. 323; Enrique Moradiellos, *Franco: Anatomy of a Dictator*, Londres, 2018, p. 29.

5. Paul Preston, *A People Betrayed: A History of Corruption, Political Incompetence and Social Division in Modern Spain, 1874-2018*, Londres, 2020, pp. 7, 19-24.

6. Mary Vincent, *Spain 1833-2002: People and State*, Oxford, 2007, p. 99.

7. Paul Preston, *A People Betrayed*, pp. 61, 81.

8. Mary Vincent, op. cit., pp. 104-7; Frances Lannon, "Iberia", em Robert Gerwarth (Org.), *Twisted Paths: Europe 1914-1945*, Oxford, 2008, pp. 143-5.

9. Walther Bernecker, "Spain: The Double Breakdown", em Dirk Berg-Schlosser e Jeremy Mitchell (Orgs.), *Conditions of Democracy in Europe, 1919-39*, Basingstoke, 2000, pp. 405-6.

10. Paul Preston, *A People Betrayed*, pp. XII-XIII; Walther Bernecker, op. cit., pp. 410-2.

11. Alejandro Quiroga e Miguel Ángel del Arco (Orgs.), *Right-Wing Spain in the Civil War Era*, Londres e Nova York, 2012, p. 52.

12. Paul Preston, *A People Betrayed*, pp. 228-9; Mary Vincent, op. cit., pp. 120-2; Stanley G. Payne, *A History of Fascism 1914-45*, Londres, 1995, p. 254.

13. Paul Preston, *A People Betrayed*, p. 237; Mary Vincent, op. cit., p. 122.

14. Michael Mann, *Fascists*, Cambridge, 2004, p. 329.

15. Mary Vincent, op. cit., p. 134.

16. Matthew Kerry, *Unite, Proletarian Brothers! Radicalism and Revolution in the Spanish Second Republic*, Londres, 2020, cap. 6 (pp. 153-80). Sou grato ao dr. Kerry por informações sobre as vítimas do levante. Também Paul Preston, *Franco*, pp. 104-7; Mary Vincent, op. cit., pp. 133-4.

17. Enrique Moradiellos, op. cit., p. 33.

18. Helen Graham, *The Spanish Republic at War 1936-1939*, Cambridge, 2002, p. 76.

19. Paul Preston, *Franco*, pp. 124, 129-30, 131-2; P&P, pp. 114-5, 505.

20. Ibid., pp. 134-5.

21. P&P, pp. 119-20.
22. Ibid., p. 505.
23. Paul Preston, *Franco*, p. XVIII.
24. Ibid., p. 164.
25. Ibid., pp. 182-5; P&P, pp. 143-7.
26. Enrique Moradiellos, op. cit., parte 2, pp. 57-147, destaca a derivação e a exploração do culto ao caudilho.
27. Paul Preston, *Franco*, pp. 187-9.
28. P&P, p. 168.
29. Paul Preston, *The Spanish Holocaust: Inquisition and Extermination in Twentieth-Century Spain*, Londres, 2012, pp. 151-3, 191-2, 229-35, 665-71; Mary Vincent, op. cit., pp. 139-40.
30. Paul Preston, *Comrades: Portraits from the Spanish Civil War*, Londres, 1999, p. 54; Paul Preston, *The Spanish Holocaust*, p. XI.
31. Zara Steiner, *The Triumph of the Dark: European International History 1933-1939*, Oxford, 2011, pp. 192, 196-7, 220, 231.
32. Paul Preston, *The Spanish Holocaust*, p. XI; estimativas inferiores em P&P, pp. 198-9, 203; outros números em Heinrich August Winkler, *Geschichte des Westens: Die Zeit der Weltkriege*, Munique, 2011, p. 817.
33. Paul Preston, *The Spanish Holocaust*, pp. 505-6.
34. Michael Richards, *A Time of Silence: Civil War and the Culture of Repression in Franco's Spain, 1936-1945*, Cambridge, 1998, p. 47.
35. Preston, *The Spanish Holocaust*, p. XI.
36. Ibid., p. 119.
37. P&P, pp. 193-5.
38. Stanley G. Payne, *Falange: A History of Spanish Fascism*, Stanford, 1961, pp. 158-76; Sheelagh M. Ellwood, *Spanish Fascism in the Franco Era*, Basingstoke, 1987, pp. 40-5; Enrique Moriadellos, op. cit., pp. 99-100, 127-9.
39. Paul Preston, *Franco*, pp. 344-5.
40. Id., *A People Betrayed*, pp. 358-9.
41. Stanley G. Payne, *The Franco Regime 1936-1975*, Madison, Wisconsin, 1987, pp. 282, 333; Xavier Moreno Juliá, *The Blue Division: Spanish Blood in Russia, 1941-1945*, Eastbourne, 2015, pp. 67, 70-1, 288, 297, 303-4; Xosé M. Núnez Seixas, "Spain", em Jochen Böhler e Robert Gerwarth (Orgs.), *The Waffen-SS: A European History*, Oxford, 2017, pp. 99-100.
42. Paul Preston, *Franco*, pp. 517-25; Stanley G. Payne, *The Franco Regime*, p. 337.
43. Stanley G. Payne, *The Franco Regime*, pp. 397-8.
44. P&P, pp. 299, 316.
45. Stanley G. Payne, *The Franco Regime*, p. 397.
46. Ibid., pp. 469-70.
47. Mary Vincent, op. cit., p. 167.
48. Stanley G. Payne, *The Franco Regime*, pp. 437-8, 470-1.
49. Enrique Moradiellos, op. cit., pp. 76-80, 188-9.
50. Sasha D. Pack, "Tourism and Political Change in Franco's Spain", em Nigel Townson (Org.), *Spain Transformed: The Late Franco Dictatorship, 1959-75*, Londres, 2010, p. 55.

51. P&P, cap. 16, pp. 391-413, cap. 18, pp. 431-46 e pp. 515-6, retrata Franco, problematicamente, como "o modernizador definitivo da Espanha" e "um ditador do desenvolvimento".

52. Stanley G. Payne, *The Franco Regime*, pp. 23, 234.

53. Paul Preston, *Franco*, p. 337.

54. Ibid., p. 783.

55. Stanley G. Payne, *The Franco Regime*, pp. 407-11.

56. P&P, pp. 365-6.

57. Stanley G. Payne, *The Franco Regime*, pp. 400-1; J. P. Fusi, *Franco: A Biography*, Londres, 1985, p. 43.

58. Stanley G. Payne, *The Franco Regime*, p. 399; Paul Preston, *A People Betrayed*, caps. 12-5.

59. Enrique Moradiellos, op. cit., pp. 81-8.

60. Ibid., p. 197, descreve Franco como "ditador militar bonapartista".

61. J. P. Fusi, op. cit., p. 45.

62. Ele ainda estava investindo contra "uma conspiração de maçons livres esquerdistas" em seu último discurso público, em 1º de outubro de 1975, logo antes de sua morte. J. P. Fusi, op. cit., p. 167.

63. Paul Preston, *Franco*, pp. 706-7; id., *A People Betrayed*, pp. 406-7; Stanley G. Payne, *The Franco Regime*, pp. 405-7.

64. Paul Preston, *Franco*, p. 752.

65. Certamente se vai longe demais ao falar (P&P, p. 520) de um "'modelo espanhol' de democratização", pelo qual Franco merece algum crédito.

66. Enrique Moradiellos, op. cit., pp. 3, 7-8; Julián Casanova, "Disremembering Francoism: What is at Stake in Spain's Memory Wars?", em Helen Graham (Org.), *Interrogating Francoism*, Londres, 2016, pp. 206-7.

67. Paul Preston, *A People Betrayed*, p. 547.

68. Nigel Townson, op. cit., "Introdução", p. 8.

69. Mary Vincent, op. cit., p. 240.

70. Paul Preston, *A People Betrayed*, p. 549.

71. Segundo uma avaliação, a Espanha em 1975 estava "aproximadamente no mesmo nível de desenvolvimento socioeconômico em que estaria se [Franco] nunca tivesse existido". Edward Malefakis, "The Franco Dictatorship: A Bifurcated Regime?", em Nigel Townson, op. cit., p. 253.

72. Nigel Townson, op. cit., "Introdução", pp. 12-3; Pablo Martín Aceña e Elena Martínez Ruiz, "The Golden Age of Spanish Capitalism", em Nigel Townson, op. cit., pp. 45-6.

73. William J. Callahan, "The Spanish Church: Change and Continuity", em Nigel Townson, op. cit., p. 191.

74. Claramente demonstrado por Casanova, em Helen Graham, *Interrogating Francoism*, cap. 9.

75. Enrique Moradiellos, op. cit., pp. 5-6.

76. Paul Preston, *A People Betrayed*, pp. 539-43.

77. O título do artigo de Ernst Nolte é "Vergangenheit, die nicht vergehen will", *Frankfurter Allgemeine Zeitung*, 6 jun. 1986, que desencadeou imensa controvérsia na Alemanha, conhecida como a "Disputa de historiadores" (*Historikerstreit*).

9. JOSIP BROZ TITO: O REI SEM COROA DA IUGOSLÁVIA SOCIALISTA [pp. 283-311]

1. Não era um prenome incomum na parte da Croácia da qual provinha, ele ressaltou. Ele o adotou "porque ocorreu-me naquele momento". Vladimir Dedijer, *Tito Speaks: His Self Portrait and Struggle with Stalin*, Londres, 1953, pp. 80-1.

2. Citações de Milovan Đilas, *Tito: The Story from Inside*, Nova York, 1980, pp. 4, 15, 33, 40, 46, 67, 116. Veja também Marie-Janine Calic, *Tito: Der ewige Partisan*, Munique, 2020, p. 95; Jože Pirjevec, *Tito and His Comrades*, Londres, 2018, p. 391.

3. Jože Pirjevec, op. cit., p. 385.

4. Fitzroy Maclean, *Eastern Approaches*, Londres, 1949, pp. 308, 311, 325-6.

5. Marie-Janine Calic, *Tito*, pp. 96-101. Mais improvável é a alegação mencionada em Jasper Ridley, *Tito: A Biography*, Londres, 1994, p. 344, de que ele sobreviveu aos expurgos e ainda vivia em 1990 na União Soviética.

6. Vladimir Dedijer, op. cit., p. 35.

7. Ibid., pp. 90-1.

8. Marie-Janine Calic, *Tito*, p. 101.

9. Jože Pirjevec, op. cit., pp. 35-7.

10. Marie-Janine Calic, *Tito*, pp. 86-8, 96-101, 104; Jože Pirjevec, op. cit., pp. 43-4.

11. Edvard Radzinsky, *Stalin*, Nova York, 1996, p. 412.

12. Na prática ele mantinha a posição desde 1937, após a execução de Gorkić. Jasper Ridley, op. cit., pp. 134-5.

13. Marie-Janine Calic, *Tito*, p. 105; Jože Pirjevec, op. cit., p. 46.

14. Jasper Ridley, op. cit., p. 245, para o primeiro encontro, em 1944.

15. Milovan Đilas, op. cit., pp. 26-9.

16. Marie-Janine Calic, *Tito*, p. 106; Jože Pirjevec, op. cit., p. 48.

17. Sua importância em tempo de guerra para Tito era evidente para Maclean (Fitzroy Maclean, op. cit., pp. 326-8).

18. Marie-Janine Calic, *Tito*, p. 145.

19. Números em Jože Pirjevec, op. cit., pp. 75, 111; Marie-Janine Calic, *Tito*, pp. 119, 149, 166, 179.

20. Marie-Janine Calic, *Tito*, p. 136.

21. Hans-Peter Schwarz, *Das Gesicht des Jahrhunderts*, Berlim, 1998, p. 584; Jože Pirjevec, op. cit., p. 132.

22. Milovan Đilas, op. cit., pp. 12-3.

23. Marie-Janine Calic, *Tito*, p. 132 (e p. 134 para um mapa das movimentações de Tito em 1941 e 1944).

24. Milovan Đilas, op. cit., p. 13.

25. Jože Pirjevec, op. cit., pp. 134-7; Misha Glenny, *The Balkans 1804-1999*, Londres, 1999, p. 532.

26. Fitzroy Maclean, op. cit., pp. 504-14, descreve o impacto das tropas soviéticas.

27. Marie-Janine Calic, *Tito*, pp. 168, 182.

28. Archie Brown, *The Myth of the Strong Leader*, p. 221.

29. Richard West, *Tito and the Rise and Fall of Yugoslavia* (1996), Londres, 2009, pp. 204-9; Jože Pirjevec, op. cit., pp. 150-1; Marie-Janine Calic, *Tito*, pp. 206-7; Jasper Ridley, op. cit., p. 260.

30. Marie-Janine Calic, *Tito*, p. 195.

31. Ibid., p. 198.

32. Geoffrey Swain, *Tito: A Biography*, Londres, 2011, pp. 92, 187.

33. Robert Service, *Stalin*, p. 631.

34. Marie-Janine Calic, *Geschichte Jugoslawiens im 20. Jahrhundert*, Munique, 2010, p. 191; id., *Tito*, pp. 239, 243. Jože Pirjevec, op. cit., p. 199, dá o número de 30 mil prisioneiros em Goli Otok "e instituições semelhantes", mas sem fontes ou detalhes para os números muito mais elevados.

35. Jože Pirjevec, op. cit., pp. 152-3.

36. Marie-Janine Calic, *Tito*, p. 203.

37. Exemplos em Jože Pirjevec, op. cit., pp. 187, 190, 198.

38. Milovan Ðilas, op. cit., pp. 21, 31, 92-116; Jože Pirjevec, op. cit., pp. 144-9; Geoffrey Swain, op. cit., p.183.

39. Marie-Janine Calic, *Tito*, pp. 239-40.

40. Id., *Geschichte Jugoslawiens im 20. Jahrhundert*, p. 203.

41. Ibid., pp. 198-200; Richard West, op. cit., p. 244.

42. Jože Pirjevec, op. cit., pp. 228-9; Marie-Janine Calic, *Geschichte Jugoslawiens im 20. Jahrhundert*, pp. 192-3; id., *Tito*, pp. 248-9; Milovan Ðilas, op. cit., pp. 74-6.

43. Id., op. cit., pp. 161-2.

44. Misha Glenny, op. cit., pp. 579, 581.

45. Jože Pirjevec, op. cit., pp. 326-38; Marie-Janine Calic, *Tito*, pp. 323-6.

46. Misha Glenny, op. cit., p. 582.

47. Jože Pirjevec, op. cit., pp. 338-9, 353-4.

48. Geoffrey Swain e Nigel Swain, *Eastern Europe since 1945*, Londres, 4ª ed., 2009, p. 151.

49. Marie-Janine Calic, *Tito*, p. 283.

50. Id., *Geschichte Jugoslawiens im 20. Jahrhundert*, p. 197; Jasper Ridley, pp. 306-7.

51. Marie-Janine Calic, *Tito*, p. 293.

52. Jože Pirjevec, op. cit., pp. 275-7.

53. Marie-Janine Calic, *Tito*, pp. 310-1.

54. Jože Pirjevec, op. cit., pp. 265-7.

55. Marie-Janine Calic, *Tito*, pp. 286-8.

56. Jasper Ridley, op. cit., p. 358.

57. Marie-Janine Calic, *Geschichte Jugoslawiens im 20. Jahrhundert*, p. 202.

58. Jože Pirjevec, op. cit., pp. 440-1.

59. Marie-Janine Calic, *Geschichte Jugoslawiens im 20. Jahrhundert*, op. cit, pp. 255-6.

60. Misha Glenny, op. cit., pp. 583-5.

61. Barbara Jelavich, *History of the Balkans: Twentieth Century*, v. 2, Cambridge, 1983, pp. 196, 397.

62. Marie-Janine Calic, *Geschichte Jugoslawiens im 20. Jahrhundert*, pp. 253-4; 257-8; id., *Tito*, pp. 331-7; Geoffrey Swain e Nigel Swain, op. cit., p. 181.

63. Jože Pirjevec, op. cit., p. 394; Misha Glenny, op. cit., p. 576.

64. Jože Pirjevec, op. cit., p. 345.

65. Marie-Janine Calic, *Tito*, p. 375.
66. Misha Glenny, p. 623.
67. Sem a liderança de Tito, especialmente a Croácia poderia ter seguido um caminho diferente. Dejan Jović, "Reassessing Socialist Yugoslavia, 1956-90. The Case of Croatia", em Dejan Jović e James Ker-Lindsey (Orgs.), *New Perspectives on Yugoslavia: Key Issues and Controversies*, Abingdon, 2011, pp. 117-29, acentua a importância única de Tito (e da etnia croata por parte de seu pai) para a integração da Croácia no Estado iugoslavo no pós-guerra.
68. Marie-Janine Calic, *Geschichte Jugoslawiens im 20. Jahrhundert*, pp. 286-7; id., *Tito*, p. 380.
69. Id., *Tito*, pp. 384-5; Mitja Velikonja, *Titostalgia: A Study of Nostalgia for Josip Broz*, Ljubljana, 2008, pp. 129-34; Jasper Ridley, op. cit., p. 420.

10. MARGARET THATCHER: REGENERAÇÃO NACIONAL [pp. 315-45]

1. Hugo Young, *One of Us*, Londres, 1990, p. 383; John Campbell, *Margaret Thatcher*, v. 2: *The Iron Lady*, Londres, 2003 (= Campbell 2), p. 303; Charles Moore, *Margaret Thatcher: The Authorized Biography*, v. 1: *Not for Turning*, Londres, 2013 (= Moore 1), nota à p. 745.
2. Hugo Young, op. cit., pp. 393-413.
3. John Campbell, *Margaret Thatcher*, v. 1: *The Grocer's Daughter*, Londres, 2000 (= Campbell 1), p. 19.
4. Campbell 1, pp. 2, 32, 446; Moore 1, pp. 8-9.
5. Hugo Young, op. cit., p. 98.
6. Campbell 1, pp. 270-7; Moore 1, pp. 259-63; Hugo Young, op. cit., p. 82.
7. Steve Richards, *The Prime Ministers: Reflections on Leadership from Wilson to May*, Londres, 2019, pp. 151-8.
8. Peter Hennessy, *The Prime Minister: The Office and Its Holders since 1945*, Londres, 2000, p. 408.
9. Campbell 1, p. 264.
10. Andrew Gamble, "The Thatcher Myth", *British Politics*, v. 10, n. 1, pp. 9-10, 2015.
11. Campbell 1, p. 414.
12. Moore 1, pp. 412-3.
13. Dominic Sandbrook, *Who Dares Wins: Britain, 1979-1982*, Londres, 2019, pp. 9, 48, 50, 57.
14. Robert Tombs, *The English and Their History*, Londres, 2014, pp. 759-61, e parte 7 em geral, ilustra convincentemente a ilusão de declínio.
15. O termo foi inventado por Geoffrey Howe, não pela própria Thatcher. Nigel Lawson, *The View from No. 11*, Londres, 1992, p. 100.
16. Campbell 2, cap. 11, usa o termo para avaliar as relações de Thatcher com seu Gabinete.
17. Moore 1, p. 533.
18. Moore 1, p. 641.
19. Peter Hennessy, op. cit., pp. 405-7, destaca sua importância.
20. Hugo Young, op. cit., pp. 212-6; John Hoskyns, *Just in Time: Inside the Thatcher Revolution*, Londres, 2000, pp. 275-85; Margaret Thatcher, *The Downing Street Years*, Londres, 1995, pp. 132-9.
21. Nigel Lawson, op. cit., pp. 98-9, 246; Robert Skidelsky, *Britain since 1900*, Londres, 2014, p. 339.

22. Hugo Young, op. cit., pp. 203, 316, 318.

23. *The Economist*, 21 maio e 4 jun., apud Hugo Young, op. cit., p. 321.

24. George Eaton, "How Public Spending Rose under Thatcher", *New Statesman*, 8 abr. 2013. Disponível em: <https://www.newstatesman.com/politics/2013/04/how-public-spending-rose-under-thatcher>. Acesso em: nov. 2021.

25. Na prática, a "Estratégia Financeira a Médio Prazo" de 1980 não cumpriu o objetivo de reduzir o crescimento no fornecimento de dinheiro a cada ano, mas uma depressão econômica ocasionada pelo próprio governo (trazendo forte aumento do desemprego) baixou bruscamente a taxa de inflação. Robert Skidelsky, op. cit., p. 341.

26. Hugo Young, op. cit., p. 144.

27. Ibid., pp. 193-5, 353.

28. Simon Rogers, "How Britain Changed under Margaret Thatcher. In 15 Charts", *Guardian*, 8 abr. 2013. Disponível em: <https://www.theguardian.com/politics/datablog/2013/apr/08/britain-changed-margaret-thatcher-charts>. Acesso em: nov. 2021.

29. Hugo Young, op. cit., p. 241.

30. Peter Hennessy, op. cit., p. 412.

31. Hugo Young, op. cit., p. 263; Margaret Thatcher, op. cit., pp. 177-9.

32. David Cannadine, *Margaret Thatcher: A Life and Legacy*, Oxford, 2017, p. 47.

33. Dominic Sandbrook, op. cit., pp. 761-4.

34. Campbell 2, p. 135.

35. Moore 1, pp. 700-3; Margaret Thatcher, op. cit., pp. 205-8; Peter Hennessy, op. cit., p. 419.

36. Hugo Young, op. cit., pp. 275-6.

37. Ibid., p. 276; Moore 1, p. 712; Campbell 2, pp. 145-6; Margaret Thatcher, op. cit., p. 214.

38. David Cannadine, op. cit., p. 49; Dominic Sandbrook, op. cit., p. 834, dá sua taxa de aprovação no início de junho como 53%.

39. Dominic Sandbrook, op. cit., pp. 837-8.

40. Margaret Thatcher, op. cit., pp. 139-43; Nigel Lawson, op. cit., pp. 141, 144; Geoffrey Hoskyn, op. cit., pp. 274-5, 289-91; Hugo Young, op. cit., p. 366.

41. Robert Tombs, op. cit., p. 817.

42. Steve Richards, op. cit., p. 178.

43. Charles Moore, *Margaret Thatcher: The Authorized Biography*, v. 2: *Everything She Wants*, Londres, 2015 (= Moore 2), pp. 146-7, para as perdas de emprego estimadas em 1984-5.

44. Campbell 2, pp. 361-2.

45. Moore 2, p. 151; Campbell 2, pp. 359-60.

46. Campbell 2, p. 796; Peter Hennessy, op. cit., p. 428.

47. Campbell 2, pp. 273-9; Moore 2, pp. 117-35.

48. Margaret Thatcher, op. cit., p. 463; Hugo Young, op. cit., p. 303; Moore 2, p. 240.

49. Campbell 2, p. 292; Moore 2, p. 610.

50. Campbell 2, p. 605; David Cannadine, op. cit., pp. 101-2.

51. David Cannadine, op. cit., p. 98.

52. Moore 2, p. 693; David Cannadine, op. cit., p. 95.

53. Nigel Lawson, op. cit., p. 574.

54. Ibid., pp. 561-2; Margaret Thatcher, op. cit., pp. 666-7; Peter Hennessy, op. cit., p. 428.
55. Nigel Lawson, op. cit., caps. 71-7, pp. 888-971.
56. Charles Moore, *Margaret Thatcher: The Authorized Biography*, v. 3: *Herself Alone*, Londres, 2019 (= Moore 3), pp. 561-6, 580-4, 587-92; Campbell 2, pp. 701-6; Anthony Seldon, *Major: A Political Life*, Londres, 1998, pp. 110-6.
57. Campbell 2, p. 744.
58. Veja David Cannadine, op. cit., p. 96; Campbell 2, p. 800; Peter Clarke, *Hope and Glory: Britain 1900-1990*, Londres, 1996, p. 400.
59. Moore 3, p. 853.
60. Ibid., pp. 645-6.
61. Ibid., p. 853.

II. MIKHAIL GORBATCHÓV: O HOMEM QUE EXTINGUIU A UNIÃO SOVIÉTICA E CRIOU UMA NOVA EUROPA [pp. 349-77]

1. William Taubman, *Gorbachev: His Life and Times*, Nova York, 2017, p. 539.
2. Ibid., p. 5.
3. Ibid., pp. 1-5.
4. Vladislav M. Zubok, "Gorbachev and the End of the Cold War: Perspectives on History and Personality", *Cold War History*, v. 2, n. 2, pp. 61-100, 2002, oferece uma valiosa análise (p. 75 para a citação). Sou grato a Christian Göschel por ter me chamado a atenção para o ensaio.
5. William Taubman, op. cit., p. 36.
6. Archie Brown, *The Gorbachev Factor*, Oxford, 1996, p. 29.
7. William Taubman, op. cit., pp. 215-6; Archie Brown, *The Gorbachev Factor*, p. 92.
8. William Taubman, op. cit., p. 125.
9. John Miller, *Mikhail Gorbachev and the End of Soviet Power*, Londres, 1993, p. 61.
10. Stephen Kotkin, *Armageddon Averted: The Soviet Collapse, 1970-2000*, Oxford, 2001, pp. 27, 173-4.
11. Archie Brown, *The Myth of the Strong Leader*, p. 166.
12. Archie Brown, *The Gorbachev Factor*, pp. 90-1.
13. Mikhail Gorbachev, *Memoirs*, Londres, 1997, pp. 277-9.
14. John Miller, op. cit., p. 62.
15. David Lane, "The Roots of Political Reform: The Changing Social Structure of the USSR", em Catherine Merridale e Chris Ward (Orgs.), *Perestroika: The Historical Perspective*, Londres, 1991, pp. 95-113.
16. Archie Brown, *Seven Years that Changed the World*, Oxford, 2008, p. 32.
17. Id., *The Myth of the Strong Leader*, p. 165.
18. Ibid., pp. 167-8.
19. Mikhail Gorbachev, op. cit., pp. 638-9.
20. William Taubman, op. cit., p. 480.
21. Archie Brown, *The Myth of the Strong Leader*, pp. 169-72.
22. Mikhail Gorbachev, op. cit., pp. 224-9.

23. Margaret Thatcher, op. cit., pp. 459-63.
24. Mikhail Gorbachev, op. cit., p. 280.
25. Ibid., pp. 214, 280.
26. Ibid., p. 223.
27. Robert Service, *A History of Twentieth-Century Russia*, p. 441.
28. Mikhail Gorbachev, op. cit., pp. 259-60.
29. William Taubman, op. cit., pp. 207-10; Archie Brown, *Seven Years*, pp. 64, 202, n. 28.
30. William Taubman, op. cit., pp. 198, 219-20; Archie Brown, *Seven Years*, pp. 50, 64.
31. Archie Brown, *The Gorbachev Factor*, p. 71; John Miller, op. cit., p. 54.
32. Archie Brown, *The Gorbachev Factor*, p. 131.
33. Id., *Seven Years*, p. 13.
34. Mikhail Gorbachev, op. cit., pp. 241-2.
35. Ibid., p. 248. John Miller, op. cit., pp. 64-5, sugere que 1986 foi o ano-chave para Gorbatchóv deixar de ser um reformador e virar um radical desafiador do sistema. A mudança parece, no entanto, ter sido mais gradual e cumulativa do que súbita.
36. Robert Service, *A History of Twentieth-Century Russia*, p. 486.
37. Archie Brown, *The Gorbachev Factor*, p. 155.
38. William Taubman, op. cit., p. 309; Archie Brown, *The Gorbachev Factor*, p. 166.
39. Robert Service, *A History of Twentieth-Century Russia*, p. 452; Archie Brown, *The Gorbachev Factor*, p. 147.
40. Archie Brown, *The Gorbachev Factor*, p. 145; Robert Service, *A History of Twentieth-Century Russia*, p. 460.
41. Archie Brown, *The Myth of the Strong Leader*, p. 166.
42. Id., *The Gorbachev Factor*, p. 178.
43. Robert Service, *A History of Twentieth-Century Russia*, p. 461.
44. Archie Brown, *Seven Years*, pp. 110-1.
45. William Taubman, op. cit., pp. 371-2.
46. Ibid., pp. 365-71.
47. Archie Brown, *The Gorbachev Factor*, p. 227.
48. Ibid., p. 216.
49. William Taubman, op. cit., p. 300.
50. Ibid., p. 416.
51. Mikhail Gorbachev, op. cit., pp. 592-7 (citações p. 596).
52. William Taubman, op. cit., p. 498.
53. Richard J. Crampton, *Eastern Europe in the Twentieth Century — and After*, Londres, 1997, p. 407.
54. William Taubman, op. cit., pp. 480-1.
55. Mikhail Gorbachev, op. cit., p. 626; Ivan T. Berend, *Central and Eastern Europe 1944-1993*, Cambridge, 1996, p. 280.
56. Mikhail Gorbachev, op. cit., p. 625.
57. Archie Brown, *Seven Years*, p. 263.
58. Vladislav M. Zubok, op. cit., pp. 85-7.
59. Archie Brown, *The Gorbachev Factor*, pp. 247-51; Vladislav M. Zubok, op. cit., pp. 85-93.

60. Archie Brown, *The Gorbachev Factor*, p. 244.
61. William Taubman, op. cit., p. 493.
62. Ibid., p. 488.
63. Ibid., p. 552-3.
64. Ibid., p. 564.
65. Archie Brown, *The Gorbachev Factor*, pp. 246-7.
66. William Taubman, op. cit., pp. 569 e 767, n. 101.
67. Archie Brown, *The Gorbachev Factor*, pp. 198-204, 289.
68. William Taubman, op. cit., p. 586.
69. Robert Service, *A History of Twentieth-Century Russia*, pp. 522-5.
70. William Taubman, op. cit., pp. 677, 685.
71. *The Sunday Times*, 23 maio 2016, p. 13; *Guardian*, 21, 22, 24 mar. 2017; William Taubman, op. cit., pp. 676-81, 684-6.

12. HELMUT KOHL: CHANCELER DA UNIFICAÇÃO, FORÇA MOTRIZ DA INTEGRAÇÃO EUROPEIA [pp. 381-409]

1. Verbete na Wikipédia para Helmut Kohl. Disponível em: <https://en.wikipedia.org/wiki/Helmut_Kohl>. Acesso em: nov. 2021.
2. Helmut Kohl, *Erinnerungen 1982-1990*, Munique, 2005 (= Kohl 2), pp. 270-3.
3. Gernot Sittner (Org.), *Helmut Kohl und der Mantel der Geschichte*, Munique, 2016, p. 26.
4. Helmut Kohl, *Erinnerungen 1930-1982*, Munique, 2004 (= Kohl 1), parte 1, pp. 15-108; Hans-Peter Schwarz, *Helmut Kohl: Eine politische Biographie*, Munique, 2014, parte 1, pp. 15-133.
5. Patrick Bahners, *Helmut Kohl: Der Charakter der Macht*, Munique, 2017, p. 21.
6. Kohl 1, pp. 596-7, 60-9, 621.
7. Ibid., pp. 629-44, 649.
8. Patrick Bahners, op. cit., p. 120.
9. Gernot Sittner, op. cit., p. 94.
10. Kohl 2, p. 52.
11. Ibid., pp. 261-8.
12. Ibid., pp. 27-30, 120-4.
13. Hans-Peter Schwarz, *Helmut Kohl*, pp. 309-21, esp. pp. 312-6; Patrick Bahners, op. cit., pp. 112, 122-5, 162, 281; Gernot Sittner, op. cit., pp. 82-95, 196-201.
14. Edgar Wolfrum, *Die Bundesrepublik Deutschland 1949-1990*, Stuttgart, 2005, p. 450.
15. Hans-Peter Schwarz, *Helmut Kohl*, p. 326.
16. Ibid., p. 383.
17. Edgar Wolfrum, op. cit., p. 455; Kohl 1, pp. 43-4.
18. Ulrich Herbert, *Geschichte Deutschlands im 20. Jahrhundert*, Munique, 2014, p. 1018; Hans-Peter Schwarz, *Helmut Kohl*, pp. 377-9; Patrick Bahners, op. cit., p. 181.
19. Hans-Peter Schwarz, *Helmut Kohl*, p. 383.
20. Ibid., pp. 444-51, para o detalhe.
21. Ibid., p. 460.

22. Mikhail Gorbachev, *Memoirs*, Londres, 1997, p. 565 (também pp. 669-71).
23. Hans-Peter Schwarz, *Helmut Kohl*, p. 398.
24. Ibid., p. 491.
25. Kohl 2, p. 965.
26. Ibid., pp. 970-1.
27. Peter Merseburger, *Willy Brandt 1913-1992*, Munique, 2002, p. 837; Edgar Wolfrum, op. cit., p. 537-8.
28. Kohl 2, pp. 990-5.
29. Hans-Peter Schwarz, *Helmut Kohl*, pp. 531-3.
30. Ulrich Herbert, op. cit., p. 1108; Kohl 2, p. 996.
31. Hans-Peter Schwarz, *Helmut Kohl*, pp. 534-5.
32. Kohl 2, p. 1025.
33. Ibid., p. 1020; Patrick Bahners, op. cit., p. 138.
34. Mikhail Gorbachev, op. cit., p. 682.
35. Edgar Wolfrum, op. cit., p. 542.
36. Helmut Kohl, *Vom Mauerfall zur Wiedervereinigung: Meine Erinnerungen*, Munique, 2009, p. 218; Hans-Peter Schwarz, *Helmut Kohl*, pp. 570-2; Ulrich Herbert, op. cit., p. 1123.
37. Ulrich Herbert, op. cit., pp. 1125-6.
38. Heinrich August Winkler, *Geschichte des Westens: Vom Kalten Krieg zum Mauerfall*, Munique, 2014, p. 1064; Edgar Wolfrum, op. cit., p. 544.
39. Helmut Kohl, *Vom Mauerfall*, pp. 194-6.
40. Hans-Peter Schwarz, *Helmut Kohl*, pp. 585-7.
41. Helmut Kohl, *Vom Mauerfall*, pp. 271-2.
42. Hans-Peter Schwarz, *Helmut Kohl*, pp. 692, 712-3.
43. Heinrich August Winkler, *Geschichte des Westens: Die Zeit der Gegenwart*, Munique, 2015, p. 19.
44. Hans-Peter Schwarz, *Helmut Kohl*, pp. 691-3.
45. Kenneth Dyson e Kevin Featherstone, *The Road to Maastricht: Negotiating Economic and Monetary Union*, Oxford, 1999, p. 32.
46. O julgamento posterior do Tribunal Constitucional Federal em conexão com o Tratado de Lisboa de 2007 mostrou os limites, sob a Lei Básica (constituição), da delegação de soberania, descartando efetivamente a possiblidade de que a UE pudesse se tornar um Estado por si mesma. Dieter Grimm, *Europa ja — aber welches? Zur Verfassung der europäischen Demokratie*, Munique, 2016, p. 233.
47. Patrick Bahners, op. cit., p. 293.
48. Hans-Peter Schwarz, *Helmut Kohl*, p. 736.
49. Gernot Sittner, op. cit., pp. 114-5.
50. Timothy Garton Ash, *History of the Present: Essays, Sketches and Despatches from Europe in the 1990s*, Londres, 1999, p. 147.
51. Hans-Peter Schwarz, *Helmut Kohl*, p. 847. Também, para o estilo de campanha de Kohl, Gernot Sittner, op. cit., pp. 134-43.
52. Hans-Peter Schwarz, *Helmut Kohl*, p. 848.
53. Ibid., p. 796 (também pp. 831-2).

54. Gernot Sittner, op. cit., p. 294.

55. Hans-Peter Schwarz, *Helmut Kohl*, pp. 870-96, destaca a extensão do "caso". Veja também Patrick Bahners, op. cit., pp. 191-5, 224-5, 240-1, 246-9, e <https://www.dw.com/en/the-scandal-that-rocked-the-government-of-helmut-kohl/a-5137950>. Acesso em: nov. 2021.

56. Gernot Sittner, op. cit., p. 389.

57. Patrick Bahners, op. cit., pp. 253-7.

58. Ibid., pp. 267-70, 275, 303; Gernot Sittner, op. cit., pp. 394-403, esp. pp. 399-400.

Índice remissivo

Abissínia (Etiópia), 81-4, 114, 424
Adenauer, Konrad: abordagem/atitude em relação à era nazista, 242-5, 247-9; acertando de contas com o nazismo, 229, 248; agenda doméstica, 228-9, 240-1, 247; autoridade diminuiu (início da década de 1960), 238, 245-6; carreira política em Colônia, 223-7, 417; como chanceler federal, 223, 231-49; como estadista excepcional, 28, 224, 231, 234, 246, 249, 417-8; conecta a RFA com o Ocidente, 223, 228-9, 231-42, 246-7, 249; contexto de, 223, 225-6; e a "Doutrina Hallstein", 248-9; e a crise de Berlim (1958-61), 241-2; e a reconciliação com a França, 215, 218, 228, 231-2, 235-8, 240, 247; e as "Notas de Stálin" (1952), 232-3; e o "Caso *Spiegel*", 245; e os Estados Unidos, 226-8, 233, 237, 240, 246; e sucesso eleitoral, 229-30, 240-1, 247; família de, 224-5; ideias políticas, 224, 226-8, 230, 242; impacto/legado histórico de, 223, 231, 234, 246-9; nome na "Lista Branca" dos aliados, 226; objetivos claramente definíveis de, 226, 418; personalidade de, 224, 226, 247; perspicácia tática, 227, 234, 249; política econômica, 229-30, 240-1, 247; precondições do poder, 229-34; proximidade a ex-nazistas, 244-5, 247-9; queda de popularidade no início da década de 1960, 245; renúncia (1963), 239-40, 245-6; restrições constitucionais a, 226, 239-40, 417-8, 423, 430; surgimento na Alemanha Ocidental pós-guerra, 226-7, 229-30; tendências autoritárias, 226, 228, 233-4, 247-9, 415, 417-8, 421, 430; Tratado de Amizade Franco-Alemão (1963), 215, 218, 247; "Tratado Geral" (alemão), 231-4; vida durante a era nazista, 225; *ver também* subentradas em liderança, mudança histórica, poder
Afeganistão, guerra soviética no, 364, 367
Aguilera, Gonzalo de, 265
Alemanha: A Conferência de Potsdam confirma a divisão da, 150, 227; a destruição por Hitler da velha, 123; abertura do muro de Berlim (1989), 367, 370-1, 393-5; classe governante nacional-conservadora, 104,

107-9, 121; classe trabalhadora industrial na, 36, 401; como pedra angular da democracia moderna, 123; dá livre passagem a Lênin (abril de 1917), 36, 43, 413; e a Grande Depressão, 24, 28, 104, 106-9; escrita histórica na, 16-7; *Heimatgefühl*, 382; Hitler como álibi para uma nação, 97-8, 121; impacto da Primeira Guerra Mundial, 24, 28, 100-1, 103, 105-6, 121; liderança de Bismarck, 213; "liderança heroica", noção na, 106, 111; Linha Oder-Neisse, 227, 232, 249; manutenção da base produtiva na era Thatcher, 327; neonazismo na, 123-4, 434; o estamento traz Hitler ao poder, 104, 106-9; o golpe de Munique, 105, 244; ocupação francesa do Ruhr (1923), 104, 228; ocupação por aliados, 226-7, 229-30; pecha moral deixada por Hitler, 123-4, 226, 242-4, 247-9, 434; rejeição popular do euro, 404, 406; "República de Berlim" após mudança de Bonn, 407; "República de Conselhos" em Munique (1919), 100-1; República de Weimar, 105-9, 224-5, 239-40, 384, 407; Sistema Monetário Europeu, 402-4, 406-8; Wilhelmine, 224; zonas das quatro potências de ocupação, 229-30; *ver também* Alemanha Ocidental (República Federal da Alemanha, RFA); República Democrática Alemã (RDA, Alemanha Oriental)

Alemanha nazista: ataque brutal à esquerda, 109, 420; culto à liderança na, 16, 106, 108, 112-4; declara guerra aos EUA (1941), 117, 179; decreto de plenos poderes (março, 1933), 109; denúncias de Churchill à (década de 1930), 166-8, 171; e Franco durante a guerra, 268, 272; Eixo Roma-Berlim, 82-3; igrejas cristãs na, 112; impulso rearmamentista, 112, 114, 123; incêndio do Reichstag (1933), 109; invasão da Dinamarca e da Noruega (1940), 116, 168-9; invasão da URSS (junho de 1941), 117-8, 143, 145-6, 268-9, 291; judiciário na, 110; Leis de Nuremberg (1935), 113, 244; "Noite dos Cristais" (novembro de 1938), 113; ofensiva na Europa Ocidental (1940), 28, 85, 116, 171, 177; opinião sobre, na Alemanha pós-guerra, 239, 242-5, 390-1; Pacto de Não Agressão com a União Soviética (1939), 115, 144; Pacto do Aço com a Itália (1939), 85; perseguição aos judeus, 89, 109, 113, 115, 118-23, 173, 244, 247, 391, 413; prestação de contas no pós-guerra, 229, 248; reocupação da Renânia (1936), 83, 113-4; uso de propaganda, 98-9, 109, 175; vida de Adenauer na, 225

Alemanha Ocidental (República Federal da Alemanha, RFA): a RDA torna-se um Estado soberano (1955), 231, 234; ajuda econômica à União Soviética (1990), 372, 397, 400; anticomunismo como cimento ideológico, 241-2; atitudes públicas em relação ao passado nazista, 239, 242-5, 390-1; atividades terroristas do Baader-Meinhof, 386; "Caso Bitburg" (1985), 390-1; crescimento econômico na década de 1980, 389-90; democracia estabilizada na, 239-40, 247-9; e as "Notas de Stálin" (1952), 231-3, 246, 430; e prestação de contas com o nazismo, 229, 248; e Tito, 304-5"; "economia de mercado social" na, 387-9; escrita histórica na, 16, 123; fundação da RFA (1949), 223, 230; inquietação industrial na década de 1980, 389; julgamentos de Eichmann e Auschwitz (início da década de 1960), 248; lobby dos refugiados, 244; mancha moral deixada por Hitler, 123, 226, 242-9, 434; membro da Otan, 234, 237, 242; "milagre econômico", 235, 240-1, 247; ocupação e crise no pós-guerra, 28; pressão popular por unificação, 395-6; problemas econômicos na década de 1979, 386; programa aliado de desnazificação, 243; questão da soberania, 227, 231, 234; questão do rearmamento, 231, 234; reconciliação com a França, 215, 218, 247; reintegração de nazistas, 243-5, 247-9; Sarre torna-se parte da (1957), 236-7; "Tratado Geral" (alemão), 231-4

Alexander, general Sir Harold, 176
Alexandre III, tsar, 40
Alfonso XIII, rei da Espanha, 255-6, 258
Allilúieva, Anna, 152
Allilúieva, Nadejda, 132, 152
Amin, Idi, 306
anarcossindicalismo, 255, 257
Andropov, Iúri, 353, 355-6
Anglo-Irlandês, Acordo (novembro de 1985), 343
Antoine, Jules Aristides, 198
Argélia, Guerra da, 28, 193, 210-2, 217, 425
Argentina, 328-30
Armand, Inessa, 38
Astúrias, 256, 258-60, 262
Attlee, Clement, 163, 171-2, 181
Auchinleck, marechal de campo Sir Claude, 176
Auriol, presidente, 209
Áustria, 83, 114
Avanti! (jornal diário com sede em Milão), 68

Badoglio, marechal, 86, 91
Bahamonde, Pilar, 254
Balbo, Italo, 72
Baldwin, Stanley, 165, 168
Balfour, Declaração (1917), 21
Banco Central Europeu, 402
Banco Mundial, 271
Baviera, 100-1, 104-5, 230
Bayeux, 204, 208
BBC, 174, 198, 200, 204
Beaverbrook, lorde, 163
Belarus, 375
Bélgica, 171-2
Below, Nicolaus von, 120
Bengala, fome em (1943-4), 21
Berghof (acima de Berchtesgaden), 112
Beria, Lavrenti, 143, 147, 152
Berlim, 230, 242; muro de, 242, 367, 370-1, 393-4, 396; Olimpíadas de (1936), 113
Berlusconi, Silvio, 92
Beveridge, Relatório (1942), 175
Bevin, Ernest, 163

Bidault, Georges, 206
Bismarck, Otto von, 213
Blair, Tony, 343, 405, 431
Blanco, Luis Carrero, 275
Blank, Theodor, 241
Blankenhorn, Herbert, 231
Blenheim, palácio de, 164
Blomberg, marechal de campo Werner von, 114
Blüm, Norbert, 388
Bôeres, Guerra dos (1899-1902), 164
Bokassa, Jean-Bedél, 306
Bolchevique, Partido: XX Congresso do Partido (1923), 59, 135; centralidade do terror, 47-9, 54-5, 139, 141, 143, 145, 147, 154; comissários militares, 47-8; Comitê Central, 47-8, 51-3, 134, 139, 416; como pequeno e cruel em 1917, 36-7, 42-3; controle de sovietes locais, 48; e a natureza do stalinismo, 153-5; e a tomada do poder (25 de outubro de 1917), 46-8; e o caso Kornilov (agosto de 1917), 46; e o marxismo-leninismo, 46, 59-60, 131-2, 134, 419; estruturas do poder, 47-57, 59; expurgos nos meses finais de Stálin, 153; facções endêmicas no, 136; idealismo no, 139, 141; o entorno leal de Lênin, 44-5; passa a uma repressão coerciva/terrorista, 48-9, 54-5; pluralismo interno sob Lênin, 43-4, 46, 48, 50-3; "Politburo", 50-1, 53, 134, 139, 152, 416; sistema de comando de cima para baixo, altamente centralizado, 139-40
Boldin, Valery, 374
Bolsonaro, Jair, 412
Bonn, Alemanha, 407
Bormann, Martin, 111
Bósnia-Herzegovina, 291, 295, 310
Bracken, Brendan, 163
Brandt, Willy, 26, 28, 249, 393-4
Braun, Eva, 103, 112
Bréjnev, Leonid, 154, 305, 352-3, 355
Brentano, Heinrich von, 241
Brest-Litovsk, tratado de (março de 1918), 53
Brexit, 344

Brighton, bombardeio de (1984), 339
Brioni, ilha de, 299
Britânico, Império *ver* Império Britânico
Brooke, general Sir Alan, 151, 176
Brown, Archie, 23, 354
Brüning, Heinrich, 108
Budisavljevič, Jovanka, 286
Bukhárin, Nikolai, 44, 51, 134, 154; como vítima de Stálin, 142; e a NEP, 136, 138; e o tratado com os poderes centrais. (1918), 52-3
Bulgária, 369
Burckhardt, Jacob, 18-9
Bush, George H. W., 338, 358, 366-8; e a Unificação da Alemanha, 371-2, 394-7, 400

Callaghan, James, 320
capitalismo: após a Segunda Guerra Mundial, 25, 231, 235; conflito com o comunismo, 49, 60, 124, 139, 143; crises da década de 1930, 143; de Estado na China, 356-7; e o antissemitismo patológico de Hitler, 101; na Grã-Bretanha de Thatcher, 326-7, 338
Carcóvia, 351
Carlos Magno, 195
Carlyle, Thomas, 17-8
Carrington, Lorde, 329
Casablanca, encontro de (janeiro de 1943), 180
Casares y Quiroga, Santiago, 260
Cassin, René, 199
Catalunha, 256-8, 279
catolicismo: apoio do Vaticano a Franco, 270; doutrina social no final do século XIX, 224; e a família Kohl, 383-4, 390; e Adenauer, 224-5, 227; e De Gaulle, 193, 195; e Mussolini, 67, 75, 77-8, 84, 90; na Baviera, 230; na Espanha, 256-60, 263, 266, 270, 272-3, 279, 419; na Renânia, 223, 225; Opus Dei, 271; os Popolari (Partido do Povo Italiano), 71, 73, 76-7; reformas liberais, 279; Tratado de Latrão (1929), 78
Cáucaso, o, 133, 364, 373; campos de petróleo, 149
Cazaquisitão, 364

Ceauşescu, Nicolae, 369
CEDA (Confederación Espanola de Derechas Autónomas), 259, 262, 266
Chamberlain, Neville, 167-72, 423
Chartwell, propriedade em (Kent), 166, 185
Chetnik, movimento, 291-6, 310
China, 155, 215, 270, 356-7, 432
Chuikov, Vassíli, 146
Churchill, Clementine, 162, 166
Churchill, Jennie (Jennie Jerome), 164
Churchill, Sir Winston: A Segunda Guerra Mundial (memórias, 1948-54), 161, 188; aparência física, 175; apoia os partisans iugoslavos, 292; apoio aos judeus, 21; atitudes em relação a raça, 20-1, 166, 186-7; caráter de, 161-3, 165-7, 170-8, 180, 415; carreira política antes de 1940, 161, 164, 166; carreira política após 1945, 161, 163, 184-5, 429; citado seletivamente durante discussões sobre a UE, 188; como líder na guerra, 28, 161-3, 171-82, 186, 414, 420-1, 423, 428, 430; consagrado na visão britânica do passado e do presente, 188; considera-se um "homem do destino", 167; declínio dos poderes de, 183-5, 428; denúncia da Alemanha nazista (década de 1930), 166-8, 170; discurso de Fulton ("Cortina de Ferro") (1946), 155, 182; discurso em Zurique (1946), 183-4, 187; e a campanha dos Dardanelos (1915), 165, 167; e a campanha na Noruega (1940), 169; e a fase sombria da guerra (1940-42), 174, 176-7, 181; e a primazia estratégica dos EUA, 178-9, 181-2; e a volta ao padrão ouro (1925), 166; e as decisões cruciais no final de maio de 1940, 171-3, 186, 430; e De Gaulle, 197, 200, 204, 206, 217; e Franco, 270; e imperialismo, 20-1, 185-6, 434-5; e Mussolini, 65; e questões morais, 20-1, 176-7, 183, 434-5; e Roosevelt, 179, 181; e Stálin, 180, 182-3; e Tito, 284; e tomadas de decisões militares, 164, 176-8, 182, 423, 425; estilo de vida extravagante, 166; grandes discursos em tempo de guerra, 174; impacto de, nos tem-

pos de guerra, 174-5, 181; impacto/legado histórico de, 171-3, 186-8, 430; morte de (janeiro de 1965), 185-6; nas deliberações dos "Três Grandes", 150-1, 163, 179-81, 206; no Almirantado (1939-40), 167-9; nomeado primeiro-ministro (10 de maio de 1940), 28, 169-70, 421; objetivos facilmente definíveis de, 418; ódio ao bolchevismo, 167, 183; oratória de, 170, 172, 175-6, 181; papel menor nos anos tardios da guerra, 179-81; perde as eleições de 1945, 176, 182-3, 428; plano de fundo, 162-4; popularidade de, durante a guerra, 172, 174, 176, 181; precondições do poder, 167-9, 420-1; produção literária prolífica, 161, 165, 167, 185; senso da história, 167; sobre Adenauer, 249; tendências autoritárias, 162-3, 415; *Uma história dos povos de língua inglesa*, 185; visto como falho no julgamento, 162, 165, 167, 178; *ver também* subentradas em liderança, mudança histórica, poder

Ciano, conde, 85

classe trabalhadora industrial: destruição fascista da, 411; na Alemanha, 35, 411; na Espanha da década de 1930, 257-9; no Império Russo, 35, 42-3, 47

Clemenceau, Georges, 195

Colônia, 224-6, 417

Colville, John, 197

Cominform (Escritório Comunista de Informação), 296

Comintern (Internacional Comunista), 288-90

Commonwealth, britânico, 187

Commonwealth de Estados Independentes, 375

"comunidade carismática", de Weber, 22, 111, 207, 309, 426, 429

Comunidade de Energia Atômica Europeia, 236

comunismo: aversão de Adenauer ao, 226-8, 241-2; e a destruição das classes dominantes, 49, 54-5, 132, 411; e a França pós-Segunda Guerra Mundial, 155, 206-7, 209; e a política exterior de De Gaulle, 214-5; e a Resistência francesa, 203; e Gorbatchóv, 350-2, 357; e o antissemitismo de Hitler, 100-1; e o pós-Primeira Guerra Mundial, 104; e Tito, 285-6, 288-90; marxismo-leninismo, 59, 61, 124, 132-3, 419; na China, 155, 215, 270, 357; na Espanha, 257-60, 266; na Itália, 71, 91, 155; natureza do stalinismo, 153-5; ódio de Churchill ao, 167, 183; partidos na Europa pós-1945, 155, 206-7, 209; reação no Ocidente ao terror de Stálin, 142-3; repressão fascista ao, 109

Conferência de Cooperação e Segurança da Europa (Helsinki, 1975), 307

Conferência de Munique (1938), 167

Conselho da Europa, 184

Conselho Europeu, 218

Convenção Europeia sobre Direitos Humanos, 184

Coreia, Guerra da, 229, 235, 270, 304

coronavírus, pandemia do, 412

Courcel, Geoffroy Chodron de, 199

Crimeia, 149, 374, 377

cristianismo: conservadorismo democrático cristão, 224; declínio da influência do, 413; igrejas na Alemanha nazista, 112; na União Soviética em tempo de guerra, 144, 148; *ver também* catolicismo

Croácia, 87, 291, 295, 306-7, 310

Cromwell, Oliver, 17-8

cultura, "grandeza" na, 18-9

D'Annunzio, Gabriele, 71-3

Darlan, almirante François, 201

De Gaulle, Charles: anos fora do governo (1946-58), 189-92, 207-10; antiamericanismo de, 214-5, 237; aparência física, 195, 198; aptidão política durante a crise argelina, 211, 213, 425; base na Argélia (a partir de 1943), 201, 203; chefia um governo provisório (1944-6), 205, 207-9; como figura altamente divisiva, 193, 207, 214; como o último dos "grandes homens" com estilo próprio, 218-9; como presidente (1958-69),

211-9; como via o regime de Vichy, 195, 417; conquistas de, 195, 204-5, 211-3, 217-9; contradições e paradoxos internos, 194-5, 206-7, 212; culto à personalidade, 205-10; e a exclusão da França dos "Três Grandes", 206; e Churchill, 196-7, 200, 204-6, 217; e o desembarque aliado na França (1944), 204; e o fiasco de Dacar (setembro, 1940), 199-200; e questões quanto à unidade europeia, 188, 194, 215, 218, 237-9, 247; e restrições do poder militar, 201-2, 204-5, 425; emergência como herói nacional, 201-5, 219, 421; entrada triunfal em Paris (agosto, 1944), 195, 204-5, 421; exílio na Inglaterra, 196-201; funda a Quinta República (1958), 193-4, 210-1, 219, 417, 421, 430; funda a RPF (1947), 209; garante o reconhecimento pelos aliados (final de 1943), 201; impacto/legado histórico de, 193, 211-2, 217-9; inclinações autoritárias de, 194, 205, 207-8, 213-7, 415, 417, 421, 423, 430; memórias de guerra, 209-10; morte de (1970), 217; o "mito De Gaulle", 193, 197-8, 201, 205, 207, 209-10, 217, 219; objetivos claramente/facilmente definíveis de, 193, 418; oratória e retórica, 201, 204; papel na descolonização francesa, 193, 195, 210-2, 217, 425, 435; pensamento militar, 196; personalidade, 193-4, 196-7, 199, 201-2, 204-5; perspicácia tática, 194; plano de fundo de, 194-6; precondições do poder, 195-6, 198; reaproximação com a Alemanha, 215, 218, 237-9, 241, 247; renúncia (1969), 216, 430; renúncia (20 de janeiro de 1946), 208-9; restrições de partidos políticos, 205-9, 213-4, 417, 421, 423, 430; senso de história, 195; tentativa de assassinato da OAS (1962), 214; transmissões da BBC, 197, 199-200, 204; Tratado de Amizade Franco-Alemão (1963), 215, 218, 238, 247; veta a solicitação do Reino Unido para a CEE (1963), 188, 238, 240; visão da "grandeza" da França, 194-5, 208, 214-7, 219; ver também subentradas em liderança, mudança histórica, poder

Delors, Jacques, 337, 341, 344, 393, 401
democracia, pluralista, 25, 28, 414-5, 428-9; análise de Archie Brown sobre liderança, 23; canais secundários do poder, 163, 172, 207, 240-1, 321-4, 333-4, 341, 388, 395, 399, 408, 428-9; De Gaulle e restrições de partidos políticos, 205-9, 213, 215, 417, 421, 423, 430; e desafios do século XXI, 431-2; e emergências/crises, 24, 28, 161-3, 168-82, 189, 192-3, 196-207; 209-10, 213, 219-21, 430; e noções de "grandeza" política, 183, 185, 188, 218-9; e restrições do poder militar, 163, 168, 170, 174, 176-7, 179-81, 329, 423, 425-6, 430; e sucesso eleitoral, 230, 241, 243, 245, 320, 331, 339, 342-3, 390, 404-6, 428; eleições federais na Alemanha Ocidental (1949), 230, 414; formas coletivas de tomada de decisão, 11, 25-6, 172, 203, 205, 321-2, 421, 423, 429-30; legados de curta duração, 434; na Alemanha pós-1945, 123, 226-7, 229, 239-40, 414, 417, 419, 423, 431; na Espanha pós-Franco, 253, 277, 279; na Itália pós-guerra, 90; não intervenção ocidental na Espanha (1936-9), 264, 266; o poder de Churchill (1941-5), 162-4, 413-4, 420-1; recuo/enfraquecimento da, em anos recentes, 25, 431-3; República de Weimar, 105, 107-9, 224-5, 239-40, 384, 417; responsabilidade executiva em tempos de guerra, 163-4, 168-9, 420-1; saídas do cargo, 176, 182-4, 207-8, 216, 239-40, 245-6, 343, 407, 428-31; versão de Adenauer da, 28, 226-30, 247-8; ver também restrições constitucionais, democráticas; entradas para líderes e países democráticos
demografia do século XX, 412
Deng Xiaoping, 356
Der Spiegel (revista alemã), 245
Dewavrin, André, 199
Dilas, Milovan, 284, 289-90, 293, 298, 300-1, 426
Dill, general Sir John, 178
Dimitrov, Geórgi, 289
Dinamarca, 116, 168, 403
direitos humanos, 219, 413

ditaduras: 9 circunstâncias da tomada do poder, 29, 43-5, 47, 74-5, 107-9, 132, 137-8, 261-6, 294, 419-20; como convidadas por elites do poder, 70, 74-5, 104, 107-9, 122; e cultos à personalidade, 16, 22, 51, 59-60, 112, 114, 141, 148, 154, 428; e culturas políticas historicamente condicionadas, 417-8, 428; e objetivos facilmente definíveis, 101-2, 104-5, 107, 115, 122, 419-20; e restrições de poder infraestruturais, 26, 29, 49-54, 75-6, 81-8, 108, 421, 423; e restrições do poder militar, 25, 29, 81, 84, 115, 120, 144, 148-50, 424, 426; estratégias de "dividir para reinar", 275-6, 420, 427; fase inicial de consolidação, 29, 48-9, 51-2, 54, 75, 77-9, 109-10, 138, 264-6, 295, 355-62, 387-90, 420; governo autocrático de Tito, 295-300, 309-10; levadas ao poder por crise sistêmica, 24, 27-8, 33-7, 43-9, 69-70, 72-5, 100-9, 135, 137-8, 253-4, 256-65, 267, 276, 291, 293-4, 411, 417-20; noção de "ditador fraco", 81, 83-90, 98; o mito como mais poderoso do que o fato, 75; o "poder despótico" de Mann, 26; regimes de cartel de poder, 272-7, 423-4, 427-9

Djerdja, Josip, 305
Dollfuss, Engelbert, 83
Dresden, destruição de (1945), 177
Du Cann, Edward, 319
Dunquerque, evacuação de, (1940), 171-2
Dzierżyński, Félix, 49, 54

economia, global: choque do petróleo da década de 1970, 28, 307, 317, 324, 327, 354, 368, 386, 416; colapso da estrutura do pós-guerra na década de 1970, 327; crescimento econômico na década de 1980, 390-1; desindustrialização no final do século XX, 413; estrutura do GATT, 271; Grande Depressão, 24, 28, 100-1, 104, 106-9, 182; quebra de Wall Street (1929), 258; Sistema Monetário Europeu, 341, 403-4, 406-9
Eden, Anthony, 150, 185

Eduardo VIII, rei, 166, 173
Eichmann, Adolf, 248
Eisenhower, general Dwight, 204
Eisner, Kurt, 100
empréstimo e arrendamento, programa de, 179
energia nuclear, 235, 390
Engels, Friedrich, 419
Erdoğan, Recep Tayyip, 432
Erhard, Ludwig, 229, 235, 238, 240-1, 247
Escócia, 326, 340
escrita histórica: abordagem da "cultura histórica", 17; alemã, 16, 123, 391; biografia, 16; "controvérsia entre historiadores" na Alemanha Ocidental (1986), 124, 391; determinantes estruturais, 16; e explicações psicológicas, 40, 100, 102, 130, 132-3, 414; e questões morais, 19-21, 434; noção de Grande Homem de Carlyle, 17-8; noções de "grande homem", 15-21, 185, 218-9, 433; reação à extrema personalização (década de 1960), 98; tradições anglo-americanas, 16; uso da língua por historiadores, 21; visão de grandeza de Burckhardt, 18-9
Eslovênia, 301, 306-7
Espanha: classe governante corrupta, 256-8, 272, 275, 279; classe trabalhadora industrial na década de 1930, 257-9; Divisão/Legião Azul, 269, 278; esquerda derrotada nas eleições de 1933, 258-9; Franco e a Segunda Guerra Mundial, 266-70, 276; golpe (julho de 1936), 260-1; greve geral (outubro de 1934), 259, 262; Guerra Hispano-Americana (1898), 255; impacto de Franco na memória/cultura política, 253, 277-9; membro da UE, 277, 279; monarquia constitucional (1874-1931), 256-8; política de reconciliação pós-Franco, 248; proletariado agrícola, 257; reformas econômicas dos "tecnocratas", 271-2, 279; regime de Primo (1923-30), 258; Segunda República (1931-36), 256, 258-9, 261, 276; separatismo regional, 253, 256-8, 275, 279; status de pária no pós-guerra, 267,

270; violento conflito de classe na década de 1930, 419
esporte, grandeza no, 19
estado de bem-estar social, 176, 413
Estados Unidos: e a Alemanha Ocidental no pós-guerra, 226-9, 233-4, 237, 240, 246; e a Iugoslávia de Tito, 304-5; e a Segunda Guerra Mundial, 116-7, 163, 173, 178-82, 200, 203-4; e Franco, 269-71, 276; e o movimento Chetnik, 292; e Thatcher, 330, 335-7, 344; fim da convertibilidade do dólar a ouro (1971), 327; Guerra Hispano-Americana (1898), 255; imigração judaica forçada para os, 122; Iniciativa de Defesa Estratégica (SDI, Guerra nas Estrelas), 364, 366-7; invasão de Granada (1983), 336; reconhecem o regime de Vichy, 201; relacionamento especial com o Reino Unido, 179, 187, 336, 344; Stálin recusa ajuda do Plano Marshall, 155; Trump desafia a democracia nos, 25, 412, 433
eugenia, 21
Exército Vermelho: e a libertação da Iugoslávia, 294; e a repressão dos últimos anos de Stálin, 152; e a Segunda Guerra Mundial, 117, 120, 129, 144-50, 155, 351; expurgo durante o Grande Terror, 142; expurgos em tempos de guerra, 144; formado e expandido por Trótski, 53, 137; guerra com a Polônia (1920), 56; planejamento e direção na guerra, por Stálin, 148-50
Extinção, Rebelião da, 432

Facta, Luigi, 74
Falange, a (movimento fascista espanhol), 262, 266, 273, 275
Falklands, Guerra das (1982), 328, 330-1, 336, 340, 343, 420, 425-6, 430
Fanjul, general Joachín, 262
Farinacci, Roberto, 73, 78
fascismo: a Falange na Espanha, 262, 266, 273-4, 278; a violência como centro, 73-8, 89; aproveitando-se do stalinismo, 143; CEDA na Espanha, 259, 262, 266; e objetivos facilmente definíveis, 418-9; esmagamento da greve geral na Itália (agosto de 1922), 73-4; na Itália rural, 72; neofascistas na Itália de hoje, 92, 434; o termo *fasci*, 69; obtendo apoio de massa, 65, 72, 78, 80-1, 90, 106-7, 111-5, 122-3, 266, 276, 418-9, 422; surgimento do, na Itália, 69-71, 73-4; Ustaše na Croácia, 291, 294-5
Fascista, Partido: bandos paramilitares de valentões (*squadristi*), 72, 74-6, 78-9, 88; cumplicidade da polícia/judiciário, 77; domínio da vida pública na década de 1930, 79; estabelecimento oficial do (novembro de 1921), 73, 75; Grande Conselho Fascista, 76, 79, 87, 109, 427; líderes provincianos, 72, 74, 76, 78-9; milícia nacional, 76; na Câmara de Deputados, 72, 74-7; surgimento do, 69-73
Federzoni, Luigi, 77
Felice, Renzo De, 91
Finck, Johannes, 384
Finlândia, 43
Fitzgerald, Garret, 343
Fiume (hoje Rijeka), 71, 73
Foot, Michael, 331
Forza Italia (partido político), 92
França: constituição da Quarta República, 208-10; constituição da Quinta República, 193-4, 210-1, 213, 219, 421, 430; constituição da Terceira República, 207-8; derrota e ocupação (1940-44), 28, 85, 97, 116, 171, 177, 195-7, 200-1; descolonização, 193-4, 211-2, 217, 425; destruição da esquadra (julho de 1940), 177, 199-200; e a Comunidade de Defesa Europeia, 228, 231, 234, 247; e status de grande potência após 1945, 155, 206-7, 209; entrada de Leclerc em Paris (agosto de 1944), 204; eventos de maio de 1968, 216-7; fundação da Quinta República (1958), 193, 195, 210-1, 219, 417; governo provisório (1944-6), 206-8; Guerra da Argélia, 28, 193, 210-2, 217, 425; império colonial durante a Segunda Guerra Mundial, 198, 200-1; *les*

trentes glorieuses, 218; Libertação (1944), 195, 204-5; Marrocos francês, 268; Mitterrand como fator crucial em Maastricht, 403; ocupação do Ruhr (1923), 104, 228; ocupação nazista da "zona livre", 200-1; papel na CEE, 215, 218; *pieds-noirs* na Argélia, 210-2; programa nuclear, 215, 217-8; reconciliação com a Alemanha Ocidental, 215, 218, 228, 231, 235, 237-8, 240, 247; regime de Vichy, 195, 199-201, 417; visão de De Gaulle sobre "grandeza", 195, 208, 214-7, 219

França Livre, forças da, 198-201, 204, 206, 217

Franco, Francisco: aparência física, 261; apoia um golpe (julho de 1936), 260-1; aptidão/liderança militar, 253-5, 260-2, 265, 276, 424; as atrocidades da Guerra Civil, 262-5; aspecto ideológico-político, 255-6, 263-4, 266, 276; comanda o Exército da África, 261-3; como relevante para a história europeia, 254, 266, 279; crenças sobre a franco-maçonaria, 255-6, 265, 269-70, 276; culto ao Caudilho, 263, 266, 270, 273, 276; despachos militares durante a Segunda República, 259-60; e a monarquia, 259, 270, 274-5; e a Segunda Guerra Mundial, 82, 266-8, 270, 276, 423; e forças de remodernização, 253, 271-2, 277-9; e o Exército espanhol no Marrocos, 254-5, 259-62; emergência de, devido à Guerra Civil, 28, 253, 256-7, 261-3, 265, 276, 411, 415, 419-20; exumação e ressepultamento (2019), 278; fatores externos configuram a Espanha pós-1939, 267-8, 270-2; feito generalíssimo das forças nacionalistas, 263; fria vingatividade de, 256, 264-5; ideia de destino, 263; impacto/legado histórico de, 254, 266-7, 276-9, 434; impacto na memória/cultura política espanhola, 254, 277, 279; morte de (novembro de 1975), 277; obtém ajuda do exterior durante a Guerra Civil, 262-3, 265-6; personalidade, 255-6, 263-4, 276; pilares conservadores do apoio a, 266, 272-7, 420, 423; plano de fundo de, 254-5; política de autarquia, 271, 278-9; precondições do poder, 256-8, 260-1, 411, 420; regime de cartel de poder, 272-7, 422-3; reprime a revolta em Astúrias (1934), 259, 262; restrições do poder militar, 268-70; súbita ascensão ao comando das forças nacionalistas, 261-2; suporte residual depois de sua morte, 278; uso do terror contra inimigos internos, 262-5, 275, 278, 420-2 *ver também* subentradas em liderança, mudança histórica, poder

franco-maçonaria, 65-6, 255-6, 265

Frank, Hans, 111, 426

Frente de Libertação Nacional (FLN), 210, 212

Frente Popular (na Espanha), 260

Frente Stresa (1935), 83

Friedman, Milton, 319

Fritsch, coronel-general Werner von, 114

Fundo Monetário Internacional, 271, 317

Gales, 326

Galtieri, general Leopoldo, 328

Garibaldi, Giuseppe, 19

Geiss, Imanuel, 16

Geißler, Heiner, 388

General Belgrano (cruzador argentino), 330

gênero, 10-1; e a personalidade de Thatcher, 315-6, 323; exigência de igualdade das mulheres, 413; Grande Homem de Carlyle, noção do, 17-8

Gengis Khan, 19

Genscher, Hans-Dietrich, 388, 391, 393, 395, 398, 404

George VI, rei, 169

Geórgia (país), 373

Gibraltar, 268-9

Gilets Jaunes, 432

Giraud, general Henri, 201, 203

globalização, 25, 432

Globke, Hans, 244, 247

Goded, general Manuel, 262

Goebbels, Joseph, 110, 112-3, 391, 426; volta ao padrão-ouro (1925), 166

Goli Otok (ilha no Adriático), 297

Gorbatchóv, Mikhail: aceleração/radicalização de reformas (1987-9), 362-4, 428; ascensão no sistema soviético, 350, 352-3, 356; atitude em relação a Putin, 377; como carente de estratégia para grande reforma, 356-9; como comunista soviético ortodoxo, 60, 350-2, 357; como nem democrata nem ditador, 421, 423, 428; condena Stálin, 156; contato direto com o público, 358; declínio e colapso do poder (1989-91), 372-5, 428; discurso na ONU (dezembro de 1988), 367; e a melhora das relações com o Ocidente, 360, 365-8, 371-2; e a questão da unificação alemã, 338, 371-2, 394, 396-8, 400; e Bush, 367-8, 371-2; e Iéltsin, 360, 363, 373-7; e Kohl, 358, 391-2, 396-8, 400; e o colapso da União Soviética, 349-50, 423; e o grupo dos *apparatchiks*, 364, 411; e países do bloco soviético, 369-70; e reforma militar, 360, 365-7; e Thatcher, 336-7, 343, 358; encontro em Reykjavik com Reagan (1986), 336, 366; estilo de liderança, 357-8; expulsa a velha guarda do Politburo, 359-60; impacto/ legado histórico de, 309, 349, 353-4, 376-7, 435-6; mudança na política exterior soviética, 365-72; o termo Glasnost, 359; o termo Perestroika, 359, 361-3; objetivos da reforma (maio de 1985), 359; passa ser secretário-geral (março de 1985), 28, 353-7, 359; perde controle dos acontecimentos (1988-9), 364, 372, 421; personalidade de, 350-2, 357, 359, 365-6; plano de fundo de, 351-2; precondições do poder, 353-7; primeiras reformas (1985-7), 359, 361-2; reforma econômica como limitada, 362-3, 372-3; reformas de, produzem crise, 354, 370-3, 375, 421, 423, 428, 435-6; rejeita a "doutrina Bréjnev", 370; relutância intrínseca de usar força, 350-1, 367, 370; renuncia à presidência (dezembro de 1991), 375-6; reputação no Ocidente, 349; resistência às reformas de, 360-3, 421, 428; sede por aprendizado e autoaprimoramento, 351-2; tentativa de golpe contra (agosto, 1991), 374; vê necessidade de pluralismo, 362-4, 376; visita a Alemanha Oriental (outubro de 1989), 393; *ver também* subentradas em liderança, mudança histórica, poder

Gorbatchóv, Raisa, 352, 358
Göring, Hermann, 110, 112, 114-5, 426
Gorkić, Milan, 288
Gošnjak, Ivan, 302
Granada, invasão de, pelos EUA (1983), 336
Grande Depressão, 24, 28, 100-1, 104-7, 182
"grandeza", conceito de, 16-8, 433; e Churchill, 182, 185, 188; e De Gaulle, 194-5, 218-9; e questões morais, 19-20; Lucy Riall sobre, 19; noção de "grandeza negativa", 20-1; rejeição de, por Marx, 22-3, 411; visão de Burckhardt da, 18-9;
Grandi, Dino, 73, 88
Graziani, marechal, 91
Grécia, 86, 178, 181
Greenwood, Arthur, 171-2
greve dos mineiros, Reino Unido, (1984-5), 334
Grishin, Viktor, 360
Gromiko, Andrei, 360
Guerra Civil Espanhola (1936-9): desforra contra a esquerda após a, 264-5; e a emergência de Franco, 28, 253, 256-7, 261-3, 265, 276, 411, 415, 419-20; e as grandes potências da Europa, 83-4, 253, 262-6, 288; eclosão da (julho de 1936), 261-2; níveis de violência durante a, 262-5, 278; política de não intervenção das democracias ocidentais, 264, 266; Vale dos Caídos, 278; voluntários antifascistas durante a, 264
Guerra Fria: abertura do muro de Berlim (1989), 367, 370-1, 393-4; aumento da tensão no início da década de 1980, 364-5; colapso do bloco soviético, 17, 28, 338, 349-50, 367-8, 370-2, 392-3, 397, 435; construção do muro de Berlim (1963), 242; discurso da Cortina de Ferro de Churchill (1946), 155, 183; e a Iugoslávia de Tito, 283, 303-4; e Franco, 267, 270-1, 276; e o legado de Mussolini, 91;

e Stálin, 129, 155; e Thatcher, 335-6, 338, 343; Movimento dos não Alinhados, 284, 303, 306

Guerra Russo-Japonesa (1904-5), 34

Haas, Herta, 286
Halifax, lorde, 163, 169-74, 414
Hallstein, Walter, 231
Harriman, Averell, 147, 151
Harris, Arthur, 177
Hayek, Friedrich von, 332
Heath, Edward, 318-9, 337
Hebrang, Andrija, 297
Heseltine, Michael, 339, 342
Hess, Rudolf, 111-2
Heydrich, Reinhard, 113
Hidalgo, Diego, 259
Himmler, Heinrich, 98, 110, 112, 118-9, 426-7
Hindenburg, Paul von, 107-11, 417
Hitler, Adolf, 9; a "corte" no Berghof, 111-2; aparência física, 99; aprovação pública de, 112, 114, 121; aproveita-se do stalinismo, 143; carisma fabricado de, 111; como admirador de Carlyle, 18; como álibi de uma nação, 97-8, 121; como causa não única da guerra, 412; como líder na guerra, 116-22; consolida sua detenção do poder (1933-4), 109-10, 417, 420, 426; culto à liderança no Terceiro Reich, 16, 107-8, 112-4; declínio do poder nos meses finais da guerra, 26; desejo de guerra, 101, 112, 114-5, 121; e a eleição presidencial de 1932, 107; e a Guerra Civil Espanhola, 262-6; e a noção de "ditador fraco", 82, 98; e a visita estatal de Mussolini (1937), 83; e atrofia das instituições de governo, 427; e elites não nazistas de poder, 109-10, 112, 120; e "espaço vital" no leste, 101-2, 424; e mulheres/sexo, 102-3, 111-2; e noção de "grandeza negativa", 20; e restrições do poder militar, 25, 424; e tomada de decisão militar, 116, 118, 120, 424; estilo moderno de fazer campanha, 107; expurgo (junho de 1934), 110, 417, 420, 426; golpe de Munique, 105, 244; ideologia, 122; imagem visual de, 99; impacto/legado histórico de, 97-125, 434-6; incerteza no caminho para o poder, 106, 108, 418-9; líderes leais/subordinados em seu entorno, 97, 110-5; 119, 121; *Mein Kampf*, 101, 105; nomeado chanceler do Reich (janeiro de 1933), 109, 417; obsessões ideológicas, 101-2, 114-6, 120, 122; personalidade de, 98-100, 102, 104-5, 112, 114-5, 117, 121; plano de fundo de, 99-100, 103; poder outorgado pelo estamento político, 104, 106, 108, 120; precondições do poder, 104, 106-7, 109-10, 411, 417; prevalece sobre Strasser (dezembro de 1932), 108; Primeira Guerra Mundial como principal habilitador de, 24, 28, 104, 412, 415; primeiro encontro com Mussolini (1934), 82-3; racismo de, 100-2, 105, 108, 113, 116-7, 119, 121, 123; responsabilidade pelo/envolvimento no Holocausto, 117, 119, 121-2; retórica demagógica de, 98, 103-5; serviço militar na Primeira Guerra Mundial, 99, 101; sucessos na política exterior na década de 1930, 82, 111, 113-4; suicídio de (1945), 121; surgimento político em Munique, 103-5; tomada de decisão sob, 111-7; torna-se chefe de Estado (1934), 110-1, 417; trama de Stauffenberg contra (julho de 1944), 117, 120, 225; *ver também* subentradas em liderança, mudança histórica, poder

HMS Endurance, 328
HMS Sheffield, 330
Holanda, 171
Hollande, François, 431
Holocausto, 124, 173, 391, 413; conhecimento do, por Mussolini, 89; e o poder pessoal de Hitler, 117-9
Honecker, Erich, 369-70, 383
Hoskyns, John, 319, 323
Howe, Sir Geoffrey, 324, 341-2
Hungria, 156, 287, 369-70, 432

Iagoda, Guenrikh, 142
Ialta, Conferência de (fevereiro de 1945), 150, 180-1, 183, 206
Iejov, Nikolai, 143
Iéltsin, Boris, 360, 363, 373, 375, 377
Igreja Ortodoxa Russa, 148
Il Popolo d'Italia (jornal fascista), 69
imperialismo, 10-1; a Itália de Mussolini, 68, 80, 82-3, 85, 89, 91, 114, 424; África Equatorial Francesa, 198, 200; do Reino Unido pós--colonial, 321; e Churchill, 20-1, 185-6, 434-5; e De Gaulle, 193-4, 198, 210-2, 217, 425, 434-5; e o nacionalismo italiano pós-1918, 70-1; exército espanhol no Marrocos, 254-5, 259-62; guerra da Itália na Líbia (1911), 68; impérios destruídos por guerras mundiais, 412; Marrocos francês, 268; movimentos anticoloniais, 435; status único da Argélia na França, 210-2
Império Britânico, 20-2, 166, 184-5, 321, 434
Império Russo: desafeto pelo regime czarista, 34-5, 133; e a Primeira Guerra Mundial, 27-8, 33-7, 424; estruturas do poder no, 34, 36, 135-6; ilegalidade/repressão disseminada no, 136; revolução (1905), 34-6, 42, 136; sociedade civil/sistema político, 34-5
Índia, 166, 186, 305, 432
industrial/de negócios, classe: apoio a Hitler, 109, 112, 121; e o fascismo italiano, 72, 77, 85; na Espanha, 256, 258-9, 272
industrialização, 412; na União Soviética, 137-8, 144, 154-5, 435
Ingham, Bernard, 324
integração europeia: apoio de Adenauer, 228-30, 232, 235-7, 239, 247; Comunidade de Defesa Europeia, 228, 231, 234, 247; Comunidade Europeia do Carvão e do Aço, 228, 235, 247; discursos de Churchill no pós-guerra sobre, 183-4, 187; e integração política mais estreita, 215, 218, 237, 337, 344, 402-4;
iraniana, revolução, 324
Irlanda do Norte, 343

Iskra (A Centelha, jornal marxista), 42
Israel, 122, 247, 304, 390
Istomina, Valentina, 132
Itália: agitação política (1942-3), 87; anexação da Albânia (1939), 84; aspirações a grande potência, 69, 71, 89; assassinato de Matteotti (junho de 1924), 77-8, 416-7; ataque à Grécia (1940), 87; *biennio rosso* ("biênio vermelho"), 71; comunismo na, 71, 91, 155; continuação da corrupção política, 90-2; domínio da conservadora Democracia Cristã, 91; e a Primeira Guerra Mundial, 68-9, 71-2; Eixo Roma-Berlim, 83; elites políticas pré-1922, 66, 68-79, 89-90; entra na Segunda Guerra Mundial (junho de 1940), 85; fascismo nas áreas rurais, 72; guerra colonial na Líbia (1911), 68; impunidade para as elites pós--1945, 91; mal preparada para a Segunda Guerra Mundial, 84, 86-7; navios de guerra destruídos em Taranto (1940), 86; neofascistas hoje em dia, 92, 434; Pacto do Aço com a Alemanha (1939), 84-5; passa a ser uma ditadura, 76, 78; reconstrução pós-1945, 90-1; República de Salò (1943-5), 88-9; sentimento antijudaico na, 84, 88
Iugoslávia: agitação estudantil (1968), 307; ajuda financeira dos EUA/do Ocidente, 304; "autogestão", sistema de, 301; derrota e ocupação (a partir de 1941), 28, 283, 290-1, 293-4, 413; desintegração da, na década de 1990, 309-11; divisões étnicas/nacionalidades rivais, 283, 291, 301-3, 307-8; e a Guerra Fria, 283, 303-4; governo realista, 287-8; massacres de Kočevski Rog (1945), 285; movimento Chetnik, 291-4, 296, 310; nova constituição (1974), 308-9; papel do Exército Vermelho na libertação da, 294; Partido Comunista antes de 1945, 288-91; Partido Comunista no pós-guerra, 294-6, 298; partisans de Tito, 283-5, 290-1, 293, 295, 310, 420; polícia de segurança de Tito (UDBA), 299-300, 302; problemas econômicos na década de 1970, 303-4, 307; serviço de inteligência

militar (KOS), 302; tendências separatistas se intensificam, 307-8; Tito como crucial para o Estado unificado, 283-4, 294, 303, 308-9
Izetbegović, Alija, 310

Japão, 117, 168, 179, 181, 248
Jdánov, Andrei, 152
Joana d'Arc, 195
Johnson, Boris, 25
Joseph, Sir Keith, 318-9
Juan Carlos, rei da Espanha, 277
judeus: antissemitismo de Franco, 256, 265-6; antissemitismo de Mussolini, 85, 89; antissemitismo em Viena, 100; apoio de Churchill aos, 21; e o complô dos médicos no Kremlin (1953), 153; emigração forçada durante a era nazista, 123; o antissemitismo patológico de Hitler, 100-2, 107, 113, 115, 118, 122, 413, 418; perseguição nazista aos, 89, 109, 113, 115, 118-22, 173, 244, 247, 391, 413; programa nazista de extermínio dos, 88, 118, 123, 413
Júkov, marechal Gueórgi, 145, 149, 151-2

Kaganóvich, Lázar, 140, 152, 426
Kaiser, Jakob, 232
Kámenev, Liev, 43-4, 46, 48, 50-1, 134-5, 137, 142
Karadžić, Radovan, 310
Kardelj, Edvard, 290, 298, 300-1, 305, 308, 426
Katyn, massacre na floresta de (1940), 147
Kazan, universidade de, 40
Kennedy, major-general John, 177
Kerenski, Alexander, 45-6
keynesiana, economia, 319, 327, 386
Khomeini, aiatolá, 27
Khruschóv, Nikita, 60, 130-1, 153-4, 304, 352, 355, 434
Kidrič, Boris, 300
Kírov, Serguei, 142, 288
Kissinger, Henry, 277
Kohl, Helmut: aparência física, 382; avanço convencional de, 384-93, 418, 420; base/plano de fundo no Palatinado, 382-3, 387-91, 400-1, 407; "Caso Bitburg" (1985), 390-1; como chanceler da Alemanha Ocidental, 381, 386-99; como chanceler da recém--unificada Alemanha, 381, 399-407; como desastrado em relações internacionais, 390-1; declínio de poder após Maastricht, 403-7; derrota na eleição de 1998, 405-7; discurso na Frauenkirche em Dresden (dezembro de 1989), 396, 400; discurso sobre "estruturas confederativas" (28 de novembro, 1989), 371, 395; e a abertura do muro de Berlim, 393-5; e a integração europeia, 381-2, 390, 392-3, 401-3, 407-8; e a unificação alemã, 9-10, 28, 338, 371-2, 381, 383, 393-400, 414, 418, 420; e armas nucleares, 391-3; e Gorbatchóv, 358, 391-2, 396-8, 400; e Mitterrand, 390-1, 395, 402, 408; e o passado nazista da Alemanha, 390-1, 401; e o sucesso eleitoral, 390, 404-6, 428; e taxa de câmbio na unificação, 398-400; escândalo do financiamento após deixar o cargo, 408-9; esnobismo de oponentes, 383, 387; esperança de um Estado federal europeu, 401-3; falta de consultas em novembro de 1989, 395, 430; impacto/legado histórico de, 381-2, 394-7, 399-401, 407-9; inclinações autoritárias, 382-5, 387-9, 401, 423; mau relacionamento com Thatcher, 395, 414; morte de (2017), 381; plano de fundo de, 382-5, 401; personalidade de, 382-3, 388-91, 400-1, 414; "Plano de Dez Pontos", 394-5, 397, 400; política econômica, 387-8, 405-6; precondições de poder, 385-6, 416; recusa-se a ajudar a Alemanha Oriental (1990), 398; suicídio da esposa Hannelore (2001), 409; surgimento político na UDC, 384-5, 416; torna-se chanceler da República Federal (1982), 386; últimos anos atribulados de, 408-9; *ver também* subentradas em liderança, mudança histórica, poder
Koldunov, Aleksandr, 360
König, Elsa Johanna (Lucie Bauer), 286, 289
Kornílov, general Lavr, 46

Kosygin, Alexei, 353
Krestínski, Nikolai, 50
Kronstadt, revolta de (1921), 56
Krúpskaia, Nadejda, 40, 58-9
Kubizek, August, 102
kulaks, 54, 136, 141

Lammers, Hans Heinrich, 111
Lawson, Nigel, 339-41
Leach, Sir Henry, 330
Leclerc, general Philippe, 204
Lênin, Vladímir Ilitch: admiração de Gorbatchóv por, 352; aparência física, 38; apoia Stálin no período pré-revolucionário, 133; argúcia/brilho internacional, 37-8, 41-2, 44, 46, 50-1, 60; atentado à vida de (1918), 51, 54; caráter/temperamento, 38-9, 41; como líder visionário na espera, 41-7, 51; crença na revolução mundial, 51-2, 55; culto à personalidade, 51, 58, 60-1; e a guerra com a Polônia (1920), 55, 57; e a saída da Rússia da guerra mundial, 47, 51-3, 424; e a tomada do poder (25 de outubro de 1917), 46-7; e marxismo, 38-42, 59; e violência contra kulaks, 54; estabelece a centralidade do terror, 49, 54-5, 154, 419-20, 422; execução de seu irmão (1887), 40; exílio, 34, 36-7, 40-3, 133; foge para a Finlândia (julho de 1917), 37, 45-6, 49; impacto/legado histórico de, 33, 59-60, 434-5; intransigência e beligerância, 38-9, 42, 44, 48, 50-1, 56; introduz a "Ditadura do Alimento", 54; morte de (janeiro de 1924), 58; noção de vanguarda revolucionária, 41-2, 132; Nova Política Econômica (NEP), 57, 136, 138; *O Estado e a revolução* (1918), 49; *O que fazer?* (tratado, 1902), 41; oposição a, no Partido Bolchevique, 43-4, 48, 50-1, 53; plano de fundo de, 39-41; poder pessoal de, 33-4, 36-7; 43-51, 53-60; precondições do poder, 34-6; preservação do corpo de, 60; preside o Sovnarkom, 47-8, 52-4; Primeira Guerra Mundial, como habilitador crucial, 27-8, 33, 291, 413, 415; primeiros decretos (outubro/novembro, 1917), 47-8, 51; quase desconhecido na Rússia antes de 1917, 36-7, 42-3; recebe salvo-conduto para a Alemanha (abril de 1917), 36-7, 43, 413; restrições no poder de, 43-4, 48-50, 52-3, 416; retorno a Petrogrado (outubro de 1917), 46; retorno à Rússia (abril de 1917), 36-7, 43; saúde precária, 33, 39, 45, 49, 51, 57-8, 422; sob "Comunismo de Guerra", 54, 56; supremacia de, reconhecida por Tróstski, 36, 45, 47, 51, 53; Tcheká fundada por, 49; "Terror Vermelho" durante a guerra civil, 54-5; "Teses de abril", 43-4; testamento político (1922), 58-9, 134, 136; "Todo o poder aos sovietes" (lema), 44; *ver também* subentradas em liderança, mudança histórica, poder

Lewin, Sir Terence, 330
Ley, Robert, 112
liberdades civis, 219
liderança, 9-11, 433-4; a "comunidade carismática" de Weber, 21-2, 111, 207, 310, 426, 429; a imagem pública de Thatcher, 321-3, 330, 334; abordagem da "cultura histórica", 16-7; apelo carismático de Tito, 295-309; as quatro fontes de poder, de Mann, 24-5; capacidade de inspirar e motivar, 43, 171, 175, 182, 415; Churchill e a Segunda Guerra Mundial, 161-3, 170-81, 186, 414, 421, 423; circunstâncias para assumir a, 29, 75, 108-9, 136-8, 168-72, 174, 205, 210, 212, 225-30, 261-6, 295, 320-1, 353-6, 419-21; de Adenauer, 28, 224, 227-49, 411, 414; de De Gaulle, 193-4,196-207, 210-9; de Franco, 253-4, 264-79, 411, 415, 419-20, 422-4, 434; de Gorbatchóv, 349-50, 355-77, 414, 421, 423, 428, 435-6; de Hitler, 97-8, 108-23, 411, 413, 415, 417-20, 422, 424, 426-7, 433, 435-6; de Kohl, 382, 388-9, 394-405, 407-9; de Lênin, 27-8, 33-4, 41-60, 133-5, 154, 416, 419-20, 422, 424, 434-5; de Mussolini, 65-7, 72-92; de Stálin, 129-31, 135-50, 153-6, 415-6, 420, 422, 425, 427-8, 434-5; de Thatcher, 315, 320-44, 414, 420, 423, 425, 428-30; de Tito, 283-4,

294-310; decisão crítica em fins de maio de 1940, 171, 173, 186; e desafios do século XXI, 431; e escrita de história estrutural, 16; e o Holocausto, 117-23; fase inicial de consolidação, 29, 47-54, 75-7, 79, 109-10, 138, 171-3, 205-7, 231-2, 295, 321-4, 355-61, 387-90, 417, 419-21; ideais aceitos de uma, forte, 67, 106, 111; líderes "fortes" de hoje em dia, 9, 17, 25, 377, 432, 433; líderes omitidos neste livro, 26-7; moralidade como critério de julgamento, 19, 21, 176-7, 186-7, 434; noção de "ditador fraco", 82-90, 98; noção de "grandeza negativa", 20-1; noção de "liderança heroica" na Alemanha, 106, 111; noções de "grandes homens", 15-21, 183, 185, 188, 218-9, 433; objetivos claramente/facilmente definíveis, 29, 101-2, 104-5, 107, 115, 122, 194, 418; personalidade como ainda central no século XXI, 431; personalidade como componente chave na história, 413; perspicácia tática, 29, 44, 74, 76-7, 135-7, 149, 151, 180, 194, 227, 234, 418; "poder despótico" de Mann, 26; traços semelhantes de caráter, 414-6

Ligatchóv, Egor, 360, 363
Lindemann, professor Frederick, 163
Ljubičić, Nikola, 302
Lloyd George, David, 169, 173
Ludwigshafen, 382-4

Maastricht, Tratado de (1992), 403
MacGregor, Ian, 332, 334
Maclean, Fitzroy, 285
Major, John, 341, 343
Malenkov, Gueórgi, 152
Mann, Michael, 24, 26
Manstein, general Erich von, 116
Mao Zedong, 27, 270
Margesson, David, 170
Marlborough, John Churchill, 1º duque de, 164, 166
Mártov, Julius, 42

Marx, Karl, *O 18 de Brumário de Luís Bonaparte* (1852), 22-3, 411
marxismo: a Primeira Guerra Mundial, 68; disseminação no Império Russo, 34; e a classe trabalhadora industrial alemã, 35; e Lênin, 38-42, 59-61, 419; e Mussolini, 68; e o colapso do bloco soviético, 16; e o legado de Hitler, 123; e Stálin, 132-3; facções/debates no, 137
Massu, general Jacques, 216
Matteotti, Giacomo, assassinato de (junho de 1924), 77
Me Too, movimento, 432
mencheviques, 37, 42-4, 47
Merkel, Angela, 387, 408, 431
mídia de massa: ciclo moderno de 24 horas de notícias, 431; e De Gaulle, 194, 197-200; grandes discursos de Churchill em tempos de guerra, 174-5; jornalismo de Mussolini, 68; Mussolini como primeiro populista moderno, 79-80; técnicas de propaganda nazista, 99, 175
mídia social, 431-2
Migração em massa, 413, 432
Mihailović, Draža, 292-3, 295
Mikoian, Anastas, 140, 152-3
Milošević, Slobodan, 310
Mitterrand, François, 214, 316, 338, 390-1, 408; opõe-se à reunificação alemã, 394-5, 403; opõe-se à união política na Europa, 402
Modi, Narendra, 432
Modrow, Hans, 394, 396
Mola, general Emilio, 260-3, 265
Mollet, Guy, 236
Mólotov, Viatcheslav, 139, 148, 152-3, 426
Momper, Walter, 394
monarquia: britânica, 167, 170, 173, 175; destruída por guerras mundiais, 413; italiana, 75, 77, 79, 81-2, 84, 86, 88-9, 91, 420; na Espanha, 270, 274-5, 277
monetarismo, 319-20, 325, 327, 341, 388
mongóis, 19
Monnet, Jean, 27, 215, 218

Montgomery, general Bernard, 176
Moore, Charles, 345
Morrison, Herbert, 163
Mosley, Oswald, 173
Moulin, Jean, 202-3, 206
Mouvement Républicain Populaire (MRP), 206, 209
Movimento dos Não Alinhados, 284, 303, 306
Movimento Sociale Italiano (partido neofascista), 92
mudança climática, 413, 433
mudança histórica, determinantes impessoais/contingentes de, 9-10; 410; ações do governo provisório na Rússia (1917), 45-6; Churchill como líder na guerra, 20, 28, 161-4, 169-80, 186, 413-4, 420-1, 423, 425, 428, 430; De Gaulle e a crise da Argélia, 209-12; decisão crítica no fim de maio, 1940, 171-3, 186; derrota da França (1940), 28, 195-7, 201; e a "comunidade carismática" de Weber, 21-2, 111, 181, 207-9, 213, 219, 310, 426, 429, e a ideologia comunista, 16, 22-3, 34, 59; e a liderança de Thatcher, 326-7, 335; e a subida de Mussolini ao poder, 70-2; e Franco, 256-68, 276; e mudanças fundamentais no século, 34, 412-3, 415-6, 434-5; e Tito em Moscou, 288-9; equilíbrio de classe de Marx, 22-3, 276, 411; forças econômicas, 104-7, 218, 271, 277, 327, 335, 389-90; fragmentação da Iugoslávia, 309; impacto colossal de Gorbatchóv, 435; impacto colossal de Hitler, 124, 413, 435-6; impacto colossal de Stálin, 155; impacto da Grande Depressão na Alemanha, 104-6, 108; impacto da Primeira Guerra Mundial na Alemanha, 24, 28, 100-2, 104-6, 108-9, 121, 413, 415; impacto do indivíduo em, 410-31, 435-6; jornada de trem de Lênin (abril de 1917), 36, 43, 413; Lênin como primordial fazedor do século XX, 60, 435; liderança de Adenauer, 223, 227-49, 414; liderança de De Gaulle, 193-219, 413, 415, 417-8, 421, 423, 425, 428, 430; liderança de Franco, 254, 264-79, 411, 415, 419-20, 422-3; liderança de Gorbatchóv, 349-50, 355-77, 414, 421, 423, 428, 435-6; liderança de Hitler, 97-8, 108-23, 411, 413, 415, 417-20, 422, 424, 426-7, 434-6; liderança de Kohl, 382-3, 388-9, 394-405, 407-9; liderança de Lênin, 27-8, 34, 37-9, 41-54, 56-8, 60-1, 134-5, 154, 416, 420, 422, 424, 433, 435; liderança de Mussolini, 65-7, 72-92; liderança de Stálin, 129-30, 136-51, 153-6, 415-6, 420, 422, 425-7, 434-5; liderança de Thatcher, 315, 320-44, 414, 420, 423, 425, 428-30; liderança de Tito, 283-4; 294-310; no centro da pesquisa histórica, 9, 15-6; proposições gerais testadas neste livro, 28-9, 410, 416-32; vaziez da noção de "grandeza", 19-21

mudança histórica, papel de uma crise sistêmica na, 9, 23; a guerra como o mais importante habilitador, 413; acontecimentos de maio de 1968, 215-16; choques do petróleo na década de 1970, 28, 306, 317, 326, 354, 368, 385-6, 388, 416; crise produzida por Gorbatchóv, 354, 369-73, 375, 421, 423, 428, 435-6; destruição-colapso de estruturas existentes, 25, 28-9, 33-60, 71-82, 105-6, 108-9, 195-205, 225-6, 229-30, 240, 416-7, 419; e a liderança de Adenauer, 28, 225-7, 229-30, 241-2, 411, 417; e a liderança de De Gaulle, 28, 193, 196-206, 209-10, 212, 219, 417, 421, 425; e a subida de Hitler ao poder, 24, 28, 99-108, 415, 417-9; e a subida de Stálin ao poder, 28, 135, 137-8, 156, 416-7; e a subida de Thatcher ao poder, 28, 317-8, 320, 416-7; e ascensão de Churchill a primeiro-ministro, 161-3, 168-74, 420-1; e Tito, 28, 291-2, 294, 413, 426-8; Espanha nos anos anteriores aos da Guerra Civil, 419; liderança de Lênin, 27-8, 34-5, 42-6, 48, 352, 292, 415; na Alemanha pós-Primeira Guerra Mundial, 24, 28, 100-1, 103-4, 106, 108-9, 122, 413, 415; na Itália pós-Primeira Guerra Mundial, 28, 69, 71-3, 75, 417; na Rússia revolucionária, 34-5, 37, 42, 136-7; subida de Franco ao poder, 28, 253-4, 256-66, 276, 411, 415, 419-20; subida de Mussolini ao poder, 28, 68-9, 71, 73-4,

415; tomada de decisões em democracias, 28, 162-3, 169-73; trazendo ditadores ao poder, 24, 27-8, 33-7, 43-9, 70, 72-3, 75, 100-1, 103-6, 108-9, 135-8, 253-66, 276, 291, 293-4, 411, 415-7, 419-20

mudança histórica, preexistência estrutural de condições, 410, 416, 435; anos finais da Rússia czarista, 34, 36-7, 43, 136; "culturas políticas historicamente condicionadas" de Brown, 23; debates sobre o poder de Hitler, 97-8; e a carreira de Kohl, 381-3, 386, 390-3, 395-6, 398-400, 402-5; e a carreira de Thatcher, 315-7, 319-20, 326, 331, 335-40; e a liderança de De Gaulle, 194-206, 217-9; e a subida de Franco ao poder, 253-4, 256-66; e ascensão de Churchill a primeiro-ministro, 161-3, 168-74; e Tito na Segunda Guerra Mundial, 290-4; "equilíbrio de classe" de Marx, 22-3, 276, 411-2; herança de Gorbatchóv, 354-7; julgamentos sobre o lugar de Stálin na história, 156; na Alemanha pós-Primeira Guerra Mundial, 24, 28, 100-9, 121, 173, 413, 415-6; na Itália pós-Primeira Guerra Mundial, 28, 70-5, 417; na República de Weimar, 107-8; possibilidades implícitas no bolchevismo, 153-4; restrições a Franco no período pós-1939, 267-8, 270-2; restrições ao poder de Mussolini, 81-2, 85, 87, 89, 109, 417, 427

Muselier, almirante Émile, 199

Mussolini, Benito: acesso ao poder, 74-5; admiração inicial de Churchill por, 65, 167; alemães resgatam/restauram (setembro, 1943), 65, 88-9; aparência física, 66-7; apoio político para não fascistas, 65, 75-6, 78-9, 83, 85, 90-1; biografia de, por Renzo de Felice, 91; caráter de, 66-7, 80, 83, 87; catástrofes militares na guerra, 86-7, 424-5; como "ditador fraco" em meados da década de 1930, 81-9; como oportunista ideológico, 68-9, 72-3, 81, 418-9; consolidação inicial do poder, 76-9, 420; desejo de conquista militar e um império, 66, 68, 80-4, 90, 113-4, 424; duplicidade política de, 74-7; e a Guerra Civil Espanhola, 83, 262, 264-6; e a Segunda Guerra Mundial, 65-6, 85, 87-90, 424-5; e nacionalismo, 68-9, 77; e o Eixo Roma-Berlim, 83-4; e restrições do poder militar, 25, 81, 85, 424; e socialismo, 67, 69-70; e violência, 66-7, 72, 74-6, 79, 89; elite atribui toda a culpa a, 87, 91; encontros com Hitler, 82-3; entra na órbita alemã, 82-6, 417; execução de (28 de abril, 1945), 65, 89; exsuda vitalidade e energia, 66-7, 80; fonte alternativa de legitimidade para, 80-2, 85, 87, 89, 108, 420; forças além do controle de, 66, 69, 71-3, 81; imagem como "homem do destino", 67; imagem principalmente de "macho", 66, 80; impacto/legado histórico de, 65-6, 90-2, 434; jornalismo de, 67-9; lidera a República de Salò (1943-5), 88-9; mito da marcha sobre Roma, 74-5; o culto ao Duce, 75, 80; pacto de pacificação (agosto de 1921), 73; papel no comando militar, 85-6, 88, 424-5; passagem para a ditadura, 76-9; plano de fundo de, 67-8; popularidade de, 65, 80, 89; precondições do poder, 69-75, 411; Primeira Guerra Mundial como habilitador crucial, 28, 68-9, 71-2, 413; queda de (julho de 1943), 66, 88-9, 422, 427; racismo de, 84, 89; restos de, ressepultados (1957), 92; retrato simpático de, 91; sugerido como agente de paz (maio de 1940), 171; surgimento político de, 66, 68-70; talento tático oportunista, 74, 76-7; Tratado de Latrão com o papado (1929), 78; vida sexual, 67, 85; *ver também* subentradas em liderança, mudança histórica, poder

nacionalismo: de Adenauer, 224, 227-8; de De Gaulle, 194-5, 200, 215-7; e a Guerra Civil Espanhola, 260-7, 276, 419; e a Primeira Guerra Mundial, 68-71, 100, 413; e a Segunda Guerra Mundial, 412; e Mussolini, 68-9, 76;

e o estado de Franco, 273, 276, 279, 419; esforço patriótico em tempos de guerra na União Soviética, 147-8; na Alemanha Ocidental na década de 1950, 242; na Alemanha pós-1918, 100, 105-6, 123; na Itália, 68-71, 76; na Iugoslávia, 283, 291-2, 303, 307-10; "questão nacional" na URSS na década de 1980, 364, 373-5

Nações Unidas, 206, 271, 305

Napoleão III (Luís Bonaparte), 23, 411

Napoleão Bonaparte, 17-8, 122, 195

Nasser, Gamal Abdel, 236, 306

nazista, Alemanha ver Alemanha nazista

Nazista, Partido (Partido Nacional Socialista dos Trabalhadores Alemães), 103, 105, 107-13, 397, 400

Nehru, Jawaharlal, 305

neoliberal, economia, 386, 432

neonazismo/neofascismo, 92, 124, 434

Nietzsche, Friedrich, 68

Nixon, Richard, 305

Nkrumah, Kwaane, 306

NKVD (polícia secreta soviética), 140, 142, 146, 289

Noruega, 116, 168-9

nuclear, energia, 235, 390

nucleares, armas, 155, 364-7, 390, 393; Tratado das Forças Nucleares de Alcance Intermediário (1987), 367, 392

Nuremberg, julgamentos de (1945-6), 97, 242-4, 384

Nyerere, Julius, 306

OAS (Organisation de l'Armée Secrete), 214

Oberländer, Theodor, 244, 247

Okhrana (polícia secreta tsarista), 40

opinião pública, 29, 426, 431

Orbán, Viktor, 432

Organização para Cooperação e Desenvolvimento Econômico (OECD), 271

Orgreave, mina de carvão (sul de Yorkshire), 333

Otan, 215, 218, 234, 237, 242, 277, 364; e a questão da unificação alemã, 371-2, 397, 400

País Basco, 256-8, 275

países bálticos, 373

Palatinado (Pfalz), 382-5, 401, 407

Papen, Franz von, 108-9

Pareto, Vilfredo, 68

Partido Conservador, Reino Unido: abandono pós-industrial na década de 1980, 327; adoção do monetarismo na década de 1970, 319-20, 325-7, 342-3, 388; apoio a Halifax (maio de 1940), 169; bombardeio de Brighton (1984), 339; Chamberlain como líder, 167-9, 171-2, 423; Churchill como primeiro-ministro em tempos de paz (1951-5), 184-5, 429; e a crise da década de 1970, 318-20; e a questão europeia, 187-8, 338, 344; e Churchill (antes de 1940), 165, 167; os Wets no, 322, 340; perde a eleição de 1945, 176, 181-2, 428; surgimento de Thatcher no, 316-20

Partido Democrático Livre (PDL, Alemanha Ocidental), 230, 243, 245, 385-6, 388, 390, 404-5

Partido do Povo Bávaro, 230

Partido do Socialismo Democrático (PDS), Alemanha, 405

Partido Operário Social-Democrata Russo, 42

Partido Popular (partido espanhol), 279

Partido Social-Democrata (PSD, Alemanha Ocidental), 230, 234, 245, 249, 390, 399, 404-5; a favor da unificação já na década de 1950, 231; aceita a política de integração ocidental (1960), 241; e as "Notas de Stálin" (1952), 232; no governo (1969-82), 248-9, 385-6; opõe-se à Comunidade Europeia do Carvão e do Aço, 235; Schröder vence a eleição de 1998, 405, 407

Partido Social-Democrata (SDP, Grã-Bretanha), 330-1

Partido Social-Revolucionário (partido russo), 37, 44, 47

Partido Trabalhista, Reino Unido: durante a Segunda Guerra Mundial, 163, 169, 171, 175; e a greve de mineiros (1984-5), 333; e crises da década de 1970, 317, 320; perde a eleição de 1951, 184; SDP separa-se de (1981), 331; vence a eleição de 1945, 176, 182, 428

Pavelić, Ante, 295

Pavlov, general Dmítri, 146

Pavlov, Valentin, 374

personalidade, cultos à, 19, 22, 427; culto à liderança no Terceiro Reich, 16, 107-8, 112-4; culto a Tito na Iugoslávia, 293, 295, 297, 300, 310; culto ao caudilho na Espanha, 263, 265-6, 270, 276; culto ao Duce na Itália, 75, 80; na União Soviética, 51, 58, 60-1, 140, 148, 151, 154, 434

Petacci, Clara, 67, 89

Pétain, marechal, 197, 199

Petrogrado, Soviete de, 46, 48

petróleo do mar do Norte, 325

Piłsudski, marechal Józef, 55

Pio XI, papa, 78

Plano Geral para o Leste, 424

Plano Marshall, 270

Plekhánov, Gueórgi, 41

Pleven, René, 199

poder, concentração de, 29; e líderes democráticos, 423; na Alemanha de Hitler, 98-9, 109-22, 422; na Espanha de Franco, 263-6, 270, 272-6, 422; na França de De Gaulle, 210-6; na Itália de Mussolini, 78-81, 85-7, 422; na Iugoslávia de Tito, 294-302, 309-10, 423; na União Soviética de Stálin, 129-31, 136, 138, 140-56, 422

poder, condutores secundários do, 29, 426-9; cartel de poder de Franco, 272-7, 420; e Adenauer, 240-1, 429; e Churchill, 163, 171, 428-9; e De Gaulle, 198-9, 206, 213, 428; e Gorbatchóv, 359-60, 363, 365-6, 428; e Kohl, 388, 395, 399, 408, 428-9; e Thatcher, 322-4, 334, 341-2, 428-9; e Tito, 290, 292, 297, 423, 426; na Alemanha de Hitler, 97-8, 108, 110-1, 113, 115, 120-1, 426-7; na Espanha de Franco, 272-7; na Itália de Mussolini, 76, 78-9, 83, 85-7, 108, 427; na Rússia de Lênin, 44-58, 133-4; na União Soviética de Stálin, 134, 139, 426-7

poder, restrições infraestruturais do, 423: conceito de poder "infraestrutural" de Mann, 25-6; e ditaduras, 26, 29, 49, 51-2, 54, 75-6, 80-8, 108, 268, 420; e Gorbatchóv, 356, 360-2, 373-4; em democracias, 25-6, 29, 163, 177, 186, 205-19, 239, 328, 330, 420; políticas de identidade, 9-10, 431-2

poder militar: a Reichswehr alemã, 110; apoio a Hitler, 109, 112; Churchill durante a Segunda Guerra Mundial, 163, 176-8; comando de Stálin em tempo de guerra, 148-50, 425; e a crise de maio de 1940, 170, 172-4, 178, 186; e as reformas de Gorbatchóv, 360, 365-7; e Franco, 253-5, 259-65, 272-3, 420, 423; e Tito, 292-3, 299, 302; éthos militar, 123; na Espanha da Segunda República, 258-61; na Itália, 74-5, 77, 82, 84, 86, 88, 90, 424-5; o Wehrmacht alemão, 97, 114-7, 119, 121; realidades no fim da Segunda Guerra Mundial, 163, 179-80, 182, 258-61; regime de Primo na Espanha (1923-30), 257-8; restrições em tempos de guerra, 25, 29, 81, 84, 115, 117, 175-7, 179-80, 424-6; Thatcher e as Falklands, 328-9, 331

Polo, María del Carmen, 255

Polônia: alemães expulsos da, 243; autoritarismo hoje em dia, 432; brutalidade nazista na, 118, 120; crise na (1981), 369-70; e a Linha Oder-Neisse, 227; futuro no pós-guerra acordado em Ialta (1945), 150, 181, 227; grave agitação na década de 1950, 156; guerra com a Rússia soviética (1920), 55-6; invasão alemã (setembro de 1939), 115-6; o Holocausto na, 118-9; Oder-Neisse, Linha, 398; reação às reformas de Gorbatchóv, 369-70; tratamento soviético aos poloneses durante a guerra, 147; Ucrânia invadida por, 55

Pompidou, Georges, 216-7
Popolari, os (Partido do Povo Italiano), 71, 76-7
populismo, 25, 80, 92, 431-2; e neonazismo/neofascismo, 124
populistas russos, 41
Potsdam, Conferência de (agosto de 1945), 150, 181, 206, 227
Powell, Charles, 324
Powell, Enoch, 22, 187
Pravda (jornal da URSS), 43-4, 133
Primeira Guerra Mundial, 412, 415; Adenauer em Colônia durante a, 224; batalha de Verdun (1916), 391; campanha dos Dardanelos (1915), 165, 167; crise na Rússia durante a, 27-8, 34, 36-7, 411, 415, 424; e a Espanha, 258; e a Itália, 69-72; e Tito, 288; impacto na sociedade alemã, 24, 28, 100-1, 103, 105-7, 121, 415; ofensiva do governo provisório (julho de 1917), 37, 45, 47; primazia do poder militar durante a, 25, 37, 51, 53-4, 70; recuo da Rússia soviética da, 48, 51-3, 424; serviço militar de De Gaulle na, 196-7; serviço militar de Hitler na, 100, 102
Primo de Rivera, José Antonio, 262
Primo de Rivera, Miguel, 257
Prior, James, 343
propaganda, 427; e a Alemanha nazista, 98-9, 109, 112, 175; e Franco, 263, 266-7; e Lênin, 45-6; e Mussolini, 78-80, 82; e Stálin, 133, 145, 147, 152; e Tito, 296, 298-9
proprietários de terra: apoio a Franco, 272-3; apoio à nomeação de Hitler (1933), 109; e o fascismo italiano, 72, 85; Lênin abole, 47; na Espanha, 256-9, 272-3; no Império Russo, 35, 44
Prússia, 123
Pútin, Vladímir, 60, 377, 432; atitude em relação a Stálin, 156
Pym, Francis, 329-30, 343

racismo, 9-10; de Hitler, 100-2, 104-5, 107, 113, 115, 117-8, 413, 418; de Mussolini, 85, 88; e a SS, 110, 112, 114, 117; e Churchill, 20-1, 166, 186-7, 434-5
"radicalização cumulativa", conceito de, 138-44
Ranković, Aleksandar, 290, 298-9, 301-2, 426
Rassemblement du Peuple Français (RPF), 209
Raubal, Geli, 103
Reagan, Ronald, 388, 391-2; e Gorbatchóv, 336-7, 358, 364, 366-7; e Thatcher, 330, 334, 336-8, 344
Rebelião da Extinção, 432
Reed, John, 38
Reino Unido: abandono pós-industrial, 326; atitude em relação à França Livre de De Gaulle, 199-200, 203-4; atitudes em relação a CEE/UE, 187-8, 238, 338, 344-5; atitudes quanto a raça no, 186-7; "Big Bang" da desregulação financeira (1986), 326; brusquidão/rapidez/severidade das políticas de Thatcher, 326-7; crise da abdicação (1936), 167; crise da década de 1970, 317-8, 320; crise de maio de 1940, 171-2, 174, 178, 186, 430; De Gaulle veta a aplicação da CEE (1963), 188, 238, 240; distorções duradouras na visão da Segunda Guerra Mundial, 188; domínio do executivo sobre a legislatura, 322; e a Iugoslávia de Tito, 304; e status de grande potência após 1945, 182, 213, 335; eleição geral (julho de 1945), 176, 181, 183, 428; fase sombria da guerra (1940-2), 173-4, 177, 181; fracasso de Hitler em conquistar o (1940), 116; Gabinete de Guerra (Segunda Guerra Mundial), 162-3, 171-2, 174; greve de mineiros (1984-5), 332-5; impacto de Churchill no moral em tempo de guerra, 175, 182; mísseis americanos no (a partir de 1983), 336; papel menor na política global após 1945, 183-6, 335-6, 338; percebido declínio nacional, 321; política de apaziguamento na década de 1930, 166-70, 175, 423; problemas econômicos no início da década de 1980, 324, 330-1; realidades militares no fim da Segunda Guerra Mundial, 161, 180-2; rejeição da união monetária pelo, 403;

relacionamento especial com os EUA, 179, 187, 336, 341; responsabilidade executiva reduzida durante a guerra, 161-3, 169, 420-1; senso inglês de excepcionalidade, 331; sistema eleitoral, 331, 339, 342

Reiter, Maria, 103

Renânia, 83, 113-4, 223, 225-6

Renner, Hannelore, 385

República Democrática Alemã (RDA, Alemanha Oriental): Brandt, *Ostpolitik* de, 249; colapso da (1989-90), 367-8, 370-1, 392-3, 396, 398, 420; e a "Doutrina Hallstein", 248-9; e o legado de Hitler, 123; e taxa de câmbio na reunificação, 398-400; escrita histórica na, 16; fundação da RDA (1949), 230; Gorbatchóv visita a (outubro de 1989), 393; pressão popular pela unificação, 395; reação às reformas de Gorbatchóv, 369; revolta na (junho de 1953), 155, 233, 241; Tito reconhece a (1957), 305

Resistência francesa, 196, 202-3, 206

restrições constitucionais, democráticas, 29, 411, 423, 428-31; constituição da Quinta República (1958), 193-4, 210-1, 219, 421; constituição da República de Bonn, 240; e a Alemanha Ocidental pós-1945, 123, 226-7, 239, 241, 417, 423, 431; e a liderança de De Gaulle, 193-4, 206-11, 213-4, 421, 423; e Thatcher, 323, 329, 423; limitada em tempo de guerra, 420-1, 430; na República de Weimar, 107-8; poder "infraestrutural" de Mann, 24, 26; *ver também* democracia, pluralista

reunificação alemã: como questão na década de 1950, 9-10, 28, 231-3, 246, 248-9; custo econômico da, 399, 403-4, 406; e ex-províncias orientais, 397-8; e Gorbatchóv, 338, 371-2, 394-5, 397-8; e Kohl, 9-10, 28, 338, 371-2, 381-5, 397-400, 414, 418, 430; taxa de câmbio na, 398-400

Revolução Russa: caso Kornílov (agosto de 1917), 45-6; e Tito em Petrogrado durante a, 288; eleições à Assembleia Constituinte (novembro de 1917), 48-9; estruturas do poder menchevique, 49-50; execução da família real (1918), 54; governo provisório (1917), 37, 43-5, 47; liderança de Lênin como elemento central, 33-4, 36-7, 43-6, 49-51, 53-60; papel de Stálin na, 133-4; passa a repressão terrorista, 48-9; Revolução de Fevereiro (1917), 34, 36-7, 43, 136; Revolução de Outubro (bolchevique) (1917), 28, 33, 46-7, 134, 137;

Reynaud, Paul, 196-7

Riall, Lucy, 19

Ribbentrop, Joachim von, 114, 269

Richter, Maike, 409

Robles, José María Gil, 259, 262

Röhm, Ernst, 110, 426

Romênia, 368

Roosevelt, Franklin Delano, 27, 150-1, 164, 178-9, 181; e De Gaulle, 200-1, 206, 217; e Franco, 251-2, 270; e Stálin, 181; em Casablanca (janeiro de 1943), 163-4, 179-80; poder pessoal, 181

Rueff, Jacques, 214

russa, guerra civil, 27-8, 49, 51, 53, 55, 134, 136, 287, 411

Rússia: anexação da Crimeia (2014), 377; autoritarismo de Pútin, 377, 432; desastrosos anos de Iéltsin, 376-7; legado de Lênin, 60

Rússia Soviética (União Soviética a partir de 1922): admiração pela, na Rússia de Pútin, 60; *apparatchiks* na, 136, 139, 364, 411; assistência financeira da Alemanha Ocidental (1990), 372, 397, 400; avião de carreira sul-coreano derrubado (1983), 364; "centralismo democrático" na, 422; cinco anos de luta pelo poder após a morte de Lênin, 135, 137-8, 154; colapso da (1991), 344, 349-50, 375, 401, 423, 435; coletivização da agricultura, 57, 141, 144, 154; como superpotência após a guerra, 155; Congresso de Sovietes de Toda a Rússia, 47, 50, 416; Conselho de Comissários do Povo (Sovnarkom), 47-8, 52-4, 58; criação da (1922, efetivada em 1924), 57, 136; defesa, por Churchill, da "grande aliança", 167; desenvolve bomba atômica, 152, 155, 270; destruída por Iéltsin, não por Gorbatchóv, 373-6; e a Guerra Civil Espanhola, 143, 264, 288; e a participação alemã na Otan, 397, 400; e a política exterior de De Gaulle, 214-5; e o discurso de Kohl sobre "estruturas confederativas" (novembro, 1989), 395; e o legado de Lênin, 59, 434; e Tito, 285-6, 288, 290, 296-8, 303-5, 309; exército italiano na (1941), 87; fatores para a vitória na Segunda Guerra Mundial, 145, 147-50, 155; gastos militares na década de 1980, 354, 360, 365-6; Guerra do Inverno contra a Finlândia (1939-40), 144; guerra no Afeganistão, 364, 367; invasão alemã da (junho de 1941), 116-8, 144-5, 268-9, 291; invasão da Tchecoslováquia (1968), 305, 307; Lei de Empresa Estatal (1987), 362-3; luta pela sucessão (1953-6), 153; mecanismos do governo de Stálin, 130, 135-6, 138-55; ministério de Segurança do Estado (MGB), 152; não preparada para a guerra em 1939, 143; o complô dos médicos (1953), 153; o Grande Terror (1937-8), 129, 131, 140, 142-4, 289; Pacto de Não Agressão com a Alemanha (1939), 115, 144; paranoia com os mecanismos do sistema de Estado sob Stálin, 135, 138, 140-2, 144-5, 154; perdas catastróficas na Segunda Guerra Mundial, 129, 145-6, 155, 351; plano de rápida industrialização, 138, 143, 154-5, 435; problemas econômicos e políticos na década de 1980, 354-5, 358-9, 372-3; "questão nacional" sob Gorbatchóv, 364, 373-5; relativamente estável em 1985, 353-4; repressão nos últimos anos de Stálin, 151-3; República Russa como núcleo vital, 373-5; tratamento das minorias étnicas durante a guerra, 147; vácuo de poder depois da morte de Lênin, 28, 59, 135-7, 154; visão de Gorbatchóv na, 349

Rykov, Alexei, 134
Ryzhkov, Nikolai, 360, 363

SA (Sturmabteilung — "Departamento de assalto"), 107, 110, 417, 420, 426
Saatchi & Saatchi, 339
Salazar, António de Oliveira, 82
Sanjurjo, general José, 260, 262
Sarkozy, Nicolas, 431
Saxônia, 104
Scargill, Arthur, 332-5
Schacht, Hjalmar, 112
Scharping, Rudolf, 404
Schäuble, Wolfgang, 399, 407-8
Schleicher, general Kurt von, 108, 110
Schmidt, Ernst, 102
Schmidt, Helmut, 28, 383, 385-6
Scholz, Rupert, 395
Schröder, Gerhard, 241, 405-6, 431; nomeado chanceler da Alemanha, 406
Schumacher, Kurt, 232, 235, 242, 405
Schuman, Robert, 27, 218, 228, 235
Schumann, Maurice, 199, 206
Schwarz, Hans-Peter, 17
Sede de Comunicações do Governo (GCHQ), 332
Segunda Guerra: a Itália entra na (junho de 1940), 85; ataque a Pearl Harbor (dezembro de 1941), 117, 179; batalha de Stalingrado (1942-3), 117, 146, 149; bombardeio da população civil alemã, 177; campanha da África do Norte, 87, 117, 176, 178-9, 200-1; campanha italiana (1943-5), 178; campanha norueguesa (1940), 168-9, colaboração com as forças de ocupação de Hitler, 122; crise de maio de 1940, 170-1, 173-5, 177, 186; desembarcam na Sicília (1943), 87; desembarque dos aliados na França (1944), 120, 175, 178, 203-4; distorções duradouras na visão britânica da, 188; Divisão/Legião Azul espanhola, 269, 278; e a família Gorbatchóv, 351; e a família Kohl, 383-4, 401; e a Iugoslávia, 283, 290-1, 293-5, 423; e De Gaulle, 193, 195-6, 217, 413; e Franco, 266-70, 276; e o legado de Lênin, 61; estratégia alemã no Mediterrâneo, 268-9; fome em Bengala durante a, 21; guerra do Atlântico, 117;

guerra do Pacífico, 117, 175, 181; invasão alemã da Polônia (setembro de 1939), 115, 117; invasão alemã da URSS (junho de 1941), 116-9, 143, 145-6, 268-9, 291; liderança de Churchill durante a, 162-3, 170-3, 186, 413-5, 420-1; mudança econômica e política após a, 412-3; ofensiva alemã na Europa Ocidental (1940), 28, 85, 97, 116, 171, 178; Operação Tocha, 178; origens da, 412; papel de Mussolini, 65-6, 85-6, 88-9; partisans de Tito durante a, 283-5, 290-2, 294, 310, 420; perdas russas na, 129, 145, 155, 350; primazia do poder militar durante a, 25, 85, 87, 89, 175-7, 179-80, 424-5; primazia estratégica passa para os EUA, 179-82; realidades militares no fim da, 163-4, 180-2; surgimento de líderes durante a, 28; "Três Grandes", conferências dos (1943-5), 150-1, 163; visão da França Livre pelos aliados, 199-200, 203-4, 214
Selassie, Haile, 306
Serrano Súner, Ramón, 269, 273-4
Sérvia, 290-2, 295, 306-7, 310
sérvios da Bósnia, 310
Sexta-Feira Santa, Acordo da (1998), 343
Sherman, Sir Alfred, 319
Shevardnadze, Eduard, 360, 365
Simbirsk (cidade russa), 39-40
Sinclair, 171
Singapura, queda de (1942), 174
socialismo: *biennio rosso* na Itália, 71; desafeto de Adenauer pelo, 226-30, 241-2; e crise após a Primeira Guerra Mundial, 70-4; e Tito, 286-7; enfraquecimento por Thatcher do, 343; inclinação inicial de Mussolini ao, 67-9; na Espanha, 255, 257, 259-60, 277-8; na França pós-1945, 207; na Itália, 67, 69-70, 75, 77; ódio de Franco ao, 255, 265; PDS na Alemanha Ocidental pós-guerra, 230-2, 234-5, 241; rejeição de Thatcher ao, 332; repressão fascista ao, 72, 75, 109; "República de Conselhos" em Munique (1919), 100-1
Sorel, Georges, 68
Sotelo, José Calvo, 261-2

soviético, bloco: arrastado pela economia soviética na década de 1980, 368-9; colapso do, 17, 28, 338, 349-50, 367-8, 370-2, 376, 392-3, 396, 398, 435-6; escrita histórica no, 17; formação do, por Stálin, 129, 155-6, 435; Gorbatchóv rejeita a "doutrina Bréjnev", 370-1; levante na Alemanha Oriental (junho de 1953), 233, 241; Linha Oder-Neisse, 227, 249; popularidade de Gorbatchóv no, 349; reações às reformas de Gorbatchóv, 369-70; revolta húngara (1956), 156, 304; Tito mantém a Iugoslávia fora do, 283, 296-8, 304, 309
Spaak, Paul-Henri, 236
Speer, Albert, 112, 121
SS (Schutzstaffel), 98, 110, 112, 117-8, 120, 242
Stálin, Iákov, 132
Stálin, Ióssif: aceita a autoridade de Lênin, 44, 51; advertências de Lênin quanto a (Testamento Político, 1922), 58, 60, 134-5, 422; antipatia a Trótski, 53, 56, 133-4, 137, 139; aparência física, 131, 151; apoia o Terror Vermelho na Guerra Civil, 55, 134; aptidões organizacionais e de propaganda de, 133, 137, 146-8, 152; atrito com Lênin (1922-4), 58; chegou ao poder, 60, 135-8, 416, 420; chocado com a invasão alemã (1941), 143, 145-6; como ideólogo com motivações profundas, 131-3, 135; como líder na guerra, 145-51, 155, 180-1, 425; como secretário-geral do partido, 58-9, 134-6, 140; corpo retirado do mausoléu de Lênin (1961), 153; culto a, 59, 130-5, 140, 148, 150-2, 154, 434; decisão de permanecer em Moscou (outubro de 1941), 148; denúncia de, por Khruschóv (1956), 59-60, 129-30, 153, 352, 434; duvida do potencial revolucionário na Europa Ocidental, 52; e a atrofia das instituições de governo, 427; e a guerra contra a Polônia (1920), 55; e a Iugoslávia de Tito, 283, 293, 296-7, 303-4, 309; e a troika, 137; e Churchill, 180-3; e De Gaulle, 205-6; e restrições do poder militar,

25, 425; edita o *Pravda*, 133; envolvido com o movimento revolucionário, 133-4; força diplomática no final da guerra, 164, 180-2; impacto/legado histórico de, 129-31, 135, 145-51, 153, 155-56, 434-5; julgamento do lugar de, na história, 156; luta pelo poder após a morte de Lênin, 135-8, 154; morte de (março de 1953), 153; nas deliberações dos "Três Grandes", 150-1, 164, 180-1, 206; no "Politburo", 50; "Notas de Stálin" (1952), 231-3, 246, 430; paranoia de, 130-1, 135, 138, 140, 142-5, 152-4; personalidade de, 130-5, 150-2, 154, 180-1; plano de fundo/vida pessoal, 133; política do "socialismo em um só país", 56, 136; precondições do poder, 135-9, 154, 156; recusa o Plano Marshall para o bloco oriental, 155; relações com comandantes militares (1942-5), 148-9, 425; talento político de, 135-7, 150-1, 180; terror como marca de seu regime, 130, 134, 138-43, 154, 415-6, 420, 422, 426-7; terror de, em tempos de guerra, 146-7, 151; últimos anos de (1945--53), 151-3; vingatividade de, 131, 133-4; vítimas de, entre os "velhos bolcheviques", 43-4, 134, 143; *ver também* subentradas em liderança, mudança histórica, poder

Stálin, Svetlana, 132

Stálin, Vassíli, 132

Starace, Achille, 78

Stauffenberg, coronel Claus Schenk Graf von, 106, 120

Stoltenberg, Gerhard, 388

Strasser, Gregor, 106, 108, 110

Strauss, Franz Josef, 236, 241, 245, 385

Suez, crise do canal de (1956), 185

Sukarno, 306

Suñer Ordónez, Enrique, 265

Svanidze, Ekaterina, 132

Svérdlov, Iákov, 48

Taxas de Câmbio, Mecanismo Europeu de (ERM), 341-2

Tchecoslováquia: alemães obrigados a sair da, 243; divisão da (pela Alemanha), 83, 115, 167; invasão da, em 1968 (pela União Soviética), 305, 307; reação às reformas de Gorbatchóv, 369

Tcheká (polícia secreta russa), 49, 54-5, 136

Tcherniaev, Anatoli, 365

Tchernichévski, Nikolai, 41

tecnológica, inovação: disseminação da tecnologia computacional, 413; e De Gaulle, 195; estimulada por guerras mundiais, 411-3

Teerã, Conferência de (novembro de 1943), 150, 179-80, 183, 293

Teltschik, Horst, 395

Thatcher, Denis, 316

Thatcher, Margaret: astúcia política de, 316, 318, 321, 323-4; como nem teórica nem pensadora original, 319-20; como primeira--ministra profundamente divisiva, 326, 333-5, 344; conflito com os mineiros (1984-5), 332-5; discurso proferido em Bruges (1988), 338, 341; e a arrogância do poder, 340-2; e a destruição extensiva da base industrial, 326-7, 412; e a Europa, 335-8, 341-4, 393; e a Guerra das Falklands (1982), 327, 329, 331, 336, 340, 344, 420, 425-6, 430; e a Guerra Fria, 335-8, 344; e a Irlanda do Norte, 342-3; e a teoria monetarista, 319-20, 324, 326-7, 342-3, 388; e a venda de ações e de casas de habitação social, 318, 325-6, 338-9; e as forças do mercado, 320-1, 325-6, 332, 342, 388, 418; e Gorbatchóv, 336-7, 343, 358, 366; e negócios estrangeiros, 335-8, 344; e o abatimento na contribuição à UE, 337; e o aumento crasso da desigualdade, 326, 341; e o meio político socialmente elitista dominado por homens, 315-6, 323; e o mito da traição, 341, 429; e o sucesso eleitoral, 320, 331, 339-40, 342-3, 428; e restrições do poder militar, 330, 425-6, 430; estatura no palco mundial, 330, 336, 339, 343; fase inicial de consolidação, 321, 323-5; firmeza e agressividade de, 315-6, 324, 335; hábitos de pessoa viciada em trabalho, 323, 335;

imagem pública de força e indomabilidade, 321-3, 330-1, 334-5; impacto/legado histórico de, 326-7, 330, 335, 342-3, 345; imposto comunitário (*Poll Tax*), 340-1; inclinações autoritárias, 343, 415, 430; morte e funeral de Estado (2013), 344-5; objetivos de, 320-1, 418; opõe-se à reunificação alemã, 338, 394-5, 403; personalidade de, 315-6, 321-2, 324, 332, 335, 343; plano de fundo de, 315-7, 319; políticas de privatização, 325, 339, 342; precondições do poder, 317, 319-20, 416; programa político e econômico, 321-8, 331-5; reforma sindical, 320, 325, 332-3, 343; registro do primeiro mandato no cargo, 324-5, 331; reivindicações por transformação, 343; relações pessoais com Kohl, 395, 414; restrições constitucionais a, 323, 329, 423; subida ao poder de, 415-6; surgimento político de, 316-7, 319-20; torna-se primeira-ministra (1979), 320; valores de, 316, 320; zelo ideológico de, 316, 320-1, 323-4, 327-8, 332, 334, 418; *ver também* subentradas em liderança, mudança histórica, poder

Tikhonov, Nikolai, 360

Timur (Tamerlão), 19

Tito (Josip Broz): aparência física, 285; atrocidades/expurgos ordenados por, 284-5, 289, 292, 294, 297-8, 302, 307-8; como um ardente stalinista, 285-6, 288, 290; como comandante militar, 292-3, 310, 420; como crucial para a unidade nacional, 283-4, 294, 303, 308-9; como estadista global, 303-7; como pseudomonarca, 298-9; condenado a cinco anos de trabalhos forçados, 288; confirmado como secretário-geral do Partido Comunista Iugoslavo (a partir de 1939), 289-90; crenças políticas, 286-92; crueldade de, 284, 286, 289-90, 294, 297-8; culto a Tito, 293-4, 296-7, 300, 310; e a URSS pós-Stálin, 304-5; e Khruschóv, 304; e o Comintern, 288-90, economia sob, 300-7; em Petrogrado durante a Revolução, 287; entra em Belgrado como vencedor (outubro de 1944), 294; estilo de vida opulento, 298-9, 310; estratégia de "dividir para reinar", 427; evita o Grande Terror na URSS, 288-90; legado de, 309-11, 434; líder dos partisans, 283-5, 290-1, 293-4, 310, 420; mantém a Iugoslávia fora do bloco soviético, 283, 295, 297-8, 304, 309; morte de (maio de 1980), 308; Movimento dos Não Alinhados, 283, 303-6; na Iugoslávia monarquista da pré-guerra, 288; personalidade de, 284-5, 309-10; plano de fundo de, 286-7; poder evanescente de, 306-8; popularidade de, 300, 309-10; precondições do poder, 291, 293-4; rompe com Stálin, 296-8, 303-4, 309; segunda mulher executada na URSS, 285-6, 288-9; senso de um destino pessoal, 284; serviço militar na Primeira Guerra Mundial, 287; talento político de, 283, 303-4; "Tito" como pseudônimo, 283, 287-8; trava uma guerra civil dentro de uma guerra mundial, 290, 292-4; vida sexual, 285-6; *ver também* subentradas em liderança, mudança histórica, poder

Toledo, cerco de (1936), 263

Tolstói, Liev, *Guerra e Paz* (1869), 16

Trótski, Liev: aceita a autoridade de Lênin, 36, 45-7, 51, 53; antipatia por Stálin, 53, 56, 134, 137-8; apoia o "Terror Vermelho", 55; assassinato de (1940), 134; banido/exilado (1928-9), 137; caráter de, 45, 53; como bicho-papão para a paranoia de Stálin, 138, 142; como "gênio revolucionário", 33; conversão tardia ao bolchevismo, 44-5; crença na revolução mundial, 51-2, 55, 136; e a guerra com a Polônia (1920), 56; e a retirada da Rússia da Guerra Mundial, 51-2, 54; e a tomada do poder (25 de outubro, 1917), 46-7; no Politburo sob Lênin, 50; papel crucial na guerra civil, 53; sufoca o levante de Kronstadt (1921), 56

Trump, Donald, 25, 412, 432

Tudjman, Franjo, 310

Tukhatchévski, Mikhail, 142

Turati, Augusto, 78
Turquia, 432

Ucrânia, 55, 373, 375
Uliánov, Aleksandr, 39
União Cristã (partido alemão), 245, 385-6
União Democrática Cristã (CDU, partido alemão), 226, 232, 238, 245, 248, 384-5, 387-90; derrota nas eleições de 1998, 387-9, 405-7; escândalo das doações (1999), 408-9; vitória nas eleições de 1994, 404-5
União Europeia (UE, antes Comunidade Econômica Europeia, CEE), 27, 90, 123, 188, 235; Acordo de Maastricht (1992), 344; autoritarismo em estados membros, 433; condição de membro da Espanha, 277, 279; De Gaulle veta solicitação do Reino Unido (1963), 188, 238, 240; e De Gaulle, 188, 195, 215, 218, 238-40, 247; e Kohl, 382-3, 391, 393-4, 402, 404, 408-9; e Thatcher, 335-8, 340-1, 343-4, 393; estabelecida pelo Tratado de Roma (1956), 236, 247; Mercado Único, 337, 344, 393, 401; Política Agrícola Comum, 215, 218; reunião de Maastricht (1991), 401, 403; Sistema Monetário Europeu, 341, 403-5, 407-9
União Nacional dos Trabalhadores de Minas, 332, 334-5
União Social Cristã (USC, partido bávaro), 230-1, 245, 388
União Soviética *ver* Rússia Soviética (União Soviética a partir de 1922)
Universidade Estatal de Moscou, 352

urbanização, 355, 412
Ustaše (fascistas croatas), 291-2, 294-5

Vassilevski, general Aleksandr, 149
Verdes (partido alemão), 390, 405-6
Versalhes, Tratado de (1919), 70-1, 104
Vidas Negras Importam (Black Lives Matter), movimento, 20, 432
Viena, 99-100, 102
Vítor Emanuel III, rei, 75, 77, 79, 81, 84-5, 88, 91
Vorochílov, Klim, 140

Waigel, Theo, 398
Walker, Peter, 334
Walters, Alan, 320, 341
Wavell, general sir Archibald, 178
Weber, Max, 21-2, 25, 111, 207, 309, 426
Westland Helicopters, 339
Whitelaw, William, 319, 343
Woodward, contra-almirante J. F., 330

Xi Jinping, 432

Yakovlev, Aleksander, 360
Yanaiev, Gennadi, 374
Young, Hugo, 188

Zdenka (Davorjanka Paunovič), 286
Zentrum (partido de centro na Alemanha), 224-5, 230, 384
Zinóviev, Grigóry, 44, 46, 48, 51-2, 134-5, 137, 142
Žujović, Sreten, 297

ESTA OBRA FOI COMPOSTA PELA SPRESS EM DANTE E IMPRESSA EM OFSETE
PELA LIS GRÁFICA SOBRE PAPEL PÓLEN NATURAL DA SUZANO S.A.
PARA A EDITORA SCHWARCZ EM MARÇO DE 2024

A marca FSC® é a garantia de que a madeira utilizada na fabricação do papel deste livro provém de florestas que foram gerenciadas de maneira ambientalmente correta, socialmente justa e economicamente viável, além de outras fontes de origem controlada.